판례평석으로 보는 **전통법문화**

절옥귀감(折獄龜鑑)

이 책의 재판본을

전주고등학교와 서울대 법대의 선배이자

전남대 법대의 선배 교수로서,

순박하고 돈후한 성품으로 우직하게도

학문의 길에만 오롯이 전념(專念)해 정진(精進)하며,

학자의 모범 전형을 몸소 보여주신

고(故) **노용우(盧龍愚)** 선생님의 영전(靈前)에

보속(補贖)의 제물(祭物)로 삼가 바칩니다.

생전에 헌정하지 못한 인색한 허물을 참회하오니,

부디 너그러이 받아주소서!

판례평석으로 보는 전통법문화

절옥귀감(折獄龜鑑)

정극 편저 / 김지수 평역(評譯)

전남대학교출판부

일러두기

1. 본 번역 평석은 대만상무인서관(臺灣商務印書館)에서 『사고전서』 진본별집(『四庫全書』 珍本別輯) 4책으로 간행한 8권 영인본을 저본으로 삼고, 상해고적출판사(上海古籍出版社)에서 1988년 발행한 류준문(劉俊文)의 『절옥귀감역주(折獄龜鑑譯註)』본을 참고로 하였다. 특히 각주(脚注)의 인명(人名) 해설과 미확인 출전(出典)의 고증은 대부분 류준문(劉俊文)의 '역주본' 내용을 참고하여 정리했는데, 번거로움을 줄이기 위하여 일일이 밝히지는 않았다.
2. 지금 우리가 흔히 사용하는 한자(漢字) 발음이 와전(訛傳)하여 원음(原音)과 판이한 경우가 많은데, 필요하다고 생각하는 경우 '원음'을 따랐다. 특히 인명(人名)·지명(地名)·서명(書名) 등의 고유명사와 관직명(官職名)은 원칙상 원음을 따르고, 두음법칙과 상관없이 표기하였다. '원음'은 중화서국에서 발행한 자전(字典)상에 표기한 옛날 반절음(半切音)을 원칙으로 취했다. 예컨대, 笞 : 태→치, 歐 : 구→우, 襄 : 양→상, 苻 : 부→포, 攄 : 터→처, 馮 : 풍→붕, 龐 : 방→팡, 則: 칙→측 등으로 표기하였다.
3. '안(按)'의 내용은 원 편저자인 정극(鄭克)이 유사한 사안을 첨부하면서 직접 가한 평론이며, '평석' 부분은 옮긴이가 필요한 전통 법제[律令] 내용을 소개하거나 관련 철학 사상을 인용한 참고 해석도 있고, 더러는 현행 법제나 법 현실에 비추어 느낀 소감을 적어 본 평론도 있다.
4. 그밖에 본 번역에 자주 활용했으나 그 성격상 각주나 평석에 서명(書名)을 직접 인용하지 않은 중요한 참고문헌(工具書)으로, 『사해(辭海)』(上海辭書出版社, 1979년 縮印本); 『실용대자전(實用大字典)』(中華書局, 1983년); 『중화대자전(中華大字典)』(中華書局, 1915編, 1980년 縮印影印本); 『국한문신옥편(國漢文新玉篇)』(世昌書館, 1952년); 『당률소의(唐律疏議)』(中華書局, 1983년 劉俊文點校本); 『송형통(宋刑統)』(中華書局, 1984년 吳翊如點校本) 등이 있다.
5. 독자의 열람 편의를 위하여, 주요 사안(판례)의 관계자와 판례의 해설 및 평석(評釋)에 인용하는 중요한 철학사상가의 인명(人名)을 찾아보기 쉽도록 색인으로 작성해 맨 끝에 부록으로 덧붙인다. 특별히 자주 인용하는 중요한 고전(古典)의 서명(書名)도 몇 가지는 함께 실었다.

『절옥귀감(折獄龜鑑)』 해제(解題)

『절옥귀감(折獄龜鑑)』은 일명 『결옥귀감(決獄龜鑑)』이라고도 부르는 중국 고대 법제사 판례집이다. 송(宋)나라 때 정극(鄭克)이 오대(五代) 후진(後晉)의 화응(和凝)[1]과 그 아들 화몽(和㠓) 부자가 편집한 『의옥집(疑獄集)』을 기초로 분류·증보하여 편찬하였다. 위로는 춘추전국(春秋戰國)시대부터 아래로는 당시 북송(北宋) 휘종(徽宗 : 1101~1125년 재위) 때까지, 약 1,500년간에 걸친 시기의 역사적 명 판결을 광범위하게 수록하고 있다.

인간의 생명과 자유·재산에 직접 관련한 옥송(獄訟)을 담당하는 법관이 재판 심리상 관심을 기울이고 주의하여야 할 핵심 사항에 관한 구체적 지침을 위하여, 280조(條) 4백여 안건(案件)을 석원(釋冤)[2]·변무(辨誣)[3]·국정(鞫情)[4]·의죄(議罪)[5]·유과(宥過)[6]·징악(懲惡)[7]·찰간(察姦)[8]·핵간(覈姦)[9]·적간(擿姦)[10]·찰특(察慝)[11]·증특(證慝)[12]·구특(鉤慝)[13]·찰도

---

1) 화응 : 898~955년. 오대(五代) 전 왕조에 걸쳐 벼슬한 유명한 문학가로서, 詞를 잘 지었음.
2) 석원(釋冤) : 원통을 풀어줌.
3) 변무(辨誣) : 무고를 변별함.
4) 국정(鞫情) : 실정 진상을 신문함.
5) 의죄(議罪) : 죄악을 의론함.
6) 유과(宥過) : 과실을 용서함.
7) 징악(懲惡) : 사악을 징계함.
8) 찰간(察姦) : 간사를 관찰함.
9) 핵간(覈姦) : 간사를 파헤침.

(察盜)[14] · 적도(迹盜)[15] · 휼도(譎盜)[16] · 찰적(察賊)[17] · 적적(迹賊)[18] · 휼적(譎賊)[19] · 엄명(嚴明)[20] · 긍근(矜謹)[21] 등의 20문(門 : 편)으로 분류하고, 편찬자의 분석 평가를 안어(按語) 형식으로 부가하였다.

이 책의 최대 가치는, 비록 그 분류상 다소 비슷하고 상통하여 중복하는 듯한 주제들이 있긴 하지만, 비교적 체계적인 형식과 조리 있는 방법으로 역대 주요 사건의 수사 · 심리 · 판결 · 평반(平反)[22] 등을 총정리하고, 그에 대한 정반(正反) 양면의 역사적 경험과 교훈을 종합한 데 있다. 물론 시대상과 가치관의 변화에 따라, 현대 자유민주주의의 사법(司法) 이념과 정신에 부합하지 않는 봉건 윤리나 전제군주적 통치 이념이 상당히 담길 수밖에 없는 역사적 한계가 있긴 하다.

하지만 시간과 공간, 인종과 이데올로기를 초월하여 보편으로 타당한 인류 공통의 가치관과 이념의 관점에서 보면, 이 책에 수록한 법제사 판례와 그 평석에도 인권(人權)과 정의(正義)가 인정 윤리(人情 倫理)와 천리 법치(天理 法治)의 대립적인 균형 · 조화의 지향으로 끊임없이 펼쳐지고 있다. 따라서 약간의 개념적 전환이나 여과를 거치거나, 아니면 그 자체로서 직접, 21C 첨단과학시대의 우리에게도 깊은 성찰과 사색의 실마리를 제공할 만한 사안이 풍부하다는 것을 확신한다. 그러한 의미에서, 재판

---

10) 적간(擿姦) : 간사를 적발함.
11) 찰특(察慝) : 사특을 관찰함.
12) 증특(證慝) : 사특을 입증함.
13) 구특(鉤慝) : 사특을 꼬투리 잡음.
14) 찰도(察盜) : 도둑을 관찰함.
15) 적도(迹盜) : 도둑을 추적함.
16) 휼도(譎盜) : 도둑을 속여 잡음.
17) 찰적(察賊) : 역적을 관찰함.
18) 적적(迹賊) : 역적을 추적함.
19) 휼적(譎賊) : 역적을 속여 잡음.
20) 엄명(嚴明) : 준엄하게 판명함.
21) 긍근(矜謹) : 긍휼히 여겨 신중을 기함.
22) 평반(平反) : 재심으로 진상을 규명하여 오판(誤判)을 시정함. 사법적(司法的) 신원(伸寃)에 해당함.

절차에 직접 관여하는 법관·검찰·변호사 등의 법조 실무인은 물론, 법학을 연구하는 교수와 학자들에게도, 이 책의 내용은 적지 않은 역사적 교훈과 귀감을 제공할 것이다.

실제로 이 『절옥귀감』의 모태이자 전신에 해당하는 『의옥집(疑獄集)』을 이미 고려 문종(文宗) 13년(1059) 2월에 출판 보급한 기록[23]이 보인다. 일찍부터 우리나라에서도 들여와 재판실무의 모범지침(귀감)으로 활용한 것이다. 아직 명확히 확인하지는 못했지만, 『절옥귀감』도 우리나라에 전해져 읽혀졌을 가능성이 매우 크다. 이러한 판례집의 편찬은 후대로 갈수록 국가의 관방(官方) 판례집 편찬의 전통으로 이어져, 청(淸)의 『형안회람(刑案匯覽)』이나 조선(朝鮮)의 『심리록(審理錄)』 등을 낳았다. 또 다산(茶山)의 『흠흠신서(欽欽新書)』를 비롯한 한중(韓中) 각 왕조의 적지 않은 개인 문집 형태의 판결집에도 직접 영향을 미친 것으로 짐작한다.

또한 그 자료의 선택 수록이 시대상으로나 문헌상으로 매우 광범위하여, 위로는 역대 정사(正史)와 실록(實錄)으로부터 아래로는 각종 문집(文集)이나 필기소설(筆記小說)까지 망라하고 있다. 그 중 적지 않은 원전(原典)은 이미 사라져(亡佚) 전해지지 않고, 일부 내용은 현전 자료와 중요한 차이도 있기 때문에, 중국의 역사나 문화, 특히 법제사(法制史)를 연구하는 학자에게도 학문적인 참고문헌 가치가 클 것이다.

절옥(折獄)은 재판(裁判)을 의미하는 용어로서, 다른 말로 결옥(決獄)·단옥(斷獄) 또는 청송(聽訟)이라고도 한다. 흔히 옥(獄)은 형사 재판, 송(訟)은 민사 재판을 지칭하는 것으로 구분하기도 하지만, 민형사 구분이 본디 모호한 고대 법제사에서 옥송(獄訟)은 상통하였다. 다만 옥(獄)은 재판 결과 죄수를 감금하는 곳이고, 송(訟)은 재판 진행 중 신문·변론 과정을 뜻하는 본래의 의미 구별은 염두에 둘 필요가 있다. 그리고 절(折)·결(決)·단(斷)은 오늘날의 재(裁)나 판(判)과 마찬가지로, 모두 '끊다·자르다·가르

23) 『고려사(高麗史)』「世家」 권8.

다'는 뜻이다. 이는 옛날에 법관(法官)을 리관(理官), 사법부를 대리사(大理寺)라고 부른 것과 관련 있다.

리(理)는 본디 옥(玉)의 무늬 결로서, 옥을 결에 따라 조탁(雕琢)하듯이, 사물과 인간사회에 내재하는 결인 사리(事理)·물리(物理)·도리(道理)·윤리(倫理) 등에 따라 인간의 소송분쟁 사건을 살피고 분별하여[審理] 시(是)와 비(非), 곡(曲)과 직(直), 선(善)과 악(惡)을 일도양단(一刀兩斷)으로 나누어 가른다는 뜻이다. 청송(聽訟)이나 신문(訊問)·심리(審理)는 이러한 시비곡직의 결을 듣거나 물어 살피는 의미, 즉 일반 추상적인 법리(法理)의 적용 이전에 그 전제로 필요한 구체적인 사실의 인식·확정 단계에 중점을 둔 용어이다.

귀감(龜鑑)은 거울의 의미로 널리 쓰인다. 귀(龜)는 거북이인데, 거북이는 흔히 천 년을 산다는 장수의 대표적 상징으로, 구(舊)와 구(久)의 의미를 겸한다. 장수하는 거북이는 신령스럽다고 믿어져, 예로부터 국가 대사나 의심스러운 일이 있을 때에는, 그 등가죽[甲]으로 길흉화복을 점쳐서 결정하였다. 감(鑑)의 본 글자는 감(監)으로서, 사람이 물대야 옆에 서서 자신을 비춰보는 모습을 본뜬 것이다. 그런데 후에 구리거울이 등장하면서 금(金)을 붙이고, 다시 경(鏡)자가 거울의 의미로 쓰인 것이다. 따라서 '귀감'이란 사물을 비추어보고 의심을 결단한다는 의미이다.

그러한 귀감으로는 과거를 비추어 현재와 미래를 밝게 가리켜 주는 '역사'보다 더 훌륭한 것이 없다. 역사는 인간에게 귀감과 교훈을 주는 스승[史者, 師也]이기 때문이다. 법에서도 그 제정이나 집행·적용·심판의 전 과정에서, 역시 역사보다 더 훌륭한 스승은 없다. 인류의 경험과 지혜는 역사를 통해 문화로 축적·전승하기 때문이다.

사실 지금까지 중국과 우리나라를 비롯한 동방 전통법에 대해서는, 비합리적이고 형식체계가 덜 갖추어진 미개한 원시 법문화라는 폄하(貶下)가 주류였다. 그래서 우리 법학자와 법조인들도 전통법에 대해 거의 관심을 가지지 않았고, 또 전통법을 입에 올리기조차 부끄러워하는 경향도 있었던 것 같다. 그러나 사실은 전통법 문화가 끊기면서 제대로 알지도 못한 채 막연한 추측과 선입견으로 도외시한 것은 아닐까? 원님 재판이 그렇게 야만적이고 자의적인 무법(無法) 천지 속에서 이루어졌을 것이라는 추측은, 합리주의와 과학기술(유물론)을 맹신하는 근대 서양 문화의 오만과 편견이며, 또한 서양 열강이 동양 각국을 침략하여 식민 지배하기 위한 정책의 일환으로 조장한 악의적인 과장일 수 있다.

서양도 중세까지는 신판(神判)이라는 명목으로, 터무니없이 불합리하고 끔찍스럽게 참혹한 재판을 자행하고, 이른바 '마녀사냥'까지 성행하지 않았던가? 그러한 역사적 시행착오를 거쳐 반성과 개선을 도모한 경험 지혜의 결과, 오늘날 서양 근대 법체계가 탄생할 수 있었다. 영미법(common law)이 선결 판례의 체계로 이루어졌음은 주지의 사실이지만, 개념 법학으로 특징 지워지는 대륙법도 실상 알고 보면 역사적인 경험과 판례들을 종합 정리하고 체계화한 산물에 지나지 않는다.

중국과 우리나라도 법의 역사적 발전 모습은 크게 다르지 않다. 진한(秦漢)시대 율령(律令) 체제가 시작한 이래, 역대 수많은 왕조를 거치면서 중요한 법률사안에 대한 판결경험이 꾸준히 쌓여, 다음 율령제정(편찬)에 직접 반영되어 왔다. 명청(明淸)시대에는 국가 기본 법전인 율(律)에 수시로 중요한 판례(判例)를 편집해 해당 조문 뒤에 덧붙였는데, 이는 부례(附例 : 부가 판례)나 조례(條例 : 체계적으로 조문화한 판례)라고 일컬었다. 또 우리나라도 조선시대에 보면, 경국대전(經國大典)은 려말선초(麗末鮮初)의 법령과 판례들을 바탕으로 제정하였으며, 그 뒤에도 중요한 사안에 대한 국왕의 판결문인 수교(受敎 : 임금의 敎旨를 받든다는 뜻, 또 그렇게 받는 敎旨)를 역시 법전 체계에 따라 분류 정리하여 별도의 단행 법령집으로 시행하다가, 영·정조 이후 『속대전(續大典)』과 『대전통편(大典通編)』을 편찬했다.

따라서 역대 명 판례들은 법의 역사 발전에 중대한 기여를 했으며, 판례와 법제사(法制史)의 가치와 필요성은 아무리 강조해도 지나치지 않다. 인간이 너무나 눈앞의 구체적인 현실 상황에 집착하여 그 근본과 원천을 살피지 않기 때문에, 졸속과 날림 · 부실(不實) · 결함 · 모순의 우(愚)를 범하는 것이다. 이러한 의미에서, 『절옥귀감(折獄龜鑑)』은 근대 서구법의 옷을 입고 사는 우리에게도, 명실상부(名實相符)한 제목과 내용으로 '너 자신을 알라'는 거울이 되기에 충분하다고 믿는다.

이 책의 편찬자인 정극(鄭克)이 비록 정사(正史)의 열전(列傳)에는 실려 있지 않으나, 『절옥귀감(折獄龜鑑)』은 『송사(宋史)』「예문지(藝文志)」나 명(明)의 『영락대전(永樂大典)』, 청(淸) 건륭(乾隆)황제의 『사고전서(四庫全書)』에 모두 실려 있다. 각종 문헌과 근인(近人)의 고증에 따르면, 정극은 자(字)가 극명(克明)이고, 송(宋)나라 개봉[24] 사람으로서, 휘종(徽宗) 선화(宣和) 6년(1124)에 진사(進士)가 되고, 남송(南宋) 초 건강부(建康府) 상원현(上元縣)의 현위(縣尉)와 승직랑(承直郎) 등을 거쳐 호주(湖州)의 제형사간관(提刑司幹官)에 이르렀다고 한다. 원대(元代) 류훈(劉壎)의 은거통의(隱居通義)의 기록에 따르면, 송(宋) 고종(高宗 : 1131~1162년 재위)이 소흥(紹興) 3년(1133)에 휼형(恤刑)의 조서를 내려, 전국 관리에게 형정(刑政)의 흠휼(欽恤)과 죄수의 애긍(哀矜)을 신칙했는데, 이에 정극이 오대(五代)의 『의옥집(疑獄集)』을 바탕으로 『절옥귀감(折獄龜鑑)』을 편찬했다고 한다.[25]

『절옥귀감』의 판본은 크게 3종류가 있다. 그 중 『송사(宋史)』「예문지(藝文志)」에 실린 송대(宋代) 원간본(原刊本)은 20권(卷)의 20문(門)으로 분류하여 276조(條) 395사안(事案)을 수록했다고 하나, 지금은 전해지지 않는다. 명대(明代)에 간행한 양권본(兩卷本)은 륭경[26] 4년(1570) 간행본과 만력[27] 간행본이 전해지나, 5문(門) 110여 조(條) 140여 사안(事案)에 불과해, 일부를 누락한 게 분명하다. 청대(淸代) 건륭[28] 『사고전서(四庫全書)』에 수록한 8권본

---

24) 개봉(開封) : 五代 및 北宋의 수도이자 명청(明淸)시 하남성(河南省) 도읍.

25) 자세한 내용은, 부록으로 싣는 원서(原序)와 발문(跋文) · 『사고전서총목제요(四庫全書總目提要)』 등을 참조.

26) 륭경(隆慶) : 목종(穆宗) 연호. 1567~1572년 재위.

27) 만력(萬曆) : 신종(神宗) 연호. 1573~1472년 재위.

28) 건륭(乾隆) : 고종(高宗) 연호. 1736~1795년 재위.

(卷本)은 명(明) 『영락대전(永樂大典)』에서 초록(抄錄)한 것으로, 20문(門) 280조(條) 392사(事)에 달하여, 송(宋) 원본에 가깝게 여겨진다.

본 번역 평석에서는 대만상무인서관(臺灣商務印書館)에서 『사고전서』 진본별집(『四庫全書』 珍本別輯) 4책으로 간행한 8권 영인본을 저본으로 삼고, 상해고적출판사(上海古籍出版社)에서 1988년 발행한 류준문(劉俊文)의 점교역주본(點校譯註本)을 참고로 한다. 다만 원본의 표제에는 재판한 법관(法官) 성명만 기록하고 있는데, 역주본에서는 현대 독자의 편의를 위해 재판 요지를 두세 글자로 축약하여 덧보탬으로써 주제문(主題文)의 형식으로 표현하고, 사안의 총 일련번호를 부여하였다. 여기서 표제어는 후자의 방법을 채택하되, 순번 표기는 20문(門 : 편)의 각 문(門 : 편) 안에서만 사안의 일련번호를 붙이는 방법을 취하기로 한다. 원문의 바로 뒤에 이어지는 '안(按)'은 원 편저자 정극(鄭克)이 기재한 유사 사안의 부록(附錄)과 평론(評論)이며, 본 역주자의 평석(評釋)은 '평석'이라는 표제어로 구분하여 첨부하기로 한다. 사안의 개요를 파악하고, 그 역사적 교훈 및 전통법의 정신, 그리고 원 편저자가 전하고자 한 절옥(折獄)의 귀감(龜鑑)은 본 역주와 함께 공감하는 데 큰 어려움이 없으리라고 기대한다.

☆ 부기(附記) : 1994년 2월 박사학위를 받은 뒤 무려 19번의 공채(1번의 특채까지 포함하면 20번) 응모를 거쳐 꼭 7년 만에 전남대 법대 전임강사에 부임하기까지 쉬는 시간에, 박사후(Post-Doctor) 연수로 "중국의 혼인법(婚姻法)과 계승법(繼承法)"을 연구한 뒤, 학술진흥재단의 학술명저번역총서로 동양의 법률고전인 "절옥귀감"을 번역평석하고, 극락왕생(極樂往生)의 정토법문(淨土法門)인 인광대사가언록(印光大師嘉言錄)을 번역했으니, 다산(茶山) 선생이 강진(康津)에서 19년 유배생활로 세상에 쓰이지 않고 버림받은 세월 동안 방대한 학문연구를 성취한 역사에 비추어 무용지용(無用之用)의 역설을 실감한다.

"절옥귀감"은 재판의 거울이자, 참으로 인생과 우주자연의 진리를 비추는 거울이기도 하도다! 나도 빛고을에 학문상 귀양 온 인연에 감사하며, 자연을 벗 삼아 조용히 무등산(無等山)에 노닐며 마음을 닦고 인생을 읊조린다.

차례

판례평석으로 보는 전통법문화 절옥귀감(折獄龜鑑)

제2장 무고 모함을 가려냄–「변무(辨誣)」편

제5장 과오를 용서함—「유과(宥過)」편

제6장 죄악을 징벌함-「징악(懲惡)」편

제7장 간교함을 관찰함-「찰간(察姦)」편

제8장 간사함을 파헤침 –「핵간(覈姦)」편

제9장 간사함을 적발해 냄 — 「적간(擿姦)」편

제10장 사특함을 관찰함 — 「찰특(察慝)」편

제11장 사특을 입증함 — 「증특(證慝)」편

제12장 사특함을 꼬투리 잡음—「구특(鉤慝)」편

제13장 도둑을 관찰함—「찰도(察盜)」편

제14장 도둑을 추적함—「적도(迹盜)」편

제19장 엄하고 명쾌히 다스림－「엄명(嚴明)」편

제20장 긍휼히 여겨 삼가 너그러이 대함－「긍근(矜謹)」편

제 1 장

원통함을 풀어 줌

「석원(釋寃)」편

평석 『서경(書經)』의 「대우모(大禹謨)」편에는 "죄가 의심스러울 때에는 되도록 가볍게 처리하고, 공이 의심스러울 때에는 되도록 후하게 베풀며, 무고한 백성을 처형할 바에는 차라리 무도한 악인을 놓치어, 생명을 사랑하는 덕이 백성의 마음에 흠뻑 적시게 하라.[罪疑惟輕, 功疑惟重; 與其殺不辜, 寧失不經; 好生之德, 洽于民心.]"는 명언이 전한다.

죄악을 빠뜨리지 않고 체포하여 처벌하는 것이 정의(正義)의 실현이라면, 무고한 양민의 억울한 수형(受刑)이 없도록 하는 것은 인권(人權)의 보장일 것이다. 정의실현보다는 인권보장을 우선 강조하니, 이것이 바로 전통적인 민본주의(民本主義) 왕도인정(王道仁政)이자, 또한 근대적인 휴머니즘의 자유민주(自由民主) 법치행정(法治行政)이 아니겠는가?

『절옥귀감』 총 20편 중 「석원(釋寃)」편을 맨 처음 시작하면서, 양적 비중도 총 8권(卷) 중 2권(卷)에 걸쳐 상하(上下)로 이어지고, 사안도 40조항으로 총 280조항의 7분의 1에 해당하는 방대한 수에 이른다. 이걸 보면, 옛날부터 전승해온 경전의 인본주의(人本主義) 법(法)의 정신을 정확히 인식하고 적극 홍양(弘揚)하려는 편저자의 숭고한 정신이 절실히 느껴진다.

1. 손등(孫登)이 탄환을 견주어 보다

삼국시대 오(吳)나라 태자 손등(孫登)[1]이 일찍이 말을 타고 행차하는데, 갑자기 탄환 한 알이 곁을 스쳐 갔다. 이에 좌우 신하들이 주위를 수색하여 한 사람을 발견하였는데, 마침 그는 활을 손에 든 채 탄환을 허리에 차고 있었다. 모두 그가 범인이라고 여겼는데, 그의 진술을 들어 보니 자기가 아니라고 부인하므로, 신하들이 그를 매질하려고 하였다. 그러나 손등은 매질하지 못하게 하고, 방금 자신을 스쳐간 탄환을 찾아오도록 분부하였다. 그리하여 이를 그 사람이 지니고 있는 것과 견주어 보니 서로 달랐다. 그래서 그를 풀어 주었다.

출전은 『삼국지(三國志)』 「오서(吳書)」 「손등전(孫登傳)」으로 적혀 있다.

안(按) 사람이 원통함을 당하는 것은, 대부분 유사한 혐의(疑似)로 말미암는다. 진술을 듣고 신문하는 자가 신중히 살필 줄 모르고, 도리어 분연히 위세를 부리기 때문에, 마침내 법(권력)을 남용하기에 이르게 된다. 이 사안은 비록 사소한 것이지만, 중대한 사건도 비유할 수 있으므로 맨 첫 머리에 수록한다.

평석 삼국이 정립(鼎立)하여 패권을 다투던 난세에, 하늘이 이처럼 지혜롭고 인자한 군자(君子)를 태자(太子)로 내렸다가 즉위도 하기

---

1) 손등 : 중국 삼국시대 吳나라 대제(大帝) 손권(孫權)의 맏아들로, 字는 자고(子高). 태자가 된 뒤 왕위를 물려받기 전에 사망함. 『삼국지(三國志)』 권59.

전에 거두어 갔으니, 이는 운명의 장난인가, 역사의 아이러니인가? 아니면 오(吳)나라의 불운인가?

2. 조처(曹攄)가 현명하게 살피다

서진(西晉)의 조처[2)]가 림치현(臨淄縣)의 수령(현감)이 되었을 때였다. 현에 한 과부가 있었는데, 시어머니를 몹시 공경스럽게 봉양하였다. 시어머니는 며느리가 젊기 때문에 개가(재혼)하도록 권했으나, 과부는 수절할 뜻을 바꾸지 않았다. 이에 시어머니가 그를 불쌍히 여겨 (재혼하라고) 몰래 자살하였는데, 그 친척들은 과부가 시어머니를 살해했다고 관가에 고발하였다. 이에 관가에서 신문하였는데, 과부는 고문의 고초(苦楚)를 이기지 못하여, 마침내 허위 자백하기에 이르렀다. 판결을 확정하여 처형하려고 하던 차에, 마침 조처가 당도하였다. 그는 사안에 원통함이 있음을 알아차리고, 다시 자세히 조사 신문하여 사건의 진상을 모두 밝혀 내었다. 이에 당시 모든 사람들이 그를 현명하다고 칭송하였다.

『진서(晉書)』「본전(本傳)」에 나온다.

안(按) 전한(前漢) 때 우공(于公)[3)]은 담현(郯縣)의 옥사(獄史)와 동해군(東海郡)의 결조(決曹)를 담당하였는데, 그 재판이 아주 공평했다. 동해군에 한 효부(孝婦)가 있었는데, 젊은 나이에 과부가 되어 자식도 없으면

---

2) 조처 : 서진(西晉) 초국(譙國) 출신으로 字는 안원(顔遠). 처음에 림치령(臨淄令)이 되었으며, 벼슬이 정남사마(征南司馬)까지 이름. 『진서(晉書)』 권90.

3) 우공 : 서한(西漢) 동해군(東海郡 : 지금 山東 郯城縣 소재) 사람으로, 선제(宣帝) 때 유명한 재상을 지낸 于定國의 아버지이며, 『한서(漢書)』 권71 「우정국전(于定國傳)」에 함께 나옴. 郯縣의 獄史(형조 아전에 해당)와 東海郡의 決曹(판결 담당)를 역임.

서, 시어머니를 몹시 공경스럽게 봉양하였다. 시어머니는 며느리를 개가시키려 하였으나, 며느리가 끝내 듣지 않자, 나중에 스스로 목매어 자살하였다. 이에 시누이는 '올케(며느리)가 우리 어머니를 죽였다'고 고발하였다. 아전이 효부를 체포하자, 효부는 자기가 시어머니를 살해하지 않았다고 진술하였다. 아전이 고문을 가하자, 효부는 마침내 허위 자백하였다. 그래서 살인 사건으로 작성한 기록을 상부에 보고하였다.

우공은 이 과부가 시어머니를 십여 년 봉양하여 효부로 소문날 정도였으므로, 결코 살해하지 않았다고 판단하였다. 그러나 군(郡)의 태수(太守)가 들어주지 않으므로, 태수와 힘껏 논쟁하였다. 끝내 자신의 판단이 받아들여지지 않자, 그 재판 기록을 껴안고 군청 한 가운데에서 통곡한 후, 마침내 질병을 핑계로 사직하고 떠나 버렸다. 태수는 결국 그 효부를 살인죄로 처형하였는데, 그로부터 3년간 온 군중(郡中)에 극심한 가뭄이 들었다.

후임 태수가 부임하여 가뭄의 원인을 점쳐 보았다. 그때 우공이 "효부를 사형에 처하지 않아야 했는데, 전임 태수가 억지로 처형을 강행하여, 가뭄의 원인(죄책)이 아마도 여기에 있을 것입니다"고 해명하였다. 이에 태수가 소를 잡아 효부의 무덤에 제물로 바치고 친히 제사 지낸 뒤, 무덤에 비석을 세워 효절(孝節)을 표창하였다. 그러자 하늘에서 곧장 큰 비가 내려, 그 해 농사가 풍작을 이루었다. 온 군중(郡中) 사람들은 이 일을 계기로 우공을 크게 공경하였다.

『전한서(前漢書)』의 「우정국전(于定國傳)」에 나오는데, 우공(于公)은 곧 정국(定國)의 부친이다.

또 후한(後漢 : 東漢)의 상우현(上虞縣)에 한 과부가 있었는데, 시어머니를 몹시 효성스럽게 봉양하였다. 시어머니는 수명이 다하여 임종했는데, 남편의 여동생(손아래 시누이)이 전부터 품고 있던 미움과 원한으로 말미암아 음모를 꾸몄다. 즉 며느리(올케)가 시어머니 봉양을 귀찮게 여기고 싫어하여, 약을 타서 독살하였다고 무고(誣告)하였다. 그런데 형조(刑曹)의 관리가 제대로 살피지 않고, 그 말을 그대로 받아들였다. 이에 당시 호조사(戶曹史)이던 맹상(孟嘗)[4]이 태수에게 간언하였으나, 태수가 들어주지 않아 효부는 마침내 원통하게 죽었다. 그로부터 2년간 온 군중(郡中)이 계속 가물었다.

『후한서(後漢書)』「본전(本傳)」에 나오는데, 이 두 사안은 옛 『의옥집(疑獄集)』에 실려 있지 않다.

림치현(臨淄縣)의 과부가 만약 조처를 만나지 못했다면, 곧 동해군(東海郡)이나 상우현(上虞縣)의 효부와 다를 수가 없었을 것이다. 오직 후자의 두 효부가 원통하게 처형당한 사실을 경계할 만한 거울로 삼을 때에, 비로소 앞의 법관이 원통함을 풀어 준 슬기가 숭상할 만한 모범으로 돋보인다. 그래서 이 두 사안을 참고로 대비시켜 소개한다.

평석 속담에 "때리는 시어미보다 말리는 시누이가 더 밉다"고 했던가? 친정어머니에 대한 올케의 공경스런 효성을 은덕으로 감사하고 보답하지는 못할망정, 도리어 원한으로 보복하다니, 인간의 감정은 어찌 이리도 사악한가? 옛날부터 "한 아낙이 원한을 품으면 오뉴월에 서리가 내린다.[一婦含寃, 六月飛霜.]"는 속담이 전해 온다. 원기(寃氣)가 하늘에 사무쳐 천체 운행의 화기(和氣 : 調和)를 깨뜨리기 때문이다.

그래서 전통시대에는 가뭄 · 홍수 · 혹한(酷寒) 등 이상 기후가 발생하면, 임금은 자신의 부덕함을 반성하고 백성의 원통함이 없는지 살폈다. 특히 억울한 죄수가 없도록 재판의 신중을 기하며, 사면령을 내리는 경우도 많았다. 불교(『藥師如來本願經』)에서도 국가에 질병 · 내란 · 외환 · 일월성신(日月星辰)의 변괴(變怪) · 폭풍 · 홍수 · 가뭄 등 천재지변이 발생할 때, 왕이 일체 중생에 대해 자비심과 연민을 일으켜, 죄수를 사면 석방하고 여래(如來)께 지성 공양하면, 모든 재난이 풀리고 평안해진다고 설법하고 있다. 후대의 정치와 법은 불교 영향을 적지 않게 받는데, 특히 원(元)과 고려(高麗) 때에 불교의 자비를 내세워 죄수의 사면 석방을 아주 잦게 시행했다.

---

4) 맹상 : 東漢(후한) 회계군(會稽郡) 상우(上虞)현 사람으로, 字는 백주(伯周). 회계군의 호조사(戶曹史)와 합포(合浦) 태수(太守) 등을 지내다가, 나중에 관직을 버리고 은둔함. 『후한서(後漢書)』 권76.

3. 포융(苻融)이 꿈을 점치다

오호십육국(五胡十六國)시대 전진(前秦 : 349~394년)의 포융[5]이 사례교위(司隷校尉)일 때였다. 경조(京兆) 사람 동풍(董豐)이 3년간 유학(遊學)을 마치고 귀향하다가, 처가에 들러 묵게 되었다. 그런데 이날 밤 처가 도적에 피살(被殺)하자,[6] 손위 처남은 풍(豐)이 살해한 것으로 의심하여 관가에 신고하였다. 풍은 고문의 고초를 견디지 못하고, 자기가 처를 살해하였다고 허위 자백하였다. 그런데 융(融)이 살펴보고는 자못 미심쩍어, "네가 외출하였다가 되돌아오는 도중에, 혹시 괴이한 일이나 점쳐 본 일이 있느냐?"고 물었다. 그러자 풍이 다음과 같이 대답하였다.

"처음에 길을 떠나려고 할 때, 밤에 꿈을 꾸었소. 말을 타고 남쪽으로 강을 건넜다가 되돌아서 북쪽으로 건넌 뒤, 다시 북쪽에서 남쪽으로 향하는데, 말이 강 가운데에 멈춰 서서 채찍질해도 나아가지 않았소. 그래서 아래를 굽어보니 두 해[日]가 물 아래에 있고, 말의 왼쪽은 희고 젖었으며, 오른쪽은 검고 말라 있었소. 잠에서 깨어나 내심 두려움이 들며 상서롭지 못함을 느꼈는데, 돌아오려고 하던 날 밤에도 처음과 똑같은 꿈을 꾸었소. 점치는 사람에게 물었더니, '소송의 근심이 있겠으니, 재삼 베개를 멀리하고 재삼 목욕을 피하라'고 말해 주었소. 처가에 당도하니, 처가 이미 목욕 준비를 해놓고, 밤에는 나에게 베개를 주었소. 그러나 나는 점치는 사람의 말을 상기하고, 처가 마련한 것을 전혀 따르지 않았소. 그랬더니

---

5) 포융 : 16국시대 전진(前秦)의 네 번째 군주인 포견(苻堅)의 아우로, 字는 박휴(博休). 표기대장군(驃騎大將軍), 영종정(領宗正), 록상서사(錄尙書事) 등을 역임하고 양평공(陽平公)에 봉해짐, 나중에 포견(苻堅)을 따라 동진(東晋)을 정벌하러 나섰다가, 비수(淝水)의 전투에서 사망함. 『진서(晋書)』 권114.

6) '피살(被殺)'은 '살해당하다'는 피동의 뜻을 지닌 명사로서, 한자어 명사를 동사로 만들 때는 '-하다'를 붙이는 게 표준문법에 맞는데, 흔히 세간의 언어관용은 '피살되다'나 '피살당하다'로 말하여, '-되다'나 '-당하다'의 피동 보조동사를 붙임으로써, 본디 피동의 뜻을 지닌 명사에 이중으로 피동을 덧붙이는 어색하고 부자연스러운 현상을 보인다. 여기서는 문법에 맞게 '피살(被殺)하다'로 표기한다.

처가 목욕한 뒤 그 베개를 베고 잠들었소."

이 말을 듣고 융이 말하였다.

"내가 알았다. 『주역(周易)』에 의하면, 감(坎 : ☵)괘는 물[水]이고, 리(離 : ☲)괘는 말[馬]이다. 꿈에 말을 타고 남쪽으로 건넜다가 북쪽으로 선회한 뒤 다시 남쪽으로 향한 것은, 감괘로부터 리괘로 변함을 뜻한다. 감괘의 세 효(爻)가 동시에 그 음양이 바뀌면 곧 리괘가 되는데, 리괘는 가운데 효(爻)만 음(陰)이므로 가운데 딸[中女]을 상징하고, 감괘는 가운데 효만 양(陽)이므로 가운데 아들[中男]을 뜻한다. 두 해는 곧 두 남편의 형상인데, 감괘가 또 법을 집행하는 관리를 상징하기도 하므로, 관리가 그 남편을 신문하고 아내는 피를 흘리고 죽는다는 뜻이다. 감괘는 두 음효(陰爻)와 한 양효(陽爻)이고, 리괘는 두 양효(陽爻)와 한 음효(陰爻)로서, 서로 그 효(爻)의 위치가 완전히 뒤바뀐 것이다.

또 리괘가 아래에 있고 감괘가 위에 있으면 곧 기제(旣濟 : ䷾)괘가 되는데, 일찍이 주(周)나라 문왕(文王)[7)]도 이 괘를 만났을 때 상(商)나라의 주(紂)임금에게 붙잡혀 유리(羑里)에 감금당했다. 그런데 문왕은 예의가 있었기 때문에 살아나고, 반대로 포학무도한 주(紂)임금이 죽었다. 말의 왼쪽이 축축이 젖은 것은 곧 물기[水]를 뜻하는데, 왼쪽의 물과 오른쪽의 말을 합성하면 붕(馮)자가 되고, 두 해를 중첩하면 창(昌)자가 된다. 그러니 아마 붕창(馮昌)이라는 자가 살인범일 것이다."

이에 주위를 조사하니 과연 붕창이 있고, 그를 신문하니 마침내 자초지종을 자백했다. 본디 그 처와 (간통한 불륜관계로) 본 남편 동풍(董豐)을 살해하기로 함께 모의한 뒤, 새로 목욕하고 베개 베고 자는 것을 신표로 정했는데, 그 신표 때문에 결과적으로 부인을 오살(誤殺)하고 만 것이었다.

출전은 『진서(晉書)』 「본전(本傳)」이라고 적혀 있다. 원래 꿈을 점친 말이 상당히 번잡하나, 모두 삭제하고 요점만 간추려 적는다.

---

7) 문왕 : 주문왕(周文王) 희창(姬昌). 『사기(史記)』 「주본기(周本紀)」에 따르면, 商나라 紂임금이 그를 유리(羑里 : 지금 河南 湯陰縣의 북쪽 소재)에 가두었는데, 문왕이 그 때 거기에 갇힌 동안 易의 8괘를 64괘로 확대 발전시켰다고 전함.

안(按) 옛날에 옥안(獄案)의 진상을 살핌에도, 그 방법이 많았다. 괴이한 꿈이나 현상에 대해 점을 쳐서 해석함에도, 모두 마음을 다하였다[盡心]. 죄수(피의자)를 긍휼히 여겨 지성으로 심리하면, 반드시 무형 중에 천지신명의 은밀한 도움을 얻게 된다. 그리하여 붕창(馮昌)이 죄를 자백하고, 동풍(董豐)의 억울함이 풀릴 수 있었다. 붕(馮)자에서 마(馬)자 옆의 부수(部首)는 "水(氵)"가 아니고 빙(冰 : 氷의 本字로 물이 얼어붙은 형상, 즉 冫)이며, 또 창(昌)자에서 위의 일(日)자 아래에 있는 글자는 일(日)이 아니라 왈(曰)이다. 포융(苻融)이 뜻(意 : 直覺적인 영감)으로 판단하여 말한 것이, 구체 사실로 영험하게 들어맞은 것이다. 이는 (삼국시대 위(魏)나라의 주선(周宣)이 해몽(解夢)을 잘하자, 사람들이 그를 시험하려고 거짓말로 꿈을 꾸며대어 말해도, 주선이 점쳐 해몽하는 것은 모두 신통하게 맞히므로, 사람들이 놀라 그 까닭을 물었는 바, 이때) 주선(周宣[8])이 말하기를, "이는 신령(神靈)이 그대를 움직여 말하도록 시킨 것이기 때문에, 진짜 꿈과 다를 바가 없다"고 답한 것과 똑같은 이치이다. 어찌 죄수를 지성으로 연민하여 나타난 감응이 아니겠는가?

이 사안은 「찰적(察賊)」편에도 다시 수록하고 있다.

평석 꿈에는 4종류가 있다. 첫째, 신체가 불편하여 심신(心身)이 분산하기 때문에 꾸는 악몽[四大不和夢]; 둘째, 낮 동안 보고 겪은 내용이 재현하는 꿈[先見夢]; 셋째, 평상시의 생각이 나타나는 꿈[想夢]; 넷째, 천상신명과 교감하여 내려오는 계시적인 꿈[天人夢]이다. 성경이나 불경에도 계시적인 천인몽이 많이 등장하는데, '꿈보다 해몽'이라는 속담처럼, 문제는 꿈을 해석하는 지혜와 통찰력이다. 여기에는 바로 정성과 공경의 마음이 필수로 긴요하다.

지성(至誠)이면 감천(感天)이라는 속담이 있다. 신(神)이란 신(信)이다. 믿

---

8) 주선 : 삼국시대 魏나라 락안(樂安 : 지금 山東 博興현) 사람으로, 꿈을 잘 점치기(해몽하기)로 유명했으며, 태사(太史)에 속하는 중랑(中郎)의 벼슬을 지냈다. 『삼국지』 권29.

음을 가지고 정성스럽게 기도하면 천지신명이 감응(感應)하고, 믿지도 않고 무성의하게 대하면 천만번 말하고 구하여도 신령의 존재를 느낄 수 없다. 그래서 해몽이나 『주역(周易)』의 점법(占法)에서도 정성과 경건이 필요한 전제조건이다. 점쳐 얻은 점사(占辭)는, 고요하고 텅 빈 마음 상태에서 신명(神明)의 무위자연(無爲自然)적 움직임에 의해 구체적인 상황에 맞는 해석이 직관적인 영감으로 내려온다.

심증(心證)에 의해서만 수사해도 안되고, 양심(良心)에 의해서만 재판해서도 안 된다. 그러나 심증(心證)은 물증(物證)·인증(人證)과 함께 진실을 규명하는 중요한 단서가 되고, 양심(良心)은 법률과 함께 정의를 실현하는 핵심 근거이다. 선천적인 양심은 정성과 공경으로 하늘과 친화(親和)·교감(交感)할 때 광명정대(光明正大)하게 발휘하며, 그때 하늘이 내려주는 영감과 직관이 심증으로 나타난다. 마치 맑고 고요한 물에 사물의 모습이 뚜렷이 비치듯이, 맑고 고요한 마음도 신령스런 거울이 된다.

현대에도 정성과 공경을 다하는 법관·검사·변호사라면, 오랜 법조생활 중에 난해하고 기이한 사안을 천지신명의 감응으로 해결의 실마리를 찾은 경험이 있을 것이다. 그러한 체험담도 동료나 후배 법조인을 위해 소개될 만한 가치가 충분하다고 본다. 사실 지금도 몇 해가 지나도록 미궁에 빠져 미제(未濟)로 남아 있는 사안이 얼마나 많은가? 정성과 진심을 다하지 못한 때문은 아닌지?

4. 신상(辛祥)이 기색(氣色)을 관찰하다

남북조(南北朝)시대 후위(後魏: 北魏)의 신상[9]이 병주(幷州)의 평북부(平北

9) 신상: 북위(北魏)의 롱서(隴西) 적도(狄道: 지금 甘肅 臨洮현) 사람으로, 字는 만복(萬

府) 사마(司馬)일 때였다. 백벽(白璧)으로부터 귀환하던 병사 약도현(藥道顯)이 도적으로 몰려 고발당했는데, 관가에서는 모두 그를 도적으로 의심하였다. 이때 신상만은 "도현의 얼굴에 슬픈 기색이 있다. 옥송(獄訟)을 기색으로 관찰한다는 것은 바로 이런 경우를 두고 하는 말이리라!"고 판단했다. 그리고는 그를 오랫동안 구금하면서, 그의 억울함을 풀어 주려고 노력하였다. 과연 한 달쯤 지나 진짜 도적이 잡혔다. 상(祥)은 그 후 관직이 안정왕(安定王) 원섭(元燮)[10]의 정로부(征虜府) 장사(長史)까지 이르렀다.

안(按) 후한(後漢)의 법웅(法雄)[11]은 청주(青州) 자사(刺史)일 때에, 매번 관할 지역을 순시하여 죄수들의 기록을 점검하면서, 그 안색을 관찰하여 진위(眞僞)를 분간해 낸 경우가 많았다. 무릇 옥안(獄案)을 관찰하는 방법(기술)에는 세 가지가 있다. 색(色 : 기색 · 안색), 사(辭 : 언사 · 말), 정(情 : 감정 · 정황)이 그것이다. 이 사안은 기색(안색)으로 관찰한 것이다. 만약 언사와 감정(정황)이 자못 억울하고 원통하면서, 범죄 상황을 추적한 결과도 다소 의심스럽고 유사하다면, 어떻게 곧장 그것만 가지고 사실(진범)이라고 단정할 수 있겠는가? 오랫동안 구금하고 지켜보면서 원통함을 풀어 주는 것은 이치상 당연할 따름이다. 후술할 12사안이 그러한 예인데, 참고로 덧붙인다.

위비(魏丕)[12]가 처음에 주(周) 세종(世宗)[13]을 따라 선연(澶淵)에 주둔하는

福). 벼슬은 사공주부(司空主簿)를 거쳐 병주(幷州 : 지금 山西 太原市 서남)의 평북부사마(平北府司馬)에 이름. 『위서(魏書)』 권45, 『북사(北史)』 권26.

10) 안정왕 원섭 : 안정왕(安定王) 원휴(元休)의 둘째 아들로, 그 봉작(封爵)을 물려받음.

11) 법웅 : 동한(東漢) 부풍군(扶風郡) 미현(郿縣 : 지금 陝西 眉縣) 사람으로, 字는 문강(文彊). 벼슬이 청주 자사(青州 刺史)와 남군 태수(南郡 太守)에 이름.

12) 위비 : 宋나라 상주(相州 : 지금 河南 安陽市) 사람으로, 字는 제물(齊物). 처음에 후주(後周) 세종(世宗) 때 사법참군(司法參軍)의 벼슬을 맡았는데, 宋에 들어와 좌교위대장군(左驍衛大將軍)에 이름. 『송사(宋史)』 권270.

13) 주 세종 : 이름은 자영(紫榮)이며, 후주(後周) 태조(太祖 : 951~954년 재위) 곽위(郭威)의 양자로, 그의 뒤를 이어 954~959년까지 재위. 곽위가 후한(後漢)을 멸망시키고 후주(後周)를 세운 뒤, 자영을 단주(澶州) 자사 겸 진녕군(鎮寧軍) 절도사(節度使)에 임

동안, 사법참군(司法參軍)에 임명되었다. 그때 강도 5인이 수사와 판결을 마치고 막 처형당할 참이었다. 위비는 억울함이 있는 듯한 의심이 들어, 형 집행을 늦추고 자세히 관찰했다. 그러는 사이 며칠이 안 되어 진짜 도적이 붙잡혀 5인은 모두 풀려났다. 위비는 나중에 송(宋)나라에 벼슬하여 좌교위장군(左驍衛將軍)까지 올랐다.

신도군왕(信都郡王)인 조덕이(趙德彝)[14]가 송(宋) 태종(太宗 : 976~997년 재위) 옹희[15] 년간에 의주(沂州) 판관일 적이었다. 유생 을서(乙恕)가 교외에 거주하며 공부하는데, 하루는 비명횡사한 시체 한 구가 그 집 옆에 발견되었다. 포졸이 이를 보고 그를 잡아 신문하여 자백을 받았다. 그러나 판관(判官)인 조덕이(趙德彝)는 억울함이 있는 것으로 여기고, 다른 관리에게 신문하도록 분부해 보았으나, 역시 마찬가지였다. 그래서 형 집행을 보류하고 기다리도록 명령했는데, 얼마 안 되어 과연 도둑이 잡혀 을서가 풀려날 수 있었다.

설규(薛奎)[16] 참정(參政)이 습주(隰州)의 군사추관(軍事推官)일 적이었다. 동네 주민들이 절간에 모여 장기를 두곤 했는데, 하루는 도적이 들어 절의 종을 죽이고 재물을 훔쳐 갔다. 그 후 바로 네 사람이 장기 두러 와서 집문을 열었다가, 흥건한 핏물에 젖어 그만 놀라 달아났다. 그래서 포졸이 신문으로 자백을 받아 냈으나, 설규만이 미심쩍어 하며 처형을 다소 늦추도록 요청했는데, 며칠 후 과연 살인자가 붙잡혔다.

명하여 단연(澶淵)에 주둔시켰음. 『구오대사(舊五代史)』 권114, 『신오대사(新五代史)』 권12에 본기(本紀) 실림.

14) 신도군왕 조덕이 : 송나라 태조의 아우인 조광미(趙光美)의 셋째 아들로, 字는 가구(可久). 19세에 우천우위(右千牛衛)대장군에 임명되어 기주(沂州 : 지금 山東 소재)를 다스림. 신도군왕은 죽은 뒤 추증된 봉작(封爵). 『송사(宋史)』 권244.

15) 옹희(雍熙) : 송 태종의 두 번째 연호로 984~987년 재위.

16) 설규 : 宋나라 강주(絳州) 정평(正平 : 지금 山西 新絳縣) 사람으로, 字는 숙예(宿藝). 송 진종(眞宗) 때 진사가 되어 습주(隰州 : 지금 山西 소재) 군사추관(軍事推官)을 거친 뒤, 벼슬이 룡도각학사(龍圖閣學士), 권삼사사(權三司使), 참지정사(參知政事)에 이름. 『송사(宋史)』 권286.

당숙(唐肅)[17] 대제(待制)가 진주(秦州)의 사리참군(司理參軍)일 적이었다. 한 상인이 밤에 주막에 묵었는데, 함께 묵었던 자가 살인하고 도망갔다. 아침에 일어나 보니, 자기 옷에 피가 흥건히 젖어 있었다. 그 때문에 그는 체포되어, 변명할 여지도 없이 허위 자백하고 말았다. 주(州) 지사인 마지절(馬知節)[18]은 사안을 확정하여 종결하려 하는데, 당숙(唐肅)이 불가하다고 완강히 반대했다. 그런데 며칠 후 진범을 체포하였다.

두연(杜衍)[19] 승상이 하동(河東)의 제점형옥공사(提點刑獄公事)일 적이었다. 상당(上黨)현[20]의 한 백성이 계모를 모시고 있었다. 그런데 그 계모가 남에게 살해당하자, 어떤 자가 그 백성이 자기 계모를 죽였다고 고발하였다. 그는 심한 고문의 고초를 이기지 못하고 스스로 허위 자백하였다. 재판이 이미 다 끝났는데, 두연은 사실이 아닌 것 같은 의심이 들어, 결론을 확정짓지 못하고 있었다. 그 사이 과연 진짜 살인범을 체포하였다.

이상 여섯 사안은 모두 「본전(本傳)」에 보인다.

손면(孫沔)[21] 추밀부사(樞密副使)가 조주(趙州)의 사리참군(司理參軍)일 적이었다. 조주의 한 현에서 도적이 발생했는데, 도적들이 들킨 뒤 관군에게 쫓기자, 다급하게 칼과 장물을 한 민가에 버리고 달아났다. 관군들이 그 집에 들어가 보니, 거기에 16인이 모여 술을 마시고 있었다. 그런데 그

---

17) 당숙 : 宋나라 항주(杭州) 전당(錢塘) 사람으로, 字는 숙원(叔元). 진사가 된 뒤, 진주(秦州 : 지금 甘肅 소재) 사리참군(司理參軍)을 거쳐 룡도각대제(龍圖閣待制)를 지냈음. 『송사(宋史)』 권303.

18) 마지절 : 송나라 개봉부(開封府) 상부(祥符) 사람으로, 字는 자원(子元). 선휘(宣徽) 남원사(南院使), 지추밀원사(知樞密院事)를 지냄. 『송사(宋史)』 권278.

19) 두연 : 송나라 월주(越州) 산음(山陰 : 지금 浙江 紹興市) 사람으로, 字는 세창(世昌). 진사가 된 뒤, 하동로(河東路)의 제점형옥(提點刑獄)을 거쳐 동평장사(同平章事), 집현전대학사(集賢殿大學士) 겸 추밀사(樞密使)에 이름. 송나라 전기에는 동평장사가 재상이었음. 『송사(宋史)』 권310.

20) 지금의 산서(山西) 장치시(長治市).

21) 손면 : 송나라 월주(越州) 회계(會稽 : 지금 紹興市) 사람으로, 字는 원규(元規). 진사에 급제한 뒤, 조주(趙州) 사리참군(司理參軍)을 거쳐 추밀부사(樞密副使)에 이름. 『송사(宋史)』 권288.

수가 마침 도적의 수와 일치하므로, 이들을 체포하여 고문으로 범죄 사실을 자백시켰다. 법적으로 이들에게 모두 사형죄를 적용하여 주(州)에 보고하였는데, 참군(參軍)인 손면(孫沔)은 억울함이 있음을 알아차리고 처형을 만류하였다. 주(州)의 장군이 노하면서도 감히 형을 집행하지는 못하고 지체하는 동안, 며칠 사이에 진짜 도둑들이 잡혔다. 이에 장군은 도리어 기뻐하며, 손면에게 "그대가 아니었다면 내가 어떻게 오판의 죄를 면할 수 있었겠는가?"라고 몹시 고마워했다.

왕규(王珪)[22] 승상이 지은 「손면묘지(孫沔墓誌)」에 보인다.

무릇 송대(宋代) 관직을 지낸 인물의 사안은, 국사본전(國史本傳)에 실린 경우에만 이름을 부르고, 묘지명 · 행장 · 잡서(雜書) · 소설 등에 실린 경우에는 작위나 자(字)를 부른다. 여기에서 모두 이름으로 쓴 것은 고금(古今)의 문체 형식을 통일하기 위함이다. 또 소흥(紹興) 때의 「휼형수조(恤刑手詔)」[23]에 비추어 보아도, 예법상 이름을 쓰는 것이 마땅하다.

요중손(姚仲孫)[24] 룡학(龍學)이 허주(許州)의 사리참군(司理參軍)일 적이었다. 허주의 한 민가에 살인강도가 발생했다. 그런데 그 처가 말하기를, "동네 아전이 늘 우리 남편에게 뇌물을 요구했는데, 주지 않자 원망하고 있었으니, 그의 소행이 분명합니다."고 신고했다. 이에 그를 체포하여 사형죄에 회부하였는데, 참군(參軍)인 요중손(姚仲孫)은 자못 의심스러웠다. 그러자 주(州)지사 왕사종(王嗣宗)[25]은 "그대가 저 사람이 도적 아님을 보

---

22) 왕규 : 화양(華陽 : 지금 四川 成都市) 사람으로, 字는 우옥(禹玉). 송나라 신종(神宗 : 1068~1085년 재위) 희녕(熙寧 : 1068~1077년) 년간에 동중서문하평장사(同中書門下平章事)를 지내 승상으로 일컬음. 『화양집(華陽集)』을 지었는데, 지금 전해지는 40권本에는 손면묘지(孫沔墓誌) 등 빠진 글이 제법 있는 것으로 나타남.

23) 「소흥휼형수조」 : 남송(南宋) 고종(高宗 : 1127~1162년 재위) 조구(趙構)가 소흥(紹興) 3년(1133)에 형벌 집행을 삼가 신중히 하고 죄수들을 불쌍히 여기라고 특별히 내린 조서로, 元나라 류훈(劉壎)이 지은 『은거통의(隱居通議)』 권31에 보임.

24) 요중손 : 송나라 진주(陳州) 상수(商水 : 지금 河南 소재) 사람으로, 字는 무종(茂宗). 진사가 된 뒤, 허주(許州 : 河南 許昌市) 사리참군(司理參軍)을 거쳐 룡도각학사(龍圖閣學士), 권삼사사(權三司使)에 이름. 『송사(宋史)』 권300.

증한단 말인가?"라고 힐난하면서도, 감히 당장 처결하지는 못하였다. 그런데 며칠 후 과연 진범이 붙잡혔다. 그러자 왕사종은 다시, "옥안(獄案)의 관찰은 마땅히 이렇게 해야 된다"고 말하면서 몹시 기뻐하였다. 중손(仲孫)은 나중에 자주(資州)로 전근하여, 전운사(轉運使)의 요청으로 부순감(富順監)에 가서 의심스러운 옥안(獄案)을 재심하였는데, 이때 억울함을 벗고 목숨을 건진 자가 수십 인이나 되었다.

정탄(程坦)[26] 국학박사(國學博士)가 영주(郢州)의 사호참군(司戶參軍)일 적이었다. 어떤 백성이 도둑 3인을 붙잡았는데, 법령상 모두 사형에 해당했다. 주(州)에서는 심리를 끝마쳐 조정에 보고하려고 했는데, 정탄은 피의자들이 스스로 허위 자백했다는 의심이 들어 사안을 보류시키고 다시 신문했다. 나중에 과연 진짜 도둑이 붙잡혔다. 그 뒤로는 비록 다른 주(州)에서 발생한 사안이라도 의심스러운 경우에는, 감사(監司)가 반드시 정탄에게 보내 판결하도록 지시했다. 정탄의 아들은 감(戡)인데, 선휘남원사(宣徽南院使)를 지냈고, 나중에 태사(太師)의 벼슬을 추증 받았다.

왕규 승상이 지은 「정탄묘지(程坦墓誌)」에 보인다.

손렴(孫廉)[27] 관찰사가 처음에 친사관(親事官)에 속해 있다가, 나중에 자주(慈州) 자사(刺史)로서 창주(滄州) 지사 직책을 겸임했다. 그때 강도 사건이 터져 재판이 다 이루어졌는데, 손렴은 아무래도 미심쩍어 부하 직원에게 이렇게 말했다.

"나는 무인(武人)이라 재판심리는 본디 내 일이 아니오. 하지만 내가 피의자 아무개의 이웃 사람들을 불러 그의 행동거지를 한번 물어 보았더니, 모두가 '이 사람 평소 별로 하는 일 없이 제멋대로 굴긴했지만, 지금 내

25) 왕사종 : 송나라 분주(汾州 : 지금 山西 汾陽현) 사람으로, 字는 희원(希阮). 진사가 된 뒤, 벼슬이 추밀부사(樞密副使)에 이름. 『송사(宋史)』 권287.

26) 정탄 : 송나라 허주(許州) 양적(陽翟 : 지금 河南 禹縣) 사람으로, 字는 탄연(坦然). 벼슬이 국자박사(國子博士)에 이르렀으나, 『송사(宋史)』에 열전이 없음.

27) 손렴 : 미상.

몰리는 것처럼 도적질할 사람은 결코 아니다'고 말하오."

며칠 뒤 과연 진짜 도적이 붙잡혔다.

근종설(靳宗說)[28] 관사(館使)가 처음에 조상의 관음(官蔭)으로 삼반봉직(三班奉職)에 부임하여, 창주(滄州) 염산현(鹽山縣)의 행정을 감독하면서 현의 업무도 함께 맡았다. 그때 한 죄수가 살인죄로 갇혀 사형에 해당했는데, 근종설은 미심쩍어했다. 그러던 중 죄수가 "노모가 90세로 병환이 위독하니, 한번 가서 뵙고 작별이나 고하고 죽기를 원한다"고 간청하였다. 종설(宗說)은 사안 자체에 의문점을 느끼던 차에, 그를 측은히 여겨 가석방해 주고 감호인을 딸려 보냈다. 그런데 바로 그 뒤 진짜 살인범이 붙잡혔다.

류위(劉緯)[29] 대경(大卿)이 형주(邢州) 지사일 적에, 관할 읍에서 한 병졸이 수풀 속에 죽은 채로 발견되었다. 도적을 잡는 포졸이 그 부근에서 한 사람을 붙잡아, 살인범으로 몰아 처형하려 하였다. 그러나 류위는 사실이 아닐 거라고 미심쩍어 하고 있었다. 이튿날 죽은 병졸이 복무하던 곳에서 두 사람이 함께 탈영하여 도망했다는 공문이 날아왔다. 그래서 급히 나머지 한 사람을 수색하여 체포했는데, 신문 결과 과연 그 탈영병이 동료를 살해했다고 자백하였다.

송창언(宋昌言)[30] 대감(大監)이 택주(澤州) 지사일 적이었다. 한 사형 사안의 심리 재판이 모두 끝났는데, 송창언은 아무래도 억울함이 있는 것 같은 의심이 들어, 결단을 못 내리고 질질 끌었다. 그러는 동안 과연 진짜 도적이 붙잡혔다.

이상 네 사안은 모두 「본전(本傳)」에 보인다.

---

28) 근종설 : 미상.

29) 류위 : 『북송경무연표(北宋經撫年表)』에 따르면, 광록경(光祿卿) 등의 관직을 역임한 것으로 나타나 있으나, 그밖에는 미상. 『송사(宋史)』에 열전이 없음.

30) 송창언 : 송나라 조주(趙州) 평극(平棘 : 지금 河北 趙縣) 사람으로, 字는 중모(仲謨). 처음에 조상의 관음(官蔭)으로 택주(澤州 : 지금 山西 晋城縣) 사리참군(司理參軍)에 부임했다가, 나중에 소부감(少府監)까지 올라 대감(大監)으로 부름. 『송사(宋史)』 권291.

이상의 12사안은 모두 언사와 감정(정황)으로 관찰한 것이다.[31] 근종설이 사형수를 가석방하여 그 노모와 마지막 작별하도록 배려한 것은, 반드시 그의 원통함을 알아서 그러한 것은 아니고, 다만 죄수가 노모를 생각하는 효심이 가련했기 때문이다. 그러는 사이 원통한 정상이 갑자기 밝혀진 것은 우연한 결과였지만, 그러나 이 또한 지성스러운 연민과 긍휼의 효험이다. 그 밖의 사안도 심리를 신중히 행하면서, 감히 곧바로 처형하지 않고 시간적 여유를 끌었기 때문에, 억울함이 밝혀져 풀려난 것이다.

대저 차라리 오랫동안 구속 감금하여 진실을 찾을지언정, 혹시라도 형집형을 서둘러 남용함으로써 원통함을 초래하지는 말아야 할 것이다. 이것이 바로 『서경(書經)』 「순전(舜典)」에서 강조하는 '흠휼'[32]의 본의에 부합한다. 『주역』에 이르기를, "중부(中孚)의 괘로써 군자는 (과실의) 옥안(獄案)을 심의하여 사형을 늦춘다."고 하였는데, 바로 이러한 경우를 두고 일컫는 것인가?

평석 예나 지금이나 소송에서 민사와 형사를 막론하고, 상호 긴장 대립하며 양립하기 어려운 두 법이념은, 바로 진실의 규명이라는 실체적 정의와 조속한 분쟁의 해결 및 죄악의 징치(懲治)라는 절차적 정의이다. 전통법에서 형사 옥안(獄案)의 경우, 죄수의 고통과 억울을 조속히 풀어 주기 위해 심리의 적체(積滯)를 엄금했다. 그리고 민사 사송(詞訟)의 경우, 특히 전답 쟁송은 농시(農時)의 박탈과 경작 방치가 민생과 직결하므로, 또한 재판의 지연을 질색으로 여겼다. 그렇지만 사건의 조속한 결제(決濟)라는 명분으로, 권세와 형벌을 남용하여 무고한 양민에게 억울한 누명을 씌우고 원통한 죽음까지 초래하거나, 정당한 권리를 침탈하여 간사한 모리배(謀利輩)들의 뱃속을 채워 주는 일은 더욱 금기시하였다. 이 두 법이념(法理念)은 상대적인 현상 세계에서 인류 사회가 존재하는 한 영

31) 기록상 구체적인 내용은 명확히 드러나지 않는 편이다.
32) 흠휼(欽恤) : 공경하면서 긍휼히 여김.

원히 그치지 않고 좌우로 번갈아 흔들리는 시계추(단진동)인가?

5. 리숭(李崇)이 유배 병사를 속이다

후위(後魏 : 北魏)의 리숭[33]이 하동(河東) 태수(太守)일 적이었다. (河北省) 정주(定州)의 해경빈(解慶賓) 형제가 유형의 죄를 범하여 함께 (江蘇省) 양주(揚州)로 유배되었다. 그런데 동생 사안(思安)이 유배지의 병역을 기피하고 도망하여 귀향하자, 형 경빈은 뒤에 아우의 도망에 대한 연대보증 책임을 추궁 받을까 두려워졌다. 그래서 아우의 성명을 유배자 적관(籍貫 : 호적 · 명부)에서 아예 말소시키기 위해, 성 밖의 한 시체를 지목하여 그 아우가 타인에게 피살(被殺)한 것이라고 사칭했다. 그리고 이를 거두어다가 장례를 치렀는데, 그 모습이 자못 사안(思安)과 비슷하여, 보는 사람들도 진위를 분별할 수 없었다. 게다가 양씨(楊氏)라는 여자 무당이 귀신을 보았다고 스스로 말하면서, 사안이 피살(被殺)할 때 겪은 고통과 배고픔 · 목마름을 대신 전언하였다.

그리고 경빈은 같은 유배 군병(軍兵)인 소현보(蘇顯甫)와 리개(李蓋)를 살인범으로 무고(誣告)하여 주(州)정부에 소송까지 제기하였는데, 이 두 사람은 신문의 고초를 이기지 못하고 각자 범죄 사실을 허위 자백하였다. 판결을 확정하여 곧 처형할 즈음에, 숭(崇)이 아무래도 의심스러워 그 집행을 잠시 멈추었다. 그리고 주민(州民)이 모르는 두 사람을 은밀히 파견하

---

33) 리숭 : 북위(北魏) 때 돈구(頓丘 : 지금 河南 淸豐縣) 사람으로, 字는 계장(繼長) 또는 계백(繼伯). 벼슬이 개부(開府), 상주(相州) 자사(刺史)까지 올랐으며, 시호(諡號)는 무강(武康). 『위서(魏書)』 권66와 『북사(北史)』 권43에는 리숭이 하동(河東) 태수(太守)를 지냈다는 기록이 보이지 않음.

여, 외지(外地)에서 온 것으로 위장하고 경빈에게 가서 다음과 같이 말하도록 시켰다.

"소인들은 이곳으로부터 3백 리 떨어진 북쪽 주(州)에 거주하는 자올시다. 근래에 한 사람이 길을 지나다가 저희 집에 묵게 되었는데, 밤에 함께 이야기하다가 아무래도 수상쩍어 캐물었소. 그랬더니 성은 해(解)씨이고 이름은 사안(思安)으로, 유배 죄수인데 병역을 기피하여 도주하는 길이라고 자초지종을 털어놓는 것이었소. 그래서 즉시 관가에 송치하려고 했는데, 살려 달라고 애걸하며 이렇게 간청하였소.

'경빈이라는 형이 지금 양주(揚州)의 상국성(相國城)에 거주하고 있으며 형수의 성은 서(徐)씨인데, 그대들이 나를 불쌍히 여겨 풀어 주고 형에게 가서 이 사실을 본 대로 상세히 보고하면, 형이 듣고 어떠한 재물이라도 아끼지 않고 반드시 후하게 보답할 것이오. 지금 내가 여기에 볼모로 잡혀 있을 터이니, 만약 가서 보답을 받지 못하면 그때 나를 관가에 고발해도 어찌 늦겠소?'

그래서 함께 여기까지 와서 그 뜻을 알리는 것이오. 그러니 당신이 우리에게 어느 정도 사례하고자 한다면, 당신의 아우(賢弟)를 석방하겠소. 만약 믿지 못하겠다면, 우리를 함께 따라 가서 직접 보고 확인해도 좋소."

경빈이 이 말을 듣고 대경실색하며, 조금만 기다려 주면 재물을 마련해 주겠노라고 답변하였다. 이에 두 사람의 사자(使者)가 이 사실을 숭(崇)에게 보고하였다. 숭이 경빈을 체포한 뒤, "네 동생이 도망하였는데, 어찌 망령되이 남의 시체를 거두어 아우가 피살(被殺)하였다고 사칭했느냐?"고 호통 치자, 경빈이 마침내 자초지종을 실토하였다. 그리고 살인범으로 무고당한 두 사람을 재신문하자 그들도 허위 자백 사실을 밝혔는데, 며칠 안 되어 사안(思安)도 사람에게 붙잡혀 압송되어 왔다. 숭이 여자 무당을 불러 논죄한 뒤, 회초리 1백 대의 형벌에 처하였다. 숭이 옥안(獄案)을 심리 재판함에는, 그 정밀함과 세심함이 모두 이와 같았다.

안(按) 이 또한 얼굴의 기색[面之色]과 진술하는 말[款之辭]과 사건의 정황[事之情]을 관찰하여, 허위 자백(억울한 누명)을 의심한 사안이다. 다만 속임수를 사용하여 사특함을 꼬집어 냄으로써, 무고(誣告) 사실을 입증한 것이 특이할 따름이다. 그러나 그가 속임수를 사용하여 증거를 확보한 까닭은, 허위 자백한 억울함(원통)을 풀어 주기 위한 것이었다. 그래서 이 편에 수록한다.

이 사안은 복잡한 성격을 띠므로, 병사를 속인 일은 「변무(辨誣)」편에, 아우를 볼모로 잡은 일은 「구특(鉤慝)」편에, 그리고 무당을 회초리질한 일은 「유과(宥過)」편에 각각 다시 수록하고 있다.

평석 일찍이 공자는 "그 행하는 바(일 또는 목적)를 직시하고, 그가 말미암는바(경과 · 방법)를 관조하며, 그가 편안히 즐기는 것(자세 · 태도)을 고찰한다면, 사람이 무엇을 (어떻게) 숨길 수 있겠느냐? 사람이 무엇을 (어떻게) 숨길 수 있겠느냐?[視其所以, 觀其所由, 察其所安, 人焉廋哉, 人焉廋哉?]"(『論語』, 「爲政」편)라고 탄식한 적이 있다. 또 맹자(孟子)는 "사람을 관찰함에 눈동자보다 더 훌륭한 것은 없으니, 눈동자는 그 마음속의 악한 생각을 감출 수 없기 때문이다. 가슴속이 올바르면 눈동자가 반짝이지만, 가슴속이 올바르지 못하면 눈동자가 흐릿하다. 그 말을 듣고 그 눈동자를 관찰하면, 사람이 무엇을(어떻게) 숨길 수 있겠는가?"(「離婁上」편)라고 말한다. 바로 "눈은 마음의 신표(창)이고, 말은 행동의 지표[目者, 心之符也; 言者 行之指也]"(『韓詩外傳』)이기 때문이다.

수사와 재판에서 기색[色] · 말[辭] · 정황[情]을 살핀다고 함도, 바로 이러한 사람 관찰법(속칭 관상술)의 구체적인 응용일 따름이다. 마음속에 품은 생각의 선악[本質]은 바로 구체적인 행동과 말과 기색[現象]을 통해 나타나기 때문에, 거꾸로 현상을 관찰하여 본체를 파악하는 것이다.

색(色)은 혈기(血氣)가 표면화된 것으로, 얼굴에, 특히 눈동자에 집중적으로 가장 선명히 나타나는 시각적인 느낌인데, 전체적이고 직감적인 분위기까지 포함하여 기색(氣色)이라 일컫는다. 사(辭)는 말의 완급 · 억양 ·

조리 등을 전체적으로 포괄하는데, 숨결로 표현하기 때문에 여기에도 기혈(氣血)이 나타난다. 정(情)이란 신체 행동을 비롯한 전반적인 정황으로서 사정(事情)을 가리키지만, 여기에는 사람의 주관적인 내면의 감정, 즉 인정(人情)까지 포함한다.

예컨대 이 사안에서, 형 경빈은 아우를 생각하는 혈친(血親)의 인정(人情)과 자신의 불이익을 회피하고자 하는 사정(私情)이 동시에 발동하여, 허위로 관가를 속이고 무고(無辜)한 동료를 무고(誣告)하였다. 그런데 법관은 이러한 정(情)을 간파하고, 아우의 신변 위협과 자신의 무고 사실 폭로의 위협을 속임수로 넌지시 던져 보았다. 그 결과 경빈은 결국 인정(人情)의 올가미에 걸려, 본래 의도한 인정을 이루지 못하고 자승자박한 꼴이 되었다.

그런데 색(色)과 사(辭)와 정(情)은 법(수사 · 재판)에서 뿐만 아니라, 의학에서도 중요한 진찰 단서가 된다. 동방의 의학에서는 자고로 "최상의 의사는 사람을 처음 보는 즉시 그 기색으로 질병을 알아내고, 중등의 의사는 환자에게 각종 증상을 물어 대답하는 말을 들음으로써 질병을 판단하며, 최하의 의사가 환자의 맥박을 짚어[按脈 · 診脈] 그 신체적 정상(情狀)을 직접 느낌으로써 질병을 진단한다."는 명언이 전해온다.

또 현명한 어머니는 자기 아이의 기색을 보거나 울음소리만 듣고도, 어디가 아픈지 알아낸다고 한다. 그런데 지금은 어떠한가? 한의원조차 온갖 서양식 첨단 의료장비를 동원함은 기본이고, 맥박을 제대로 잘 짚어 증상을 정확히 알아내기만 해도, 영험(靈驗)한 의사로 통한다. 또 자식의 질병은 무조건 의사나 약사에게 내맡겨, 약물 치료에만 호소하는 실정이 아닌가? 동일한 맥락에서 우리의 법조계와 수사 및 재판의 실정도 검토 · 반성해 볼 필요가 있을 것이다.

6. 사마열(司馬悅)이 칼집을 살펴보다

후위(後魏 : 北魏)의 사마열[34]이 예주(豫州) 자사(刺史)일 적에, 상채현(上蔡縣)의 동모노(董毛奴)라는 사람이 돈 5천냥을 가지고 가다가 길에서 죽었다. 어떤 자가 장제(張堤)의 겁탈이라고 의심하였는데, 또 마침 제(堤)의 집에서 돈 5천냥이 나왔다. 그러자 제는 고문이 두려워, 그만 자기가 살해했다고 허위 자백하기에 이르렀다. 그러나 열(悅)은 사실이 아닐 거라고 의심하고, 모노(毛奴)의 형인 령지(靈之)를 불러 물었다.

"사람을 살해하고 돈을 강탈했으면, 당시 몹시 경황이 없어 분명히 뭔가 떨어뜨리고 간 것이 있었을 터인데, 혹시 무슨 물건을 습득한 것이 있느냐?"

이에 "칼집 하나를 주었다"고 대답하자, 열이 그 칼집을 받아 보았다. 그리고는 "이는 일반 민간에서 만든 것이 아니다"고 말하고, 주(州) 안의 모든 대장장이를 불러 이를 보여 주었다. 그러자 곽문(郭門)이라는 자가, 그 칼집이 자기 손으로 만든 것인데, 작년에 이웃집 동급조(董及祖)에게 팔았다고 진술하였다. 열이 곧 급조(及祖)를 잡아들여 신문하니, 범죄 사실을 모두 자백하였다. 이때 영지는 또 급조의 몸에서 동생 모노가 입고 있던 검은 옷을 확인하여, 마침내 제를 석방하였다.

『북사(北史)』의 「사마초전(司馬楚傳)」에 나오며, 열(悅)이 그의 손자인데, 『의옥집(疑獄集)』에는 실려 있지 않다.

안(按) 열이 능히 급조로 하여금 범죄를 시인하게 만들 수 있었던 까닭은, 비록 그가 지혜로운 두뇌를 가졌기 때문이지만, 또한 우연일 따름이다. 가령 당초에 도적이 칼집을 떨어뜨리지 않았거나, 또는 칼집이

---

34) 사마열 : 북위(北魏) 때 하내(河內) 온(溫 : 지금 河南 溫縣) 사람으로, 字는 경종(慶宗). 영주(郢州) 자사와 예주(豫州) 자사를 지냈으며, 어양자(漁陽子)에 봉해짐. 『위서(魏書)』 권37, 『북사(北史)』 권29.

주(州) 안의 대장장이가 만든 것이 아니었다면, 어떻게 급조가 도적인 줄 알았겠는가? 그러나 이 사안에서 칭송할 만한 점은, 피의자를 불쌍히 여기고 조심스럽게 신문하여, 주역 중부(中孚)괘의 "(의심스러운) 옥안(獄案)을 의론하여 사형을 늦춘다."는 정신에 부합하고, 그 결과 마침내 진짜 도적을 체포하여 억울한 양민을 석방할 수 있었던 점이다.

칼집을 알아본 사안은 「적적(迹賊)」편에도 실려 있다.

7. 송세량(宋世良)이 죄수를 풀어 주다

후위(後魏 : 北魏)의 송세량[35]이 청하(淸河) 태수(太守)일 적에, 양평군(陽平郡)에서 겁탈한 도적 30여 명을 체포하여 압송하라는 공문(公文)이 왔다. 세량(世良)은 그 정상(情狀)을 신문하여, 오직 12명만 이송하고 나머지는 풀어 주었다. 이에 양평(陽平) 태수(太守)가 몹시 분노하며, "함부로 우리 도적을 풀어 주다니!" 하고 외쳤다. 그런데 수사 신문을 해 본 결과, 이송한 자는 모두 진범이고 풀어 준 자는 모두 아님을 알고, 비로소 그의 현명함에 탄복하였다.

『북사(北史)』의 「송은전(宋隱傳)」에 나오며, 세량은 그의 족증손(族曾孫)인데, 『의옥집(疑獄集)』에는 실려 있지 않다.

안(按) 다른 군(郡)에서 도적을 체포하여 압송하도록 요청한 것은, 비록 그 안에 더러 무고(誣告)나 허위 자백이 있더라도 나의 허물이 아니며, 공문의 명단대로 결박하여 이송하면 그만이다. 그런데 세량은 다시 그 정상(情狀)을 신문하여, 진범은 이송하고 무혐의자는 석방하였으니, 이

35) 송세량 : 북위(北魏) 때 서하(西河) 개휴(介休 : 지금 山西 介休縣) 사람으로, 字는 원우(元友). 북위(北魏) · 동위(東魏) · 북제(北齊)에 차례로 벼슬하여, 동군 태수(東郡 太守)로 마침. 『북제서(北齊書)』 권46, 『북사(北史)』 권26.

는 피의자를 불쌍히 여겨 신중히 신문한 정성이 지극하다. 『북사(北史)』에 실린 그의 전기(傳記)에 따르면, 북제(北齊) 문선제[36] 즉위 초기에 대사면령을 내렸는데, 세량의 군(郡)에는 한 죄수도 없어서, 뭇 관리를 거느리고 그 조서(詔書)를 배수(拜受)하는 데 그쳤다고 한다. 그것은 바로 그가 그토록 정성스럽게 다스린 효험이 아니겠는가?

평석 『서경(書經)』에 "한 사람에게 경사가 있으면, 억조창생이 그 혜택을 입는다.[一人有慶, 兆民賴之.]"는 말이 있고, 또 "한 사람이 선량하면, 만방이 바르게 된다.[一人元良, 萬邦以貞.]"는 말도 있다. 그래서 통치자가 중요한 것이다.

8. 소경(蘇瓊)이 도적을 잡아내다

북제(北齊)의 소경[37]이 문상왕(文襄王)[38]의 의동부(儀同府)에 속한 형옥참군(刑獄參軍)일 때였다. 병주(幷州)에 일찍이 강도가 발생하였는데, 그 사건을 수사 신문한 관리가 도적으로 의심한 자는 이미 모두 자백하였다. 또

---

36) 문선제(文宣帝) : 연호(年號)는 천보(天保), 550~559년 재위.

37) 소경 : 북조(北朝) 때 장락(長樂) 무강(武强 : 지금 河北 武强縣) 사람으로, 字는 진지(珍之). 처음에 北魏에 벼슬하여 문상왕(文襄王)의 의동부형옥참군(儀同府刑獄參軍)이 되었다가 남청하군(南淸河郡) 태수(太守)로 자리를 옮김. 그 뒤 북제(北齊)와 北周 때도 벼슬하여 박릉(博陵) 태수를 지냈으며, 수(隋)나라 초에 사망함. 『북제서(北齊書)』 권46, 『북사(北史)』 권86.

38) 문상왕 : 북제(北齊) 고조(高祖 : 아들 高洋이 東魏 대신 北齊를 세운 뒤 자기 아버지를 追尊한 칭호) 고환(高歡)의 맏아들 고징(高澄). 죽은 뒤 문상왕(文襄王)이란 시호를 내리고, 나중에 다시 문상황제(文襄皇帝)라는 존호(尊號)를 추증함. 의동부(儀同府)란 의제(儀制)상 삼사(三司)처럼 府를 설치할 수 있다는 뜻임. 한대(漢代)에는 오직 삼공(三公)과 대장군만이 府를 두고 스스로 직속 관리를 임명할 수 있었는데, 위진(魏晋) 이후 점차 확대하여 '開府儀同三司(府를 두는 의제가 삼사와 같다)'라는 명칭의 관직이 등장함.

재물을 빼앗긴 집에서도 그가 범인임을 확인하였으나, 단지 강도의 장물만 발견하지 못했다. 그래서 경(瓊)에게 회부하여 다시 철저히 조사하도록 시켰다. 마침내 원경융(元景融) 등 전혀 다른 10여 명을 잡아내고, 아울러 장물도 찾아냈다. 이에 문상왕(文襄王)이 전에 허위 자백했던 억울한 피의자들에게, "너희는 우리의 훌륭한 참군(參軍)을 만나지 못했다면, 원통하게 죽었을 것이다."고 위로하였다.

『북사(北史)』의 「본전(本傳)」에 나오는데, 『의옥집』에는 실려 있지 않다.

안(按) 경이 도적을 잡아낸 방법은 정말로 칭송할 만하다. 그러나 군자(君子)가 귀중히 여기는 바는, 간사함을 찾아낸 데에 있지 않고, 원통함을 풀어 준 데에 있다.

평석 그래서 옛날 사람들은 구체적인 수사 방법이나 신문 내용은 생략하고, 그 결과의 기록과 정신의 선양에 치중하였다. 현재의 법제사적 관점에서는, 전해지지 않는 방법과 기술이 매우 궁금하고 애석하게 여겨질 것이나, 이것이 바로 시대의 차이일 것이다.

9. 류경(柳慶)이 술 마신 것을 묻다

후주(後周)의 류경[39]이 처음 북위(北魏)에서 벼슬하여 옹주(雍州)의 별가(別駕)일 때였다. 한 상인이 황금 20근을 가지고 경사(京師 : 서울)로 교역하러 가서 한 집에 묵었다. 매번 외출할 때마다 항상 스스로 열쇠를 간수하

39) 류경 : 北周 때 하동(河東) 해(解 : 지금 山西 解縣) 사람으로, 字는 경흥(更興). 처음에 서위(西魏)에 벼슬하였는데, 승진을 거듭하여 개부의동삼사(開府儀同三司), 상서좌복야(尙書左僕射)에 이름. 北齊에 들어와서는 평제현공(平齊縣公)이란 작위에 봉해지고, 사회중대부(司會中大夫)에 임명됨. 『주서(周書)』 권22, 『북사(北史)』 권64.

였다. 그런데 얼마 되지 않아 문이 닫힌 것은 평소와 다르지 않은데, 황금이 고스란히 사라졌다. 이에 주인이 훔친 것으로 고발하여, 관가에서 엄하게 신문한 결과, 주인이 마침내 스스로 허위 자백하였다. 경(慶)이 이 소식을 듣고 의심스러워, 그 상인을 불러 물었다.

"그대는 열쇠를 항상 어디에 두었는가?"

상인이 대답하기를, "늘 손수 가지고 다녔습니다."

경이 다시 묻기를, "혹시 다른 사람과 함께 잠잔 적이 있는가?"

대답하기를, "없습니다."

또 묻기를, "그러면 남과 함께 술을 마신 적은 없는가?"

대답하기를, "지난번에 일찍이 한 스님과 함께 두 차례 유쾌히 술을 마시고 취해 낮잠을 잔 적이 있습니다."

이에 경이 말하기를, "주인은 단지 고문의 고통 때문에 허위 자백한 것이지, 도둑이 아니다. 그 스님이 진짜 도둑이다."

그리고 곧장 그 스님을 체포하도록 포졸을 보냈으나, 그 스님은 이미 황금을 가지고 잠적한 뒤였다. 나중에 결국 스님을 붙잡고 잃어버린 황금도 모두 되찾았다.

『북사(北史)』의 「류규(柳虯)전」에 나오는데, 경(慶)은 그의 아우라고 적혀 있다.

안(按) 닫힌 것은 평소와 다르지 않은데 황금이 사라졌다면, 도둑이 그리 멀지 않은 측근이기 때문에 주인을 의심한 것이다. 그러나 경은 그 기색과 말과 정황을 살펴, 주인이 허위 자백한 것임을 알아차렸다. 그래서 열쇠를 어디에 보관했는지, 함께 잠자거나 술 마신 자가 누구인지 물은 것이다. 스님이 특별한 까닭 없이 상인과 더불어 흠뻑 술을 마신 게 한번에서 그치지 않았다면, 과연 그 저의는 무엇이겠는가? 이는 반드시 틈을 엿보아 도둑질하려는 것이 틀림없다. 상인이 술에 취해 낮잠을 자는 사이, 그가 마침내 기회를 얻었다. 황금이 그때 사라졌으니, 스님이 도둑이 아니라면 또 누구이겠는가? 경의 현명한 관찰도 칭송할 만하지만, 그 방법을 사용하여 주인의 억울함을 풀어 준 마음이 더욱 찬미할 만하다.

술 마신 것을 물은 사안은 또 제13장 「찰도(察盜)」편에도 수록한다.

평석 거듭 기색·언사·정황의 관찰을 거론하고 있지만, 이는 다분히 주관적이고 즉흥적인 판단에 속하기 때문에, 구체 내용은 기록하지 않고 있다. 노련한 장사꾼도 손님이 오면 그 낯빛과 말·거동을 보고, 그 사람이 호주머니에 돈을 얼마나 가지고 있으며, 물건을 살지 말지 미리 알아차린다고 한다. 역시 사람(사물)의 관찰법은 구체적인 실무에서 직접 터득하는 경험 지혜(Know-how)의 소산인가 보다. 다만 그 근원은 경건과 정성을 다하는 마음이기 때문에, 기술적인 실무경험에 우선하는 기본 전제로서, 원통함을 풀어 주는 사법(司法)원칙과 정신을 계속 강조한다.

10. 위정(韋鼎)이 재판 기록을 살펴보다

수(隋)나라의 위정[40]이 광주(光州) 자사(刺史)일 적이었다. 어떤 사람이 객지에 머물면서 주인의 첩(妾)과 간통했다. 그런데 그가 되돌아갈 즈음에, 첩이 주인의 진귀한 재물을 훔쳐 밤중에 도망하였다가, 얼마 안 되어 풀숲에 피살(被殺) 시체로 발견되었다. 주인집에서는 객이 첩과 간통한 사실을 알고, 그 객을 살인범으로 고발하였다. 이에 현(縣)의 관리가 신문하여 간통의 사실을 확인하고, 그 객을 사형(死刑)에 처하도록 심판하였다. 현(縣)의 1심 재판을 종결하여 주(州)에 보고하였는데, 위정(韋鼎)이 재판 기록을 보고 이렇게 말하였다.

---

40) 위정 : 隋나라 경조(京兆) 두릉(杜陵 : 지금 陝西 西安市) 사람으로, 字는 초성(超盛). 량(梁)나라 진(陳)나라 때 중서시랑(中書侍郎)과 정위경(廷尉卿) 등의 벼슬을 하다가, 수나라 때 광주(光州) 자사(刺史)에 이름. 『수서(隋書)』 권78. 『남사(南史)』 권58.

"이 객이 간통한 것은 사실이지만, 살인하지는 않았다. 모 사찰의 승려가 첩을 속여 재물을 빼앗은 뒤, 사찰의 노비를 시켜 그를 살해했는데, 그 장물은 모처에 숨겨 두었다."

그리고 이 객을 곧장 석방하고, 포졸을 보내 승려를 체포하고 장물도 찾아왔다. 이때부터 관할 지역 안이 모두 숙연해지고, 길가에 떨어진 물건을 줍는 자도 없었다.

『남사(南史)』의 「위예(韋叡)전」에 나오며, 정(鼎)은 그의 손자인데, 『의옥집』에는 실려 있지 않다.

안(按) 정이 알 수 있었던 까닭은, 이목(耳目 : 첩보 · 정보)을 널리 확충하였기 때문에, 간특한 죄악을 살필 수 있었다. 만약 그렇지 않았다면, 비슷한 혐의로 인한 원통함을 풀어 줄 수 없었을 것이다. 무릇 백성을 다스림에 이목(耳目 : 정보)을 갖추는 것은, 마치 병법(兵法)에서 간첩(間諜)을 사용하는 것과 같다. 『손자병법(孫子兵法)』(「用間」편)에 이르기를, "성현의 지혜가 아니면 간첩을 사용할 수 없고, 섬세하고 은밀한 자가 아니면 간첩의 실상을 알아차릴 수 없다"고 한다. 이목을 널리 확충하여 간특한 죄악을 살피는 것도 바로 이와 같다. 그렇지 못하면, 간특한 죄악을 살피도록 지시 받은 첩보원이 도리어 간특한 짓(이중간첩)을 할 수 있다.

오대(五代) 전촉(前蜀) 때에 소회무(蘇懷武)[41]라는 자가 '심사단(尋事團)'[42]을 관장하였는데, 본래 군대 순찰의 직책이었다. 소속 부하가 백여 명이나 되고, 그 한 사람마다 각각 사조직 10여 명씩을 다시 거느렸는데, 모였다가 흩어지며 활동하는 것을 사람들이 알 수가 없어서, 그들을 '개[狗]'라고 불렀다. 큰길이나 골목길, 마부나 의사 · 술집 작부 · 거지 · 머슴 · 장사꾼 · 아이들에 이르기까지 모두 그들이 끼어 있어, 민간에서 마주보고 말하는 대화는 모르는 것이 없었다.

---

41) 소회무 : 전촉(前蜀)의 후주(後主) 때 소원사(小院使), 융주(戎州) 자사(刺史)의 벼슬을 함. 『십국춘추(十國春秋)』 권47.

42) 심사단(尋事團) : 일을 찾아 살피는 단체라는 의미의 特務(情報) 기관.

또한 주(州)나 군(郡)의 일은 물론, 귀족 권세가・푸줏간・마구간・마차 운행・음악 연주 등, 공사(公私)의 모든 동정(動靜)이 즉시 전해졌다. 이에 민심이 공포의 도가니에 휩싸여, 사람들이 자기의 팔과 겨드랑이조차 모두 '개'가 아닌가 의심할 정도였다. 회무(懷武)는 살인을 이루 헤아릴 수 없이 자행하여, 억울하고 원통한 소문이 안팎으로 자자하였는데, 마침내 곽숭도(郭崇韜)[43]가 전촉(前蜀)에 진입하여 그의 족속을 멸하였다.

『성도고금기(成都古今記)』에 보인다.

이것은 바로 간특함을 살피도록 지시 받은 자가 도리어 간특한 짓을 행한 전형적인 예이다. 그러니 어찌 이목(耳目 : 정보망)을 활용하여, 유사한 혐의로 말미암는 억울함을 풀어 줄 수 있으리오? 위정(韋鼎)은 이와 다르므로 칭송할 만하다.

평석 동서고금을 막론하고, 통치에는 크고 작은 비밀 첩보 기관이 존재하기 마련이다. 비밀을 보호하기 위해 부여한 특권을, 국가 안전과 백성 보호를 위해 공정(公正)하게 운영하지 못하고, 사리사욕에 눈이 멀어 부정부패와 국민 억압을 위해 남용・악용할 때, 민심이 흉흉하게 이반(離叛)하고, 결국 자아 멸망의 비참한 종말을 맞이하게 된다. 이것이 역대 말기의 포학무도한 통치자의 한결같은 전철이다. CIA와 안기부(국정원)의 설치 자체나 권한 범위가 문제인 것이 아니라, 그 설치와 권한이 무엇을 위해서 어떻게 존재하는지가 핵심 관건이다. 그래서 제도적인 법치(法治)도 궁극적으로는 의식(意識)적인 인치(人治)로 귀결한다. 진(秦)나라 절대 군주제의 법치(法治)도 그렇게 파멸하고 만 것이다.

43) 곽숭도 : 오대(五代) 후당(後唐)의 대주(代州) 안문(雁門 : 지금의 山西 代縣) 사람으로, 字는 안시(安時). 벼슬은 추밀사(樞密使), 시중(侍中), 겸령진기절도사(兼領鎭冀節度使)를 거쳐 서천초토사(西川招討使)에 이름. 『구오대사(舊汚代史)』 권57, 『신오대사(新五代史)』 권24.

11. 장상(蔣常)이 노파를 남겨 두다

당(唐)나라 태종(太宗) 정관(貞觀) 때의 일이다. 위주(衛州)의 판교점(版橋店) 주인인 장척(張逖)의 처가 친정에 가고 없었는데, 마침 이때에 궁궐의 호위 병사인 위주(魏州) 사람 양정(楊正) 등 3인이 이 점포에 투숙하였다가, 이튿날 새벽같이 일찍 떠났다. 그런데 그 날 밤 어떤 자가 그들의 칼을 훔쳐 주인 장척을 살해한 뒤, 그 칼을 본래의 칼집에 꽂아 놓았다. 양정 등은 이 사실을 알아차리지 못하고 길을 떠났는데, 새벽에 주인의 피살 사실을 안 점원이 쫓아가 이들을 세우고 조사한 결과, 칼에 유혈이 낭자하므로 곧 관가에 압송하였다. 감옥에 가두고 고문을 가하자, 이들은 마침내 허위 자백하고 말았다. 그런데 태종은 이 사안이 의심스러워, 어사(御史) 장상[44]을 파견하여 철저히 재수사하도록 지시하였다.

장상이 현장에 이르러 점포의 15세 이상 사람을 모두 소집하도록 명령하였다. 그런데 인원수가 부족하자 그들은 모두 해산시키고, 오직 80세 남짓한 한 노파만을 남겨 두었다가 저녁 늦게 풀어 주었다. 이때 한 옥졸을 시켜 그 노파를 은밀히 미행하다가, "만약 그녀에게 말을 걸어오는 자가 있거든, 그 성명을 기록해 오라"고 지시하였다. 과연 한 사람이 그 노파에게 다가가 "어사가 무슨 내용을 조사하더냐?"고 물었다. 전후 사흘을 이렇게 위장 수사를 반복한 결과, 매번 그 사람이 똑같이 탐문하는 것을 확인하였다. 마침내 그 자를 체포하여 신문한 결과, 자초지종을 모두 실토하였다. 장척의 처와 간통하여, 그 처가 친정에 간 사이 척을 살해하였다고 자백하였다. 사실을 확인하여 구체적인 증거도 찾아내었다. 이에 양정 등은 풀려났다.

44) 장상 : 당나라 때 장삭(張鷟)이 지은 『조야첨재(朝野僉載)』에는 장항(蔣恒)으로 표기하고 있는데, 아마도 황제(漢文帝 劉恒?)의 諱 때문에 고친 것으로 보인다. 역사서에 전기가 없어 미상.

『의옥집』에는 출처가 밝혀져 있지 않은데, 당대(唐代) 사람의 필기소설(筆記小說)에 실려 있었을 것이나, 지금은 원전이 전해지지 않는다. 나머지 이와 비슷한 사안도 모두 같다.

안(按) 리숭(李崇)이 휼계(譎計)를 써서 간특한 자를 꼬투리 잡은 것이나, 장상이 휼계를 써서 도둑을 살펴 낸 것은, 모두 원통함을 풀어 주었을 뿐, 휼계 자체에 악의는 없었다.

이 사안은 또 「휼적(譎賊)」편에 싣는다.

당(唐)나라 한사언(韓思彥)[45]이 병주(幷州)를 감찰할 적에, 한 도적의 살인 사건이 발생하였는데, 주범을 체포하지 못하고 있었다. 이때 술에 취한 한 호인(胡人)이 피 묻은 칼을 가지고 있다가 체포되어, 고문 끝에 범죄 사실을 자백하였다. 그러나 한사언은 이 사건을 의심스럽게 여기고, 새벽에 어린이 수백 명을 불러 모았다가 해질녘에 내보내었다. 그렇게 세 번 반복한 뒤에, "어린이들이 나갈 때 혹시 뭔가 물어 보는 사람이 있었느냐?"고 물었다. 이에 모두가 "있었다"고 대답하자, 마침내 그 자를 찾아 신문한 결과 진범을 붙잡았다.

『신당서(新唐書)』「한사언전(韓思彥傳)」에 나온다.

이 또한 계휼을 써서 도적을 붙잡음으로써 원통함이 풀린 사안인데, 다만 장상이 오직 한 노파만 남겨 두었다가 미행한 방법만큼 정밀하고 세심하지는 못하다. 이에 특별히 참고로 덧붙인다.

평석 "도둑이 제 발 저린다."는 속담이 있다. 이 평범한 진리를 범죄심리학의 관점에서 유효 적절히 활용한 선현의 지혜로운 재능도 물론 본받을 만하다. 하지만 편자는 그 방법(술수) 자체보다는, 수사·재판의 진실성을 의심한 직관적인 판단력과, 진실을 밝히고 정의를 실현하여

45) 한사언 : 당나라 등주(鄧州) 남양(南陽 : 지금 河南 南陽市) 사람으로, 字는 영원(英遠). 처음에 감찰어사(監察御史)가 되었다가 나중에 하주(賀州) 사마(司馬)로 벼슬을 마침. 『신당서(新唐書)』 권112.

무고한 죄수의 원통함을 풀어 주고자 한 목적(마음)을 핵심 정신으로 소중히 평가하고 있다. 현대에는 피의자의 인권과 자유를 보장해야 한다는 새로운 관점에서, 이른바 '함정 수사'의 정당성 문제가 또다시 논란이 되고 있다. 시대와 지역에 따라 법문화(法文化)와 가치관의 미묘한 변화를 잘 음미할 필요가 있으리라.

12. 배회고(裵懷古)가 항변을 제기하다

당(唐)나라 배회고[46]가 감찰어사(監察御史)일 적이었다. 진정(眞定)의 한 스님이 측천무후[47]를 저주(詛呪)했다고 스님의 제자가 부도죄(不道罪)로 무고(誣告)하자, 측천무후가 노하여 그를 처형하도록 명령하였다. 회고가 사실 무근임을 알아내어 측천무후에게 진상을 해명하였으나, 무후는 그 말을 듣지 않았다. 이에 회고가 항변을 제기하였다.

"폐하의 법은 천하와 더불어 한결같이(공평하게) 시행하는 것입니다. 어찌 소신(小臣)으로 하여금 무고한 백성을 죽여, 폐하의 의향에 영합하도록 요구하십니까? 가령 그 사람이 정말 신하의 도리에 어긋나는 불충죄를 범했다면, 소신이 무슨 사정(私情)으로 그를 관용할 수 있겠습니까?"

이에 무후의 분노가 풀어져, 처형을 면하게 되었다.

『신당서(新唐書)』「배회고전(裵懷古傳)」에 나오는데, 『의옥집』은 이 사안을 수록하고 있지 않다.

---

46) 배회고 : 당나라 수주(壽州) 수간(壽看 : 지금 安徽 壽縣) 사람으로, 고종(高宗) 때 감찰어사에 임명되었으며, 나중에 좌위대장군(左威大將軍)으로 벼슬을 마침. 『구당서(舊唐書)』 권185, 『신당서(新唐書)』 권197.

47) 측천무후(則天武后) : 고종(高宗)의 황후(皇后)로 실권을 전횡한 독재자. '則'은 본음이 '側', '測', '惻'과 마찬가지로 '측'인데, 우리는 어인 일인지, '법 칙'과 '곧 즉'의 두 음훈(音訓)으로 나누어 쓴다. 측천(則天)이란 하늘을 법으로 삼는다는 뜻이다.

안(按) 배회고는 혹리[48]들이 법령의 문구에 천착하여 엄형을 자행할 적에, 홀로 억울한 무고를 알아내어 해명하고, 항변과 반론으로 법 집행을 관철하여, 시종일관 황제의 권력에 굽히지 않은 강직한 관리였다. 그는 아마도 서유공(徐有功)[49]과 비슷한 부류의 인물인가?

평석 이 사안은 법관이 무고(誣告) 당한 피의자의 억울함을 풀어 주고 무고(無辜)한 생명을 구하려는 목적을 위하여, 전횡적인 최고 독재 권력에 대하여 정직한 반론을 개진하고 이를 관철시킨 용기 있는 방법이 동시에 두르러져, 더욱 가치 있는 귀감으로 여겨진다. 편자의 제1차 중심 의도가 원통 해소의 목적에 더욱 치우친 감이 짙다. 그러나 법의 공평성 이념을 내세워 황제와 시비를 변론한 인물로는, 법제사상(法制史上) 이보다 훨씬 이전의 한대(漢代) 장석지(張釋之)가 더욱 유명하다.

한문제(漢文帝)의 행차가 다리를 지나는데, 다리 밑에서 한 사람이 모르고 걸어 나오다가, 말[馬]을 놀라게 한 죄로 붙잡혀 정위[50]에게 끌려갔다. 신문해 보니, 행차가 이미 지난 줄 알고 나온 과실범으로서, 벌금에 해당한다는 판결이 내려졌다. 그러자 황제는 자신의 안전을 위협한 불경죄(不敬罪)에 대한 처벌이 너무 가볍다고 진노하였다. 이에 정위인 장석지가 다음과 같이 변론하였는데, 황제가 수긍하고 그 노여움을 풀어, 피의자가 중형에서 벗어났다.

"법이란 천자(天子)가 천하와 더불어 함께 지키는 공공(公共)의 그릇(도구)입니다. 지금 법이 이와 같은데, 이를 바꾸어 가중 처벌한다면, 법이 백성들에게 공신성(公信性)을 잃게 됩니다. 또 당시에 황제께서 사신을 시켜 그를 처형했다면 그만이지만, 지금 이미 정위에게 이송하셨습니다. 정위란 천하의 공평한 저울과 같은 직책입니다. 한번 이를 기울이면, 천하 모

---

48) 혹리(酷吏) : 악랄한 옥리(獄吏).
49) 서유공(徐有功) : 뒤에 나올 「의죄(議罪)」편의 제9번 사안 참조.
50) 정위(廷尉) : 한대 최고 법관.

든 법의 적용이 그로 말미암아 경중을 달리하여야 할 것인바, 백성들이 장차 어디에 손발을 두어야 하겠습니까?"

장석지의 이 변론은, 그 후 정의롭고 강직한 법관들에 의해 즐겨 인용하는 법제사의 명언이 되었다. 예컨대, 삼국시대 위(魏)나라의 고유(高柔)나 왕숙(王肅) 등의 열전에도 실려 있다. 엄연한 삼권분립(三權分立)의 민주주의를 표방하고, 오직 '법과 양심'에 의해 법을 집행한다는 근대 법치주의(法治主義)시대를 구가하면서도, 실제로는 적지 않은 사법(司法) 기관이 권력의 맹종적인 시녀 구실을 해 온 우리의 법 현실에서, 특히 음미하고 반성해 볼 만한 역사의 귀감이 아닐 수 없다. 법관의 독립(獨立)과 검찰의 중립(中立)은 제도적인 장치도 중요하지만, 궁극적에는 기관 구성원의 자율적인 신념과 의지에 달려 있는 것은 아닌지?

13. 리원소(李元素)가 옥안(獄案)을 아뢰다

당(唐)의 리원소[51]가 어사(御史)일 적이었다. 동도(東都 : 洛陽)의 류수(留守)인 두아(杜亞)[52]가 대장군 령호운(令狐運)[53]을 미워하였는데, 도적이 락양 북쪽에서 조정에 바치는 비단 공물을 겁탈한 사건이 발생하였다. 그러자 두아는 때마침 부하와 더불어 그 근교에서 사냥하던 령호운이 관련한 것

51) 리원소 : 당나라 경조(京兆) 장안(長安 : 지금 西安市) 사람으로, 형국공(邢國公) 리밀(李密)의 손자. 字는 대박(大樸)이며, 덕종(德宗) 때 시어사(侍御史)가 되고, 승진을 거듭하여 호부상서(戶部尙書), 판탁지(判度支)에 이르렀으나, 사건에 연루하여 면직당함. 『구당서(舊唐書)』 권132, 『신당서(新唐書)』 권147.

52) 두아 : 「변무(辨誣)」편 각주 43) 참조.

53) 령호운 : 당나라 경조(京兆) 부평(富平 : 지금 陝西 富平縣) 사람으로, 동도류수장(東都留守將)이 되었다가 두아의 모함을 받아 귀주(歸州)에 유배 가서 죽음. 『구당서』 권124, 『신당서』 권148.

으로 의심하고, 그를 신문에 회부하였다. 소속 관리가 심리한 결과, 별 죄상을 발견하지 못했다. 그러자 두아는 다시 자기가 총애하는 장수인 무금(武金)을 시켜, 고문을 가해 자백을 받아 내었다. 그러나 덕종(德宗)이 감찰어사인 양녕(楊寧)으로 하여금 재심하도록 조서를 내려, 사건이 모두 진실이 아닌 것으로 드러났다. 이에 두아는 양녕이 군주를 기망(欺罔)했다고 탄핵하여 중죄로 다스리고, 다시 죄명을 치밀하게 짜 맞추어 다시는 번복할 수 없을 정도로 빈틈없이 옭아매었다.

덕종은 더 이상 의심하지 않고 믿었으나, 재상이 난색을 표명하였다. 그러자 마침내 원소(元素)로 하여금 형부원외랑(刑部員外郎) 최종질(崔從質) 및 대리사직(大理司直) 로사첨(盧士瞻)과 함께 가서 사안을 심리하도록 명령하였다. 두아가 이들을 맞이하여 사안을 보고하자, 원소는 원통함이 있음을 서서히 관찰한 뒤, 구속된 죄수를 모두 석방하고 돌아왔다. 두아가 대경실색하여, 다시 원소를 자의적인 죄수 석방의 죄로 탄핵하였다. 그래서 원소가 조정에 되돌아왔을 때, 황제는 이미 분노에 차 있었다.

원소가 사안의 심리가 충분히 이루어지지 않았다고 아뢰기가 무섭게, 덕종은 "나가!" 하고 외쳤다. 원소가 "소신의 말이 아직 끝나지 않았습니다"라고 아뢰었는데도, 덕종은 여전히 "그만 나가!" 하고 반복하여 외쳤다. 이에 원소가 "소신이 어사의 신분으로 옥안을 심리한 결과, 원통함이 있음을 발견하고도 그 사정을 다 아뢸 수 없다면, 이는 다시는 폐하를 뵈올 수 없다는 의미가 아닙니까?"라고 아뢰었다.

황제의 분노가 마침내 풀어졌다. 원소가 령호운의 원통한 실상을 보고하자, 그때서야 황제는 깨닫고, "경이 아니었다면, 누가 이 사안을 변론할 수 있었겠소?"라고 감탄하였다. 그러나 령호운은 사람을 함부로 체포한 별도의 죄에 의해 귀주(歸州)로 유배당하고, 또 무금(武金)은 잘못 심판한 죄로 건주(建州)로 유배당했다. 그 후 1년가량 지나 제항(齊抗)[54]이 진범을

54) 제항 : 당나라 정주(定州) 의풍(義豐 : 지금 河北 安國縣) 사람으로, 字는 하거(遐擧). 덕종(德宗) 때 벼슬이 중서시랑(中書侍郎), 동중서문하평장사(同中書門下平章事)에 이

체포하였는데, 이 사건으로 말미암아 천하가 모두 리원소를 존중하였다. 나중에 그의 벼슬은 정령(政令)의 잘못을 바로잡는 문하성(門下省)의 급사중(給事中)에 이르렀다.

『신당서(新唐書)』「리원소전(李元素傳)」에 나온다.

안(按) 령호운의 원통함은 초심에서 죄상이 없었고, 재심에서도 진실이 아닌 것으로 드러났다. 그러기 때문에, 설령 제 아무리 치밀하게 짜 맞추어 다시 번복할 수 없는 것처럼 꾸몄다고 할지라도, 이 또한 밝혀내기 어려운 것은 결코 아니다. 다만, 황제가 분노하여 무조건 나가라도 명령하면서 거듭 배척하는데도, 원소의 기개가 두려워하지 않고 그 언사에 굽힘없이 끝까지 그 원통함을 변론하여, 마침내 황제도 또한 깨닫게 하였으니, 이것이 정말 하기 어려운 일이다.

『론어(論語)』에 보면, "용기 있는 자가 반드시 어진 것은 아니로되, 어진 자는 반드시 용기가 있다.[仁者必有勇, 勇者不必有仁.]"(「憲問」편)고 하였는데, 이것이 바로 리원소가 원통함을 풀어 줄 수 있었던 까닭일 것이다.

평석 "지혜로운 자는 미혹하지 않고, 어진 자는 근심하지 않으며, 용기 있는 자는 두려워하지 않는다.[知者不惑, 仁者不憂, 勇者不懼.]"는 명제는 공자가 누차 강조한 군자의 세 가지 도(道)인데, 이것이 유명한 「중용(中庸)」의 지인용(智仁勇) 삼달덕(三達德)이기도 하다.

설령 법률적인 전문 지식은 훤히 알고 있다 할지라도, 인간(人權과 正義)에 대한 사랑[仁愛]이 없으면, 각박한 실정법 만능주의자[酷吏]가 될 것이다. 또 어진 마음까지는 갖추었어도, "인권과 정의를 보고도 행할 줄 모르면, 용기 없는[見義不爲, 無勇也]" 나약한 지식인에 머물고 말 것이다.

물론 법률적인 전문 지식이 박약하고, 사리(事理)와 물정(物情)을 판단할 줄 모르는 어리석은 사람도, 법관으로서 자질이 부족하다. 하지만 법만

름. 『구당서』 권136, 『신당서』 권128.

알고 윤리 도덕을 모르며, 인간의 존엄성에 대한 사랑과 신뢰가 없으면, 그 횡포와 폐해가 실로 가공(可恐)할 만큼 클 수 있다. 법을 통해서 사랑과 정의를 실행하는 용기를 발휘하기 위해서는, 평소 꾸준한 심성수행(心性修行)과 호연정기(浩然正氣)의 함양(涵養)이 필요하다.

14. 류혼(柳渾)이 원통함을 밝혀 주다

당나라 때 강서(江西)의 관찰사인 위소유(魏少游[55])는 류혼[56]을 판관(判官)에 임명하도록 황제께 추천하였다. 한번은 주(州) 안의 한 스님이 밤에 술을 마시고 실화(失火)로 자기 가옥을 불태운 뒤, 그 죄책을 벙어리 노비에게 전가(轉嫁)했다. 그런데 담당 관리가 스님의 뇌물을 받고, 사실을 제대로 신문하지 않은 채 벙어리를 죄수로 만들었다. 이때 류혼과 그 동료인 최우보(崔祐甫[57])가 노비의 원통함을 밝혀냈는데, 위소유가 곧바로 스님을 신문하자, 마침내 스님이 자백하였다. 이로 말미암아 두 사람에게 후사한 것이다.

『신당서(新唐書)』「류혼전(柳渾傳)」에 나온다.

안(按) 스님이 술을 마시고 실화한 두 죄가 동시에 들통 나자, 실화자는 벙어리 노비라고 떠넘겼는데, 이는 그가 술 마신 자취(사실)마저

---

55) 위소유 : 당나라 형주(邢州) 거록(鉅鹿 : 지금 河北 巨鹿縣) 사람으로, 소유(少游)는 字. 대종(代宗) 때 강서(江西) 관찰사가 되었으며 나중에 형부상서(刑部尚書)에 이르렀고, 조국공(趙國公)에 봉해짐. 『구당서』 권115, 『신당서』 권141.

56) 류혼 : 당나라 상주(襄州 : 지금 湖北 襄樊市) 사람으로, 字는 이광(夷曠) 또는 유심(惟深). 진사에 급제한 뒤 위소유가 판관(判官)으로 천거하였으며, 승진을 거듭하여 병부시랑(兵部侍郎), 동중서문하평장사(同中書門下平章事) 및 판문하성(判門下省)에 오름. 『구당서』 권125, 『신당서』 권142.

57) 최우보 : 당나라 장안(長安) 사람으로, 字는 이손(貽孫). 벼슬은 문하시랑(門下侍郎), 동중서문하평장사(同中書門下平章事)에 이름. 『구당서』 권119, 『신당서』 권142.

감추기 위한 것이었다. 만약 담당 관리가 뇌물을 받고 신문하지도 않는 어처구니없는 일이 없었다면, 이 사안이 어찌 그토록 변별하기 어려웠겠는가? 단지 위아래가 모두 혼미하여 옥사(獄事) 자체를 그리 대수롭지 않게 여겼기 때문에, 변별하지 않은 것일 따름이다. 류혼과 최우보는 정말 드문 일대(一代)의 영명(英明)한 현인으로서, 무고한 이의 원통을 밝혀 주었다. 또 위소유는 그들의 말을 받아들여 스님을 신문하였다. 그러니 이들 모두 칭송할 만하다.

평석 '벙어리 냉가슴 앓는다'는 속담은, 바로 이러한 경우를 두고 일컬을 것이다. 냉가슴을 대변하여 원통함을 밝혀 주는 인자함 또한, 얼마나 고귀하고 따사로운 용기의 발로이겠는가?

15. 원자(袁滋)가 황금의 무게를 달아 보다

당(唐)의 리면(李勉)[58]이 봉상(鳳翔)의 절도사(節度使)일 적이었다. 한 관할 촌읍의 농부가 말발굽 모양의 금괴 항아리를 발굴하여, 현(縣)에 신고하고 갖다 주었다. 황금을 받은 현감은 국고 담당 관리가 신중히 보관하지 못할까 봐 염려하여, 자기 방안에 두었다. 그런데 이튿날 아침 열어 보니, 항아리 속이 모두 흙덩이였다. 그래서 곧장 부(府)에 보고하자, 부(府)에서 해당 관리를 파견하여 사안을 신문하였다.

수령은 스스로 해명할 수 없게 되자, 자기가 황금을 바꿔치기 했다고 허위 자백하기에 이르렀다. 처음에는 "황금을 두엄 속에 감추었는데 타인

58) 리면: 당나라 종실(宗室)로, 자는 현경(玄卿). 견국공(汧國公)에 봉해졌으며, 벼슬은 검교사도평장사(檢校司徒平章事)에 이름. 『구당서』 권131, 『신당서』 권131.

이 훔쳐 갔다"고 말했다가, 나중에는 "물 속에 던져두었는데 그곳을 잊어버렸다"고 진술하였다. 비록 바꿔치기 한 곳을 찾아내지는 못했지만, 모두가 수령이 황금을 가로챘다는 사실은 의심 없이 받아들였다.

부(府) 안에서 연회가 열렸는데, 화제가 이 사건에 이르자, 모두 한결같이 탄식하였다. 그런데 당시 막부(幕府)에 있던 원자(袁滋[59])만이 유독 거기에 무슨 억울함이 있을 것이라고 의구심을 품었다. 이에 절도사인 리면이 사안을 부(府)로 이송시켜, 원자한테 심리하도록 위임하였다. 원자가 항아리 속의 흙덩이를 조사해 보니, 모두 250여 개였다. 그런데 처음 금항아리를 발굴한 자를 신문한 결과, 두 사람이 큰 대나무로 동여매어 현(縣)에 이송하였다는 것이었다.

마침내 원자는 시중의 각 점포에서 금을 빌려와 흙덩어리 형상대로 주조해 그 무게를 비교해 보았다. 처음 절반을 달자 이미 3백 근(斤)에 이르러, 그 막대한 중량은 결코 두 사람이 대나무로 어깨에 들어 맬 수 없음이 밝혀졌다. 그래서 농부가 금을 운반하던 도중에, 이미 황금이 흙으로 바뀌었다고 최종 결론을 내렸다. 이에 수령은 억울함을 씻을 수 있었다.

『의옥집』은 강병(康駢)[60]이 지은 『극담록(劇談錄)』에 실려 있는 사안으로 적고 있다.

안(按) 『신당서(新唐書)』「원자전(袁滋傳)」에는 "원자가 점사부사직(詹事府司直)으로 승진하였을 때, 부하 관리가 황금 절도죄로 감옥에 갇혔는데, 원자가 그의 원통함을 펴 주었다"고 기록하며, 봉상의 관할 촌읍 이야기는 보이지 않는다. 또 "원자가 누차 장백의(張伯儀[61])와 하사간(何士幹[62])에게 등용되었다"고는 적고 있지만, 리면의 막부에 속해 있었다는

---

59) 원자 : 당나라 채주(蔡州) 랑산(朗山 : 지금 河南 確山縣) 사람으로, 字는 덕심(德深). 벼슬은 중서시랑(中書侍郎), 동중서문하평장사(同中書門下平章事)에 이름. 『구당서』 권185, 『신당서』 권151.

60) 강병 : 당나라 지양(池陽 : 지금 섬서 涇陽縣) 사람으로, 진사에 급제한 뒤 벼슬이 숭문관교서랑(崇文館校書郎)에 이름. 『극담록(劇談錄)』 2권을 지음.

61) 장백의 : 당나라 위주(魏州 : 지금 河北 大名縣) 사람으로, 벼슬은 강릉(江陵) 절도사(節度使)에 이름. 『신당서』 권136.

기록은 없다. 강병의 기록은 전해 듣는 과정에서 진실을 상실하여, 단지 본말이 차이 날 뿐만 아니라, 사리(事理)에도 크게 어긋난다.

무릇 6백 근의 황금이라면, 진실로 두 사람이 대나무로 걸머 맬 수 없기도 하지만, 만약 운반 도중에 노상에서 이미 흙으로 바뀌었다면, 현(縣)에 도착했을 때 수령이 사실을 점검하였을 것이다. 설령 운반자의 안색이 변하지 않고 태연자약했을지라도, 경중이 현저히 차이 나기 때문에 또한 쉽게 알아차릴 수 있었을 것이다. 또 수령이 무슨 까닭에 국고 담당 관리의 보관 소홀을 염려하여 자기 방에 두었단 말인가?

이처럼 사리에 크게 어긋나는 사안의 기록은 취할 만한 것이 못된다. 화응(和凝)의 아들 화몽(和𡺆)[63]이 이 사안이 원통함을 풀어 주었다고 『의옥집(疑獄集)』에 수록한 의도는 정말로 선량하지만, 『신당서』「본전(本傳)」의 기록이 진실에 더욱 부합하는 것으로 판단하는 편이 낫다.

16. 류숭구(劉崇龜)가 칼을 바꿔 놓다

당(唐)의 류숭구[64]가 남해(南海)의 절도사일 적이었다. 한 부유한 상인의 아들이 강가에 배를 정박시키고 뭍 쪽을 바라보니, 한 솟을대문 집 안에 어떤 미녀가 있는데, 별로 사람을 피하지 않는 기색이었다. 그래서 농담

62) 하사간: 미상.

63) 화몽: 송나라 운주(鄆州) 수창(須昌: 지금 산동 東平縣) 사람으로, 字는 현인(顯仁). 오대(五代) 화응(和凝)의 넷째 아들로, 宋 태종 때 진사에 급제하여 숭인(崇仁)현감, 지리검원(知理檢院) 등의 벼슬을 지냄. 아버지가 편저한 의옥집(疑獄集)을 증보하여 3권으로 황제께 바침.

64) 류숭구: 당나라 활주(滑州) 조(胙: 지금 河南 延津縣 부근) 사람으로, 字는 자장(子長). 진사가 된 뒤, 청해군(淸海軍) 절도사(節度使), 영남동해(嶺南東海) 관찰사 등을 지냄. 『구당서』 권179, 『신당서』 권90.

삼아 "밤에 그대 집에 가리라" 하고 말을 걸었는데, 역시 난색을 표시하지도 않았다. 밤이 되자 정말 그 미녀는 문을 열어 놓고 부자 상인의 아들이 오기를 기다렸다. 그런데 홀연히 한 도둑이 그 미녀의 방에 침입하자, 미녀는 부자 상인의 아들이 온 줄 알고 기뻐 반기며 다가갔다. 이에 도둑은 자기를 잡으러 오는 것으로 생각하고, 칼로 그녀를 찌르고 도망갔다.

곧 이어 부자 상인의 아들이 그 방에 들어섰는데, 그녀가 흘린 피를 밟고 미끄러져 넘어졌다. 목에서 끊임없이 피 솟아나는 소리를 듣고, 비로소 누군가 방바닥에 쓰러져 있는 줄을 알아차린 뒤, 황급히 배로 되돌아와 밤중에 곧장 닻줄을 풀어 달아났다. 그녀의 집에서는 핏자국을 따라 강가까지 추적한 뒤, 관가에 고소했다. 이에 관가에서는 옥졸을 파견하여 부자 상인의 아들을 추적·체포하고, 그를 구금하여 고문하였다. 그러나 그는 모든 실정을 그대로 토로하고, 오직 살인 행위만은 인정하지 않았다.

류숭구가 도적이 떨어뜨리고 간 칼을 자세히 살펴보니, 그것은 도살용 칼이었다. 이에 곧 "며칠에 대연회를 열 테니, 관할 지역 안의 모든 도살업자(백정)들은 하나도 빠짐없이 운동장에 모여 도살을 준비하라"고 명령을 내렸다. 당일 모두 집합한 뒤 저녁 때 해산을 선포하면서, 각자 가지고 온 칼을 놓아두고 돌아갔다가, 이튿날 다시 오도록 분부했다. 그런 뒤 그 중의 한 칼을 도적이 살인한 칼과 살짝 바꿔 놓도록 부하에게 지시했다.

다음날 모든 사람이 다시 와서 각자 자기 칼을 찾아가는데, 한 사람이 가지 않고 남은 한 칼은 자기 것이 아니라고 말하는 것이었다. 그래서 그 칼이 누구의 것이냐고 묻자, 아무개의 칼이라고 대답하였다. 이에 급히 옥졸을 보내 그를 체포하도록 지시했으나, 이미 달아나고 없었다. 이에 다른 사형수 한 사람을 부자 상인의 아들이라고 거짓으로 지칭한 뒤, 그를 어둠침침한 저녁에 처형하였다. 달아났던 자가 살인범을 이미 처형했다는 소문을 듣고 안심하여 되돌아오자, 마침내 그를 체포하여 법에 회부하였다. 그리고 부자 상인의 아들은 밤에 인가(人家)에 침입한 죄로 등에 곤장을 맞았을 따름이다.

『의옥집』에는 출처가 밝혀 있지 않은데, 아마도 당(唐)나라 사람이 지은 소설류에 실린 것 같다. 현재 『신당서(新唐書)』 「류정회전(劉政會傳)」의 말미에 보면, 숭구는 그의 7대손으로 적혀 있는데, 그 내용이 너무 간략하여 『의옥집』에서 그 요점만 추렸다.

안(按) 무릇 원통함을 풀어 주려고 하면, 반드시 그 방법과 기술이 있어야 한다. 칼을 바꾸어 놓은 것은 도적을 추적하는 기술이고, 다른 사형수를 거짓 명분으로 대신 처형한 것은 도적을 속여 유인하는 기술이다. 도적을 만약 체포하지 못하면, 무고한 피의자의 원통함은 어떠한 방법으로 풀어 줄 수 있겠는가? 그래서 인술(仁術)이 바로 이러한 곳에도 존재하는 것이니, 군자(君子)는 이것도 또한 소홀히 여길 수 없다.

평석 물론 첨단과학 기술시대의 범죄와 도피는 갈수록 정교해지고 지능화하여, 그에 대응하는 수사와 재판도 진실을 규명하고 정의를 실현하기 위하여 더욱 정밀하고 지혜로워져야 한다. 고대의 판례에서 귀감으로 삼을 것은, 옛날이야기 같은 소박한 구체적 기술 자체가 아니라, 원통함을 풀어 주려는 어진 마음과 진실을 밝히려는 정의감, 그리고 사리(事理)와 물정(物情)·인심(人心)을 통찰하는 지혜이다. 정성(精誠)과 흠휼(欽恤)의 마음을 다하면, 거기에 적용할 기술과 방법은 영감(靈感)과 계시(啓示)를 통해 저절로 밝아질 것이다. 그것이 인간의 의지적(意志的)이고 유위적(有爲的)인 지식(知識)과는 다른, 자연의 무의식적이고 무위적(無爲的)인 지혜(智慧)일 것이다.

참고로 당률(唐律) 적도율(賊盜律)에 따르면, 밤에 무단히 타인의 집에 들어가면 치(笞)[65] 40대에 처하고, 주인이 (강도로 오인하여) 즉시 살해한 경우 논죄하지 아니한다는 규정이 있다.

---

65) 치(笞) : 회초리. 전통 율령법 체계의 오형(五刑) 가운데 가장 가벼운 형벌. 본래 가벼운 죄악(의 싹)을 다스리는[治] 방편으로 상징적인 형벌인 회초리를 때려 부끄러움[恥]을 준다는 의미에서 붙인 이름으로, 지금의 교'편'(敎'鞭')과 같은 기능을 했음. 본음은 '치'로 중국음도 'chi(ㄔ)'이고, 일본음도 'ち(チ; 치)'인데, 유독 우리만이 '태'로 잘못 읽고 있음.

17. 장준(莊遵)이 간음을 살피다

장준[66]은 처음에 장안(長安)의 수령(현감)에 부임하였다가, 후에 양주(揚州)의 자사(刺史)로 승진하였는데, 심성이 매우 명찰(明察)하였다. 일찍이 양릉(陽陵)의 한 여자가 타인과 함께 자기 남편을 살해하였는데, 시아재가 그 현장을 발각하고 가서 도적을 붙잡으려고 했다. 그러자 그 여자는 곧 피를 시아재에게 뒤집어 바르면서, "어떻게 나(형수)를 간음하려고 자기 형을 살해할 수가 있느냐?"고 큰 소리로 외친 뒤, 곧 관가에 고발하였다. 그런데 관가에서 그 시아재를 너무 심하게 고문하여, 그는 결국 자기의 범행이라고 허위 자백하고 말았다.

장준이 가만히 살펴본 뒤, 이윽고 옥졸에게 말하기를, "시아재는 정말 대역무도(大逆無道)하니, 속히 법대로 처결하고 형수는 돌려보내라"고 분부했다. 그런 뒤 은밀히 사람을 시켜 밤중에 형수의 방 바깥 벽 아래서 감청(監聽)하도록 지시했다. 그 날 밤 간통한 자(姦夫)가 과연 그 형수를 찾아와, "자사가 명찰한데, 시아재가 범인인 것을 보고 의아스럽게 생각하지 않더냐?"고 물었다. 그러자 형수가 "의심하지 않더라"고 대답하더니, 두 사람은 서로 안심하며 몹시 기뻐하는 것이었다. 이에 옥졸이 즉시 그들을 체포하여 감옥에 압송하고, 시아재는 마침내 풀려나게 되었다.

『의옥집』에 출처도 밝히지 않고, 또한 어느 시대 사람인지도 밝히지 않았다. 한대(漢代) 사람 같기도 하지만, 명확한 증거가 없어 감히 결정할 수 없다.

안(按) 장준이 시아재의 죄를 인정하고 형수를 돌려보낸 것은, 대저 계휼(計譎)을 사용해 간사함을 적발해 낸 수단 방법이다. 그렇게 하

---

66) 장준 : 정극(鄭克)의 고증에 따르면, 엄준(嚴遵)이 맞을 듯하다. 동한(東漢) 파군(巴郡 : 지금 四川 重慶市 북쪽) 사람으로, 字는 왕사(王思). 벼슬은 양주(揚州) 자사(刺史)에 이름. 화양국지(華陽國志)에 나옴. 화양국지는 진(晋)나라 상거(常璩)가 파촉(巴蜀)에 관하여 처음 개척 당시부터 동한(東漢) 순제(順帝) 영화(永和) 3년(138)에 이르기까지의 일을 기술한 책으로, 본문 12권, 부록 1권으로 이루어짐.

여 간사한 정황(범죄 사실)을 확인하고, 마침내 진짜 죄인을 체포했으니, 어찌 원통함을 풀어 줌에 방법과 기술이 있다고 말하지 않을 수 있겠는가?

평석 옛 현인군자(賢人君子)는 실질적인 인권과 정의를 위하여 정황상 필요한 경우 부득이 거짓 정보를 퍼뜨려 진범을 체포하는 계휼로 선용(善用)하였다. 그런데 지금의 사정(司正) 당국은 형식적인 법률과 절차를 빌미로 수사 정보를 일부러 흘리고, 피의자의 도피・은닉(심지어 出國) 및 증거 인멸의 시간적 여유를 제공하는 본말전도의 악용(惡用) 사례가 적지 않은 것 같다. 기밀(機密)의 유지는 단지 인권(명예) 보호라는 절차적 정의뿐만 아니라, 진실 규명이라는 실체적 정의를 실현하는 데에도 결정적인 관건이 된다. 독(毒)이나 계휼도 정의를 위해 선용하면 양약이 되고, 양약이나 정법(正法)도 부정을 위해 남용이나 오용 또는 악용하면 독약이 되고 죄악이 될 것은 자명하다.

18. 공순(孔循)이 죄수를 배려하다

오대(五代)시대 후당(後唐)의 공순[67]이 방계이직(邦計貳職 : 樞密副使)의 신분으로, 이문군부(夷門軍府)의 정사(政事)를 임시로 대행할 적이었다. 장원현(長垣縣)에 4인의 갑부 도적이 있었는데, 일이 탄로(綻露)하자[68] 체포된

67) 공순 : 집안 내력이 불분명하며, 어려서 고아로 떠돌다가 변주(汴州 : 지금 河南 開封市)에 이르러 주온(朱溫)의 양자인 리양(李讓)이 거두어 기름. 처음에는 姓을 朱씨로 했으나, 나중에 趙씨로 했다가, 다시 孔씨로 바꿈. 후량(後梁)과 후당(後唐)에 벼슬하여 추밀부사(樞密副使), 횡해군(橫海軍) 절도사(節度使)까지 오름. 『신오대사(新五代史)』 권43.

68) 탄로(綻露)도 한자어 명사로서 '-하다'를 붙여 동사를 만드는데, 본디 의미가 '재봉선의 실밥 등 봉합 부위가 터져(綻) 속이 드러난다(露)'는 뜻이다. 흔히 세간에서는 '탄

자는 도리어 4인의 빈민이었다. 원래는 도우후[69]가 당시 대신인 곽종도(郭從韜)[70]의 동서(同壻)로서, 법관 및 옥졸과 공모(共謀)해 이 사안을 허위로 날조하여, 무고한 빈민에게 기시(棄市)[71]형의 죄를 덮어씌운 것이었다.

공순이 친히 사안을 다시 살펴보았는데, 죄수들이 말 한 마디도 없다가, 옥졸이 끌어내 병풍을 지날 때, 이내 공순을 자주 되돌아보는 것이었다. 이에 공순이 다시 불러들여 신문하였더니, 그들은 이렇게 말했다.

"마침 그때 옥졸이 항쇄[72]의 끝머리를 치켜 올려 목을 죄었던 까닭에, 말을 할 수 없었습니다. 청컨대, 좌우 사람들을 모두 물리쳐 주시면, 사정의 시말을 자세히 진술하겠습니다."

이에 곧장 사건을 상급 행정기관인 주(州)로 이송하여, 군주부(郡主簿)로 하여금 재심리하도록 조치했다. 그 결과 뇌물을 받은 수십 명과 4인의 진짜 도적을 붙잡아 법에 의해 처벌하고, 4인의 무고한 빈민은 억울한 누명을 벗겨 석방하였다.

이 사안은 아마도 『의옥집』의 편자인 화몽(和㠓)이 오대(五代)시대에 직접 들었던 것이리라.

안(按) 포졸(捕卒 : 경찰)이 더러는 진짜 도적을 놓아주고 무고한 평민을 체포하여 자기의 사명을 채우고, 더러는 진짜 도적을 놓친 다음 무고한 평민을 체포하여 자기의 직책을 회피하며, 더러는 도적이 있는지 찾다가 무고한 평민을 체포하여 포상금을 타려고 노리기도 한다. 만약 옥리(獄吏 : 검찰)가 이들과 더불어 한통속이 되어 거래한다면, 억울하고 원통한 권력 남용은 어찌 다 말할 수 있으리요? 이는 모두 듣고 심리하는 자(법관의 명석한 통찰력)에 달려 있다. 공순이 통찰한 사안은, 바로 진짜 도적

로 나다'로 잘못 말하는데, 이는 '露'의 뜻이 두 번 겹치는 허물이 된다.

69) 도우후(都虞侯) : 절도사나 관찰사 아래에 설치한 무관(武官).

70) 곽종도 : 곽숭도(郭崇韜)를 가리킴. 후당(後唐) 장종(莊宗 : 923~925년 재위) 때 대신으로, 시중(侍中) 겸 추밀사(樞密使), 진주(鎭州) 기주(冀州) 절도사를 겸하였고, 조군공(趙郡公)에 봉해짐. 『구오대사(舊五代史)』 권57.

71) 기시(棄市) : 시장에서 인민들의 돌팔매로 공개 처형하는 특별한 사형(死刑).

72) 항쇄(項鎖) : 죄수 목에 씌우던 형구(刑具).

을 일부러 놓아주고 무고한 평민을 체포하여, 자기 사명을 메우려고 한 조작극이었다.

또 다른 세 사안이 있다. 둘은 진짜 도적을 놓치고 평민을 체포하여 책임을 회피한 경우이고, 하나는 도적이 있는지 찾다가 평민을 체포하여 포상금을 노린 경우인데, 참고로 덧붙인다.

범정사(范正辭)[73]는 제주(齊州) 사람으로, 그 아버지는 로겸(勞謙)이다. 범정사가 강남 전운부사(轉運副使)일 적에, 요주(饒州)의 감소(甘紹)라는 백성이 수만금의 재산을 축적하였는데, 도적떼에게 모조리 약탈당한 사건이 발생하였다. 주(州) 당국에서 14인을 체포하여 심리한 결과, 모두 사형에 처할 판이었다. 마침 정사가 관할 지역을 순시하다가, 요주에 이르러 이 사건을 알게 되었다. 그래서 친히 죄수들을 불러들여 신문하자, 죄수들이 모두 울먹이는 것이었다.

이에 진실이 아님을 알아차리고, 곧 다른 관할 지역으로 이송하여 재심리하도록 명령하였다. 그러고 나자 곧 한 백성이 도적떼 소재지를 신고해 왔다. 정사가 감군(監軍)인 왕원(王愿)을 은밀히 불러, 도적떼를 엄습하여 체포하도록 지시했다. 그런데 도적들이 소식을 듣고 달아나자, 정사가 곧장 말을 타고 그들을 추격했다. 그러자 도적들이 활을 잡아당기고 창을 휘두르며 반격해 왔는데, 정사가 채찍으로 그들을 후려쳐서 도적의 두 눈을 맞혔다. 이윽고 그들을 체포하여 간악한 죄상에 따라 의법 처치하고, 처음에 체포하였던 무고한 14인은 모두 석방하였다.

조진(趙稹)[74] 소사(少師)가 익주로(益州路)의 전운사(轉運使)일 적이었다.

---

73) 범정사 : 송나라 제주(齊州 : 지금 산동 齊南市) 사람으로, 字는 직도(直道)이고, 그의 아버지는 획가(獲嘉) 현령을 지낸 범로겸(范勞謙)임. 어려서 과거에 급제한 뒤, 강남 전운부사(江南轉運副使)를 거쳐 시어사지잡사(侍御史知雜事)에 이름. 『송사(宋史)』 권304.

74) 조진 : 송나라 선성(宣城 : 지금 안휘 宣城縣) 사람으로, 字는 표미(表微). 진사에 급제한 뒤, 익주로전운사(益州路轉運使)를 거쳐, 나중에 태자소부(太子少傅)에 임명을 받았으나 사직함. 사후에 태자소보(太子少保)의 벼슬을 추증 받음. 『송사』 권288.

당시 공주(邛州)의 포강(蒲江)현에서 강도가 발생했는데, 도적이 쉽게 붙잡히지 않았다. 그러자 당국에서 무고한 평민 수십 명을 붙잡아 가두고, 심한 고초와 강압으로 그들을 굴복시켰다. 그들의 진술 내용도 사실과 부합하는지라, 의심할 나위가 없는 것처럼 보였다.

때마침 조진이 관할 구역을 순시하다가 이 사안 소식을 듣고는, 뭔가 원통함이 있으리라 직감하고 곧장 현의 감옥으로 달려 들어갔다. 그래서 원통한 실상을 모두 밝혀내고, 그들을 모두 풀어내었다.

이상 두 사안은 모두 「본전(本傳)」에 보인다.

설향(薛向)75) 추밀(樞密)이 하북(河北)의 제점형옥(提點刑獄)일 적이었다. 당시 심주(深州) 무강(武强)현에 강도가 사람을 죽이고 재산을 강탈해 간 사건이 발생했다. 현위(縣尉)는 강도를 놓친 책임을 벗어나려고, 평민을 붙잡아 고문으로 범행을 뒤집어씌웠다. 게다가 장물(贓物)을 밖에다 감춰 두어, 허위 자백한 진술과 일치하도록 꾸몄다.

설향이 이 사안을 듣고 의심스러워, 죄수들을 친히 불러들여 신문했다. 그 결과 원통함을 풀고, 사형을 면한 사람이 여섯이나 되었다. 그리고 현위는 고의로 남에게 죄를 덮어씌운 죄로 처벌하였다.

려대방(呂大防)76) 승상이 지은 「설향묘지(薛向墓誌)」에 보인다.

이 세 사안도 모두 공순이 죄수를 다시 살펴본 일과 유사한 것이다. 다른 특별한 기술이나 재주가 있었던 것이 아니라, 모두 마음(정성)을 다해 정황(情況)을 통찰함으로써 원통함을 풀어 줄 수 있었다.

---

75) 설향 : 송나라 하중(河中) 만천(萬泉 : 지금 산서 萬榮縣 남쪽) 사람으로, 字는 사정(師正). 조상의 관음(官蔭)으로 벼슬길에 올라 하북(河北)의 제점형옥(提點刑獄)을 거쳐 동지추밀원(同知樞密院)에 이름. 『송사(宋史)』 권328.

76) 려대방 : 송나라 경조(京兆) 람전(藍田 : 지금 山西 藍田縣) 사람으로, 字는 미중(微仲). 벼슬이 상서좌복야(尙書左僕射) 겸 문하시랑(門下侍郎)에 이르러 승상이라 존칭함.

평석 이 사안의 원래 표제어로 쓰인 '려수(慮囚)'란, 본디 한대(漢代)에 시행한 '록수(錄囚)'제도가 변화·발전한 중요한 사법(司法)제도이다. 법제사(法制史)상 진실을 밝히고 정의를 구현하는 절차이자, 인명(人命)을 중시하는 흠휼(欽恤) 사상의 구체적인 표현으로 매우 독특한 성격을 지닌다. 한대(漢代)에 군수(郡守)가 관할 현(縣)을 수시로 순시하면서, 현감의 통치 상황을 살펴봄과 동시에, 죄수들을 불러 접견하며 그 사안(수사·재판) 기록을 열람하였다. 그리고 그 진위(眞僞)와 공평(公平) 여부를 살핀 다음, 억울함이나 원통함이 있으면 직접 바로잡아 풀어 주는 제도가 '록수'였다.

그 후 법제사적인 변화를 거치면서, 당대(唐代) 이후 '려수'라는 용어로 바뀌었다. 죄수의 억울한 사정을 사려·염려한다는 의미가 전혀 없는 것은 아니겠지만, 역사적 연원을 중시해 통상 '錄囚'와 같이 '록수'[77]로 발음하는 게 정확하다고 해설한다. 본래는 지방관의 수사·재판에 대한 상급관의 감찰적 성격에서 출발하여, 실질적으로 상급심 재판의 기능을 발휘했다. 하지만 후대에는 공식적인 상급심 절차와 별도로, 여전히 상급관의 수시적인 사법감찰 제도로서 인권과 정의의 보호에 크게 공헌하였다.

19. 부(府)의 종사(從事)가 매장된 시체를 발굴하다

화몽(和㠓)이 『옥당한화(玉堂閒話)』[78]의 내용을 인용해 수록한 사안이다.

근래에 어떤 사람이 행상 나갔다가 되돌아와 보니, 아내가 타인에게 피살(被殺)하였는데 그 머리가 잘려 없어졌다. 한편으로는 비통하고, 한편

77) 현대 표준 중국어음으로는 入聲이 없어 양자가 매우 흡사하다.

78) 『옥당한화(玉堂閒話)』: 五代 때 왕인유(王仁裕)가 당나라 말엽부터 五代 때까지의 기이한 소문과 일화를 기록한 책인데, 원서는 없어지고 다행히 『태평광기(太平廣記)』 등에서 일부 내용을 인용해 전해짐.

으로는 공포에 질려, 처가 식구들에게 이 사실을 알렸다. 그런데 처가에서는 곧 사위의 소행으로 의심하여, 그를 관가에 고발했다. 그는 심한 고초를 이기지 못하여, 스스로 처를 살해했다고 허위 자백하기에 이르렀다. 사건 심리가 모두 종결된 후, 부(府)의 한 종사(從事 : 관직명)가 홀로 의구심을 품고, 이 사안을 다시 철저히 조사할 것을 자청하여, 태수(太守)가 이를 허락하였다.

이에 종사는 관할 지역 안의 모든 장의업(葬儀業) 종사자들을 불러, 근래 민가에서 거행한 장례와 안장처를 모두 진술하도록 명령하였다. 그러면서 "혹시 장례 거행에 의심할 만한 것이 있었는지?" 물었다. 그러자 한 사람이 이렇게 대답하는 것이었다.

"어느 곳의 한 부자가 상례를 치렀으나, 단지 유모가 죽었다고만 말하였습니다. 오경(五更 : 새벽 3~4시) 초에 담장 너머로 관을 함께 들어내는데, 지극히 가벼워 안에 아무 물건도 없는 것 같았습니다. 지금 모처에 매장되어 있습니다."

급히 사람을 보내 발굴해 보니, 한 여자의 머리밖에 묻혀 있지 않았다. 그 머리를 가져다가 죄수에게 확인시킨 결과, "내 처가 아니다"고 답하였다. 이윽고 그 부자를 잡아들여 신문하였더니, 마침내 모든 사실을 자백하였다. 유모를 살해하여 그 머리만 관에 담아 매장하고, 그 시체는 죄수의 처의 머리로 바꾸어 자기 방안에 감추어 두었다는 것이었다. 이에 무고한 사위는 죄를 면하고 풀려났다.

안(按) 이는 오대(五代) 후한(後漢)의 건우(乾祐[79]) 때 왕인유(王仁裕[80])가 말한 당시의 사안이다. 얼마 전에 한 사안을 들었는데 이와 유사

---

79) 건우(乾祐) : 은제(隱帝)의 연호, 948~950년 재위.

80) 왕인유 : 五代 천수(天水 : 지금 甘肅 天水縣) 사람으로, 字는 덕련(德輦). 전촉(前蜀)과 후당(後唐)·후진(後晋)·후한(後漢)에 걸쳐 계속 벼슬하여 병부상서(兵部尙書)까지 오름. 『구오대사』 권128, 『신오대사』 권57.

하고, 다시 한 사안을 들었는데 또한 흡사하기에, 참고로 덧붙인다.

태평주(太平州)에 사는 한 부인이 시아재와 함께 외출하였다가, 도중에 비를 만나 옛 사당에 들어가 비를 피하는데, 몇 사람이 이미 먼저 그 안에 들어와 있는 것을 보았다. 시아재는 마침 술에 취해 그만 곤히 잠들었는데, 저녁 늦게 비로소 깨어나 보니, 사람들은 모두 가 버리고, 형수는 피살(被殺)하였는데 시신에 머리가 없었다. 경악과 공포에 질려 큰 소리로 외치다가, 마침내 관가에 끌려갔다. 그런데 심한 고문을 이기지 못하여, 형수를 강간하려다가 고분고분 따르지 않자, 살해하여 그 머리와 칼은 강물 속에 던져 버렸다고 허위 자백하였다. 그리하여 마침내 사형에 처해졌다.

후에 부인의 남편(처형당한 죄수의 형)이 려릉(廬陵)에 갔다가, 희극 공연장에서 자기 아내를 우연히 발견하였다. 그리고 사실을 확인하자, 모든 배우들이 놀라 뿔뿔이 달아났는데, 그 뒤 곧 그들을 체포하여 법에 회부하였다. 사실 지난번 머리가 없어진 시체는 원래 사당에 있던 사람이었는데, 배우들이 그 머리를 잘라 내고 그 부인의 옷을 벗겨 갈아입힌 뒤, 그 부인을 약취하여 데려간 것이었다.

시아재가 이처럼 억울한 누명을 쓰고 처형당한 것은, 앞의 사안에서와 같이 사안을 의심하여 재수사를 자청한 선량한 종사(從事)가 없었기 때문이었다. 그런 즉, 범죄 장물의 증거를 명백히 확인하지 않은 상태에서 옥안(獄案)을 성급히 처결할 수 있겠는가?

의성(宜城)과 흡현(翕縣) 지방에 강도가 출현하여 밤에 한 나그네를 살해한 뒤, 그 시체는 길가에 내버리고 그 머리만 잘라 갔다. 새벽 동틀 무렵 한 사람이 그곳에 이르렀다가, 피를 밟고 나서 놀라 황급히 그곳을 피해 달아났는데, 곧 관가의 추격을 받고 붙잡혀 옥에 갇혔다. 반 년 동안 사안의 심리를 종결하지 못하자, 담당 관리가 잘려 나간 머리를 찾아 사안을 시급히 매듭짓기 위하여, 아전들에게 사방을 두루 수색하도록 엄하게 독촉하였다. 그러자 아전들은 때마침 병들어 도요지 안에 누워 있던 한 걸인을 발견하고, 그의 목을 쳐서 갖다 바치고 자신들의 직책에 갈음하였다. 그와 함께 죄수도 또한 장기간 심한 고문에 시달리다 못해, 마침내 허위 자백하고 처형당하기에 이르렀다.

그 뒤 반년쯤 지나 진짜 강도가 의진(儀眞) 지방에서 비로소 붙잡혔다. 신문 결과, 베어 간 머리는 흡현의 경계 부근에 매장했다고 실토하여 발굴해 냈다. 그 아전들이 외로운 병약자를 함부로 살륙하고, 무고한 평민이 억울하게 처형당한 것은, 모두 담당 관리가 머리(물증)를 찾아 시급히 사안을 종결시키려고 욕심을 부린 소치이다. 그러한 즉, 장물 증거를 수색하도록 책임 추궁하는 데도 삼가 조심하지 않을 수 있겠는가?

이상 두 사안은 모두 송(宋)나라 정화[81] 년간에 생긴 일인데, 형옥(刑獄)을 담당하는 관리들한테 경종을 울릴 만한 귀감이기에, 특별히 덧붙인다.

매장한 시체를 발굴한 사안은 「적적(迹賊)」편에도 나온다.

평석 빚은 묵힐수록 눈덩이처럼 불어나고, 죄는 감출수록 납덩이처럼 무거워진다. 묵은 빚을 기한 안에 갚아 신용을 얻기 위해 새 빚을 높은 이자로 끌어다 쓰고, 다시 같은 방법을 반복 순환하면 빚의 원리금 합계는 기하급수로 불어난다. 급기야 속빈 강정이나 빛 좋은 개살구 같은 꼴이 되고 만다. 이러한 허장성세의 신용이 극한 상황에서 밑 빠지면, 결국 파산(破産)과 부도(不渡)라는 불신(不信) 밖에 남지 않는다. 개인과 기업의 부실(不實)이나 불신(不信)도 문제이지만, 더욱 중대하고 심각한 것은 우리나라 외채(外債) 상황이다.

부주의나 잘못으로, 또는 일시적인 유혹이나 호기심으로 죄악을 범한 경우, 무의식적으로 죄를 감추어 수치를 모면하려는 것이, 어쩌면 인간이 아담과 하와로부터 유전 받은 본성인지 모른다. 그런데, 심지어 고의로 새로운 죄악을 저질러 은폐와 모면을 기도하는 범죄 심리도 얼마나 흔하게 나타나는가? 살인 후 시체를 암매장하는 것은 다반사이고, 화재를 가장하기 위해 방화(放火)를 하는가 하면, 사지를 절단하여 처분하기도 한다.

---

81) 정화(政和) : 휘종(徽宗)의 네 번째 연호, 1111~1117년.

또 교통사고가 발생한 경우 뺑소니는 물론, 피해자가 중상인 경우 손해배상 책임부담 등을 염려하여 아예 고의로 치사(致死)시키기도 한다. 그리고 현장을 목격하거나 진실을 안다는 이유로 살해하는 경우까지도 있다.

요즘은 범죄 심리학과 수사 기술이 고도로 발달하여, 이러한 은폐 목적의 후속 범죄도 어렵지 않게 규명할 수 있지만, 문제는 수사 기관의 의지와 정성에 달려 있다. 미제(未濟)의 불명예를 피하기 위해 무고한 생사람 잡는 잘못이, 현대에도 완전히 사라지지는 않은 모양이다. 인간의 생명과 직접 관련하거나 세간의 주목을 받는 굵직한 사건이야, 상급심의 세심한 심리 기회도 있고 수사 당국도 비교적 주의를 기울이는 편이다. 하지만 경미한 범죄의 경우, '꿩 대신 닭'을 잡아들여 강제 자백과 허위 조서를 작성한다면, 그로 말미암아 맺히는 원통은 어떻게 풀릴까?

20. 허종예(許宗裔)가 장물(贓物)을 점검하다

오대(五代) 전촉(前蜀)의 허종예[82]가 검주(劍州)의 수령이 되었을 때이다. 한 백성이 밤에 도둑을 맞고, 등불 아래서 보았던 기억으로 아침에 관가에 신고하였다. 관가에서 한 혐의자를 체포하였는데, 장물이라고 압수한 것을 보니, 고작 물레의 실 자새[83]와 실패[84]뿐이었다. 종예가 직접 불러 신문하니, 포승에 묶인 죄수는 본디 자기 집의 물건이라며 억울함을 호소하는데, 도둑맞은 사람도 지지 않고 서로 말다툼을 계속하는 것이었다.

그래서 두 집의 물레를 가져오도록 명하여, 실 자새의 크기를 견주어

82) 허종예 : 미상.
83) 실 자새 : 실 잣는 데 쓰는 부품(얼레).
84) 실패 : 실 감아 두는 부품.

보니 죄수의 집 물레의 실 자새 축에 꼭 맞았다. 또 "실패 속에 무슨 물건을 사용했느냐"고 묻자, 한 사람은 '살구씨'라고 답하고, 또 한 사람은 '기와 조각'이라고 답하였다. 그래서 실패 속을 함께 열어 보라고 분부하니, 죄수가 말한 살구씨가 들어 있었다.

그리하여 도둑맞은 사람은 장물을 잘못 알아본 죄를 받고, 포졸은 무고한 사람을 고문한 책임을 지게 되었다. 눈 깜박할 사이에 무고한 피의자의 억울한 누명을 벗겨 준 것이다.

『의옥집』에는 출처가 밝혀져 있지 않은데, 이 사안은 또 「증특(證慝)」편에 나온다.

21. 소엄(蕭儼)이 신(神)께 기도하다

오대(五代) 남당(南唐)의 승원격[85]에 "가치 3관(貫)[86] 이상의 재물을 도둑질한 자는 사형에 처한다."는 규정이 있었다. 려릉(廬陵)의 한 부호(富豪)가 볕에 옷을 말리다가, 가치 수십 관에 해당하는 깨끗한 새 옷과 이불을 잃었다. 그런데 촌락이 외딴 벽지이고, 사람의 통행도 매우 한적하여, 이웃 사람이 훔친 것으로 의심하였다. 이웃 사람은 고문의 고초를 이기지 못하고, 마침내 스스로 허위 자백하였다. 그런데 장물의 소재를 추궁하자, 그냥 "시장에서 나누어 팔았다"고만 답하여, 결국 물증은 찾을 수가 없었다.

죄수를 처형하는 날에 원성(寃聲)이 하늘을 진동시키므로, 수령이 이 사실을 아뢰었다. 이에 군주가 원외랑(員外郞) 소엄(蕭儼[87])에게 재심하도록 분부하였다. 이에 소엄이 목욕재계하고, 신(神)께 억울한 누명을 씻어 줄

---

85) 승원격(昇元格) : 승원(昇元)은 열조(烈祖)의 연호, 937~942년. 格은 律과 슈을 보충하는 하위법.

86) 관(貫) : 1관은 천전(千錢).

87) 소엄 : 남당(南唐) 려릉(廬陵) 사람으로 형부원외랑(刑部員外郞)을 지냈으나, 송(宋)나라 때는 벼슬하지 않음. 『남당서(南唐書)』 권15.

수 있게 해달라고 지성스럽게 기도하였다. 소엄이 려릉군에 도착하는 날 천기(天氣 : 날씨)는 매우 쾌청하고 화창하였는데, 갑자기 천둥소리가 서북쪽으로부터 일어나 물건을 잃은 집까지 전해 오더니, 그 집 소 한 마리가 진동에 놀라 치사하고 말았다. 그리하여 소의 배를 갈라 보니, 잃어버린 물건이 들어 있었다. 바로 소가 그 옷과 이불을 집어삼켰으나, 아직 소화가 덜 된 상태였다.

정문보(鄭文寶)88)의 『남당근사(南唐近事)』에서 인용하였으며, 『의옥집』에는 실려 있지 않다.

안(按) 이는 지혜나 계산(추리)으로 미칠 수 있는 바가 아니며, 대저 무형(無形) 중 신명(神明)의 보우(保祐)를 얻은 결과일 것이다. 실로 지성스러운 마음으로 무고한 백성을 불쌍히 여긴 효험(감응)이다.

평석 이 사안이 정말 사실일까? 아니면 지어낸 이야기일까? 기적으로 믿느냐, 아니면 허구의 소설로 치부하느냐? 이는 전적으로 독자 개개인의 직관적인 감성에 달려 있다. 신심(信心)과 정성(精誠)의 힘이 불가사의하고 무한한 점은, 종교적인 교리(教理)나 신앙적인 체험과 같은 전통적인 신비주의적 입장에서뿐만 아니라, 정신의학이나 심리학과 같은 현대의 과학적 실험과 관측에 의해서도 부단히 새롭게 증명하고 있다.

특히 최근에 최면요법이나 자아심상(自我心像 : Self-Image)법 등은, 자신의 믿음과 마음을 통하여 내면 깊숙한 무의식과 잠재력을 무한히 계발할 수 있다는 가능성의 대문을 활짝 열어 제침으로써, 종교와 철학을 새로운 과학적 방법에서 접근하고 이해하는 일대 혁신적인 전기(轉機)를 마련하고 있다. 육체적 질병 치유를 본업으로 삼는 의학이 이러할진대, 정신적인 · 심성적인 질병(죄악)의 치유(교정 · 감화)를 본래의 사명으로 여기는 법학과

---

88) 정문보 : 字는 중현(仲賢). 남당(南唐) 때 벼슬하기 시작하여 宋 때는 섬서전운사(陝西轉運使)에 오름. 그가 지은 『남당근사(南唐近事)』 1권은 그가 보고 들은 남당 때의 크고 작은 일들을 기록한 책.

사법(司法)도, 첨단 정신의학과 심리학의 방법이나 성과를 거울삼아야 하지 않을까?

22. 고방(高防)이 베(布)를 견주어 보다

고방[89]은 처음에 오대(五代) 후주(後周)의 세종(世宗)을 섬겼다. 그가 채주(蔡州) 지사일 적에, 왕예(王乂)라는 백성이 도적에게 겁탈 당하였는데, 수사 결과 혐의자 5인을 체포하였다. 감옥에 구금하고 신문하여 장물도 모두 확보하였으므로, 곧 극형에 처할 판이었다. 그러나 고방은 이 사안에 의구심을 품고, 장물을 가져다가 자세히 살펴본 뒤, 왕예에게 물었다. "네가 빼앗긴 바지저고리는 동일한 종류(품질)의 베로 만든 것이냐?" 이에 왕예가 '그렇다'고 대답하자, 고방은 저고리와 바지에 사용한 베의 폭을 견주어 보도록 분부하였다. 그 결과 폭의 길이가 서로 같지 않고, 베의 소밀도[90]도 각기 달랐다.

이때 비로소 죄수들도 억울함을 하소연했다. 그래서 "무슨 까닭에 죄를 자백하였느냐?"고 묻자, "회초리의 고초를 이기지 못하여, 차라리 빨리 죽고 싶었을 따름입니다."라고 대답하는 것이었다. 며칠이 지나자 과연 진짜 장물을 찾아내어, 이 5인은 풀려날 수 있었다. 고방은 후에 송(宋)나라 조정에 벼슬하여 상서좌승(尙書左丞)까지 올랐다.

『국사(國史)』「고방전(高防傳)」에 실려 있다.[91]

---

89) 고방 : 송나라 병주(幷州) 수양(壽陽 : 지금 山西 壽陽縣) 사람으로, 字는 수기(修己). 後晋・後漢・後周에 걸쳐 벼슬하는 동안 채주(蔡州) 지사를 지냈으며, 송나라 때는 추밀직학사(樞密直學士), 상서좌승(尙書左丞)에 오름. 『송사(宋史)』 권270.

90) 소밀도(疏密度) : 실올 사이의 간격.

91) 당시에는 아직 『송사(宋史)』를 정식으로 편수(編修)하지 않고 초고상태로 있었음.

안(按) 고방이 베를 견주어 본 일은, 허종예가 장물을 점검한 것과 동일한 기술(방법)이다. 그러나 찾아낸 바지저고리가 본래 진짜 장물이 아니더라도, 만약 불행히도 양자에 사용한 베의 소밀도와 폭이 균일했다면(흔히 상하 한 벌로 맞춘 의복의 경우), 과연 어떻게 처리했을 것인가? 진실로 정리(情理 : 情況과 事理)상 의심할 만한 점이 있으면, 비록 장물의 증거가 부합한다고 할지라도, 또한 그대로 곧장 처결해서는 안 된다.

송 태종(宋太宗) 옹희(雍熙 : 984~987년) 년간에, 소엽(邵曄[92])이 봉주(蓬州)의 록사참군(錄事參軍)이 되었다. 당시 주지사인 양전(楊全)이 성품이 경솔하고 사나워서, 억울하게 무고(誣告)당한 백성 13인을 모두 사형에 언도하였다. 소엽이 원통함을 간파하고 재심을 자청했으나, 지사는 듣지 않았다. 그리고 그 중 2인을 잡아다가 기시(棄市)에 처형하고, 나머지는 형구(刑具)를 채워 중앙 조정으로 압송하였다. 그런데 바로 이튿날 도적 정범이 붙잡혀, 지사 양전은 관직을 삭탈당하고 평민이 되었으며, 소엽은 5품 벼슬의 관복(官服)을 하사 받고 광록사승(光祿寺丞)에 제수(除授 : 임명)되었다.

『국사(國史)』「소엽전(邵曄傳)」에 보인다.

송나라 진종(眞宗) 경덕(景德 : 1004~1007년. 두 번째 연호) 시기에 량호(梁顥[93]) 내한(內翰)이 개봉부(開封府) 지사일 적이었다. 개봉의 현위(縣尉)인 장이(張易)가 도적 8명을 체포하여, 심리 재판을 마친 뒤 유배형에 처했다. 그런데 형을 집행하고 나서 비로소 진짜 도적이 붙잡혔다. 그래서 어사대(御史臺)가 탄핵 신문하여 진상을 밝혀내고, 관련 있는 관리들은 모두 죄책을 추궁하거나 좌천시켰다.

---

92) 소엽 : 송나라 계양(桂陽 : 지금 湖南 汝城縣) 사람으로, 字는 일화(日華). 이름 曄자는 원본에는 諱 때문에 煜으로 표기하고 있으나, 만력본(萬曆本)과 『송사(宋史)』 권426의 전기에 따라 바로잡음. 송 태종 때 진사가 된 뒤, 봉주(蓬州) 록사참군(錄事參軍)을 거쳐 우간의대부(右諫議大夫)와 광주(廣州) 지사에 오름. 『송사』 권426.

93) 량호 : 송나라 운주(鄆州) 수성(須城) 사람으로, 字는 태소(太素). 태종 때 진사가 된 뒤, 한림학사(翰林學士), 동지심관원(同知審官院)을 거쳐 권지개봉(權知開封)에 이름. 당송 때에는 한림학사를 흔히 내한(內翰)이라 불렀음. 『송사』 권296.

이는 단지 장물 증거에만 의지하여, 정리(情理)를 살피지 않고 그대로 곧장 처결한 사안이다. 대저 장물도 더러는 진짜가 아닐 수 있고, 증거도 혹간 사실이 아닐 수 있다. 오직 정리(情理)로써 세심히 관찰한 다음에야, 비로소 억울한 누명이나 원통함을 초래하지 않게 된다. 그러니 귀감 삼지 않을 수 있으며, 신중하지 않을 수 있겠는가?

당시의 조령(詔令)에 보인다.

평석 피의자의 생명을 좌우하는 사안은, 아무리 세밀하게 심리하고 백방으로 의심해 보아도 결코 지나침이 없을 것이다. 또 사형의 언도와 집행에는, 주저와 지연이 그리 큰 허물이나 무능으로 평가받지 않을 것이다. 한번 끊어진 목숨을 어떻게 다시 잇겠는가? 현대에도 사형제 폐지론이 설득력을 발휘해 탄력을 받는 가장 중요한 이유이다.

23. 상민중(向敏中)이 스님을 추궁하다

상민중[94] 승상이 서경(西京 : 洛陽) 류수(留守)일 적의 일이었다. 한 스님이 한 촌락을 지나다가 날이 저물어, 어떤 집에 하룻밤 묵어가자고 부탁했다. 그러나 주인이 허락하지 않자, 대문 밖의 마차 안에서라도 잠을 자자고 청하여, 마침내 허락을 받았다. 그런데 그 날 밤 한 도적이 침입하여, 한 부녀자와 보따리 하나를 가지고 담장을 넘어 달아났다. 마침 스님은 잠들지 않았으므로 그 장면을 모두 목격하였다. 스님이 스스로 생각해 보니, 주인이 들여 주지 않으려고 거절하는 것을 억지로 재워 달라고 요

94) 상민중 : 송나라 개봉(開封 : 지금 河南 開封市) 사람으로, 字는 상지(常之). 태종 때 진사가 된 뒤, 동평장사(同平章事), 진좌복야(進左僕射)에 이름. 『송사』 권282.

청하였기 때문에, 내일 아침 주인이 반드시 이 사건의 혐의자로 자기를 지목하고 관가(縣)에 고발할 것이 거의 분명하였다. 이에 스님은 도망을 결심하였는데, 어두운 밤에 거친 풀숲을 헤치고 나아가다가, 그만 발을 헛디뎌 갑자기 물 마른 우물 속에 추락하였다. 그런데 도적을 따라 담장을 넘어 나왔던 부녀자가 이미 타인에게 살해당하여, 그 시체가 우물 속에 버려져 있던 까닭에, 그 시체에서 흘러나온 피가 스님의 옷을 흥건히 적시었다.

이튿날 아침 주인은 도망한 자취를 추적하여, 마침내 그 스님을 체포하여 관가에 넘겼다. 스님은 관가의 고문을 견디지 못하고, 결국 허위 자백하기에 이르렀다.

"그 부녀자와 간통을 한 뒤 그를 꾀어 함께 도망하다가, 일이 탄로날 것을 두려워하여 그를 죽였습니다. 그리고 시체를 우물 속에 던져 넣었는데, 그만 발을 잘못 디뎌 우물에 빠지고 말았습니다. 장물과 칼은 우물곁에 두었는데, 누가 가져갔는지 모르겠습니다."

이렇게 수사와 신문이 이루어져, 모두가 그럴 듯하게 여겼다. 그런데 오직 상민중만이 장물과 흉기를 증거물로 찾아내지 못한 점을 의아스럽게 생각하였다. 그리하여 직접 스님을 서너 차례 계속 추궁하였으나, 스님은 단지 "전생에 이 사람한테 목숨을 빚져 금생에 갚아야 하니, 더 이상 할 말이 없습니다."라고만 되풀이할 뿐이었다. 그래서 더욱 완곡히 캐묻자, 스님은 마침내 사실대로 대답하였다.

이에 한 관리를 은밀히 파견하여, 도적의 행방을 탐색하도록 지시했다. 그 수사 관리가 촌락의 주막에서 밥을 먹을 때, 한 노파가 그 사람이 관가(縣 소재지)에서 왔다는 소식을 듣고, 그가 관리인 줄은 모른 채, "스님의 살인강도 사건은 어떻게 되었소?"라고 물어 오는 것이었다. 그러자 관리는 "어제 이미 시장 한복판에서 곤장을 치다가 죽었다"고 짐짓 거짓으로 답변하였다. 그런데 노파는 다시 탄식하면서, "지금 만약 진짜 도적을 잡는다면 어떻게 됩니까?"라고 묻는 것이었다. 이에 관리는 "관청에서 이 사건을 한번 오판(誤判)하여 처형한 이상, 비록 진범이 나타난다고 할지라도, 다시 그 죄를 물을 수는 없다"고 대답했다. 그러자 노파는 마침내 "그렇다면 말해도 별 탈이 없겠군요. 사실 그 부녀자는 이 촌락의 청년 아무개가 살해하였소."라고 말문을 여는 것이었다.

관리가 그 청년이 지금 어디 있는지 묻자, 노파가 그 집을 가르쳐 주었다. 그리하여 관리가 그 집에 가서 진짜 도적을 체포하고, 아울러 그 장물도 찾아냈다. 그래서 억울한 누명을 쓰고 살인범으로 처형할 뻔한 스님은 마침내 풀려났다. 이에 온 현민(縣民)이 모두 귀신같다고 칭송하였다.

사마광(司馬光)95) 승상이 지은 『속수기문(涑水紀聞)』에 실려 있다.

안(按) 법관이 사안의 정황을 관찰할 적에 정말로 뭔가 억울함이 집히는 데가 있다면, 설사 죄수(피의자)가 억울한 말을 호소하지 않더라도 또한 그냥 그대로 처결할 수는 없다.

왕회숙(王晦叔)96) 승상이 로주(潞州)의 지사일 적이었다. 한번은 살인 사건을 이미 종결하였는데, 회숙이 그 정황을 관찰해 보니 사실이 아닌 것 같아, 죄수를 직접 대면하고 신문하였다. 그러나 그 사람은 살인 진범을 붙잡지 못하면 살인죄를 벗어날 수가 없다고 스스로 말하면서, 끝내 자신의 원통함을 변명하지 않았다. 부하 관료들은 모두 의심할 나위가 전혀 없다고들 말하였으나, 회숙은 일부러 그 사안을 처결하지 않고 보류하면서, 은밀히 사람을 시켜 살인범을 물색하여 마침내 진범을 붙잡았다. 이에 「변옥기(辨獄記)」를 지어 법관들을 경계시키는 귀감으로 삼았다.

룡도각학사(龍圖閣學士) 윤수(尹洙)97)가 지은 「왕회숙신도비(王晦叔神道碑)」에 보인다.

---

95) 사마광 : 송나라 섬주(陝州) 하현(夏縣 : 지금 山西 夏縣) 사람으로, 字는 君實. 상서좌복야(尚書左僕射) 겸 門下侍郞을 지내 승상으로 존칭함. 이 사안은 그가 지은 『涑水紀聞』에 나옴.

96) 왕회숙 : 송나라 하남(河南 : 지금 河南 洛陽市) 사람으로, 태종 때 진사가 된 뒤, 潞州 지사를 거쳐 추밀사(樞密使), 동중서문하평장사(同中書門下平章事)에 올라 승상으로 존칭함. 『송사』 권286.

97) 윤수 : 「찰간(察姦)」편 각주 25)를 참조.

여기에서 죄수가 끝내 자신의 원통함을 변명하지 않은 것은, 앞에서 스님이 '더 이상 할 말이 없다'고 말한 것과 비슷하다. 양자 모두 감히 그냥 그대로 처결하지 아니하고, 마침내 진범을 포획하여 피의자의 원통함을 풀어 주었다. 어찌 죄수를 긍휼히 여겨 조심하고 진심을 다한 효험이 아니겠는가?

평석 공자는 일찍이 정치를 묻는 자하(子夏)에게, "성급하게 욕심 내지 말고 작은 이익을 보지 말라"고 답하였다. 그러면서 "욕심이 성급하면 이르지 못하고, 작은 이익에 눈이 어두우면 큰 일이 이루어지지 않는다.[欲速則不達, 見小利則大事不成.]"는 유명한 교훈을 남겼다.

어디 정치뿐이겠는가? 성급하게 눈 가리고 아웅하는 식의 부실(不實)과 부정(不正)과 거품으로, 총체적인 부도(不渡)와 붕괴(崩壞)의 위기에 처해 IMF 구제 금융을 받은 한국의 사회·경제는 말할 것도 없다. 정치·군사적인 이데올로기와 부귀·명예에 대한 헛된 욕망으로, 얼마나 숱한 무고(無辜)한 양민(良民)이 '마파람에 게 눈 감추듯' 형장(刑場)의 총알받이가 되어야 했던가? 그 밖의 유죄 판결과 고문치사(拷問致死), 핍박을 이기지 못한 자살의 원혼은 또 얼마나 많은가?

5·18은 정치·사회적으로 뿐만 아니라, 사법적으로도 내란 음모·집단 학살로 최종 단죄(斷罪)하고, 그 주모자들은 감옥에 갇혔다가 사면으로 풀려났다. 이러한 새 시대를 맞이해서도, 그때 5·18 신군부가 초고속 비밀 군사 재판으로 처형했다고 전해지는 고(故) 김재규(金載圭)는, 이미 법률적 실익이 없다는 이유로, 자신이 감행한 대통령 시해(弑害) 사건에 대해서 정당하고 합법적인 사법적 심판을 다시 청구할 길조차 없어, 영원히 역사의 심판만을 기다리며 점차 망각(忘却)의 강을 건너고 있지 않은가?

육조단경(六祖壇經)에 보면, 혜능(慧能)이 득도(得道)하여 오조(五祖) 홍인(弘忍)의 법의(法衣)를 전해 받고 남으로 내려온 뒤, 오조 밑에 본래부터 있던 신수(神秀)는 북쪽에서 세력을 크게 떨쳐 상호 대치 형세를 이루었다.

그런데 북쪽의 문인들이 신수를 육조로 추대하고는, 오조가 전법(傳法)의 상징인 의발(衣鉢)을 혜능에게 전수한 사실이 세상에 알려질까 두려워해, 행창(行昌)이라는 자객(刺客)을 황금 열 냥(兩)에 매수하여 음모를 꾸몄다.

그러나 혜능은 이미 타심통(他心通)으로 그 일을 미리 알고, 황금 열 냥을 옆에다 준비해 놓고 기다렸다. 밤이 되어 행창이 혜능의 방안에 들어가 해치려 하자, 혜능은 목을 펴서 갖다 대주었는데, 행창이 칼날을 세 번이나 휘둘렀으나 전혀 다치지도 않았다. 이에 육조 혜능이 이렇게 말했다.

"정의로운 칼은 사악하지 않으며, 사악한 칼은 정의롭지 못하다. 내가 단지 너의 황금(열 냥)을 빚진 적은 있지만, 너의 목숨을 빚진 것은 없다.[正劍不邪, 邪劍不正; 只負汝金, 不負汝命.]"

그러자 행창은 깜짝 놀라 나자빠졌다가, 한참 후에야 비로소 깨어났다. 그리고는 진심으로 참회한다고 빌면서 출가 수행하겠다고 애원하였다. 마침내 육조가 황금을 주면서, "그대는 우선 물러가라. 그 무리들이 도리어 너를 해칠까 두려우니, 나중에 모습을 바꾸어 다시 오면, 내가 그때 받아 주겠다"고 분부하였다. 이에 행창이 분부를 받들어 밤중으로 달아났는데, 나중에 출가하여 계(戒)를 받고, 지철(志徹)이라는 법명(法名)으로 수행에 정진(精進)하였다고 한다.

이 사안에서 스님이 정말로 전생에 한 사람(眞犯일 수도 있고, 誤判한 법관일 수도 있겠다)의 생명을 빚졌다면, 상민중의 지혜 · 인자 · 용기가 그 빚을 대신 갚아 주고 원통함을 풀어 주었다는 결론이 될 것이다. 무릇 빚이란 내면적인 반성 참회와 심성수양(즉 修道)이나 외재적인 선행 공덕의 축적(積德)을 통하여 무형(無形) 중에 해소하지 않는 한, 원물(原物)에 이자까지 톡톡히 쳐서 고스란히 갚아야 하는 법이다. 그런데 만약 자신의 빚도 아닌 남의 목숨 빚을 현명한 결단으로 대신 갚아 줄 수 있다면, 법관의 신분과 사명이 얼마나 고귀하고 중대한지 새삼 말할 필요가 있을까?

24. 전약수(錢若水)가 노비를 수소문하다

전약수[98]가 동주(同州)의 법관일 적에, 주지사는 성질이 편협하고 조급하여, 몇 차례나 주관적인 억측으로 사안을 부당하게 판결하였다. 그럴 때면 약수는 집요하게 간쟁(諫爭)하였으나, 끝내 바꾸지 못하였다. 그저 "(誤判한 죄로) 마땅히 지사와 함께 속동[99]을 바쳐야 하겠습니다 그려"라고 말할 뿐이었다. 그런데 과연 조정의 상급심에서 반박(파기)당하여, 주(州)의 재판관 전원이 모두 속동을 납부해야 하는 벌금형에 처해졌다. 그러자 주지사는 부끄러워하며 사과하였다. 그러나 그때가 지나면 그만일 뿐, 지사는 그 후에 또다시 그리하였다. 이와 같이 하기를 전후 몇 차례나 되풀이하였다.

한번은 한 부잣집의 어린 여자 종이 도망하였는데, 간 곳을 알 수 없자, 그 여자 종의 부모가 주(州)에 소송을 제기하였다. 이에 지사는 록사참군[100]한테 사건을 심리하도록 명했다. 그런데 록사는 일찍이 이 부자에게 돈을 빌려 달라고 청했다가 거절당한 일이 있었다. 그래서 마침내 이 부자(富者)의 부자(父子) 몇 사람이 그 어린 여자 종을 공동으로 살해하여, 시체를 물 속에 내던졌다고 꾸며대었다. 그래서 그 시체가 사라졌으므로, 더러는 주모자로, 더러는 가공(加功)한 종범으로, 모두 사형에 처해야 한다고 강력히 탄핵하였다.

부자는 고문의 고초를 이기지 못하여, 마침내 허위 자백하고 말았다. 수사기록을 다 갖추어 보고하고, 주(州) 법관들이 반복 신문해도 별다른 반대 증거가 없으므로, 모두 사실 그대로 밝혀졌다고 생각했다. 그러나

---

98) 전약수 : 송나라 하남(河南) 신안(新安) 사람으로, 字는 담성(澹成) 또는 장경(長卿). 태종 때 진사가 되어 동주(同州) 관찰추관(觀察推官)에 임명되고 병대경략사(幷代經略使), 병주(幷州) 지사에 이름. 『송사』 권266.

99) 속동(贖銅) : 속죄용 구리 벌금.

100) 록사참군(錄事參軍) : 문서 기록 담당자.

오직 약수만이 의아하게 여기고, 사안을 유보한 채 며칠이 지나도록 판결하지 않았다. 그러자 록사가 약수의 집무실로 찾아가, “부자의 뇌물을 받고 그를 사죄(死罪)에서 빼내 주려고 하는 거요?”라고 호되게 꾸짖었다. 이에 약수는 빙긋이 웃으며, “지금 몇 사람을 처형해야 할 사안인데, 어찌 피의자들의 진술 내용을 좀 더 자세히 살펴보지 않을 수 있겠소?”라고 대답했다. 그런 뒤 다시 십여 일을 더 미루었다. 주지사가 누차 재촉했으나, 여전히 판결을 내리지 않자 위아래 모두가 그를 괴이하다고 비난했다.

하루는 약수가 주지사에게 나아가, 다른 사람들을 물리치고 나서 조용히 말했다.

“약수가 지금까지 사안의 판결을 미룬 까닭은, 은밀히 사람을 보내 실종된 여자 종을 수소문하였기 때문인데, 이제야 그녀를 찾아냈습니다.”

그러자 주지사가 대경실색하여, “지금 어디에 있소?”라고 물었다. 이에 약수가 은밀히 사람을 시켜 그 여자 종을 주지사에게 보내자, 지사는 주렴을 드리운 뒤 여자 종의 부모를 불러들여 물었다.

“너희가 지금 너희 딸을 만나면 알아보겠느냐?”

그들이 “어찌 알아보지 못하겠습니까?”라고 대답하자, 지사가 주렴 안에 있던 여자 종을 불러내어 보여 주었다. 이에 그 부모는 “바로 우리 딸이다”고 외치며, 얼싸안고 울었다.

마침내 지사가 부자(富者)의 부자(父子)를 불러내어, 그들의 형구(項鎖와 족쇄)를 풀어 주고 모두 석방했다. 그러자 그들은 떠나갈 생각도 않고 엉엉 울부짖었다.

“지사께서 이러한 은덕을 하사하지 않으셨다면, 우리 집안은 멸족을 면하지 못했을 것입니다.”

이에 지사가 “이 은덕을 하사한 분은 법관이지, 내가 아니다”고 답하자, 그들은 다시 약수의 집무실로 급히 찾아갔다. 그러나 약수는 문을 걸어 잠그고 그들의 내방(來訪)을 거절하며, “주지사 자신이 수소문하여 찾았을 따름이지, 내가 무슨 관여를 했단 말이오?”라고 말할 뿐이었다.

이에 그들은 약수의 집무실에 들어가지 못하고, 그 담장 주위만 맴돌며 통곡하다가 돌아갔다. 그 뒤 곧 집안 재산을 풀어 스님들에게 공양(供養)을 베풀면서, 그 공덕은 약수의 복록을 위해 회향 기도하였다. 한편 지사도 약수가 사형수 몇 사람의 원통함을 깨끗이 씻어 준 일에 감복한 나머지, 그 공로를 적어 조정에 주청하려 했다. 그러자 약수는 펄쩍 뛰며 고사(固辭)하였다.

"약수가 단지 사안의 심판을 올바르게 내리려고 노력하여, 피의자가 원통하게 죽지 않은 것일 뿐인데, 그 공덕을 거론하는 것은 결코 본심이 아닙니다. 또한 조정에서 이러한 일을 약수의 공덕으로 표창한다면, 그럼 록사는 어떤 처지에 놓여야 한단 말입니까?"

지사는 하는 수 없이, "정말 이 정도라면 더더욱 따라갈 수 없다"고 탄복하고 말았다. 이 사실을 안 록사가 약수에게 나아가 머리를 조아리고 참회하며 사죄하였다. 그러자 약수는 "사건의 정황이 본디 알아내기 어려워, 그대가 우연히 과오를 범했을 뿐인데, 무슨 사죄란 말이오?"라고 오히려 사양하였다.

이에 주위에서 모두 그의 공덕을 칭송하여, 그 소문이 널리 퍼져 나갔다. 얼마 안 있어 송 태종(太宗 : 976~997년 재위)이 듣고 그를 특별히 발탁하였다. 그리하여 약수는 한낱 주지사의 막부(幕府) 관료로부터, 반 년 만에 일약 지제고[101]로 승진하였고, 다시 2년 뒤에는 추밀부사(樞密副使)가 되었다.

『속수기문(涑水紀聞)』에 실려 있다.

안(按) 약수가 부자의 억울함을 깨끗이 씻어 준 것은, 오히려 하기 어려운 일이 아니리다. 오직 그 공로의 주청을 절대로 고사(固辭)한 행실이야말로, 그의 그릇과 식견이 일반 사람과 달리 몹시 탁월함을 보여준다. 그러니 지사의 탄복도 당연하지 않겠는가?

---

101) 지제고(知制誥) : 황제의 조서(詔書)를 기초하는 관직.

강준(姜遵)[102]이 개봉부(開封府)의 우군순원(右軍巡院) 판관(判官)일 적이었다. 두 죄수가 심리판결이 끝나 장차 사형에 처해질 판인데, 강준이 그의 억울한 상황을 알아차려 구출해 주었다. 당시 관례에 따르면, 사형수의 누명을 벗겨 주면 포상하도록 규정하고 있었다. 그러나 강준은 (자신의 공로에 대한 포상으로) 전심 재판을 담당했던 옥리(獄吏)한테 허물이 돌아갈 것을 두려워하여, 그 사실을 일절 발설하지 않았다. 이는 약수가 고사한 뜻과 동일한데, 강준도 또한 마침내 추밀부사(樞密副使)까지 승진하였다.

「본전(本傳)」에 보인다.

평석 당송률(唐宋律)의 단옥률(斷獄律 : 소송법)에 따르면, 관사(官司)가 고의로 증거를 조작하여 억울한 누명을 덮어씌우거나, 사면의 은전(恩典)이 내릴 줄 알고 죄수를 서둘러 처형한 경우 등에는, 원칙적으로 무고죄(誣告罪)와 비슷한 반좌(反坐) 형벌을 받아야 했다. 즉, 무고한 양민에게 죄를 부과한 경우, 그와 동일한 형벌을 고스란히 되돌려 받고, 부당하게 죄책을 가중시킨 경우에는, 형벌이 비슷하면 초과분만 반좌 책임지지만, 종류가 판이하면 전죄(全罪)에 대한 책임을 면하지 못했다. 예컨대, 곤장 60대 형벌에 해당하는 죄수에게 증거 조작으로 곤장 백 대를 시행했으면, 초과분 40대를 자신이 맞아야 하고, 죄수가 도형(徒刑 : 징역)이나 유형(流刑)에 처해졌으면, 상계(相計)로 감소하지 않고 도형이나 유형을 그대로 복역해야 했다. 물론 죄수의 죄를 경감해준 경우도 마찬가지이다.

그리고 법관이 과실로 피의자에게 형벌을 가중하도록 오판(誤判)한 경우에는, 앞의 고의 범죄에 비해 3등급, 감경하도록 오판한 경우에는 5등급을 각각 감경한 형벌에 처하였다. 재판에 공평과 정의를 기하기 위해, 법관에게 신중과 흠휼(欽恤)의 주의 의무를 법적으로 강력히 요구한 것이

---

102) 강준 : 송나라 치주(淄州) 장산(長山 : 지금 산동 鄒平縣) 사람으로, 字는 종식(從式). 진사에 급제한 뒤 개봉부(開封府) 우군순원(右軍巡院) 판관(判官)을 거쳐 추밀부사(樞密副使)에 이름. 『송사』 권288.

다. 그런데 오늘날 '법과 양심'에 의해 재판하는 법관이나, '기소 편의'와 '기소 독점'을 향유하는 검찰에게는, 고의나 과실로 죄형(罪刑)을 조작・가중・감경・면제하는 불법행위를 저지른 경우, 어떠한 법률적・행정적 제재도 실질상 부과하지 않는다.

그러니 약수의 정신은 얼마나 숭고하고 거룩한가? 지사의 고의에 가까운 오판으로 말미암아 배석 법관의 책임을 여러 번 지고도 원망함이 없고, 사적인 원한 감정으로 허위 조작한 올가미에 얽힌 억울한 사형수들의 원통함을 정성과 자비로 풀어 준 뒤 그 공덕을 상관인 지사에게 돌리며, 자신의 객관적인 직무 충실에 대해 피의자가 베풀고자 한 주관적인 인정(人情)의 보답을 거절할 뿐만 아니라, 국가의 정책적인 포상조차도 그로 말미암아 상대적으로 드러나 처벌을 면치 못할 동료 직원의 고의적인 죄악을 덮어 주기 위해 절대로 고사(固辭)하였으니!

과다 수임료와 승소 사례비 등으로 일확천금하려는 일부 변호사나, 정치적인 영달을 위해 상부의 지시에 순종하고 심지어 눈치까지 보아가며 법과 양심을 저버리는 소수의 '공안(公安)적'인 검사와 '정치적'인 판사들이 낯붉힐 만한, 천추(千秋)에 길이 빛날 '명심보감(明心寶鑑)'이리라!

25. 왕리(王利)가 사안 기록을 열람하다

왕리[103]가 창주(滄州)의 랑중통판(郎中通判)일 적에, 심리가 끝난 사안 기록을 열람하다가, 사형에 처해야 할 도적 무리가 있음을 발견했다. 왕리

103) 왕리 : 송나라 하남(河南 : 지금 洛陽市) 사람으로, 字는 겸제(兼濟). 태종 때 진사가 되어 창주통판(滄州通判)을 거쳐 둔전랑중(屯田郎中)으로 서경(西京)을 맡아 다스림. 『송사』에 열전은 없음.

가 그들의 기색과 모습을 관찰해 보니, 죄악을 지을 자들이 아닌 것 같았다. 그래서 은밀히 그들을 심리한 결과, 자못 원통한 사정이 있음을 알아내고 판결을 보류하였다. 그리고 관할 지역 안을 수색하여, 며칠 후 진짜 도적들을 모두 붙잡았다. 이로 말미암아 누명을 벗고 살아난 자가 7인이나 되었다.

룡도각학사(龍圖閣學士) 윤수(尹洙)가 지은 「왕리묘지명(王利墓誌銘)」에 나온다.

안(按) 옥안(獄案)을 관찰・심리함에는 더러 기모(氣貌)로써 행하고, 또는 정리(情理)로써 행하며, 아니면 사적(事迹)으로써 행한다. 이 세 가지는 모두 피의자의 원통함 여부를 족히 알 수 있는 방법이다. 그래서 다음 두 사안을 덧붙인다.

상부량(向傅亮)[104] 소경(少卿)이 관성현(管城縣) 현감일 적이었다. 한 살인 피의자의 사안을 이미 종결했는데, 부량이 그 정황을 살펴보니 사실이 아닌 것 같았다. 그래서 그를 풀어 주고 새로 수사하려고 하자, 아전들은 모두 안 된다고 반대하였다. 그런데 며칠 뒤 과연 살인 진범을 체포하였다.

왕규(王珪) 승상이 지은 「상부량묘지명(向傅亮墓誌銘)」에 보인다.[105]

이는 정리(情理)로써 관찰한 것이다.

여량굉(余良肱)[106] 대경(大卿)이 처음에 형남(荊南)의 사리참군(司理參軍)일 적이었다. 한 살인 혐의자가 붙잡혔는데, 스스로 허위 자백하고 말았다. 그러나 량굉만은 시체와 칼을 검험(檢驗)한 뒤, "어찌 한 자가 넘는 칼을 가지고, 상처는 한 치도 이르지 못한단 말인가?"라며 의구심을 품었다. 그

---

104) 상부량 : 앞에 나온 상민중(向敏中)의 셋째 아들로, 가부원외랑(駕部員外郎)의 벼슬을 지냈으며, 그밖에는 미상. 『송사』 권282.

105) 현전하는 왕규의 『화양집(華陽集)』에는 이 「상부량묘지명」이 보이지 않는다.

106) 여량굉 : 송나라 홍주(洪州) 분녕(分寧 : 지금 江西 修水縣) 사람으로, 字는 강신(康臣). 인종(仁宗) 때 진사가 된 뒤, 형남(荊南) 사리참군(司理參軍)을 거쳐 광록경(光祿卿)에 오름. 『송사』 권333.

래서 상부에 재수사하겠다고 자청하여, 마침내 정말 살인범을 붙잡았다.

「본전(本傳)」에 보인다.

이는 사적(事迹: 구체적 사물의 흔적)으로써 관찰한 것이다.

무릇 사적이란 우연히 부합하는 때가 있지만, 이것만을 전용(專用)할 수는 없고, 마땅히 정리(情理)와 기모(氣貌)에 대한 관찰을 동시에 병행해야 한다. 그래서 이 세 사안을 기록하였다. 한편, 또 이런 말도 있다. 옥안을 심리함에는 완만함을 귀하게 여기며, 준엄하고 조급함을 경계해야 한다. 준엄하고 조급하면, 억울한 누명을 뒤집어쓴 자가 허위 자백하게 되기 때문이다. 범인을 수사 체포함에는 엄밀함을 귀하게 여기며, 간략하고 소홀함을 경계해야 한다. 간략하고 소홀하면, 범법자가 법망을 요행히 빠져나가기 때문이다. 정말로 옥안 심리에는 완만하면서도, 범인의 수사 체포에는 엄밀해야 한다. 오직 이것만이 죄 있는 자는 놓치지 않으면서도, 무고한 자에게는 미치지 않는 중용의 도이니, 이것이 진실로 고귀하도다. 현명하고 근신하는 군자라면 마땅히 이와 같아야 하리라.

평석 여기서 기모(氣貌)란 피의자의 얼굴에 나타난 기색과 모습으로 외형적인 육체적 반응을 뜻하고, 사적(事迹)이란 구체적인 사물 증거를 지칭하며, 정리(情理)란 전체적인 정황으로부터 판단하는 주관적인 직감·추리 등을 총칭하는 의미로 삼자를 병칭한 것 같다. '정리(情理)'라는 단어는 전통 중국법의 역사와 철학에서 매우 보편적으로 등장하는 개념이다. 그 함의(含義)도 매우 광범하며, 맥락에 따라 상당히 다양하게 쓰이므로, 구체적인 문리적 의미를 잘 파악할 필요가 있다.

흔히 '정(情)·리(理)·법(法)'의 세 글자로 전통법의 최고 궁극 이념을 표현한다. 가장 통속적으로는 인정(人情)·천리(天理)·국법(國法)의 삼위일체적인 통일 조화를 지향하는 취지로 해석한다. 그러나 정(情)에는 인간의 주관적 감정 이외에도, 구체적인 물정(物情)과 추상적인 사정(事情)이라는 사물의 객관적 실정(實情)이 있다. 그리고 리(理)에도 절대 불변하는 하늘의 도로서 천리 밖에도, 인간의 주관적인 심리(心理)와 객관적인 윤리(倫理)와 물질 현상계의 자연 법칙으로서 물리(物理), 추상적인 사물의 내면적인 논리 체계인 사리(事理), 또 근대 서구법상 '사물의 본성(Natur der Sache)'을 가리키는 조리(條理) 등이 있다. 정리는 때로는, 아니 대부분 이러한 다양한 의미들을 혼융하는 복합적 개념으로 쓰인다.

26. 임중정(任中正)이 아전을 탄핵하다

임중정[107] 상서(尙書)가 익주(益州) 지사일 적이었다. 미주(眉州) 청신현(靑神縣)의 아전 광보(光寶)의 집이 도적에게 겁탈 당했다. 그런데 포졸과 보장[108]이 한결같이 그 날 밤 뢰연부(雷延賦)와 뢰연의(雷延誼)가 모두 자기 집에 묵지 않았다고 말하므로, 현위[109]가 즉각 그들을 체포하였다. 그리고 현의 아전 왕사(王嗣) 등이 불법 고문을 자행하다가, 마침내 그들이 모두 옥사(獄死)하고 말았다.

그런데 한참 뒤 본주(本州)에서 광보의 집을 겁탈한 도적 7인이 붙잡혀, 비로소 뢰연부와 뢰연의가 원통히 죽었음을 알게 되었다. 이에 임중정이 그 일을 탄핵하여 상부에 상세히 보고하였다. 그래서 왕사 등 4인은 모두 다른 주(州)에 유배하여 천한 일에 복역시키고, 억울한 누명을 쓰고 옥사

107) 임중정 : 송나라 조주(曹州) 제음(濟陰 : 지금 산동 菏澤縣) 사람으로, 字는 경지(慶之). 진사에 급제해, 익주(益州) 지사를 거쳐 례부상서(禮部尙書)에 오름. 『송사』 권288.
108) 보장(保長) : 十家로 편성된 保의 우두머리, 지금의 통반장(統班長)에 해당.
109) 현위(縣尉) : 현의 군사 책임자 · 포도대장.

한 집안은 특별히 위로·구휼하도록 조치했다.

송나라 진종(眞宗) 경덕(景德) 년간의 조령(詔令)에 실려 있다.

안(按) 현위가 정말로 책임을 모면하려고 한다면, 또한 더러 무고한 평민을 체포(하여 증거 조작과 허위 자백도 감행)할 것이다. 하물며 그 사적(事迹)[110]이 의심스러울 만큼 유사하게 관련된 피의자야 말할 것이 있겠는가? 오직 진술을 듣고 심리하는 법관이 상세히 관찰하여야 할 따름이니, 아전(경찰·검찰)의 불법 고문 자행을 용인하여 피의자로 하여금 억울한 누명을 쓰고 죽게 하는 일은 절대로 있어서는 안된다.

정식 판결이 내려지기 전에 옥사(獄死)가 발생하여, 재판 담당자인 현감의 책임은 묻지 않았으니, 이나마 다행이라고 할 것이다. 이 사건은 형사소송의 귀감[典獄之鑑]으로 삼을 만하기에, 특별히 소개해 둔다.

평석 21C 선진국 진입을 목표로 세계화에 박차를 가하고 있는 첨단과학 정보시대에도, 아직껏 이데올로기와 공안(公安)의 명분 아래 의식적·습관적 불법 고문을 자행해왔고, 그로 인한 억울한 치사상(致死傷) 사건이 끊임없이 발생한 현실은, 과연 시대착오적인 전통의 계승인가, 봉건 유산의 잔영(殘影)인가? 아니면 동서고금을 막론하고 보편 존재하는 사악한 인간성의 비열한 폭로인가?

27. 장보옹(張保雍)이 악주(鄂州)에 들어가다

장보옹[111]이 호북(湖北) 전운사(轉運使)일 적에, 악주에 목탄 수매시장을

---

110) 사적(事迹) : 알리바이나 물증.

개설해 백성들이 구운 숯을 수매하는 사업이 있었다. 평상시에는 관리들이 먼저 수매할 숯의 주인과 물량을 수매대장에 기록하기만 하고, 실물은 아직 수납하지 않은 채 민간에 저장해 두었다. 그러다가 조운[112]이 출발하기 직전에, 비로소 민간의 숯을 직접 선박에 선적하는 것이 관례였다.

그런데 한번은 주(州)지사가 개인적인 감정을 품고, 세관(稅官)을 시켜 목탄 수매와 관련한 부정과 비리를 일체 조사하여 전원 검거토록 조치하였다. 그리하여 절도(횡령·포탈)죄로 사형 판결을 받은 자가 18인이나 되었다. 이에 장보옹은 형남(荊南)으로부터 한 척의 배로 6일 밤낮을 항해하여 악주에 들어가 피의자들의 원통함을 펴 주었다. 조사 결과, 실무 담당 관리 몇 사람을 치(笞 : 회초리)형에 처하는 정도에 불과하였다.

중서사인(中書舍人) 증공(曾鞏)[113]이 지은 「장보옹신도비(張保雍神道碑)」에 적혀 있다.

평석

강이 클수록 홍수 범람으로 인한 피해가 엄청나듯이, 권력과 지위도 크고 높을수록 그 악용·남용으로 인한 폐해가 더욱 막대하다. 깃털이 잔꾀 좀 부려 봤자, 몸통의 교묘한 재주를 흉내나 낼 수 있겠는가? 그런데도 말단 공무원이 받은 몇 백만 원은 구속 수사하여 몇 년 징역에 처하면서, 고관대신(高官大臣)과 고명(高明)하신 정치·경제가들이 수수한 억대(億臺)의 비자금은 떡값이나 정치 자금의 명목으로 불문(不問 또는 不聞)에 부치거나 관대한 처분을 내린다면, 정의와 형평은 어디 가고, 법은 누가 지킨단 말인가?

---

111) 장보옹 : 송나라 채주(蔡州 : 지금 河南 汝南縣) 사람으로, 字는 수지(粹之). 진종(眞宗) 때 진사가 된 뒤, 호북(湖北)과 절서(浙西)의 전운사(轉運使)를 거쳐 형부랑중(刑部郎中)이 됨. 『송사』에 열전은 없음.

112) 조운(漕運) : 조세 곡식 등 정부 물자의 수상 운송.

113) 증공 : 송나라 건창(建昌) 남풍(南豐 : 지금 江西 南豐縣) 사람으로, 字는 자고(子固). 벼슬은 중서사인(中書舍人)까지 올랐으며, 그가 지은 글을 후대 사람이 『원풍류고(元豐類稿)』 50권, 『속고(續稿)』 40권, 『외집(外集)』 10권으로 편집하여 출판함.

28. 장온지(張昷之)가 원통함을 묻다

장온지[114]가 회남(淮南)의 제점형옥공사[115]일 적이었다. 당시 양숭훈(楊崇勳)[116]이 박주(亳州)의 지사였는데, 황제의 총애를 믿고 권력을 남용하고 있었다. 마침 몽성현(蒙城縣)의 현감인 왕신(王申)이 공사(公事)로 말미암아 그의 비위를 거슬렀다가, 즉각 투옥당하는 일이 생겼다.

이에 장온지가 몸소 가서 신문한 결과, 그 원통한 정상을 알아내고 왕신을 구출해 주었다. 그런 뒤 다시 간교한 아전 수십 명 일당을 적발하고, 얼굴에 먹물로 자자(剌字)하여 유배시키는 형벌에 처하였다.

「본전(本傳)」에 적혀 있다.

안(按) 목탄 수매와 관련한 원통함은 규명하기 어렵고, 현감의 원통한 정상은 발견하기 쉽다. 그렇지만 진실로 정의(正義)에 용기(勇氣)로운 사람이 아니고서는, 어떻게 분발하여 신원(伸冤)해 줄 수 있겠는가?

평석 권력의 탄압과 박해가 불법인 줄 몰라서 저질러지는가? 충직한 간쟁(諫諍)이 없고, 간사한 아부만 판을 치며, 그리고 입법(立法)부가 우매하게 시종(侍從)하고 사법(司法)부가 비굴하게 침묵하는 가운데 방치하여, 독버섯처럼 만연하는 것은 아닌가?

---

114) 장온지 : 송나라 광릉(廣陵 : 지금 산동 壽光縣 북쪽) 사람으로, 字는 경산(景山). 진사에 급제한 뒤, 회남로(淮南路) 제점형옥(提點刑獄)을 거쳐 천장각대제(天章閣待制), 하북로도전운사(河北路都轉運使)에 발탁됨. 『송사』 권303. 여기서 온(昷)은 본디 𥁕으로 표기하는데, 그릇(皿)으로 죄수(囚)에게 밥 먹인다는 뜻이 결합한 글자로서, 어질 인(仁)의 의미이다.

115) 제점형옥공사(提點刑獄公事) : 제형(提刑)으로 약칭. 사법(司法) · 치안 · 감찰 등 관장.

116) 양숭훈 : 송나라 계주(薊州 : 지금 河北 薊縣) 사람으로, 字는 보신(寶臣). 벼슬이 추밀사(樞密使), 동중서문하평장사(同中書門下平章事)까지 올랐으나, 나중에 사건에 연루하여 박주(亳州), 진주(陳州) 지사 등으로 좌천당함. 『송사』 권290.

29. 장요좌(張堯佐)가 재심리하다

장요좌[117]가 처음에 균주(筠州)의 법관이 되었을 때였다. 길주(吉州)에 한 도사(道士)가 있었는데, 상인과 함께 길을 가다가 밤에 역사(驛舍)에서 함께 묵으며 술을 마셨다. 그런데 상인이 갑작스럽게 죽어 버리자, 도사는 놀랍고 두려워 그만 달아났다. 나중에 순라군(巡邏軍)에게 붙잡혔는데, 이 사건으로 말미암아 체포한 자만 해도 백여 명이나 되었다. 이에 전운사(轉運使)가 요좌에게 재심리를 명했는데, 요좌는 그 억울한 사정을 모두 알아내고 풀어 주었다.

「본전(本傳)」에 보인다.

안(按) 강지(强至)[118]가 처음에 무주(婺州) 포강(浦江)의 현감이 되었을 때였다. 한 백성이 자기 어머니와 함께 길을 가다가 길가의 객사(客舍)를 빌려 묵는데, 한 나그네가 지나가다가 갑작스럽게 병이 나서, 현(縣)에 신고하기도 전에 그만 죽어 버렸다. 현의 포도대장이 공훈을 세울 욕심으로 그 어머니를 매질하자, 그 아들은 무섭고 두려워 그만 자신이 나그네를 살해하였다고 허위 자백하였다. 그런데 강지가 자세히 연구하고 재심리한 끝에, 그 진상을 알아내고 그를 풀어 주었다.

증조(曾肇)[119]가 지은 「강지행장(强至行狀)」에 보인다.

---

117) 장요좌 : 송나라 하남(河南) 영안(永安 : 지금 하남 鞏縣 남쪽) 사람으로, 字는 희원(希元). 진사가 된 뒤, 헌주(憲州)와 균주(筠州)의 추관(推官)을 거쳐 선휘남원사(宣徽南院使)와 하양 판관(河陽 判官)에 이름. 『송사』 권463.

118) 강지 : 송나라 전당(錢塘 : 지금 抗州市) 사람으로, 字는 기성(幾聖). 진사에 급제한 뒤, 포강(浦江) 현령을 거쳐 상서사부랑중(尙書祠部郎中), 삼사호부 판관(三司戶部 判官)에 이름. 『송사』에 열전은 없음. 송나라 때 염철(鹽鐵) · 탁지(度支) · 호부(戶部)를 三司라 부르고, 국가회계(재정)를 총괄한다는 뜻에서 계성(計省)이라 일컬었는데, 각각 3인의 판관을 두고 사안을 심판하여, 이들을 성판(省判)이라 한다.

119) 증조 : 앞에 나온 증공(曾鞏)의 아우로, 字는 자개(子開). 벼슬이 한림학사(翰林學士) 겸 시독(侍讀)에 이르러 내한(內翰)이라 부름. 『곡부집(曲阜集)』을 지었는데, 지금 전해지는 4권本에는 「강지행장(强至行狀)」이 없음.

무릇 역려(逆旅 : 客舍)의 원통함은 도사의 사안과 비슷하다. 진실로 마음을 다해 실정(實情)으로 관찰하지 않으면, 원통한 진상을 밝혀낼 수 없다.

평석 "까마귀 날자 배 떨어진다[烏飛梨落]"는 유명한 속담이 있다. 우연한 시간·공간상 일치가 사건 발생의 직접적인 인과(因果) 관계로 연상·왜곡되는 경우는 비일비재하다. 눈에 보이고 귀에 들리는 감각적 현상 세계에 지나치게 의지하고 현혹당하는 인지상정(人之常情)의 함정이다. 환상(幻相)인 현상(現象)을 초월하여, 그 뒤에 숨겨져 있는 진상(眞相)인 본질(本質)을 직시(直視)하는 통찰력을 함양하기 위해서는, 평소 내면의 명상(冥想)과 관조(觀照)의 수심양성(修心養性)이 필요하다.

30. 정림(程琳)이 불길 지나간 길을 감식하다

문간공(文簡公) 정림[120]이 개봉부(開封府) 지사일 적이었다. 때마침 황궁(皇宮) 안에 큰 불이 일었는데, 불길이 번져 두 궁궐을 태워 버렸다. 이에 환관(宦官 : 內侍)들이 화재원인을 조사했는데, 궁중 재봉사의 인두(다리미)를 찾아내 추궁하자, 재봉사는 할 수 없이 자백하기에 이르렀다. 마침내 수사 기록을 개봉부에 이송하여, 정림에게 판결문을 작성하고 사건을 종결하도록 분부가 내려졌다. 정림은 즉각 사건 수사가 잘못된 줄을 알아챘다. 그래서 궁중 화재현장에 아무도 출입할 수 없도록 금지한 뒤, 전문 기술자에게 불길이 지나간 길을 감식(監識)해 도표로 그려보라고 지시했다.

120) 정림 : 송나라 영흥군(永興軍) 박야(博野 : 지금 河北 蠡縣) 사람으로, 字는 천구(天球). 룡도각학사(龍圖閣學士)와 개봉부(開封府) 지사를 거쳐 동중서문하평장사(同中書門下平章事)와 대명부(大名府) 판관(判官)에 이름. 사후 문간(文簡)이란 시호를 하사 받음. 『송사』 권288.

그런데 후궁(後宮)에는 사람이 많이 살고, 거처가 비좁았다. 그런데다가 그 부엌 아궁이들이 나무판자 벽에 가까이 붙어, 세월이 오래 지나면서 지나치게 건조해져 불이 일어난 것으로 판가름 났다. 그래서 정림은 "이는 하루아침에 일어난 불이 아니다"고 결론지었다. 그래서 마침내 황제께 "이 화재는 거의 천재(天災)에 가까우니, 이로 말미암아 사람을 처벌해서는 안될 줄로 압니다."라고 건의하였다. 이에 황제도 궁중 화재 사건의 처벌을 관대하게 결재하여, 결국 사형수는 하나도 없었다. 정림은 개봉부에 재직할 동안에, 사안의 판결을 귀신처럼 신속하게 처리하였다. 그리고 1년 중에 그의 관할 감옥이 텅텅 비는 기간이 보통 4~5개월은 되었다.

「본전(本傳)」에 보인다.

안(按) 정림이 불길이 지나간 길을 감식하여 그림으로써, 재봉사를 고문으로 강제 자백시킨 잘못을 변별해 낸 것은 옳은 일이다. 화재가 후궁에서 일어났는데, 그곳에 사람이 많이 살고 거처가 비좁은 바, 만약 정말로 뿌리를 캐려고 한다면, 어찌 억울함이나 남형(濫刑)이 없을 수 있겠는가? 그래서 그가 "이는 거의 천재(天災)에 가까우니, 이로 인해 사람을 처벌해서는 안 될 줄로 압니다."라고 건의했고, 이에 황제도 사건을 관대히 처리했으니, 어찌 원통한 사형수가 나올 수 있었겠는가?

평석 비교적 합리적이고 과학적인 화재 감식 방법에 의해 물리(物理)와 물정(物情)으로 화인(火因)을 규명함으로써, 원통한 죽음을 방지한 현명한 지혜가 돋보인다. 불도 인간이 자연으로부터 배워 얻은 문명(文明)의 이기(利器)라고 할 수 있다. 옛날에는 인위적인 불은 '화(火)', 그리고 자연적인 불은 '재(災)'라고 각기 일컬었다. 고대에는 벼락이나 가뭄 · 건조함 등으로 원인 모를 자연적인 불이 빈번히 발생하였는데, 이것이 바로 '천재(天災)'이다. 반드시 불길까지는 일지 않더라도, 혹심한 가뭄으로 대지가 메마르고 농작물이 타죽는 흉년도 실질적인 '불'로서 '천재'에 속한다.

근래 우리나라는 안전 불감증과 부실(不實)·날림으로 인한 각종 대형 사고가 자주 일어나, 인간의 주관적 정신 각성을 위해 '천재'가 아닌 '인재(人災)'로 원인 규명하는 경향이 강하다. 그런데 옛날 절대 권력의 왕조 사회에서 인간의 생명과 자유를 조금이라도 더 보호하기 위하여, 인간의 부주의와 소홀로 귀책(歸責)시킬 수 있는 궁중 화재를, 불가항력적인 자연적인 '천재'로 결론을 유도한 점이 특히 인상 깊다.

참고로 당송률(唐宋律)에 따르면, 물과 불의 특수한 속성을 고려하여, 수화(水火)로 인한 피해 손실은 고의적인 범죄의 경우에만 민사적 배상 책임을 부과하며, 과오로 인한 실수(失水)·실화(失火)의 경우에는 배상 책임을 면제하고 형사 처벌만 규정한다. 현대에도 대규모 수재나 화재는 공적인 보험이나 국가적 지원 또는 국민성금 차원에서 복구하는 경우가 많듯이, 물불에 의한 손해는 개인적 배상이 불가능하거나 매우 곤란하기 때문이다. 속담에 '불 탄 곳에는 재라도 남지만, 물 지난 곳에는 재도 안 남는다.'는 말도 있다.

31. 강지(强至)가 의심스러운 사안을 심리하다

강지가 개봉부(開封府)의 창조참군(倉曹參軍 : 창고 담당)일 적이었다. 한번은 황궁 안 노천에 유막(油幕 : 기름 먹인 장막)[121]을 쌓아 두었는데, 어느 날 저녁 원인 모를 불이 일어나, 그 수위(守衛)를 담당하던 관리가 모두 법에 의해 사형에 처해질 운명이었다. 강지도 이 사안의 심리에 참여하였는데, 화재 발생 원인이 의심스러워 유막 기술자를 불러 신문하였다. 이에 기술자가 대답하였다.

121) 유막(油幕) : 기름 먹인 장막.

"기름 장막을 만들 때 반드시 다른 약품이 섞여 들어갔을 터인데, 서로 혼합해 오래 방치하는 동안 습기를 만나면 불이 일어납니다."

개봉부에서 이러한 심리 내용을 조정에 보고하자, 인종(仁宗)은 뭔가 크게 깨달은 듯 이렇게 탄식하였다.

"지난 해 진종(眞宗) 황제의 산릉(山陵)에서도 기름옷(油衣)에서 불이 일어났었는데, 바로 이 때문이었구나!"

그리하여 장막 수위 관리도 비교적 가벼운 형벌에 처해졌다.

앞의 사안처럼 「강지행장(强至行狀)」에 보인다.

안(按) 량무제(梁武帝) 천감(天監 : 502~519년) 년간에 장사(長沙) 선무왕(宣武王)[122]을 장차 장례 치르려 하는데, 차부[123]가 홀연히 창고 안에 유락[124]이 없어졌음을 발견하고, 수위(守衛) 관리를 추궁하려 하였다. 이 때 어사중승(御史中丞)인 악애(樂藹)[125]가 이렇게 말하였다.

"옛날에 진(晉)의 무기고(武器庫)에 불이 났을 때, 장화(張華)[126]는 유막(油幕) 만여 필(匹)이 쌓여 반드시 자연 발화한 것이라고 심판하였소. 지금 창고 안에 만약 (유락이 자연 발화한) 재가 있다면, 이는 수위 관리의 죄가 아닐 것이요."

이에 자세히 검사해 보니, 과연 창고 바닥에 재가 쌓여 있었다. 그리하여 당시에 모두 그를 박학다식하면서도, 마음이 관대하다고 칭송하였다.

『남사(南史)』 「악애전(樂藹傳)」에 나온다.

---

122) 장사 선무왕 : 량(梁)나라 간문제(簡文帝)의 맏아들 소의(蕭懿)로, 자는 원달(元達). 일찍이 남제(南齊) 때 벼슬하여 상서령(尙書令)에 이르렀는데, 동혼후(東昏候 : 499~500년 재위)에게 사사(賜死) 당함. 나중에 남제(南齊) 대신 梁이 들어선 뒤, 장사군왕(長沙郡王)으로 추봉(追封)함. 『량사(梁史)』 권23, 『남사(南史)』 권51.

123) 차부(車府) : 마차 담당 관직.

124) 유락(油絡) : 실을 꼬아 기름 먹여 수레 안에 매단 끈.

125) 악애 : 南朝시대 梁의 南陽 육양(淯陽 : 지금 河南 方城縣) 사람으로, 字는 위원(蔚遠). 처음에 南齊에 벼슬했는데, 나중에 梁 때는 御史中丞과 廣州刺史를 지냄.

126) 장화 : 진(晋)나라 범양 방성(范陽 方城 : 지금 河南 方城縣) 사람으로, 字는 무선(茂先). 벼슬은 司空까지 올랐으며, 장무군공(壯武郡公)에 봉해짐. 『진서(晋書)』 권36.

이 사안들은 모두 기름이 자연 발화한 것으로, 사람이 야기한 불이 아니다. 수위 관리는 단지 조심스럽게 지키지 못한 죄밖에 없는데도 실화의 죄로 논한다면, 정말 억울한 처형이 될 것이다.

평석 화학적인 산화(연소)의 원리는 구체로 확인할 길이 없지만, 이 또한 물리(物理:化學)에 의하여 진실을 밝히고, 생사람 잡지 못하게 예방한 현명한 심리이다.

32. 전야(錢冶)가 증거를 채취하다

전야[127]가 조주(潮州)의 해양(海陽) 현감일 적이었다. 주(州)의 한 대성(大姓) 받이 저택에 불이 났는데, 인화(引火)의 흔적이 이웃집으로부터 비롯하므로, 아전이 그 이웃 사람을 체포해 신문하였다. 그러나 그 이웃 사람은 원통함을 호소하며, 끝내 승복하지 않았다. 이에 주지사 조잠(刁湛)[128]이 "이 사안은 전(錢)현감이 아니면 해결할 수 없겠다"고 말하며, 전야에게 심리를 위임하였다. 전야가 대성(大姓)을 신문하고 발화 지점에서 침대 다리를 발견하여 검험(檢驗)한 결과, 그 대성과 원한을 맺은 이웃 어떤 사람 집의 것으로 의심하였다. 그래서 포졸을 거느리고 그 원한 맺은 사람의 집에 들어가 침대의 다리를 꺼내어 맞춰 보니, 그와 똑같았다.

원한 맺은 사람이 즉시 자백하기를, "불은 내가 저지른 것입니다. 일부

127) 전야: 송나라 상주(常州) 무진(武進: 지금 江蘇 武進縣) 사람으로, 字는 량범(良範). 진종(眞宗) 때 진사가 되어 해양(海陽) 현령을 거쳐, 둔전원외랑(屯田員外郎), 선주통판(宣州通判)에 이름. 『송사(宋史)』에 열전은 없음.

128) 조잠(刁湛): 송나라 윤주(潤州) 단양(丹陽: 지금 江蘇 丹陽현) 사람으로, 진종(眞宗) 때 진사가 되어 조주(潮州) 지사를 지냄. 『송사』 권441.

러 대성의 이웃집으로부터 불길이 번진 것처럼 흔적을 꾸민 것은, 나의 방화 혐의를 모면하기 위해서였습니다."고 자초지종을 말했다. 이에 이웃집 사람은 방화의 혐의를 벗고 풀려날 수 있었다.

우양수(歐陽修)가 지은 「전야묘지명(錢冶墓誌銘)」에 나온다.

안(按) 이는 대저 원한 관계를 맺은 사람이 방화한 것이다. 이웃집 사람이 원통함을 호소하는 정상(情狀)을 관찰하고, 원한 맺은 사람이 방화한 물증(物證)을 찾아내었다. 그래서 정리(情理)와 증험(證驗)이 명약관화하게 동시에 갖춰졌으니, 범죄자가 어떻게 승복하지 않을 수 있겠는가? 이는 정말 사물을 잘 추리(推理)하는 법관이니, 그로 말미암아 원통함이 풀릴 수 있게 되었다.

평석 여기서는 무고한 피의자가 억울함을 호소한 상황만을 '정리(情理)'로 지적했다. 하지만 대성(大姓)이 부귀를 남용하기 쉬운 교만심과 그에 대해 일반인이 시기 질투하는 심리, 그리고 양자가 충돌하여 맺어지는 원한 관계와 그로부터 말미암기 쉬운 해코지, 죄책(罪責)을 남에게 전가하려고 허위 증거를 조작하기에 이르는 범죄 심리(犯罪心理) 등, 이 모두가 범인(凡人)의 통상적인 '정리(情理)'임을 통찰하고 있다.

33. 왕순(王珣)이 옛 문서를 찾아보다

왕순[129]이 소주(昭州)의 지사일 적이었다. 주(州)의 관인(官印)을 위조했다고 고발당한 자가 있었는데, 감옥에 갇힌 지 오래도록 판결이 나지 못

129) 왕순 : 미상.

했다. 관리는 그 자가 지닌 문서에 쓰인 인감이 주(州)의 관인과 같지 않다는 이유를 제기했다. 그런데 왕순이 경덕(景德) 년간 이전의 옛 문서를 찾아내어, 거기에 찍힌 주의 관인을 살펴보니 조금도 다르지 않았다. 그래서 억울하게 무고(誣告)당한 피의자는 즉각 풀려났다. 이는 관리가 관인이 바뀐 시기를 잘 몰랐기 때문이다.

왕규(王珪) 승상이 지은 「왕순묘지(王珣墓誌)」에 보인다.

안(按) 이는 고소한 자가 일부러 무고한 것이 아니라, 다만 찍힌 관인이 현재의 것과 비슷하지 않기 때문에 고소했을 따름이다. 관인이 찍힌 문서가 경덕(景德)시에 작성한 것이라면, 마땅히 경덕 이전의 옛 문서를 찾아 대비해 보아야 할 것이다. 그런데 관리는 이 점을 미처 생각하지 않고, 결국 무고한 피의자를 오래도록 구금하였으니, 이 또한 가련하지 않은가! 오직 왕순이 성심을 다함으로써, 그가 풀려날 수 있었다. 만약 그렇지 않았더라면, 그는 반드시 원통하게 처형당했을 것이다.

평석 중대한 사안의 핵심 관건(關鍵)도 때로는 아주 사소한 단서에 파묻혀 있는 경우가 드물지 않다. 이러한 섬세한 기미(機微)를 적시(適時)에 간파하는 일은, 평소 냉철한 두뇌와 현명한 지혜를 갈고 닦는 데에서 비롯한다. 그래서 『주역(周易)』「계사전(繫辭傳)」에는 "역(易)이란 성인(聖人)이 심오함을 궁구하고 기미(機微)를 연구하는 방도"라고 정의한다. 또 "기(機)란 움직임이 미세하고 길흉이 미리 드러나는 낌새인데, 군자는 바로 이러한 낌새를 간파하고 움직이며, 그냥 끝까지 기다리지는 않는다."고 평론한다. 일찍이 제갈량(諸葛亮)이 "마음은 섬세하고 담은 크게[心欲小而膽欲大]"라는 좌우명을 삼았던 목표도, 결국 한 가지로 상통할 것이다.

34. 류하(劉賀)가 정상(情狀)을 살피다

류하[130]가 처음에 진사(進士)가 되어 회주(懷州)의 수무(修武) 현감에 부임하였을 때였다. 어떤 백성이 술에 몹시 취해 귀가할 수 없었는데, 그 동행자가 그의 옷을 가지고 혼자 자기 집으로 돌아간 뒤, 그 술 취한 사람이 그만 길에서 죽어 버린 사건이 발생하였다. 이에 상가(喪家)에서는 그 사실을 가지고 관청에 고소하였다. 그런데, 류하는 "그 옷을 갖고 귀가했다고 해서 그를 죽게 한 것은 아니다"고 판결하여, 그 동행인은 다행히 살인의 누명을 벗게 되었다. 그 뒤 단소련(段少連)[131]이 류하를 장수가 될 만하다고 추천하였는데, 그로 말미암아 저작좌랑(著作佐郎)으로부터 내전승제(內殿承制)로 승진하게 되었다.

려대방(呂大防) 승상이 지은 「류하묘지(劉賀墓誌)」에 보인다.

안(按) 이 또한 고소한 자가 일부러 무고(誣告)한 것이 아니라, 다만 가장(家長)이 비명횡사한 것에 비통한 나머지, 혹시 동행인의 살해가 아닐까 의심해 본 것일 따름이다. 만약 류하가 정리(情理)로써 관찰하는 인연이 없었다면, 그 동행인은 억울한 누명을 쓰고 그렇게 쉽게 풀려날 수 없었을 것이다.

평석 피해 당사자의 순간적인 흥분과 주관적인 억측에 동요하지 않고, 객관적인 사실 정황에 근거하여 냉철하게 공평한 법리(法理)를 선언하는 것이, 법관의 기본 소명임은 동서고금이 다르지 않다.

---

130) 류하 : 미상.

131) 단소련 : 송나라 개봉(開封 : 지금 河南 開封市) 사람으로, 字는 희일(希逸). 진종(眞宗) 때 진사가 되어 벼슬이 천장각대제(天章閣待制)에 이름. 『송사』 권297.

35. 서기(徐起)가 법관의 회피(回避)를 청하다

서기[132]가 처주(處州)의 지사일 적이었다. 본디 한 죄수가 사형에 해당하는 죄는 아니었는데, 관리가 사사로운 원한감정으로 그를 사형죄에 몰아넣자, 틈을 보아 도주했다. 그래서 그 집안재산이 모두 몰수당했는데, 나중에 서기가 취임하자 비로소 자진 출두하여 자기의 원통함을 진정하였다. 서기는 이 사건을 전운사(轉運使)에게 보고하고, 다른 관리를 시켜 다시 심리하도록 청하여, 마침내 그 죄수는 사형을 면하게 되었다.

「본전(本傳)」에 보인다.

안(按) 죄수가 달아난 것은 사형을 도피한 것이며, 그 후 자진 출두하여 원통함을 진정한 것은, 충분히 신뢰할 만한 사람이 있기 때문이었다. 서기가 만약 곧바로 자신이 그 사안을 심리했더라면, 아마도 의도적으로 전임 관리의 왜곡 심판을 교정(矯正)한 것이라고 의심을 샀을지 모른다. 그래서 다른 관리를 특별히 임명하여 재심리하도록 청함으로써, 죄수도 사형을 면하게 되었을 뿐만 아니라, 공평한 의론(議論)에도 부합하게 되었다. 이는 단지 원통함을 잘 풀어 준 일일 뿐만 아니라, 또한 혐의를 잘 회피한 조치이기도 하다.

평석 실질상의 목적이 아무리 선량하고 정의롭다고 할지라도, 그에 이르는 형식상·절차상의 수단 방법이 원만하고 적절하지 못하면, 자칫 뜻밖의 오해와 비방을 살 수도 있다. 법에서 실체적 정의와 함께 절차적 정의도 동시에 중시하는 것도, 바로 그러한 맥락에서 이해할 수 있다. 전통법에서도 물론 인사(人事) 및 재판과 관련한 담당 관리의 회피

132) 서기 : 송나라 복주(濮州) 견성(鄄城 : 지금 산동 견성현 북쪽) 사람으로, 字는 예지(豫之). 진사가 된 뒤, 초주(楚州) 지사를 거쳐 간의대부(諫議大夫)에 이름. 『송사』 권301.

(回避) 제도를 상세히 규정하고 있다. 그러나 혈연적인 친인척과 도의(道義)적인 은혜나 감정적인 원한 관계 등의 일반적인 회피만 명시하고 있을 뿐, 이처럼 미묘하고 섬세한 상황까지 구체로 규제하지는 않았다.

당송률(唐宋律)에 따르면, 관가에 구금한 죄수(피의자)는 유죄나 무죄를 막론하고, 일단 탈옥(脫獄)하면 도주죄만도 유(流) 2천리 형(刑)에 해당하였다. 이 사안의 죄수 경우에는 관리와의 원한 관계를 구체로 입증하면, 법관 회피의 사유가 될 수 있었을 것이다. 하지만 지금처럼 변호인이나 인권보호 장치가 갖춰지지는 못했던 당시에, 이를 합법적인 절차에 의해 주장하기 어려웠으므로, 불법적인 실력(자력구제)으로 탈주(脫走)를 감행했으리라. 그 뒤 바뀐 법관이 의한 재심리에서 도주죄를 어떻게 논죄하였는지는 알 수 없다. 그러나 서기의 자발적인 회피는 비겁한 책임 회피나 직무유기가 아니라, 법의 본질인 공평무사의 정신을 정확히 이해하고, 죄수의 권익과 자신의 명예를 동시에 온전히 보호한 세심한 행동임에 틀림없다.

36. 소관(蕭貫)이 관할권 밖의 고소를 수리(受理)하다

여기부터 다섯 사안은 모두 신원(伸寃)에 해당한다.

소관[133]이 요주(饒州) 지사일 적에, 손제(孫齊)라는 무주(撫州)의 사법참군(司法參軍)이 있었다. 그는 본디 고밀현(高密縣) 사람으로, 처음에 가주(嘉州)의 사법참군이 되어 먼저 두씨(杜氏)를 아내로 얻은 뒤 고향에 남겨 두

133) 소관 : 송나라 충주(忠州) 림강(臨江 : 지금 사천 忠縣) 사람으로, 字는 관지(貫之). 진종(眞宗) 때 진사가 된 뒤, 벼슬이 병부원외랑(兵部員外郎), 요주(饒州) 지사에 이름. 『송사』 권442.

고, 다시 속임수로 주씨(周氏)를 아내로 맞이해 촉(蜀)으로 데려갔다. 임기가 끝나 고향에 돌아온 뒤, 전처가 있는 줄 안 주씨는 남편이 속임수로 중혼(重婚)한 데 노하여 관가에 고소하려 했다. 그러자 손제는 머리카락을 깎아 보이며 두씨를 내쫓겠다고 맹세했다. 그런데 그 뒤 흡주(歙州)의 휴녕(休寧)현 포도대장에 제수(除授)받아, 다시 기녀(妓女) 진씨(陳氏)를 첩으로 들였다. 또 무주(撫州) 사법참군으로 전임(轉任)하면서, 주씨가 낳은 아들 독독(禿禿)을 몰래 빼내어, 두씨 및 진씨와 함께 탈것에 싣고 무주로 갔다.

얼마 되지 않아 주씨 또한 자기 동생과 함께 따라 와서 그 사택(舍宅)에 들어와 점거하려고 하였다. 그런데 아전이 그를 가로막고 보고하자, 손제가 나와서 주씨를 뜰 아래로 밀어냈다. 그러면서 허위 문서를 제시하고, "너는 내가 고용한 여종인데 어찌 감히 이렇게 침범하느냐?"고 꾸짖었다. 마침내 진씨와 함께 주씨의 아들 독독을 죽여 침실 뒤에 암매장하였다.

이에 주씨는 주(州)에 고소하였으나 받아들여지지 않았다. 다시 전운사(轉運使)에게 제소하였으나 역시 헛수고였다. 한참 오래 지난 뒤, 주씨는 베옷에다 고향과 성씨 및 고소에 관한 사실을 자세히 적어 몸에 걸치고, 구걸하며 길가를 나돌아 다녔다. 그때 어떤 사람이 주씨에게 요주(饒州)에 가서 제소해 보라고 일러주므로, 그렇게 했다. 그런데 손제는 본디 요주 지사인 소관의 소속 부하가 아닌데도, 소관은 그 제소를 접수하여 심리하도록 지시하였다. 마침내 전운사도 아전을 파견하여 사건을 조사·심리하여 진상을 밝혀냈다. 사안 기록을 조정에 보고한 뒤 대사면을 만났으나, 그래도 손제는 관직을 해임당하고 호주(濠州)로 귀양 갔다.

증공(曾鞏)이 지은 「독독기(禿禿記)」에 보인다.

안(按) 원통함을 보고도 풀어 주지 않으면 인(仁)이 아니며, 억울함을 알고도 펴 주지 않으면 의(義)가 아니다. 인(仁)과 의(義)와 도(道)는 서로 어긋나지 않고 병행하는 까닭에, 「석원(釋冤)」편의 뒤에 '신원(伸冤)'의 사안을 덧붙인다.

손제가 자기 소속 부하가 아니지만, 소관이 이 고소를 수리(受理)했다고 하여 어찌 침관(侵官: 越權, 관할권 침해) 행위라고 할 수 있겠는가? 대저 천하의 죄악은 모두 한 가지니, 조정의 위임을 받은 관리라면, 누구라도 모두 이를 통박(痛駁)해야 한다고 말할 수 있다. 『례기(禮記)』의 「표기(表記)」 편에 "두려움이 없이 불인(不仁)을 혐오하는 자[無畏而惡不仁者]"가 나오는데, 소관이 이에 가깝다고 할 것이다. 이 사안은 예컨대, 주방장이 가만히 있다고 해서, 제사의 축인(祝人 : 祝文의 낭독자)이나 시동(尸童 : 조상 神位 대표자)이 제기(祭器)를 넘어 나와 주방장의 일을 대신 도맡아 한다[越俎代庖]는 풍자적인 월권 금지 격언과 동일한 의미로 해석해서는 결코 안 된다.

전운사는 소관이 고소를 수리했다는 소식을 듣고 나서야, 비로소 아전을 보내 수사·신문토록 하였으니, 어찌 소관의 의로움에 부끄러움을 느껴 그렇게 한 것이 아니라고 하겠는가? 그러나 이 또한 도덕적인 명분과 교화에 보탬이 없지는 아니한 까닭에, 이 사안을 신원(伸寃)의 첫 머리에 수록하는 것이다.

평석 물론 현대 법치주의 아래에서 관할권 위반 소송은 수리할 수 없지만, 또한 고소 자체를 부당하게 수리하지 않는 일도 없을 것이다. 그러나 실제로 얼마나 많은 사건이 정치·경제적 고려에서 기소 독점과 기소 편의주의의 명분 아래 매몰당하고 마는가? 책임 회피를 위한 관할권 떠넘기기와 진실 은폐를 위한 특별검사제 도입의 결사반대 등은, 이 사안의 전운사와 같은 무사안일(無事安逸)의 악습 유풍인가? 국제간에도 범죄인 인도 조약을 체결하여 모든 죄악을 인류 공통의 적으로 규정하고 천하 공동 토벌을 주창하는 시대에…….

37. 채고(蔡高)가 해상(海上)에 유숙하다

채고[134]가 복주(福州)의 장계현(長溪縣) 포도대장에 전근(轉勤) 갔을 때였다. 현에 거주하는 한 노파의 두 아들이 고기잡이 나갔다가 돌아오지 않고 실종된 사건이 생겼다. 그런데, 그 노파는 어떤 사람을 원수로 지목하면서, 현에 그 도적을 체포해 처벌해 달라고 고소했다. 관리들은 모두 난색을 표시하면서 반문하였다.

"바다에는 풍랑이 심한 법인데, 어찌 조난으로 물에 빠져 죽지 않았다고 확신할 수 있단 말인가? 비록 정말로 그 원수가 살해했다고 할지라도, 만약 그 시체를 찾지 못한다면, 법적으로 다스릴 수는 없지 않은가?"

그러나 오직 채고만은 "노파의 얼굴에 원통한 기색이 있으니, 수리하지 않을 수는 없다"고 말한 뒤, 은밀히 그 원수 집안을 사찰(查察)하여 마침내 그 종적을 찾아냈다. 그리고 그 노파에게 말하기를 "열흘 기한 안에 시체를 찾지 못하면, 곧 노파를 위해 도적을 붙잡는 책임을 지겠소."라고 약속하였다. 그리하여 해상에 유숙한 지 7일째 되던 날, 과연 조류(潮流)를 따라 두 시체가 떠밀려 왔다. 이를 건져 검험(檢驗)해 보니, 모두 타살한 것이었다. 이에 원수 집안사람을 체포하여 범죄 사실을 확인하고, 법대로 처형하였다. 채고는 단명전학사(端明殿學士)인 채상(蔡襄)[135]의 아우이다.

우양수(歐陽修)가 지은 「채고묘지(蔡高墓誌)」에 나온다.

안(按) 백성의 원통한 사연은 대개 억압과 저지를 받는 것이 가장 큰 고난이다. 시체를 찾지 못하면 법적으로 수리할 수 없다고 말하는 것은, 어찌 그러한 억압과 저지가 아니겠는가? 무릇 포도대장이란 도

---

134) 채고 : 송나라 흥화(興化) 선유(仙遊 : 지금 복건 선유현) 사람으로, 字는 군산(君山). 인종(仁宗) 때 진사가 된 뒤, 장계현위(長溪縣尉)를 지냄. 『송사』에 열전은 없음.

135) 채상 : 字는 군모(君謨). 송나라 인종(仁宗) 때 진사가 된 뒤, 벼슬이 단명전학사(端明殿學士), 항주(杭州) 지사에 이름. 『송사』 권320.

적의 체포를 그 직책으로 삼는데, 정말로 원통한 하소연을 긍휼히 처리해 주지 않는다면, 이는 직업에 충실하지 못한 태만이다. 그러니 어찌 죄악을 미워하고 정의를 흠모하는 선비가 취할 태도라고 하겠는가?

비록 그러하지만 채고가 이를 수리하게 된 것도, 또한 충분한 까닭이 있다. 관리들은 시체를 찾지 못할까 걱정했는데, 시체가 바다에 빠져 있으면 조류(潮流)에 따라 들락날락하기 마련이다. 다만 불행히도 조류가 시체를 다른 엉뚱한 곳으로 표류시킬까 두려워하여, 노파에게 "열흘 기한 안으로 시체를 찾지 못하면, 곧 노파를 위해 도적을 붙잡는 책임을 지겠다."고 약속한 것이다.

해상에 유숙한 지 7일째 되는 날, 조류를 따라 두 시체가 떠밀려 왔으니, 이는 그가 지극 정성으로 원통한 백성을 긍휼히 여겨 수리(受理)한 심성의 효험이리라. 부하 관리들이 핑계 댄 걱정이 어찌 진정한 염려가 될 수 있었으랴? 이러한 까닭에 마침내 노파의 원통함을 펴 줄 수가 있었다.

평석 이 글의 편자는, 억울한 누명을 쓰고 죄수로 처벌당할 자를 위해 진상을 밝히고, 진범을 잡아 그를 풀어 주는 것이 '석원(釋寃)'이라고 본다. 그리고 남의 불법행위로 자기나 자기 가족이 생명·신체·재산상의 피해를 입은 경우, 억울한 심정과 피해를 배상받기 위해 가해자를 체포·처벌하라고 진정해, 그것을 수리(受理)·해결하는 것은 '신원(伸寃)'이라고 개념 구분한다. 바로 앞의 사안부터 5가지가 바로 '신원'에 해당한다. 이미 발생한 과거의 원통을 펴주는 일이, 장차 발생할 미래의 원통을 풀어줌보다는 덜 요긴한 것이 사실이다. 하지만 이 또한 목민관(牧民官)으로서 인애(仁愛)와 정의(正義)와 지혜 없이는 실천하기 어려운 사명이다.

38. 진천(陳薦)이 책임을 떠맡다

진천[136]이 처음에 익주(益州)의 화양(華陽)현의 포도대장이 되었을 때였다. 한 도적이 사람을 살해하여 시체를 어떤 사람의 밭에 내버렸는데, 진천이 가서 검시(檢屍)하자, 옆에서 한 여자가 시체가 옮겨졌다고 고발하였다. 그런데 그 밭주인은 바로 그 여자의 어머니를 살해하여, 그 여자 집에서 관가에 고소해 놓은 형편이었다.

이에 현(縣)에서는 수사 기록을 조작하여, 밭주인에게 두 사람 살해죄를 한꺼번에 덮어씌우려고 했다. 그러나 진천은 극구 만류하였다.

"아직 (시체를 밭에 내버린) 살인 도적을 체포하지 못한 책임을 어찌 회피할 필요가 있겠는가? 이로 말미암아 원통함을 갚지 못하고, 또 죄수(밭주인)로 하여금 2인 살해죄를 허위 자백하여 죽게 만들 수는 결코 없다."

그리고 얼마 안 있어 과연 진짜 살인 도적이 붙잡혔다.

「본전(本傳)」에 보인다.

안(按) 밭주인이 여자의 어머니를 살해한 죄는 진실로 사형에 처해 마땅하다. 그렇다고 그로 하여금 다른 범인의 도적죄까지 허위 자백하여 두 살인죄를 뒤집어쓰게 만든다면 어찌되겠는가? 진짜 도적은 요행히 죄형을 빠져나가겠지만, 피살자의 원통함은 갚을 길이 없게 되니, 이보다 더 큰 허물이 없도다! 단지 구차하게 문서 기록상의 직책을 회피하기 위한 조작일 뿐, 사물의 경중을 헤아릴 줄 모르는 어리석은 짓이다. 차라리 자기가 그 직책을 떠맡을지라도, 피살자의 원통함이 펴질 수 있도록 배려하였으니, 어찌 군자의 정의롭고 용기 있는 마음씀이 아니겠는가?

대리사승(大理寺丞)인 왕거(王璩)[137]가 월주(越州) 섬현(剡縣)의 포도대장일

136) 진천 : 송나라 형주(邢州) 사하(沙河 : 지금 河北 사하현 북쪽) 사람으로, 字는 언승(彥升). 진사가 되어 화양위(華陽尉)에 임명되었으며, 자정전학사(資政殿學士). 숭복궁제거(崇福宮提擧)에 이름. 『송사』 권332.

적이었다. 한번은 밖에 나갔다가, 한 시체가 물 속에 엎어져 있는 것을 발견하고, 그 사인(死因)을 조사하기 시작했다. 이에 혹자는 "흉년이 들어 기아로 굶어 죽는 사람이 많은 형편이니, 반드시 다른 특별한 사고가 있었던 것은 아닐 텐데, 그 사인을 굳이 조사한다면, 어떻게 도적 체포의 책임을 면할 수 있겠는가?"라고 힐난하였다. 그런데 결국 그로 하여금 도적을 체포하라는 분부가 내려지고, 수개월이 지나 주(州)에서는 이미 그 처벌이 하달되었다는데, 왕거는 정말 그 살인범을 체포하였다.

왕규(王珪) 승상이 지은 「왕거묘지(王璩墓誌)」에 보인다.

이 사안의 마음 씀씀이도 앞의 채고와 같으니, 이들은 모두 군자의 구차하지 않은 성품이다.

평석 긁어서 부스럼 만들지 않으려고 하는 일반 속인(俗人)의 구차한 무사안일(無事安逸) 속에서도, 자신의 직책을 스스로 찾고 만들어서 묵묵히 실천궁행하는 이러한 사군자(士君子)야말로, 이 어두운 세상을 밝히는 등불이며, 혼탁한 사바고해(娑婆苦海)에 피어 청정(淸淨)한 향기를 은은히 풍기는 한 송이의 연꽃[蓮華]이리라!

39. 왕한(王罕)이 미치광이를 신문하다

왕한138)이 담주(潭州) 지사일 적이었다. 한 노파가 미치광이(정신)병이

137) 왕거 : 미상.

138) 왕한 : 송나라 성도(成都) 화양(華陽 : 지금 사천 成都市) 사람으로, 字는 사언(師言). 조상의 관음(官蔭)으로 의흥(宜興) 현령이 된 뒤, 택주(澤州) 지사를 거쳐 광록경(光祿卿)에 이름. 『송사』 권312.

들어, 누차 주지사를 찾아 하소연했다. 그의 말에 조리가 없어 지사가 그를 물리치면, 그녀는 또 저항하며 욕설을 퍼붓기 때문에, 지사는 단지 포졸에게 그녀를 쫓아내도록 분부할 뿐이었다. 그러다가 왕한이 부임하자, 그녀는 다시 나타나 하소연하였다. 좌우에서 모두 그녀를 내쫓으려고 했으나, 왕한은 그녀를 청사 안으로 데려오도록 명하였다. 그녀를 불러 계단에 꿇어앉힌 뒤, 천천히 그의 뜻을 캐물어 보았다. 노파는 비록 말이 두서없이 복잡하고 어지러웠지만 때로는 알아들을 수 있는 내용도 있었다.

하소연의 내용인즉 이러했다. 그녀는 본디 한 남자의 적처(嫡妻)[139]였으나 자식이 없었고, 첩에게는 아들이 있었다. 그런데 남편이 사망하자, 첩이 자기를 내쫓고 남편의 전 재산을 모두 차지해 버렸다. 그래서 누차 관청에 이 억울함을 하소연하였건만, 곧게 펼 수 없었기 때문에, 결국 분노에 북받쳐 정신이 미쳐버리게 되었다는 것이었다. 이에 왕한이 그 사정을 펼쳐 주고, 남편의 전 재산을 노파에게 되찾아 주었다.

『속수기문(涑水紀聞)』에 보인다.

40. 상규자(嗓叫子)를 써서 원통함을 하소연하다

심괄(沈括)[140]이 말한 이야기이다. 세상 사람들이 대[竹]·나무[木]·이[牙]·뼈[骨] 등으로 규자(叫子 : 발성 장치)를 만들고, 이를 목구멍 안에 넣어 불음으로써 사람 말소리를 낼 수 있는 것을 '상규자(嗓叫子)'라고 일컫는다. 일찍이 어떤 한 벙어리가 사람들에게 놀림을 당하여, 원통함을 하소

139) 적처(嫡妻) : 처음 결혼한 본처(本妻).

140) 심괄 : 송나라 전당(錢塘 : 지금 杭州市) 사람으로, 字는 존중(存中). 진사에 발탁된 뒤, 한림학사(翰林學士), 권삼사사(權三司使)에 이르러 내한(內翰)이라 일컬음. 박학다식하고 글을 잘 써서 『몽계필담(夢溪筆談)』을 남겼음. 『송사』 권331.

연하려고 해도 스스로 말할 수 없었다. 그런데 소송을 심리하는 법관이 한번 규자를 목구멍에 넣어 소리를 내어 보라고 시켰더니, 마치 꼭두각시 연극처럼 거칠지만 어슴푸레 한두 마디 알아들을 수 있어서, 마침내 그 원통함을 펼 수 있었다고 한다. 이 또한 기록해 둘 만하다.

『몽계필담(夢溪筆談)』에 보인다.

안(按) 미치광이는 사람들이 소홀히 하고, 벙어리도 사람들이 천시하기 때문에, 이들은 억울함이 있어도 펼 수조차 없으니, 이 또한 정말 가련하다. 그래서 이상 두 사안을 기록하여, 성심을 다하는 군자들로 하여금 훌륭한 귀감을 얻게 하고 싶다.

평석 아무리 미친한 사람도 자신의 감정과 의사를 표현·전달하고 싶은 욕구를 갖기 마련이다. 불쌍한 불구자들의 인권이 더 우선적으로 존중되어야 함은 종교적인 자비(慈悲)와 인애(仁愛)일 뿐만 아니라, 법률적인 정의(正義)와 형평(衡平)이기도 할 것이다. 그러나 그 현실적인 실천이 어디 말처럼 그리 쉽기만 한가? 참으로 성현 군자의 도(道)는 세밀하면서도 험난하기 짝이 없다.

제 2 장

무고 모함을 가려냄

「변무(辨誣)」편

평석 무고(誣告)란 법률상 죄 없는[無辜] 사람에게 죄를 뒤집어씌울 목적으로 공무 기관에 허위 사실을 신고하는 행위라고 정의한다. 여기에는 가벼운 죄를 크게 불린 행위도 법리(法理)상 포함할 것이다. 전통법에서 무고죄(誣告罪)는, 무고 당한 자가 받게 될 죄형(罪刑)을 무고한 자에게 고스란히 거꾸로 뒤집어씌우는 반좌(反坐) 제도가 원칙이다.

이는 현행 형법에서 무고죄를 국가 사법권(司法權) 저해의 차원에서 규정하는 것과 판연히 다른 법체계를 뜻한다. 물론 무고 당한 자가 억울한 처벌을 받기 전에 허위 신고임을 스스로 실토하면 한 등급 감형할 뿐이기 때문에, 전통법도 국가 형벌권을 속인 죄악도 중시함은 틀림없다.

그러나 진실이 아닌 거짓을 꾸며, 죄 없는 사람에게 억울한 누명과 원통한 형벌을 받게 하는 행위가 무고의 핵심 죄악으로 여겨졌다. 국가의 공식 탄핵 기관이 사사로운 원한 감정을 품고 허위 사실을 규탄한 행위도 무고죄로 처벌한 사실을 보아도 더욱 분명하다.

억울함과 원통을 풀어 주기 위해서도, 먼저 가려진 진실을 밝혀야 함은 물론이다. 그런데 무고는 특정인을 해치기 위해 고의로 허위 사실을 꾸며대기 때문에, 흉악한 저의와 치밀한 계획에 교묘히 감추어진 진실을 가려내야 한다. 그만큼 어렵고도 또한 중대하기 때문에, 앞의 「석원(釋冤)」 편에서 떼어 내어 별도로 독립한 편을 두었을 것이다.

1. 병길(丙吉)이 유산 침탈을 재판하다

서한(西漢)의 병길[1]이 정위(廷尉)[2]를 맡았을 때였다. 진류현(陳留縣)에 한 노인이 있었는데, 나이가 여든 남짓 되었다. 전처에게 딸을 하나 두었는데 이미 시집갔고, 후처에게서 늦게사 아들 하나를 낳았다. 집안이 몹시 부유했는데, 그 늙은이가 몇 살밖에 안된 어린 아들을 남겨 놓고 죽자, 시집간 딸이 유산을 빼앗으려고 나섰다.

그리하여 관가에 가서 "계모(繼母)가 낳은 아들은 우리 아버지의 자식이 아니다"고 허위 사실을 신고하고, 자기의 유산 상속권을 주장하였다. 이에 현(縣)과 군(郡)에서 모두 어느 쪽이 진실인지 판결을 내릴 수가 없어, 마침내 중앙 조정[尙書]에 보고하였다. 이 사건을 들은 병길은 "내가 듣건대, '노인이 낳은 자식은 추위를 이기지 못하고, 햇빛 아래에 서도 그림자가 없다'고 하더라."고 말하면서, 즉시 사실 확인에 나섰다.

때는 바야흐로 8월(음력)이었다. 그런데 같은 나이 또래의 아이들과 함께 똑같이 홑옷을 입혀 보았더니, 오직 그 노인의 아들만 추위를 몹시 타

---

1) 병길 : 한대(漢代) 로국(魯國 : 지금 산동 曲阜현) 사람으로, 字는 소경(少卿). 율령(律令)을 잘 알아 정위우감(廷尉右監)이 되었고, 선제(宣帝 : B.C.73~B.C.49년 재위) 때 승상에 임명되었으며, 박릉후(博陵侯)에 봉해짐. 『한서(漢書)』 권74.

2) 정위(廷尉) : 형옥(刑獄)을 담당하던 관직.

며 떨고 얼굴빛이 변했다. 그리고 다시 아이들을 햇빛 아래 세우도록 분부하자, 또 노인의 아들만 그림자가 생기지 않았다. 이에 병길은 시집간 딸이 침탈한 유산을 되찾아 후처의 아들에게 돌려주고, 전처의 딸은 후모(後母)를 무고(誣告)한 죄로 다스렸다.

옛 『의옥집』에는 출처가 밝혀져 있지 않다.

안(按) 더러는 노인의 자식에게 그림자가 없다는 옛말이 아마도 사실이 아닐 것이라며 의심할지 모른다. 그러나 「소영전(蕭暎傳)」에도, "형주(荊州)의 상진향(上津鄕)에 장원시(張元始)라는 사람이 나이 아흔 일곱 살에 자식을 낳았는데, 정말로 그림자가 없었다"는 기록이 실려 있다. 앞 시대의 역사에도 사람들이 이 사실을 실험 증명한 기록이 이처럼 분명히 전해지는데, 아직도 의심한단 말인가?

평석 거짓을 가려내고 진실을 밝히는 데에는 단순한 지식만으로 부족하고, 지혜와 통찰력이 필요하다. 거기에 조상의 경험 지혜가 차곡차곡 쌓인 역사 문화가 중요한 몫을 차지하며, 특히 속담 격언은 진실과 진리를 대변하는 지혜의 정화(精華)가 많다. 고등학교 한문(漢文) 시간에 박시중(朴時中) 선생님께서 이와 비슷한 역사 판례를 하나 일러 주셨는데, 너무 인상 깊게 남아 있어 여기에 소개하고 싶다. 안타깝게도 정확한 문헌자료[出典]를 찾지 못했는데, 야사(野史)나 일화(逸話)일 수도 있다.

한 노인이 나이 일흔에 후처에게서 아들을 하나 두었는데, 자기가 죽은 뒤 딸과 사위가 재산을 빼앗고, 심하면 귀한 아들까지 해칠지 모른다고 염려하여, 미리 현명한 유언장을 남겼다.

> 七十生男而非吾子
> 女壻外人家產勿侵
> 子畜井上女畜井下

딸과 사위는 이 유언장을 보통으로 해석하여, 유산을 자기들에게 물려준 것이라고 좋아했다.

> 일흔에 아들을 낳았으니, 내 아들이 아니다.
> 딸과 사위 이외의 사람은 집안 재산을 침범하지 말라.
> 아들의 논은 우물 위에 있고, 딸의 논은 우물 아래 있다.

언뜻 보면, 누구도 이러한 해석을 내리지 않을 수 없다. 그리하여 어린 아들과 힘없는 후처는 기름진 전답과 재산을 고스란히 딸에게 넘겨주고, 저수지 위의 천수답 몇 뙈기 받는 데에 그치고 말았다. 그러나 아들이 자라면서 철이 들자, 아무래도 인정(人情)과 사리(事理)에 크게 어긋난다며 관가에 소송을 제기하였다.

소장(訴狀)을 받은 원님도 아들에게 유산이 돌아가야 할 텐데, 명문(明文)의 유언장이 딸과 사위를 주된 상속인으로 지정하였으니, 몹시 난감하여 고심만 하고 있었다.(이 사안에서 아들의 親子 여부가 쟁점이 아니었던 듯하다.)

며칠을 끙끙 앓아도 뾰족한 수가 떠오르지 않았는데, 이 모습을 보던 원님의 어린 딸이 무슨 일인지 여쭈어 보았다. “아무것도 아니다”고 대답했다가, 자꾸 캐묻는 딸에게 원님이 자초지종을 말해 주었다. 그러자 딸은 유언장을 보여 달라고 하더니, 곧장 “아들에게 유산을 물려준 유언장인데요!”라고 쉽게 말하는 것이었다. 어떻게 그러하느냐고 원님이 묻자, 딸은 이렇게 해석해 보였다.

> 일흔에 아들을 낳았다고, 어찌 내 아들이 아니리요?
> 딸과 사위는 (출가) 외인이라, 집안 재산을 탐내지 말라.
> 아들의 논은 우물이 위에 있고, 딸의 논은 우물이 아래에 있다.

이 해석을 들은 원님은 무릎을 치며 탄복하고, 아들에게 유산을 되돌려주라는 명판결을 내렸다.

한문(漢文)의 간약(簡約)한 함축성과 중의성(重義性 : 중복 의미), 그리고 한국화한 한문 구조 변경이 함께 어우러져 나타나는 문자 해석(文理 찾기)의 일화나 유희 같기도 하다.

원 사안에서 딸의 유산을 빼앗은 행위 자체도 나쁜 죄이긴 하다. 하지만 그보다는 후처가 낳은 아들이 친생자(親生子)가 아니라는 허위주장으로, 후모(後母)와 돌아가신 아버지의 친권(親權)까지 부정해 버린 무고(誣告)가 더 큰 죄악으로 여겨진다. 물론 양자가 원인과 결과로 표리일체를 이루지만, 행위결과보다 의지(동기)를 더 중시함이 전통법의 기본 정신이다. 더구나 부모의 권위에 대한 공격과 반항은 인륜강상(人倫綱常)의 죄로 엄중히 처벌하는데, 계모(繼母)도 부권(父權)의 범주에 당연히 들어간다.

2. 한랑(寒郎)이 조정에서 간쟁(諫爭)하다

후한(後漢)의 한랑[3]이 알자(謁者)의 관직에서 시어사[4]의 직책을 겸하고 있을 때였다. 삼부[5]의 관원들과 함께 초옥(楚獄)[6]의 주모자인 안충(顔忠)과 왕평(王平) 등을 문초하는데, 그들의 진술에서 수향후(遂鄕侯)인 경건(耿建)

---

3) 한랑 : 東漢 로국(魯國 : 지금 산동 曲阜현) 사람으로, 字는 백기(伯奇). 효성과 청렴으로 특별히 천거 받아, 알자(謁者)의 직위에서 시어사(侍御史)의 직책을 수행하고, 제양(濟陽) 현령을 거쳐 청하(淸河) 태수(太守)에 이름. 『후한서(後漢書)』 권41.

4) 시어사(侍御史) : 관리들의 비리 불법을 감찰하고 탄핵하는 관직.

5) 삼부(三府) : 태위(太尉), 사도(司徒), 사공(司空).

6) 초옥(楚獄) : 초왕(楚王) 류영(劉英)이 반역을 모의했다고 고발당한 사건. 동한(東漢) 광무제(光武帝)의 아들이자 명제(明帝)의 이복동생인 류영이 영평(永平) 13년(70) 연광(燕廣)이란 자에 의해 반역모의죄로 밀고당하자, 대역부도(大逆不道)로 처형하자는 요청이 있었다. 이에 明帝는 류영의 작위와 관직을 박탈하여 서인(庶人)으로 만든 뒤 단양(丹陽) 경현(涇縣)에 유배 보냈는데, 류영이 자살했다. 이 사건에 연루하여 죽거나 귀양간 사람만도 천여 명에 이르고, 감옥에 갇힌 자도 수천 명이나 되었다.

과 랑릉후(朗陵侯)인 장신(臧信), 호택후(護澤侯)인 등리(鄧鯉), 곡성후(曲成侯)인 류건(劉建) 등의 네 제후도 관련하였다는 자백이 나왔다.

그러나 경건 등 네 제후는 일찍이 안충이나 왕평을 만난 적도 없다고 진술하였다. 이때 현종[7]의 분노가 극도로 치솟았으므로, 관리들은 모두 두려워 떨며, 연루한 것으로 이름이 나온 사람은 모두 모반대역죄에 몰아넣었다. 그래서 어느 누구도 감히 사건의 진상을 파헤쳐 용서해 주자는 건의를 입 밖에도 꺼낼 수 없는 상황이었다.

그런데 한랑은 그들의 억울한 누명에 몹시 마음 아파했다. 그래서 경건 등의 모습을 세심히 살핀 뒤, 혼자서 안충과 왕평에게 그들이 어떻게 생겼는지 한번 신문해 보았다. 그러자 두 사람은 깜짝 놀라 어쩔 줄 모르면서, 전혀 답변조차 못하는 것이었다. 이에 한랑은 그들이 거짓으로 속인 줄을 알고, 마침내 황제께 아뢰었다.

"경건 등 네 제후는 전혀 죄악이 없으며, 이는 순전히 안충과 왕평이 무고(誣告)한 것입니다. 아마도 천하에 죄 없이 억울하게 연루한 수많은 사람들이, 대부분 이들과 비슷하지 않을까 의심스럽습니다."

황제가 곧바로 한랑을 불러들여 물었다.

"경건 등이 정말로 그대 말처럼 아무 관련이 없다면, 어찌하여 안충과 왕평이 그들을 끌어들였단 말인가?"

한랑이 대답하였다.

"안충과 왕평이 스스로 범한 죄가 대역무도임을 알고, 백방으로 거짓을 꾸며 남들을 끌어들임으로써, 자신들은 벗어나려고 꾀한 것입니다."

황제가 다시 물었다.

"정말로 이와 같이 네 제후가 아무 죄도 없었다면, 어찌하여 그대는 일찌감치 아뢰지 않고서, 사건의 심판이 다 끝나도록 지금까지 질질 끌어왔단 말인가?"

---

7) 현종(顯宗) : 명제(明帝)의 묘호(廟號).

한랑이 답변하였다.

“소신(小臣)은 비록 그들이 죄 없음을 알아차렸지만, 혹시라도 천하에 별도로 그들의 죄악을 들추어내는 사람들이 더 있을까 두려워서, 감히 즉시 아뢸 수가 없었습니다.”

이에 황제가 분노하여 욕설을 퍼부었다.

“관리가 감히 두 다리를 걸치다니!”

그러고 나서 얼른 그를 끌어내 가라고 명령하자, 좌우에서 금세 그를 끌어가는데, 한랑이 외쳤다.

“바라건대, 한 말씀만 아뢰고 죽게 해주십시오. 소신은 감히 황제 폐하를 속일 생각이 아니었습니다. 다만 나라를 도우려고 한 것뿐입니다.”

그러자 황제가 물었다.

“누구와 함께 나에게 아뢰는 글을 썼는가?”

한랑이 대답하였다.

“소신은 이와 같이 하면, 반드시 친족을 몰살시키는 큰 재앙을 당하리라고 스스로 잘 알고 있었습니다. 그래서 감히 다른 사람까지 이러한 위험에 끌어들이고 싶지 않았습니다. 다만 폐하께서 한번 번득 알아차리시기만을 지성으로 바랄 뿐이었습니다. 소신이 보건대, 죄수를 신문하는 관리들은 모두 한결같이 말하기를, ‘모반대역죄는 신하된 사람들이 함께 미워해야 할 일이니, 지금 이들을 무죄로 판결하여 내보내느니, 차라리 유죄로 몰아넣는 것이 훨씬 낫다. 그래야 뒤에 탈이 나서 그 책임을 뒤집어쓰는 일이 없게 된다.’고 합니다. 그래서 한 사람을 신문하면 열 사람이 연루하고, 열 사람을 신문하면 백 사람이 연루하곤 합니다.

또 공경대신(公卿大臣)들이 조정 회의에 참석하여 폐하께서 정치의 득실(得失)을 물으시면, 그들은 모두 길게 꿇어앉아, ‘옛날 법제에는 모반대역의 죄는 구족(九族)까지 화(禍)가 미쳤는데, 지금은 폐하께서 크나큰 은혜를 베푸사, 단지 본인 자신만 처형하는 데에 그치니, 천하에 이보다 다행스러운 일이 없습니다.’고 아룁니다.

그러나 그들이 집에 돌아가서는, 비록 입으로 말하기까지는 않지만, 지붕을 쳐다보면서 혼자 가만히 긴 탄식을 내뱉곤 합니다. 그들도 죄 없이 억울하게 처형당하는 자들이 많은 줄 알지 못하는 것은 아니지만, 감히 폐하께 거슬리는 말을 하지 못할 뿐입니다. 소신이 오늘 이러한 사정을 모두 아뢰었으니, 이제 죽어도 후회가 없습니다."

이에 황제의 노기가 스르르 풀리면서, 한랑을 풀어 주도록 명령하였다. 그리고 이틀 뒤 황제 자신이 락양(洛陽) 감옥에 행차하여, 몸소 죄수들의 죄상과 심판 기록을 살피고, 천여 명을 석방해 주었다.

『후한서(後漢書)』「본전(本傳)」에 실려 있다.

안(按) 『후한서』「한랑전(寒郎傳)」에 보면, 한랑이 조정에서 억울한 옥사(獄事)로 간쟁한 사실에 대하여, 역사 기록자인 범엽(范曄)은 "안자(晏子)[8]의 말 한 마디로 제(齊)나라 제후가 형벌을 줄였다"는 평론에 빗대면서, "정말로 독실(篤實)하도다, 어진 이의 마음이여!"라고 칭송했다.

황제의 분노에 그냥 두려워 떨면서 모든 사람을 법망에 빠뜨려 넣고, 감히 사건의 진상을 파헤쳐 죄 없는 이들을 풀어 줄 생각은 꿈에도 못하면서, 오직 자기 한 사람의 책임만 회피하기에 급급한 그러한 속된 관리들이, 어찌 수많은 사람들의 억울한 누명을 가엾이 여길 수 있겠는가? 이거야말로 정말 어질지 못한 것이다.

"어진 이는 반드시 용기가 있다"고 하던데, 한랑에게서 이 진리를 또 한번 확인하였다. 그래서 무고 모함을 가려낼 수 있었던 것이다.

평석 『춘추좌전(春秋左傳)』 로소공(魯昭公) 3년(B.C.539년)에 안자(晏子)와 제경공(齊景公)의 고사가 실려 있다. 경공은 안자의 주택이 시장 근처에 있어 비좁고 시끄러우며, 습기와 먼지도 많아 거주하기 불편할 뿐만 아니라, 국가 재상의 체통에도 걸맞지 않는다고 말하면서, 좋은 곳으

8) 안자(晏子) : 춘추시대 제경공(齊景公)의 재상을 지낸 안영(晏嬰).

로 옮기자고 요청했다. 이에 안자는 조상 대대로 살아오던 곳으로, 자신은 오히려 그곳도 살기 과분할 뿐만 아니라, 시장이 가까워 아침저녁으로 생활필수품을 쉽게 구할 수 있어 편리하기 때문에, 굳이 건축 담당 관리를 귀찮게 하고 싶지 않다고 사양하였다.

그러자 경공은 빙그레 웃으면서, "그대가 시장 가까이 사니, 물가의 높낮이[貴賤]를 잘 알겠구려?" 하고 넌지시 물어 보았다. 안자가 "편리하게 이용하고 있는데, 감히 물가를 모르겠습니까?"고 반문하자, 경공이 "그럼 요즘 무슨 물건이 비싸고, 무슨 물건이 싸오?"라고 되물었다.

그런데 당시 경공이 형벌을 남용하여, 발뒤꿈치 잘린 죄인들이 신는 신발[踊]이 불티나게 팔리고 있었다. 그래서 안자가 얼른 경공의 질문을 받아, "발뒤꿈치 잘린 사람의 신발이 비싸고, 보통 신발이 쌉니다."라고 답변한 것이다. 이 말을 들은 경공이 마음속으로 깨달은 바가 있어, 형벌을 대폭 줄였다. 이에 이 사실을 기록한 사관(史官)이 안자를 극구 칭송하는 평론을 덧붙였다.

"어진 사람의 말은 그 이익이 널리 미치는구나! 안자의 말 한 마디에 제(齊)나라 제후가 형벌을 줄였네. 『시경(詩經)』에 이르기를, '군자가 기뻐할 것 같으면, 혼란이 금방 그치기 마련이네'라고 읊더니만, 바로 이러한 경우를 일컫는가 보다."

한편 『론어(論語)』에 보면, 공자(孔子)가 "덕이 있는 자는 반드시 훌륭한 말을 남기지만, 그럴 듯한 말을 남긴다고 해서 반드시 덕이 있는 것은 아니며; 어진 자는 반드시 용기가 있지만, 용감하다고 반드시 어진 것은 아니다.[有德者必有言, 有言者不必有德; 仁者必有勇, 勇者不必有仁.]"는 덕 있고 어진 명언을 하셨다.

부모가 자식을 위해 물불에도 서슴지 않고 뛰어드는 헌신적 사랑은, 생물의 종족 보존을 위해 자연이 부여한 본능적인 '인자필유용(仁者必有勇)'일 것이다. 그렇다면 성현 군자가 중생을 위해 총칼의 위협도 두려워하지 않고 나서는 희생적 자비는 무엇일까? 인류의 정신(도덕) 생명 존속을 위해, 하늘이 부과한 사명적인 '살신성인(殺身成仁)'이 아닐까?

3. 손량(孫亮)이 쥐똥을 깨뜨려 보다

삼국(三國)시대 오(吳)나라의 폐제(廢帝) 손량[9]이 한여름에 서쪽 정원을 거닐다가, 불현듯 생 매실(梅實)이 먹고 싶어졌다. 그래서 황문(黃門 : 內侍)에게 뚜껑 덮인 은(銀) 종발을 가지고 중장리[10]한테 가서 꿀을 받아 오도록 시켰다. 황문은 본디부터 중장리에게 원한 감정을 품고 있던 터라, 이 때다 싶어 쥐똥을 꿀 속에 집어넣어 중장리가 삼가 조심하지 않는다고 아뢰었다. 손량은 즉시 중장리에게 꿀단지를 가지고 들어오라고 분부하여 물어 보았다.

"단지 뚜껑이 제대로 덮여 있었다면, 그 안에 쥐똥이 들어갈 까닭이 없지 않느냐? 황문이 그대에게 뭔가 요구한 것은 없는가?" 이에 중장리가 머리를 조아리며 대답했다.

"그가 일찍이 소신(小臣)에게 궁중의 자리를 빌려 달라고 요구했는데, 정당한 사유가 아니라 내주지 않은 적이 있습니다." 그러자 손량이 말했다.

"반드시 이 때문일 것이다. 그러나 또한 쉽게 알아낼 수 있지."

그리고는 중장리에게 꿀 속에서 꺼낸 쥐똥을 깨뜨려 보도록 분부했다. 그 결과 속은 말라 있었다. 이를 본 손량은 빙긋이 웃으며 말했다.

"만약 쥐똥이 처음부터 꿀 속에 들어 있었다면, 마땅히 안팎이 모두 젖

---

9) 손량 : 삼국시대 吳 大帝 손권(孫權)의 작은 아들로, 字는 자명(子明). 나중에 태자가 되어 손권의 뒤를 이어 즉위했으나, 6년 만에 폐위당하여 폐제(廢帝)라고 불림. 『삼국지』 권48.

10) 중장리(中藏吏) : 궁궐안 창고를 관리하는 관직.

어 있어야 할 것이다. 그런데 지금 이 쥐똥은 겉만 젖고, 속은 꿀이 스미지 않아 말라 있으니, 이는 황문이 중장리를 모함하려고 저지른 짓이다."

이에 황문은 죄를 자백하고 처벌받았다.

옛 『의옥집』은 『삼국지(三國志)』 『오서(吳書)』 「손량전(孫亮傳)」의 배송지주(裵松之注)에 나온다고 기재하였다.

그런데 거기에는 본디 『오력(吳歷)』과 『강표전(江表傳)』으로부터 각기 인용한 비슷한 줄거리의 내용이 약간 다르게 나란히 실려 있었다. 우선 『오력(吳歷)』을 인용하여 이렇게 적었다.

손량이 서쪽 정원에 나갔다가 생 매실을 먹으면서, 황문을 불러 중장리한테 가서 꿀을 갖다 매실에 묻혀 달라고 분부했다. 그런데 꿀 속에 쥐똥이 들어 있었다. 이에 중장리를 불러 책망하자, 중장리는 머리를 조아려 땅바닥에 댈 뿐이었다. 이윽고 손량이 물었다.

"황문이 그대에게 꿀을 요구한 적이 있는가?"

그러자 중장리가 대답했다.

"접때 요구한 적이 있는데, 정말이지 감히 줄 수가 없었습니다."

그러나 황문이 그 사실을 시인하지 않자, 장빈(張邠)[11] 등이 이렇게 아뢰었다.

"황문과 중장리의 진술이 서로 같지 않으니, 청컨대 감옥에 넘겨 철저히 추궁하도록 하십시오."

그러나 손량은 "이는 쉽게 알 수 있지"라고 말한 뒤, 쥐똥을 깨뜨려 보라고 분부했다. 그랬더니 똥 속이 말라 있었다. 이를 본 손량이 크게 웃으면서, 장빈 등에게 이렇게 설명했다.

"만약 쥐똥이 처음부터 꿀 속에 들어 있었다면, 속과 겉이 모두 젖어 있어야 마땅하리라. 그런데 지금 이 똥은 겉만 젖어 있고 속은 말라 있으니, 틀림없이 황문이 한 짓이다."

이윽고 황문이 사실을 자백하자, 좌우에서 모두 깜짝 놀라며 두려워하지 않는 이가 없었다.

또 한편 『강표전(江表傳)』을 인용하여 다음과 같이 적었다.

손량이 황문에게 뚜껑 덮은 은 종발(銀椀)을 가지고 중장리한테 가서, 교주(交州)에서 헌납한 사탕수수엿[甘蔗餳 : 조청 · 물엿]을 받아 오라고 분부했다. 황문은 전

---

11) 장빈 : 미상.

부터 중장리에게 앙심을 품고 있던 터라, 쥐똥을 엿 속에 집어넣고서, 중장리가 삼가 조심하지 않는다고 아뢰었다. 이에 손량이 중장리한테 엿 그릇을 가지고 들어오도록 분부한 뒤, 이렇게 물었다.

"엿 그릇에 뚜껑이 있고, 또 이렇게 단단히 감싸 덮었는데, 이러한 물건이 들어갈 까닭이 없지 않은가? 황문이 그대에게 앙심을 품을 만한 일이라도 있었는가?"

그러자 중장리가 머리를 조아리며 대답했다.

"일찍이 소신(小臣)에게 궁중의 돗자리를 요구한 적이 있는데, 그 숫자가 뻔히 있는지라 감히 줄 수가 없었습니다."

이에 손량은 "틀림없이 이 때문일 것이다"고 말한 뒤, 황문을 다그쳐 물었다. 그래서 황문이 사실을 자백하였다.

두 설이 조금 차이가 나는데, 화응12)이 두 기록을 종합 정리한다. 따라서 쥐똥을 깨뜨린 일은 『오력(吳歷)』에서 따오고, 궁중 돗자리를 요구한 일은 『강표전(江表傳)』에서 따온 셈이다.

안(按) 『삼국지(三國志)』에 주(注)를 단 배송지(裵松之)13)는 이 사안에 대해 다음과 같이 평론하였다. "쥐똥이 갓 누운 것이었더라면, 역시 안팎 모두 젖어 있었을 것이다. 따라서 황문(黃門)이 새 쥐똥을 집어넣었더라면, 그의 간사한 짓을 알아낼 수 없었을 것이다. 우연히 마른 쥐똥을 넣었던 까닭에, 손량의 지혜가 이루어지게(드러나게) 된 것이다. 그러나 손량의 이러한 판결 내용을 전하는 『오력』의 기록보다는 (그냥 황문을 다시 신문했다고만 적고 있는) 『강표전』이 진실일 가능성이 높다."

무릇 손량이 판단한 말은 결정적인 이치(理)이고, 배송지가 평론한 말은 우연히 합치하는 사실(事)이다. 이치가 비록 결정적이어서 변함없다고 할지라도, 사실은 더러 우연히 맞아떨어질 수도 있다. 그러므로 이치에만 집착하여 모든 사실(사안)을 처리하려 든다면, 때로는 통하지 않을 수도 있는 법이다. 이치를 훤히 통달한 사람에게 비웃음을 사게 되는 것은, 바

---

12) 화응(和凝): 절옥귀감의 저본이 된 의옥집(疑獄集)의 편저자.

13) 배송지: 南朝 宋의 문희(聞喜: 지금 山西 문희현) 사람으로, 字는 세기(世期). 처음에 동진(東晋)에 벼슬하다가, 宋에 들어와 대중대부(大中大夫), 령국자박사(領國子博士)에 이름. 그가 단 『삼국지』의 注는 위진(魏晋)시대 사람들의 저술 2백여 종을 광범위하게 인용하여 문헌 가치가 매우 높음. 『송서(宋書)』 권64, 『남사(南史)』 권33.

로 이러한 이유 때문이다.

오직 둥근 구슬이 매끄러워 걸림 없이 구르고, 맑은 거울이 두루 비쳐 속일 수 없는 경지에 이르러야만, 사실과 이치가 나란히 밝게 빛나고, 실제 정상(情狀)이 반드시 드러나게 된다. 그래서 화응은 두 기록을 모두 종합하여 정리하였는데, 이제 다시 그 본말을 실어 참고 자료로 밝혀 둔다.

평석 이치(理)는 본질(道)이고, 사실(事)은 현상(德)이다. 본질이 현상을 나토고, 현상에 본질이 감추어 있듯이, 이치에서 동떨어진 사실이나, 사실과 어긋나는 이치란 엄격히 말하면 어떠한 경우에도 존재하지 않는다. 사람들이 커다란 원칙의 흐름만 이치의 전부로 여기기 때문에, 때로 전혀 뜻밖에 이치에 빗나가거나 어긋나는 사실이 발생하는 것처럼 보일 뿐이다.

큰 원칙에는 보편의 이치가, 작은 예외에는 특수의 이치가 각각 내재한다. 인간이 역사적 경험사실을 통해 이치를 발견하고 체계화해 나가면서, 거꾸로 체계화한 이치를 구체 사실(사안)에 적용하여 문제를 해결하는 과정이, 바로 구학수도(求學修道)와 경세치용(經世致用)일 것이다. 양자는 안팎의 상호보완 관계에 있으므로, 동시에 균형 있게 병행해야 한다.

법이 특히 그러하다. 이치에 치중하는 대륙법의 개념법학이나, 사실을 중시하는 영미법의 판례법학도, 서로 보완해서 조화를 이룰 필요가 있다. 동방의 전통법이 정(情)·리(理)·법(法)의 원만한 통일조화를 궁극 이상으로 지향한 점은, 분명히 차원 높은 훌륭한 철학사상이다. 구체적 실정(事情)과 추상적 도리(道理), 그리고 양자의 상호 교류로 피어난 법체계가 삼위일체로 상승작용을 일으키며 성숙할 때, 인간의 법문화와 사회규범 질서가 평화로운 대동(大同) 세계로 진입할 것이라는 생각이, 동양의 지혜이다. 물론 인간이 얼마나 철저히 깨닫고 진지하게 실행하느냐가 문제이다.

편자는 안어(按語)에서 갓 눈 젖은 쥐똥을 넣었더라면, 손량의 이치가 우연한 사실에 적용하지 못했을 것이라고 평론하였다. 그러나 갓 눈 젖은 쥐똥은 안의 습기가 본래 고유의 것이기에, 그 냄새나 맛에서 꿀이 스며든 것과는 다르고, 결국 또 다른 이치로 가려낼 길이 생기는 점을 미처 생각하지 못한 듯하다.

4. 포융(苻融)이 달리기 시합을 시키다

전진(前秦 : 350~394년 존속)의 포융이 기주목사(冀州牧使)일 적이었다. 한 노파가 길에서 강도를 만나 약탈당하자, '도적이야!' 하고 외쳐 강도가 달아나는데, 한 행인이 뒤쫓아 가 그를 붙잡았다. 그런데 강도는 시치미를 떼고, 자기를 붙잡은 그 행인이 약탈하기에 자기가 그를 붙잡았노라고, 도리어 행인을 모함하는 것이었다. 때는 이미 어두컴컴해져 누가 진짜 강도인지 분간할 수 없어서, 결국 둘 다 관가에 압송해 왔다. 이를 본 포융은 빙그레 웃으며 말했다.

"이 사건의 진범은 쉽게 알아낼 수 있지. 두 사람이 함께 달리기 시합하여, 먼저 봉양문(鳳陽門) 밖으로 나가는 자가 도적이 아니다."

그렇게 달리기 시합을 마친 뒤 관가에 돌아와서, 포융은 정색을 하고 문밖으로 늦게 달려 나간 자를 향해 꾸짖었다.

"네가 진짜 도적이다. 어찌하여 죄 없는 사람을 모함하느냐?"

이에 도적이 마침내 죄를 자백하였다. 이 사안에서 도적이 만약 더 빨리 달렸더라면, 결코 붙잡히지 않았을 것이다. 포융이 이러한 이치로 잘 달리지 못하는 자가 도적인 줄 알아 낸 것이다.

옛『의옥집』에는『진서(晉書)』「본전(本傳)」에 실려 있다고 적혀 있다.

안(按) 송나라 설안(薛顔)[14]이 강녕부(江寧府)의 지사(知事)일 적이었다. 한 순라군이 대낮에 사람을 겁탈한 뒤, 도리어 죄 없는 평민을 붙잡아 도적이라고 보고한 사건이 있었다. 그런데 설안은 그의 낯빛과 몸짓을 유심히 살펴본 뒤, "네가 진짜 도적이다!"고 호통을 치고 그를 구금하였는데, 그가 과연 죄를 실토하였다. 이 또한 위 사안과 자못 비슷하다.

「본전(本傳)」에 보인다.

무릇 무고 모함을 가려내는 기술(방법)은, 오직 넓은 견문과 깊은 관찰에 있다. 그렇게 하여 속거나 헷갈리지 않아야, 가려냄에 정통할 수 있다. 앞의 사안에서 병길(丙吉)은 이른바 넓은 견문에 해당하고, 손량(孫亮)은 깊은 관찰에 속한다. 포융이 달리기 시합으로 진실을 밝혀내고, 설안이 낯빛을 보고 실정을 알아낸 사안은, 모두 깊이 관찰하여 훤히 가려낸 것이라고 말할 수 있다. 가령 무고 모함 자체를 가려내기는 어렵지 않은데, 그 형세(상황)가 감히 나서기 힘든 경우라면, 오직 정의(正義)에 용기 있는 사람만이 거뜬히 해낼 수 있으니, 한랑(寒朗)이 바로 그러한 모범이다.

평석 적반하장(賊反荷杖)이라는 성어와 "똥 뀐 놈이 도리어 성낸다."는 속담이 빈말이 아닌가 보다.

5. 리숭(李崇)이 병졸을 속이다

「석원(釋冤)」편에 이미 나왔다.

---

14) 설안: 송나라 河中 만천(萬泉: 지금 山西 萬榮현 서남쪽) 사람으로, 字는 언회(彦回). 강녕지부(江寧知府)를 지냈고, 나중에 광록경(光祿卿)으로 서경(西京)을 맡아 다스림. 『송사』 권299.

6. 어사(御史)가 밀고장을 대조하다

당 고조(唐 高祖)[15] 리연(李淵)이 태원(太原)에서 의병을 일으켰을 때, 리정(李靖)[16]과 위문승(衛文昇)[17]은 수(隋)의 관리로 장안(長安)을 지키고 있었는데, 반군이 리연의 친족들을 잡아들여 살해했다. 당 고조가 관중[18]을 평정한 뒤, 먼저 위문승을 처형하고, 이어 리정도 처치할 참이었다. 이때 리정이 이렇게 말하였다.

"공(公)께서 관중을 평정한 일이, 단지 사사로운 개인의 원수를 갚기 위한 것입니까, 아니면 천하를 (얻기) 위해서 입니까? 만약 천하를 (얻기) 위한 의병이라면, 정(靖)을 죽일 수 없을 것입니다."

이에 고조는 리정을 놓아주었다.

뒤에 리정이 기주(岐州) 자사(刺史)일 적에 이르러, 어떤 자가 황제의 환심을 사려고, 리정이 반역을 모의한다고 밀고하였다. 그러자 고조는 한 어사(御史)에게 그곳으로 가서 사안을 수사하도록 명령하면서, "리정의 반역 모의가 사실로 드러나면, 그 자리에서 곧장 처분해도 좋다"고 전권(全權)을 수여하였다.

그런데 그 어사는 이 사건이 무고(誣告) 모함임을 알아차리고, 밀고한 자와 함께 가도록 해달라고 요청하였다. 몇 역(驛)을 간 뒤, 어사는 짐짓 밀고장을 잃어버린 듯한 모습으로 매우 놀라고 두려워하는 빛을 보이면

---

15) 당 고조 : 이름은 리연(李淵). 처음에 隋나라에 벼슬하여 태원류수(太原留守)에 임명받고 당왕(唐王)의 봉작(封爵)을 물려받았는데, 수나라 말기 농민들이 봉기하자 태원(太原)에서 병력을 일으켜 수를 멸망시키고 唐을 세움. 618~626년 재위.

16) 리정 : 京兆 삼원(三原 : 지금 陝西 삼원현) 사람으로, 본명은 약사(藥師). 처음에 수나라에 벼슬하다가, 당에 들어와 상서우복야(尙書右僕射)에 오르고 위국공(衛國公)에 봉해짐. 『구당서』 권67, 『신당서』 권93.

17) 위문승 : 河南 락양(洛陽) 사람으로, 이름은 현(玄). 처음에 北周에 벼슬하다가 隋에 들어와 형부상서(刑部尙書)까지 올랐으나, 수가 망한 뒤 벼슬하지 않음. 『수서(隋書)』 권63, 『북사(北史)』 권76.

18) 관중(關中) : 중원(中原).

서, 그의 시중을 들던 수행원을 채찍으로 후려쳤다. 그리고는 밀고자에게 간청하였다.

"리정의 반역모의는 죄상이 분명하오. 내가 친히 황제 폐하의 특명을 받들어 수사하러 가는 길인데, 그만 밀고장을 잃어버리고 말았소. 그러니 밀고장을 다시 한 통 써서 내 목숨을 구해 주면 천만 다행이겠소."

그러자 밀고자는 새로 한 통을 만들어 어사에게 주었다. 어사는 새 밀고장을 받아, 원본과 대조해 보니 크게 달랐다. 이에 어사는 그 날로 곧장 서울로 되돌아가, 그 사실을 황제께 아뢰었다. 그래서 밀고자가 무고죄를 자백하고 처형당했다. 안타깝게도 그 어사의 이름은 밝혀져 있지 않다. **옛 『의옥집』은 이 사안의 출처를 밝히지 않았는데, 아마도 당나라 사람의 소설(小說)에 실린 내용인 듯하다.**

정사(正史)로 고증해 보면, 거의 사실에 맞지 않는다.

우선 『당서(唐書)』「종실전(宗室傳)」의 기록에 따르면, 회안왕(淮安王) 신통(神通)[19]이 수(隋)나라 대업(大業 : 605~617년) 말기에 장안(長安)에서 고조와 함께 병력을 일으켰는데, 관리들이 체포하려고 하자 도망하여 호남산(鄠南山)에 숨어들었다. 그래서 상읍왕(襄邑王) 신부(神符)[20]가 위문승(衛文昇)에게 붙잡혀 갇혔는데, 나중에 수도가 평정된 뒤 안길군공(安吉郡公)에 봉해졌다.

또 『당서』「제공주전(諸公主傳)」에 따르면, 고조의 딸 장광(長廣)공주는 조자경(趙慈景)[21]에게 시집갔는데, 고조가 의병을 일으키자 더러 도망가라고 권하는 사람들이 있었다. 그러자 조자경은 "어머님께서 저를 의지해 살고 계신데, 어디로 간단 말이오?"라고 대답했다. 마침내 수나라 관리들이 그를 체포하여 감옥에 가두었는데, 고조가 수도를 평정한 뒤 그를 개화군공(開化郡公)에 봉했다. 이상의 기록을 보면, 리정이 일찍이 위문승과 함께 고조의 친족을 해친 적은 없다.

---

19) 회안왕 신통 : 唐 高祖의 사촌 동생 리신통(李神通). 수 말엽에 고조의 기병(起兵)에 호응하여 도운 공적으로 벼슬은 좌무위대장군(左武衛大將軍)에 오르고 회안왕(淮安王)에 봉해짐.

20) 상읍왕 신부 : 역시 당고조의 사촌 동생인 리신부(李神符). 당고조가 병력을 일으켜 수를 정벌하는 동안 위문승에게 사로잡혀 長安에 갇혔다가, 수가 멸망한 뒤 풀려나 양주대총관(揚州大總管)이 되고 상읍왕(襄邑王)에 봉해짐.

21) 조자경 : 롱서(隴西 : 지금 甘肅 룡서현) 사람으로, 장광공주(長廣公主)의 부군이 되어 개화군공(開化郡公)에 봉해짐. 병부시랑(兵部侍郎)과 화주(華州) 자사(刺史)를 지냄. 『신당서』 권83.

한편 『북사(北史)』「위문승전(衛文昇傳)」에 따르면, 그는 의병이 관문 안으로 진입하자, 끝까지 지킬 수 없음을 스스로 알고, 걱정과 두려움에 휩싸여 질병을 핑계대고 더 이상 정사(政事)를 보지 않았다. 그러다 성이 함락 당하자 자기 집에 돌아와, 의녕[22] 중에 죽었다. 그러니 고조가 일찍이 위문승 등을 처형한 것도 아니다.

그리고 『당서』「리정전(李靖傳)」에 따르면, 고조가 돌궐을 격퇴할 때 리정은 마읍(馬邑) 군수였는데, 고조에게 비상한 뜻이 있는 줄 알아채고, 리정은 스스로 죄수가 되어 역마차를 타고 긴급한 변란(모반대역)을 밀고하러 강도[23]를 향했다. 그러나 장안에 이르러 길이 막혀 버렸다. 나중에 고조가 수도를 평정한 뒤, 그의 목을 베려 하자, 리정이 이렇게 외쳤다.

"공(公)께서 의병을 일으키심은, 천하를 위해 포악무도한 혼란을 제거하려고 한 때문인 줄 압니다. 그런데 큰일을 성취하고자 하면서, 사사로운 원한 감정으로 의로운 선비를 죽이려 하십니까?"

이때 옆에서 진왕[24]도 만류하여, 그는 마침내 풀려났다. 이를 보면, 리정이 수나라에 벼슬할 때, 처음부터 장안을 지킨 일이 없었다.

또 「리정전」에 따르면, 고조가 리정에게 강남을 진압하라고 조서를 내렸는데, 협주[25]에 이르러, 반적(反賊)들에게 가로막혀 더 이상 앞으로 나갈 수 없었다. 이에 고조는 일부러 머뭇거린다고 여기고, 도독이던 허소(許紹)[26]에게 리정을 참형(斬刑)에 처하라는 조서를 내렸다. 그런데 허소가 간청을 해서 참형을 면하게 되었다.

그 뒤 고조 무덕(武德) 초기에 개주(開州)의 오랑캐 염조칙이 기주(夔州)를 침범했는데, 조군왕(趙郡王)인 리효공(李孝恭)의 전세가 불리하자, 리정(李靖)이 8백 명의 병력을 이끌고 가서 염조칙(冉肇則)을 크게 격파하였다. 그러자 고조는 크게 기뻐하며, "공 있는 자를 기용하는 것이, 잘못 있는 자를 기용하는 것만 못하구나!"라고 감탄하였다. 이때부터 정벌과 토벌을 전폭 위임했는데, 리정은 소선(蕭銑[27])을 항복

---

22) 의녕(義寧) : 수나라 공제(恭帝) 연호, 617~618년.

23) 강도(江都) : 지금 강소성 陽州市로, 당시 수나라 양제(煬帝)가 순시 중 머물던 곳.

24) 진왕(秦王) : 나중에 당 태종이 된 리세민(李世民).

25) 협주(峽州) : 지금 호북성 宜昌시.

26) 허소 : 안주(安州) 안륙(安陸 : 지금 湖北 안륙현) 사람으로, 字는 사종(嗣宗). 처음에 隋에 벼슬하였다가, 당에 들어와 협주(峽州) 자사(刺史)에 임명받음. 『구당서』 권59, 『신당서』 권90.

27) 소선 : 南朝 後梁 宣帝(555~561년 재위)의 증손으로, 수나라 말엽 현령이 되었음. 大業 13년(617) 병력을 일으켜 江陵을 중심으로 자칭 황제 노릇하다가, 당고조 武德 4년(621) 李靖에게 패하여 항복하고 장안에서 피살(被殺)함. 『구당서』 권56, 『신당서』 권87.

시키고 보공석(輔公祏)[28]을 사로잡았다.

이러한 기록을 보면, 리정이 일찍이 기주(岐州) 자사가 된 적도 없거니와, 또한 그가 반란을 모의(謀反)한다고 어떤 사람이 밀고한 사실도 전혀 없다. 무릇 소설의 기재 내용은 사실과 다른 점이 많아, 그대로 믿을 수는 없다. 그렇지만 무고 모함을 가려내는 기술(방법)은, 이 사안에서도 본받을 만한 내용이 있기 때문에, 그냥 빼버릴 수만도 없다.

안(按) 무고 모함을 가려내는 방법에는, 올바름[正]과 속임수[譎]가 있다. 리숭은 피살 신고가 허위일 것 같은 의심이 들어, 속임수로 실정을 찾아냈다. 또 어사는 반역 모의 밀고가 모함인 줄 알아차려, 속임수로 대질 증거를 잡았다. 정말로 진심을 다하는 사람이 아니라면, 어떻게 이러한 방법에 정통할 수 있겠는가?

7. 장초금(張楚金)이 글자 조각을 풀어내다

당(唐) 측천무후(則天武后) 수공(垂拱 : 685~688년) 년간에 터무니없는 죄명으로 무고한 사람들을 옭아매는 전제 통치가 크게 일었다. 호주(湖州)의 좌사(佐史)인 강침(江琛)이라는 자가 자사(刺史)인 배광(裵光)이 쓴 판결문에서 글자들을 오려 내어 교묘한 짜깁기로 문장을 만든 다음, 그 글이 서경업(徐敬業)[29]에게 보내는 반역 모의 서신이라고 밀고하였다. 이에 측천무

---

28) 보공석 : 齊州 림제(臨濟 : 지금 산동 濟陽현 동쪽) 사람으로, 수나라 말엽 두복위(杜伏威)와 함께 회남(淮南)에서 의병을 일으켜, 당에 합류해 회남도행대상서좌복야(淮南道行臺尙書左僕射)에 임명받고 서국공(舒國公)에 봉해짐. 나중에 揚州를 거점으로 반란을 일으켰다가 李靖에 사로잡혀 처형당함. 『구당서』 권56. 『신당서』 권87.

29) 서경업 : 당나라 초기 공신인 리적(李勣)의 손자로 영국공(英國公)이란 봉작(封爵)을 물려받았으며, 미주(眉州) 자사(刺史)를 지냈음. 中宗 사성(嗣成) 원년(684) 뇌물죄로 류주(柳州) 사마(司馬)에 좌천당했는데, 당 황실을 되찾아 바로 세운다는 대의명분으

후가 어사를 보내 이 사안을 신문토록 명령하였다.

그런데 당사자(피고인)인 배광은 고개를 갸우뚱거리면서, "글씨는 광(光)의 글씨인데, 말(뜻)은 광(光)의 말이 아니다"고 혐의 사실을 부인하였다. 앞뒤 세 번이나 어사를 파견하였지만, 모두 확정 판결을 내릴 수 없었다. 그러자 어떤 사람이 장초금[30]이라면 능히 이 사안을 처리할 수 있을 것이라고 추천하여, 측천무후는 그에게 다시 가서 심리해 보라고 분부하였다. 그렇지만 배광은 전처럼 의아스러운 진술을 바꾸지 않았다.

장초금은 답답하고 골치 아파 창가에 누워, 햇빛이 창문을 투과해 비치는 모습을 바라보았다. 그러다가 문득 반역 모의 서신을 들어 햇빛에 대고 비추어 보았다. 그러자 서신의 글자들이 조각조각 기워 붙여 만들어진 것임을 알아냈다. 그냥 표면만 보통으로 보면 알아챌 수 없는데, 햇빛에 대고 비추면 모두 드러나는 것이었다.

그리하여 장초금은 주(州)와 현(縣)의 모든 관리를 불러모은 뒤, 물 한 대야를 준비시켰다. 그리고 밀고자인 강침에게 서신을 물 속에 집어넣도록 지시했다. 그랬더니 한 글자 한 글자 모두 물에 풀어지고 말았다. 마침내 강침은 죄를 자백하였다. 측천무후는 그를 먼저 곤장 일백 대 후려 친 다음, 참형(斬刑)에 처하라고 명령하였다.

옛 『의옥집』에 출처가 밝혀져 있지 않았다.[31]

안(按) 이는 지혜로 헤아린 게 아니라, 우연히 드러난 것일 뿐이다. 순경(荀卿)이 쓴 『순자(荀子)』 「대략(大略)」편에 이런 말이 나온다.

"지금 어떤 사람이 바늘을 떨어뜨려 잃어버렸는데, 온종일 찾았으나 허탕만 쳤다. 나중에 결국 바늘을 찾았는데, 이는 눈(시력)이 더 밝아져서

로 揚州를 거점으로 병력을 일으킴. 그러나 武則天에게 패하여 바다 속 섬으로 달아났다가 부하 장수에게 피살(被殺)함. 『구당서』 권67, 『신당서』 권93.

30) 장초금 : 당나라 병주 기(幷州 祁 : 지금 山西 祁현) 사람으로, 진사가 된 뒤 벼슬이 추관상서(秋官尙書)에 오르고 남양후(南陽侯)란 작위를 받음. 『구당서』 권187, 『신당서』 권191.

31) 이 사안은 당(唐) 장삭(張鷟)이 지은 『조야첨재(朝野僉載)』에 실려 있다.

그런 것이 아니라, 우연히 눈을 내리 깔고 있다가 발견한 것이다."

마음이 사고(思考)하는 것도 또한 그러한 이치다. 중요한 점은 지성(至誠)으로 끊임없이 찾는 데 있다. 장초금이 무고옥안(誣告獄案)의 실정을 밝혀낸 것도 어찌 이와 다르겠는가? 이 또한 진심을 다한 효험일 따름이다.

초금의 행적은 『신당서(新唐書)』 「장도원전(張道源傳)」에 보이는데, 그의 족손(族孫)이다. 전기 내용을 살펴보면, 초금은 고종(高宗) 의봉(儀鳳 : 676~678년) 년간에 처음으로 형부시랑(刑部侍郞)이 되었는데, 그 후 수공(垂拱) 초까지는 10년이 지나, 경력과 명망이 제법 높아져 있었다. 그러나 다른 사람의 추천을 받아 이 사안을 처리했다는 사실은, 약간 의문의 여지가 있다.

평석 여리기 짝 없는 겨울 햇볕도, 두터운 돋보기(볼록렌즈)로 초점을 모아 한 곳에 오래 쬐면, 불을 지필 수 있다. 돋보기 재질이 순수하고 투명하며 굴절률이 클수록, 그리고 초점 모으는 시간이 길수록, 온도가 높게 올라가고 불이 빨리 지필 것은 자명한 물리(物理) 법칙이다.

사람 마음의 지혜 광명을 밝히는 원리도 이와 비슷하다. 심성(心性)이 선천적으로 타고난 지혜의 바탕(자질)은 조금씩 차이가 나지만, 지혜를 한 곳에 모으는 정신 집중(굴절률)은 각자의 정성에 달려 있고, 그 정성을 계속 유지하는 인내와 끈기(시간)도 개인의 의지 문제이다. 몸 안에 있는 생명의 기본 에너지인 원기(元氣, 精氣)를 집중하면, 마음을 통해 정신(精神)이라는 지혜광명(智慧光明)으로 승화하는 것이다. 따라서 지혜광명의 계발은 호연정기(浩然正氣) 함양과 직결한다.

혼탁한 사기(邪氣)를 배출하고, 맑고 깨끗한 정기(正氣)를 함양하여, 이를 한 곳에 오롯이 집중할 때, 때로는 따뜻한 자비와 평화가 넘치고, 때로는 밝은 지혜 광명이 비치며, 때로는 과감한 용기와 능력이 솟구치는 것이다. '정신일도, 하사불성(精神一到 何事不成)?'이라는 격언은, 바로 이러한 수양의 원리를 말한다. 그래서 불교에서는 '일체유심조(一切唯心造)'를 설하기도 한다.

8. 장행급(張行岌)이 첩을 급히 수소문하다

당(唐) 측천무후(則天武后) 때 부마(駙馬 : 황제의 사위)인 최선(崔宣)이 반역을 모의한다고 밀고하는 자가 있었다. 밀고자는 먼저 최선의 첩(妾)을 꾀어 내어 감추어 놓고 나서, 그 첩이 반역 모의를 발설하려고 하자, 최선이 첩을 죽여 시체를 락수(洛水)에 던져 버렸다고 거짓말을 아뢰었다. 어사 장행급[32]이 이 사안을 심리하였으나, 대체로 별 죄상이 없었다. 측천무후가 노하여 다시 심리하도록 분부했으나, 장행급의 보고는 처음과 같았다. 그러자 측천무후가 말했다.

"최선의 반역 모의는 죄상이 분명한데, 내가 래준신(來俊臣)[33]에게 다시 신문하도록 지시한다면, 그대는 후회해서는 안 되오."

이에 장행급이 두려워하며, 최선의 집안에 첩을 찾도록 다그쳤다. 최선의 재종(再從 : 6촌) 동생인 최사긍(崔思兢)이 락양의 중교(中橋) 남북으로 수많은 돈과 베를 뿌리며 첩 숨긴 자를 수소문했으나, 아무런 소리도 없이 잠잠했다. 그런데 최선의 집안에서 사정을 은밀히 상의하면, 감옥에 갇힌 밀고자가 그 사실을 금방 아는 것이었다. 그래서 집안에 공모자가 있는 것으로 짐작하고, 최선의 아내에게 "비단 삼백 필만 마련해 주면, 자객을 사서 밀고자를 암살해 버리겠다".고 거짓으로 제안했다.

이튿날 아침 최사긍은 사복 차림으로 어사대 부근에 서성이며 낌새를 살폈다. 당시 최선의 집에는 마치 친자제처럼 신임을 받던 한 식객이 있었다. 그런데 이날 아침 그가 어사대에 와서 문지기를 매수하여, 밀고자를 암살하겠다는 소식을 전해 달라고 부탁하는 것이었다. 그러자 밀고자

---

32) 장행급 : 『구당서』 권199. 「북적발해말갈전(北狄渤海靺鞨傳)」의 기록에 따르면, 당나라 中宗 때 시어사(侍御史)를 지냄.

33) 래준신 : 당나라 京兆 만년(萬年 : 지금 陝西 長安현) 사람으로, 밀고로 총애를 얻은 뒤 좌대어사중승(左臺御史中丞)에 오름. 『구당서』 권186, 『신당서』 권209.

가 금세 "최씨 집안에서 자객을 사서 나를 암살하려고 한다니, 이 사실을 보고해 달라"고 요청하여, 어사대가 발칵 뒤집혔다.

최사긍은 그 식객을 몰래 뒤따르다가, 천진교(天津橋)에 이르러 그를 호통 쳤다.

"네가 최선을 모함하고 있는데, 최선이 너도 함께 모의했다고 끌고 들어가면, 네가 어떻게 빠져 나올 길이 있겠느냐? 네가 최선의 첩을 내놓으면, 고급 비단 오백 필을 주겠다. 그 정도면 고향에 돌아가 백년은 넉넉히 먹고 살 수 있다. 만약 그렇지 않는다면, 너를 기어이 죽이고야 말겠다."

그러자 식객이 후회하며 사죄하고, 최사긍을 안내하여 밀고자 무리에게 가서 최선의 첩을 찾아내었다. 그리하여 최선은 죄를 벗어날 수 있었다.

옛 『의옥집』에는 출처가 적혀 있지 않다.[34]

당나라 역사 기록으로 고증해 보면, 고종(高宗)은 딸이 셋이고, 태종(太宗)은 딸이 스물 하나인데, 그들 부마(사위) 가운데는 최씨(崔氏)가 전혀 없다. 고조(高祖)는 딸이 열아홉인데, 그 부마 가운데 최공례(崔恭禮)와 최선경(崔宣慶)이 있다.

『당서(唐書)』「제공주전(諸公主傳)」의 기록에 따르면, 최선경의 아내 관도(館陶) 공주는 조괴(趙瓌)의 아내인 상락(常樂)공주와 자매 사이이다. 조회가 수주(壽州) 자사일 적에, 월왕(越王) 리정(李貞)[35]이 장차 병력을 일으켜 측천무후에게 반항하려고, 조괴에게 서신을 보내 길을 빌려(비켜) 달라고 요청하자, 조괴가 이에 호응하려고 했다. 또 상락공주는 월왕의 사신을 불러들여 월왕에게 "목숨을 버리고라도 정의를 취하시라[捨生取義]"고 격려한다는 말을 전했다.

그 뒤 월왕의 거사가 실패하자, 주홍(周興)[36]이 측천무후에게 조괴와 상락공주도 함께 모반에 가담했다고 탄핵하여, 두 사람 모두 죽임을 당하였다. 그렇다면 최선은 최선경이란 말인가? 어떤 자가 무고(誣告)했다는 것도, 아마 이러한 관계 때문이지 않을까?

---

34) 이 사안은 당나라 류숙(劉肅)이 지은 『대당신어(大唐新語)』의 「지법(持法)」편에 실린 것으로 보인다.

35) 월왕 리정 : 당 태종의 아들로, 越王에 봉해지고, 예주(豫州) 자사에 임명됨. 측천무후에 반대해 병력을 일으켰다가 패배해 자살함. 『구당서』 권76, 『신당서』 권80.

36) 주홍 : 당나라 雍州 장안(長安 : 지금 섬서 西安市) 사람으로, 각박한 법 적용과 혹독한 형 집행으로 총애를 얻어 상서좌승(尙書左丞)에 오름. 『구당서』 권186, 『신당서』 권209.

안(按) 장행급이 간신(奸臣)과 혹리(酷吏)가 판치던 시대에 홀로 서서, 황제의 비위에 따라 죄 없는 사람을 함부로 멸족시키지 아니하면서, 비록 두 번이나 황제한테 힐책 당하면서까지 자신의 법관 직책을 온전히 지킴으로써, 마침내 무고 모함을 밝혀 낼 수 있었다. 그가 서유공[37]만 못한 점은, 두려워하지 않는 경지까지 이르지 못한 사실이다.

그러나 그가 두려워한 것도, 단지 최선의 집안에게 첩을 빨리 찾아오라고 다그친 것일 뿐이며, 보통 사람처럼 두려워하여 직책마저 잃어버린 것은 결코 아니다. 그러니 그를 현명하다고 일컫지 않을 수 있겠는가? 역사에 그 행적이 전해지지 않기 때문에, 여기에 상세히 적어 간직한다.

9. 장삭(張鷟)이 글자를 가려 보이다

당(唐)의 장삭[38]이 하양현(河陽縣) 관리일 적에, 려원(呂元)이라는 자가 창고 감독인 봉심(馮忱)의 글(필적)을 위조하여 정부 양곡을 팔아먹었다. 봉심은 그런 글을 써 준 적이 없다고 부인하고, 려원은 봉심의 글이라고 집요하게 주장하여, 오래도록 판결을 내릴 수가 없었다. 이에 장삭이 고발장을 가져다가, 양쪽 모두 가리고 한 글자 보이게 남긴 뒤, 려원에게 말했다.

"이 글자가 네 글씨면 '그렇다'고 적고, 아니면 '아니다'고 적어라."

그러자 려원은 '아니다'고 적었는데, 가린 것을 떼어 보여 주니, 려원이 써 낸 고발장이었다. 그래서 그를 곤장 다섯 대 때렸다. 그런 다음, 다시 위조한 봉심의 글을 마찬가지로 가리고 한 글자만 남겨 보여 주며 물었

---

37) 서유공(徐有功) : 뒤에 「의죄(議罪)」편에 나옴.

38) 장삭 : 당나라 深州 륙택(陸澤 : 지금 河北 深현 서쪽) 사람, 字는 문성(文成). 진사에 급제해 벼슬이 사문원외랑(司門員外郎)에 이름. 『구당서』 권149, 『신당서』권161.

다. 려원이 이번에는 '그렇다'고 적었다. 가린 것을 떼어 보여 주니, 이것은 위조한 봉심의 글이었다. 마침내 려원은 자신의 죄를 자백하였다.

옛 『의옥집』에 출처가 적혀 있지 않다.[39]

안(按) 장삭이 아마도 려원의 무고 모함을 알고서, 그의 죄를 승복시키기 위하여, 글자를 가리는 방법으로 간사함을 파헤치고, 글씨(필체)를 묻는 방법으로 사특함을 바로잡았다. 그러니 어떻게 숨기거나 피할 수 있으며, 또한 어찌 자신의 죄를 승복하지 않을 수 있겠는가?

평석 피의자가 실제로는 둘 다 자기의 글씨이되, 명분과 형식상으로는 하나만 자신의 것이고, 다른 하나는 남의 글씨여야 하는, 존재와 당위의 괴리 사이에 놓여 있다. 이때 법관은 "도둑이 제 발 저린다."는 범죄 심리와, 시비(是非)를 반드시 한 번씩은 인정해야 하는 양자택일의 딜레마 상황을 유효적절하게 써서, 죄인이 옴짝달싹하지 못하고 제 꾀에 제가 넘어가도록 이끌었다.

그 재치 있는 지혜는, 필체를 직접 감정하는 과학 기술에 못지 않게, 훌륭한 진위 분별 방법임이 틀림없다. 물론 피신문자의 대답이 우연히 족집게처럼 맞아떨어질 경우도 있겠지만, 두 글을 모두 보여 주지 않고, 한 글을 반복해서 다른 글자로 보여 줄 수 있기 때문에, 방법은 다양하다.

10. 리덕유(李德裕)가 스님의 모함을 파헤치다

당(唐)의 리덕유[40]가 절서(浙西)의 관찰사일 적에, 감로사(甘露寺)의 주지

39) 이 사안은 장삭 자신이 지은 『조야첨재(朝野僉載)』에 실려 있다.

스님이 소송을 제기해 왔다. 상주물[41]을 인수인계할 때, 이전의 지사(知事 : 총무) 스님이 황금 몇 냥(兩)을 착복했다고 주장하였다. 그러면서 그전까지 몇 대 동안 지사 스님들이 차례로 인수인계해 온 문서에 분명히 존재해 오던 것이 사라졌다고 증거를 제시하였다. 그리하여 갓 지사 직책에서 물러난 스님은 벌써 황금을 도용(盜用)했다는 죄를 자백하였는데, 끝내 황금을 쓴 곳은 밝혀지지 않았다. 이에 리덕유는 황금 도용이 사실이 아닐 것이라고 의심하였다. 그러자 지사 스님은 마침내 이렇게 하소연하였다.

"절간에 사는 스님들은 모두 지사를 하길 좋아합니다. 이미 여러 해 전부터 인수인계해 온 재산 목록은 명목상의 빈 문서에 불과했으며, 실제로 황금은 존재하지도 않았습니다. 대중 스님들이 제가 홀로 외롭게 지내며, 그들에게 친근하게 굴지 않으니까, 이번 기회를 타서 저를 모함하려고 하는 것일 뿐입니다."

이 말을 들은 리덕유는 그를 측은하게 동정하면서, "이는 그리 알아내기 어려운 문제가 아니니다"고 말했다. 그리고 가마(탈 것) 몇 대를 준비시킨 뒤, 관련 있는 스님들을 모두 불러들여 대질하기로 하였다. 모든 스님이 각기 한 가마 안에 들어가고, 출입문은 벽 쪽을 향하게 돌려, 서로 쳐다볼 수 없게 하였다. 그런 뒤 각자에게 황금 빛 진흙 덩이를 주면서, 자기가 지사를 맡기 전후하여 물려받고 물려준 황금의 모양을 빚어, 증거로 제시해 보라고 분부했다. 그 결과 이전 지사 스님들이 빚어 보인 황금의 모양과 크기가 모두 서로 달랐다. 그리하여 주지 스님의 고소가 무고 모함임을 밝혀냈는데, 모든 스님이 하나하나 죄를 자백했다.

옛 『의옥집』에는 출처가 밝혀져 있지 않다.[42]

---

40) 리덕유 : 당나라 조군(趙郡 : 지금 河北 趙縣) 사람으로, 字는 문요(文饒). 처음에 조상의 官蔭으로 교서랑(校書郞)에 임명받았다가, 절서(浙西) 관찰사를 거쳐 문하시랑(門下侍郞), 동중서문하평장사(同中書門下平章事)에 이름. 나중에 태위(太尉)까지 오르고, 위국공(衛國公)에 봉해짐. 『구당서』 권174, 『신당서』 권180.

41) 상주물(常住物) : 절의 공유 재산 총칭.

42) 이 사안은 당나라 붕익(馮翊)이 지은 『계원총담(桂苑叢談)』에 실려 있다.

평석 다수가 반드시 진리(眞理)를 대표하는 것도 아니고, 또 다수가 반드시 진실(眞實)을 증명하는 것도 아니다. 진리와 진실을 지키고 밝혀내는 일은, 때로 일기당천(一騎當千)의 용맹무쌍한 분투(奮鬪)를 요구하기도 한다. 물론 반드시 물리적인 역량이 승패를 결정하는 것만은 아니다. 등불 하나가 천년 암실(千年暗室)을 순식간에 훤하게 밝히듯이, 현명한 지혜가 천인 무함(千人誣陷)을 단박에 깨끗이 풀어 버릴 수 있다. 닭 한 마리도 새끼줄로 묶을 힘조차 없는 선비가, 황소도 들어 내치는 천하장사보다 존중받을 수 있는 것이 그 무엇이겠는가? 정신적인 도덕(道德)과 지혜(智慧)의 등불이 아니겠는가?

11. 두아(杜亞)가 술잔의 유래를 캐묻다

당(唐)의 두아[43]가 유양(維揚 : 揚州)의 절도사(節度使)일 적이었다. 한 부자가 아버지가 돌아가신 지 얼마 안 되었는데, 계모(繼母)에게 불효스럽게 봉양하였다. 그러다가 정월 초하루 설날 아침에, 부자는 계모에게 장수를 축원하는 술잔을 올리고, 계모도 답례로 아들에게 술 한 잔을 내렸다. 그런데 아들은 술잔을 받고서 마시려다가, 독약을 탔을까 의심하여, 마시지 않고 땅바닥에 부어 버렸다. 그러자 땅이 부풀어 오르니, 아들은 계모를 욕하였다.

"독약 탄 술로 사람을 죽이려고 하다니, 그러고도 하늘이 보우하실 줄 아오?"

이 말을 들은 계모는 어처구니가 없어 가슴을 주먹으로 치면서 답했다.

43) 두아 : 당나라 경조(京兆 : 지금의 西安시) 사람으로, 字는 차공(次公). 肅宗이 교서랑(校書郎)에 발탁한 뒤 회남(淮南) 절도사(節度使)에 이름. 『구당서』 권146, 『신당서』 권172.

"하늘이 위에서 내려다보고 계신데, 어찌 그렇게 막심한 모함을 하느냐?"

그리하여 아전이 이들을 데리고 관가로 출두하였다.

두아가 부자에게 캐물었다.

"그대가 어머니에게 장수를 축원하여 올린 술은 어디서 나왔느냐?"

부자가 답변했다.

"맏며느리가 술잔을 준비하여 가져 온 것입니다."

"그러면 어머니가 그대에게 내려 준 술잔은 또 어디서 나왔느냐?"

"그것 또한 맏며느리가 준비하여 가져 온 것입니다."

"맏며느리는 누구인고?"

그러자 계모가 답변하였다.

"바로 이 아들의 아내입니다."

이에 두아는 부자를 크게 꾸짖었다.

"독약 탄 술잔이 네 아내로부터 나왔는데, 어찌하여 어머니를 모함하느냐?"

그리고 부자와 그 아내를 각기 다른 방에서 나누어 신문하여, 사건의 진상을 밝혀냈다. 결국 부자 부부가 공모하여 계모를 모함한 조작극이었다.

옛 『의옥집』에는 출처가 밝혀져 있지 않다.

안(按) 무고 모함을 가려내는 방법은 다양하다. 더러는 실물(實物)로 사특함을 바로잡으니, 리덕유가 진흙으로 황금 모양을 빚어 보라고 시킨 것이 그러하다. 또 더러는 사실(事實) 자체로 간사함을 파헤치니, 두아가 술잔의 유래를 캐물어 독약을 밝혀낸 것이 그러하다. 이들은 모두 정직하면서 속임수가 전혀 없는 방법이다.

평석 제 꾀에 제가 넘어가고, 누에처럼 고치를 지어 스스로 안에 가두는 작견자박(作繭自縛)[44]의 어리석음이, 남을 모함 무고하는 악인에게 흔히 나타난다. 제 입을 더럽히지 않고 남을 욕할 수 있으며, 제 뜻에 악을 품지 않고 남을 해칠 수 있을까? 범죄에서 천의무봉(天衣無縫)이란 없다고 해도 지나치지 않으리라. 수사와 심리가 제때 정성스럽게만 이루어지면!

12. 무행덕(武行德)이 소금을 살펴보다

무행덕[45]이 오대(五代) 후주(後周) 때 서경(西京 : 洛陽) 류수(留守)일 적이었다. 나라에서 막 소금법(鹽法)을 시행하여, 불법 판매하는 소금 한 근(斤) 이상만 적발하면, 반드시 후한 상을 내리기로 하였다. 그래서 당시에 간사한 무뢰배들이 고의로 개인 소금을 가지고 죄 없는 사람을 모함하는 일이 종종 있었다.

한번은 마을의 한 소년이 채소를 짊어지고 성안으로 들어가는 길에, 하양(河陽)으로부터 오는 한 비구니(여자 스님)를 만나 함께 걸어갔다. 그런데 성이 가까워지자, 비구니가 갑작스레 홀로 먼저 성안에 들어가 버렸다.

그러고 나서 소년이 성안에 들어가려고 할 때, 홀연히 문지기가 소년의 채소 바구니를 뒤지더니, 소금 몇 근을 찾아내는 것이었다. 이에 소년은 꼼짝없이 범법자로 몰려 관가에 끌려갔다.

무행덕이 소금 자루를 들어 유심히 살펴보니, 겉에 흰 비단 손수건이 싸여 있고, 용선향(龍涎香)과 사향(麝香) 냄새가 코를 찔렀다. 이에 깜짝 놀

---

44) 작견자박(作繭自縛) : 이른바 자승자박(自繩自縛).

45) 무행덕 : 송나라 幷州 유차(榆次 : 지금 山西 榆次市) 사람. 집안이 가난하였으나 힘이 세고 용감하여 後晋 고조(高祖 : 935~942년 재위)인 石敬瑭의 휘하에 들어가 都虞候가 됨. 後漢·後周 때 벼슬하였고, 宋나라에 들어서는 태자태부(太子太傅)로 개부의동삼사(開府儀同三司)에 올랐으며, 위국공(魏國公)에 봉해짐. 『송사』 권252.

라며 혼자 중얼거리듯 말했다.

“내가 마을 소년을 보아하니, 떨어진 옷은 백 군데나 기운 듯하여, 남루하기 짝이 없다. 그런데 어떻게 고급 향수 냄새가 밴 손수건을 가지고 있단 말인가? 이는 반드시 간사한 무리들이 꾸민 짓임에 틀림없다.”

그리고는 소년에게 물었다.

“네가 집을 나서서 올 때, 어떤 사람과 함께 동행한 적이 있느냐?”

이에 소년이 사실대로 여쭙자, 무행덕이 듣고 나서 기뻐하며 말했다.

“내 알았다. 이는 반드시 천녀사(天女寺)의 비구니가 성문지기와 짜고, 포상금을 타려고 꾸민 짓이 틀림없다.”

그리고 소년에게 그 비구니의 모습을 물어 본 뒤, 신임이 두터운 측근 관리에게 그를 체포해 오라고 명령하여, 그 날로 잡아 들였다. 과연 그 사건에는 문지기가 끼어 있었으며, 마을 소년은 곧 풀려났다. 그 이후로는 관리들이 두려워 복종하며, 다시는 감히 속이려 들지 않게 되어, 서경 전체가 숙연해졌다.

이보다 앞서, 무행덕은 본디 땔감을 해다 파는 나무꾼이었다. 어찌나 몸이 건장하고 힘이 장사인지, 한 골짜기의 땔감을 한꺼번에 모두 짊어질 수 있을 정도였다. 그러다 후진(後晋)의 고조(高祖) 석경당(石敬瑭)에게 투신하여, 용 비늘과 봉황 날개에 빌붙은 듯, 마침내 매우 부귀영화를 누렸다. 그러나 소송의 심리 재판은 정말로 그렇게 훌륭한 편이 아니었다. 이 사건을 이처럼 명쾌하게 분별하여 금방 처리한 것은, 참으로 뜻밖이었다. 그래서 사람들이 모두 기이하게 여기며 감탄해 마지않았다.

안(按) 설거정(薛居正)[46] 승상이 오대(五代) 후한(後漢 : 947~950년) 때 개봉부(開封府)의 판관(判官)일 적이었다. 한 관리가 어떤 평민이 소금

46) 설거정 : 송나라 開封 준의(浚儀 : 지금 河南 開封市) 사람으로, 字는 자평(子平). 진사에 급제한 뒤, 후진(後晋) · 후한(後漢) · 후주(後周) 때 계속 벼슬하였으며, 宋 때는 문하시랑평장사(門下侍郎平章事)에 이르러 승상이라 존칭함. 『송사』 권264.

법을 어겼다고 고발한 사건이 일어났다. 심리 재판이 끝나, 그 평민은 사형에 처해질 판이었다. 그런데 설거정이 아무래도 의심스러워, 그를 불러다가 진실한 상황을 캐물어 보았다. 그랬더니 그 관리가 그 평민에게 원한이 있어, 소금을 가지고 무고(誣告)한 것으로 밝혀졌다. 이에 무고한 관리를 체포하여 사건의 진상을 자백 받고, 곧 법에 회부하였다.

이 사건도 무행덕이 심리한 사안과 자못 비슷하다. 다만 전자는 상금을 노려 그리한 것이고, 후자는 원한을 갚으려고 그리한 것으로, 그 동기가 서로 다를 뿐이다. 그러나 두 법관이 모두 교묘한 무고 모함을 현명하게 가려낸 것은, 오직 사실을 세심하고 깊이 살펴보았기 때문이다.

두 사안 모두 「본전(本傳)」에 나온다.

평석 자고로 대부분의 범죄는 재물과 여색(女色) 아니면, 원한 감정 때문에 생긴다고 한다. 종교 도덕으로 말하면, 탐진치(貪瞋癡) 삼독(三毒)이 모든 죄악의 근원이라고 한다.

엄격한 법치(法治)를 주장한 법가(法家) 사상에서는, 상(賞)이 법의 문(文)이고, 형(刑)이 법의 무(武)라고 한다. 따라서 상형(賞刑)은 문무(文武)를 겸비하여 백성을 다스려야 할 국가(군주)의 법에, 없어서는 안될 핵심 요체가 된다. 물론 법가는 정책상 가벼운 상을 좋아한다. 하지만 단지 혜택만을 베푸는 상도 그 폐단이 없지 않은데, 하물며 다른 사람에게 처벌이나 불이익을 내리기 위해 미끼로 내거는 상의 부작용은 오죽하겠는가?

13. 장보옹(張保雍)이 원통을 씻어 주다

장보옹이 호북(湖北) 전운사(轉運使)일 적의 일이다. 한양군[47]의 백성이 차(茶)를 판매하는데, 지군[48]인 락여경(駱與京)이 그들을 순찰 검문에 저항한 죄로 무고(誣告)하였다. 당시 법 규정을 적용하면, 20명을 사형에 처하고, 백여 명을 종범(從犯)으로 연루해 처벌해야 할 형편이었다.

이에 장보옹이 몸소 가서 살펴본 결과, 마침내 무고 사건임을 밝혀 냈다. 그래서 주동자들도 사형당하지 않고, 종범(가담자)들은 모두 풀려났다.

증공(曾鞏) 사인(舍人)이 지은 「장보옹신도비(張保雍神道碑)」에 나온다.

안(按) 다른 사람을 사형죄로 무고하는 경우에는, 결코 아무 동기도 없는 단순 사건일 수가 없다. 더러는 상금을 노리거나, 더러는 묵은 원한을 풀려고 꾸민 짓이니, 어찌 그렇게 어질지 못할 수 있단 말인가. 장보옹이 힘써 모함을 밝히고 억울함을 씻어 준 것은 참으로 의롭도다!

14. 왕장길(王長吉)이 황제께 아뢰다

강남(江南)의 제점형옥(提點刑獄)인 왕장길[49] 등이 아뢰었다.

"남안군(南安軍)의 상유현(上猶縣)에 사는 승려 법단(法端)과 수굉(守肱)은, 어부들이 물고기 값을 달라고 자꾸 조르자 몹시 화가 나서, 그들이 겁탈을 자행했다고 무고(誣告)했습니다. 그리고는 현(縣)의 아전들을 뇌물로 매수한 뒤, 동네 유지와 불량배들을 동원하여 어부들의 집을 엄습하였습니다. 그 결과 네 사람이 죽고 세 사람은 크게 부상당하였습니다. 그런데 그들은 도리어 겁탈을 자행하려고 하는 도적들을 자신들이 때려잡았다고 관가에 신고한 것입니다.

---

47) 한양군(漢陽軍) : 지금의 무한(武漢).

48) 지군(知軍) : 한양군(漢陽軍)의 행정 책임자.

49) 왕장길 : 미상.

현의 관리가 시체를 검사하였는데, 그들 또한 뇌물을 받고, 피살자들이 밧줄에 묶였던 흔적을 숨겨 버렸습니다. 현감이 재검사하였으나, 늙어 눈이 어두침침한 까닭에 잘 보지 못한데다가, 아전들의 속임수에 넘어가고 말았습니다. 그래서 본군(本軍)에서 전면 재수사한 결과, 진상을 모두 밝혀 냈습니다. 승려들은 모두 사형에 처하여야 하며, 나머지는 다소 용서해 줄 수도 있을 줄 압니다. 그러나 그 정상(情狀)과 사리(事理)가 워낙 엄청난 사안이라, 삼가 그 전말을 적어 아뢰니다."

이에 황제는 조서(詔書)를 내려, 시체를 처음 검사한 현의 관리는 척추에 곤장을 시행한 뒤 도주(道州)의 아전으로 배속시키고, 그밖에 관련자 15명은 광남(廣南)으로 유배시키되, 승려들의 사전(私田)은 피해 어부의 집안에 배상금으로 주도록 분부하였다.

북송(北宋) 진종(眞宗) 대중상부(大中祥符) 9년(1016)의 조령(詔令)에 보인다.

안(按) 승려들이 어부들을 무고한 사실은 본디 그렇게 알아내기 어려운 일이 아니다. 멍청한 관리들이 성의 없이 제대로 살피지 않고, 간사한 아전들이 서로 한통속이 되어 뇌물을 받고 흥정했기 때문에, 이같이 엄청난 일이 벌어진 것이다.

왕장길이 그들의 죄악을 밝혀내고 바로 다스린 행동은, 비록 억울하게 희생당한 목숨을 만회하기에 이르지는 못했지만, 그래도 죄악을 다스리지 않고 내버려두는 무사안일보다는 훨씬 낫다. 그래서 특별히 이 편에 수록하여, 후대에 귀감이 되길 바라는 것이다.

평석 '중이 고기맛을 알면 절간에 빈대가 없어진다.'는 속담이 있다. 또 불교(佛教)의 인과(因果) 법칙과 윤회관(輪迴觀)에 따르면, 세상에 횡행하는 살상(殺傷)과 전쟁 등 모든 폭력은 궁극으로 육식(肉食)으로부터 비롯한다고 한다. 그러니 청정(淸淨)한 계율(戒律)을 지켜 수행(修行)에 전념해야 할 중들이, 물고기를 외상으로 사 먹은 짓 자체가 벌써 무고(誣

告)와 살해(殺害)의 화근(禍根)을 싹 틔운 셈이다.

황제의 조서에, 중들에 대한 판결을 어떻게 내렸는지 뚜렷이 인용하지 않아, 다소 애매하다. 왕장길이 주청(奏請)한 대로 당연히 처형해서 새삼스럽게 언급하지 않은 것인지, 아니면 광남에 유배한 나머지 15인에 주모한 중들이 가담한 불량배들과 함께 낀 것인지? 문약(文弱)한 송(宋) 황제들이 인자(仁慈)한 은전(恩典)을 특히 자주 내린 것도 역사가 전하는 사실이지만, 도적을 다스리는 엄형중벌(嚴刑重罰)을 가혹하리만치 시행한 것도 또한 엄연한 진실이다. 처형한 것으로 해석하는 편이 낫지 않을까? 처형했든 용서해 유배 갔든, 불교교리에 따라 지금도 지옥에서 벌 받고 있을 것 같다.

15. 왕진(王臻)이 상처를 묻다

왕진[50]이 복주(福州) 지사일 적이었다. 한 주민(州民)이 어떤 사람에게 원한을 앙갚음하려고, 먼저 들칡[51]을 먹고서 그 사람과 싸움을 벌인 뒤, 그 사람 집에 가서 죽어 버렸다. 그리하여 그 원수가 자기를 폭행치사한 것으로 무고(誣告)한 사건이었다.

이 사건을 맡은 왕진이 검시한 관리에게 물었다.

"시체의 상처가 과연 목숨을 앗아갈 만큼 심한가?"

관리가 검시 상황을 기록한 문서를 내보이며, 상처가 그리 심하지 않다고 답변했다. 이에 왕진이 의심스럽다고 판단한 뒤, 고소한 피살자 가

50) 왕진 : 송나라 여음(汝陰 : 지금 河南 阜陽현) 사람으로, 字는 급지(及之). 진사에 급제한 뒤, 복주(福州) 지사를 거쳐 우간의대부(右諫議大夫)와 권어사중승(權御史中丞)에 이름. 『송사』 권302.

51) 야갈(野葛) : 일명 구문(鉤吻)·호만등(胡曼藤)·단장초(斷腸草) 등으로 불리는 치명적인 맹독성 상록 덩쿨 관목(灌木).

족을 불러 반대 신문한 결과, 마침내 진상을 밝혀냈다.

안(按) 가창령(賈昌齡)[52]이 처음에 요주(饒州) 부량현(浮梁縣)의 관리일 적이었다. 그 지역의 풍속은 죽음을 가벼이 여겨, 사람과 원한이 있으면, 먼저 스스로 들칡을 먹고 싸우다가 죽어, 원수진 자를 살인죄로 무고하는 자가 종종 있었다. 가창령은 이러한 사안을 곧장 알아차리고 철저히 밝혀내곤 하였는데, 왕진이 상처를 물어 본 것과 비슷하다. 이들은 모두 실상을 깊숙이 살핀 결과이다.

평석 산란기에 이른 암 두꺼비가 수정(受精)하고 나면, 뱀에게 가서 약을 올려 잡아먹힌다고 한다. 두꺼비 독에 죽은 뱀의 시체를 숙주로 자기 알이 부화하여 자라도록 한다는 자연계의 먹이사슬이라고 한다. 한 순간 화를 못 참아 억울하게 중독사하고, 두꺼비 새끼의 먹이가 된 뱀의 원통은 누가 알고 풀어 줄까?

자기 목숨까지 버려 가며 원한을 갚는 것은 동물의 본능인가? 지금은 인심이 더욱 얄팍해져, 보험금이나 치료비·위자료를 뜯어내기 위해, 교묘하게 자해(自害) 행위를 저지른 뒤, 그를 빌미로 협박과 공갈을 일삼는 자들도 적지 않다고 한다. 종족을 번식시키기 위한 동물의 모성 본능도 아니고, 부모 형제의 원수를 갚기 위한 인륜(人倫)의 대의명분도 아니며, 단지 일하기 싫은 무뢰한들이 남의 등을 쳐서 벼룩의 간을 뜯어먹고 살기 위하여…….

---

52) 가창령 : 송나라 開封 사람으로, 字는 연년(延年). 진사에 급제한 뒤, 요주(饒州) 부량현위(浮梁縣尉)를 거쳐 태상소경(太常少卿)에 이름. 범중엄(范仲淹)이 지은 「賈公墓誌銘」(『范文正公文集』 권13)에 나옴.

16. 전유제(錢惟濟)가 밥을 먹게 하다

전유제[53]가 강주(絳州) 지사일 적이었다. 한 백성이 뽕잎을 따는데, 강도가 그 뽕잎을 강탈하려다가 빼앗지 못하자, 스스로 자기 오른쪽 팔뚝을 칼로 찌른 다음, 뽕 따던 백성을 살인 미수죄로 무고하였다. 이에 관리들이 진실을 밝혀내지 못하고 질질 끌었다. 그런데 전유제가 고발한 피해자를 불러 신문한 뒤, 밥을 주어 먹게 하고 지켜보았다. 그랬더니 도적이 왼손으로 수저와 젓가락을 들어 밥 먹는 것이 아닌가? 이를 본 전유제가 도둑에게 호통 치며 말했다.

"다른 사람이 칼로 찔렀다면, 상처가 윗부분이 심하고 아랫부분이 가벼울 텐데, 지금 네 상처는 아랫부분이 심하고 윗부분이 가볍다. 그러니 바로 네가 스스로 왼손으로 오른팔을 찌른 것이 분명하다."

그러자 무고한 도적은 꼼짝없이 승복하고 말았다.

이상 세 사안은 모두 「본전(本傳)」에 보인다.

안(按) 이 사안은 상처의 아랫부분이 심하고 윗부분이 가벼운 상태를 살펴, 스스로 칼부림한 사실을 알아차린 것이다. 그러나 의심의 실마리는 상처가 오른팔에 난 점이었다. 그래서 그에게 밥을 먹어 보게 하고, 손쓰는 습관(왼손잡이)을 확인한 것이다. 그리하여 허위 모함 사실이 저절로 분명해졌으니, 그가 어떻게 승복하지 않고 버틸 수 있겠는가?

평석 "쩍 하면 입맛이요, 뚝 하면 호박 떨어지는 소리다"는 속담이 있다. 아무리 정교히 짠 옷감이라도, 실마리 한 코만 끊겨 나풀거

53) 전유제 : 송나라 전당(錢塘 : 지금 杭州시) 사람으로, 字는 암부(巖夫). 五代 吳越王 전숙(錢俶 : 948~978년 재위)의 여섯째 아들로, 송나라에 귀의한 뒤 강주(絳州) 지사를 거쳐 보정군류후(保靜軍留後)에 이름. 『송사』 권480.

려도, 끝내 모두 풀려 흐트러진다. 아무리 치밀한 범행도, 그렇게 사소한 실마리 하나로 들통 나는 경우가 많다. 그 실마리를 번갯불에 콩 볶아 먹듯, 기민(機敏)하게 찾아내는 게 수사심리를 맡은 법관들이 갖출 지혜다.

17. 방개(方偕)가 이름을 불러 보게 하다

방개[54]가 어사대(御史臺)의 추직관(推直官)일 적이었다. 례주(澧州)의 도망병 하나가 어떤 부자와 원한이 있어, 그 부자가 한 해에 열두 사람을 살해하여 마타신(磨駞神)에게 제물로 바쳤다고 무고한 사건이 있었다. 그래서 그 부자를 체포하여 구금하고 신문하였으나, 오래도록 판결을 내리지 못하였다. 이에 황제는 조서를 내려, 방개에게 직접 심리하도록 분부하였다.

방개는 고발한 병졸에게 부자가 죽였다는 사람들 이름을 직접 불러 보도록 명령한 뒤, 그 이름들을 마을에 찾아가 확인해 보도록 하였다. 그랬더니 그 사람들이 대부분 아직도 아무 탈 없이 살아 있는 것으로 드러나, 사건은 마침내 깨끗이 밝혀졌다.

『천성명신전(天聖名臣傳)』에 보인다.

안(按) 왕규(王珪) 승상이 지은 「당개참정묘지(唐介參政墓誌)」에 이런 내용이 적혀 있다.

당개[55]가 악주(岳州)의 원강(沅江) 현감일 적이었다. 주(州) 안에 리씨(李氏)라는 어떤 거부가 있었는데, 한 아전이 여러 차례 일을 만들어 그를 건

---

54) 방개 : 송나라 興化 포전(莆田 : 지금 福建 莆田縣) 사람으로, 字는 제고(齊古). 眞宗 때 진사가 된 뒤, 벼슬이 광록경(光祿卿)까지 올라 대경(大卿)이라 부름. 『송사』 권304.

55) 당개 : 송나라 강릉(江陵 : 지금 湖北 강릉현) 사람으로, 字는 자방(子方). 참지정사(參知政事)에 이름. 『송사』 권316.

드려 보았다. 그러다가 자신의 요구를 다 들어주지 않자, 마침내 그 부잣집에서 해마다 사람을 죽여 귀신에게 제사 지낸다고 아전이 무고하였다. 때마침 주지사(州知事)인 맹합(孟合)은 가혹하고 각박한 형벌을 좋아하던 터라, 리씨 부자 집안의 식구들을 애어른 할 것 없이 모조리 붙잡아 가두고, 회초리질하며 고문을 계속했다.

그러나 오래도록 자백하지 않자, 당개가 현을 잘 다스린다고 이름이 나 있어, 그에게 다시 한번 신문해 보도록 명령했다. 이에 당개가 신문해 본 뒤, 별다른 죄상을 찾아낼 수 없다고 보고하자, 맹합은 크게 노하여 이 사건을 조정에 아뢰었다.

그러자 황제는 전중시어사(殿中侍御史)이던 방개(方偕)를 친히 파견하여, 사건을 례주(澧州)로 이송한 뒤 심리하도록 분부했다. 방개가 심리한 결과도 당개의 신문 내용과 전혀 다르지 않았다. 그 뒤 주(州)의 관리들은 모두 죄를 받아 관직을 파면 당했고, 방개는 억울하게 죽을 사람을 살린 공로로 승진하였다. 그러나 당개는 끝내 자신의 공을 말하지 않았다.

이러한 상황은 장빈(章頻)이 위조문서를 밝혀내 쟁송을 처리했는데도, 나중에 황몽송(黃夢松)이 다시 심리하여 그 공로로 승진한 사안과 매우 비슷하다. 당개와 장빈 같은 이는 모두 돈독하고 후덕(厚德)한 군자이다.

장빈의 사안은 뒤의 「찰간(察姦)」편에 나온다.

이렇게 본다면, 무고자는 례주의 도망 병졸이 아니고, 또 무고당한 부자도 악주 사람인데, 다만 그 사건을 특별히 례주로 이송하여 심리했을 뿐이리라. 그리고 방개가 당시에 추직관(推直官)도 아니었다. 명신전에 적혀 있는 내용은, 이 묘지명에 실린 기록만큼 본말이 상세하지 못한데, 아마도 사실을 충분히 확인하지 않은 것이 아닐까?

다만, 고발자에게 피살자들의 이름을 대 보라고 시켜, 허위 무고임을 밝혀낸 방법이 본받을 만하다고 여겨, 특별히 여기에 수록한다.

평석 임진왜란 때 명나라의 군사고문으로 참전했던 원황(袁黃)이 지은 『료범사훈(了凡四訓)』[56]에도 이들과 비슷한 실화가 전해진다.

가흥부(嘉興府)의 도강희(屠康僖)가 처음에 형부주사(刑部主事)일 적이었다. 감옥에 숙직하면서 여러 죄수들의 죄상을 손수 자상하게 물어 보아, 죄 없는 사람이 상당히 있음을 알아내었다. 그러나 도강희는 이것을 자기의 공으로 삼지 아니하고, 상세히 글로 적어 형부상서에게 은밀히 보고하였다. 그 뒤 조정에서 심리할 때, 형부상서는 도강희가 보고한 내용을 지적하여, 10여 명의 억울한 죄수를 풀어 주었다. 그러자 주위에서 모두 상서의 현명함을 칭송하였다.

그러자 도강희는 다시 상서에게 보고하였다.

"황제 폐하가 직접 심리하는 조정에도 이처럼 억울한 사람이 많은데, 하물며 천하 각 지방의 억조창생 중에 어찌 원통한 자가 없겠습니까? 마땅히 5년마다 감형관(減刑官)을 각지에 파견하여 억울함을 풀어 주어야 할 줄로 압니다."

이에 상서가 주청하자, 황제가 허락하였다. 그때 도강희도 감형관으로 뽑혀 지방에 파견 나갔는데, 꿈에 한 신선이 나타나 이렇게 말해 주는 것이었다.

"너는 본디 자식이 없을 운명인데, 이번에 감형관을 파견해 무고한 죄수의 억울함을 풀어 주자는 논의를 제기하였으므로, 천심(天心)에 깊이 들어맞는 그대의 어진 마음을 가상히 여겨, 상제(上帝)께서 특별히 세 아들을 내려주실 것이다. 그리고 그들은 모두 자줏빛 옷을 입고 금빛 허리띠를 차게 될 것이다."

그 날 밤 그 아내가 임신하였으며, 뒤에 응훈(應塤)·응곤(應坤)·응준(應

---

56) 『료범사훈(了凡四訓)』: 원황(袁黃 : 1533~1606)이 운곡(雲谷) 대사를 만나, 운명을 스스로 바꾸고 창조할 수 있다는 깨우침을 얻은 뒤, 금생에 평범을 끝마치겠다는 굳은 결의로 호(號 : 본디 學海)를 '료범(了凡)'으로 바꾸고 유불선(儒佛仙) 삼교 합일의 차원에서 평생 동안 꾸준히 수행하였는데, 공덕을 쌓아 뒤늦게 얻은 아들 천계(天啓)한테 유훈(遺訓) 형식으로 쓴 글임. 필자가 번역해 『운명을 뛰어 넘는 길』로 출판함.

埈) 세 형제를 차례로 낳았는데, 과연 모두 저명한 관리가 되었다.

18. 두연(杜衍)이 무고를 살펴 내다

두연이 하동(河東)의 제점형옥(提點刑獄)일 때였다. 고계승(高繼昇)[57]은 석주(石州) 지사였는데, 그 종이 그가 변방의 서하(西夏)와 결탁해 반란을 모의하고 있다고 밀고하였다. 그래서 수백 명을 체포해 신문하였으나, 오래도록 해결하지 못하고 있었다. 이에 황제가 두연에게 다시 심리하도록 조서를 내려, 마침내 종의 무고(誣告) 사실이 밝혀지고, 그 종을 처형했다.

안(按) 리굉(李紘)[58]이 전중시어사(殿中侍御史)일 적에, 궁궐 호위를 담당한 황성사(皇城司)의 한 병졸이 어떤 장사꾼을 거란의 간첩으로 신고하였다. 이에 큰 사건으로 번져 수많은 사람들이 체포되었는데, 황제가 리굉에게 다시 신문해 보라고 조서를 내렸다. 그 결과 억울한 모함의 진상이 모두 밝혀져, 무고자를 곧 처형하였다. 이 또한 위의 사건과 자못 비슷하다.

무고한 자의 죄는 법 규정상, 자신이 무고한 죄책(罪責)을 거꾸로 뒤집어쓰는 반좌(反坐)에 처해야 한다. 정말로 현명하게 살피지 못한다면, 어찌 그렇게 해결할 수 있겠는가?

두 사안 모두 「본전(本傳)」에 보인다.

57) 고계승 : 미상.
58) 리굉(李紘) : 송나라 초구(楚丘 : 지금 山東 曹縣 남쪽) 사람으로, 字는 중강(仲綱). 전중시어사(殿中侍御史)를 거쳐 룡도각직학사(龍圖閣直學士), 진주(秦州) 지사에 이름. 『송사』 권287.

19. 정감(程戡)이 모의를 밝혀내다

정감[59]이 처주(處州) 지사일 적이었다. 주 안의 한 백성이 어떤 사람과 오랫동안 묵은 원한을 맺고 있었는데, 하루는 그 형제들이 모여 자기 어머니께 은밀히 상의했다.

"지금 어머님은 늙고 병 드셔서, 아마 그리 오래 사실 것 같지 않습니다. 그러니 어머님의 죽음으로 집안의 원수를 갚도록 청합니다."

그리하여 마침내 자기 어머니를 살해하여 원수의 집 문 앞에 몰래 갖다 놓고는, 관가에 고소하였다. 원수진 사람은 어떻게 해명할 방도가 없어 어쩔 줄 몰랐다. 이에 모든 관리들이 한결같이 원수진 자가 살해한 것은 의심할 나위 없이 당연한 이치라고 입을 모았으나, 정감만은 매우 의심스러운 태도로 말했다.

"사람을 죽여 자기 집 문 앞에 놓아둔 사실이 전혀 의심스럽지 않단 말인가?"

그리고는 자신이 직접 신문해, 그들이 본래 모의한 사실을 모두 밝혀냈다.

20. 소환(蘇渙)이 간계를 의심하다

소환[60]이 형주(衡州) 지사일 적이었다. 뢰양현(耒陽縣)의 한 백성이 강도

---

59) 정감 : 송나라 허주(許州) 양적(陽翟 : 지금 河南 禹縣) 사람으로, 字는 승지(勝之). 진사 갑과(甲科)에 급제한 뒤, 벼슬이 선휘남원사(宣徽南院使), 부연로경략안무사(鄜延路經略安撫使), 연주(延州) 판관(判官)에 이름. 『송사』 권292.

60) 소환 : 송나라 미산(眉山 : 지금 四川 미산현) 사람으로, 字는 공군(公群). 仁宗 때 진사

에게 피살(被殺)하였는데, 그 도적이 잡히지 않았다. 현의 한 관리가 어떤 사람을 붙잡아 도적으로 지목했다. 그런데 소환이 유심히 살펴본 뒤, 아무래도 의심스러워 어떻게 잡아왔는지 묻자, 관리는 이렇게 답변했다.

"어떤 활 쏘는 사람이 풀숲 속에서 피 묻은 옷을 발견하고 동료들을 불러 함께 가보니, 이 사람이 있기에 붙잡아 바친 것입니다."

"활 쏘는 사람이 피 묻은 옷을 발견했다면, 마땅히 자기 스스로 신고하여 공로를 독차지할 것인데, 어찌 다른 사람을 불러 보여 준단 말인가? 이는 반드시 무슨 간계일 것이다."

그리하여 그를 신문해 간계를 자백 받았는데, 나중에 과연 진짜 도적이 붙잡혔다.

문하시랑(門下侍郎)을 지낸 소철(蘇轍)[61]이 지은 「소환묘지(蘇渙墓誌)」에 나온다.

안(按) 무고 모함을 가려냄에, 더러 정황(情況)과 사리(事理)로 살펴 내니 정감(程戡)이 그러한 예이고, 더러 진술한 말의 이치로 살펴 내니 소환(蘇渙)이 그러한 경우이다. 모두 다 현명하다고 일컬을 만하다.

그런데 륙광(陸廣)[62]이 도강현(導江縣)의 현감일 적에, 강도가 한 민가에 들어가 살인했는데, 아전이 한 사람을 붙잡아 범인이라고 무고하여 관가에 데려 왔다. 륙광은 그를 자세히 살펴본 뒤, 범인이 아니라고 말하며 풀어 주었다. 이에 그 아전은 그가 범인이라고 애써 우기고, 다른 관리들도 모두 그가 범인일 것이라고 의심하며, 끝내 륙광의 말을 들으려고 하지 않았다. 그런데 나중에 과연 진짜 도적이 붙잡혔다.

왕안석(王安石)[63] 승상이 지은 「륙광묘지(陸廣墓誌)」에 나온다.

에 급제한 뒤, 형주(衡州) 지사를 거쳐 도관랑중(都官郎中)에 이름.

61) 소철 : 송나라 眉山 사람으로, 字는 자유(子由). 벼슬은 상서우승(尙書右丞), 문하시랑(門下侍郎)을 지냈으며, 당송팔대가로 문장이 뛰어남. 아버지 소순(蘇洵) 및 형님 소식(蘇軾)과 더불어 '3소'라고 일컬어지며, 『란성집(欒城集)』 50권을 지음.

62) 륙광 : 송나라 복주(福州) 후관(侯官 : 지금 福建 福州市) 사람으로, 자는 언박(彦博). 仁宗 때 진사가 된 뒤, 도강(導江) 현령을 거쳐 집현원교리(集賢院校理), 경동제점형옥(京東提點刑獄)에 이름. 『송사』에 열전은 없음.

이 사건은 또 어떻게 알아냈을까? 아마도 원래 륙광은 이목(耳目 : 정보망)을 널리 펴서 민정을 두루 살피고 있었기에, 현의 아전이 붙잡아 온 혐의자가 도적이 아닌 줄 미리 알고 있었을 것이다. 그러니 꼭 소환처럼 어떻게 붙잡아 왔는지 물을 필요가 없었다. 다른 사람들은 그런 줄을 모르니, 의아하게 생각할 것은 당연하다. 진짜 도적이 붙잡힌 뒤에도 끝내 사람들에게 말하지 않았으니, 대저 이목(정보망)을 펼쳐 민정을 살피는 일은 다른 사람들에게 알게 해서는 안 되기 때문이다.

평석 『론어(論語)』에 보면, "백성은 따라오도록 길을 이끌어 줄 수는 있지만, 왜 그런지 이치를 알게 할 수는 없다.[民可使由之, 不可使知之.]"는 공자(孔子)의 말이 나온다. 더러는 이 말을 꼬투리로 공자가 우민(愚民) 정책을 주장했다고 비판하기도 하는데, 이는 성인군자의 깊은 마음을 헤아리지 못하고 본의(本意)를 오해하기 때문이다.

『주역(周易)』 「계사전(繫辭傳)」에는 "대저 주역이란 성인이 심오함을 파헤치고 기미(機微)를 살피는 방도이다.[夫易, 聖人之所以極深而研幾也.] 심오함 때문에 천하의 뜻을 통달할 수 있고, 기미로 말미암아 천하의 일을 성취할 수 있다."는 기본 정의가 나온다. 기미란 사물이 움직이기 전에 미리 나타나는 길흉화복의 낌새로서, 군자는 기미를 살펴 미리 처신하며, 사물이 다 드러날 때까지 기다리지 않는다는 해설도 함께 나온다. 선지자(先知者)나 선각자(先覺者)도 도(道)의 발현인 이러한 기미(機微)를, 혜안(慧眼)으로 남보다 먼저 살펴 알아차리는 성인군자의 또 다른 이름일 뿐이다.

---

63) 왕안석 : 송나라 撫州 림천(臨川 : 지금 江西 撫州시) 사람으로, 字는 개보(介甫). 神宗 때 참지정사(參知政事)를 지내 승상이라 존칭함. 각종 신법(新法)으로 개혁 정치를 실시하였으며, 문장도 뛰어나 당송팔대가에 꼽힘. 형국공(荊國公)에 봉해지고, 시호는 문(文). 『림천집(臨川集)』 100권.

21. 곽권(郭勸)이 무고를 밝혀 주다

곽권[64]이 래주(萊州)의 통판(通判)일 적이었다. 한 백성이 원수에게 무고를 당해 사형죄에 해당하였는데, 아전은 무고자의 뇌물을 받고 증거를 꾸며대며 견강부회하였다. 곽권이 이 사건의 모함을 밝혀 내어, 무고당한 사람이 죄를 면하게 되었다. 그 사람은 곽권의 초상화를 그려 집안에 모셔 두고, 사당(祠堂)에 제사 지내듯이 섬겼다.

「본전(本傳)」에 보인다.

평석 앞서 소개한 명나라 때 원황(袁黃)이 지은 『료범사훈(了凡四訓)』에 전해지는 사례가 또 있다.

가선현(嘉善縣)의 지립(支立)의 아버지는 형방(刑房) 아전이었는데, 어떤 죄 없는 사람이 모함으로 중죄에 걸려들자, 그를 불쌍히 여겨 구제하려고 했다. 이 사실을 안 죄수는 자기 아내에게 이렇게 분부했다.

"지공(支公)이 나를 살려 주려는 호의를 지니셨는데, 내게 보답할 게 없어 부끄럽소. 그러니 당신이 내일 그분을 집에 모셔다가 몸으로 섬기도록 하시오. 그분이 만약 당신을 받아들인다면, 나는 살아날 수 있을 것이오."

이에 처는 울면서 남편의 명을 받들었다. 지공이 그 마을에 이르자, 그 죄수의 처는 스스로 술을 권하면서, 남편의 뜻을 모두 알렸다. 그러나 지공은 그 청을 듣지 않고, 마침내 자신의 힘을 다하여 그의 억울함을 풀어 주었다. 죄수가 출옥한 뒤, 아내와 함께 관문(官門)에 올라 머리를 조아리며 감사드렸다.

"공과 같이 후덕(厚德)하심은 말세에 보기 드문 일입니다. 그런데 공께서는 아직도 슬하가 없다고 하는데, 저희에게 어린 딸이 하나 있으니, 공

---

64) 곽권 : 송나라 운주(鄆州) 수성(須城 : 지금 산동 東平현) 사람으로, 字는 중포(仲褒). 진사에 급제한 뒤, 래주통판(萊州通判)을 거쳐 급사중(給事中)에 이름. 『송사』 권297.

에게 키질하고 빗자락질하는 첩(妾)으로나 바치고자 합니다. 이거라면 통할 수 있는 예(禮)라고 생각합니다."

죄수 부부가 하도 간청하기에, 지공은 예절을 갖추어 그 딸을 맞이하였다. 그렇게 하여 얻은 아들이 지립인데, 약관(弱冠)의 나이에 과거에 장원 급제하였고, 관직이 한림공목(翰林孔目)에 이르렀다. 립(立)의 자손도 대대로 학문이 뛰어나 과거에 급제하였다.

이 사안에서 만약 지공이 죄수가 자청한 호의라고 그 아내를 받아들였다면, 이는 재물을 받은 것보다 더 파렴치하고 무거운 수뢰죄(受賂罪)가 된다. 설사 죄수의 억울함을 풀어 주었다고 할지라도, 그 공덕이 여색(女色)을 받은 사음(邪淫)죄보다 훨씬 작게 된다. 그러나 만약 여색을 받았다면, 죄수의 원통을 풀어 주겠다던 본래 호의도 이루어지지 못하고, 낭패가 되었을 것이 거의 분명하다. 무슨 중요한 일에든 여자가 끼면 어그러지기 쉬운데, 하물며 선행 공덕에 여색을 사전 대가로 거래한다면, 하늘과 신명이 이를 그냥 용납하겠는가?

법과 권력을 다루는 사람들은 무지막지하게 큰 선행 공덕을 쌓을 수도 있고, 자칫 잘못하면 반대로 엄청나게 무거운 죄악을 지을 수도 있다. 모두 한 순간의 일념(一念)에 달려 있다. 정말 신중하지 않을 수 있겠는가?

22. 구평(寇平)이 다시 신문하다

구평[65]이 회양군(淮陽軍)의 지사가 되어 갓 부임했는데, 마침 감옥 안에 참형(斬刑)에 처해질 죄수가 갇혀 있음을 보았다. 구평은 사안의 진상이

65) 구평 : 송나라 교수(膠水 : 지금 산동 平度현) 사람으로, 字는 균보(均輔). 仁宗 때 진사에 급제한 뒤, 잠시 회양군(淮陽軍) 지사를 맡고 태상소경(太常少卿)에 이름. 『송사』에 열전은 없음.

제대로 밝혀지지 않은 것으로 의심하고 손수 재신문했더니, 과연 아전의 무고였다. 이에 죄수는 풀려나고, 아전은 겨우 사형만 면하여 귀양 갔다. 그 뒤론 모든 아전이 서로 조심하고 경계하여, 감히 속이는 자가 없었다.

왕규(王珪) 승상이 지은 「구평묘지(寇平墓誌)」에 보인다.

안(按) 곽권과 구평이 무고를 밝혀 낸 방법은, 그 말에서 꼬투리를 잡은 것이 아니라, 그 정황에서 실마리를 찾은 것이니, 그 현명함을 충분히 알 수 있다. 그리하여 무고를 꾸민 자들은 두려워 떨고, 무고를 당했다가 풀려난 이들은 은덕을 간직하게 되었다. 이 모두가 진심을 다해 사건을 살펴 심리한 효험이다.

23. 단맹양(單孟陽)이 장물죄(贓物罪)를 심리하다

단맹양[66]이 어사대(御史臺)의 추직관(推直官)일 적에, 어떤 자가 강남(江南) 전운사(轉運使)인 려창령(呂昌齡)을 장물죄로 무고한 사건이 생겼다. 어사중승(御史中丞)인 장변(張昪)[67]도 역시 이 사건을 아뢰었는데, 여러 차례 신문에도 불구하고 려창령은 죄를 승인하지 않았다.

이에 황제가 단맹양에게 조서를 내려, 특별 안건으로 심리하도록 명했다. 단맹양은 비록 어사중승의 소속 부하이긴 했지만, 상관의 눈치를 전혀 보지 않고 곧바르게 심리하여, 마침내 모함을 밝혀냈다. 그로 말미암아 현재 소속 관직을 회피하고자 자청해, 복주(濮州) 지사로 전근 갔다.

「본전(本傳)」에 보인다.

---

66) 단맹양 : 송나라 평원(平原 : 지금 산동 평원현) 사람으로, 이름은 후(煦). 진사가 된 뒤, 어사대추직관(御史臺推直官)을 거쳐 광록경(光祿卿)에 이름. 『송사』 권333.

67) 장변 : 「찰간(察姦)」편 각주 32) 참조.

평석 옛날에도 특별 심리 제도가 있어, 이렇게 강직(剛直)하고 정의로운 법관을 임명하였는데, 요즘 같은 민주 정의사회에 검사동일체 원칙은 법과 양심과 정의도 무시하기 일쑤이다.

24. 필중유(畢仲游)가 겁탈 사건을 살펴보다

필중유[68]가 하동(河東)의 제점형옥(提點刑獄)일 적이었다. 한진(韓縝)[69] 승상이 태원(太原) 부윤으로 부임했는데, 집안의 종 호동(胡童)이 관가의 한복판에서 한 병졸에게 옷을 겁탈 당했다고 하소연하였다. 이에 한진 부윤이 크게 노하여, 그 병졸을 관리에게 넘겨, 얼굴에 자자(刺字)하여 유배 보내려고 하였다. 이를 본 필중유가 만류했다.

"어린 머슴의 옷은 매우 얇고 보잘것없는데, 그런 물건을 옛 승상이자 대장수의 관청 한복판서 겁탈함은, 인정(人情)에 맞지 않습니다."

관리를 바꾸어 다시 심리하도록 시켰더니, 이윽고 무고임이 밝혀졌다.

직비각(直秘閣)인 진념(陳恬)[70]이 지은 「필중유묘지명(畢仲游墓誌銘)」에 보인다.

---

68) 필중유 : 송나라 代州 운중(雲中 : 지금 山西 大同市) 사람으로, 字는 공숙(公叔). 진사에 급제한 뒤, 개봉부추관(開封府推官), 하동로제점형옥(河東路提點刑獄)을 거쳐 조산대부(朝散大夫)에 이름. 『송사』 권281.

69) 한진 : 송나라 開封 옹구(雍丘 : 지금 河南 杞縣) 사람으로, 字는 옥여(玉汝). 진사에 급제한 뒤, 상서우복야(尚書右僕射) 겸 중서시랑(中書侍郎)에 올랐음. 나중에 무안군(武安軍) 절도사(節度使)로 나감. 대원부(大原府) 지사를 지내고 태자태보(太子太保)로 벼슬을 그만둠. 『송사』 권315.

70) 진념(陳恬) : 송나라 랑주(閬州) 서수(西水) 사람으로, 직비각(直秘閣)을 지냄. 그가 지은 글의 원전은 없어졌고, 『영락대전(永樂大典)』에 그가 지은 「필중유묘지명(畢仲游墓誌銘)」이 실려 전해짐.

안(按) 무고에서는 알아내기 어려운 것도 있고, 알아내기 쉬운 것도 있다. 지혜가 모자라면 헷갈리기 쉬워, 알아내기 어려운 사안은 가려낼 수 없게 된다. 그리고 용기가 모자라면 두려워하기 쉬워, 알아내기 쉬운 사안도 감히 가려내지 못하게 된다. 진실로 지혜가 모자라 가려낼 수 없다면, 이를 어찌 책망할 수까지 있겠는가? 그러나 만약 용기가 모자라 감히 가려내지 않는다면, 이는 정말로 죄가 될 만하다.

단맹양이 장물죄를 심리함에 상관인 어사중승의 눈치를 전혀 보지 않고, 필중유가 옷 겁탈 사건을 살펴봄에 대장군의 분노를 피하지 않은 것은, 모두 정의(正義)에 용감(勇敢)한 행동들이다.

평석 맹자가 불능자(不能者)와 불위자(不爲者)를 구분해, 할 수 있는 옳은 일을 하지 않는 자를 몹시 질책한 것도 이 때문이다. 공자는 정의를 보고 행하지 않으면 용기 없는 비겁이라고 한다.[見義不爲, 無勇也.]

25. 위도(魏濤)가 진실을 찾아내다

위도71)가 의주(沂州) 증현(丞縣)의 현감일 적이었다. 서로 원수진 두 사람이 싸워 한 사람이 다쳤는데, 판결을 내려 모두 돌려보낸 뒤, 다친 사람이 그만 죽어 버렸다. 위도가 죽은 원인을 찾아보았으나 알아내지 못하자, 죽은 사람의 아들이 감사(監司)에게 진정하였다. 감사가 크게 노하여 험악한 욕설을 퍼붓자, 위도는 탄식하며 답했다.

"관직은 빼앗을 수 있지만, 죄수를 함부로 죽일 수는 없습니다."

71) 위도: 송나라 팽성(彭城: 지금 江蘇 徐州市) 사람으로, 字는 신경(信卿). 진사에 급제한 뒤, 조봉랑(朝奉郎)으로 증현령(丞縣令)을 지냄. 『송사』에 열전은 없음.

나중에 그 진실을 찾아냈는데, 싸워 다친 사람이 그 날 저녁 판결이 끝나고 말을 타고 집으로 돌아가다가, 문 앞에 이르러 말에서 잘못 떨어져 죽은 것이었다. 이웃에서 이를 지켜본 사람이 분명히 증언하여, 폭행치사의 억울한 누명은 마침내 벗겨지게 되었다.

진사도(陳師道)[72] 정자(正字)가 지은 「위군묘지(魏君墓誌)」에 보인다.

안(按) 이 사건은 아마도 죽은 사람의 아들이 보통 싸움을 빌미로 집안의 원수를 무고(誣告)한 것이리라. 무릇 싸움 사건을 그 자리에서 판결할 정도이면, 그 상처가 그리 심하지 않은 것이며, 법에도 (그 상처로 말미암아 초래할지 모를 사망 위험에 인과 관계를 인정하는) 보고(保辜) 기한의 규정이 없다. 그런데 지금 이 사건에서는 그 상처로 말미암아 죽었다고 무고한 것이다. 설사 보고(保辜) 기한 안에 죽었다고 할지라도, 만약 그 밖의 다른 원인이 있으면, 가해자는 단지 폭행상해죄만 지게 된다. 다친 사람이 말을 타고 가다가 떨어진 것이 바로 그 밖의 다른 원인에 해당하니, 그 상처는 보고 기한을 적용할 수 없음이 명백하다. 위도가 진실한 원인을 찾아내어 무고를 훤히 밝혀 준 행위는, 진심을 다했다고 칭송할 만하다.

북송(北宋) 진종(眞宗) 경덕(景德: 1004~1007년) 년간에, 어떤 현의 한 아전이 역졸(驛卒)과 서로 치고 박고 싸웠다. 밤에 헤어져 귀가하다가, 아전이 길가에 고꾸라졌다. 그러자 어떤 사람이 이를 보고 역졸에게 가서, 땅바닥이 차가워 쓰러진 아전이 얼어 죽을지도 모른다고 알려 주었다. 역졸이 가서 보니, 그 아전은 이미 죽어 있었다.

이에 다른 아전이 역졸을 붙잡아 관가에 폭행치사죄로 보고하였는데, 사실은 추위에 얼어 죽은 것이었다. 그래서 역졸의 어머니가 주(州)에 하

---

72) 진사도: 송나라 彭城 사람으로, 字는 리상(履常) 또는 무기(無已). 비서성정자(秘書省正字)를 지냈음. 그가 쓴 글은 그의 문하생 위연(魏衍)이 『後山集』 24권으로 편집했으며, 이 사안도 거기에 실림.

소연하고, 다시 조정에까지 진정하였으나, 그때마다 번번이 도리어 죄를 더 얻을 뿐이었다. 진종은 이 사건을 계기로, 재상에게 형옥(刑獄) 신문하는 관리를 신중히 뽑도록 각 지방에 시달하라고 분부하였다.

만약 폭행치상 사건이 위도와 같은 재판관을 만나지 못한다면, 그 가해자가 놓일 처지는 역졸의 운명과 무슨 큰 차이가 나겠는가? 법관이 진심을 다할 수만 있어도, 충분히 현명하고도 남는다.

평석 "아니 땐 굴뚝에 연기 나랴?"고 하지만, "까마귀 날자 배 떨어진다."는 속담도 있다. 불교(佛敎)에 "중생은 결과를 두려워하지만, 보살은 원인을 두려워한다.[衆生畏果, 菩薩畏因.]"는 명언도 있다. 인과 원리는 털끝만큼의 오차도 없는 필연의 법칙이라고 하지만, 범부 중생의 눈에는 흐릿하게 가려 잘 보이지 않는 경우가 대부분이다. 설사 혜안(慧眼)이 열려 기미(機微)에 담긴 인과 관계를 보는 성현 군자라도, 중생의 눈으로 확인할 수 있는 증거로써 수사 심리하고 재판해야 하는 법의 영역에서는, 그만큼 어려움이 더 크다.

제 3 장

사실 정황을 신문함

「국정(鞫情)」편

평석 국정(鞫情)이란 사건의 정황(情況)·실정(實情)을 국문(鞫文)·신문(訊問)하는 것으로, 요즘 말로 하면 사실 관계를 수사·신문하는 절차이다. 따라서 넓은 의미에서 보면, 『절옥귀감』의 다른 편들도 실질상 국정에 해당하는 게 많다. 편자가 국정 가운데 다른 중요한 주제들을 따로 독립시켜 분류한 뒤, 남은 일반 사안들을 모은 것으로 보인다.

1. 호질(胡質)이 관직에 부임하다

삼국시대 위(魏)나라의 호질[1)]이 처음에 동군(東郡)의 돈구(頓邱) 현령에

1) 호질 : 삼국시대 魏나라 수춘(壽春 : 지금 안휘 壽縣) 사람으로, 字는 문덕(文德). 조조한테 돈구(頓丘) 현령으로 임명받고, 정동장군(征東將軍)·가절(假節)·청서(靑徐) 도독(都督) 등을 지냈으며, 관내후(關內侯)의 작위를 하사 받음. 『삼국지』 권27.

부임하였을 때였다. 현민(縣民)인 곽정(郭政)이 사촌 누이동생과 간통한 뒤, 그 남편(사촌 매제) 정타(程他)를 살해하였다. 이때 동군의 아전이던 붕량(馮諒)이 이들을 고발한 증인으로 함께 감옥에 갇혀 있었다. 곽정과 그 사촌 누이동생은 모두 온갖 고문을 참아내면서 범죄 사실을 끝까지 숨겼다. 그런데 붕량은 마침내 신문의 고초를 이기지 못하고, 결국 자신의 고발이 무고(誣告)였다고 허위 자백하였다. 그래서 고발한 죄를 자신이 뒤집어써야[反坐] 할 형편이 되었다.

바로 이때 호질이 현령의 관직에 부임하였는데, 그 정황과 낯빛[情色]을 살펴 사건을 다시 상세히 수사 신문하였다. 그 결과 곽정과 그 사촌 누이가 모두 범죄를 자백하였다.

『삼국지(三國志)』 『위지(魏志)』 「본전(本傳)」에 나오는데, 옛 『의옥집』에는 실려 있지 않았다.

안(按) 이 사안은 아마 처음에 그 낯빛을 살펴 그 정황(情況)을 대강 파악한 뒤, 다시 사건의 전말을 상세히 밝혀 사실로 추궁하고 물증으로 들이대자, 결국 모든 실정(實情)이 탄로(綻露)하고 말문이 막혔을 것이다. 그러니 어찌 불복할 수 있겠는가?

왕정(王靖)[2] 소경(少卿)이 하동(河東)의 제점형옥(提點刑獄)일 적이다. 로주(潞州)의 장자현(長子縣)에 강도 살인 사건이 발생했는데, 범인이 잡히지 않았다. 이에 현에서 용의자 수십 명을 붙잡아 신문하였으나, 특별한 죄상을 발견하지 못해 모두 풀어 주었다. 그런데 왕정이 이들을 신문한 수사 기록을 훑어보더니, '이 놈이 진범이다'고 지목하였다. 그리고 아전에게 다시 그를 잡아다가 상세하고 철저히 신문하게 분부했는데, 과연 그가 죄를 자백하였다. 왕정은 남송 신종(神宗) 희녕(熙寧) 4년(1071)에 태상소경(太常少卿) 탁지부사(度支副使)의 관직까지 올랐다.

「본전(本傳)」에 보인다.

---

2) 왕정 : 송나라 大名 신현(莘縣 : 지금 산동 신현) 사람으로, 자는 점숙(詹叔). 조상의 官蔭으로 랑주통판(閬州通判)이 되었다가, 하동로제점형옥(河東路提點刑獄)을 거쳐 태상소경(太常少卿), 탁지부사(度支副使)에 이름. 『송사』 권320.

이 또한 범인이 신문의 고초를 참고 범행을 끝까지 숨긴 사안이다. 그런데 범인에게 범행 일체를 자백시킬 수 있었던 까닭은 무엇일까? 아마 수사 기록에 적힌 진술 내용을 살펴 본래 정황(本情)을 파악하고, 그가 진범인 줄 알아차린 것이리라. 이에 자세하고 철저히 추궁함으로써, 그가 버티는 것을 공격하고 숨기는 바를 적중하니, 말문이 막히고 실정이 드러나게 되었다. 이에 특별히 고문을 가할 필요도 없이, 스스로 굴복하지 않을 수 없게 된 것이다.

그러니 범죄 정황을 신문하는 기술(방법)은, 먼저 용의자의 낯빛을 살피거나 진술한 말을 살핌으로써, 그가 억울함을 당하거나 누명을 쓰고 있지 않음이 확실해진 다음에, 다시 사실을 점검하고 물증을 맞추어 보면서 이리저리 자세히 신문하면, 정상(情狀 : 실정)을 얻지 못할 게 없다.

평석 낯빛이나 말로 살피는 것은 심증(心證)을 굳히는 단계이고, 사실을 점검하고 물건을 찾아 들이대는 것은 물증(物證)을 제시하는 단계라고 할 수 있다. 동서고금을 막론하고, 객관적인 물증이 제아무리 뚜렷하게 나타나 있을지라도, 먼저 주관적인 심증상 용의자가 억울함이나 누명이 없는 진범이라는 확신이 서야 한다. 물론 심증만 확실하고 물증을 확보하지 못하면, 차라리 진범을 놓아줄망정 무고한 이를 벌할 수 없다는 원칙을 고수하여야 한다. 이는 서양 근대 형법의 정신일 뿐만 아니라, 동양(중국)의 전통 법사상이기도 하다.(『상서(尙書)』, 즉 『서경(書經)』의 「대우모(大禹謨)」편에 "與其殺辜, 寧失不經"의 법언(法諺)이 나온다.)

여하튼 주관적인 심증과 객관적인 물증이 합치하여 구체적인 진실[情]을 밝혀 내는[鞫] 일이, 범죄 수사와 재판의 가장 중요하고 기본적인 선결 임무이다.

전통법의 가장 큰 특징 가운데 하나는, 무고(無辜)한 사람을 무고(誣告)하는 자에게, 그 무고(誣告)한 죄와 형벌을 고스란히 거꾸로 뒤집어씌우는 반좌(反坐) 제도이다. 국가 사법권(司法權)을 통해 남을 해치려는 자에게,

'눈에게 눈, 이에는 이'의 철저한 인과응보의 법칙을 시행한 것이다. 일반인의 무고(誣告)뿐만 아니라, 정부의 사정(司正) 탄핵 직책을 담당한 관원이 당파나 사적인 원한 감정으로 진실하지 않은 사항을 탄핵하는 행위도, 정치적 무고(誣告)로 간주하여 마찬가지로 반좌(反坐)에 처했다.

무고당한 사람이 억울하게 형벌을 당한 기수(旣遂)뿐만 아니라, 미수(未遂)에 그친 경우에도 해칠 저의와 동기를 중시하여, 똑같이 처벌하는 것이 원칙이다. 다만 사형(死刑)에 해당하는 무고(誣告)는 아직 사형을 집행하지 않은 경우, 한 등급 감경 처벌한다. 그리고 유죄(流罪) 이하의 경우, 무고당한 사람이 신문당하기 전에 무고한 자가 스스로 허위라고 자수하면, 한 등급 감경 처벌한다. 무고 사건에 대해 법정 신문 절차가 이미 개시한 뒤에는, 자수하거나 사실이 밝혀져 무고가 미수로 끝나더라도, 그 죄와 벌을 고스란히 떠맡아야 한다. 마치 하늘을 향해 내뱉은 침이 자기 얼굴 위로 떨어지듯이.

두 죄 이상을 고발하여 중대한 사건이 사실이면, 나머지 고발이 허위라도 무고로 처벌하지 않는다. 반대로 중대한 사건이 허위이고 가벼운 사건이 진실이면, 무고죄의 형벌에서 진실한 고발의 형벌을 뺀 차이만큼의 형벌을 부과한다. 반면 두 사람 이상을 고발한 경우에는, 진짜 죄인이 비록 아무리 많더라도, 억울한(죄 없는) 피고발자가 하나만 있으면, 그 사람에 대한 무고죄(誣告罪)는 용서받지 못한다. 또 작은 허위 사실을 고발(誣告)하여, 수사 과정에서 그와 같거나 그 이상의 죄를 새로 발각해 낸 경우, 두 죄가 비슷하면 무고죄를 면제해 주지만, 상관성이 없으면 무고죄로 처벌한다.

사법 정의(司法 正義)와 인권 보장(人權 保障)을 함께 실현하려는 균형 잡힌 형사 정책이 돋보인다. 한편 재판 신문 절차와 관련하여, 전통법은 반드시 먼저 '정(情 : 진실한 정황)'과 '사리(辭理)'를 자세히 살피고, 사안을 이리저리 뒤집어 시비를 가려내야 한다. 그래도 판결할 수 없는 경우에 한하여, 신문(訊問)의 필요성을 문서로 작성하고[立案], 최고 책임관원[長官]의

동의 서명을 받은 뒤, 비로소 곤장 신문[拷訊]을 할 수 있다.

말하자면, 합법적인 고문(拷問)의 요건과 방법을 정해 놓은 것인데, 당시의 정치사회 현실에 비추어 부득이한 제도로 여겨지며, 나름대로 엄격한 제한을 규정한 점이 주목된다. 즉 곤장 신문은 3차례를 초과할 수 없으며, 총 곤장 대수도 2백을 초과할 수 없는데, 혐의 받는 범죄가 곤장 이하의 형벌에 해당하는 경우에는 그 법정 형량 이내로 다시 제한한다. 이렇게 곤장 신문을 시행해도 죄를 승복(承服)하지 않은 경우에는, 죄수(용의자)를 풀어 주어야 한다. 그 대신 그 죄를 고발한 사람에 대해, 용의자와 똑같은 방법과 정도(수량)로 반대 신문(反拷)하도록 규정했다. 무고(誣告)의 가능성을 예방하고, 피고인과 고발인 사이의 형평성을 고려한 입법으로 보인다.

물론 이러한 법정 신문 방법과 절차 · 정도를 벗어난 가혹 행위는 이른바 불법 고문으로 엄격히 금지한다. 불법 고문을 시행한 옥관(獄官)은, 신문 회수를 초과하거나 곤장 이외의 도구를 사용할 때는 곤장 1백, 곤장 시행 횟수를 초과할 때는 초과액만큼 되돌려 받는 반좌(反坐)에 처하고, 신문 치사의 경우에는 도(徒) 2년에 각각 처한다.[3)]

다만, 적법 절차에 따라 신문하다가, 뜻밖에 우연히 치사(致死)한 경우에는 무죄였다. 이번 사건에서처럼 흉악한 범인이 억세고 튼튼하여 곤장 고문을 참고 버티어 낸 뒤, 정직한 고발인이 연약하여 반대 신문을 견디지 못하고 (죽을까 두려워하여) 그만 거짓 자백하는 상황도 종종 생길 수 있다. 특히 범인이 권세가 있거나 재력이 막강하여, 옥관들을 회유 · 매수 · 협박하는 경우에는 더욱 더 그러하다. 너무 소박하고 단순한 전통법의 흠으로 보이는데, 이러한 법망의 허점을 빠져나가려는 간악한 무리들을, 지혜롭게 굴복시킨 법관(法官)의 마음이 참으로 정의롭고 아름답다.

---

3) 당률(唐律), 단옥률(斷獄律) 규정에 의함.

2. 사마기(司馬岐)가 죄수를 판결하다

삼국시대 위(魏)나라의 사마기(司馬岐)[4]가 진류국(陳留國)의 재상일 적이었다.[5] 량군(梁郡)에 수많은 죄수가 연루하여 감옥에 갇힌 채, 몇 년이 지나도록 해결하지 못하는 사건이 있었다. 이에 황제가 사건을 사마기의 관할 현(縣)으로 이송하도록 조서를 내렸다. 그러자 현에서는 감옥 시설을 미리 확충하자고 청했는데, 사마기는 이렇게 답했다.

"지금 관련 죄수가 수십 명이나 되어, 설사 제아무리 교묘한 속임수로 꾸미더라도, 서로 입을 다 맞추기는 어렵다. 또 이미 혹독한 신문들을 당한 터라, 진실한 정황이 쉽게 밝혀질 것이다. 그런데 어찌 이들을 다시 감옥에 오래 가둘 생각부터 한단 말인가?"

죄수들이 압송되어 도착하자, 곧 이들을 신문하였다. 그런데 모두가 감히 숨기거나 속일 생각도 못하여, 하루아침에 판결을 끝마쳤다.

『위지(魏志)』「사마지전(司馬芝傳)」에 나오는데, 기(岐)는 지(芝)의 아들이다. 옛 『의옥집』에는 실려 있지 않다.

안(按) 왕제(王濟)[6] 형부랑중(刑部郎中)이 처음에 장주(漳州) 룡계현(龍溪縣)의 주부(主簿)를 맡은 때였다. 정주(汀州)에 은광(銀礦) 문제로 소송이 크게 일어, 십 년이 넘도록 결말이 나지 않은 채, 연루자만 수백 명에 이르렀다. 이에 전운사(轉運使)가 왕제에게 국문(鞫問)하도록 명했는데, 7일

---

4) 사마기 : 魏나라 하내(河內) 온(溫 : 지금 河南 溫현 서쪽) 사람으로, 진류국(陳留國 : 지금 河南 開封市 동남쪽)의 승상(郡 太守에 해당)을 하다가 정위(廷尉)로 발탁 받음. 『삼국지』 권12.

5) 동한(東漢) 때 황제 아들을 왕으로 봉하고, 그가 다스리는 군(郡)을 국(國)이라 부르며, 태수(太守)에 해당하는 재상 1인을 두었는데, 위나라도 그 제도를 답습하고 있었다.

6) 왕제 : 송나라 深州 요양(饒陽 : 지금 河北 요양현) 사람으로, 字는 거천(巨川). 벼슬은 룡계(龍溪) 주부(主簿)를 거쳐 형부랑중(刑部郎中), 홍주(洪州) 지사를 지냄. 『송사』 권 304.

간 재판하여 사건의 진상[情]이 모두 밝혀지고, 결국 종범(從犯)으로 몇 사람을 처벌하는 데 그쳤다.

왕제는 북송 진종(眞宗) 대중상부(大中祥符 : 두 번째 연호) 4년(1011) 형부랑중에 올랐으며, 홍주(洪州) 지사를 지냈다.

『국사(國史)』「본전(本傳)」에 보인다.

이 두 사건은 비슷하다. 무릇 죄수가 수십 명이나 되면, 교묘한 속임수라도 완전히 짜 맞추기가 어렵다. 정말로 장황한 진술을 잘 살피고 맞추어 보았다면, 어떻게 짧게는 몇 년, 길게는 십여 년 동안 결판을 내지 못하고 질질 끌 수 있단 말인가? 이는 모두 관리가 마음을 다하지[盡心] 않았기 때문이다.

사마기가 량군(梁郡)의 죄수를 하루아침에 모두 판결 내고, 왕제가 정주(汀州)의 소송을 7일 만에 재판하여 진상을 밝힌 것은, 비록 죄수들이 이미 혹독한 신문을 당하여 정황이 쉽게 드러날 수 있었다고 하지만, 만약 그들이 마음을 다해 사건을 심리・재판하지 않았다면, 어떻게 이처럼 신속하게 판결을 내릴 수 있었으리요?

3. 진표(陳表)가 형구(刑具)를 쳐부수다

삼국시대 오(吳)나라의 진표(陳表)[7]는 아버지가 적군과 싸움에서 전사한 공로로 장수로 발탁되었다. 때마침 관물(官物)을 도둑맞았는데, 무난(無難 :

---

7) 진표 : 삼국시대 吳나라 려강(廬江) 송자(松滋 : 지금 안휘 安慶市 서쪽) 사람으로, 字는 문오(文奧). 젊어서 東宮을 모시다가, 아버지 진무(陳武 : 字는 子烈)가 偏將軍으로 손권을 따라 조조 군대와 싸우다가 合肥에서 전사하자, 장수가 되길 원하여 偏將軍이 되고, 도향후(都鄕侯)에 봉해짐. 『삼국지』 권55.

군대 번호)영(營)의 병사인 시명(施明)의 소행으로 의심하였다. 시명은 본디 건장하고 사나워서, 체포된 뒤 혹독한 신문을 당하면서도, 죽기만 기다릴 뿐 전혀 입을 열지 않았다. 이에 정위(廷尉 : 司法官)가 아뢰자, 손권(孫權)은 진표에게 장부다운 마음이 있음을 알고, 사건을 진표에게 맡기면서, 스스로 알아서 진상(情實)을 밝혀내라는 조서를 내렸다.

진표는 형구를 쳐부수고 시명을 풀어 준 뒤, 목욕을 시키고 새 옷으로 갈아 입혔다. 그리고는 술과 음식으로 후하게 대접하며, 부드럽고 온화하게 유도 신문하였다. 그러자 시명은 스스로 범죄 사실을 고백하고, 나머지 가담자들도 모두 거명하였다. 진표가 신문 과정과 결과를 보고하자, 손권은 매우 기특하게 여겼다. 그리고 그의 명예를 보전해 주기 위하여, 시명은 특별히 사면해 주고, 나머지 공범들은 처형하였다. 그 후 시명은 진표의 처우에 감격하여 행실을 혁신하고, 마침내 용맹스런 장수가 되어 장군의 지위까지 올랐다.

옛 『의옥집』이 『삼국지(三國志)』 『오지(吳志)』 「진무전(陳武傳)」서 인용했는데, 표(表)는 그의 아들이다.

안(按) 남조(南朝)의 량(梁)나라 때, 부기(傅岐)[8]가 신안군(新安郡)의 시신(始新) 현령(縣令)이 되었다. 마침 현에 격투로 폭행 치사한 사건이 생겼다. 피살자의 집안에서 군에 고소하여, 군에서 살인 용의자를 체포하였다. 그런데 온갖 방법을 다해 신문해도, 끝내 범행을 자백하지 않았다. 이에 사건을 현으로 이송하였는데, 부기가 형구[9]를 다 풀어 주고 온화한 말로 묻자, 죄수는 그 자리에서 범행 사실을 실토하였다. 이 또한 부드럽고 온화하게 유도 신문한 것이다.

『남사(南史)』 「부염전(傅琰傳)」에 나오는데, 기(岐)는 그의 손자이다. 옛 『의옥집』에는 실려 있지 않다.

---

8) 부기 : 南朝시대 梁나라의 北地 령주(靈州 : 지금 寧夏 靈武縣) 사람으로, 字는 경평(景平). 벼슬은 始新 현령을 거쳐 中領軍에 이르렀고, 南豐縣侯에 봉해짐. 『량서(梁書)』 권42, 『남사(南史)』 권70.

9) 형구 : 항쇄(項鎖) · 족쇄(足鎖) · 수갑 등.

평석 강한 바람과 차가운 눈보라가 벗기지 못한 나그네의 외투를, 따사로운 햇볕이 벗게 만든다는 이솝우화의 지혜처럼, 혹독한 고문과 강압 협박에도 꿈쩍할 기미조차 없던 범인의 입이, 부드럽고 온화하게 감싸주는 말에 그만 열릴 수도 있다. 눈앞의 다문 입술을 열기 위해서는, 보이지 않는 속마음의 자물쇠를 스스로 풀도록 도와 줄 필요가 있다. 채찍과 함께 거론하는 당근의 회유도 그러한 선방편(善方便)일 따름이다.

4. 송(宋) 문제(文帝)가 필적을 증거로 내보이다

남조(南朝)의 송(宋) 문제(文帝)[10] 원가(元嘉) 22년(445)에, 공희선(孔熙先)[11]이 서잠지(徐湛之)[12] · 허요(許耀)[13] · 사종(謝綜)[14] · 범엽(范曄)[15] 등과 더불어, 무제(武帝)의 넷째 아들이자 문제(文帝)의 이복동생인 팽성왕(彭城王)[16]

---

10) 문제 : 南朝시대 宋나라의 세 번째 황제로, 이름은 류의륭(劉義隆). 424~453년 재위.

11) 공희선 : 로국(魯國 : 지금 산동 곡부현) 사람으로 員外散騎侍郎을 지냄. 『송서(宋書)』와 『남사(南史)』의 「범엽전(范曄傳)」에 보임.

12) 서잠지 : 東海 담(郯) 현(지금 산동 郯城현) 사람으로, 字는 孝源. 宋武帝의 맏딸인 會稽宣公主의 아들로, 상서복야(尙書僕射)에 이름. 『송서(宋書)』 권43, 『남사(南史)』 권15.

13) 허요 : 출생 시기와 지역은 미상. 宋文帝 때 領隊, 宿衛殿省을 지냄. 범엽전에 보임.

14) 사종 : 陳郡 陽夏(지금 河南 太康현) 사람으로, 벼슬은 太子中舍人에 이름. 『송서(宋書)』 권52, 『남사(南史)』 권19.

15) 범엽 : 順陽(지금 湖北 光化현 서쪽) 사람으로, 字는 위종(蔚宗). 처음에 彭城王 義康의 冠軍參軍이 되었다가, 左衛將軍, 태자첨사(太子詹事)에 올라 국가 중대사에 참여함. 공희선의 제의로 서잠지 · 허요 · 사종 등과 함께 팽성왕 의강을 옹립하려고 모의하다가, 들통 나 모두 처형당함. 경전과 역사에 박학다식하였으며, 『후한서(後漢書)』를 지었음. 『송서(宋書)』 권69, 『남사(南史)』 권33.

16) 팽성왕 : 이름은 劉義康. 宋 武帝 劉裕의 넷째 아들이자, 文帝 劉義隆의 이복 동생. 팽성왕에 봉해지고, 侍中 · 錄尙書事를 지내며 권세가 크게 떨쳐 文帝의 질투를 샀는데, 범엽 등이 그를 옹립하려던 모사가 들통 나면서 함께 죽임을 당함. 『송서(宋書)』 권68, 『남사(南史)』 권13.

류의강(劉義康)을 옹립하려고 모의했다. 그러나 도중에 서잠지가 모의 상황을 글로 밀고하여, 문제가 사종 등을 잡아 들여 다스리라고 명령했다. 결국 모두 모의 사실을 시인하였는데, 오직 범엽만은 승복하지 않았다. 문제가 여러 차례 조서를 내려 철저히 추궁하였으나, 범엽은 "공희선이 임의로 신(臣)을 끌어들여 모함하는 것입니다"고 답변하였다. 이에 문제가 범엽이 쓰고 고친 처분(處分)·격문(檄文)·서신·상소문 등의 필적을 보이며 대조 신문하자, 마침내 모의 사실을 시인하였다. 이 사건으로 팽성왕을 옹립하려고 모의에 가담한 사람들이 모두 처형당하고, 팽성왕도 사사(賜死)당했다.

『남사(南史)』「범태전(范泰傳)」에 나오는데, 엽은 그의 아들이다. 옛 『의옥집』에는 실려 있지 않다.

5. 최앙(崔昻)이 말을 살피다

북제(北齊)의 최앙[17]이 탁지상서(度支尙書)일 적이었다. 효장(肴藏)[18] 관원이 내신(內臣: 환관)을 통하여 글로 밀고한 사건이 있었는데, 그와 별도로 익명투서로 고발한 사건도 함께 생겼다. 이에 사건을 최앙에게 조사하도록 지시했다. 최앙은 웃으면서 말을 주고받는 사이에, 사건의 진상을 모두 알아내고 캐물었다. 그러자 밀고한 자는 말문이 막혀, 더 이상 변명하지 못하고 무고(誣告)임을 자백했다. 그리고 마침내 익명투서가 그쳤다.

『북사(北史)』「최정전(崔挺傳)」에 나오는데, 앙은 그의 손자이다. 옛 『의옥집』에는 실려 있지 않다.

17) 최앙: 北齊의 博陵 安平(지금 河北 안평현) 사람으로, 字는 懷遠. 東魏와 북제 때 벼슬하면서, 탁지상서(度支尙書)를 거쳐 상서우복야(尙書右僕射)에 이름. 제서(齊書) 권30. 『북사(北史)』 권32. 탁지상서는 회계·창고·호적 등의 부서를 총괄하던 관직.
18) 효장(肴藏): 음식과 기물 담당.

안(按) 진상을 신문[鞫情]하는 방법에는, 송(宋) 문제(文帝)처럼 필적으로 입증하는 경우도 있고, 여기 최앙처럼 대화중에 말로써 살피는 경우도 있다. 최앙은 진상 신문에 아주 정밀하고 민첩했다고 말할 수 있다. 그러나 이 또한 마음을 다해[盡心] 궁리하고 캐물어, 용의자가 말문이 막힘으로써 진상이 저절로 드러나게 유도한 것이다. 무고(誣告)의 화근을 이러한 신문 방법으로 근절했으니, 그 공리(功利)가 크고 넓지 아니한가?

6. 왕경(王璥)이 간음을 추궁해 내다

당(唐)나라 태종(太宗) 때, 좌승상 리행렴(李行廉[19])의 아우인 행전(行詮)의 전처 아들 리충(李忠)이 후모(後母 : 계모)와 간통한 뒤, 서로 짜고 숨기고, "황제께서 대궐 안으로 들어오라는 칙명이 계셨다"고 거짓말을 했다. 리행렴은 속사정을 모르고 이 일을 조정에 보고하였는데, 조정에서는 발칵 뒤집혀 범인을 잡으려고 몹시 다급하였다.

이에 계모는 일부러 수건으로 입과 목을 졸라 맨 뒤, 길거리에 누워 있는 연극을 벌였다. 장안의 정위(廷尉)가 묻자, 이렇게 답변했다.

"어떤 사람이 칙명을 사칭하여 저를 불러 가던 중인데, 자줏빛 관복을 입은 사람이 보고 며칠 밤 머물게 하더니, 길거리에 이렇게 내놓고 갔습니다. 그러나 그 사람 성명은 모르겠습니다."

장안의 정위인 왕경(王璥[20])이 그 계모를 아들과 함께 방안으로 데리고 들어가 신문하였다. 그들은 사실을 자백하지 않았다. 그런데 왕경은 사전에 한 아전을 책상 밑에 숨어 있도록 지시한 뒤, 다른 아전에게 신문 도중

19) 리행렴 : 미상.
20) 왕경 : 미상

에 와서 '상관이 부른다'고 자기에게 보고하도록 일러두었다. 그리하여 상관이 부른다는 보고를 받고는, 왕경은 황급히 방문을 잠근 뒤 떠나갔다.

그러자 계모와 아들은 서로 '절대로 시인해서는 안된다'고 다짐하며, 은밀한 사적 대화를 나누었다. 한참 뒤 왕경이 되돌아와 방문을 열자, 책상 아래 숨어 있던 아전이 밖으로 나왔다. 이에 계모와 아들은 크게 놀라며, 함께 죄를 자백하고 말았다.

옛『의옥집』에 출처가 적혀 있지 않다.[21]

7. 진추(陳樞)가 머슴을 조사하다

도관(都官)을 지낸 진추[22]가 처음에 선주(宣州) 정덕(旌德) 현령일 적이었다. 번창현(繁昌縣)의 한 세력 있는 토호가 살인하였는데, 주(州)와 현(縣)에서 모두 그의 죄를 감히 다스릴 엄두도 못 내었다. 이에 감사(監司)가 그 사건을 정덕현에 이송하여, 진추에게 심리하도록 맡겼다.

그러자 진추는 그 집의 머슴들과 식객들을 조사하여, 은폐 중이던 죄상을 모두 밝혀내고, 살인자를 사형에 논죄하였다. 사람들이 모두 진상을 다 밝혀냈다고 칭송하였다.

증공(曾鞏) 사인(舍人)이 지은『원풍류고(元豐類稿)』안의「진군묘지명(陳君墓誌銘)」에 보인다.

안(按) 진상을 신문하는 방법에도 올바름(正)과 속임수(譎 : 휼)가 있다. 올바른 방법으로 파헤친 이가 진추이고, 속임수로 꼬투리 잡은 이가 왕경이다. 방법(기술)이 정말 정밀하다면, 진상은 반드시 밝혀지기 마련

---

21) 당나라 장삭이 지은『조야첨재(朝野僉載)』에 실려 있다.

22) 진추 : 송나라 湖州 長興(지금 절강 장흥현) 사람으로, 字는 愼之. 진사에 급제한 뒤, 정덕(旌德) 현령을 거쳐 都官員外郎, 泉州 지사를 지냄.『송사』에 열전은 없음.

이다. 가혹한 고문에 의지하는 법관은 기술이 없는 자다.

8. 갈원(葛源)이 진실을 고수하다

랑중(郎中)을 지낸 갈원(葛源)[23]이 처음에 홍주(洪州)의 좌사리참군(左司理參軍)이 되었을 때였다. 주장(州將)[24]의 생질과 그의 이복형이 함께 사람을 구타하다가, 생질이 결국 살인하는 사건이 생겼다. 그러자 주장(州將)이 갈원에게 이렇게 지시했다.

"두 사람 다 내 생질인데, 살인한 자는 형일세. 나도 이 사건을 아는데, 그들(살인범)은 세력이 막강한 성씨이니, 담당 관원이 잘못 처리하는 일이 없길 바라네. 그렇지 않으면 이 사건은 나중에 반드시 파기당할 걸세!"

그러나 갈원은 조금도 흔들림 없이 사실대로 심리하였다.

왕안석(王安石)이 지은 『림천집(臨川集)』의 「갈공묘지명(葛公墓誌銘)」에 보인다.

안(按) 진상을 제대로 신문해 내기는 어렵지 않더라도, 더러 그 진상을 변조한다면 어찌 되겠는가? 갈원이 진실을 지킨 것은, 황제가 조서에서 지적한 이른바 '여러 사람 눈치를 보고 마음을 움직이는 것'과는 다르니, 정말로 가상한 용기이다.

---

23) 갈원 : 송나라 處州 麗水(지금 절강 려수현) 사람으로, 字는 宗聖. 진사가 된 뒤, 洪州 左理參軍을 거쳐 탁지랑중(度支郎中), 형호북로(荊湖北路) 제점형옥(提點刑獄)을 지냄. 『송사』에 열전은 없음.

24) 주장(州將) : 주(州)의 장수로, 갈원의 직속상관.

9. 사마선(司馬宣)이 병졸을 곤장에 처하다

가부원외랑(駕部員外郎)을 지낸 사마선(司馬宣)[25]이 화주(華州)의 사리참군(司理參軍)일 적이었다. 교기[26] 병졸 십여 명이 죄를 짓고 나서, 도망(탈영)을 모의했다가 붙잡힌 사건이 생겼다. 그런데 교기병의 주둔・훈련 등을 관장하던 감압(監押)이 이들을 체포하자, 그만 공을 세워 포상을 받으려는 욕심이 생겼다. 그래서 이들이 함께 반역을 모의했다는 누명을 덮어씌워, 이들을 죽이려고 모함하였다. 그러나 사마선은 사실대로 이들을 신문하여, 모두 곤장을 치는 데 그쳤다.

사마광(司馬光)이 지은 『사마문정공집(司馬文正公集)』의 「사마부군묘지명(司馬府君墓誌銘)」에 보인다.

안(按) 감압(監押)의 세력 가지고 어떻게 사리참군(司理參軍)을 움직일 수 있었겠는가? 반드시 유혹하는 수단을 동원했을 것이다. 권세로써 위협해도 흔들림 없는 자는 용기 있다고 말할 수 있으니, 바로 갈원 같은 사람이다. 이익으로 유혹해도 움직이지 않는 자는 어질다[仁]고 말할 수 있나니, 사마선 같은 사람이다.

사안을 신문하여 진상을 밝혀내면 그 지혜는 충분히 칭찬할 만하다. 그러나 진실로 어질지 못하고 또 용기가 없다면, 유혹이나 위협에 움직여 진상(정황)을 바꾸고 말 것이다. 그래서 『서경(書經 : 尙書)』의 「보형(甫刑 : 呂刑)」편에서 "재주 있는 사람이 재판할 게 아니라, 오직 선량한 사람이 재판해야 한다.[非佞折獄, 唯良折獄.]"고 강조하고 있으니, 바로 이러한 경우를 일컫는다.

---

25) 사마선 : 송나라 하현(夏縣 : 지금 山西 하현) 사람으로, 字는 주경(周卿). 화주사리참군(華州司理參軍)을 거쳐 가부원외랑(駕部員外郎)에 이름. 『송사』에 열전은 없음.

26) 교기(驍騎) : 송대(宋代) 궁궐의 금군(禁軍) 번호 명칭.

평석 유가의 「중용(中庸)」에서 지혜(智)·인애(仁)·용기(勇)를 세 가지 통달한 덕[三達德]으로 규정한다. 이는 성인이 깨달아 머무르는 존재(存在 : Sein)의 도덕(道德) 차원에서 말한 진리임과 동시에, 성인의 도덕을 추구하는 선비가 이 셋을 솥발처럼 서로 균형을 이루어 나가도록 경책하는 당위(當爲 : Sollen)의 수행(修行) 차원에서 일깨운 교훈이기도 하다. 맹자(孟子)가 천하의 바른 자리에 서서, 천하의 큰 도(道)를 행하면서, 부귀에도 흔들림 없고, 빈천해도 변함없으며, 위세와 무력에도 굽히지 않는 사람이야말로, 진짜 대장부(大丈夫)라고 말한 것도, 바로 이러한 뜻이리라.

10. 리남공(李南公)이 코를 막다

리부상서(吏部尙書)를 지낸 리남공(李南公)[27]이 하북(河北)의 제점형옥(提點刑獄)을 맡았을 적이었다. 한 아전이 죄를 지어 감옥에 갇혔는데, 아무리 신문해도 승복하지 않은 채, 입을 꽉 다물고 백여 일 동안 먹지 않았다. 그래서 옥리(獄吏)가 감히 고문을 하지도 못하고 몹시 골칫거리로 여기다가, 마침내 조정에서 파견한 헌사(憲使 : 提點刑獄公事)에게 하소연했다.

그러자 남공이 '내가 즉각 그에게 밥을 먹일 수 있지'라고 말한 뒤, 그를 불러내어 물었다.

"내가 한 물건을 가지고 그대의 코를 막겠다고 해도 그대는 끝내 밥을 먹지 않겠는가?"

그 말을 들은 용의자는 대번 두려워하더니, 곧 밥을 먹고 또 죄도 스스

---

27) 리남공 : 송나라 정주(鄭州 : 지금 河南 정주시) 사람으로, 字는 초로(楚老), 진사에 급제한 뒤, 하북(河北) 제점형옥(提點刑獄)을 거쳐 리부상서(吏部尙書)에 이름. 『송사』 권355.

로 실토하였다.

대저 그는 기(氣)를 잘 흡입하여,[28] 오랫동안 밥을 먹지 않고도 말짱하게 버텼다. 그런데 물건으로 코를 막으면 기(氣)가 맺혀(막혀), 더 이상 지탱할 수 없기 때문에 두려워한 것이리라. 이 또한 박학다문의 효험이다.

사림(士林)에게 들은 이야기이다.

안(按) 사대부들이 유혹이나 위협에도 움직이지 않는 것은, 맹자(孟子)가 말한 '부동심(不動心)'에 가깝다. 그런데 그 아전은 죄를 짓고 마음이 떳떳하지 못할 텐데, 어떻게 그럴 수 있었단 말인가? 이것도 거꾸로 뒤집어 이용할 수 있다. 사안의 진상을 신문하는 기술은 바로 이러한 점을 잘 장악해야 한다. 진표가 형구(刑具)를 부수고 풀어 준 것은 유혹하는 방법이었고, 리남공이 코를 막겠다고 말한 것은 위협하는 수단이었다.

위협하는 방법이란 반드시 참혹한 고문을 가해야만 하는 것이 아니다. 그 핵심 요점은 바로 죄인이 가장 꺼리고 피하는 점(아킬레스건)을 정확히 집어내어, 그것으로써 두려움을 느끼고 스스로 승복하도록 유도함에 있다. 그래서 리남공이 코를 막겠다고 위협한 말도 참고할 만한 게 있다.

평석 물론 요즘처럼 인권(人權)과 적법(適法) 절차(due process)를 중시하는 민주 사회에서는, 이러한 방법이 부당하다고 비난받을 것이다. 그러나 지나치게 형식적인 절차상의 정의만을 강조한 나머지, 실질적인 정의 자체를 밝히지 못하거나 왜곡하는 사법(司法) 부작용도 한번쯤 심각하게 고려해 볼 필요가 있다.

---

28) 복기(服氣) : 요즘 말하는 氣功으로, 道家의 장생불로 수련법.

제 4 장

죄를 의론함

「의죄(議罪)」편

평석 의죄(議罪)란 범죄의 진상(사실관계)을 철저한 수사·심리로 분명히 확인한 다음, 그 범죄 사실에 어떠한 법을 적용하여 무슨 형벌에 처할 것인지 의론하는 법적 논리 조작의 단계로서, 흔히 의율(擬律)이라고 부르기도 한다.

1. 한(漢) 무제(武帝)가 질문에 답변하다

한(漢) 경제(景帝) 때[1] 정위(廷尉)가 방년(防年)이란 죄수를 살인범으로 아뢰었다. 그런데 방년의 계모인 진(陳)씨가 방년의 아버지를 살해하자, 방

1) 중원(中元) 5년 : B.C.145년.

년이 복수로 진씨를 살해한 사건이었다. 정위는 어머니를 살해한 형률(刑律)을 적용하여 대역(大逆)으로 논죄해야 한다는 의견을 개진하였으나, 경제는 미심쩍어 고민 중이었다. 때마침 나이 열두 살이던 무제(武帝)가, 태자의 신분으로 경제 곁에 있었다. 경제가 무심코 이 사안에 대한 태자의 의견을 물었더니, 이렇게 답변하였다.

"무릇 (禮法에서) '계모는 친모와 같다[繼母如母]'고 선언하는 규정은, 친모에 미치지 못함[2]을 밝히는 것입니다. 단지 아버지의 후처로 시집 온 까닭에, 친모에 견주는 것일 따름입니다. 그런데 지금 계모가 무엄하게도 손수 자기 아버지를 살해하였으니, 살해에 착수한 날로 계모와 아들의 인륜 관계는 이미 끊어졌다고 보아야 합니다. 따라서 일반 살인과 같으므로, 모친 살해의 대역죄로 논해서는 안 됩니다."

『통전(通典)』「형법(刑法)」「잡의(雜議)」편에 보이는데, 출처를 밝히지 않았다. 옛 『의옥집』에는 실려 있지 않다.

안(按) 남조(南朝) 송(宋) 문제(文帝) 때, 회계(會稽) 섬현(剡縣)에 사는 황초(黃初)의 아내 조(趙)씨가 아들 재(載)의 아내(즉, 며느리) 왕(王)씨를 때려서 죽게 만들었는데, 나중에 사면령이 내려져 사형은 면하게 되었다. 피살(被殺)한 왕씨에게는 친정 부모와 아들 칭(稱 : 살해자 조씨의 손자)이 있었기 때문에, 법의 규정에 따라 (피살자 가족의 사적인 복수를 회피하기 위하여) 조씨를 2천리 밖으로 강제 이사시키는 문제를 조정에서 거론하였다. 이때 사도좌장사(司徒左長史)인 부륭(傅隆)[3]의 의론은 다음과 같았다.

"무릇 예율(禮律)의 기원을 살펴보면, 자연(自然)에 근본 바탕을 두고 정리(情理)의 조화를 꾀한 산물이지, 결코 하늘에서 떨어지거나 땅에서 솟아난 것이 아닙니다."[4]

---

2) 불급모(不及母) : '계모가 친모이지는 않다'는 뜻.

3) 부륭 : 남조(南朝)시대 宋의 北地 령주(靈州 : 지금 寧夏 靈武현) 사람으로, 字는 백조(伯祚). 文帝 때 사도좌장사(司徒左長史)를 지내고, 나중에 광록대부(光祿大夫)로 벼슬을 마침. 『송서(宋書)』 권55. 『남사(南史)』 권15.

“부모와 자식은 가장 가까운 혈친으로, 형체만 나누었을 (육신만 다를) 뿐 혈기(血氣)는 똑같습니다. 칭(稱)과 재(載)의 관계는, 재(載)와 조(趙)씨의 관계랑 한가지입니다. 비록 삼대(三代)에 걸쳤다고 하지만, 합하면 한 몸[一體]이나 다름없어 나눌 수가 없습니다. 칭(稱)이야 비록 어머니를 잃은 상처와 고통이 막심하겠지만, 그러나 할머니께 복수한다는 의리(義理)는 정녕 없습니다. 그래서 옛 사람들은 아버지의 명령을 이유로 할아버지의 명령을 거절하지는 못했습니다.

만약 칭(稱)이 어머니에 대한 복수로 할머니를 살해할 수 있다면, (할머니의 아들인 자기 아버지) 재(載)에게는 어떻게 대해야 하겠습니까? 손자와 할머니, 아버지와 아들 사이에 서로 해치고 죽인다면, 이는 선왕(先王)이 형벌을 밝히고 고요(皐陶)[5]가 법률을 제정한 본래 취지가 아닐 것이라는 걱정이 앞섭니다.

옛 율령에 따르면, ‘남의 부모를 살해하면, (설령 사면을 만나 사형을 면하더라도, 사적인 복수를 피하기 위하여) 2천리 밖으로 강제 이사시킨다’는 규정이 있지만, 이는 부모 자식이나 조부모 손자간에는 적용할 수 없습니다. 다만 조씨는 피살자(며느리) 왕씨의 친정 부모를 피하여 천리 밖으로 이사시켜야 할 것입니다.

그러나 율령에 또 ‘무릇 유배나 이사시키는 경우에, 호적을 같이하는 가까운 친족이 함께 따라가고자 하면, 이를 허락한다.’는 규정이 있습니다. 조씨가 법에 따라 강제로 이주해야 한다면, 재(載)는 그의 아들로서 어떻게 따라가지 않을 수 있으며, 재(載)가 따라가는데 또 그 아들 칭(稱)이 따라가지 않는다면, 강상(綱常) 윤리가 어떻게 허용하겠습니까?

비록 조씨가 며느리를 때려죽인 부끄러움을 종신토록 마음속에 품고

4) 본문(本文)에서는 생략한 부분인데, 하도 중요한 내용이라 원전(原典)을 찾아 보충함.
5) 고요(皐陶) : 咎繇로 쓰기도 함. 東夷족의 수령으로, 姓은 언(偃). 舜임금이 발탁하여 刑法을 관장했고, 나중에 禹임금이 후계자로 선임하였으나, 일찍 죽어 즉위하지는 못했다고 함. 춘추시대 英과 六 등의 나라가 그의 후손임.

살며, 칭(稱) 또한 어머니를 잃은 원한과 고통으로 평생 이를 갈겠지만, 할머니와 손자간의 인륜이야 영원히 끊어질 수 없는 것이 지극히 당연한 사리(事理)입니다."

『남사(南史)』「부량전(傅亮傳)」에 보이는데, 륭(隆)은 그의 형이다. 옛 『의옥집』에는 실려 있지 않다.

무릇 방년(防年)이 계모와 의리를 끊을 수 있었던 것은 아버지와 천륜(天倫) 때문이다. 반대로 칭(稱)이 할머니와 인륜을 끊을 수 없었던 것도, 또한 아버지와 혈연 때문이다. 원통한 감정을 때로는 펴 주기도 하고, 때로는 억눌러 참게 하기도 하면서, 천리(天理)를 간직한다. 그래서 법은 구체 상황에 따라 적절히 적용해야 한다.

평석 같은 사안에 대한 림천왕(臨川王) 의경(義慶)의 의론도 옮긴이가 참고로 보충 소개하면 다음과 같다.

"『주례(周禮)』에 따르면, 부모의 원수는 바다 밖으로 피하며, 설사 시장이나 조정에서 마주치더라도 집에 가서 무기 가져올 겨를조차 없이 복수의 투쟁을 감행한다고 했습니다. 이는 막대한 원통함을 이치상 박탈할 수 없고, 슬픔을 머금고 무기를 베개 삼는 복수심을 도의상 반드시 허락할 수밖에 없기 때문입니다. 그러나 친척 간에 골육상잔(骨肉相殘)한 경우에는, 상황이 정상 법률에 어긋나기 때문에, 일정한 표준 원칙을 고수할 수 없습니다. 따라서 법(法 : 원칙) 밖의 예외를 인정하여, 인정(人情)에 비추어 결정하여야 합니다. 게다가 예(禮)에는 과실을 용서하는 조항이 있고, 율령(律令)에도 조부모께 복수를 허락한다는 명문 규정은 없습니다. 하물며 조씨가 포악하게 며느리를 때려죽인 행위가 본디 술로 말미암았으며, 그 마음을 논하면 범죄 동기가 진실하지만, 객관적인 사실로 보면 조씨가 이미 책임을 감경할 수 있는 고령의 노인이지 않습니까? 어떻게 연로한 할머니를 길가는 남과 같이 여겨 복수를 자행할 수 있겠습니까? 신의 생각에는, 이 손자로 하여금 비통함을 참고 원한을 머금은 채, 자손된 의리를 어기지 않으며, 한 하늘 아래 같은 지역 안에서 효도를 다하도록 분부하는 것이 마땅한 줄로 압니다."[6]

2. 황패(黃霸)가 세 사내를 처단하다

한(漢) 선제(宣帝)[7] 때 연(燕)과 대(代)[8] 사이에서, 세 사내가 한 계집한테 함께 장가들어 한 아들을 낳았다. 나중에 서로 갈라지면서, 서로 자기 아들이라고 다투며 소송을 일으켰다. 이에 승상이던 황패(黃霸)[9]는 이렇게 판결하였다.

"이들은 사람 종류[人類]가 아니다. 마땅히 짐승[禽獸]으로 처단함이 옳다."

마침내 세 사내를 처단하고, 아들은 어머니에게 돌려주었다.

옛 『의옥집』에 출처가 밝혀져 있지 않았다.

안(按) 한(漢) 원제(元帝)[10] 때, 왕존(王尊)[11]이 회리(槐里)현의 수령으로 미양(美陽)현의 직무까지 겸하고 있었다. 이때 미양현의 한 여자가 양자(養子 : 假子)를 불효죄로 관청에 고소하였다.

"양자 아들이 늘 나를 제 아내로 취급하며, 욕하고 때립니다."

---

6) 남조(南朝) 『송회요(宋會要)』, 「형(刑)」편, 「율령(律令)」조에 편집한 『남사(南史)』 「본전(本傳)」의 내용을 재인용함.
7) 宣帝 : B.C.73~B.C.49년 재위.
8) 대(代) : 지금의 河北, 山西 지역.
9) 황패 : 회양(淮陽) 양하(陽夏 : 지금 河南 太康현) 사람으로, 字는 차공(次公). 벼슬은 승상까지 오르고, 建成侯에 봉해짐. 『한서(漢書)』 권89.
10) 元帝 : B.C.48~B.C.33년 재위.
11) 왕존 : 탁군(涿郡) 고양(高陽 : 지금 河北 고양현) 사람으로, 字는 자공(子贛). 회리(槐里) 수령으로 美陽현을 겸직했으며, 동군(東郡) 태수(太守)에 이름. 『한서』 권76.

이에 왕존이 아전을 보내 양자를 연행하다가 신문하니, 사실이라고 진술하므로, 다음과 같이 판결하였다.

"율령에 어머니를 아내로 삼는 죄목의 법이 없는 것은, 성인이 차마 명문으로 규정할 수 없었기 때문이다. 이러한 사안은, 경전에서 말하는 '조옥(造獄)'에 해당한다."

안사고(顔師古)가 『한서주(漢書注)』에서 말하기를, '『우양상서(歐陽尙書)』[12]에 조옥(造獄)의 일이 있는데, 정상적인 형명(刑名)[13]에 해당하지 않는 특수한 행위를 살륙에 처하는 법을 일컫는다.'고 전한다.

마침내 왕준은 당상에서 벌떡 일어나, 불효자식을 데려다가 높은 나무에다 매달고 사지를 쫙 펼친 뒤, 말 탄 관리 다섯 명으로 하여금 활을 쏘아 사살하도록 지시했다.

『한서(漢書)』「왕준전(王尊傳)」에 보인다. 옛『의옥집』에는 실려 있지 않다.

이 사안 또한 짐승으로 처단한 예이다.

3. 곽궁(郭躬)이 법을 밝히다

후한(後漢) 명제(明帝 : 58~75년 재위) 때 곽궁(郭躬)[14]이 군(郡)의 관리였는데, 공부(公府)[15]에 뽑혀 올라갔다. 그런데 때마침 어떤 형제가 함께 살인

---

12) 『우양상서(歐陽尙書)』: 秦 博士인 伏勝이 전수한 세 계파의 尙書 가운데 우양(歐陽)이 전수 받은 금문서(今文書). 나머지 둘은 大夏侯와 小夏侯가 전함.

13) 형명(刑名) : 죄목과 형벌 규정.

14) 곽궁 : 東漢 영천(潁川) 양적(陽翟 : 지금 河南 禹縣) 사람으로, 字는 중손(仲孫). 젊어서부터 법률을 잘하여, 郡吏 신분으로 삼공(三公 : 司徒, 司空, 太尉) 府署를 보필하였으며, 정위정(廷尉正)을 거쳐 정위(廷尉)까지 이름. 『후한서(後漢書)』 권46.

15) 공부(公府) : 司徒・司空・太尉의 삼공(三公) 부서.

하였는데, 주된 죄책이 누구에게 귀속하는지 불분명했다. 명제(明帝)는 형이 아우를 잘 가르치지 못했다며, 형을 중형에 처하고, 아우는 사형을 감경해 주라고 판결했다. 그런데 중상시(中常侍) 손장(孫章)이 황제의 판결 조서를 선포[代讀]하다가, 그만 잘못하여 '형제 모두 중형(사형)에 처한다.'고 실언(失言)하였다. 이에 상서(尙書)는 손장이 황제의 조서를 사칭(詐稱)[16])했다고 아뢰었는데, 그 죄가 허리를 자르는 요참(腰斬)형에 해당하였다.

명제는 곽궁이 법률에 해박한 줄 알고, 그를 불러들여 자문을 구하였다. 곽궁이 "손장은 마땅히 벌금에 처해야 합니다."고 대답하자, 명제는 "손장이 조서를 변경하여 살인을 했는데, 어떻게 벌금에 처한단 말인가?"고 반문했다. 이에 곽궁이 대답하였다.

"법령에는 고의[故]와 과실[誤]이 있는데, 손장이 황제의 명령을 잘못 전한 행위는 객관상 과실에 속합니다. 과실로 범한 죄는 법조문이 가볍게 규정하고 있습니다."

그러자 황제는 다시 의문을 제기하였다.

"손장이 죄수와 같은 현 출신이기 때문에, 혹시 고의가 아닐까 의심스럽다."

그러자 곽궁이 다시 답변하였다.

"'주(周)나라의 도(道)는 숫돌처럼 평평하며, 곧기가 마치 화살 같다.[周道如砥, 其直如矢.]'고 했으며, 또 '군자는 남의 거짓 속임수를 미리 지레 짐작하지 않는다.[君子不逆詐]'고 했습니다. 제왕(帝王)은 하늘을 법으로 삼으며, 형법에 자의적인 해석이나 견강부회를 해서는 안 됩니다."

명제는 곽궁을 훌륭하다고 칭찬한 뒤, 정위정(廷尉正)에 승진 발탁하였다.

『후한서(後漢書)』「곽궁전(郭躬傳)」에 보이는데, 옛 『의옥집』에는 실려 있지 않다.

안(按) 악의(惡意)로 법조문에 천착하고 준엄하게 해석하여, 가혹하고 각박하게 적용하려고 애쓰는 자들은, 모두 자의적인 추측과 견강

---

16) 사칭(詐稱) : 교제(矯制)로 일컫는데, 황제의 조서를 자의로 고친 죄.

부회를 해서 그렇다. '군자는 남의 거짓 속임수를 미리 지레 짐작하지 않는다[君子不逆詐]'는 까닭도, 그렇게 하다 보면 결국 이러한 폐단에 이를 것이 틀림없기 때문이다.

『후한서』「곽궁전」의 기록에 따르면, 곽궁이 법관직을 맡아 소송을 심리하고 죄형을 판결함에는 긍휼과 용서에 의하였다고 한다. 그래서 대대로 법률을 전수하여, 자손 가운데 삼공(三公)까지 이른 자가 1인, 정위(廷尉)는 7인, 후(侯)는 3인, 자사(刺史)·이천석(二千石)·시중(侍中)·중랑장(中郎將)은 20여 인, 시어사(侍御史)·정(正)·감(監)·평(平)이 된 자는 매우 많았다고 한다. 적선(積善)으로 보답 받은 경사가 어찌 성대하지 않겠는가?

4. 고유(高柔)가 고발인 성명을 요청하다

삼국시대 위(魏)나라 고유(高柔)[17]가 정위(廷尉)일 적이었다. 당시 수렵(사냥) 금지법이 매우 준엄하였다. 의양(宜陽)의 전농(典農)인 류구(劉龜)가 수렵 금지 구역 안에서 몰래 토끼를 활로 사냥하였는데, 이를 본 공조(功曹)인 장경(張京)이 교사관(校事官)에게 가서 이 사실을 고발하였다. 이에 명제(明帝)는 고발인 장경의 이름은 숨긴 채, 류구를 체포하여 재판에 회부했다. 법관인 고유가 글을 올려 고발인의 이름을 알려 달라고 요청하자, 명제는 벌컥 화를 냈다.

"류구는 마땅히 죽일 놈이다. 감히 내가 수렵을 금지한 구역에서 사냥을 하다니! 그런 범인을 정위(법관)에게 이송했으니, 엄하게 신문하면 그만

17) 고유 : 삼국시대 魏의 진류(陳留) 어(圉 : 지금 河南 杞縣) 사람으로, 字는 문혜(文惠). 처음에 조조를 따라 尙書郎이 되었다가, 나중에 廷尉를 거쳐 太尉에 이름. 安國侯에 봉해짐. 『삼국지』 권24.

이지, 어찌 또다시 고발인의 성명까지 알려 달라고 요청한단 말인가? 내가 아무 까닭도 없이 자의로 류구를 체포했단 말인가?”

그러자 고유가 답변하였다.

“정위는 천하의 공평(公平)한 사법관(司法官)입니다. 어떻게 지존하신 황제의 희로애락 감정 때문에, 법을 파괴할 수 있겠습니까?”

그리고는 다시 더욱 정중하고 간절한 말로 상소문을 올렸다. 이에 명제는 깨달은 바가 있어서, 곧 장경의 이름을 건네주었다. 고유는 두 사람을 나란히 신문하여, 각각 합당한 죄와 벌을 판결하였다.

『삼국지』 『위지(魏志)』 「고유전(高柔傳)」에 나온다.

안(按) 법에 “무고(誣告)의 경우, 고발인을 반대 신문한다.”는 규정이 있는데, 간교한 모함을 방지하고 소송을 줄이기 위한 조치이다. 그러니 어떻게 고발인의 성명을 숨길 수 있겠는가? 고유는 정말 법을 잘 집행한 사람이다.

후위(後魏)의 유조(游肇)[18]가 정위일 적에, 선무제[19]가 일찍이 유조에게 특정 사안의 관련자를 용서해 주라고 명령을 내렸다. 그러나 유조는 그 명령을 따르지 않고 법을 고집하며 이렇게 답변했다.

“폐하께서 스스로 그를 용서(사면)해 주실 수 있는데, 어찌하여 신하(법관)에게 법 적용을 굽히라고 명령하십니까?”

이 또한 고유의 아류가 아니겠는가?

『북사(北史)』의 「유조전(游肇傳)」에 보인다. 이상 두 사안은 모두 옛 『의옥집』에 실려 있지 않다.

무릇 고유와 유조는 조서(詔書[20])에서 법관들을 격려하기 위해 지명한 모범 인물들이기에, 여기에 나란히 실어 소개한다. 법을 집행하는 관리가

---

18) 유조: 北魏 광평 임(廣平 任: 지금 河北 임현 동쪽) 사람으로, 字는 백시(伯始). 廷尉卿을 거쳐 상서우복야(尙書右僕射)에 이름. 『위서(魏書)』 권55. 『북사(北史)』 권34.

19) 선무제(宣武帝): 550~515년 재위.

20) 조서(詔書): 남송(南宋) 소흥(紹興) 3년(1133).

붓(판결문)을 굽혀 죄 있는 자를 놓아주는 일도 없고, 또 법을 파괴하여 무고한 백성을 법망에 빠뜨리는 일도 없이, 오직 인심(人心)에 부합하는 의론과 판결만 내리기를 바란다.

평석 『삼국지』「위문제기(魏文帝紀)」 가운데 황초(黃初) 5년(224) 춘정월의 기록에 따르면, 모반대역(謀反大逆)죄만 서로 고발할 수 있고, 그 밖의 죄는 고발을 수리하지 못하며, 만약 고발하는 경우에는 고발한 자도 그 죄로 다스린다는 칙령을 내렸다고 한다. 따라서 앞의 사안에서 장경의 고발이 비록 사실이지만, 고발 금지법 위반으로 처벌을 받게 된 것으로 보인다.

5. 은중감(殷仲堪)이 인정을 헤아리다

동진(東晋)의 은중감(殷仲堪[21])이 형주(荊州) 자사(刺史)일 적이었다. 계양(桂陽)현에 황흠생(黃欽生)이란 자가 양친이 돌아가신 지 이미 오래 되었는데도, 거친 삼베 상복(喪服)을 입고 부친상을 치른다고 사칭(詐稱)하였다. 주(州)의 담당 법관은 율문(律文)의 규정에 따라 기시(棄市)형에 처하도록 의론하였는데, 은중감의 생각은 달랐다.

"이 법의 본래 의도(정신)를 헤아려 보건대, 부모님께서 살아 계신데도 돌아가셨다고 거짓으로 꾸미는 행위가, 인정(人情)과 천리(天理)에 크게 어긋나고[情理悖逆] 자식 된 도리로 차마 입에 담을 수 없는 짓이므로, 이를

21) 은중감 : 동진(東晋) 진군(陳郡 : 지금 河北 淮陽현) 사람으로, 荊·益·寧의 3州 군사도독, 진위(振威) 장군, 형주(荊州) 자사, 가절(假節) 등의 벼슬을 지냄. 『진서(晋書)』 권84.

부모님께 대한 폭행[22]과 똑같은 죄로 처벌하여, 대벽(大辟 : 사형)의 형벌로 다스리는 것이다."

그리고는 마침내 그를 살려 주었다.

옛 『의옥집』이 『진서(晋書)』 「은중감전(殷仲堪傳)」에서 인용 수록하였다.

안(按) 옛 사람들은 곽궁(郭躬)이 "자기를 미루어(헤아려) 사물을 의론하였으며, 밖으로 나타난 모습을 놓아두고 속에 감춰진 본 모습을 탐색하였다.[推己以議物, 捨狀以探情.]"고 칭송하였다.[23]

무릇 자기를 미루어(헤아려) 사물(남까지 포함)을 의론하는 것은 서(恕)이며, 밖으로 나타난 모습을 놓아두고 속에 감춰진 본 모습을 탐색하는 것은 충(忠)이다. 은중감의 재판도 여기에 가깝다고 할 수 있다. 만약 정말로 법의 해석 적용이 충서(忠恕)의 원칙에 따르지 않았다면, 황흠생을 법조문의 자구대로 기시(棄市)[24]에 처결하였을 것이다. 이러한 법 적용은 일반 세속 관리들이 엄두도 낼 수 없는 현명한 지혜이다.

평석 부모상을 사칭한 구체적인 동기와 목적은 이 사안에서 나타나 있지 않고, 다만 충서(忠恕)를 최고 지상의 통치이념(이데올로기)으로 지향한 절대 왕조의 법의식을, '인정(人情)과 천리(天理)에 크게 어긋나는' 이른바 패륜(悖倫) 범죄라는 명분으로 표현한 점이, 아쉽게도 전통시대 법과 법관의 한계이다. 그러나 전통법이 구체적 법익(法益)의 침해 없이, 순수한 명분 보호만으로 부모상(喪) 사칭죄를 규정하지는 않았을 것임에 유념해야 한다.

약 3백 년 뒤 집대성한 당률(唐律)에서, 이 사안과 관련한 법 규정을 찾아보면 이러하다.

---

22) 폭행 : 원문은 구리(毆詈)인데, 구타나 욕설을 가리킴.
23) 『후한서(後漢書)』를 쓴 범엽(范曄)이 권46 「곽궁전(郭躬傳)」에서 평론한 찬사이다.
24) 기시(棄市) : 시장에 내버려 대중이 돌팔매로 죽이는 형.

"무릇 부모가 돌아가셔서 (3년 상(喪)을 치르기 위해) 관직을 사임해야 하는데 (조부모나 백숙부모 등과 같이) 다른 친족의 상(喪)이라고 거짓말(사칭)하고 사임하지 않는 자는 도(徒 : 징역) 2년 반에 처한다. 반대로 만약 조부모·부모 및 남편의 사망을 사칭하여 휴가를 청구하거나 (부역이나 세금 등) 회피하는 바가 있는 자는 도(徒) 3년에 처한다. 백숙부모와 고모·형·누나의 상(喪)을 사칭한 경우에는 도(徒) 1년에 처하고, 다른 친족의 경우에는 한 등급 감경(杖1백)한다. 만약 먼저 이미 돌아가셨는데, 비로소 돌아가셨거나 병환이 위독하다고 사칭한 자는, 각각 3등급 감경(처벌)한다."[25)]

"조부모나 부모를 욕설한 자는 교형(絞刑)에 처하고, 구타한 자는 참형(斬刑)에 처하며, 과실로 살해한 자는 유(流) 3천리에 처하고, 상해한 자는 도(徒) 3년에 처한다."[26)]

이를 보면, 동진(東晋)시대에 효(孝) 윤리를 통치의 대의명분으로 훨씬 강력히 표방하였음을 한 눈에 알 수 있다. 부모상(喪)의 사칭이나 은닉이, 당(唐) 이후로 내려오면서 통치이념상 엄벌에서 많이 누그러지고, 사회 경제적인 법익 보호와 실질상으로 긴밀히 연결하여, 법률적 형평 정의를 꾀하는 방향으로 적절히 세분화한 것이다. 이 점이 전통 중국법의 역사적 발전이라고 여겨진다.

윤리 도덕적·정치적 범죄도 내면의 동기와 목적은 거의 대부분 사회 경제적 이해관계에서 비롯함을 확인하고, 입법(立法)에 명문으로 반영한 것이다. 특히, 시간의 선후에 관계없이 단순히 '사칭'죄로만 규정하였던 법이, 당률(唐律)에 이르러 생전 사칭과 별도로, 사후 사칭을 대폭 감경 처벌하는 방향으로 구성요건을 독립시킨 것이다. 이러한 법제사의 발전은, 바로 이 사안에 대한 은중감의 현명한 판결이 선례(先例)로 작용한 경험 축적이 아닐까 생각한다.

---

25) 당률소의(唐律疏議) 사위율(詐僞律).
26) 당률소의(唐律疏議) 투송률(鬥訟律).

충서(忠恕)는 유가의 핵심 철학 사상으로, 인(仁)과 직접 이어지고, 법의 기본 정신인 황금률(黃金律 : Golden Rule)이기도 하다. 일찍이 공자가 증자에게 "내 도는 하나로 관통한다.[吾道一以貫之]"고 선언하였다. 그러자 증자는 그 의미를 묻는 다른 제자들에게, "선생님의 도는 충(忠)과 서(恕)일 따름이다.[夫子之道, 忠恕而已矣.]"고 설명한 적이 있다.

흔히 충(忠)은 중심(中心)으로 해석하는데, 자기 마음의 중심(줏대·축)을 바로 세우는 것[忠實]이다. 그리고 서(恕)는 그렇게 세운 자기 중심(中心)과 같이[如], 남의 마음도 미루어 헤아려 주는 것[容恕]이라고 해석된다. 그래서 충(忠)과 서(恕)는 각각 자기 수양과 타인 교화(중생 제도)를 대표하면서, 상호 표리 관계를 이룬다. '하나로 관통한다[一貫]'는 명제도 그렇게 이해할 수 있다.

그리고 공자는 종신토록 실행할 만한 말 한 마디를 청하는 자공(子貢)에게, 주저 없이 '서(恕)'를 일러 주면서, '자기가 하고 싶지 않은 것은 남에게 베풀지 말라![己所不欲, 勿施於人]'고 부연해 주었다. 그런데 또 다른 제자 중궁(仲弓)이 인(仁)을 묻자, 바로 '자기가 하고 싶지 않은 것은 남에게 베풀지 말라![己所不欲, 勿施於人.]'고 답하면서, 그렇게만 한다면 집안에서나 나라에서나 원망(하는 사람)이 없을 것이라고 말해 주었다.

이것이 바로 소극적 황금률(Negative Golden Rule)로서, 동서고금의 모든 윤리 도덕과 법률이 존립하는 기본 출발점이다. 따라서 법의 제정과 집행이 충서(忠恕)에 근거해야 함은 물론, 법의 해석 적용에서도 의미상의 애매모호나 규정상의 흠결 불비(不備)는 법의 기본 정신인 충서(忠恕)에 비추어 해결하여야 한다.

6. 하승천(何承天)이 벌금으로 논죄하다

남조(南朝) 송(宋)나라의 어사중승(御史中丞)을 지낸 하승천(何承天[27])이, 일찍이 동진(東晋) 안제(安帝[28]) 초기 류의(劉毅[29])가 예주(豫州) 자사(刺史)로 고숙(姑孰)에 주둔할 적에, 그의 행참군(行參軍)이 되었다. 한번은 류의의 일행이 길을 가는데, 언릉현(鄢陵縣)의 아전인 진만(陳滿)이 새를 활로 쏘다가, 그만 화살이 당직 장수를 잘못 맞히고 말았다. 비록 별 상처는 입히지 않았지만, 법 규정대로 기시형(棄市刑)에 처하도록 명했다. 그러자 하승천은 다음과 같이 논죄하였다.

"형사 사안은 실정(實情)에 따라 단죄하는 일이 무엇보다 귀중하며, 의심스러우면 되도록 가벼운 (처벌)규정을 따라야 합니다. 옛날 한(漢)나라 때 어떤 행인이 문제(文帝)의 행차 수레(乘輿)를 끄는 말을 깜짝 놀라게 하였는데, 문제(文帝)가 불경죄(不敬罪)로 처형하려 했으나, 장석지(張釋之[30])가 단지 황제 행차에 길을 비켜 숨어야 하는 의무를 어긴 죄[犯蹕]로 벌금에 처하면서, 행인이 황제의 말을 놀라 날뛰게 만들 마음(의도)은 없었다는 이유를 밝힌 선례(先例)가 있습니다. 그래서 황제 같이 지존한 신분으로도 법제[律]를 다르게 적용하지 못했습니다.

지금 진만의 본래 의도는 새를 사냥하는 데 있었지, 결코 사람을 맞히

---

27) 하승천 : 南朝시대 宋의 동해 담(東海 郯 : 지금 산동 郯城현) 사람으로, 동진(東晋) 말에 行參軍을 지냈고, 宋에 들어와 어사중승(御史中丞)까지 오름. 『송서(宋書)』 권64, 『남사(南史)』 권33.

28) 안제(安帝) : 연호는 의희(義熙), 408~418년 재위.

29) 류의 : 동진(東晋)의 팽성 패(彭城 沛 : 지금 안휘 소蕭현) 사람으로, 字는 희락(希樂). 동진 말엽 병력을 일으켜 桓玄을 토벌하여, 그 공적으로 예주(豫州) 자사를 지내고 南平郡荊國公에 봉해짐. 나중에 劉裕와 권력 쟁탈을 벌였다가 패하여 자살함. 『진서(晋書)』 권85.

30) 장석지 : 漢나라 도양(堵陽 : 지금 河南 方城현) 사람으로, 字는 계(季). 벼슬이 廷尉까지 올랐으며, 나중에 淮南王의 승상이 됨. 『사기(史記)』 권102, 『한서(漢書)』 권50.

려는 마음이 있었던 것은 아닙니다. 율문(律文)은 '과오로 사람을 다치게 한 자는 3년형에 처한다.'고 규정하고 있을 따름인데, 하물며 사람이 다치지 않은 경우야 어떻겠습니까? 벌금에 처해도 충분합니다."

옛 『의옥집』이 『남사(南史)』 「하승천전(何承天傳)」에서 인용 수록하였다.

안(按) 이 또한 "자기를 미루어(헤아려) 사물을 의론하며, 겉으로 나타난 모습을 놓아두고 속에 감춰진 본 모습을 탐색한" 재판이다.

7. 공심지(孔深之)가 법 적용을 변론하다

남조(南朝)의 송(宋)나라 공심지[31]가 상서비부랑(尙書比部郎)일 적이었다. 안륙군(安陸郡)의 응성현(應城縣)에서 장강릉(張江陵)이란 사람이, 아내 오(吳)씨와 함께 어머니 황(黃)씨를 호되게 욕하며 죽으라고 저주하자, 황씨가 분노를 참지 못하고 원한을 품은 채 스스로 목매 죽어 버렸다. 때마침 황제가 특사를 내렸는데, 본래 율문(律文)의 규정은 이러하였다.

"자식이 부모를 살상(殺傷)하거나 구타한 경우에는, 사면을 만나도 여전히 효수(梟首)형에 처하고, 욕설한 경우에는 기시(棄市)에 처한다. 남편의 부모를 모살(謀殺)한 경우에도 또한 기시에 처하는데, 사면을 만나면 형벌을 면제하여 변방으로 이주시켜 군대에 편입한다."

장강릉이 어머니에게 욕하여 어머니가 자살하도록 만든 죄는, 상해나 구타보다는 무겁다. 만약 살인과 같이 부과한다면, 너무 무거울 듯하다.

---

31) 공심지 : 南朝 宋의 회계 산음(會稽 山陰 : 지금 절강 紹興市) 사람으로, 상서비부랑(尙書比部郎 : 尙書에 설치한 比部曹에서 법제를 관장함)을 지냄. 『송서(宋書)』 권54, 『남사(南史)』 권27.

그렇다고 상해나 구타 또는 욕설 죄로 처벌하면, 지나치게 가벼울 것이다. 법제(法制)상 단지 어머니를 때리면, 사면을 만나도 여전히 효수형에 처하는 율문만 있으며, 어머니를 욕해서 죽게 한 뒤 사면을 만나는 경우에 대한 규정은 없었다. 그래서 해석 적용에 문제가 되었는데, 공심지가 이렇게 의론하였다.

"무릇 마을 이름이 마음에 거슬리면, 어진 이는 그 마을에 들어가지도 않습니다.[題里逆心, 仁者不入.] 이름(명분)조차 마음에 거슬리는 것을 그토록 싫어하거늘, 하물며 사람이 실제로 그런 일을 행하면 오죽하겠습니까? 그래서 부모에 대한 살상이나 저주를 모두 법이 용납하지 않는 것입니다. 따라서 부모를 욕하여 자살하게 만든 죄도, 이치상 용서할 수가 없습니다. 장강릉은 비록 사면의 은전을 만났지만, 정말로 효수에 처해야 마땅합니다. 그의 아내(며느리)는 본디 도의(道義)로 맺어진 인연이므로, 혈친(血親) 관계의 천륜(天倫)이나 애정을 기대할 수는 없습니다. 황씨가 한을 품고 죽은 것은, 본래 의도(동기)가 며느리 오씨한테 있는 것은 아니므로, 사형은 용서하여 변방 군대에 편입시키는 것이 정법(正法)에 합당하겠습니다."

이에 황제는 공심지의 의론대로 처분하되, 오씨도 기시에 처하는 게 좋겠다는 조서(詔書 : 판결)를 내렸다.

『남사(南史)』「공정전(孔靖傳)」에 보이는데, 심지는 그의 손자이다. 옛 『의옥집』에는 실려 있지 않다.

안(按) 어머니를 욕해 죽게 만든 죄는 폭행 상해보다 무겁기 때문에, 사면을 만나도 용서해 주지 않는 것이, 법리(法理)에 진실로 합당하다. 아내(며느리)를 만약 종범(從犯)으로 논죄하였다면, 혹시 사면으로 용서할 수도 있었겠지만, 오씨가 실제로 함께 욕설을 했기(共犯) 때문에, 기시 처분이 또한 합당하다. 공심지의 의론이 미처 생각하지 못하고 빠뜨린 점을, 황제의 조서(판결)가 적확히 보충한 것이다.

8. 대주(戴胄)가 불공평한 논리를 반박하다

당(唐)나라 대주(戴胄)[32]가 대리소경(大理少卿)일 적이었다. 장손무기(長孫無忌)[33]가 황제의 부름을 받고 궁궐에 들어오면서, 허리에 찬 칼을 풀지 않고 동상각(東上閣)까지 진입했다. 이에 상서우복야(尙書右僕射)인 봉덕이(封德彝)[34]가 이렇게 논죄했다.

"궁문을 지키는 감문교위(監門校尉)가 이 사실을 알아차리지 못한 죄는 사형에 해당하며, 장손무기는 속죄(贖罪) 벌금에 처해야 합니다."

그러자 대주가 반론을 폈다.

"교위와 장손무기의 죄는 같습니다. 신하와 자식은 군주와 부모께 대하여 과오(過誤)로 죄를 범했다고 변명할 수 없습니다. 그래서 법에 '황제의 탕약(湯藥) 조제나 음식·선박을 과오로 법(규정)과 달리 만들면, 모두 사형에 처한다'는 내용이 있습니다. 폐하께서 장손무기의 그간 공적을 감안하시어 죄를 용서해 주시는 것이야 괜찮겠지만, 만약 장손무기는 벌금으로 속죄시키고 교위만 처형한다면, 이는 (국가의 공평한) 형법(집행)이라고 할 수 없습니다."

황제가 이 말을 듣고는 "법은 천하의 공평한 규약이니, 짐이 어떻게 친척이라고 두둔할 수 있겠는가?"라고 말하면서, 다시 잘 심의하라고 명령

---

32) 대주: 당나라 상주 안양(相州 安陽: 지금 河南 안양시) 사람으로, 字는 현윤(玄胤). 처음에 隋에 벼슬을 시작하여 당에 들어와 大理少卿을 지내고 檢校吏部尙書로 조정에 참여함. 군공(郡公)의 작위를 받음. 『구당서』 권70, 『신당서』 권99.

33) 장손무기: 당나라 하남 락양(河南 洛陽: 지금 락양시) 사람으로, 字는 보기(輔機). 당 고조를 따라 병력을 일으켜 수나라를 멸망시킨 공로로 太尉, 檢校中書令의 벼슬에 오르고 양주(陽州) 도독을 겸함. 武則天 때 모반죄로 금주(黔州)에 귀양 가서 죽음. 『구당서』 권65, 『신당서』 권105.

34) 봉덕이: 당나라 관주 수(觀州 蓨: 지금 河北 景縣) 사람으로, 이름은 륜(倫). 처음에 隋나라에 벼슬했다가, 당나라에 투항한 뒤 상서우복야(尙書右僕射)에 이르고 趙國公에 봉해짐. 『구당서』 권63, 『신당서』 권100.

했다. 그러나 봉덕이가 처음 의견을 강력히 고집하므로, 황제가 좋다고 재가를 내리려 하였다. 그런데 대주가 다시 한 번 반박 토론을 벌였다.

"교위는 장손무기 때문에 죄를 얻게 되었으므로, 법리상 (적어도 장손무기보다는) 가볍게 처벌해야 합니다. 만약 둘 다 과오로 인한 범죄라면, 교위 혼자만 사형에 처해서는 안 됩니다."

그래서 결국 장손무기와 함께 교위도 죄를 면하게 되었다.

『당서(唐書)』「대주전(戴冑傳)」에 나오는데, 옛 『의옥집』에는 실려 있지 않다.

안(按) 대주가 "신하와 자식은 군주와 부모께 대하여 과오로 죄를 범했다고 변명할 수 없습니다.[臣子於君父, 不得稱誤.]"고 말한 것은, 사실 장손무기를 심히 책망하는 비난이다. 교위가 장손무기로 말미암아 죄를 지었으니, 장손무기의 죄와 같고, 따라서 형벌도 가벼워야 마땅하다. 장손무기를 용서하면서, 어떻게 그로 말미암아 죄를 얻게 된 자는 용서하지 않을 수 있단 말인가? 대주가 강력히 반박한 쟁론도 또한 충서(忠恕)의 의리이다.

평석 "신하와 자식은 군주와 부모께 대하여 과오로 죄를 범했다고 변명할 수 없다"는 대주의 말은, 요즘 법률 용어로 표현하면, '업무(직책)상 중과실(重過失)'보다 한층 더 무거운 '신분(身分, 道義)상 막중과실(莫重過失)'이라고 할 수 있다. 따라서 단순히 일반 과실보다 가중 처벌하는 데서 그치지 아니하고, 아예 '고의(故意)'와 똑같이 간주하는 이른바 '의제고의(擬制故意)'라고 규정할 수 있다. 물론 이는 절대 왕권을 확립하기 위해, '충효(忠孝)' 윤리를 지상 명령으로 내세운 봉건 통치이념의 법적(法的) 화신(化身)인데, 그 가운데서도 가장 전형적인 극치의 정화(精華)로 보인다.

그러나 대주가 거론한 이 명제는, 결코 절대 군주에게 아부하기 위한 말발림이 아니었다. 다만 총애와 권세를 빙자하여 오만을 부리는 장손무기를 은근히 호되게 책망하고, 그 반사적 효과를 극대화시켜, 한 순간 직책을 소홀히 한 죄로 목숨을 잃어야 할 가엾은 말단 문지기를 구하기 위하여, 황제의 존엄과 긍지를 새삼 확인시켜 일깨운 선량한 대의명분이었다.

사실 황제의 마음을 감동시켜 바꾸게 한 원동력은, '법의 공평성'에 관한 객관적이고 직접적인 냉철한 이론 공격이라기보다는, 차라리 이러한 주관적이고 간접적인 은근한 감정 호소였을 것이다. 이 점을 빠뜨리지 않고 지적한 편저자의 혜안(慧眼)과 통찰력도 돋보인다.

참고로 당률(唐律) 직제율(職制律)에 따르면, "황제의 약을 조제함에 과오로 본래 처방과 다르게 하거나 복용 지시를 잘못 적으면, 의사를 교형(絞刑)에 처"한다. 또 "황제의 음식을 만듦에 과오로 식금(食禁 : 음식 금기)을 범하면, 주식(主食 : 주방장)을 교형(絞刑)에 처"한다. 그리고 "황제가 탈 선박을 과오로 견고하지 못하게 만들면, 책임 기술자를 교형(絞刑)에 처한다." 물론 비교적 경미한 과오는, 정도에 따라 단계별로 감경 처벌한다.

9. 서유공(徐有功)이 석방을 결단시키다

당나라의 서유공[35]이 사형승(司刑丞)일 적이었다. 한기효(韓紀孝)란 자가 서경업(徐敬業)에게서 허위 관직을 제수 받은 사건이 들통 났는데, 이미 죽은 지 한참 지난 뒤였다. 이 사건을 수사 심리한 특별 법관인 추사사(推

35) 서유공 : 당나라 락주 언사(洛州 偃師 : 지금 河南 언사현) 사람으로, 이름은 홍민(弘敏). 고종 때 明經科에 급제하여, 武則天이 국호를 周로 바꾸었을 때 司刑丞이 되고, 나중에 司僕少卿까지 이름. 법 집행이 공정하고 엄격하며, 조정에서 간쟁(諫爭)을 피하지 않는 강직한 성품으로, 자주 무측천의 비위를 거슬러 세 차례 사형죄를 범했으나 사면 받고, 몇 번이나 파면 당했다가 다시 복직하여 명망을 되찾았음. 『구당서』 권85, 『신당서』 권113.

事使) 고중염(顧仲琰)[36]이 "(죄인은 죽고 없어 더 이상 처형할 수 없지만) 가족은 연좌(緣坐) 처벌하는 게 합당합니다."고 아뢰었다. 그러자 황제가 그 의견에 따라 가족을 전부 몰수하라고 조서를 내렸다. 이에 서유공이 반론을 개진하였다.

"율문(律文)의 규정에 따르면, 반역을 모의[謀反]한 자는 참형(斬刑)에 처하게 됩니다. 그러나 범인 자신이 죽고 없으면, 참형에 처하는 법도 더 이상 적용할 수 없습니다. 다만 모반의 정상(情狀)이 도저히 그냥 놓아두기 어려운 경우에는, 더러 시체를 파내 처형하는 육시(戮屍)를 명하실 수 있습니다. 이러한 방도를 제외하면, 달리 언급할 형벌이 있을 리 없습니다.

연좌형의 원인은 바로 참형인데, 지금 참형에 처할 사람도 없는데, 어찌 연좌를 시행할 수 있겠습니까? 연좌를 야기한 범인이 죽으면, 그로 말미암아 파생하는 (연좌)죄도 감경하는 법입니다. 그렇게 감경한 죄는 기껏해야 도형(徒刑)에 그치며, 그 후 사면의 은전을 받는 경우가 대부분입니다. 그런데 지금 도리어 전 가족을 관청에 몰수하라고 처단하시니, 무슨 법조항에 근거하셨는지 모르겠습니다."

그리하여 결국 황제는 다시 서유공의 의견에 따라 석방을 판결했다. 이렇게 해서 관청에 몰수당할 신세를 모면한 이가 수백 가구에 이르렀다.

『당서(唐書)』「서유공전(徐有功傳)」에 보이는데, 역사 기록 문구가 너무 간략하여, 『통전(通典)』의 내용에 의거하여 미비한 점을 보충한다. 옛 『의옥집』에는 실려 있지 않다.

안(按) 『주역』에 "성인이 군주가 되어 천하의 의론을 듣는다"는 말이 있다. 그래서 『한서(漢書)』를 쓴 사관(史官)은, 고조(高祖)가 '도모하기를 좋아하고 잘 들을 줄 안다[好謀能聽]'고 칭송하였다. 무릇 듣는 일은 정말로 군주의 직책이다. 이 사안에서 황제가 고중염의 아룀을 들었다면, 수백 가구의 사람들이 관청에 (노비로) 몰수당하였을 것이다. 그런데 서유공의 의론을 들음으로써, 수백 가구의 사람들이 몰수를 모면할 수 있었

36) 고중염 : 미상.

다. 이러한 상황에서 잘 취사선택할 줄 아는 것도, 또한 현명함일 것이다. 서유공이 (나중에 측천무후의 비위를 거슬러 몇 번이나 파면 당했으면서도 다시 복직하고, 또 세 차례나 사형죄를 범하고도 사면 받는 등) 재앙을 모면하고 명성을 이룰 수 있었던 게, 어찌 우연이라고 하겠는가?

10. 두삼(竇參)이 신속히 처형하다

당나라 두삼[37]이 처음에 경조부(京兆府) 봉선현(奉先縣)의 위관(尉官)일 적이었다. 궁궐의 북군(北軍)에 소속한 조분(曹芬)이라는 형제가 술에 취해 자기 누이동생을 폭행(강간)했다. 그 아버지가 이들을 말리고 딸을 구하려다 실패하자, 분통이 터져 그만 우물에 빠져 죽어 버렸다. 이에 두삼은 그 형제에게 중형(사형)을 판결했는데, 많은 사람들이 아버지 상례나 마치기를 기다려 달라고 요청했다. 그러나 두삼은 "아버지가 자식 때문에 죽었는데, 만약 상례를 이유로 처형을 연기하면, 이는 아버지 죽인 죄를 처벌하지 않는 것이다"고 말하면서, 그들의 청을 단호히 거부했다. 그리고 두 형제를 모두 몽둥이로 쳐 죽였다.

『당서(唐書)』「두삼전(竇參傳)」에 나온다.

안(按) 당나라 법제는 현감이 사형죄를 처단할 수 있었다. 두삼이 봉선현의 위관일 적에, 아마도 현감의 직권을 대행했던 것 같다. 많은 사람들이 상례를 마치도록 기다려 달라고 요청한 것은, 그 아버지가

---

37) 두삼 : 당나라 기주 평릉(岐州 平陵 : 지금 섬서 鳳翔현) 사람으로, 字는 시중(時中). 조상의 官蔭으로 奉先縣尉에 임명받았다가, 德宗 때 中書侍郞, 同中書門下平章事, 령탁지(領度支), 염철사(鹽鐵使) 등을 지냄. 『구당서』 권136, 『신당서』 권145.

우물에 빠져 죽었는데 형제 또한 법에 따라 사형에 처한다면, 아버지의 상례를 치를 사람이 없다는 이유였다. 이는 아마도 궁궐 북군이 봉선현에 주둔하고 있던 관계로, 소속 병사(형제)를 위해 형 집행의 연기를 요청한 뒤, 중궁(中宮)[38]에게 뇌물을 써서 사형을 모면하려고 꾀한 방책일 것이다. 두삼이 그 말에 넘어가지 않고 정면으로 반박하여 신속히 사형을 집행한 까닭은, 아마 이 때문일 것이다.

11. 류혼(柳渾)이 집요하게 아뢰다

당나라 때 류혼이 덕종(德宗)의 재상일 적이었다. 한번은 옥(玉) 세공 기술자가 황제의 허리띠를 만들다가, 그만 잘못하여 구슬 한 알을 망가뜨리고 말았다. 그 기술자는 감히 황제께 아뢰지 못하고, 스스로 몰래 다른 옥을 사다가 대신 보충해 넣었다. 완성하여 바치자, 황제가 구슬 장식이 똑같지 않음을 알아차리고 캐물어, 결국 기술자는 사실대로 죄를 자백하였다. 황제는 기술자가 감히 자기를 속였다고 크게 분노하면서, 경조부(京兆府)에 사형을 내리도록 명령했다. 그러나 류혼은 이렇게 아뢰었다.

"폐하가 즉석에서 그를 죽여 버렸다면 그만입니다. 그러나 만약 담당 관원에게 회부하셨다면, 상세한 의론을 거쳐 논죄하셔야 됩니다. 법 규정에 따르면, 과오로 황제의 수레나 기물·의복을 손상시키는 죄는 곤장에 해당한다고 되어 있습니다. 청컨대, 율문(律文)의 규정대로 논죄하십시오."

이렇게 해서 옥 세공 기술자는 죽지 않게 되었다.

『당서(唐書)』「류혼전(柳渾傳)」에 나온다.

---

38) 중궁(中宮) : 궁궐 禁軍을 관장하던 환관 출신의 호군중위(護軍中尉).

안(按) 과오로 손상시킨 죄는 법 규정상 여기에 그친다. 만약 율문(律文)의 의미를 깊이 파서 견강부회하려는[深文] 자가 해석 적용을 의론했다면, 틀림없이 황제를 속인 불경죄(不敬罪)의 형벌에 처했을 것이다. 『서경(書經 : 尙書)』의 「순전(舜典)」에 보면, "과오를 용서함에는 큰 것을 따지지 않는다[宥過無大]"는 말이 있다. 옥 세공 기술자가 감히 속이려 든 것이 아니라, 단지 과오로 망가뜨린 것을 스스로 배상해 놓은 것뿐이니, 진실로 용서할 수 있는 과오의 법에 속한다.

평석 당률(唐律) 직제율(職制律)에는 다음과 같은 규정이 있다.

"황제께서 사용하시는 기물을 법대로 유지·보호·수리·정돈하지 않은 자는 곤장 80에 처하고, 만약 황제께 바치고 시중드는 데 예법을 어긴 자는 곤장 1백에 처한다. 수레나 말 따위를 잘 익숙하게 조련하지 못하거나, 수레나 말의 운행 도구를 완전하고 견고하게 준비하지 않은 자는 도(徒) 2년에 처하며, 아직 황제의 사용에 제공하지 않은 경우에는 3등급을 감경한다."

앞의 사안에서 의약·음식·선박에 관한 규정은 과오라도 주책임자를 교형(絞刑)에 처하였다. 그런데 일반 기물이나 수레·말의 관리에 대해서는, 고의와 과실을 특별히 구분하지 않은 채, 곤장이나 도형(徒刑)에 처하고 있다. 이러한 차이는 물론, 전자가 생명과 건강에 직접 관련하여 위험성이 높고, 그만큼 직책상 주의 의무도 훨씬 강하게 요구하기 때문이다.

12. 고방(高防)이 사안을 재심리하다

고방이 처음에 오대(五代)의 후주(後周) 조정에서 형부시랑(刑部侍郎)을 맡았을 때였다. 숙주(宿州)의 한 백성이 칼로 자기 아내를 찔러 죽였는데, 아내의 친정 식구들은 그(사위)의 뇌물을 받고는 주(州) 관청을 속여, '그(범인)가 정신병에 걸려 말을 못한다'고 말했다. 그래서 주(州)에서는 신문도 제대로 안하고 조서를 작성하여 조정에 보고하자, 대리시(大理寺)는 곤장에 처하라고 판결했다. 그러나 고방은 이 사안을 재심리했다.

"아무개가 정신병에 걸려 말도 못한다는데, 의사가 진찰한 증명서도 없이 무엇을 증거로 곤장형에 처한단 말인가? 하물며 그가 갇힌 지 한 달 남짓 되는데, 어찌 음식을 찾아 부르지도 않았단 말인가? 이 사건을 다시 심리하면, 반드시 본래의 실정이 드러나리라."

이 말을 들은 후주(後周)의 태조는 그럴 듯하게 여겨 재심리를 명했는데, 결국 법대로 처치하였다.

안(按) 형사 사건을 재판하는 정도(正道)는, 반드시 먼저 사실 정황(情)을 조사해 밝힌 뒤 죄책을 의론해야 한다. 지금 사실 정황도 아직 제대로 밝혀지지 않았는데, 죄책부터 먼저 판단한다면, 법리(法理)상 옳겠는가? 이는 대개 뇌물을 받고 사건을 축소 은폐하려는 처사이다. 그래서 고방이 이를 알아차리고, 이렇게 재심리하도록 의론한 것이다.

그러나 그가 단지 사안을 재심리하도록 청하기만 하고, 재판을 담당했던 관리의 책임은 추궁하지 않은 까닭은 무엇일까? 이는 그가 비록 죄악은 몹시 미워하면서도, 완고한 관리를 긍휼히 여기고, 또 엉뚱한 골칫거리가 생길까 염려한 때문이리라.

13. 두호(杜鎬)가 유추 적용하다

시랑(侍郎)인 두호[39]의 형님이 남당(南唐)에 벼슬하여 법관을 지낼 때,

한번은 어떤 아들이 아버지의 초상화를 훼손하여, 가까운 친척이 관청에 고발하였다. 이에 두호의 형님은 어떤 법을 적용할 수 있을까 의아해하며 결정하지 못하고 있었는데, 그 모습이 얼굴빛에 나타났다. 당시 두호는 아직 어렸는데, 형님께 그 까닭을 물어 보더니, 곧장 이렇게 말하였다.

"스님이나 도사(道士)가 천존(天尊)[40]상이나 불상(佛像)을 훼손하는 법을 유추 적용할 수 있겠습니다."

이 말을 들은 형님은 아우를 매우 기특히 여겼다.

안(按) 순자(荀子)가 말했다. "법이 있는 경우는 법을 적용 시행하되, 법이 없는 경우에는 유사한 법에 비추어 처리한다.[有法者, 以法行; 無法者, 以類擧.]"

이 사안이 바로 유사한 법에 비추어 처리하는 이른바 유추 적용이다. 앞서 소개한 사안 가운데, 황패가 세 사내를 결단한 판례나, 왕존(王尊)이 양자를 처형한 판결은, 모두 비슷한 사정에 비추어 처리한 것이다. 법은 사람들이 짐승처럼 부자(父子)간이나 형제간에 한 여자를 공유하는 취유(聚麀)를 명문으로 금지하고 있지는 않다. 그러나 사람이 짐승을 죽이는 것은 죄가 안 되므로, (짐승 짓을 하는 사람을 짐승으로 간주하여) 처단해도 된다고 유추한 것이다.

평석 당률(宋刑統도 거의 같음), 적도율(賊盜律)에 이러한 규정이 있다. "(일반인이 도교의) 천존상이나 불교의 불상을 훔치거나 훼손한 자는 도(徒 : 징역) 3년에 처하며, 도교의 도사나 여관(女官)이 천존상을 훔치

---

39) 두호 : 송나라 상주 무석(常州 無錫 : 지금 江蘇 무석시) 사람으로, 字는 문주(文周). 南唐 때 벼슬을 시작하여, 송나라 때는 책부원귀(冊府元龜 : 眞宗의 명령으로 景德 2년부터 大中祥符 6년에 걸쳐, 上古부터 五代까지의 역대 사실을 31部 1104門으로 분류 편수한 총서류. 1천 권) 편수에 참여하고, 례부시랑(禮部侍郎)까지 오름. 『송사』 권 296.

40) 천존(天尊) : 道教에서 신봉하는 天神.

거나 훼손하거나, 또는 (불교의) 승려나 비구니(여스님)가 불상을 훔치거나 훼손한 경우에는, 노역을 부가한 유형[加役流]에 처한다. 또 (천존보다 낮은) 진인(眞人)이나 (부처보다 낮은) 보살인 경우에는 각각 한 등급씩 감등하고, 훔쳐서 (이익을 취하지 않고 종교 신앙의 대상으로) 공양(供養)한 경우에는 곤장 1백에 처한다."

그리고 당률(唐律)의 명례율(名例律)에는, 불교나 도교의 출가 수행자 내부의 도의(道義)적인 신분 관계에 대하여, "스승은 백숙부모와 같고, 제자는 형제의 아들(조카)과 같다"고 3촌(寸)의 혈연 관계를 의제(擬制)하는 총칙 규정이 보인다.

따라서 입법(立法) 정신에 근거하여 법리(法理)를 추론한다면, 승려와 불보살의 관계 및 도사와 천존·진인의 관계는, 2촌의 조손(祖孫)이나(兄弟도 2촌이나, 대등한 수평 관계가 아니므로 비유하기에 부적합함) 1촌의 부자(父子) 관계로 대비하는 것이 합당하다. 이렇게 추론한 법리를 거꾸로 적용한다면, 이번 사안처럼 아들이 아버지의 초상화를 훼손한 죄는, 승려가 불상을 훼손하고 도사가 천존상을 훼손한 죄와 대등하게 상응한다는 추론이 나온다. (忠孝를 최고 윤리로 내세운 전통 가족주의 법문화의 특성상 당연하다.)

이런 다단계의 복잡한 법리 추론을 거치지도 않고서, 어린 두호가 즉석에서 간단명료한 유추 적용을 판단한 것은, 천부(天賦)적인 현명한 혜안(慧眼)과 뛰어난 선근(善根)의 자연스러운 발로(發露)로밖에 이해가 안 된다.

물론 '인권'을 최고 법이념으로 삼아 엄격한 죄형법정주의를 채택하는 근대 서양법 체계에서는, 이러한 유추 적용을 용납하기 어렵다. 그러나 실체적 '정의'의 실현을 더욱 중시하는 우리의 전통 법문화에서는, 죄악과 형벌 사이의 실질적인 형평성(公正性)이 절차적 정의나 적법 절차보다 우선하기 때문에, 정당한 법 적용이 된다.

여기에 인용한 법 규정과 관련한 유명한 역사 사건이 하나 전해진다. 당나라 때 선종(禪宗)의 육조(六祖) 혜능(慧能)이 임종에, 자기 입적 후 얼마 지나면 신라인이 자기 부도탑을 훔쳐가려고 올 것이라고 유언했다. 그래서 제자들이 부도탑에 철골을 박아 단단히 세우고, 주의를 게을리 하지 않았다. 과연 그때가 되자, 밤에 부도탑을 훼손하는 소리가 났다. 나가서 붙잡아 보니, 신라 스님이 육조의 덕망을 흠모한 나머지, 부도탑을 신라로 모셔가 공양하려고, 사람을 시켜 훔치려고 했다는 것이다.

이 법 규정에 따르면 곤장 1백에 해당할 것이다. 그런데 당시 관할 지역 법관은, 종교적 신앙심에서 공양 목적으로 훔치려 했고, 또 불교의 기본 정신이 자비(慈悲)인 점을 감안해, 특별히 용서한다고 판결했다. 아무튼 육조가 이름 그대로 선견지명(先見之明)의 혜능(慧能)을 보인 게 특이하다.

14. 마종원(馬宗元)이 군(郡)에 진정하다

마종원[41]이 어릴 적에 아버지 마린(馬麟)이 이웃 사람을 구타하여 관가에 갇혔다. 폭행으로 인한 상처가 법정 기한 안에 사망의 결과를 초래하는지 관찰하기 위함이었다. 그런데 불행히 피해자가 기한 안에 사망한 것으로 여겨져, 폭행치사의 법에 의해 처형당할 운명이었다.

그런데 마종원이 구타 시점으로부터 사망 시각까지 정확히 계산해 보니, 법정 기한을 4각(刻)[42] 초과한 것으로 밝혀졌다. 그래서 이 사실을 군에 알리고 진정하여, 아버지가 살인죄는 면하게 되었다. 종원은 이 사건으로 유명해졌다.

안(按) 폭행으로 인한 치사(致死)의 죄책을 인정하는 기한은 날[日]로 계산하는데, 날[日 : 하루]은 100각(刻)으로 계산한다.[43] 피해자가 그

41) 마종원 : 미상.
42) 4각(刻) : 1각은 약 15분이므로 1시간 정도에 해당함.

기한을 초과하여 죽으면, 폭행치사[毆殺]의 죄를 지지 않고 폭행상해[毆傷]의 죄만 지게 된다. 법에는 시간의 장단에 따른 차이(차별)가 없으니, 비록 단지 4각(1시간)밖에 안 되지만 기한을 초과한 것은 분명하다. 따라서 담당 관리가 법을 의론하여 적용할 때, 스스로 이와 같이 했어야 마땅했다. 하필 피의자의 아들이 계산하여 진정한 뒤에야, 그 사실을 인정하고 치사죄를 면해 준단 말인가? 과연 법관이 경망스러워 간과했다면, 법의 남용으로 억울한 희생자를 낼 뻔했다. 그러기에 이 사실을 밝혀내어 진정한 어린 아들을 정말로 칭찬할 만하다.

평석 당률(唐律 : 宋刑統도 같음) 투송률(鬪訟律)에는 폭행으로 인한 사망 결과의 죄책을 인정하는 기준을 기한으로 법정(法定)하고 있는데, 이것이 이른바 '보고(保辜)' 제도이다.

"손발로 사람을 폭행하거나 상해한 경우는 10일, 다른 물건으로 사람을 폭행하거나 상해한 경우에는 20일, 칼날(흉기)이나 끓는 물·불로 사람을 상해한 경우에는 30일, 신체의 일부를 부러뜨리거나 뼈를 파손시킨 경우에는 50일로 정한다. 그 기한 안에 (피해자가) 사망하면 각각 살인죄로 논하며, 기한을 지나 사망하거나 비록 기한 안이라도 다른 사고(원인)로 사망한 게 확실한 경우에는 각각 본래의 폭행이나 상해의 법에 의해 처벌한다."

이는 폭행상해와 치사(致死)에 국한한 인과(因果) 관계 이론이라고 할 수 있다. 물론 근대 서양의 형법 이론에 비추어 보면, 상당히 단순하고 소박한 획일적인 법 규정으로 느껴질 수 있다. 법관의 재량권 남용과 가피해자(加被害者) 사이의 시비 분쟁을 예방하기 위해 획일 규정한 중국식 전통 죄형법정주의의 일면으로 이해하면 좋을 듯하다. 한번 공포한 법정(法定) 기준은 철저하게 따지고 지킨 법 적용 정신은 근대 서양의 법치주의 못

---

43) 唐律 名例律의 총칙 규정임.

지않은데, 이 점이 바로 법가(法家) 전통의 계승이다.

15. 마량(馬亮)이 사형을 용서해 주다

송나라 때 공부상서(工部尙書)까지 지낸 마량[44]이 담주(潭州) 지사일 적이었다. 관할 현에 군대에서 도망(탈영)한 병졸이 겁탈을 자행하여, 온 마을이 근심과 공포에 싸였다. 그래서 주민들이 함께 모의하여 그를 죽여 버렸는데, 법 규정상 사형에 처해질 사람이 넷이나 되었다. 그러나 마량은 그의 부하 관료에게 이렇게 분부하였다.

"무릇 백성들을 위해서 해악을 제거한 사람에게 도리어 사형을 부과한다면, 이 어찌 법의 본래 의도(정신 · 목적)에 부합하겠는가?"

그리고는 그 사안에 결재를 내려 모두 용서해 주었다.

안(按) 겁탈과 노략질을 자행하는 사람은 법 규정상 아무나 체포할 수 있다. 그러나 만약 체포하여 관가에 넘길 명분(의도)이 아니고서 그냥 모의하여 살해한다면, 속임수나 구실의 남용으로 억울함이 생길까 염려스럽기 때문에, 이는 법에서 허용하지 아니한다.

이 네 사람은 주민들을 위해서 해악을 제거한 사안이 분명히 진실하면서, 그 정상 또한 긍휼히 여길 만하다. 그런데 이들을 반드시 처형한다면, 이는 법의 본래 의도(목적 · 정신)가 아니다. 그러나 부하 관료들은 모두 법의 명문 규정을 그대로 지켜야 하기 때문에, 군(郡 : 州)의 장관이 법의 의

---

44) 마량 : 송나라 려주 합비(廬州 合肥 : 지금 안휘 합비시) 사람으로, 字는 숙명(叔明). 진사에 급제한 뒤, 담주(潭州) 지사를 거쳐 공부상서(工部尙書), 박주(亳州) 지사에 이름. 『송서』 권298.

도(목적 · 정신)를 잘 살펴 밝혀야 마땅하다. 그래서 마랑이 혼자서 이 사안을 결재하여 이들을 모두 용서해 준 것인데, 만약 조정에 아뢰어 황제의 칙명(재결)을 들었더라면 더욱 합당했을 것이다.

16. 왕질(王質)이 상소문을 올리다

송나라 때 천장각대제(天章閣待制)에 오른 왕질[45]이 려주(廬州) 지사일 적이었다. 어떤 도적이 자기 일당(공범)을 죽이고 그 재물을 몽땅 털어 달아났는데, 순찰 돌던 포졸이 그를 붙잡았다. 왕질은 그에게 사형을 판결했는데, 전운사(轉運使)인 양고(楊告)[46]가 그 사건의 판결에 대해 반박하였다.

"도적이 자기 일당을 죽이면, 사형은 용서해야 마땅합니다."

이에 왕질도 반론을 폈다.

"도적이 자기 일당을 죽이고 자수한 경우에는 용서해야 마땅합니다. 그러나 지금 이 자는 사람을 죽이고 그 재물을 가졌으며, 자수한 것이 아니라 포졸이 붙잡았습니다. 그런데도 사형을 용서하는 것이 어찌 법의 의도(정신)이겠습니까?"

이렇게 여러 차례 상소를 하였으나 끝내 회답이 없었으며, 오히려 서주(舒州) 령선관(靈仙觀)의 도감(都監)으로 좌천당하였다. 해가 지나고 한기(韓琦)[47]가 심형원(審刑院)의 수장이 되자, 왕질은 도적이 자기 일당을 죽이

---

45) 왕질 : 송나라 대명 신(大名 莘 : 지금 산동 莘현) 사람으로, 字는 자야(子野). 仁宗 때 진사가 되고, 려주(廬州) 지사를 지낸 뒤 天章閣待制, 섬주(陝州) 지사에 이름. 『송사』 권269.

46) 양고 : 「징악(懲惡)」편 각주 16) 참조.

47) 한기 : 송나라 상주 안양(相州 安陽 : 지금 하남 안양시) 사람으로, 字는 치규(稚圭), 仁宗 초년에 진사가 된 뒤, 벼슬이 同中書門下平章事에 이르고 魏國公에 봉해짐. 『송사』 권312.

고 자수하지 않은 경우에는 용서할 수 없도록 하자고 주청했다.

이상 다섯 사안은 각 인물의 「본전(本傳)」에 나온다.

안(按) 자수하면 죄를 용서해 주는 것은, 스스로 개과천선하여 새 출발하도록 허용하는 취지이다. 그런데 자수도 하지 않은 죄인을 용서해 주는 것은, 또한 무슨 말인가? 자기 일당을 죽이고 그의 재물을 털어 가지고 달아났다가 포졸에게 붙잡힌 것은, 애시당초 죄악을 회개한 게 아니다. 그런데도 사형을 용서해 준 것은 법의 본래 의도(정신)를 상실한 조처이다. 왕질이 이러한 법리(法理)를 의론하여 법의 명문화를 주청한 것은 옳고도 당연하다.

평석 당률(唐律)과 송형통(宋刑統)의 명례율(名例律)에 자수에 관한 세 규정이 나온다.

첫째, "죄를 범하고 발각되기 전에 자수(自首)[48]하면 원칙상 그 죄를 용서한다. 가벼운 죄가 비록 발각되었어도 그로 말미암아 무거운 죄를 자수하면 무거운 죄는 용서하고, 신문 과정에서 다른 죄를 자수한 경우에도 마찬가지이다." 대리 자수와 범죄를 서로 숨겨 줄 수 있는 친족[49]의 대신 자수 및 고발도 범인의 자수와 같게 인정하는데, 다만 그 후 바로 출두하지 않으면 안 된다.

그러나 이 자수에는 약간의 예외가 있다. 범죄 사실을 아는 사람이 고발하거나, 관가에서 검거하려고 하여 자수한 자, 그리고 도망 및 반란에 착수했다가 자수한 자는, 본 죄에서 두 등급 감경해 주는 데 그친다. 또 인명을 살상한 범죄나 반환·배상할 수 없는 재물 범죄, 발각 후 도망한 경우, 월경(越境) 및 양인 간음죄와 사사로이 천문(天文)을 익힌 죄는 아예 자수(로 인한 면죄)를 허용하지 않는다.

---

48) 자수(自首) : 스스로 관가에 머리(얼굴)를 내민다는 뜻.

49) 이를 친속상용은(親屬相容隱)이라고 함.

둘째, 공범이 “범죄 후 함께 도망한 경우, 가벼운 범죄자가 무거운 범죄자를 체포하여 자수하거나, 서로 범죄의 경중이 같은 경우 절반 이상을 체포하여 자수하면, 모두 그 죄를 면제한다.” 무거운 죄가 사형에 해당하는 경우, 그를 살해한 뒤 자수하여도 마찬가지이다. 다만 대사면령이 내려져도 사형이나 유형·제명(除名)·면관(免官)·강제 이주에 처해져야 할, 이른바 ‘상사소불원(常赦所不原)’ 죄의 경우에는 평상시의 법에 의한다.

셋째, “남의 재물을 도적질(절도·강도)하거나 사취한 뒤 재물 주인에게 자수한 경우도 관가에 자수한 것과 같고, 그 밖의 처벌받아야 할 재물 범죄는 회개하고 주인에게 돌려주면 본 죄에서 3등급 감경 처벌한다.” 이 경우 재물 주인도 처벌받아야 할 경우(예컨대 뇌물 공여)이면 그도 똑같이 감경 처벌한다.

자수를 원칙상 완전 면죄로 규정한 점이나, 아예 자수를 인정하지도 않는 예외 범죄를 열거한 점이나, 모두 현재의 형법 제도로는 납득하기 어려운 전통법의 특징이다. 전자는 반성 참회를 중시하고 그에 대한 용서를 강조하는 종교·철학상의 근본 정신(도덕)을 그대로 흡수한 것이고, 후자는 국가의 통치 이념과 형사 정책의 절대적 우선을 반영한 것이다.

이 사안과 직접 관련한 두 번째 자수 제도는 공범에 관한 특별 규정으로, 국가의 치안 인력과 비용을 절감하기 위한 형사 정책 그 자체이다. 이러한 자수법의 정신과 목적에 비추어 보면, 왕질의 법리 해석과 판결은 지극히 당연하다. 가령 도적이 자기 일당(공범)을 살해한 뒤, 그의 재물을 털어 도망가지 않고 바로 자수했다고 하더라도, 살해당한 공범의 죄가 사형에 해당하지 않는다면, 이 또한 법의 한계를 넘어선 과잉 행위가 된다. 하물며 재물을 탐내 살해하고 도망갔다가 붙잡힌 경우야 말할 필요가 있겠는가?

17. 량적(梁適)이 회의적인 사안에 사형을 판결하다

량적[50] 승상이 일찍이 심형원(審刑院)의 상의관(詳議官)일 적이었다. 재주(梓州)에 백언환(白彦歡)이란 요망스런 자가 귀신의 힘에 의지하여 사람을 저주하는 술법이 있었는데, 그런 저주로 죽은 사람이 생겼다. 조정에서 이 사안을 보고받아 상의(詳議)하도록 회부하였는데, 모두들 구체적인 상처가 없다는 이유로 유죄를 내릴 수 있을지 의심하였다. 이때 량적이 말했다.

"칼로 사람을 죽이려 하면 그래도 피하거나 저항할 수 있지만, 지금 저주로 죽이는 경우 어떻게 모면할 방법이 있겠소?"

그리고 마침내 중벽(重辟 : 死刑)으로 논죄했다.

왕규(王珪) 승상이 지은 「량적묘지명(梁適墓誌銘)」에 보인다.

안(按) 귀신의 힘에 의지해서 사람을 저주하는 술법은, 고독(蠱毒)을 만들어 기르거나 염매(厭魅)를 만드는 종류에 해당한다. 신문하여 (저주 살인의) 사실은 밝혀냈으면서도, 상처(증거)가 없다고 회의적인 태도를 보인 것은, "법이 없는 경우 비슷한 법에 비추어 처리한다.[無法者, 以類擧.]"는 법 적용의 원리를 모른 소치이다. 중대한 사안을 재판함에는, 반드시 고의(古義[51])를 법 삼아 의제(擬制)해야 한다. 일반 평범한 관리(법관)들이 어떻게 그럴 수 있겠는가?

평석 일찍이 맹자(孟子)는 량혜왕(梁惠王)에게 "몽둥이와 칼로 사람을 죽이는 게 차이가 있습니까?" 물은 적이 있다. 왕이 "없다"고 답하자, 이번에는 한 걸음 나아가, "칼과 정치로 사람을 죽이는 것은 차이

---

50) 량적 : 송나라 동평 수성(東平 須城 : 지금 산동 동평현) 사람으로, 字는 중현(仲賢). 진사가 된 뒤, 審刑詳議官을 거쳐 同中書門下平章事에 이름. 『송사』 권285.

51) 고의(古義) : 고전이나 고대 중요 사례의 정신.

가 있습니까?" 물었다. 왕은 또 "없다"고 답했다. 그래서 맹자는 푸줏간에 살코기가 즐비하고 마구간에 살진 말이 즐비한데, 백성들이 기아에 허덕이고 들에 시체가 널려 있는 것은, 짐승을 몰아 사람 잡아먹는 것과 같다고 빗대었다. 정치로 인한 살인을 경고한 셈이다. 아마도 북한의 집권 세력을 두고도 똑같은 말을 했을 것 같다.

그런데 이 사건에서 량적은 한 걸음 더 나아가, "칼과 저주로 사람을 죽이는 것은 전혀 차이가 없다"는 법리(法理)를 당당히 펼친 것이다. 오히려 칼은 눈에 보이니까 피할 수도 있지만, 저주는 눈에 안 보여 피할 가능성이 없기 때문에 더욱 무섭고, 따라서 더욱 엄벌에 처해야 마땅하다는 논리까지 주장했다.

물론 요즘 같은 과학 지상만능(至上萬能)의 시대에는, 콧방귀도 뀌지 않을 미신(迷信)으로 여겨질 것이다. 그러나 과학이 발달할수록 이전 과학의 오류나 불완전성이 속속 밝혀져서, 뉴턴의 고전 물리학은 물론, 아인슈타인의 상대성 이론까지 흔들리고 있지 않은가? 심지어 우리 인간이 과학기술이라는 현대판 미신의 늪에 갈수록 깊이 빠져들고 있지는 않은지?

예컨대, 눈에 보이지 않는 X-ray나 자외선 또는 핵방사선, 아니 전기를 발생시켜 사람을 해쳤다고 하자! 지금이야 당연히 살상(殺傷) 범죄로 처단하겠지만, 2백 년 이전에야 전통법에서 말하는 '저주'나 '요술'과 다를 게 있었겠는가? 거꾸로 지금까지는 '저주'나 '요술'로 사람을 해친다고 하면, 상처도 없고 유형(有形)의 증거가 없기 때문에, 그저 주관적인 착각이나 환상, 심지어 미신이나 정신병으로 비웃음을 사겠지만, 가까운 미래에는 정신 과학이 고도로 신속 발전하여, '저주'나 '요술'도 전기나 자외선 또는 각종 방사선처럼 실측(實測)하고 계량화하여, 칼보다도 방사선보다도 더 위험스러운 맹독성(猛毒性)의 염력(念力)이라는 본래 진면목을 만천하에 드러낼 가능성도 있다.

속담에 "한 아낙이 원한을 품으면, (음력) 오뉴월에 서리가 내린다.[一婦含怨, 六月飛霜.]"는 말이 있다. 공자(孔子)는 일찍이 "내가 부정하는 것은 하늘도 싫어할진저! 하늘도 싫어할진저![予所否者, 天厭之! 天厭之!]"(『論語』, 「雍也」편)라고 선언했다. 싫어하고 미워하는 마음(원한)을 잔뜩 품으면, 그 염파(念波 : 念力)에 독기(毒氣)가 넘쳐, 무형중(無形中) 이심전심(以心傳心)으로 상대방의 마음(정신 · 영혼)을 해칠 수 있다는 것은, 현대 심리학이나 정신과학의 실험 연구 결과로도 충분히 증명할 수 있다. 불교(佛教)에서 말하는 '일체유심조(一切唯心造)'의 부정적 측면이기도 하다.

그래서 전통법은 저주 등에 의한 유심(唯心)적 살인을 범죄로 규정한 것이다. 사실 전통법은 행위의 결과보다 동기 · 의도를 특히 중시하여, '모의(謀意)' 자체를 처벌하는 구성요건이 상당히 된다. 이 사안의 저주 살인도 찾아보면, 적용할 법이 없어 유추 해석해야 할 궁박한 '법의 흠결' 상황은 결코 아니다. 당률(송형통) 적도율(賊盜律)에 명문의 규정이 엄연히 실재한다.

"무릇 증오하는 바가 있어 염매(厭魅)를 만들거나, 부적을 만들어 저주함으로써 사람을 살해하려고 하는 자는, 각각 모살(謀殺)에서 두 등급 감경하여 논죄하고,(期親 이내의 존속친이나 외조부모 · 남편 · 남편의 조부모 및 부모에 대한 저주인 경우 감경하지 아니함) 그로 말미암아 사망케 한 경우에는, 각각 본래 살인법에 의한다. 그리고 그런 저주로 남에게 질병이나 고통을 주려고 한 경우에는, 각각 두 등급씩 감경한다.(조부모 · 부모 · 주인에 대한 저주는 이 경우도 감경하지 아니한다.) 또 조부모나 부모 · 주인에게 귀여움이나 총애를 받으려고 염매 · 부적의 방법을 쓴 자는 유(流) 2천리에 처하며, 만약 황제와 관련한 경우에는 모두 참형에 처한다."

저주로 사망한 자의 신체상 구체적 상처가 아니라, 염매나 부적을 만들었다는 사실 자체가 저주 치사죄의 충분하고 확실한 증거가 된다. 저주로 인한 치사(致死)의 결과가 나타나지 않아도, 염매나 부적을 만들었다는 사실이 저주의 의도로 확인만 되면, 이미 '위험범'으로 규정한 것이다.

여기서 저(詛)란 귀신에게 재앙을 내려 달라고 비는 것을 말하며, 주(呪 : 咒)는 말로 귀신에게 고하는 것[祝], 또는 그렇게 고하는 말 · 구결(口訣)[52]

이며, 부(符)적은 붉은 색 또는 검은 색 붓으로 종이 위에 그리는 문자 비슷한 도형을 가리킨다. 또 염매(厭魅)에서 염(厭)은 증오의 구체적 표현으로 매우 다양한데, 예컨대 상대방의 초상을 그리거나 형상을 조각해 놓고, 손발을 묶거나 칼 또는 바늘 등으로 찌르는 행위를 뜻한다. 그리고 매(魅)는 귀신이나 요정의 힘에 의지하여 좌도[53]를 행하는 것을 가리킨다.

요즘에 정치적 시위할 때 가끔 행하는 이른바 '화형식(火刑式)'도 여기의 '염(厭)'에 해당하는 저주인 셈이다. 사실 현대에도 각종 저주가 빈번히 행해지는데, 이로 말미암아 사람이 죽었다거나 이를 형사 범죄로 처벌한다는 이야기는 별로 없다. 그건 왜 그럴까? 저주하는 사람의 원한(염력)이 뼈에 사무치도록 강렬하지 않거나, 저주를 꾸준히 반복하지 않기 때문일 것이다.

필자가 대학 1학년 때 기숙사에 묵었는데, 당시 무심코 흰 고무신을 신고 다녔다. 그런데 부사감장인 이병설 교수가 무슨 까닭인지 내 흰 고무신을 보고는 신지 못하게 금지 명령을 내렸다. 아주 정색(正色)을 하고 엄숙히, 그것도 세 차례나 계속했다. 아마 '사칙(舍則)' 운운하며 호되게 책망하는데, 마치 무슨 범죄나 위법 행위처럼 대했다. 촌뜨기인 나는 말 한마디 변명이나 항의도 못한 채,(더구나 입학 직후 부친을 여읜 상황이라, 차분히 침잠한 분위기였다) 곧바로 흰 고무신을 벗어 기숙사 뒤 계곡으로 가지고 가 불사르면서, 억울한 심정 하소연할 길 없어, 그저 무심코 나도 모르게 '부사감장을 저주합니다.'라고 울먹이며 외쳐댔다. 고무신이 불타는 동안 한참이나 저주 소리가 이어졌고, 그 뒤로 4년간 기숙사에 머무는 동안 흰 고무신을 신지 않았다.

그런데 정말 까마득히 잊고 지냈는데, 10년쯤 뒤에 이병설 교수가 고정 간첩으로 밝혀져 떠들썩하였다. 그러더니 다시 몇 년 뒤 차 속에서 우연히 만난 그 학과 학생에게 근황을 물었더니, 얼마 전 '옥사(獄死)'하셨다는 소식이었다. 10여 년의 세월이 흐르면서 밝혀진 고정 간첩 사건과 그

---

52) 구결(口訣) : 불교의 眞言도 뜻함.

53) 좌도(左道) : 사이비 미신 짓.

로 인해 뒤따른 옥사가, 무심결에 내뱉었던 나의 억울한 '저주'와 과연 상당한 인과 관계가 있을지 단정하기는 어렵다. 그러나 내가 그 분의 소식을 들었을 때, 분명 나는 나의 철없던 '저주'에 양심의 가책을 절실히 느끼고 참회하게 되었다. 그리고 그 분의 영혼이나마 민족 분단으로 인한 국가보안법의 죄악을 깨끗이 벗어버리고, 광명(光明) 세계에 나아가길 진심으로 기도 발원한다.

종교수행에서는 미워하거나 싫어하는 감정 자체도, 탐욕이나 성냄・어리석음의 삼독(三毒)으로 말미암는 양심의 죄악이라고 한다. 하물며 남이 병들어 고통 받거나 죽기를 바라고, 나아가 귀신(鬼神)에게 비는 '저주'는 정말 끔찍스러운 죄악이다. 증오와 저주가 뜻대로 이루어지는지 여부는 놓아두고라도, 분명한 사실은 남에게 피를 내뿜으려면 먼저 자기 입에 피를 머금어야 하고, 남에게 원한을 품고 저주를 내뱉으려면 먼저 자기 양심과 영혼(정신)이 독기(毒氣)와 살기(殺氣)에 젖어 물들게 된다는 이치이다. 결국 나와 남(상대방)은 둘이 아니라 하나이며, 시간적 선후(先後)가 없이 항상 동시(同時)에 하나로 이어진 운명 공동체이라는 점을 염두에 둘 필요가 있다.

그리고 '고독(蠱毒)'이란 이 사안과는 직접 관련이 없는 별도 규정으로, 온갖 독충을 모아 한 그릇 안에 넣고 서로 잡아먹게 만든 뒤, 맨 끝에 남은 가장 독한 벌레를 뜻하는데, 이 역시 남을 해치기 위한 좌도(左道) 술수이다. 이러한 고독을 만들어 기르거나 시킨 자는 교형(絞刑)에 처한다. 그리고 만들어 기른 자와 동거하는 가족은, 설사 그 사실을 몰랐더라도 유(流) 3천리에 처하는데, 리정(里正)[54]은 사실을 알고도 바로잡지 않은 경우에 한하여 역시 유(流) 3천리에 처한다. 몇 년 전 일본에서 대중 살상 목적으로 독가스를 제조・비축하여 물의를 일으켰던 옴진리교 사건이 여기에 해당한다고 볼 수 있다.

54) 리정(里正) : 마을 행정 책임자.

18. 증공량(曾公亮)이 몸소 살펴보다

증공량[55] 시중(侍中)이 정부에서 동평장사(同平章事)를 맡았을 적에, 천하 사방에서 보고해 오는 형사 사안을 접할 때마다, 반드시 몸소 살펴보곤 했다. 밀주(密州)의 한 민간인이 밭에서 은가루[銀沙]를 발견하였는데, 강도가 이를 빼앗아 갔다. 그래서 대리사(大理寺)에서 강도를 사형으로 논죄했다. 그러나 증공량은 혼잣말로 중얼거렸다.

"이는 금지한 물건(禁物)인지라, 비록 강제로 빼앗아갔지만, 일반 민가 재물을 강탈한 것과는 좀 거리가 있다. 죄가 사형까지 이르지는 않는다."

그리고는 아래 담당관에게 의론하도록 지시하여, 마침내 금지한 물건을 겁탈한 법에 비추어, 강도는 사형을 면하게 되었다. 그 이전에는 금은을 몰래 발굴한 자는 대부분 강도로 논죄하여 사형에 처했는데, 이때부터 사형 당하는 자가 없어졌다.

증조(曾肇) 내한(內翰)이 지은 「증공량행장(曾公亮行狀)」에 보인다.

19. 조변(趙抃)이 혼자 말하다

조변[56] 참정(參政)이 처음에 무안군(武安軍)의 절도추관(節度推官)일 적에, 관인(官印)을 위조한 자가 있었다. 관리들은 모두 마땅히 사형에 처하여야

55) 증공량 : 송나라 천주 진강(泉州 晋江 : 지금 福建 천주시) 사람으로, 字는 명중(明仲). 진사가 된 뒤, 벼슬은 同中書門下平章事에 이르고 로국공(魯國公)에 봉해짐. 神宗 때 연로하다고 관직을 사퇴하자, 사공(司空) 겸 시중(侍中)을 내림. 『송사』 권312.

56) 조변 : 송나라 구주 서안(衢州 西安 : 지금 절강 衢현) 사람으로, 字는 열도(閱道). 진사에 급제한 뒤, 武安軍節度推官을 거쳐 參知政事에 이름. 매일 밤 책상에 향을 사르고 (玉皇)上帝께 하루의 언행을 보고할 만큼 修行에 精進함. 『송사』 권316.

한다고 주장하였으나, 조변만은 혼자 이렇게 말했다.

"위조는 사면 전에 했고, 사용은 사면 후에 했다. 사면 전에는 사용한 적이 없고, 사면 후에는 위조하지를 않았다면, 법의 해석상 모두 사형에 처할 수 없는 게 아닐까?"

마침내 의심스러운 사안으로 상부(조정)에 보고하였는데, 결국 사형은 면하게 되었다. 그래서 한 부(府)의 사람들이 모두 탄복하였다.

소식(蘇軾) 단명전학사(端明殿學士)가 지은 「조공묘지명(趙公墓誌銘)」에 보인다.

안(按) 금지한 물건을 겁탈하거나, 관인(官印)을 위조한 범죄를, 법에 따라 논하면 사형에 처할 수 없다. 이런 사안에 대해, 법을 적용하는 자가 더러 사형에 처하는 것은, 억울하기 짝이 없는 남용이다. 그런즉, 증공량과 조변 같은 이는 현명하고 신중하다고 칭송할 만하다. 예전에 대주(戴胄)가 "법의 본의(정신 · 의도)를 참구하여 처리함에 가을 새의 터럭 끝까지 가를 정도였다.[參處法意, 至析秋毫.]"고 하는데, 증공량과 조변도 대주에게 결코 부끄럽지 않으리라!

평석 조변(趙抃)은 자(字)가 열도(閱道)로, 북송 인종(仁宗) 때 진사가 된 뒤, 전중시어사(殿中侍御史)가 되었다. 조정에서 대신을 탄핵함에 권세가나 귀족을 피하지 않고 아주 청렴 강직하여, 사람들이 모두 '철면어사(鐵面御史)'로 부를 정도였다. 또 자신의 인격 수양에 아주 충실히 정진하여, 매일 밤 향을 사르고 (옥황)상제께 보고(기도)드릴 만큼 지극 정성으로 선행을 닦았다.

그렇게 자신의 인격 수양과 공인(公人)의 직책 수행에 철저하고 엄격하기 때문에, 백성을 다스리고 교화하는 데는 자비와 인애를 바탕으로 덕정(德政)을 펼칠 수 있었을 것이다. 사람의 생명을 살리기 위해 법의 해석 적용상 이토록 빈틈없는 논리를 전개한 것은, 지혜와 인자(仁慈)를 겸비한 용기 있는 군자가 아니면 실로 어려운 일이다.

20. 진봉고(陳奉古)가 법의 허점을 질책하다

주객랑중(主客郎中)인 진봉고[57]가 패주(貝州)의 통판(通判)일 적이었다. 한 포졸이 도둑을 체포하는데, 도둑의 어머니가 나서서 도둑(아들)을 빼앗아 가려고 하므로, 포졸이 범인을 빼앗기지 않으려고 그 어머니를 밀쳐 냈다. 재수 없게도 도둑의 어머니는 땅바닥에 나가 떨어졌는데, 이튿날 그만 죽고 말았다. 포졸은 법관에 회부하고, 마침내 기시(棄市)형으로 논죄하였다. 그러자 진봉고가 이렇게 의론하였다.

"도둑을 체포하는 자에게는, 체포한 도둑이 도망가도록 놓친 경우, 처벌받는 법[亡失法]이 있다. 지금 다른 사람이 체포한 도둑을 빼앗아 가려고 한다면, 법적으로 마땅히 막아야 한다. 막다가 잘못해서 빼앗으려 하던 자가 죽게 되었는데, 이를 격투 살인(鬪殺)죄로 논한다면, 이는 포졸에게 도둑을 잡을 수 없게 만드는 꼴이 된다. 무고한 법 집행자를 처형하여, 불법적인 범인 약탈이 기승을 부리게 된다면, 이 법은 옳은 게 아니다."

그리하여 조정에 보고하였는데, 곧 회답이 내려와 포졸을 곤장에 처했다. 이에 모든 사람이 칭찬하면서 탄복했다.

왕향(王向)[58] 주부(主簿)가 지은 「진봉고묘지(陳奉古墓誌)」에 보인다.

안(按) 옛날에 죄를 의론하던 사람들은, 먼저 명분(名分)을 바로잡은 뒤, 다음에 정리(情理)를 살펴 밝혔다. 어머니가 나서서 빼앗으려고 했던 대상(목적)은, 바로 붙잡힌 도둑 범인이다. 어머니가 제 아무리 가까운 혈친이지만, 국법을 어긴 범죄인을 함부로 탈취할 수는 없다. 그에 맞서 내주지 않으려고 막았던 자는, 도둑을 체포한 법 집행인이다. 포졸이 비록 약할지라도, 범죄인을 그냥 내어줄 수는 없다. 어머니가 나서서 빼

57) 진봉고 : 미상.
58) 왕향 : 미상.

앗으려 한 정황(情況)은 (불법) 탈취이고, 포졸이 내주지 않은 정황은 (적법한) 방어이다. (불법) 탈취에 (적법한) 방어로 맞선 상태는, 겉보기에는 비록 격투(쌍방 폭행) 같지만, 실제로는 격투가 아니다. 그런데도 만약 격투로 논죄한다면, 이는 명분도 바로잡는 게 아니고, 정리(情理)도 제대로 밝혀 살피는 게 아니다. 진봉고가 "(체포한 범죄인을 탈취하려는 자에 대해서는) 법률상 당연히 막을 수 있다"고 말하지 않고, 왜 "이 법은 옳은 게 아니다"고 말하였던가? 어찌하여 법에 허물(책임)을 뒤집어씌웠단 말인가? 아마도 법을 해석 적용한 자가 잘못했으리라.

심괄(沈括) 내한[59]이 전하는 이야기이다.

수주(壽州)의 한 사람이 아내의 부모 형제 몇 식구를 살해한 사건이 있었다. 주(州)의 담당관은 '부도(不道)'죄로 논하여, 범인의 처자식을 모두 연좌형(緣坐刑)에 처하였는데, 중앙 조정의 형조(刑曹)에서 그 판결을 반박(파기)하였다.

"아내의 부모를 구타만 해도, 곧바로 (아내와) 의절(義絶)이 되(어 부부 관계가 법률상 당연히 끊어지)는데, 하물며 모살(謀殺)이야 오죽하겠는가? (범행 즉시 당연히 법정 강제 이혼하는) 아내를 다시 연좌시켜서는 안 된다."

형주(邢州)에서는 어떤 강도가 한 가족을 살해한 사건이 있었다. 부부는 즉시 사망하고, 한 아들은 이튿날 비로소 죽었다. 주(州)의 법관은 (한 가족이 동시에 몰살한 것으로 여겨) 그 집안의 재산을 호절법[60]에 따라, 이미 출가한 친딸에게 주도록 판결했다. 허나 형조(刑曹)는 이를 반박(파기)했다.

"아무개 집의 부모가 사망할 때, 그 아들은 아직 생존해 있었으므로, 재산은 그 아들 것이 된다. (호절법에는) 이른바 출가한 친딸이라고 규정했는데, (이 사안에서는 나중에 죽은 아들의) 출가한 누이(姊妹)가 되는 셈이므로, (호절 유산의) 상속분이 없다."

심괄이 쓴 『몽계필담(夢溪筆談)』에 보인다.

---

59) 내한(內翰) : 한림학사의 별칭.

60) 호절법(戶絶法) : 無後로 인한 호적 단절의 법적 효과.

수주(壽州)의 판단은 정리(情理)를 제대로 살피지 못한 데 잘못이 있고, 형주(邢州)의 판단은 명분(名分)을 바로잡지 못한 데 잘못이 있다. 일반 세속의 관리들이 법을 적용함에는 대부분 이러하거늘, 법 자체에 무슨 허물(책임)이 있단 말인가? 단지 요즘만 그러한 게 아니라, 옛날에도 이러한 사례가 있었다.

남조(南朝)의 송(宋) 문제(文帝) 때, 겁탈을 자행한 강도범과 같은 호적의 기친(期親)[61]은 변방의 군대에 보충한다[62]는 제도(법령)가 있었다. 여항(餘杭) 사람 박도거(薄道擧)가 겁탈을 자행했는데, 사촌 동생(從弟)인 대공(代公)과 도생(道生)은 모두 대공친(大功親)이었다. 그러나 대공 등의 어머니가 생존해 있어 범인의 기친이 되므로, 이들도 '아들은 마땅히 어머니를 따른다.'는 원칙(윤리)에 의해, 어머니와 함께 변방 군대에 보충해야 한다는 주장이 지배했다. 그러나 상서좌승(尙書左丞)인 하승천(何承天)은 이에 반대하는 의론을 폈다.

"부녀자는 삼종지도(三從之道)에 의해, 남편이 죽으면 아들을 따르도록 되어 있습니다. 지금 도거가 겁탈을 자행했는데, (기친인) 그의 숙부는 이미 별세했고, 대공과 도생은 모두 그의 사촌 동생으로 (大功親이므로), 변방의 군대에 보충할 수 없습니다. 그런데 숙모(작은 어머니)가 기친이라는 이유로, 그 두 아들까지 함께 그 어머니를 따라가야 한다면, 이는 대공친은 변방 군대에 보충하지 않는다는 법제에 어긋날 뿐만 아니라, 또한 부녀자의 삼종지도도 잃게 되는 것입니다. 담당 법관이 기친이라는 문자에 얽매여, 남녀의 차이도 분별하지 않고 이러한 의구심을 일으킨 것은, 아마도 형벌을 흠휼(欽恤)하는 폐하의 거룩한 뜻에 맞지 않을 것입니다. 그래서 대공(代公) 등의 모자(母子) 세 사람은 모두 용서해야 한다고 아룁니다."

『남사(南史)』, 「하승천전(何承天傳)」에 보인다.

---

61) 기친(期親) : 만 1년 喪服을 입는 친족.
62) 보병(補兵) : 후대 充軍 제도에 해당함.

무릇 남녀의 차이를 분별하지도 않고, 부인을 변방에 유배 보내 군대에 보충시킨단 말인가? 이러한 판결은 명분도 바로잡지 못하고, 정리(情理)도 제대로 살피지 못한 극단적인 실례가 아닐 수 없다. 이는 일반 세속의 법관들이 법조문에 얽매인 폐단이니, 잘 알아두지 않으면 안 된다.

평석 당률(송형통)의 포망률(捕亡律)에는 이러한 규정이 있다.

도망한 죄인(출정한 군인이나 복무 중인 병사와 유배 중인 사람도 포함)을 체포하라고 명령받은 장수나 관리가, 체포하러 떠나지 않거나, 가다가 머뭇거리거나, 가서 도망 죄인을 만나 인력이나 병기가 대적할 만한데 격투해 보지 않고 물러나는 경우에는, 해당 죄인보다 한 등급 감경하여 처벌한다. 그리고 격투하다 물러난 경우에는 두 등급 감경한다. 또 인력과 병기가 대적할 수 없는 경우에는, 싸워 보지도 않고 물러나면 세 등급 감경하고 싸워서 과연 역부족으로 물러난다면 처벌하지 않는다.

치안(治安) 군경(軍警)의 직책을 상당히 엄격히 규정하고, 반사적인 형벌로 강제하는 것이다. 이러한 직무를 법대로 철저히 집행할 수 있도록 격려하기 위하여, 다른 한편으로 전통법은 소극적인 관점에서, 정당한 공무집행 과정 중 발생할 수 있는 안전사고에 대하여, 상당한 범위까지 면책특권을 부여하기도 한다.

즉, "죄인을 체포하는 과정에서, 죄인이 몽둥이(이상의 흉기)를 들고 저항 반격하여, 체포하는 자가 그를 몽둥이로 때려죽이거나, 또는 도망하는 죄인(무기를 가졌거나 빈손이거나 상관없음)을 추격하여 살해하거나, 또는 죄인이 도망하다 급박한 궁지에 처해 자살하는 경우에는, 모두 (체포자의 책임을) 논죄하지 않는다. 만약 빈손으로 저항 반격하는 자를 살해하면 도(徒) 2년에 처하고, 이미 붙잡혀 저항 반격하지 않는 자를 살상하면 각각 격투 살상죄로 논하며, 만약 칼(흉기)을 사용했다면 고의 살상죄로 논한다."

말하자면, 요즘 경찰의 총기 사고와 관련해서 논란이 되고 있는 과잉대응의 문제인 셈이다. 본문의 사안에서는, 죄인 자신이 아니라 붙잡힌 죄인의 가장 가까운 혈친인 어머니가 죄인의 도망을 시도한 행위이므로, 정확히 이 구성요건에 해당하는 것은 아니다. 그러나 모자 일심동체(母子一心同體)의 인정 윤리(人情 倫理)를 감안하여, 저항(탈취)한 자와 살해당한 자가 일치하므로, 이 규정에 유추 적용할 수 있다.

이 경우 빈손으로 저항(탈취)한 자를 살해한 죄로 도(徒) 2년에 해당할 수 있다. 그러나 살해를 의도하거나 예견할 상황이 아니라, 무심코 밀친 것이 재수 없게 죽음을 가져온 과실치사에 불과하므로, 다시 감경 처벌한다면, 곤장 1백 대 정도가 적합할 것이다. 따라서 이 사안의 최종 판결은 정리(情理)에 합당하고, 해석 적용에도 큰 무리가 없다.

부록의 첫째 사안에서, '부도(不道)'란 몹시 부도덕하고 잔인한 반인륜(反人倫) 범죄란 뜻이다. 법률상으로는 십악(十惡) 중 다섯째로, 사형죄에 해당하지 않는 1가족 3인 이상을 살해하거나, 토막살인[63]하거나, 독충(毒蟲)을 만들어 기르거나, 염매(厭魅) 저주로 사람을 살상한 죄가 여기에 해당한다. 여기의 한 가족 3인 이상 살해죄는, 범인을 참형에 처하고, 그 처자식은 유(流) 2천리의 연좌형에 처한다.

의절(義絶)이란, 도의(道義)로 맺어진 부부 관계를 더 이상 지속할 수 없을 정도로, 도의가 끊어진 법정(法定) 강제 이혼 사유이다. 처의 조부모·부모를 구타하거나, 처의 외조부모·백숙부모·형제·고모·자매를 살해하거나, 부처(夫妻)의 조부모·부모·외조부모·백숙부모·형제·고모·자매 사이에 서로 살해하거나, 또는 처가 남편의 조부모·부모를 욕하거나 남편의 외조부모·백숙부모·형제·고모·자매를 살상하거나, 처가 남편의 시마(緦麻) 이상의 친족(有服親)과 간음하거나, 남편이 처의 모친(장모)과 간음하거나, 처가 남편을 해치려고 한 범죄가 여기에 해당한다. 인척이나 사돈 간에 이런 범죄가 발생하면, 법률상 당연히 이혼해야 하며(사면의 대상에도 원칙상 배제함), 이를 어기면 도(徒) 1년에 처한다.

---

63) 지해(支解) : 방화 살인도 포함. 다만 먼저 죽인 뒤 시체를 토막내거나 불태운 경우는 제외.

여기서 의절(義絶)은 법정 당연 이혼 사유로, 발생 즉시 이혼의 법률 효과를 자동으로 발생시키며, 현실의 이혼수속을 진행하는 것과는 별도의 문제이다. 이러한 법 규정을 아내의 연좌(緣坐) 면제라는 인권(人權)의 차원에서, 철저한 논리 해석으로 관철한 것이다. 이는 역사상으로 삼국시대에 비슷한 선례(先例)가 있은 뒤, 계속 확인해 온 법 해석 전통이다.

둘째 사안은, 상속이 사망과 함께 개시하는 법리(法理)를, 한 가족 여러 사람이 거의 동시에 사망한 경우, 시간의 선후에 따라 형식논리로 해석 적용한 것이다. 이는 근대법(현행 민법)에 전혀 손색없는 훌륭한 판례이다.

호절(戶絶) 유산의 처리에 관한 규정은, 시대에 따라 다소 변동이 있다. 송형통(宋刑統) 호혼률(戶婚律)의 규정에 따르면, 사망자의 장례와 사후 공덕 사업의 비용을 제외한 뒤, 그 3분의 1을 출가한 딸에게 주고, 나머지는 관청(국고)에 귀속시킨다고 되어 있다. 이 사안에서 원심 판결은 부모와 아들이 동시에 사망하여, 호절(戶絶) 즉시 부모 유산이 출가한 딸에게 귀속한다고 해석했다. 그러나 형조(刑曹)의 판결은, 부모가 사망할 때 아들이 생존해 있었으므로, 그 유산은 전부 아들이 상속하였다가, 하루 만에 그 아들이 죽어 비로소 호절(戶絶) 유산이 된 만큼, 그 아들의 시집간 누나는 법정 상속분이 없고, 전부 국고에 귀속한다고 해석한 것이다. 실체적 정의와 인정윤리(人情倫理)에 비추어 보면, 시집간 딸로서는 부모와 남동생의 사망이 하루 차이가 난다고 상속권의 유무가 판연히 달라지는 법 규정(해석)이 야속하겠지만, 사법(私法)의 기술성과 형식성에 비추어 어쩔 수 없는 법리가 아닐 수 없다. 이런 특수 상황은 입법자가 예견하지 못했을 것이므로, 특별히 인정을 참작해 융통함이 중용과 형평의 도가 아닐까?

셋째 사안은, 법리(法理)와 윤리(倫理)가 서로 얽혀 있어, 해석 적용상 '귀에 걸면 귀걸이 코에 걸면 코걸이' 식이 될 수 있는 소지가 다분한 게 사실이다. 여기서 입법(立法) 목적을 해석하는 지도 이념의 선택에 따라, 법문의 적용은 천양지차로 갈라진다. 대의명분(大義名分)과 정리(情理)를 인권(人權) 존중에 맞추어 해석 운용하려는 슬기가 선명하게 돋보인다.

21. 호향(胡向)이 곤장형을 주장하다

호향[64] 소경(少卿)이 처음에 원주(袁州)의 사리참군(司理參軍)일 적이었다. 어떤 사람이 음식을 훔쳐먹는데, 음식을 관장하는 사람이 보고 그를 때려 죽였다. 군(郡)에서는 사형으로 논죄하였는데, 호향은 이에 반대하며, '법률상 곤장에 처해야 마땅하다'고 쟁론하였다. 군의 수장(首長)은 듣지 않았으나, 나중에 조정에 아뢰어 심리한 결과, 호향의 의론과 같았다.

려대방(呂大防) 승상이 지은 「호향묘지(胡向墓誌)」에 보인다.

안(按) 이 사안을 명분(名分)으로 논한다면, 맞아 죽은 자는 음식을 훔치던 도둑이고, 때려죽인 자는 음식을 관장하던 책임자이다. 또 정리(情理)로 말한다면, 일반인이 서로 구타하거나 격투한 것과 다르다. 현장에서 당시[登時]에 때려죽였으니, 죄가 사형에까지는 이르지 않는다. 그러나 모름지기 때린 자에게 본래 살인 의도가 없이 우연히 사망에 이르렀어야[致死], 비로소 곤장형에 논죄할 수 있다. 만약 칼날(흉기)을 사용했거나, 범죄 발생의 현재성이 끊긴[絶時] 사후의 보복이거나, 또는 수단 방법이 잔인하고 신체를 훼손했다면, 이는 본래 의도가 살인에 있었다고 여겨지기 때문에, 법이 (정당방위로) 허용하지 않는다. 또 마땅히 사건의 구체 정리(情理 : 정황과 이치)를 살펴야 하거늘, 어찌 일률로 법조문에 규정한 형벌을 부과할 수 있겠는가? 마음을 다하는 군자는, 또한 잘 살펴야 마땅하리라.

평석 근대 서양 형법에서 위법성을 조각(阻却)하는 정당방위에서, 이른바 과잉방위의 문제이다. 다만 전통법에서는 법이론이 충분히 체계화하지 못한 탓에, 정당방위를 '총론'에 통일 규정하지 못하고, '각론'

---

64) 호향 : 미상.

에 개별 규정하고 있다. 따라서 직접 구성요건에 해당하지 않는 경우, 정상을 참작하여 유추 적용하는 수밖에 없다. 정당방위에 관련한 전통법의 규정은, 크게 세 가지로 나뉜다.

첫째, 당률 적도율(賊盜律)의 규정에 따르면, 밤에 아무런 까닭(정당한 이유) 없이 남의 집에 들어간 자는 회초리[笞 : 치] 40대에 처하는데, 이때 주인이 현장에서 즉시[登時]로 살해하면 논죄하지 아니한다. 밤중이라는 불안·공포의 특수 상황을 배려한 특별 규정이다. 그러나 만약 침범이 아닌 줄 알면서 살상한 경우에는, 격투살상죄에서 두 등급 감경한다. 그리고 침입자가 이미 붙잡혀 저항할 수 없는 상황에서 살상한 경우에는, 각각 격투살상의 본죄로 논하되, 죄가 사형에 이르는 경우에는, 감경하여 노역을 부가한 유형[加役流]에 처한다.

둘째, 당률 투송률(鬪訟律)의 규정에 따르면, 조부모나 부모가 남에게 구타 폭행당하는 걸 자손이 보고 즉시 반격 구타하는 경우, 신체가 부러지는 정도의 상해에 이르지 않으면 논죄하지 않고, 신체를 부러뜨리면[折傷] 일반 격투 경우에서 3등급 감경하고, 사망에 이르게 한 경우에는 일반 법규정[常律]에 의한다. 부자조손(父子祖孫)간의 혈연에서 말미암는 인정(人情)과 윤리(倫理)를 감안하여 특별히 가족주의 신분 규정을 둔 것이다.

여기서 자손은 원래 조부모·부모와 타인의 폭행(싸움)에 참여(연루)하지 않은 제3자 방관자의 입장에서, 감정상의 흥분이나 윤리 도덕상의 의무감에서 사후에 개입한 경우라야 한다. 또 조부모·부모를 구타한 타인이 친족인 경우에도 본 규정을 적용하는데, 다만 조부모·부모의 존장(尊長 : 웃어른)이 때리는 경우에는, 이를 말리고 구해 낼 수 있을 뿐이며, 반격은 허용하지 아니한다. 또 이와 관련하여, 주인이 구타당하는 경우, 부곡(部曲)이나 노비는 싸움을 말리고 구해 낼 수 있을 뿐이며, 반격하는 것은 법이 허용하지 아니한다.

셋째, 명청률(明淸律)의 형률(刑律) 「인명(人命)」편의 규정에 따르면, 처첩(妻妾)이 타인과 간통하는 것을 남편이 간통 현장에서 몸소 목도하고, 간부(姦夫)와 간부(姦婦)를 즉시[登時]에 살해한 경우에는 논죄하지 아니하며, 간부(姦夫)만 살해한 경우에 간부(姦婦)는 율(律)에 따라 처단한다. 이는 앞의 첫째 야간 무단 침입자의 살상에 대한 당률의 규정에 부가한 문답(問答)에서 제한적으로 유권 해석한 내용인데, 명률(明律)에 이르러 일반 조항으로 독립한 것이다.

간통 현장을 목격하면서 뒤에 따를 본능적인 충격과 흥분의 복수 감정(人情)을 감안하고, 정조 윤리(貞操 倫理)를 특히 중시하는 전통 도덕을 강화하기 위하여 법제화된 것이다. 다만 남존여비의 불평등한 도덕관념에 근거하여, 남자의 입장과 권리만 보장하는 일방통행의 입법인 점이, 전통법의 어쩔 수 없는 한계로 드러난다. 그렇게 오래 이어져 온 남녀 성차별의 대가로, 우리는 요즘 여성의 일방적 보호를 목적으로 하는, 상당히 지나친 성희롱 금지법의 시대를 맞이하고 있는지도 모른다.

이 세 가지 유형의 정당방위에서, 전통법은 특수한 상황을 고려하여 상당한 범위의 과잉방위를 정당한 반격으로 합법화한 점이, 근대법과 다른 점으로 두드러진다. 하지만 '현재'의 '부당'한 침해에 대한 '상당한 이유 있는' 반격 행위라는 정당방위 이론의 핵심 요점은 거의 다를 바 없는 점도 두드러진다. 특히 사적(私的)인 사후(事後) 보복을 엄격히 금지하고, 국법(國法)의 권위와 질서를 유지하기 위하여, '현재성[登時]'을 유난히 강조한 점은 주목할 만하다.

22. 소채(蘇寀)가 감형을 주청하다

소채[65] 급사(給事)가 대리사(大理寺)의 상단관(詳斷官)일 적이었다. 어떤

65) 소채 : 송나라 자주 부양(磁州 滏陽 : 지금 하북 磁현) 사람으로, 字는 공좌(公佐). 진사에 급제한 뒤, 大理寺詳斷官을 거쳐 給事中, 知審刑院에 이름. 『송사』 권331.

백성이 아버지가 돌아가신 뒤 개가(재혼)했던 어머니가 이미 사망하여 장례를 치렀다는 소식을 듣고는, 그 어머니의 관을 몰래 훔쳐 아버지의 묘에 합장[合葬 : 祔葬]하였다. 법 규정상으로는 사형에 해당했는데, 유독 소채만 반대하였다.

"자식이 어머니 관을 훔쳐 아버지 묘에 합장했는데, 어떻게 무덤을 파헤쳐 재물(부장품)을 훔치는 일반 발총(發塚) 죄에다 비교한단 말인가?"

이러한 이유를 조정에 주청하여, 마침내 사형은 면하게 되었다.

안(按) 후근(侯瑾)[66] 소경(少卿)이 섬서(陝西)의 제점형옥(提點刑獄)일 적이었다. 하중(河中)의 한 백성의 아버지가 사망하고 어머니가 개가한 지 십여 년 만에 사망하였는데, 그 백성이 어머니의 무덤을 몰래 파고 그 관을 꺼내 아버지 묘에 합장하였다. 법 규정상 대벽(大辟 : 死刑)에 해당하였는데, 담당 법관이 선례(先例)에 따라 감경 처벌하도록 판결하고, 후근은 이를 영(令)에 규정하도록 청하였다.

이 사안은 앞의 소채가 주청한 내용을 선례로 인용한 것이다. 아마 어머니가 후부(後夫)와 같은 묘지에 합장되자, 그 분묘를 파헤쳐 관을 꺼냈기 때문에, 분묘를 발굴해 시신을 드러낸 법에 따라 사형에 논죄했을 것이다. 그래서 효심(孝心)을 이유로 주청했어도, 단지 사형을 면하는 정도에 그쳤으리라.

또 장당경(張唐卿)[67] 장원(壯元)이 섬주(陝州)의 통판(通判)일 적이었다. 한 백성이 어머니가 딴 사람에게 개가했다가 사망했는데, 이 사람은 아버지의 장례 때 어머니를 합장하지 못함을 한스럽게 여겨, 마침내 어머니의 관을 훔쳐 합장하였다. 담당 법관은 법대로 논죄하도록 청했으나, 당시 주

---

66) 후근 : 미상.

67) 장당경 : 송나라 청주(青州 : 지금 산동 益都현) 사람으로, 字는 희원(希元). 仁宗 때 진사에 1등으로 급제한 뒤, 장작감승(將作監丞 : 궁실·종묘·황릉 등 국가 토목건설의 감독 책임관)의 직위로 陝州通判에 부임했으나, 28세에 병으로 요절함. 韓琦가 지은 『안양집(安陽集)』 권47에 「장군묘지명(張君墓誌銘)」이 그의 행적을 기록하고 있음.

정(州政)을 대행했던 장당경은, "이 자는 효도가 있는 줄만 알고, 국법이 있는 줄은 몰랐을 뿐이다"고 말하면서, 그를 석방하고 조정에 보고하였다.

이 사안은 소채가 주청한 앞의 사례와 다르다. 이는 후부(後夫)가 아직 생존해 있고, 어머니가 사망한 직후 아직 장례를 치르지 않은 상황에서, 단지 그 관만 훔쳐 합장했을 뿐, 이미 장례를 치른 분묘를 파헤쳐 관을 꺼낸 것은 아니다. 그러기 때문에 법의 처벌 규정 또한 가볍기 마련이고, 따라서 이를 석방해 주어도 괜찮은 것이다.

세 사안 모두 각 주인공의 「본전(本傳)」에 보인다.

평석 최근 롯데 그룹 신격호 회장의 선영이 도굴당하여 유골 일부가 절취당한 사건이 일어나, 세상이 떠들썩한 적이 있다. 언론보도에 따르면, 재벌이라 무덤에 귀중품을 부장했을 것이라는 기대로 도굴했다가 허탕을 치자, 효심이 지극하다고 소문난 회장을 협박하여 돈을 뜯어내려고 유골을 볼모로 삼았다는, 희대(稀代)의 엽기성(獵奇性) 사건으로 알려졌다. 이 사건을 보도하는 언론이나 격정과 흥분을 감추지 못하는 여론을 보면서, 아직도 우리의 전통 윤리도덕과 법문화가 얼마나 뿌리 깊게 박혀 전승하는지 새삼 확인하였다.

당률 적도율(賊盜律)에 따르면, 무덤을 파헤쳐 관을 드러낸 자는 노역을 부가한 유형에 처하고, 이미 관 뚜껑을 연 자는 교형(絞刑)에 처하며, 무덤을 파헤치기 시작했으나 관이 드러나지 않은 경우는 도(徒) 3년에 처한다. 또 무덤이 이미 뚫려 있었거나 아직 매장하지 않은 상황에서, 시신이나 관을 훔친 자는 도(徒) 2년 반에 처하고, 의복을 훔친 자는 1등급을 감경하며(徒 2년), 기타 기물이나 벽돌을 훔친 경우에는 일반 절도죄로 논한다.

물론 분묘 도굴죄는 부장품을 노리거나, 원한 보복의 의도로 자행하는 걸 염두에 두었을 것이다. 그러나 후대에 가난한 자손들이 선영의 부장품을 노리고, 게다가 풍수지리까지 내세우며 이장(移葬:遷葬)하는가 하면, 조선시대에는 조상의 명당(明堂) 자리를 탐내는 부귀 권세가한테 묘지를 아예 비싸게 팔아먹느라 분묘를 파헤치는 사례도 적지 않았다. 그래서 예법(禮法)에 합당하여 허가한 이장 이외에는, 모두 분묘 도굴[發塚] 죄로 엄하게 다스리기도 했다. 입법의 본래 의도와 정신을 존중한다면, 이들 사안의 감경 처분은 정리(情理)에 합당하다.

23. 진희량(陳希亮)이 밀봉 상소문의 진실을 밝혀내다

진희량[68] 대경(大卿)이 개봉부(開封府)의 사록사(司錄事)일 적에, 청주(青州)의 조우(趙宇)[69]라는 남자가 '조원호(趙元昊)가 틀림없이 반역(反逆)할 것입니다'는 예언을 아뢰었다. 그 결과 조우는 문학참군(文學參軍)으로 좌천당하여, 복주(福州)에 안치[70]되었다. 그런데 이듬해 조원호가 과연 반역을 일으키자, 조우는 자신의 억울함을 하소연하는 소송을 제기하였다. 그러나 관할 관청에서 소송을 수리하지 않자, 조우는 안치 장소를 도망 나와 경사(京師 : 서울)에 이르렀다. 이에 재상은 그를 재직 중인 관원이 까닭(정당한 이유) 없이 도망한(직장 이탈한) 법에 따라 다스리라고 명령했다. 그러나 진희량은 그를 변호하여 이렇게 아뢰었다.

"지난 해 조우가 아뢰었던 밀봉 상소문을 담당 법관에게 회부하여 신문 조사한 결과, 그 말이 진실로 밝혀지면, 그를 처벌해서는 안 됩니다."

조우는 이렇게 해서 풀려나게 되었다.

「본전(本傳)」에 보인다.

---

68) 진희량 : 송나라 미주 청신(眉州 青神 : 지금 四川 청신현) 사람으로, 字는 공필(公弼). 仁宗 때 진사가 된 뒤, 開封府司錄事를 거쳐 太常少卿이 되어 西京을 나누어 맡음. 『송사』 권298. 이 사안에서 大卿이라 일컬은 것은 少卿의 잘못인 듯함.

69) 조우(趙宇) : 『송사』 권298에는 趙禹로 적혀 있는데, 누구인지는 미상.

70) 안치(安置) : 주거를 제한하는 일종의 유배.

안(按) 이 사안을 객관적인 외부 상황으로 논한다면, 조우가 문학참군으로 복주에 안치된 주제에 서울까지 도망 나왔으니, 재직 중인 관원이 까닭 없이 도망한 법으로 다스려도 될 것이다. 그러나 내면의 진실한 정상(情狀)을 논한다면, 조우가 어찌 아무 까닭 없이 도망 나왔겠는가? 본래 조원호가 반역할 것이라는 예언을 올린 죄로 좌천의 질책을 받았는데, 지금 과연 반역했으니 어떻게 더 이상 처벌할 수 있단 말인가? 진희량은 '밖으로 나타난 모습을 놓아두고, 내면의 실정을 찾아낼[捨狀以探情]' 수 있는 사람이다.

평석 이 사안에서 말하는 조원호의 반역이란 무엇인가? 본래 하주(夏州)의 탁발씨(拓跋氏)가 당나라 말엽 황소(黃巢)의 난을 진압한 공로로, 리(李)씨 성을 하사 받아 대대로 하(夏)·은(銀)·수(綏)·유(宥)·정(靜)의 오주(五州) 지방을 보유해 왔다. 그러다가 송(宋) 진종(眞宗) 때 덕명(德明)이 사신을 보내 조공을 바치면서, 정난군(定難軍) 절도사를 제수 받고 서평왕(西平王)에 봉해져, 송(宋)의 황실과 같은 조(趙)씨 성을 하사 받았다. 그런데 덕명이 사망하자, 아들 원호가 봉작을 세습한 뒤 마침내 황제로 자칭하여, 대하(大夏, 즉 西夏)를 건국한 사실을 가리킨다. 조원호는 서하(西夏)의 개국시조로, 송(宋) 인종(仁宗) 때 1032~1048년까지 재위했으며, 경종(景宗)이라고 부른다.

24. 가암(賈黯)이 뜻을 징벌하다

가암[71] 시독(侍讀)이 판류내전(判流內銓)에 재직할 때였다. 익주(益州)의

71) 가암 : 송나라 등주 양(穰 : 지금 河南 鄧현) 사람으로, 字는 직유(直孺). 仁宗 때 진사

추관(推官)인 승택(乘澤)이 촉(蜀) 지방에 3년간 근무하면서, 그 동안 아버지가 돌아가신 줄도 몰랐다. 임기가 차서 조정에 귀환하자, 리부(吏部)의 인사 담당 관리가 그에게 문서 수령을 허락하지 않았다. 그래서 비로소 고향에 가서 부친상을 치르게 되었는데, 3년 상복을 벗고 나서, 다시 리조에 와 마감[72]을 청구하였다. 이때 가암이 그를 호되게 꾸짖었다.

"승택이 아버지와 문안 소식을 연락하지 않은 게 3년이나 되는데, 설사 부친상을 고의로 숨긴[匿喪] 것은 아니라고 할지라도, 어떻게 효도라고 할 수 있단 말인가?"

마침내 그를 제명(除名)하여, 초야의 평민이 되게 조치하였다.

왕규(王珪) 승상이 지은 「가공묘지명(賈公墓誌銘)」에 보인다.[73]

안(按) 가암이 승택의 죄를 의론한 것은, 마치 법조문의 자구 해석에 천착해 지나치게 가혹한 인상을 준다. 아마도 충효(忠孝)라는 '명분교화[名教 : 통치이념]'를 엄격히 내세우지 않을 수 없기 때문이리라. 이것이 바로 공자가 춘추(春秋)에서 뜻(惡意 · 故意)을 징벌했다[誅意]는 이치이다.

평석 당률(송형통) 직제율(職制律)에는 이렇게 규정하고 있다.

"부모나 남편의 사망(喪) 소식을 듣고서 곧바로 슬픔을 드러내지[擧哀] 않고 숨긴 자는 유(流) 2천리에 처하고, 상복 기간이 끝나지 않았는데 상복을 벗고 길(吉)한 일을 하거나 슬픔을 잊고 음악을 연주하면 도(徒) 3년에 처하며, 기타 오락 유희를 하면 도(徒) 1년에 처하고, 음악 연주를 마주쳐(피하지 않고 그대로) 듣거나 길한 좌석(연회 등)에 참석한 자는 곤장 1백에 처한다." 그 밖의 유복친의 상(喪)에 대해서도, 친소(親疏)에 따라 차

가 된 뒤, 判吏部流內銓으로 개봉부(開封府) 지사를 임시 맡았으며, 翰林侍讀學士, 진주(陳州) 지사에 이르렀음. 『송사』 권302.

72) 마감(磨勘) : 唐宋시대 관리의 경력과 공적을 심사하여 승진을 결정하던 제도.

73) 현전하는 왕규의 『화양집(華陽集)』 권38, 「가공묘지명」에는 이 사건이 실려 있지 않은 것으로 보인다.

등을 두어 감경 처벌한다고 되어 있다.

또 사위율(詐僞律)에는 이렇게 규정하고 있다.

"부모가 돌아가시어 관직을 사임[解官]해야 하는데, 다른 친족의 상(喪)이라고 거짓말을 하고 사임하지 않는 자는, 도(徒) 2년 반에 처한다. 만약 조부모나 부모 및 남편의 사망을 사칭하여, 휴가를 구하거나 (부역·조세 등을) 기피(감면)하는 자는 도(徒) 3년에 처한다."

부모의 상중에는 관직을 사임하고 3년(만 2년, 25개월) 간 상복을 입어야 한다. 그런데 관직의 영화를 쉬지 않고 누리려고, 다른 친족의 상이라고 거짓말하는 행위는, 적어도 속마음[內心]으로는 부모상을 인정하고 외부에 슬픔을 표시하는 것이다. 따라서 아예 상(喪)을 외부에 드러내지도 않고 슬픔조차 완전히 감춰 버리는 파렴치보다는, 죄가 훨씬 가볍다는 게 전통 입법의 기본 취지이다.

상복과 관련한 이러한 은닉 및 사칭 행위는, 전통법상 십악(十惡) 중 '불효(不孝)'죄에 해당하여, 죄가 확정된 자는 비록 대사면을 만나더라도 제명(除名)한다. 가암이 반드시 이러한 율문(律文)의 규정을 직접 적용하여 그를 면직시킨 것이라고 보기는 어렵다. 하지만 관리의 공과(功過)를 기록하여 실질상 승진 여부를 결정하는 리부(吏部) 인사 담당 직책의 재량권을 가지고, 3년간 부모에 무심했던 자식의 불효를 괘씸하게 여기며, 복직 자격을 박탈해 버린 것으로 보인다.

춘추에서 뜻을 징벌한다[誅意]는 말은, 객관적으로 외부에 나타난 행위 결과보다 주관적으로 내면에 품은 동기·목적을 중시하는 전통법의 죄형(罪刑) 이론을 뜻한다. 보통 '마음을 살펴 죄를 결정한다.'는 원심정죄(原心定罪, 또는 論心定罪)로 표현한다. 『서경(尙書)』에 "과오로 재앙(위험)을 초래한 자는 용서해 주고, 고의로 끝까지 악한 자는 엄하게 처형한다.[眚灾肆赦, 怙終賊刑.]"(「舜典」)거나, "과실을 용서함에는 큰 것을 가리지 않고, 고의를 처형함에는 작은 것도 놓치지 않는다.[宥過無大, 刑故無小.]"는 법의 정신을 천명한 이래, 아주 확고부동하게 정립한 중국 전통법의 기본 원칙이다.

물론 이 사안에서 가암이 징벌한 뜻[誅意]이란, 부친상을 알고도 숨겼거나 거짓말한 고의(故意)가 아니라, 삼 년 동안 연락 한번 하지 않아 부친의 생사조차 모른, 무심(無心)하고 한심(寒心)한 마음 상태(또는 마음 씀)로서 뜻을 가리킨다.

25. 진손(陳巽)이 올바른 법을 지키다

진손[74] 빈객(賓客)이 상주(常州)의 단련추관(團練推官)일 적이었다. 안찰관[75]이 군(郡)의 형사 사건을 가혹하게 엄중히 처벌하려고 하자, 아전이 그 뜻을 알아채고 해석에 농간을 부려 사형죄를 만들어 냈다. 그러나 진손은 단호히 말하였다.

"사형죄가 아닌데 법조문을 가지고 사람을 죽이면, 칼날(흉기)로 살인하는 것과 다를 바 없다."

그리고는 끝내 법 규정대로 논죄하였다.

「본전(本傳)」에 보인다.

안(按) 법조문 해석에 농간을 부리고, 교묘한 구실을 끌어대 무고한 사람에게 죄를 덮어씌우는 짓을, 군자는 하지 않는다. 그런데 이해관계로 유혹하고 권세로 협박해 대면, 어지간한 사람이 아니면 지조를 잃지 않고 지키기가 참으로 어렵다. 그러니 진손 같은 사람을 어찌 어질다고 말하지 않겠는가?

---

74) 진손 : 송나라 강주 덕화(江州 德化 : 지금 강서 九江市) 사람으로, 字는 공순(公順). 眞宗 때 진사가 된 뒤, 常州 團練推官을 거쳐 태자빈객(太子賓客)에 이름. 증공(曾鞏)이 지은 『원풍류고(元豐類稿)』 권47, 「진공묘지명(陳公墓誌銘)」에 그의 행적이 나옴.

75) 안찰관(案察官) : 제점형옥공사(提點刑獄公事).

26. 포근밀(蒲謹密)이 감히 쟁론하다

포근밀[76] 랑중(郎中)이 처음에 만주(萬州) 남포(南浦) 현령일 적에, 일찍이 주(州)의 막료(幕僚)직을 대행하였다. 그때 정위(廷尉 : 大理寺)가 만주의 형사 사안 가운데, 사형에 해당하는 죄를 잘못 빠뜨린(감경한) 게 있다고 비판하며 환송시켰다. 그러자 포근밀은 이렇게 말하였다.

"법이란 천하가 함께 공평히 준수하는 것입니다. 지금 이 사안의 죄는 법 규정상 사형에 처할 수 없으므로, 쟁론하지 않으면 안 됩니다."

이에 주장(州將)이 "정위(大理寺)와 쟁론할 수 있겠소?"라고 반문하였다. 그러나 포근밀은 더욱 집요하게 법리를 주장하였다. 마침내 황제가 다른 부서에 새로 의론하도록 조서를 내렸는데, 그 결과 그 죄는 사형에 들지 않는 것으로 판결났다. 이에 주장(州將)도 비로소 부끄러워하며, 포근밀의 판단과 용기에 감복하였다.

증조(曾肇) 내한(內翰)이 지은 「포근밀묘지(蒲謹密墓誌)」에 보인다.[77]

안(按) 옛 사람들 가운데 장석지(張釋之)나 서유공(徐有功) 같은 이는, 법을 지키기 위해 천자와도 쟁론하였다. 그런데 정위(廷尉)와 법리를 쟁론할 수 없다고 말하는 것은 잘못이다. 그리고 진실로 자신이 쟁론하는 수고와 번거로움만 꺼리면서, 죄수가 억울하게 죽을 것은 불쌍히 여기지 않는다면, 군자의 흠휼(欽恤) 정신은 어디에 있단 말인가?

---

76) 포근밀 : 『화양집(華陽集)』 권38에 따라 蒲愼密로 써야 마땅할 듯. 南宋 孝宗 趙昚(愼의 古字)의 諱를 피하기 위해 같은 뜻의 謹으로 바꾼 것임. 포신밀은 과주(果州 : 지금 四川 南充市 북쪽) 사람으로, 字는 숙영(叔榮). 仁宗 때 진사가 된 뒤, 南浦 현령을 거쳐 屯田郎中으로 벼슬을 마침. 『송사』에 열전은 없음.

77) 증조가 지은 현전 『곡부집(曲阜集)』에는 이 글이 없고, 왕규(王珪)가 지은 『화양집(華陽集)』 권38 「포군묘지명(蒲君墓誌銘)」에 이 사실이 실려 있다.

평석 현재와 같이 삼권 분립과 법원 심급제(審級制)를 확립해 절차적 정의를 유난히 강조하는 법문화(체계)에서는, 전통법 시대에서처럼 지방관이 조정(대법관)의 판결에 이의를 제기하고, 신하가 천자와 법리를 쟁론하는 인간적인 정취(情趣)와 정의(正義)를 찾아볼 수 없어 아쉽다.

27. 강지(强至)가 장물(贓物)죄를 의론하다

강지 랑중(郎中)이 처음에 사주(泗州)의 사리참군(司理參軍)일 적에, 일찍이 사법(司法) 업무를 대행하였다. 마침 조운을 책임진 병졸들이 정부미를 훔쳤는데, 수사 결과 장물의 수량을 의론하여 사형에 해당하는 자가 5인이나 되었다. 그러나 강지는 "장물의 의론이 법 규정에 부합하지 않는다"고 주장했다. 이에 주(州)에서 결론을 내리지 못하고, 의문점을 조정에 아뢰었다. 대리사(大理寺)의 심리 결과, 과연 강지의 말대로 원심 판결을 수정하여, 죄인들은 모두 사형에 이르지 않게 되었다. 그리고 오판한 죄로 해당 관리들이 모두 죄책을 추궁 당하였는데, 유독 강지만은 빠졌다.

증조(曾肇) 내한(內翰)이 지은 「강지묘지(强至墓誌)」에 보인다.

안(按) 장물의 죄를 법조문에 따라 의론하면서도 법 규정에 부합하지 않은 것은, 대개 법 규정의 의미를 통달하지 못했기 때문이다. 죄가 사형에 처해서는 안 되는데 사형을 언도했다면, 이는 법(律令) 공부를 제대로 안한 소치이며, 그 허물 또한 막대하다. 이러한 까닭에 한(漢)나라는 율령(律令)을 전문 학문으로 규정하였으며, 당(唐)나라는 국자감 안에 율학박사(律學博士 : 3人)를 설치하고 율령을 연구 강의하게 하였다. 그러니 마음을 다하는 군자라면, 어찌 법(율령)을 소홀히 할 수 있겠는가?

무릇 죄형을 의론한 사안은 예로부터 몹시 많으나, 지금 여기에는 대략 27사례만 뽑아 실었는데, 옛 『의옥집』의 내용을 바탕으로 약간 덧보태 말한 것뿐이다. 『통전(通典)』[78)]이나 역대 회요(會要)[79)]에 상세하게 보이는 사례들을 모두 다 수록하지 못하니, 따로 참고하기 바란다.

평석 전통법의 특징 중 하나는, 피해 법익의 양적 차이에 따라 형벌을 상당히 정밀한 비례로 수량화한 점이다. 예컨대, 절도죄의 경우, 재물을 얻지 못했으면 회초리[笞 : 치] 50대에 처하는데, 장물이 비단 1자[尺]일 때 곤장 60으로 출발하여, 매 1필(匹)마다 1등급씩 체증하여 가중한다. 그리고 5필에 이르면 도(徒) 1년으로 형벌의 종류가 바뀌어, 다시 매 5필마다 1등급씩 가중하다가, 50필 이상이면 노역을 부가한 유형에 처한다.

이번 사안과 같이, 관리(공무원)나 기타 공적 임무를 수행하는 사람이 직무와 관련한 관물(官物 : 公物 · 公金)을 훔치는 경우[80)]에는, 일반 절도보다 두 등급 가중 처벌하는데, 30필 이상이면 교형(絞刑)에 처한다.

대부분의 재산 범죄는 6종류로 구분하여, 장물[81)]의 수량에 따라 형벌

---

78) 『통전(通典)』 : 당나라 杜佑가 代宗 大曆 원년(766)부터 德宗 貞元 17년(801)까지 무려 35년에 걸쳐서, 위로는 전설 속의 唐虞(요순임금)부터 아래로 당나라 肅宗 · 代宗 때까지의 역대 典章制度의 연혁을 기술한 총서. 총 2백 권인데, 食貨 · 選擧 · 職官 · 禮 · 樂 · 兵刑 · 州郡 · 邊防의 8부문으로 크게 분류함. 그 뒤 남송 때 정초(鄭樵)가 지은 『通志』 2백 권 및 南宋 말 元初 馬端臨이 지은 『문헌통고(文獻通考)』 348권과 함께 '3通'으로 불리고, 그 뒤 청나라 · 민국 초에도 '續通'들을 줄지어 편찬하여 '9通' '10通'의 명칭까지 나옴.

79) 회요(會要) : 중국 역대의 정치 · 경제 · 법률 제도의 요점을 간추려 모은 책. 당나라 소면(蘇冕)이 지은 『九朝(고조부터 덕종까지)會要』를 시작으로, 양소복(陽紹復)의 속편과 송나라 왕보(王溥)의 증보를 거쳐 『당회요(唐會要)』가 탄생함. 송나라도 10여 차례 편수를 반복하여 『송회요집고(宋會要輯稿)』를 남겼음. 『원장전(元章典)』과 『명회전(明會典)』 · 『청회전(淸會典)』은 事實보다는 법령제도에 치중한 것으로, 회요의 別本임. 또 후대인이 편수한 『서한회요(西漢會要)』 등 각 왕조의 會要들도 분류 정리가 잘 되어 검색 열람에 편리함. 여기서는 『通典』 「刑法」門의 「잡의(雜議)」조와 『당회요』 「의형경중(議刑輕重)」조 등에 실린 역대 議罪 사례들을 가리킴.

80) 횡령 : 이를 전통법상 감림주수자도(監臨主守自盜) 또는 도소감림재물(盜所監臨財物)이라고 함.

81) 장물(贓物) : 범죄로 말미암아 얻은 재물.

의 경중을 구체로 차등 짓는다. 따라서 단순히 율문(律文) 규정만 보면, 장물을 따져 죄를 의론하는 재판에 무슨 큰 어려움이나 복잡한 사정이 있을 것 같지 않다. 그러나 법률문제는 그리 간단치 않다.

우선 위에서 언급한 내용대로, 당률과 송형통은 율문(律文)상 거론하는 재물을 모두 비단의 척필(尺匹)로 표시했다. 당시에 금전 화폐가 없었던 것은 아니지만, 물가 변동의 영향을 별로 안 받는 안정된 현물 화폐로서 비단을 택한 것이다. 따라서 우선 장물의 가액을 법정 기준인 비단으로 환산하는 데부터 법률상의 기술이 필요하다.

명례율(名例律)에 장물 가액 평가는 모두 범행 장소의 당시 물가 및 상품(上品) 비단 가격을 기준으로 하고, 사람이나 마소 등 가축의 하루 품삯은 비단 3척으로 한다는 규정이 있다. 그리고 영(令)에는 매월 상중하순 세 차례 상중하품 비단의 공시 가격을 지역마다 조사 발표하게 되어 있다. 장물의 실제 시장 거래 가격이 크게 다르더라도, 이 법정 공시 가격에 따라야 한다. 여기에 첫 번째 어려움이 있다. 설사 장물이 비단 자체이더라도, 중하품인 경우에는 상품 가격으로 환산·조정해야 한다는 법리(法理)가 된다.

또 하나의 중요한 문제점은, 율(律)의 규정은 어디까지나 제정(입법) 당시의 기준 규범이며, 절도·강도·뇌물 같은 사회·경제적 범죄는 현대와 마찬가지로 수시로 임시 특별법을 칙령의 형식으로 공포 시행했다는 사실이다. 송형통에 수록한 칙령만 보아도, 당(唐) 덕종(德宗) 건중(建中) 3년(782)에 절도죄의 경우 장물 3필 이상이면 대중을 모아 공개 처형한다는 칙령을 내렸고, 송(宋) 태조(太祖) 건륭(建隆) 3년(962)에는 강도는 3관문(貫文), 절도는 5관문 이상이면 사형에 처한다고, 당시의 화폐 가액을 기준으로 한 칙령을 새로이 시행하였다. 따라서 수시로 바뀌는 특별법의 장물 기준을, 당시의 지방 관리들이 제때에 바로 숙지하여 올바로 적용하기는 상당히 어려웠을 것으로 여겨진다.

그리고 또 다른 어려움은, 이번 사건과 같이 범인이 여럿일 경우, 공범

처벌에 관한 특별 법리가 있기 마련인데, 법을 잘 모르는 지방 관리의 경우 자기 생각대로 처리할 위험이 있다. 이는 송형통에 수록한 칙령이 인용한 사례만 보더라도 금방 드러난다. 즉, 변두리 주(州)에서 절도죄를 재판할 때 수종(首從 : 주범과 종범)을 구분하지 않고, 가령 10인이 함께 10필을 훔쳤으면 각자 10필의 죄를 적용하여 모두 극형에 처하는데(벌써 이때만 해도 律文 규정과 현격히 다른 특별 처벌 규정을 시행했음을 알 수 있다), 이는 관리들이 율의(律意 : 법의 의도)를 잘 모르고 무고한 인명을 억울하게 빼앗는 것이니, 특별히 상세하게 분별하여 법 시행에 착오가 없도록 해야 한다고 밝히고 있다. 그러면서 앞으로 절도범은 몇 사람이 함께 행했든지 간에, 각자가 취득한 장물을 모두 하나로 합쳐 그 가액이 5관문(貫文) 이상이면, 그 우두머리(주범)는 사형에 처하고 나머지는 종범(從犯)으로 처벌한다는, 유권(有權) 해석적인 보충 규정을 새로이 첨부했다.

이 사안에서 잘못 해석해 적용한 법 이론이 구체로 어떤 문제인지는 알 수 없지만, 일반 지방 관리들이 이처럼 복잡하고 다양한 법률문제를 모두 알아, 입법의 취지대로 죄형을 의론하기는 쉽지 않았을 것이다. 요컨대, 법은 동서고금을 막론하고, 복잡한 이론 체계를 가진 난해한 문화로 존재하며, 이를 해석 적용하는 법률가도 그만큼 고도의 전문적인 기술(학문)을 필수요건으로 갖추어야 했다.

한당(漢唐)시대에 율령(律令)을 전문 학문으로 규정하여 박사까지 두고 연구 강의케 했다고 역사가 전하지만, 사실은 훨씬 오래 전인 춘추 말엽에 이미 로자(老子)가 무위자연(無爲自然)의 도덕(道德)을 주창하는 5천여 자밖에 안 되는 언론(道德經)에서, 법의 전문성과 독립성을 비유로 묘사해 놓아 눈길을 끈다.

"백성들이 죽음(사형)조차 두려워하지 않는다면, 어떻게 죽음(사형)으로 백성들을 위협(경고)하겠는가? 만약 백성들로 하여금 항상 죽음(사형)을 두려워할 정도(로 법의 권위와 질서가 서 있다)면, 엉뚱한 짓(죄)을 저지르는 자는 내가 붙잡아 처형할 수 있다. 그러면 누가 감히 죄를 짓겠는가?"

"항상 처형(사형)을 담당하는 (전문 독립)기관이 있어 처형해야 한다. 무릇 천자나 제후가 처형 담당 기관을 대신하여 처형하는 것은 도끼질도 할 줄 모르는 건축주가 목수를 대신하여 도끼질하는 것에 비유할 수 있다. 무릇 전문 기술자인 목수를 대신하여 도끼질하는 자는 자기 손을 다치지 않기가 드물다."

동서고금을 통틀어, 권력자가 법까지 장악하여 무고한 백성을 억압·살육하다가, 결국 제 권좌와 생명까지 잃은 역사가 얼마나 허다한가? 법의 제정[立法]은 정치권력이 독점하더라도, 그 법의 해석과 적용[司法]은 전문 기술인에게 독립적으로 맡겨야 한다. 근대 서구법의 거창하고 심오한 권력 분립 이론보다도, 고대 동양의 노자가 남긴 짤막하면서도 평범한 목수 도끼질 비유가, 더 생기 있고 함축성 있게 느껴지는 것은 왜일까?

제 5 장 과오를 용서함

「유과(宥過)」편

평석 범죄의 주관적인 동기와 목적을 중시하여, 고의는 아무리 작더라도 엄하게 처벌하고, 과오는 아무리 크더라도 되도록 용서하는 것이 전통법의 기본 정신이다.[宥過無大, 刑故無小.] 어디 동양의 전통법뿐이겠는가? 근대 서구법도 비록 민법에서는 과실 책임의 원칙이 무과실 책임의 원칙으로 바뀌는 추세라고 하지만, 형법에서는 역시 고의책임의 원칙 아래, 과실로 인한 죄는 본조(本條)에 명문의 처벌 규정이 있을 때에 한하여 예외로 문책한다. 물론 그 예외가 상당히 많고, 갈수록 확대하는 경향이 강하긴 하다. 이는 사회의 변화, 특히 과학 기술 문명의 발달에 수반하는 불가피한 현상으로 보인다.

1. 진교(陳矯)가 아들의 죄를 사면시켜 주다

삼국시대 위(魏)나라의 진교[1])가 위군도위(魏郡都尉)일 적이었다. 당시에 농경용 소가 아주 적어, 소를 도살한 자는 죄가 사형에 이르렀다. 그런데 곡주(曲周)의 한 백성이 아버지의 병환을 낫게 해 달라고, 천지신명께 소를 잡아 바치고 기도하였다. 관할 현(縣)에서는 법대로 그를 기시형(棄市刑)에 판결했다. 그런데 진교는 '이 사람이 참으로 효자다'고 감탄하면서, 상소를 올려 그를 사면시켰다.

『삼국지』『위지(魏志)』「진교전(陳矯傳)」에 나오는데, 옛 『의옥집』에는 실려 있지 않다.

평석 인도에서처럼 소를 성물(聖物)로 숭배하지는 않지만, 중국과 우리 전통 문화도 농경사회의 특성상, 농경 및 운송의 수단인 소와 말을 몹시 중시하고 율령(律令)으로 보호하였다. 참고로 당률 구고율(廐庫律)에 따르면, 이러한 규정이 있다.

"국가나 개인의 마소를 고의로 살해한 자는 도(徒) 1년 반에 처한다. 장물 가액이 크거나 다른 가축을 살해하거나 또는 다치게 한 경우에는, 감소한 가액을 계산하여 절도죄로 논하며 각각 감소한 가액을 배상시키되, 가액이 감소하지 않았으면 회초리 30대에 그친다. 과오로 살상한 경우에는 처벌하지 아니하나, 다만 감소한 가액은 배상시킨다. 그리고 주인이 스스로 마소를 살해한 경우에는 도(徒) 1년에 처한다."

도(徒) 1년은 비단 5필을 절도한 죄에 해당한다.

---

1) 진교 : 삼국시대 魏의 광릉 동양(廣陵 東陽 : 지금 안휘 天長현 서북쪽) 사람으로, 字는 계필(季弼). 조조가 발탁한 뒤, 魏郡 西部都尉를 거쳐 司徒에 이르고, 東鄉侯에 봉해짐. 『삼국지』 권22.

2. 온회(溫恢)가 의리를 가상히 여기다

삼국시대 위(魏)의 손례(孫禮)[2]가 사공부(司空府)의 군사참모일 적이었다. 삼국 초기의 전란 통에 손례는 어머니와 서로 흩어져 생사도 알지 못했는데, 같은 군(郡)의 마태(馬台)가 손례의 어머니를 찾아 주었다. 손례는 답례로 집안 재산을 다 털어 마태에게 주었는데, 나중에 마태가 사형당할 죄를 지어 갇히게 되었다. 이에 손례는 몰래 그를 인도하여 감옥을 빠져나가도록 만든 뒤, 곧 자수하였다.

그런데 한참 뒤 마태는 "신하된 자로서 감옥을 탈출해 도망하는 건 도리가 아니다"고 말하면서, 스스로 자간주부(刺姦主簿)[3]인 온회[4]에게 가서 자수하였다. 온회는 이들의 의리를 가상히 여겨 태조(조조)에게 상세한 보고서를 올렸고, 이들은 각각 사형에서 한 등급씩 감경 처분을 받았다.

『삼국지』『위지(魏志)』「손례전(孫禮傳)」에 나오는데, 옛 『의옥집』에는 실려 있지 않다.

3. 왕승(王承)이 집까지 바래다주게 하다

서진(西晉)의 왕승[5]이 동해(東海) 태수(太守)일 적에, 아전이 야간 통행금

---

2) 손례 : 삼국시대 위나라 탁군 용성(涿郡 容城 : 지금 하북 용성현) 사람으로, 字는 덕달(德達). 조조가 사공군모연(司空軍謀掾)으로 발탁한 뒤, 벼슬 司空에 이르고, 大利亭侯에 봉해짐. 『삼국지』 권24.

3) 자간주부(刺姦主簿) : 간사한 죄악을 찌른다, 잡아 족친다는 뜻으로 붙인 관직명.

4) 온회 : 魏의 태원 기(太原 祁 : 지금 산서 기현) 사람으로, 字는 만기(曼基). 젊어서 효성과 청렴으로 천거받아, 조조가 丞相主簿로 발탁함. 양주(陽州) 자사를 거쳐 량주(涼州) 자사에 이름. 『삼국지』 권15.

5) 왕승 : 晋나라 태원 진양(太原 晋陽 : 지금 山西 태원시 서남쪽) 사람으로, 字는 안기(安期). 혜제(惠帝 : 290~306년 재위) 때 동해(東海) 태수가 되었으나, 말엽에 벼슬을

지를 범한 행인 한 사람을 붙잡아 왔다. 왕승이 "어디에서 오는 길인가?" 라고 묻자, 그 사람은 "스승님 댁에서 책을 받아 돌아오는 길인데, 그만 날이 저문 줄 몰랐습니다."라고 대답하였다. 이에 왕승은 "녕월(寧越)[6] 같은 선비를 회초리질하여 권위와 명분을 내세우는 것은, 아마도 태평성대를 이끄는 근본 방법이 아니리라"고 말하면서, 아전에게 그 사람을 집까지 바래다주라고 분부하였다.

류의경(劉義慶)[7]이 지은 『세설신어(世說新語)』 「정사(政事)」편에 나오는데, 옛 『의옥집』에는 실려 있지 않다.

평석 야간 통행금지 위반은 전통법에서 '범야(犯夜)'라고 하는데, 당률 잡률(雜律)에 따르면, 회초리 20대로 규정하고 있다. 다만 공무나 길흉사(吉凶事) 또는 질병 같은 급한 사유가 있는 경우에는 처벌하지 않았다. 또 궁위령(宮衛令)에 따르면, 오경삼주(五更三籌)에 순천문(順天門)의 북을 쳐서 통행을 허용하며, 낮 동안의 모래시계가 다 떨어지면 순천문의 북을 4백 번 쳐서 문을 닫고, 다시 6백 번을 쳐서 방문(坊門)을 모두 닫은 뒤, 통행을 금지한다고 되어 있다.

버리고 강을 건넘. 동진(東晋) 원제(元帝 : 317~322년 재위) 때 從事中郎이 됨. 『진서(晋書)』 권75.

6) 녕월(寧越) : 전국시대 周威王의 스승을 지낸 趙나라 사람으로, 농사지으면서 여가에 苦學했다고 함.

7) 류의경(403~444년) : 南朝 宋 武帝의 아우인 長沙景王 류도련(劉道憐)의 둘째 아들. 臨川王 劉道規의 후사로 입양하여 림천왕의 작위를 물려받음. 남언주(南兗州) 자사, 都督加開府儀同三司를 지냄. 문학을 좋아하여 문인을 모아 대우하였으며, 漢末부터 魏晋시대 인사들의 언행을 기록한 『세설신어(世說新語)』를 남겼음.

4. 원단(袁彖)이 죄를 용서해 주다

남제(南齊)의 원단[8]이 려릉왕(廬陵王)[9]인 자경(子卿)의 자의참군(諮議參軍)이 되었다. 자경이 형주(荊州) 자사로 나가 있을 때, 남군(南郡)의 강릉현(江陵縣) 사람인 구장지(苟將之)의 아우 호지(胡之)의 아내가 증구사(曾口寺)의 스님[沙門]에게 간음 당하였다. 스님이 밤에 구씨 집안으로 잠입했는데, 구장지가 이를 알아채고 스님을 살해하여, 관가의 조사를 받게 되었다.

구장지는 집안의 추문을 관가에 고발하여 공개하자니 치욕스럽고, 속으로 참자니 분통이 터져 견딜 수 없어, 사실 자기가 살해했다고 진술했다. 그런데 아우인 구호지도 또한 똑같이 진술했다. 형제가 서로 자기가 살해했다고 주장하며, 스스로 처형을 받겠다고 다투었다. 강릉 현령이 이 사건을 형주 자사에게 보고해 널리 의론하였는데, 원단이 이렇게 말했다.

"장지와 호지는 마음을 살펴보니, 결코 포악하지 않습니다. 사안의 진상을 조사 신문하는 날에는, 그들의 의로운 기개가 길 가는 사람까지 구슬프게 감동시켰습니다. 옛날에 공문거(孔文擧)[10]가 스스로 죄를 뒤집어쓰자, 황제가 법망을 느슨히 풀어 특별히 사면해 준 일이 있는데, 두 사람의 마음씀도 옛 사람의 행적과 딱 부합합니다. 이런 사람을 가혹한 형벌에 처한다면, 실로 선행을 손상시킬 것입니다."

이에 두 형제는 모두 사형을 모면했다.

『남사(南史)』「원잠전(袁湛傳)」에 보이는데, 원단은 그의 족손(族孫)이다. 옛 『의옥집』에는 실려 있지 않다.

---

8) 원단 : 南齊의 진군 양하(陳郡 陽夏 : 지금 하남 太康현) 사람으로, 字는 위재(偉才). 宋과 齊에서 려릉왕자의참군(廬陵王諮議參軍), 侍中의 벼슬을 지냄. 『남제서(南齊書)』 권48, 『남사(南史)』 권26.

9) 려릉왕 : 제무제(齊武帝 : 483~493년 재위)의 셋째 아들 소자경(蕭子卿). 『남제서(南齊書)』 권40, 『남사(南史)』 권44.

10) 문거 : 東漢 말 로국(魯國 : 지금 산동 곡부현) 사람인 공융(孔融)의 字. 北海相을 거쳐 太中大夫에 이름. 어려서 일찍이 형을 대신해 죄를 받겠다고 자청하여, 황제가 특별히 조서를 내려 형의 사형을 면죄해 준 일이 있음. 『후한서』 권70.

안(按) 정상(情狀)이 진실로 용서할 만하다면, 과오가 큰 것을 따질 필요가 없다. 효자가 아버지의 병환 쾌유를 기도하기 위해 소를 도살하고, 의로운 선비가 은혜에 보답하기 위해 감옥 탈출을 인도하며, 형제가 서로 살인했다며 사형을 다투는 사안들이 모두 그러하다. 그리고 야간 통행금지 위반[犯夜] 같은 행위는 비록 가벼운 죄이지만, 만약 정말로 권위나 세우려고 힘쓰고 구체적인 특수 정황을 살피지 않았다면, 어떻게 이를 용서할 수 있었으리요? 이러한 사안들은 과오를 용서하는 귀감이 될 만하다.

평석 몇 년 전(1996년 4월 16일) 우리나라에서도 이와 비슷한 사안이 생겨, 언론과 여론의 초점이 된 바 있다. 어려운 결혼 생활 끝에 재혼을 한 여인이 남편에게 계속해서 가혹 행위에 시달리자, 이를 보다 못한 칠순의 친정어머니가 새 사위를 흉기로 찔러 살해하였다. 그런데, 노모의 감옥 생활과 수형(受刑)을 염려한 딸이 먼저 자기가 살인범이라고 주장하여 수감된 뒤, 나중에 딸의 신세를 가련히 여긴 노모가 스스로 범행 일체를 자수하고 감옥으로 들어간 사건이다.

그때도 여론의 동정과 여러 사회단체, 특히 여성 단체들의 적극적인 구명 운동이 유난히 인상 깊었다. 재판 결과 역시 법에도 인정(人情)과 눈물이 있음을 확인하고, 관대히 용서하는 방향으로 매듭지어졌다. 우리의 전통 법문화와 법 의식·법 감정이, 법관은 물론 국민 대다수에게 아직도 생생하게 살아 전해지고 있음을 증명하는 사안이기도 했다.

다만 이러한 종류의 사건에서 문제가 될 수 있는 대형(代刑)은, 인과응보라는 법의 기본원칙 및 형평 정의의 원리에 비추어, 결코 용납해서는 안 된다. 그리고 개별 특수 정상을 참작해 용서함에도, 자칫 그러한 예외를 일반화하여 허용할 수 있는 법리를 내세우거나, 그런 분위기를 형성하지 않도록 세심하게 배려해야 한다. 예외적 관용을 빌미로, 혹시라도 사적(私的) 원한을 앙갚음하는 범죄풍토를 조장해서는 안 되기 때문이다.[11]

5. 위단(韋丹)이 기한을 정해 반납 보충을 분부하다

당나라 위단[12]이 강서(江西) 관찰사일 적이었다. 한 아전이 정부양곡 창고를 10년간 담당하여 왔는데, 그 수량만도 50만 석에 이르렀다. 그런데 양곡의 출납과 재고 수량을 정밀 조사한 결과, 3천여 석이 부족한 것으로 판명 났다. 이에 위단은 그를 불쌍히 여기면서 이렇게 판단했다.

"이처럼 엄청난 수량이 모자라는데, 어떻게 모두 아전 혼자 빼돌렸겠는가? 틀림없이 권세가의 요구가 개입했을 것이다"

그리고 그 아전의 집안에 보관하는 사문서(私文書)를 모조리 압수 수색하여 대조 점검토록 명령했다. 그러자 과연 양곡을 빼돌려 나눠 먹은 명단과 경위가 모두 드러났다. 이에 위단이 모든 관련자를 불러 분부했다.

"너희들이 권세를 믿고 창고 담당 아전에게 정부양곡을 요구하여 빼먹었거늘, 지금 이렇게 엄청난 부족분을 어떻게 혼자 배상할 수 있겠느냐? 이제 너희들의 죄를 특별히 용서해 줄 터이니, 각자 지금까지 가져간 수량을 한 달 기한 안에 모두 반납하기 바란다."

이 말을 들은 관리들이 모두 머리를 조아리고 사죄하며 아뢰었다.

"어르신께서 지극히 현명하심으로 저희 부하들을 살피셨으니, 법에 따라 응분의 형벌 책임을 져야 마땅하거늘, 이렇게도 무거운 죄를 용서해 주시니, 양곡을 반납하여 채워 놓는 것을 어찌 사양하겠습니까?"

창고 담당 아전은 이렇게 해서 죄를 면하고 풀려나게 되었다.

옛 『의옥집』에는 출전이 나타나 있지 않은데, 아마도 당나라 때 사람의 小說에 실려 있던 것이, 지금 『신당서(新唐書)』를 쓰면서 「위단전(韋丹傳)」에 들어간 것이리라.

---

11) 이 사안과 관련하여 필자가 「법제사(法制史)의 관점에서 본 모녀쟁사(母女爭死)」라는 주제로 상세히 논술한 글이 『인권(人權)과 정의(正義)』 제242호, 대한변호사협회, 1996년 10월에 실렸으니, 참고하기 바람.

12) 위단 : 당나라 경조 만년(京兆 萬年 : 지금 섬서 長安현) 사람으로, 字는 문명(文明). 五經科에 급제하여 안원(安遠) 현령과 용주(容州) 자사를 거쳐 강남서도(江南西道) 관찰사에 이르고, 무양군공(武陽郡公)에 봉해짐. 『신당서』 권197.

안(按) 관물(官物 : 공금)을 침탈·절도한 자는, 그걸 자기가 갖든 남에게 주든, 그 죄가 똑같다. 그러나 자기 소유로 챙긴 정황이라면, 재물 이익에 탐착한 소행이라, 군자가 더욱 싫어한다. 반면 남에게 준 정황이라면, 대개 권세의 협박에 못 이긴 소치이기 때문에, 군자가 불쌍하게 동정한다.

무릇 주(州)의 관리들이 협박으로 요구하고, 창고 담당 아전이 훔쳐 주면서, 어찌 법을 몰랐겠는가? 다만 그 일이 들통 나거나 실패하지 않기만 요행으로 바랐을 것이다. 불쌍하다고 정상을 참작하여 창고 담당 아전만 용서해 주고, 나머지 주(州)의 관리들은 처벌하기가 곤란한 까닭에, 모두 함께 용서한 것이다. 또 빼먹어 모자란 수량을 모두 반납하여 국고를 채워 놓았기 때문에, 또한 용서할 만한 길이 열린 것이기도 하다. 그러니 위단이 덮어 주고 죄를 묻지 않은 관용은, 스스로 잘못을 회개할 기회를 준 것이며, 결코 악이 기세를 펴도록 다스리지 않고 방임한 것은 아니다.

평석 당률(송형통) 구고율(廐庫律)에 따르면, 관물(공금)을 담당·관리하는 관원[監臨主守]이 관물을 사적으로 자신이 빌리거나 남에게 빌려 주는 경우 및 그 관물을 빌려 받은 사람은 모두, 대차 문서를 작성 안 했으면 바로 절도로 논죄하고[以盜論], 작성했으면 절도에 준하여 논죄한다[準盜論].

또 대차 형식이 아니라, 횡령·전용 같이 절취가 분명한 경우에는, 적도율(賊盜律)의 규정에 따라, 감림주수(監臨主守)의 자도(自盜) 및 감림 재물의 절도에 해당한다. 그러므로 일반 절도보다 두 등급 가중 처벌하여, 비단 30필의 가액만 되어도 교형(絞刑)에 처한다. 물론 횡령·전용한 관물의 반환은 당연한 민사책임으로 뒤따른다.

이 사안에서 위단이 민사적 배상 책임만 부과하고 엄중한 형사책임을 묻지 않은 것은, 특별한 정상을 참작한 관대한 재량 처분이다. 요즘도 가벼운 사건에서는 당사자 간에 화해하고 민사배상을 합의하면 형사처벌을 감면하는 것도 같은 맥락이지만, 정도의 차이가 큰 셈이다.

6. 장영(張詠)이 시행 방법을 판결하다

장영[13] 상서(尙書)가 재차 익주(益州) 지사에 부임하게 되었다. 그 전에 어떤 백성이, 관청의 염색공장(官染院)에서 안료 사용량을 실제보다 늘려 계산하여, 여분을 개인 소유로 착복했다고 고발하였다. 그래서 40여 명을 구금하고 조사하였으나, 당시의 주지사는 이 사건을 판결하지 못하고 있었다. 이때 장영이 부임했는데, 상황을 상세히 신문 조사한 뒤, 고발인에게 물었다.

"그대가 안료의 사용량을 진술한 사람이다. 지금 그대 생각에, 관청의 안료를 어느 정도 사용해야 적당하다고 보는가?"

그러자 고발인은 어느 정도 사용하면 적당한지 답변했다. 이에 장영은 "아주 좋다. 적당한 사용 기준치를 문서로 작성하라"고 말한 뒤, 이렇게 판결을 내렸다.

"앞으로는 지금 진술한 적정 사용 기준치에 따라 염색을 시행하며, 이를 여겨서는 안 된다. 주무 담당관들은 각각 곤장 60대에 처하고, 나머지는 모두 훈방한다."

리전(李畋) 우부(虞部)가 지은 『장충정공어록(張忠定公語錄)』에 보인다.

안(按) 관청 염색공장의 염료는 이전 예규에 이미 사용량에 정해져 있었으며, 주무 담당관이 대량으로 낭비한 것이 아니다. 비록 기준치를 과대(過大) 책정하여 여분이 생겼다고 할지라도, 어떻게 몰래 숨겨 빼돌렸다고 하겠는가? 다만 책정 기준치와 실제 사용량 사이의 차액에 대하여 마땅히 상부에 보고해야 하는데, 보고하지 않았으므로 전혀 죄가 없다고 할 수는 없으리라. 그래서 곤장 60대를 판결한 것이다. 그리고 나머

---

13) 장영 : 송나라 복주 견성(濮州 鄄城 : 지금 산동 견성현 북쪽) 사람으로, 字는 복지(復之). 號는 괴애(乖崖). 태종 때 진사가 되어 工部侍郎으로 익주(益州) 지사를 지낸 뒤, 禮部尙書에 오름. 『송사』 권293.

지 관련자들 모두 용서한 것은, 죄가 그들에게 있지 않기 때문이다.

이 사안에서 법관(아전)이 혹시라도 가혹하거나 포악했다면, 대량 낭비의 죄를 다스리고 몰래 훔쳐 빼돌린 장물을 추궁한다고, 하지 않은 짓이 없었을 것이다. 그러한 자들이야 군자가 과오를 용서하는 도리인들 어찌 알겠는가?

평석 당률(송형통) 직제율(職制律)의 규정에 따르면, 율령(律令)상 황제께 아뢰어야[奏] 할 일을 아뢰지 않거나, 영(令)과 격식(格式)에 아뢰라는 명문이 없고 사리상 아뢸 필요가 없는 일을 아뢴 경우에는 곤장 80에 처한다. 또 상부에 보고해야[言上] 할 일을 보고하지 않거나, 보고하지 않아야 할 일을 보고하거나, 소관 부서를 경유하지 않고 월급(越級) 보고하거나, 하부에서 시행해야 할 일을 시행하지 않거나, 하부에서 시행하지 않아야 할 일을 시행한 경우에는, 각각 곤장 60에 처한다고 규정하고 있다.

7. 마량(馬亮)이 죄수를 풀어 주다

마량[14] 소보(少保)가 처음에 전중승(殿中丞)의 직함으로 상주(常州)의 통판을 맡았을 적이었다. 아전 하나가 관물(官物)을 분실하여, 그의 처자식이 감옥에 갇혔을 뿐만 아니라, 다른 수십 수백 명이 함께 연루하였다. 그러나 마량은 모든 사람을 다 풀어 주고, 아전에게 분실한 관물을 스스로 배상하도록 허락하였다. 그러자 한 달을 넘기지 않고 모두 상환하였다.

「본전(本傳)」에 보인다.

14) 마량:「의죄(議罪)」편 각주 44) 참조.

안(按) 정위(丁謂)[15] 승상이 전하는 이야기이다.

송(宋)나라 진종(眞宗) 때, 한번은 연회를 베푸는데 친사관(親事官)이 황금 접시 하나를 분실했다. 그러자 좌우 신하들이 "마땅히 죄책을 엄하게 다스려야 합니다."고 아뢰었다. 이에 진종은 "안 되오. 우선 찾아보도록 합시다."고 말했다. 그러나 좌우에서 또다시 "그러면 약간의 곤장이라도 때려야 합니다."고 아뢰었다. 그러자 진종은 "분실한 물건을 찾아오도록 법에서 규정한 기한이 있지 않소? 만약 그 기한 안에 찾아온다면, 단지 약간의 곤장이라도 시행해서는 안 되오."

지극히 존귀한 황제께서 법을 준수하심이 오히려 이와 같거늘, 신하된 자들은 이치상 어떻게 하여야 마땅하겠는가?

『정진공담록(丁晉公談錄)』에 보인다.

평석 당률(송형통) 잡률(雜律)에 따르면, "관청의 기물 · 부절(符節) · 인감 등을 분실하여 논죄하여야 할 경우에는, 모두 30일 동안 찾아오도록 허락하며, 그 동안 찾아오지 못한 연후에야 죄를 처벌한다. 만약 기한 안에 스스로 찾아오거나 타인이 습득한 경우에는 그 죄를 면제하며, 기한이 지난 뒤 찾으면 죄를 추후로 3등급 감경한다. 관문서(官文書)나 제서(制書 : 황제의 조서)를 분실했다가 정한(程限 : 시행 일정) 안에 찾아온 경우에도 또한 마찬가지이다. 설사 비록 고의로 내버린 경우라도, 기한 안에 찾아오면 죄를 1등급 감경해 준다."

물건을 분실하거나 내버린 경우조차, 처벌 자체가 목적이 아니라, 분실하지 않도록 주의를 기울이고 분실한 것을 되찾도록 독려하는 예방 · 수습이 법의 근본정신임을 새삼 느낄 수 있다.

---

15) 정위 : 송나라 소주 장주(蘇州 長洲 : 지금 강소 소주시) 사람으로, 字는 위지(謂之) 또는 공언(公言). 태종 때 진사가 되어 벼슬이 同中書門下平章事에 이름. 『송사』 권283. 『정진공담록(丁晉公談錄)』은 정위의 생질 반연지(潘延之)가 지었다는 설이 있으나, 확실치 않음.

8. 호측(胡則)이 남은 구리만 환수하다

호측[16] 시랑(侍郎)이 강남로(江南路)의 은동장주전감(銀銅場鑄錢監) 직책을 맡았을 적에, 아전이 구리 수만 근(斤)을 몰래 빼돌려 숨긴 사실을 발견했다. 이에 아전이 사형당할까 몹시 두려워했다. 그런데 호측은 "동한(東漢)의 복파(伏波)[17] 장군 마원(馬援)은 (郡督郵로 죄수를 서울까지 압송하던 길에) 중죄인을 불쌍히 여겨 도망가도록 놓아주었다는데, 내 어찌 재화를 중시하여 몇 사람의 목숨을 가벼이 여기겠는가?"라고 말하면서, 남아 있는 것만 환수하는 데에 그쳤다.

안(按) 류승규(劉承規)[18] 류후(留後)가 일찍이 봉선(封禪)[19]과 조운(漕運)을 감독할 때였다. 동전 주조를 감독하는 기술자가 전후 관리들이 구리 수천 근(斤)을 몰래 빼돌려 땅속에 묻어 두었다고 고발하였다. 그러나 류승규는 짐짓 못들은 척하며 수리하지 않았다. 그리고서 은밀히 사람을 시켜 묻어 둔 구리를 파내 해당 관청에 넘겨주게 하고, 그들의 죄는 묻지 않았다.

이 또한 복파 장군 마원의 뜻을 지닌 것이리라.

---

16) 호측 : 송나라 무주 영강(婺州 永康 : 지금 절강 영강현) 사람으로, 字는 자정(子正). 태종 때 진사가 되어 江南路 銀銅場鑄錢監(은동 광산과 동전 주조를 감독하는 관직)을 거쳐 兵部侍郎으로 벼슬을 마침. 『송사』 권299.

17) 복파 : 馬援을 가리킴. 東漢 부풍 무릉(扶風 茂陵 : 지금 섬서 興平현) 사람으로, 字는 문연(文淵). 동한 초에 伏波 장군에 임명되어, 남쪽으로 交趾를 정벌하러 나가 평정함. 처음에 郡都督이 되어 죄수를 서울까지 압송하는데, 죄수 가운데 중형에 처해질 자가 있어, 마원이 그를 불쌍히 여겨 도망가도록 놓아준 적이 있음. 『후한서』 권24.

18) 류승규 : 본명은 승규(承珪). 송나라 초주 산양(楚州 山陽 : 지금 江蘇 淮安현) 사람으로, 字는 대방(大方). 태조 때 高班에 뽑힌 뒤 북작방사(北作坊使)가 됨. 眞宗이 泰山에 封禪할 때 운송 감독을 맡았고, 나중에 좌교위상장군(左驍衛上將軍), 안원군절도관찰류후(安遠軍節度觀察留後)를 지냄. 『송사』 권466.

19) 봉선(封禪) : 천자가 명산(名山)에서 천지신명께 올리는 제사.

9. 조사민(趙師民)이 불문에 부치다

조사민(趙師民)[20] 룡학(龍學)이 요주(耀州) 지사일 적에, 백성 가운데 국가 독점인 소금과 쇠(鹽鐵) 금지법을 범한 자들이 있었다. 그러나 조사민은 "이익을 가로막고서 범죄로 규정하는 법은, 백성들을 그물질하는 것이다"고 말하면서, 일체 불문에 부쳤다.

안(按) 이는 진실로 어진 사람의 말이다. 그렇지만 죄를 약간만 관대히 처벌했어도 괜찮았을 것이다. 만약 조사민처럼 일체 불문에 부친다면, 간사하고 교활한 자들이 앞 다투어 그렇게 해댈 텐데, 그러면 장차 어찌한단 말인가? 군자가 과오를 용서할 때, 이와 같이 해서는 안된다.

평석 일반 사람들은 이익을 보면, 물불도 가리지 않고 뛰어든다고 한다. 국가(왕·통치자)가 백성들과 이익을 다투면서, 민생 필수품인 소금과 쇠를 법과 권력으로 독점해 버린 것은, 아무리 당시의 사회·경제적 상황에서 재정 정책상 불가피했다고 설명하더라도, 인정(仁政)이라고 보기는 어렵다. 일찍이 맹자(孟子)가 첫 장(章)에서 "위아래가 서로 이익만 다투면 나라가 위태로워진다. 정말로 인의(仁義)를 뒤로 하고 이익만 앞세우면, 빼앗지 않고는 만족할 줄 모르게 된다."고 일깨운 가르침이야말로, 민본주의(民本主義) 인정왕도(仁政王道)의 출발이리라.

---

20) 조사민(趙師民): 송나라 청주 림치(青州 臨淄: 지금 산동 淄博市 동쪽) 사람으로, 字는 주한(周翰). 眞宗 때 진사에 급제하여 룡도각직학사(龍圖閣直學士), 요주(耀州) 지사를 지냄. 『송사』 권294.

10. 요환(姚渙)이 포상을 물리치다

요환[21] 대경(大卿)이 처음에 익주(益州)의 교자무[22]를 감독할 적이었다. 아전들이 간사하게 수만 민(緡[23])을 빼돌린 사건이 들통 나, 주무 관리들이 모두 사형을 당해야 할 판이었다. 그런데 요환은 전운사(轉運使)에게, 아전들이 돈 빼돌린 걸 찾아낸 공로로 포상을 받고 싶지는 않다고 청원하였다. 그렇게 해서 목숨을 건진 자가 많았는데, 요환은 송(宋) 영종(英宗) 치평(治平) 2년(1065)에 광록경(光祿卿)으로 끝마쳤다.

이상 네 사안은 모두 각 주인공의 「본전(本傳)」에 보인다.

11. 리숭(李崇)이 무당을 채찍질하다

「석원(釋寃)」편 「리숭(李崇)이 유배 병사를 속이다」에 이미 나왔다.

안(按) 량(梁)의 원군정(袁君正)[24]이 예장(豫章)의 내사(內史)일 적이었다. 그는 본래 무당을 믿지 않는 성품이었다. 군(郡)에 만세영(萬世榮)이라는 원로 무당이 있었는데, 원군정이 가벼운 질병에 걸리자, 주부(主簿)인 웅악(熊岳)이 그를 추천했다. 이에 무당이 "환자의 옷이 신표로 필요하

---

21) 요환 : 송나라 장안(長安 : 지금 섬서 西安市) 사람으로, 字는 허주(虛州) 또는 허주(虛舟). 仁宗 때 진사가 되어 벼슬이 光祿卿까지 오름. 『송사』 권333.

22) 교자무(交子務) : 지폐의 유통 관장.

23) 민(緡) : 본래 동전 꿰는 실, 한 꾸러미를 뜻하나, 동전 1천 닢[文]을 가리킴.

24) 원군정 : 南朝 梁나라의 진군양하(陳郡陽夏 : 지금 하남 太康현) 사람으로, 字는 世忠. 豫章(지금 江西 南昌市) 內史(太守와 직권이 비슷)를 거쳐 오군(吳郡) 태수를 지냄. 『량서(梁書)』 권30, 『남사(南史)』 권26.

다"고 말하자, 원군정은 입고 있던 짧은 옷을 벗어 주었다. 일(무당 굿)이 끝나고 짧은 옷을 찾으러 보내자, 무당은 "신이 북두군(北斗君)께 보냈다" 고 답변했다. 이에 원군정은 그의 몸을 수색하게 시켜, 그의 옷 속에서 짧은 옷을 찾아내고, 마침내 그를 '난정(亂政)'[25]죄로 판결하여 시장에서 처형한 뒤, 그가 모시던 신상(神像)도 불태워 버렸다. 그 뒤로 군(郡) 안에 감히 무당짓을 하는 자가 없었다.

『남사(南史)』「원잠전(袁湛傳)」에 나오는데, 군정은 그의 족손(族孫)이다. 옛『의옥집』에는 실려 있지 않다.

이들 사안은 모두, 망령된 말로 사람을 현혹시키는 짓을 몹시 혐오했기 때문에, 엄벌에 처했다. 정황이 진실로 책망할 만하면, 죄악이 작음도 가리지 않는다고 함은, 이를 일컫는다. 그래서『례기(禮記)』「왕제(王制)」편에는, "좌도(左道 : 사이비·미신)로 정치 교화를 어지럽히면 사형에 처하고, 귀신을 가탁하여 대중을 현혹시키면 사형에 처한다"고 하였다.

앞에 나왔던 사안에서 리숭이 여자 무당을 채찍질한 판결도, 비록 죄악을 징벌하는 뜻은 있었지만, 아마도「왕제(王制)」편의 규정은 몰랐던 것 같다. 그래서 여자 무당을 법대로 처형하지 못한 게 아닐까?

평석 옛날에는 황제가 하늘의 아들로서 하늘을 대신해 백성을 다스린다는 뜻으로 '천자(天子)'라는 용어가 쓰였다. 군주의 절대 통치권력의 정통성과 정당성이 하늘에 있었다. 그래서 친지신명(天地神明)께 지내는 제사는, 오직 천자(天子)만 봉행할 수 있는 신성한 천직(天職)이기에, 아무나 함부로 제사를 지낼 수 없었다. 뿐만 아니라 '하늘'과 '신(神)'에 관한 모든 사항이 군주(국가)의 독점물이었다. 그래서 당률(송형통) 직제율(職制律)에는 이런 규정이 있다.

"현상(玄象) 기물[26]·천문(天文)[27]·도서(圖書)[28]·참서(讖書)[29]·병서(兵

---

25) 난정(亂政) : 정치 혼란, 혹세무민.
26) 현상 기물 : 하늘의 모습을 본뜬 天體儀

書)[30]・칠요력(七曜曆)[31]・태일(太一)・뢰공식(雷公式)[32] 등은 개인 집에서 가질 수 없으며, 이를 어긴 자는 도(徒) 2년에 처한다. 사사로이 천문(天文)을 배우는 자도 똑같이 처벌한다."

일식이나 월식을 천재지변으로 믿던 시대 상황이다. 또 적도율(賊盜律)에는 이와 관련하여, 요괴(妖怪)한 글이나 말을 만들거나, 또는 이를 퍼뜨려 3인 이상(대중)을 현혹시킨 자는, 교형(絞刑)에 처한다는 규정도 있다. 그리고 현혹시킨 사람이 3인 미만이면 유(流) 3천리, 그 말이 이치상 해악이 없으면 곤장 1백에 처하며, 요사하거나 해괴한 글을 비록 사용하거나 퍼뜨리지 않았더라도 사적으로 개인이 소유하면 도(徒) 2년(앞의 직제율(職制律) 규정과 같은 내용임)에 처한다. 여기서 요괴한 글이나 말이란, 길흉이나 귀신, 특히 국가나 황제의 불길한 장래에 관한 내용을 뜻한다.

이러한 규정은 혹세무민(惑世誣民)의 목적성이 본 죄악의 핵심 본질인데, 물론 범죄 주체의 사사로운 명리(名利) 탐욕이 끼어드는 경우가 대부분이다. 『춘추좌전(春秋左傳)』(魯나라 莊公 32년=B.C.661년)에는 "신(神)이란 귀 밝고 눈 밝으며 올바르고 곧으면서 한결같은 존재이다.[神, 聰明正直而壹者也.]"는 말이 나온다. 바로 이러한 신론(神論)에 바탕을 둔 말과 글이라면, 결코 혹세무민하는 요서(妖書)나 요언(妖言)이 될 수 없을 것이다. 정신(正信)과 미신(迷信)을 구분하는 기준도 바로 여기에 있을 따름이다. 자칫 정치적인 탄압이나 사적인 원한 보복의 수단으로, 이 법 규정을 악용 또는 남용하였을 가능성은, 역사상 배제하기 어려울 것이다.

---

27) 천문(天文) : 해・달・별에 관한 글.
28) 도서(圖書) : 역(易)에 관한 글.
29) 참서(讖書) : 미래 예언서.
30) 병서(兵書) : 육도삼략(六韜三略) 등 병법 전술에 관한 글.
31) 칠요력(七曜曆) : 서양력.
32) 뢰공식(雷公式) : 길흉을 점치는 방식의 하나.

제 6 장

죄악을 징벌함

「징악(懲惡)」편

평석 자연(神)의 인과응보는 선을 상주고 악을 벌하는[賞善罰惡] 존재법칙이고, 인간(국가)의 윤리도덕과 법은 권선징악(勸善懲惡)으로 자연의 인과응보 법칙을 실행하는 당위규범이다.

불교의 핵심 본질을 대표하는 16자의 계율이 있다.

"어떠한 악도 짓지 말고, 뭇 선을 받들어 행하라. 자기의 뜻을 스스로 정화하는 것이, 바로 모든 부처님의 가르침이다.[諸惡莫作, 衆善奉行, 自淨其意, 是諸佛敎.]"

서경(書經)에는 요순(堯舜)임금부터 전해오는 도통의 16자 심법(心法)이 실려 있다.

"악으로 쏠리는 인간의 마음 오직 위태롭고, 선을 추구하는 진리의 마음 오직 미약하니, 오직 정성스럽고 오직 한결같이, 그 한 가운데(중용)를 진실하게 붙잡으라.[人心惟危, 道心惟微, 惟精惟一, 允執厥中.]"

불교나 유교나 근본 가르침은 표현 방식만 다르지, 실질 내용은 상통함을 확인할 수 있다.

1. 공수지(孔琇之)가 어린애의 죄를 다스리다

남제(南齊)의 공수지[1]가 오현(吳縣)의 현령일 적이었다. 열 살 난 소년이 이웃집 벼 한 다발을 몰래 베었는데, 공수지는 그를 체포하여 수감하고 죄를 다스렸다. 더러 곁에서 좀 봐주라고 간하는 이가 있었지만, 공수지의 답변은 단호했다.

"열 살에 벌써 도둑질할 줄 아는데, (그냥 놔두면) 나중에 커서 무슨 짓을 못할 것이오?"

이에 현(縣)의 모든 사람이 크게 놀랐다.

『남사(南史)』「공정전(孔靖傳)」에 나오는데, 수지는 그의 손자이다. 옛 『의옥집』에는 실려 있지 않다.

안(按) 남제(南齊)의 왕경측(王敬則)[2]이 오흥(吳興) 태수일 적이었다. 군(郡) 안에 전부터 약탈 강도가 잦았는데, 한번은 열 서너 살 소년이 길에서 흘린 물건을 주워 갖자, 왕경측이 그를 처형하여 사람들에게 내보였다. 그 후로 길에서 흘린 물건을 줍는 사람도 없었고, 군(郡) 안에 강도나 약탈이 사라졌다.

왕경측은 대중을 혼쭐나게 경고하여 법의 권위를 세우려고 그리했다. 무릇 어린애가 철이 없어 길가에 떨어진 물건이 있는 것을 보고 주운 것뿐이지, 결코 약탈한 것이 아니거늘, 어찌 그렇게 중죄로 엄히 다스릴 만하단 말인가? 어린애를 처형하여 군중에게 내보인 것은, 지나치게 가혹한 형벌 남용이다. 이는 전대(前代)의 지방장관들이 생살권(生殺權)을 전횡했

---

1) 공수지 : 南齊의 회계 산음(會稽 山陰 : 지금 절강 紹興시) 사람으로, 오(吳 : 지금 강서 蘇州시) 현령을 지내고, 나중에 晋熙王의 관군장사(冠軍長史)가 됨. 『남제서』 권52, 『남사(南史)』 권27.

2) 왕경측 : 南齊의 림회 사양(臨淮 射陽 : 지금 강소 淮安현) 사람으로, 처음에 개를 도살하여 팔다가 나중에 관리가 됨. 南朝의 宋과 齊에 벼슬하여, 심양군공(尋陽郡公)에 봉해짐. 征東 장군이 되어 開府儀同三司에 이름. 병력을 일으켜 齊에 반란을 꾀했다가 주륙당함. 『남제서(南齊書)』 권26, 『남사(南史)』 권45.

던 폐단이다. 공수지가 따끔하게 처벌한 사례 같으면, 죄악을 징계하기에 충분하다.

『남사(南史)』「왕경측전(王敬則傳)」에 나오는데, 옛 『의옥집』에는 실려 있지 않다.

평석 옛날부터 형법은 시대의 치란(治亂)에 따라 경중이 갈라진다고 했다. 대체로 난세나 전쟁터 같은 곳에서는, 법의 권위를 세우고 기강을 확립하기 위해서, 일벌백계(一罰百戒)의 일반 예방주의에서 중형이 필요하고, 또 효과적인 경우가 많다. 또 범인 자신의 특별 예방주의적인 차원에서도, '바늘 도둑이 소 도둑'이 되지 않도록, 한 번쯤 따끔한 벌을 내릴 상황도 있다. 때로는 두둔하는 어머니의 잔 사랑이 자식의 버릇을 망치고 평생을 잘못 인도할 수 있기 때문이다. 그러나 범인 개인의 성향과 주관 동기 및 주위의 객관 상황을 종합해 판단하는 현명한 지혜가 필요하다.

학교에서, 특히 장래 법관이나 고위 공직자가 되기 위해 시험 준비를 하는 법과 대학생들의 시험 부정행위에 대해서 중징계를 강력히 주장하는 선생님들의 입장도 바로 이러한 논리에 근거한다. 항상 강경한 원칙론이 각박하고 모난 성격으로 떠밀리고, 온화한 동정론이 대세를 이룬다고 한다. 진정으로 당사자 개인의 참된 인생과 국가 민족의 장래 발전을 위한다면, 적어도 법과대학에서는 원칙을 철저히 존중하고, 시험 부정행위에 대한 엄격한 예방과 중징계의 풍토를 올바로 확립해야 한다.

2. 리걸(李傑)이 과부의 뒤를 미행하다

당나라 때 리걸[3]이 하남윤(河南尹)일 적에, 한 과부가 아들을 불효죄로 고발해 왔다. 리걸이 사실을 조사해 본 뒤, 그렇지 않음을 알아차리고 과부에게 물었다.

“그대는 과부로 오직 아들 하나밖에 없으면서, 지금 불효죄로 고발하여 사형에 해당하는데, 정말로 후회가 없겠는가?”

과부가 대답했다.

“아들이 몹시 버릇없고 불량한데, 어찌 무얼 아까워하겠습니까?”

이에 리걸이 말했다.

“정 그러하다면, 가서 관(棺)을 사 가지고 와서 아들의 시신을 담아 가도록 하라.”

그리고는 사람을 시켜 과부의 뒤를 미행하였다. 그랬더니 과연 과부가 문밖에 나가자마자, 한 도사(道士)와 만나 “일이 잘 끝났다”고 말하는 것이었다. 한참 뒤 관(棺)이 도착하자, 리걸은 즉각 도사를 체포하도록 명령하여 신문하였다. 그러자 “과부와 간통하는데 아들한테 자꾸 방해를 당하여, 그를 아예 없애려고 했다”고 자백하였다. 이에 도사를 곤장으로 때려 죽이고, 그 시신을 관에 넣었다.

옛 『의옥집』이 『당서(唐書)』 「리걸전(李傑傳)」에서 인용하여 실었다.

안(按) 증효서(曾孝序)[4] 자정(資政)이 수주(秀州) 지사일 적이었다. 한 부인이 아들을 고소하면서, 이웃 사람을 증인으로 내세웠다. 증효서가 살펴보니 아들은 자못 유순하고 겁이 많은데, 이웃 사람은 행동거지가 그다지 올바르지 못했다. 그래서 아들의 어머니를 알아보니, 친모가 아니었다. 이에 증효서는 이웃 사람을 향해, “어머니가 아들을 고소하는데, 어

---

3) 리걸 : 당나라 상주 부양(相州 滏陽 : 지금 하북 磁현) 사람으로, 본명은 무광(務光). 어려서 明經科에 급제한 뒤, 玄宗 초년에 河南尹이 되었다가 御史大夫에 임명받았으나, 나중에 탄핵을 받아 면직 당함. 『구당서』 권100, 『신당서』 권128.

4) 증효서 : 송나라 천주 진강(泉州 晋江 : 지금 복건 泉州시) 사람으로, 字는 봉원(逢原). 북송 말엽 조상의 官蔭으로 장작감주부(將作監主簿)가 되었다가, 자정전학사(資政殿學士), 수주(秀州) 지사를 지냄. 『송사』 권453.

찌 너를 증인으로 내세운단 말이냐?"고 호되게 꾸짖었다. 그리고 자기와 상관없는 사건에 나섰다는 죄명으로, 그 아들과 함께 곤장형에 처했다. 이 소식을 들은 사람들은 통쾌하다고 칭송하였다.

원래 계모가 이웃 사람과 사통하면서, 그 아들이 중간에 걸치작거리는 것을 싫어하여 고소했던 것이다.

근래에 나온 소설(小說)에 보인다.

뒷 사안의 이웃 사람은 앞의 도사와 비슷하다. 그러나 전자는 과부에게 아들을 사형죄로 고발하라고 교사하였기 때문에 곤장으로 때려죽였고, 후자는 계모에게 자식을 고소하라고 시킨 죄명이 사형까지는 이르지 않은 까닭에 곤장에 그친 것이다. 비록 경중의 차이는 있지만, 죄악을 징벌한 점은 한가지이다. 이 두 사안은 「찰간(察姦)」편에 다시 나온다.

평석 옛날부터 '온갖 죄악 가운데 간음이 으뜸이다[萬惡淫爲首]'는 말이 전해 오는데, 모정(母情)까지 눈멀어 혈육(血肉)과 천륜(天倫)을 끊게 만드는 걸 보면, 과연 진리의 말씀이다. 음식(자기 보존)과 여색(종족 보존)은 생명의 양대 본능(天性)이라고 하는데, 종족 보존 본능(남녀 관계)의 결과 낳은 자식을, 또 다른 종족 보존 본능(?)을 위해 굳이 무(無 : 죽음)로 되돌리려는 여자! 그 모성(母性)과 여성(女性) 사이의 모순 갈등은 어떻게 설명할 수 있을까? 만물의 영장 인간만이 지니는 위선(僞善)적인 딜레마이다.

3. 최암(崔黯)이 처자식을 수색하다

당나라 최암[5]이 호남(湖南)의 관찰사일 적이었다. 어떤 못된 젊은이가 스스로 머리를 깎고 목에 쇠고리를 채운 뒤 절의 머슴으로 들어가서, 불교를 빙자하여 우직한 세인들을 현혹시켜 수만 전을 긁어모았다. 최암이 막 부임해 오자, 그 젊은이는 일이 탄로(綻露)할 것을 두려워하여, 도첩[6]을 가지고 관청에 찾아가 아뢰었다.

"저 아무개는 3년간 절에서 향을 사르며 수행하기 발원하였는데, 이제 정한 기한이 다 차서, 목의 쇠고리를 벗고 세속으로 되돌아가고자 청합니다."

이에 최암이 물었다.

"그래 3년간 중생을 교화하면서 받은 시주금은 얼마나 되오?"

"들어오는 대로 그때그때 쓰고, 따로 액수를 적지는 않았습니다."

"그러면 그 동안 쓴 경비는 얼마나 되오?"

"3천 민(緡)[7]에 그치지는 않을 것입니다."

이 말을 들은 최암은 호통을 쳤다.

"사용한 경비는 액수가 한정되어 있는데, 받은 수입은 기록하지 않았다니, 어찌 속이고 숨긴 게 없겠느냐!"

그리고 부하를 시켜 그의 집안을 모두 수색해 보니, 처자식과 재산을 세속 사람들보다 훨씬 많이 축적하고 있었다. 결국 못된 젊은이는 불법과 기만죄를 시인하고, 즉시 법에 회부되었다.

옛『의옥집』에는 출전이 밝혀져 있지 않은데, 목의 쇠고리를 벗은 사건은「찰간(察姦)」편에 다시 나온다.

안(按) 속임수와 가식으로 백성들을 현혹시키는 자는 요망스런 놈이다. '귀신에 가탁하여 군중을 미혹시키며, 좌도(左道 : 사이비 · 미신)를 가지고 정치 교화를 어지럽히는' 자와 똑같다. 그러니 엄하게 징벌하지 않을 수 있겠는가?

---

5) 최암 : 당나라 위주(衛州 : 지금 하남 汲현) 사람으로, 字는 직경(直卿). 文宗 때 진사가 된 뒤, 벼슬이 호남 관찰사에 이름.『구당서』권117,『신당서』권144.

6) 도첩(度牒) : 출가하여 스님이 되는 걸 국가가 허가하는 증명서. 조세와 부역의 면제 근거가 됨.

7) 민(緡) : 엽전 꾸러미 천 닢.

평석 '염불에는 정신 없고 잿밥에만 정신 있다.'는 속담이 있다. 또 '도(道)가 높은 곳에 마(魔)도 높다.'는 격언도 있다. 절대자에 의지하려는 착하고 연약한 인간의 신앙심을 악용하는 사이비 종교인과 수행자는 어느 시대나 없지 않았다. 이들은 양곡을 해치는 잡초로, 뿌리째 뽑아 없애야 한다. 세상이 어지럽고 살기 어려운 때일수록, 이런 못된 위선 수행자가 많아지는 법이다. 양심사업(良心事業)이라는 종교신앙에 국법(國法)이 개입하는 것은 참으로 부끄럽고 서글픈 현실이다.

4. 장로(張輅)가 움 속에 들어가다

오대(五代) 후진(後晋)의 고조[8]가 후당(後唐) 명종(明宗) 때 업도(鄴都)의 류수(留守)를 지낼 적이었다. 위주(魏州)의 관씨현(冠氏縣) 화촌(華村)의 한 사원에, 높이 한 길 남짓 되는 철불(鐵佛)이 있었다. 그런데 갑자기 그 철불이 말을 할 줄 알아 설법과 훈계를 내린다는 소문이 퍼져, 신도들의 칭찬 소리가 온 마을과 현(縣)까지 자자했다. 그리하여 일반 서민과 사대부까지 참배객이 구름처럼 몰려들고, 보시하는 재물이 산처럼 쌓여 갔다.

그러자 고조가 아문의 한 장수에게, 향(香)과 예물을 가지고 가서 공양을 올리고, 불상이 말한다는 소문이 사실인지 여부를 확인하고 오라고 명령했다. 이때 장로[9]가 장수와 함께 동행할 수 있도록 요청하여, 절에 도착한 뒤 모든 스님들을 다 절 밖으로 내보내고, 절의 방문을 열어 수색했다. 마침내 한 움(땅속 구멍)을 찾아내었는데, 불상 아래로 통로가 나 있었다. 장로가 몸소 움 속을 통해 불상 안에 들어가, 준엄한 목소리로 스님들

8) 고조(高祖) : 石敬瑭, 936~942년 재위.

9) 장로 : 미상.

의 죄악을 꾸짖었다. 그리고 아문의 장수는 스님을 체포하였는데, 고조는 그를 즉시 처형하도록 명했다.

옛 『의옥집』에 출처가 밝혀져 있지 않은데, 움 속에 들어간 일은 「찰간(察姦)」편에도 나온다.

평석 어릴 적에 우리나라 라디오 방송에서 암행어사 연속극으로 이와 비슷한 사건을 소개했던 기억이 난다. 혹세무민하는 사이비 종교(미신)의 전형이다.

5. 안중영(安重榮)이 계모를 사살하다

오대(五代) 후진(後晋)의 안중영10)이 상산(常山)에 성덕군(成德軍) 절도사로 재임 중일 적에, 어떤 부부가 함께 자식을 불효죄로 고소해 왔다. 이에 안중영이 자식을 면전에서 호되게 질책한 뒤, 부모에게 칼을 뽑아 주며, 스스로 직접 죽이라고 명령했다. 그러자 아버지는 울먹이며 "차마 그럴 수 없다"고 머뭇거렸다. 그런데 어머니는 욕설을 퍼부으며 아들을 죽이려고 뒤쫓는 것이었다. 알고 보니 계모였다. 이에 안중영이 계모를 끄집어 내라고 소리친 뒤, 화살 한 방에 쏘아 죽였다. 이 소식을 들은 사람들은 통쾌하게 여겼다.

옛 『의옥집』에 출처가 밝혀져 있지 않은데, 칼을 빼 준 일은 「적간(擿姦)」편에도 나온다.

---

10) 안중영 : 五代 때 삭주(朔州 : 지금 산서 朔현) 사람으로, 後唐 때 벼슬을 시작하여, 後晋에 들어와 성덕군(成德軍) 절도사에 임명되고, 使相(재상의 직함에 절도사를 겸하게 하는 영예)에 이름. 병력을 일으켜 반란을 꾀했다가, 패하여 처형당함. 『구오대사』 권98, 『신오대사』 권51.

안(按) 옛날부터 후처가 전처의 자식을 미워한 일은 비일비재하였다. 진실로 그러한 구박의 정황을 밝혀냈다면, 호되게 꾸짖고 엄하게 훈계해도 충분하거늘, 어찌하여 꼭 한 순간 통쾌함을 얻으려고 위법적인 가혹 형벌을 시행한단 말인가? 『론어(論語)』(「堯曰」편)에는 "먼저 가르치지 않고서 불쑥 형벌로 백성을 죽이는 것을 포학이라고 한다.[不教而殺, 謂之虐.]"는 공자의 말씀이 나온다. 안중영의 행실은 진실로 말할 만한 게 못되며, 이 사안 또한 취할 만한 내용이 없다. 옛 『의옥집』에 실려 있었기 때문에, 약간의 생각을 덧붙여 소개한다.

6. 장영(張詠)이 아전을 참형(斬刑)에 처하다

장영 상서(尚書)가 송(宋) 태종(太宗 : 976~997년 재위) 순화(淳化)[11] 5년(994)에 익주(益州) 지사를 지내면서, 서천(西川)의 동착적초안사(同捉賊招安使)[12]를 겸임하였다. 그때 리순(李順)[13]이 막 격파 당하였는데, 잔당들은 여전히 기승을 부리고 있었다. 그런데 한번은 한 아전을 책망하느라 곤장을 때리려 하자, 아전이 장황스런 변명으로 따지며 불복하였다. 그래서 장영이 "이 놈 칼 맛을 한번 보고 싶은 것 아니야?" 하고 물었다. 그런데 아전이 대뜸 "칼 맛을 한번 볼 수는 있지만, 곤장은 맞을 수 없습니다."고 말

11) 순화(淳化) : 송 태종의 네 번째 연호.

12) 동착적초안사(同捉賊招安使) : 왕소파(王小波) · 리순(李順)의 난을 진압하기 위해 설치한 임시 관직.

13) 리순 : 송나라 청성(青城 : 지금 사천 灌현 남쪽) 사람으로, 본래 茶를 팔다가 太宗 淳化 4년(993) 손위 처남 王小波와 함께 군중을 불러모아 의병을 일으킴. '빈부를 균등히'라는 구호에 10여 일 만에 수만 명이 몰려들어, 이듬해 成都를 공격하여 함락시키고, 大蜀이라는 나라를 세우고 應運이란 연호를 씀. 나중에 송나라 군대에 진압 당함. 沈括이 지은 『몽계필담(夢溪筆談)』 권25 「잡지(雜誌)」편에 보임.

대꾸하였다.

이에 장영은 그를 끌어내어 참형에 처한 뒤, 군중에게 보여 주라고 명령했다. 이에 군졸들은 경악과 공포에 질려 서로 얼굴만 쳐다보았다. 그 뒤로는 모두 장영의 위신(威信)에 복종하여, 명령을 내리면 반드시 그대로 시행하였다.

『장충정공어록(張忠定公語錄)』에 보인다.

안(按) 장영이 처음 부임하여 사람들이 마음속으로 관망하고 있던 때에, 아전이 책임 추궁의 곤장을 장황스럽게 변명하고 따지며 거부한 행위는 몹시 간사하고 교활하다. 이에 위신을 세워 간사하고 교활한 아전을 꺾었으니, 시행되지 않은 명령이 없고 복종하지 않는 군중이 없게 되었다. 그래서 마침내 서촉(西蜀) 지방의 난리를 평정할 수 있었다.

정위(丁謂) 승상이 전하는 이야기이다.

송(宋) 진종(眞宗) 때, 한 병사가 잘못을 저질렀는데, 법 규정상 사형에 해당했다. 조정에서 특별히 용서하여, 횡문(橫門)에서 등에 곤장 20대를 때린 뒤 군대에서 제적시키고 유배 보내도록 명령했다. 그러나 병사는 곤장에 불만을 터뜨리며, 차라리 칼을 달라고 소리쳤다. 관리가 그를 통제하지 못하여, 마침내 황제께 주청하고 처분을 기다렸다. 그 회답으로 내려온 황제의 분부는 "반드시 곤장 20대를 시행한 뒤, 별도의 처분을 받으라"는 것이었다. 곧 곤장을 다 때린 뒤 다시 아뢰자, 진종은 이렇게 분부했다.

"그가 단지 곤장 맞는 걸 두려워하여, 이렇게 소란을 피운 것이다. 이제 곤장을 이미 다 시행하였으니, 곧 그를 유배지로 보내면 그만이고, 다시 더 물을 게 없느니라."

『정진공담록(丁晉公談錄)』에 보인다.

본문의 교활한 아전이 장황스럽게 변명하고 따지며 불복한 소행도, 어찌 단지 곤장 맞는 게 두려워 떠든 소동이라고 보겠는가? 아전 생각에, 글공부만 한 서생은 소심하고 겁이 많아, 그렇게 쉽게 사람 목을 처단하지는 못할 것이라고 판단한 나머지, 그런 소란으로 장영을 시험해 본 것이다. 그러나 나중 사안의 병사는 정황이 그와 다르다. 또 조정의 권위와 법령이 천하에 시행되고 있기 때문에, 굳이 그 병사를 처형하길 기다려 위신이 설 필요도 없다. 그래서 특별히 그 죄를 묻지 않고 내버려두어도 괜찮다. 무릇 죄악을 징벌함에 바로 이와 같이 긍휼과 신중의 뜻을 잘 체득한다면, 어찌 억울한 백성에게 엄형을 남용하는 허물이 생기겠는가?

7. 마량(馬亮)이 토호를 처형하다

마량 상서(尙書)가 요주(饒州) 지사일 적에, 백(白)씨라는 토호가 곧잘 아전들의 시비 장단을 간섭·조종하곤 했다. 그가 일찍이 살인을 했는데도 사면으로 풀려나자, 더욱 오만하고 방자해져 동네의 근심거리가 되었다. 이에 마량이 그의 간사한 죄악을 찾아내어 처형하였는데, 주(州) 안의 모든 사람들이 두려워하며 조심하게 되었다.

「본전(本傳)」에 보인다.

안(按) 마량이 복건로(福建路)의 제점형옥(提點刑獄)을 맡았을 때, 억울한 형옥(刑獄) 사건을 재심리하여 수십 명의 목숨을 살려냈다. 그러니 그가 토호를 처형함에, 결코 권력을 남용하여 원통함을 사지는 않았을 것이다. 무릇 사악한 자를 징벌함은, 마땅히 이와 같아야 한다는 모범을 보여 주었다.

평석 조정에서 군주의 대리 통치자로 파견한 지방관의 목민 행정(牧民行政)에 가장 큰 걸림돌과 위협이 된 세력은, 간사하고 교활한 아전의 농간과 토착 호족의 발호였다. 우리나라도 고려・조선시대를 통해 원악향리(元惡鄕吏)와 무단토호(武斷土豪)의 제압이 지방 행정의 가장 중요한 과제로 항상 대두하였다.

8. 설안(薛顔)이 범죄 집단을 소탕하다

설안 대경(大卿)이 요주(耀州) 지사일 적에, 리갑(李甲)이라는 토호가 식객 수십 명을 모아 '몰명사(沒命社)'[14]를 결성하였다. 그리고는 혹시라도 누가 자기 비위에 거슬리면, 그 가운데 한 사람을 내보내 목숨을 걸고 결투하도록 시켰다. 그렇게 몇 년간 계속하여 동네 사람들의 근심거리가 되었는데도, 누구 하나 감히 고발하지 못했다.

설안이 부임하자, 그 결사 집단을 대대적으로 수사 소탕하였다. 그런데 사면령이 내려져 사형을 면하게 되자, 특별히 리갑은 곤장을 친 뒤 바다(섬)로 유배 보내고, 나머지 무리들은 모두 군대에 편입시켰다.

「본전(本傳)」에 보인다.

안(按) 당나라 때 설원상(薛元賞)[15]이 경조윤(京兆尹)일 적이었다. 도시 안에 수많은 흉악스런 젊은이들이 파란 물감과 먹물로 피부에 문신을 새기고, 자신들의 엄청난 기력을 과시하며 길거리에서 약탈을 자

14) 몰명사(沒命社) : 목숨을 걸고 생명을 몰수하는 결사.
15) 설원상 : 출신 미상. 당나라 후기 두 차례에 걸쳐 京兆尹을 지내고, 工部尙書, 령제도염철전운사(領諸道鹽鐵轉運使)에 이름. 『신당서』 권197.

행하였다. 설원상이 부윤(府尹)에 부임한 지 사흘 만에, 흉악스런 청년들을 잡아들여 30여 명을 곤장으로 때려죽인 뒤, 시장에 진열하였다. 그 후로 다른 잔당들은 모두 무서워하며, 불로 문신을 지웠다.

『당서(唐書)』「본전(本傳)」에 나온다.

무릇 사악한 무리를 이렇게 징벌하는 것은, 형옥(刑獄)과 소송을 줄이는 방도(정책)이다. 설안이 범죄 집단을 소탕한 것도 자못 이와 비슷하다.

평석 요즘도 가끔씩 검찰과 경찰이 '범죄와 전쟁'을 선언하여 폭력 단체 · 마약 밀수 집단 · 오토바이 폭주족을 소탕한다는 소식이 들린다. 민생 치안의 기본은 고금을 막론하고 범죄 집단과 집단 폭력의 소탕에서 출발한다.

9. 양고(楊告)가 살인범을 체포하다

양고[16] 간의대부(諫議大夫)가 처음에 홍주(洪州)의 풍성현(豊城縣) 주부(主簿)일 적이었다. 고을에서 어떤 도적이 살인한 뒤, 시신을 강물 속에 던져 버렸다. 마을 사람들은 범인이 누구인지 알면서도, 무서워서 감히 신고하지 못했다. 양고가 이 소식을 듣고 몸소 가서 살인범을 체포하였는데, 대사면을 만나 용서받게 되었다.[17]

---

16) 양고 : 송나라 한주 면죽(漢州 綿竹 : 지금 사천 면죽현) 사람으로, 字는 도지(道之). 부친의 공적으로 學究(당송 때 明經科의 한 과목으로, 禮部에서 貢擧하는 10科 가운데 하나임. 보통 과거 글공부하는 선비, 서생을 가리킴)와 같은 출신을 하사 받고, 豐城현 主簿를 거쳐 우간의대부(右諫議大夫), 정주(鄭州) 지사에 이름. 『송사』 권304.

17) 살인을 자행하고도 사면으로 용서받은 일은, 아마도 眞宗의 마지막 연호인 건흥(乾興) 원년(1022) 초, 仁宗이 등극하면서 내린 즉위 사면인 듯하다.

그러고 나서 그 살인범이 앙심을 품고 보복을 하려고 한다는 소식이 들려왔으나, 양고는 눈썹 하나 꿈쩍하지 않았다. 얼마 되지 않아, 과연 그 도적이 한밤중에 칼을 들고 자객으로 찾아왔다. 그런데 양고는 기다렸다는 듯이 그를 다시 체포하여, 마침내 법대로 처형했다. 그 뒤로는 관할 지역 안이 조용해졌다.

안(按) 전유(田瑜)[18] 룡학(龍學)이 청주(青州) 지사일 적이었다. 성 안에서 살인하여 시신을 우물 속에 내던진 사건이 생겼다. 그런데 아전은 범인의 신원을 파악하지 못했다는 이유로, 위에 보고조차 하지 않았다. 전유가 조사하다가 이 사실을 알고는, "어떻게 간사한 도적의 살인을 놓아줄 수 있겠는가?"라고 호통쳤다. 그리고는 황금과 비단으로 후한 상금을 내걸고 범인 체포를 공개 광고하였다. 며칠 뒤 과연 이웃 군(州)에서 도적을 체포해 왔다.

이 또한 사악한 범죄를 징벌할 줄 아는 경우인데, 다만 주지사가 이렇게 처리한 것은 앞의 현 주부에 비해 조금 쉽게 느껴진다.

10. 리약곡(李若谷)이 도적을 공개 처형하다

리약곡[19] 참정(參政)이 담주(潭州) 지사일 적이었다. 한 도적이 동정호(洞庭湖) 일대에 출몰하면서, 선박을 가로막고 겁탈한 뒤 살인을 자행하고,

18) 전유 : 송나라 하남 수안(河南 壽安 : 지금 하남 宜陽현) 사람으로, 字는 資忠. 진사가 된 뒤, 룡도각직학사(龍圖閣直學士)와 청주(青州) 지사를 지냄. 『송사』 권299.
19) 리약곡 : 송나라 서주 풍(徐州 豐 : 지금 강소 풍현) 사람으로, 字는 자연(子淵). 진사가 된 뒤, 택주(澤州) 지사를 거쳐 참지정사(參知政事)에 이름. 『송사』 권291.

시신을 호수 속에 침몰시켜 증거를 인멸하곤 했다. 마침내 체포하긴 했는데, 결정적인 증거가 없어, 이내 의심스러운 사안으로 조정에 보고하였다. 결국 사형을 감경하여, 얼굴에 먹물로 자자(刺字)한 뒤 다른 주(州)로 유배 보내게 되었다. 그러나 얼마 안 되어 그 도적이 유배지에서 몰래 도망하여 돌아오니, 해악이 전보다 훨씬 심해졌다. 이에 약곡이 몰래 사람을 시켜 잡아오게 한 뒤, 전후 살인 죄상을 낱낱이 열거하고 시장 한 복판에서 공개로 찢어 죽였다.[20]

안(按) 『서경(尚書, 舜典)』에 '호종적형(怙終賊刑)'이라는 말이 있다. 간특한 계교와 힘만 믿고 죄악을 끝내 고칠 줄 모르면서 사람들을 해치는 도적은 마땅히 처형해야 한다는 뜻이다. 이것이 바로 선왕(先王)께서 간사한 죄악을 징벌한 뜻이다. 양고가 범인을 체포하여 법대로 처형한 것이나, 리약곡이 호적(湖賊)을 붙잡아 시장에서 공개 처형한 것은, 모두 이러한 옛 선왕(경전)의 정신에 가까운 법 집행으로 보인다.

11. 류식(劉湜)이 시체를 불태우다

류식[21] 대제(待制)가 처음에 요주(耀州) 지사일 적이었다. 부평현(富平縣)에 어떤 도적이 한 양민의 자녀를 약취하였는데, 얼마 안 되어 붙잡혔다. 그런데 그 도적이 거짓으로 죽은 척하였다가, 감시가 소홀한 틈을 타서 도

20) 원문에 쓰인 '磔'자는 본음이 '척'인데, 우리는 '책'으로 읽음. 차열형(車裂刑)을 뜻함.
21) 류식 : 송나라 서주 팽성(徐州 彭城 : 지금 강소 서주시) 사람으로, 字는 자정(子正). 진사가 된 뒤, 요주(耀州) 지사를 거쳐 천장각대제(天章閣待制), 강녕부(江寧府) 지사에 이름. 『송사』 권304.

망가 버렸다. 곧 다시 체포하였는데, 이번에도 또 거짓으로 죽은 척하였다. 이에 류식이 재빨리 죽은 체하는 시신을 불태워 버리라고 명령했다.

이상 네 사안은 모두 각 주인공의 「본전(本傳)」에 보인다.

안(按) 범죄인이 거짓으로 죽은 척하여 진짜 죽은 것으로 간주하였다면, 그를 곧장 매장해도 간사함을 근절시키고 흉악을 징벌할 수 있었을 텐데, 왜 굳이 불태워 버렸단 말인가? 장차 그 범인의 일당이 혹시라도 몰래 파내, 다시 살아날 수도 있을 것을 염려했는가? 다른 사람의 자녀를 약취한 죄는, 법 규정상 시체를 처형하는 참혹한 육시(戮屍)까지는 해당하지 않으므로, 시체를 불태우지 않았어도 괜찮은 것을…….

평석 당률 적도율(賊盜律)의 규정에 따르면, 양민을 강제로 약취하여 (자기) 노비로 삼거나, 남에게 노비로 매매하는 경우(10세 이하는 동의했더라도 약취로 봄) 교형(絞刑)에 처하고, 부곡[22]으로 삼으면 유(流) 3천리, 아내나 첩·자손으로 삼으면 도(徒) 3년에 처한다. 피해자가 동의한 유인의 경우 각각 1등급씩 감경 처벌한다. 그런데 노비는 재산과 똑같이 취급하기 때문에, 약취한 경우에는 강도죄로, 유인한 경우에는 절도죄로 각각 논하되, 최고형은 유(流) 3천리에서 그친다.

12. 려공작(呂公綽)이 대중을 안심시키다

려공작[23] 시독(侍讀)이 개봉부(開封府)의 지사일 적에, 호익(虎翼)[24] 부대

22) 부곡(部曲) : 노비보다 좀 자유로운 신분.
23) 려공작 : 송나라 수주(壽州 : 지금 안휘 鳳台현) 사람으로, 字는 중유(仲裕). 조상의 官

의 병졸인 류경(劉慶)이 변란 사건을 신고했다. 법관에게 회부하여 사건을 조사한 결과, 본래 류경이 처음에 모의를 주도한 것이었다. 그런데 다른 병졸들이 따라 주지 않자, 도리어 다른 병졸들이 반역을 모의했다고 무고(誣告)하면서, 아울러 포상금도 타려고 노린 것으로 드러났다.

이에 공작은 "서울에 궁궐을 호위하는 병졸이 많은데, 만약 이같이 간사한 자가 교활한 짓을 하도록 내버려둔다면, 군중의 마음을 안정시킬 수 없다"고 말한 뒤, 마침내 류경을 법 규정에 없는 특별 사형에 처하였다.

왕규(王珪) 승상이 지은 「려공작묘지(呂公綽墓誌)」에 보인다.

13. 손면(孫沔)이 거지를 처벌하다

손면 부추(副樞)가 항주(杭州) 지사일 적이었다. 한 거지가 왼팔의 손은 없고 오른팔에는 손가락이 오직 두 개 밖에 없었는데, 가난한 백성의 쇠 냄비를 훔친 죄로 주인과 함께 다투어 법정까지 오게 되었다. 그 거지는 팔을 들어 보이면서 울먹이며 말했다.

"저 가난한 사람이 저를 모함하는 것입니다. 손가락도 없는 사람이 어떻게 쇠 냄비를 훔칠 수 있겠습니까?"

이에 손면이 곧바로 그렇겠다고 맞장구쳐 주면서, 가난한 백성에게 물러가라고 호되게 꾸짖었다. 그리고는 거지를 어루만지며 위로해 주고, 훔치지 않았다고 주장하는 쇠 냄비를 그에게 건네주었다. 거지가 처음에는 감히 받을 엄두를 내지 못하였다. 그러나 손면이 재삼 위안해 주자, 그의

蔭으로 현령이 된 뒤, 개봉부(開封府) 지사를 거쳐 翰林侍讀學士로 경연(經筵)에 참석함. 『송사』 권331의 전기와 『화양집(華陽集)』의 묘지명에 따르면, 이 사안은 서울에서 刑獄을 규찰(糾察)할 때 있었던 일로 기록하고 있으며, 鄭克의 착오인 듯함.

24) 호익(虎翼): 송나라 궁궐 禁軍 보병의 한 명칭.

계략을 미처 알아차리지 못하고, 냉큼 두 손가락으로 쇠 냄비를 움켜쥐더니, 천천히 팔을 들어 머리 위에 얹어 가지고 나가는 것이었다. 기다렸다는 듯이, 손면은 거지를 다시 불러들여, 남은 손가락을 끊어 군중에게 내보였다.

근래의 소설(小說)에 보인다.

안(按) 사악을 징계하는 것은 본래 중용의 도(道)가 아니며, 어쩔 수 없는 상황에서 마지못해 하는 것이다. 려공작이 병졸을 법 밖의 특별 형법으로 처단하면서, '이와 같이 처형하지 않으면 군중의 마음을 안정시킬 수 없다'고 말한 것은, 사건 자체가 워낙 중대한 문제와 관련하기 때문이었다. 그렇게 함으로써 간사한 무리들을 깜짝 놀라게 경고하는 일반 예방의 의미가 있어, 법리상 더러 가능한 조치이다.

그렇지만 거지가 쇠 냄비 하나 훔친 죄는 사건이 지극히 경미하거늘, 범죄 진상을 속임수로 알아내고, 게다가 법 밖의 형벌까지 시행한 처사는, 어찌 그렇게 잔인할 수 있단 말인가? 이는 세속의 법관들이 엄명(嚴明)한 처단이라고 과시하는 것인데, 군자는 결코 취하지 않는다. 여기에 특별히 수록하고 그 의미를 밝혀, 사악을 징벌하는 사람들이 조심스럽게 경계할 귀감으로 삼기 바란다.

평석 전통 중국법에서 형벌의 기본 종류는 '오형(五刑)'으로 일컬어진다. 상(商) · 주(周)시대에는 얼굴에 먹물로 글자(문신)를 새겨 넣는 묵형(墨刑),[25] 코를 베는 이형(劓刑), 발(발뒤꿈치 또는 발목)을 자르는 비형(剕刑),[26] 생식기를 제거하는 궁형(宮刑),[27] 그리고 목숨을 끊는 사형(死刑)의 육형(肉刑)이 주종을 이루었다. 『서경』에 보면, 묘족(苗族)이 남용한 오학지

25) 묵형(墨刑) : 후대의 자자형(字刺刑).
26) 비형(剕刑) : 또는 월형(刖刑)이라고도 부름.
27) 궁형(宮刑) : 한나라 때는 잠실형(蠶室刑)이라고 불렀는데, 거세(去勢)당하고 나면 추위를 잘 타, 누에치는 따뜻한 곳에서 집행하기 때문에 붙인 명칭임.

형(五虐之刑)에는 비형(剕刑) 대신 귀를 도려내는 이형(刵刑)이 들어가는데, 묵형(墨刑)은 경형(黥刑)으로, 궁형(宮刑)은 탁형(椓刑)으로 표현하고 있다. 이 밖에 걸(桀)·주(紂) 같은 폭군이 자행한 달군 쇠로 지지는 포락형(炮烙刑) 등 잔인한 육형도 많았다.

그러다가 한(漢)나라 문제(文帝) 13년(B.C.167년) 태창령(太倉令) 순우의(淳于意)가 사형죄를 지었는데, 그 딸 제영(緹縈)이 자신이 스스로 관노비가 되어 평생 나라를 위해 복역하겠으니 아버지의 형벌을 대신 속죄해 달라고 간청하였다. 그러자 문제가 그 정성과 효심에 감동하여 마침내 육형(肉刑)을 제거하게 되었다. 그 후 시대에 따라 공식적으로 일부 육형이 부활하기도 하고, 부활 주장론도 끊임없이 이어졌지만, 형벌의 기본 종류는 이미 완전히 변화하였다.

수당(隋唐)시대에 이르러 회초리[笞], 곤장[杖], 노역[徒], 유배[流: 귀양]가 사형(死刑)을 제외한 나머지 네 육형(肉刑)을 대신하여, 새로운 '오형(五刑)'의 대열에 들었다. 이들도 고대부터 존재해 왔으나, 특히 회초리(곤장)와 노역이 육형 폐지 때 대체 형벌로 등장하면서, 그 지위를 점차 차지한 것이다.

물론 그 이후에도 효수(梟首)·능지처사(陵遲處死)·거열(車裂)·육시(戮屍) 등, 특별 사형으로서 아주 잔인하고 참혹한 육형을 간간이 시행한 사실(史實)이 기록으로 전해진다. 하지만 손가락만 자르는 육형은 아직까지 거의 발견하지 못하였다. 물론 요즘 같은 개명천지(開明天地)에도, 이슬람 국가에서는 도둑의 손을 자르는 형벌이 있고, 우리나라에서는 보험금을 타먹기 위해 자기 또는 아들의 손가락까지 자르는 범죄가 저질러졌다고 따지면, 달리 뭐라고 말할 수 있겠는가?

14. 오중복(吳中復)이 병졸을 처단하다

오중복[28] 룡학(龍學)이 강녕부(江寧府) 지사일 적이었다. 관할 군(郡) 안의 역마 담당 병졸이 순시관의 가혹함을 견디지 못한 나머지, 여럿이 공모하여 순시관을 잡아 묶고 채찍질하였다. 수사로 진상이 밝혀지고 죄가 사형까지 처하기는 어려웠으나, 중복은 임의 재량으로 주모자를 처형하고, 나머지는 모두 유배 보냈다. 그런 뒤 조정에 아뢰어 법령에 규정토록 청했다.

「본전(本傳)」에 보인다.

안(按) 그 당시 상군(廂軍)[29]에는 계급 제도가 없었기 때문에, 사형에 처할 수 없었다. 그런데 오중복이 본로(本路)의 병마검할(兵馬鈐轄)을 겸임하고 있었기 때문에, 임의 재량권으로 병졸을 처형할 수 있었다.

무릇 과오를 용서하는[宥過] 경우, 더러 법 한가운데서 놓아주기도 한다. 또 사악을 징벌하는[懲惡] 경우, 가끔 법 규정 밖에서까지 처형하기도 한다. 양자가 죄형을 의론하는[議罪] 경우와 다른 점은, 죄형을 의론함은 그 처리 결정이 법적 근거가 있어, 경미한 처벌이든 엄중한 처단이든, 모두 법 아닌 게 없다는 사실이다.

지금 이 사안에서 법 규정상 사형에 처해서는 안 되는데, 임의 재량권으로 처단했으니, 어찌 법 규정 밖의 자의적인 살륙이 아니라고 하겠는가?

---

28) 오중복: 송나라 흥국 영흥(興國 永興: 지금 호남 陽新현) 사람으로, 字는 중서(仲庶). 仁宗 때 진사가 된 뒤, 강녕부(江寧府) 지사를 거쳐 룡도각직학사(龍圖閣直學士)에 이름. 『송사』 권322.

29) 상군(廂軍): 지방에서 노역 담당하던 비훈련병.

15. 팽사영(彭思永)이 사안을 처리하다

팽사영[30] 중승(中丞)이 일찍이 익주로(益州路)의 전운사(轉運使)일 적이었다. 때마침 성도(成都)의 류수(留守) 자리가 비어 있어서, 팽사영이 부(府)의 정사(政事)를 대신 겸임하고 있었다. 당시 아전이 관전(官錢 : 公金) 수백만을 절도(횡령)하여 형사 재판에 회부된 지 이미 3년이나 되었는데, 마치 아무 일도 없는 것처럼 거리낌 없이 행세하였다. 그런데 팽사영이 정사(겸직)를 보기 시작한 첫 날, 즉각 그 사안을 처리하였다.

「본전(本傳)」에 보인다.

안(按) 팽사영이 간사한 아전들의 자기 비호를 몹시 싫어한 것은 정말로 훌륭하다. 그러나 그가 전운사의 신분(직책)으로도 그 아전을 정법(正法)에 회부할 수 있었는데, 꼭 부(府)의 정사를 대신 겸임하기까지 기다렸다가, 첫 날 즉시 사안을 처리해야만 했던 까닭은 과연 무엇인가? 이는 오직 통판(通判)의 지위에서 그렇게 할 때 비로소 칭찬할 만하며, 감사(監司) 신분에서는 그리 자랑할 게 못되기 때문이다. 그러나 그가 사악한 자를 징벌한 점은 본받을 게 있어, 특별히 수록한다.

16. 주항(周沆)이 불법 건축물을 철거하다

주항[31] 시랑(侍郎)이 일찍이 발해현(渤海縣)의 현령일 적이었다. 빈주(濱

---

30) 팽사영 : 송나라 려릉(廬陵 : 지금 江西 吉安市) 사람으로, 字는 계장(季長). 仁宗 때 진사가 된 뒤, 익주로전운사(益州路轉運使)를 거쳐 어사중승(御史中丞), 黃州 및 太平州 등 지사를 지냄. 『송사』 권320.

州)의 상급 아전이 부(府)의 권세를 믿고 임의로 집을 지어, 백성들의 주거를 가로막고 출입조차 불편하게 만들었다. 이에 백성들이 현(縣)에 열다섯 차례나 고소했지만, 이전의 현령은 감히 처리할 엄두도 못 내었다. 그러나 주항은 부임 후 즉시 조정에 보고하여, 임의로 지은 집을 철거하고 그 아전을 체포하여 처벌하였다. 이에 교활한 토호들이 깜짝 놀라고, 못된 짓도 잠잠해졌다.

사마광(司馬光) 승상이 지은 「주공신도비(周公神道碑)」에 보인다.

17. 설의(薛儀)가 간사한 아전을 다스리다

설의[32] 전승(殿丞)이 위주(渭州) 통판(通判)일 적이었다. 당시 무인(武人) 출신의 주(州)지사는 행실이 그리 청렴하거나 근신하지 못하였다. 그래서 상급 아전인 학정(郝正)이 그의 은밀한 사생활을 덜미잡고 권력을 농락하여 뇌물을 받는데도, 누구 하나 감히 비난하지 못했다. 이에 설의가 주지사에게 그 아전을 다스리자고 청하자, 지사는 속으로 몹시 군색하여 마침내 사정을 다 털어놓았다. 그래서 설의가 "단지 사악한 아전을 제거하고자 할 따름이며, 절대로 어르신까지 연루하는 일은 없도록 하겠습니다."고 안심시켰다.

마침내 지사는 곧장 상부에 질병을 칭탁하는 보고서를 올렸고, 설의가 주(州)의 정사를 대리 집행하게 되었다. 이에 곧 학정이 사사로이 변방을

---

31) 주항 : 송나라 청주 익도(青州 益都 : 지금 산동 익도현) 사람으로, 字는 자진(子眞). 仁宗 때 진사가 된 뒤, 발해 현령을 거쳐 戶部侍郎으로 벼슬을 마침. 『송사』 권331.

32) 설의 : 송나라 하동(河東 : 지금 산서 永濟현) 사람으로, 字는 식지(式之). 조상의 官蔭으로 태묘재랑(太廟齋郎)이 된 뒤, 위주(渭州) 통판을 거쳐 전중승(殿中丞), 상주(商州) 지사에 이름. 『송사』에 열전은 없음.

출입하여 말[馬]을 매매한 죄를 발각하고, 그를 체포하여 법대로 처리하였다. 주지사는 아전의 진술 조서에 자기가 연루당하지 않은 것을 몹시 감지덕지하였다.

사마광(司馬光) 승상이 지은 「설의묘지(薛儀墓誌)」에 보인다.

안(按) 군자가 사악한 자를 징벌함에, 반드시 모두 법 규정 밖에서 특별히 주륙해야 하는 것은 아니다. 만약 교활한 토호 같은 사람들이 방자하게 간교한 이익을 취하는데도, 감히 법대로 다스리지 못하고 있는 상황이라면, 자기 혼자 법으로 그를 다스릴 수만 있어도, 또한 사악을 징벌하기에 충분하다. 그래서 이상 두 사안을 수록하여, 재판하는 사람들의 귀감이 되길 바란다.

평석 당률(송형통) 위금률(衛禁律)의 규정에 따르면, 변방 국경을 넘는 자는 도(徒) 2년에 처하고, 외국인과 사사로이 교역을 한 자는 거래한 가액이 비단 1척(尺)에 도(徒) 2년 반, 3필(匹)마다 한 등급씩 가중하여, 15필(匹)에 이르면 노역을 부가한 유형에 처한다. 또 외국인에게 금지한 병기(兵器)를 사사로이 건네준 자는 교형(絞刑)에 처하고, 외국인과 혼인을 한 자는 유(流) 2천리에 처한다.

당률 명례율(名例律)의 규정에 말 한 필의 하루 사용료(임금)가 비단 3척(尺)이었고, 『당률소의(唐律疏議)』에 예시한 말의 가격이 비단 15필(匹)인 사실을 참고하면, 이 사안에서 말 1마리만 외국인에게 팔아도 노역을 부가한 유형에 해당한다고 추산할 수 있다. 또 말을 국방 정책상 무역 금지품인 병기로 취급했다면, 교형(絞刑)까지 처할 수 있다는 해석도 가능하다.

제 7 장

간교함을 관찰함

「찰간(察姦)」편

7

1. 자산(子産)이 울음소리를 들어 보다

춘추시대 정(鄭)나라 자산(子産)[1]이 한 부인의 울음소리를 듣고는, 관리에게 붙잡아 신문하도록 시켰다. 그랬더니 과연 자신이 직접 칼로 남편을 찔러 죽인 것이었다. 그래 옆에서 사람들이 '어떻게 알았습니까?'라고 묻자, 자산은 이렇게 대답하였다.

"무릇 사람은 자기 친족에게 질병이 있으면 근심하고, 임종이 닥치면 두려워하며, 이미 사망하면 슬퍼하는 법이오. 그런데 이 여자는 지금 자기 남편이 이미 사망했는데도 슬퍼하지 않고, 오히려 두려워하는 게 아니겠소? 그래서 뭔가 간사한 계교가 있음을 알아차린 것이오."

옛 『의옥집』에 출전이 『독이지(獨異志)』[2]로 적혀 있다.

---

1) 자산: 춘추시대 鄭나라 大夫로, 이름은 교(僑)이고 子産은 字. 鄭簡公 때 국정을 맡아, 4군주 20여 년에 걸쳐 나라를 잘 다스림. 『左傳』 및 『사기(史記)』「鄭世家」 참조.

안(按) 옛 『의옥집』에 또 두 사안을 더 수록하고 있다.

장준(莊遵)이 양주(揚州) 지사일 적이었다. 한번은 관할 경내를 순시하는데, 갑자기 울음소리[哭聲]가 들렸다. 그런데 두려운 기색이 느껴질 뿐, 전혀 슬퍼함이 없음을 알아차렸다. 그래서 마차를 멈추고 무슨 일인지 물어 보았더니, "불이 나서 사람이 타 죽었습니다."고 대답하는 것이었다. 이에 장준이 부하 관리에게 시신을 잘 지켜보라고 분부했다. 그런데 이내 파리 떼가 머리에 몰려들었다. 이에 묶인 상투자락을 풀어 펼쳐보니, 거기에 쇠못이 박혀 있었다. 신문 결과, 이 여인이 다른 사람과 함께 모의하여 자기 남편을 살해한 범죄로 밝혀졌다.

한황(韓滉)[3]이 윤주(潤州)에 재직할 때였다. 한번은 만세루(萬歲樓)에서 연회를 베풀고 있는데, 갑자기 어디서 울음소리가 들려왔다. 그런데 두려움만 가득 차 있을 뿐, 슬픈 기색은 전혀 없었다. 이에 좌우 아전에게 "어디서 들려오는 소리인가"라고 묻자, "어느 골목에서 나오고 있습니다."고 답하였다. 즉시 가서 붙잡아 조사하라고 시켰는데, 부인이 남편을 잃고 통곡하는 것이었다. 이틀 밤이 지나도록 사건이 풀리지 않자, 아전은 두려워하며 시신 옆에서 꼬박 지켜 섰다. 그런데 쉬파리가 시신의 머리에 몰려들었다. 이에 상투자락을 펴고 자세히 살펴보니, 뇌에 큰 못이 박혀 있었다. 신문 결과, 부인이 이웃 사람과 간통하였는데, 자기 남편을 술에 취하게 만든 뒤, 머리에 못을 박아 죽인 것이었다.

이상 두 사안은 옛 『의옥집』에 출처가 밝혀져 있지 않다.[4]

---

2) 『독이지(獨異志)』: 당나라 리용(李冗)이 지은 필기(筆記). 古事와 당대의 소문·일화 등 기이한 일들을 잡다하게 기록한 작품.

3) 한황: 당나라 경조 장안(京兆 長安: 지금 섬서 서안시) 사람으로, 字는 태충(太沖). 玄宗 때 조상의 官蔭으로 발탁된 뒤, 진해군(鎭海軍) 절도사를 거쳐 검교상서좌복야(檢校尙書左僕射), 同中書門下平章事, 강회전운사(江淮轉運使)에 이름. 晋國公에 봉해짐. 『구당서』 권129, 『신당서』 권126.

4) 근래 조사 결과, 장준의 일은 진(晉)나라 진수(陳壽)가 지은 『익도기구전(益都耆舊傳)』에 나오는데 『태평광기(太平廣記)』 권171에 실려 있으며, 한황의 일은 당(唐)나라 단성식(段成式)이 지은 『서양잡조속집(酉陽雜俎續集)』 권4에 나오는 것으로 나타났다.

근래에 나온 소설(小說)에 또 한 사안이 실려 있다.

장영(張詠) 상서(尙書)가 익주(益州; 蜀) 지사일 적이었다. 한번은 외출하여 어느 골목길을 지나다가 사람 울음소리를 들었는데, 슬픈 기색이 없이 두려움만 가득 차 있는 걸 느꼈다. 그래서 바로 사람을 시켜 가서 물어보게 하였더니, 남편이 갑자기 죽었다는 것이었다. 그래서 옥졸에게 철저히 조사하라고 지시했는데, 옥졸이 가서 아무리 자세히 살펴보아도 별로 치명적인 상처가 보이지 않았다.

그런데 옥졸의 아내가 옥졸에게 시신의 정수리 머리카락 속을 잘 조사해 보면, 틀림없이 뭔가 드러날 것이라고 일러주었다. 그래서 옥졸이 다시 가서 살펴보니, 과연 큰 못이 시신의 뇌 속에 박혀 있었다. 옥졸은 크게 기뻐하며, 아내가 재능 있음을 자랑하려고, 그간의 경과를 모두 장영에게 보고하였다.

장영은 옥졸의 아내를 불러내어 후한 상을 주며 위로하고, 어떻게 알게 되었는지를 물었다. 그리고는 옥졸의 아내를 이 사안과 함께 신문하도록 지시했다. 옥졸의 아내도 일찍이 전 남편을 해칠 때, 이 방법을 사용했던 것으로 밝혀졌다. 전 남편의 관을 열고 시신을 검사해 보니, 그때 박은 못이 아직도 그대로 있었다. 이에 통곡하던 부인과 함께 옥졸의 아내를 시장에서 공개 처형하였다.

이 세 사안의 시말은 대략 같다. 모두 자산의 말을 가지고 간사한 계교를 관찰해 낸 것이다. 더러 장영과 한황의 사안은 후세 사람들이 빗대어 지어낸 것이 아닐까 의심할지 모른다. 그렇다면 맨 첫 머리에 수록한 림치(臨淄) 현령 조처(曹攄)와 상우(上虞)현의 맹상(孟嘗)이, 원통하게 처형당할 뻔했던 효부(孝婦)들의 억울함을 밝혀 낸 사안들도 의심스럽게 된다.

옛날과 지금의 시대는 비록 다르지만, 사물의 이치(事理)야 전혀 차이가 없다. 마치 우연하게 비슷하다고 해서, 어찌 꼭 꾸며낸 것으로 의심한단 말인가? 자산의 말은 아직도 여전히 참고할 만한 가치가 있는 유용한 명언임을 알아야 한다.

곽신석(郭申錫)[5] 급사(給事)가 처음에 상주(常州) 진릉(晋陵)현의 위관(尉官)일 적이었다. 백성 중에 자기 동생이 남에게 피살(被殺)하였다고 울면서 신고해 온 사람이 있었다. 곽신석이 그 사람의 기색을 살펴보니, 두려워하기만 하며 슬퍼하지는 않는 것이었다. 이에 "내 살인범을 찾았다"고 말했다. 그 사람을 붙잡아 신문하였는데, 과연 형이 아우를 죽인 사건이었다.

「본전(本傳)」에 보인다.

이 사안은 구체적 내용이야 다르지만, 이치야 다름이 없다. 그러니 이 역시 자산의 말을 가지고 간교함을 살펴낸 실례라고 하지 않을 수 없다. 무릇 말이 진실로 이치에 딱 들어맞는다면, 어느 때건 옳음이 증명되지 않을 수 없다. 속임수와 기교로 꾸며대어, 남들이 엿보고 알아차릴까 꺼리는 말과는 비교가 안된다. 그런 말들은, 마치 제사상에 이미 진설했던 볏짚 개 형상[芻狗]을 다시 사용하면 귀신이 재앙을 내리듯이, 금방 탈이 나서 다시 쓰기 어렵다. 현명한 임금은 정치를 함에도 반드시 옛 말씀[古語]에 비추어 보곤 하는데, 마음을 다하는 군자가 어떻게 소홀히 대할 수 있겠는가?

평석 인지상정(人之常情)에 근거해 사람의 심리(心理 : 마음의 이치)를 관찰·분석한 점에서, 결국 정리(情理)로 귀결한다. 울음과 웃음이 단지 소리만 내는 것이 아니다. 거기에는 빛깔과 기운이 함께 스며 있다. 마음속 깊은 감정으로부터 우러나오기 때문이다. 그래서 옛날 현명한 어머니들은 아기의 울음소리만 듣고도 어디가 어떻게 아픈지 알았다고 한다. 마치 관세음보살(觀世音菩薩)님이 중생의 고통 소리를 즉시에 그대로 보고 알아채듯이. "쩍 하면 입맛이요, 뚝 하면 호박 떨어지는 소리다"는 우리네 속담도 그러한 의미 맥락을 함축한다. 본질이 현상을 나타내기 때문에, 거꾸로 현상(의 관찰)을 통해 본질을 파악할 수 있는 것이다. 식물의

5) 곽신석 : 송나라 위(魏 : 지금 하북 위현) 사람으로, 字는 연지(延之). 진사에 급제한 뒤, 진릉현위(晋陵縣尉)를 거쳐 給事中으로 벼슬을 마침. 『송사』 권330.

가지와 잎·꽃·열매 등 발육 상황을 보고, 뿌리와 토지(양분) 상황을 알 수 있는 것처럼.

속담과 격언은 수천 년 동안, 수 없이 많은 선인(先人)들의 경험과 사유가 쌓이면서, 갈고 닦여 나타난 영롱한 지혜의 결정(結晶)이자, 진리(眞理：道)의 발현(發現)이다. 중국 속담에 "어르신 말씀을 안 들으면 (바로) 눈앞에서 손해를 본다.[不聽老人話, 喫虧在眼前.]"는 말이 있다. 불과 몇 십 년 인생살이 한 한 노인의 말도 그러하거늘, 하물며 수천 년 동안 수 없는 선인들의 경험 지혜가 피워낸 속담과 격언이야 말할 필요가 있겠는가? 고전(古典)이 중요하고 가치 있는 근본 이유와도 일맥상통한다.

2. 조광한(趙廣漢)이 영천(潁川)을 다스리다

한(漢)나라 조광한[6]이 영천 태수(太守)일 적에, 관리들이 당파를 지어 결탁하는 습속이 강해 심한 골칫거리였다. 이에 조광한은 관리 가운데 쓸 만한 사람들에게 고발장을 수리하도록 장려하고, 사안이 생기면 그들에게 신문하여 죄상을 밝혀낸 뒤 법대로 처벌하라고 시켰다. 그리고 광한은 고의로 그들의 말을 누설하여, 관리들끼리 서로 원망하고 비난하게 만들었다.

또 관리에게 투서함을 만들어 투서를 접수하게 시킨 뒤, 투서가 들어오면 투서한 사람의 성명을 지우고, 대성(大姓) 부호의 자제들이 한 말이라고

6) 조광한：漢의 독(탁)군 려오(涿郡 蠡吾：지금 하북 博野현) 사람으로, 字는 자도(子都). 武帝(B.C.141~B.C.87년) 때 무재(茂才：秀才의 별칭. 後漢 光武帝 劉秀의 諱를 피해 고친 것임. 『한서(漢書)』는 後漢 때 기록하였음)로 벼슬길에 나가 영천(潁川) 태수를 거쳐 京兆尹에 이름. 『한서(漢書)』 권76.

소문을 냈다. 그 뒤로는 권세 부호들이 집안끼리 서로 원수가 되어, 간사한 당파가 점차 해산하고, 마침내 풍속이 크게 선량해졌다. 관리와 백성들이 서로 고발하고 비난하게 만들어, 광한은 이를 자신의 귀와 눈[耳目]으로 삼았다. 그래서 도적이 거의 발생하지 않았으며, 어쩌다 발생하더라도 곧바로 잡혔다. 군(郡) 안의 모든 게 아주 잘 다스려져, 그의 위엄과 명성이 자자하게 퍼졌다.

『한서(漢書)』「조광한전(趙廣漢傳)」에 나오는데, 옛 『의옥집』에는 실려 있지 않다.

안(按) 관리들이 당파를 결성하여, 서로 감추고 덮어 주며 간사한 짓들을 하면, 조정에서 파견한 태수는 세력이 외톨이가 되어 토착 군중에게 제압당하고 만다. 그래서 조광한이 고발장 수리 · 사안 신문 · 투서 접수 · 상호 고발 따위의 방법으로, 그들의 당파를 파괴하여 해산시켰다. 그런 다음 이를 자신의 귀와 눈으로 활용하여, 도적(범죄)을 감시 정찰하였다. 그 결과 모두가 두려워하며 수그러들고, 군(郡) 안이 잘 다스려지게 되었다. 간교함을 간파해 내는 방법이 이러한 경우도 있기에, 특별히 이 사안을 소개한다.

평석 이는 법가(法家)의 대표적인 통치'술'(統治'術')로, 진(秦)나라의 법치 유풍(法治遺風)을 유효적절하여 재활용한 경우라고 할 수 있다. 법가의 선구자로 일컬어지는 『관자(管子)』의 「구수(九守)」편에 보면 이런 말이 나온다.

"눈은 밝은 시력[明]이 중요하고, 귀는 예민한 청력[聰]이 귀중하며, 마음은 지혜가 중요하다. 그런데 천하의 눈으로 보면 보이지 않는 게 없고, 천하의 귀로 들으면 들리지 않는 게 없으며, 천하의 마음으로 생각하면 알지 못하는 게 없다. 모두 한 가운데로 쏟아져 모이므로, 밝음이 막히지 않기 때문이다."

또 통치의 세 가지 요건은, 첫째 눈을 뜨는 것[張目], 둘째 귀를 쫑긋 세우는 것[飛耳], 셋째 밝음을 세우는 것[樹明]이라고 한다. 그리고 천리 밖과 은밀한 속을 밝게 아는 것이, 간교함을 통찰하여 변란을 예방하는 첩경이라는 말도 나온다.

법가의 집대성작인 『한비자(韓非子)』도 「정법(定法)」편에서, "군주는 한 나라의 눈으로 보기 때문에 보는 게 매우 밝고, 한 나라의 귀로 듣기 때문에 듣는 게 매우 뚜렷하다."고 말하는데, 「간겁시신(姦劫弑臣)」편에서도 비슷한 내용을 부연하고 있다.

조광한이 사용한 '귀와 눈[耳目]'이란 통치술이, 바로 이러한 법가의 이론에 근거한 것이다. 현대에 와서는 공산(사회)주의 나라에서, 부모와 자식 사이에도 서로 고발하도록 강요하는 극단적인 '이목(耳目)' 통치술을 자행하고 있다. 불신을 바탕으로 한 공포 정치를 조장하는 것이다. 물론 제3세계의 군부 독재 및 신흥 개발 독재에서도 비슷한 술법을 애용하여 왔다. 또 선진 자유민주 체제에서도 국가적인 정보(情報) 기관의 능력과 활동은 상상을 초월할 정도이다. 문제는 어떠한 상황에서 무슨 목적으로 어떻게 활용하느냐에 달려 있다. 꿀도 독이 될 수 있고, 비상(砒霜)도 약으로 쓸 수 있기 때문이다. 모두 마음 씀[用心]에 달린 것이다.

3. 윤옹귀(尹翁歸)가 명부를 펼쳐 보다

한(漢)의 윤옹귀[7]가 동해(東海) 태수일 적에, 군(郡) 안의 모든 관리와 백성에 대해서, 똑똑하고 못남은 물론, 그들이 저지른 간사한 죄명까지 죄

7) 윤옹귀 : 漢의 하북 평양(河北 平陽 : 지금 산서 臨汾현 서쪽) 사람으로, 字는 자황(子況). 효성과 청렴으로 천거 받아, 宣帝 때 동해(東海) 태수, 우부풍(右扶風) 태수에 이름. 『한서』 권76.

다 알았다. 그리고 현(縣)마다 명부(리스트)를 기록해 두었고, 정사(政事 : 행정 사무)를 스스로 직접 듣고 처리하였다. 그러면서 지나치게 급하다는 평판이 나돌면 조금 느슨하게 풀어 주고, 관리와 백성들이 다소 해이해졌다 싶으면 곧 명부를 펼쳐 보았다. 그래서 각 현마다 부패 관리와 토호 백성들을 잡아들여 수사·논죄하고, 심하면 사형까지 처했다.

이렇게 못된 사람들을 잡아들이는 일은, 반드시 가을·겨울 즈음에 관리들의 고과(考課)[8] 대회 때나, 아니면 각 지방을 순시할 때 진행했으며, 아무 일 없는 한가한 때를 기다려 거행하는 것은 아니었다. 이때 적발당하는 사람이 있으면 일벌백계로 다스려, 관리나 백성 할 것 없이 모두 두려워하여 복종하고 스스로 개과천선하였다.

『한서(漢書)』「윤옹귀전(尹翁歸傳)」에 나오는데, 옛 『의옥집』에는 실려 있지 않다.

안(按) 조광한은 관리와 백성들에게 서로 죄악을 고발하도록 시켜 정보를 얻는 귀와 눈으로 삼았는데, 윤옹귀가 관리와 백성들의 똑똑함과 못남, 그들이 저지른 간사한 죄명까지 죄다 알게 된 수단 방법은 무엇이었을까?

『한서(漢書)』「조광한전」은 이렇게 적고 있다.

"광한은 사람됨이 아주 강인하고, 천성상 관리 직책에 해박하였다. 관리나 백성을 접견할 때, 더러 잠도 자지 않고 새벽까지 밤을 새우며, 더욱이 자신의 본래 의도를 감추고 은근히 떠보는 방법으로, 상대방이 자기도 모르게 저절로 사정을 실토하도록 잘 유도하였다. 그래서 군(郡) 안에 발생한 도적이나 골목길의 가벼운 범죄까지, 그들의 근본 바탕과 소굴이 어디에 있는지를 파악했고, 관리들이 백성들에게 몇 푼의 뇌물을 받거나 요구했는지까지, 간사한 죄를 죄다 알아챘다."

이걸 보면, 광한이 자기의 귀와 눈으로 삼은 것도, 단지 서로 죄를 고발하도록 시킨 관리와 백성만은 아님을 알 수 있다.

---

8) 고과(考課) : 우열·功過 등의 능력·성적을 평가하는 일.

후위(後魏)의 강문요(江文遙[9])가 함양(咸陽) 태수일 적에, 사람들을 예(禮)로써 대접하는 데 부지런히 힘썼다. 온종일 청사(집무실)에 앉아 있으면서, 찾아오는 사람이 있으면 온화하고 웃는 얼굴로 접견하는 가운데, 사람들이 모르게 은밀히 묻곤 하였다. 그래서 백성들의 질병이나 고통, 도적의 성명, 간사하고 교활한 아전들을 알지 못하는 게 없었다. 이도 또한 강인한 체력과 은밀하게 사람 속 떠보는 술법으로, 만나는 사람들을 모두 자기 귀와 눈으로 삼은 사례이다.

그리고 역사 기록에서는, 황패(黃霸)가 영천(潁川) 태수일 적에, 관리나 백성들이 찾아오면 대화하는 가운데 기타 감추거나 숨겨진 것들을 자연스럽게 속속 캐물어 훤히 알았다고 한다. 그래서 사람들이 모두 두려워하고 복종하며, 그를 신명(神明)이라 일컬었다고 전한다. 윤옹귀가 사정을 죄다 알 수 있었던 까닭도, 아마도 틀림없이 그러했을 것이다.

무릇 자기 한 사람의 귀와 눈으로만 간사함을 살피는 것은, 많은 사람의 귀와 눈으로 간사함을 광범위하고 자세히 관찰하는 것만 못하다. 다만 상대방(정보원)에게 도리어 속임을 당할 수 있어 염려스럽다. 그래서 강인한 체력과 남모르게 슬며시 속 떠보는 술법에도 취할 만한 내용이 있다.

그렇지만 윤옹귀의 사안에서 귀감으로 삼을 점은 단지 이것만이 아니다. 『춘추좌전(春秋左傳)』(魯나라 昭公 20년=B.C.522년)에는 다음과 같은 중니(仲尼 : 孔子)의 말씀이 실려 있다.

"정치가 너무 관대하면 백성들이 태만해지는데, 태만해지면 다소 맹렬한 방법으로 조정한다. 그러나 지나치게 맹렬하면 백성들이 피폐해지는데, 피폐해지면 다시 관대하게 베풀어준다. 관대함으로 맹렬함을 조절하고, 거꾸로 맹렬함으로 관대함을 조절한다. 정치는 이렇게 해서 중용조화를 이루는 것이다.[寬以濟猛, 猛以濟寬, 政是以和.]"

---

9) 강문요 : 北魏의 제양 고성(濟陽 考城 : 지금 하남 民權현 동쪽) 사람으로, 아버지의 작위를 물려받아 성양(成陽) 태수에 임명되었다가, 安州 자사에 이름. 『위서(魏書)』 권71, 『북사(北史)』 권45.

윤옹귀의 정치가 여기에 가까웠다. "너무 급하다는 평판이 나돌면 조금 느슨하게 풀어 준" 것은, '관대함으로 맹렬함을 조절한' 것에 해당한다. 또 "관리나 백성들이 다소 해이해지면 곧 명부를 펼쳐 보고 잡아들여 논죄한" 것은, '맹렬함으로 관대함을 조절한' 것에 속한다. 그리고 일 없는 한가한 때를 기다리지 않고, 반드시 관리들의 고과 대회나 지방 순시의 기회를 이용하여 간사한 자들을 잡아들인 것을 보면, 그가 맹렬함을 사용함에 아주 신중하고 조심했음을 알 수 있다. 또 비록 간사한 죄명을 죄다 알아차렸지만, 모두 잡아들여 논죄하지는 않고, 단지 일벌백계로 뜨끔하게 경고하는 것만으로도 관리와 백성들이 모두 복종했으니, 그가 관대함을 베풂에 얼마나 간단하면서도 위엄이 있었는지 알 수 있다. 그래서 사람마다 모두 두려워하며 스스로 개과천선하도록 만들었으니, 그가 시행한 정치의 중용조화를 알 만하다.

간사함을 알아차리는 도(道)는 이보다 훌륭한 방법이 없다. 무릇 사소한 일까지 가혹하리 만치 자세히 관찰하여, 뭇 사람들이 깜짝 놀라 복종하게 만들고, 그걸로 자기의 총명을 과시하는 자는, 윤옹귀에 비교해 보면, 아무 것도 내세울 만한 말이 없다. 윤옹귀를 옛날의 훌륭한 관리에 빗대어 본다면, 아마도 정(鄭)나라 자산(子産)의 아류(亞流)라고나 하리다. 역사에서 설선(薛宣)을 '세상 관리들의 스승감이다'고 칭송했다. 그렇지만 윤옹귀는 정말로 백 세대에 걸친 후세 모든 관리들의 스승감이다.

평석 『례기(禮記)』「잡기(雜記)」편에 보면, 추수 감사제를 참관하는 자공(子貢)에게 공자가 "즐겁냐?"고 묻는 대목이 나온다. 자공은 "온 나라 사람이 다 미친 것 같아서, 즐거움이라곤 느낄 수 없습니다."고 답하였다. 그러자 공자는, 백일 동안 힘든 농사일을 마치고 하루 동안 축제로 피로를 풀고 즐기는 이치를, 보통 사람이 알기 어렵다고 탄식하며, 이런 말을 했다.

"긴장만 하고 이완하지 않음은 문왕이나 무왕도 할 수 없고, 반대로 이

완만 하고 긴장하지 않음은 문왕이나 무왕은 결코 하지 않는다. 한번 긴장했다가 한번 이완하는 것이야말로 문왕과 무왕의 도(道)이다.[張而不弛, 文武不能也; 弛而不張, 文武不爲也; 一張一弛, 文武之道也.]"

극락정토나 천당 세계에서 밤낮이 따로 없고, 항상 봄날 같은[常春] 날씨라는 말도 들린다. 하지만 만약 우리가 사는 지상에 낮만 있고 밤이 없다거나, 추위와 더위의 순환이 없다면, 과연 어떻게 될까? 자연현상이나 사회생활이나 모두 음양(陰陽)의 중용조화가 필요한데, 그것이 일정한 범위(한계) 안에서 주기적인 순환 진동으로 나타나게 된다. 상대적인 현상세계의 본질상 어쩔 수 없는 속성이다. 그렇다면 거기에 맞추어 긴장과 이완, 관대함과 맹렬함(부드러움과 굳셈)을 시의 적절히 변화시켜 나갈 필요가 있다. 그것이 공자가 말한 '시중(時中)'의 도(道)이다.

4. 황창(黃昌)이 엄습하여 찾아내다

후한(後漢)의 황창[10]이 완현(宛縣)의 현령일 적에, 정치를 자못 근엄하고 맹렬하게 하여, 숨겨진 간사한 죄악을 곧잘 적발해 냈다. 한번은 도적이 현령의 마차 덮개(차양)를 훔쳐 갔다. 황창은 처음에는 아무 말도 없더니, 나중에 친한 사람을 은밀히 보내, 부하인 적조(賊曹) 아전 집을 갑자기 엄습하여 분실물을 찾아내게 시켰다. 그리고는 그 가족을 전부 체포하여 한꺼번에 살육하였다. 이에 대성(大姓) 토호들이 전전긍긍 두려워하며, 모두 그를 신명이라고 일컬었다.

『후한서(後漢書)』「황창전(黃昌傳)」에 나오는데, 옛 『의옥집』에는 실려 있지 않다.

---

10) 황창 : 東漢의 회계 여요(會稽 餘姚 : 지금 절강 여요현) 사람으로, 字는 성진(聖眞). 宛 현령을 거쳐 太中大夫를 지냄. 『후한서』 권77.

안(按) 적조(賊曹)라는 관직은 도적 체포가 주된 업무인데, 도리어 현령의 마차 덮개를 훔친 것이다. 이는 바로 주우(周紆)[11]가 소릉후국(昭陵侯國)의 승상일 적에 생긴 사안과 비슷하다. 아전이 주우가 너무 엄명(嚴明)한 것을 꺼리고 싫어하여, 그의 권위를 손상시키려고 새벽에 죽은 사람 시체를 하나 갖다가, 손발을 자른 채 사원 문 앞에 세워 둔 것이었다. 즉 간사하고 교활한 아전이 현령과 신경전을 벌일 생각으로 장난친 것이다. 이때 현령이 아전을 이길 방법이 있으면, 그 무리들이 모두 두려워하고 수그러든다. 하지만 만약 이길 수가 없게 되면, 그 무리들이 모두 업신여기며 가지고 놀게 된다.

그래서 황창이 처음에는 아무 말도 없었는데, 이는 병법에서 이른바 "처음에는 처녀처럼 다소곳하여 적이 스스로 문을 열게 한다.[初如處女, 敵人開戶.]"는 것이다. 이것이 바로 간사한 아전을 이길 수 있었던 술법이다. 무릇 마차 덮개 하나가 몇 푼 가치나 되겠는가? 그런데 그걸 한번 훔쳐 현령을 시험해 보려 했다면, 범인은 틀림없이 주변에서 멀리 떨어진 자가 아닐 것이다. 그 정상(情狀)을 관찰해 보니, 다소 의심스럽지만 비슷한 데가 있고, 실물을 가지고 증거를 대보니, 마침내 궁극의 경위가 드러났으리라. 이에 갑자기 엄습하여 물건을 찾아냈으니, 이치상 범인을 잡지 못할 수가 없다.

황창이 숨겨진 간사한 계략을 적발한 것은, 술법이 대단하다고 칭송할 만하다. 그러나 그 가족을 전부 잡아들여 함께 몰살시킨 처벌은, 잔혹하기 이를 데 없다. 이것은 바로 이전 시대에 법령이 지방장관에게 생살여탈(生殺與奪)의 재량권을 허용한 결과 빚어진 폐단이다. 이제 여기서는 단지 그가 간사함을 관찰해 낸 술법만 취할 따름이다. 혹리(酷吏)의 행적은 착한 사람들이 모두 혐오하거늘, 어찌 언급할 가치가 있겠는가?

---

11) 주우:「핵간(覈姦)」편 각주 1) 참조.

5. 붕곤(馮緄)이 조서(詔書)를 의심하다

후한(後漢) 때 붕곤(馮緄)12)의 아버지 붕환(馮煥)이 유주(幽州) 자사일 적에, 간사한 악인들을 몹시도 싫어하여 자주 그들의 죄를 다스렸다. 그래서 그를 원망한 자들이 마침내 옥새를 위조하여, 황제가 붕환을 견책하는 글과 함께 처형의 칼을 하사하는 것처럼 꾸몄다. 또 료동(遼東)의 도위(都尉 : 총사령관)인 팡분(龐奮)한테는, 빨리 붕환에게 사형을 시행하라는 거짓 조서도 내렸다.

이에 팡분은 즉시 붕환을 체포하였고, 붕환은 차라리 자결하려고 하였다. 이때 아들 붕곤이 조서의 문장이 이상하다고 의심하며, 아버지를 만류하였다.

"어르신[大人]께서 주(州)에서 오직 사악을 제거하는 데 뜻을 두셨을 뿐, 실로 다른 이유는 아무 것도 없습니다. 틀림없이 흉악한 자들이 망령된 속임수로 어르신을 해치려는 간사한 독살 음모일 것입니다. 원컨대, 이 일을 직접 황제께 아뢰어 확인한 뒤, 죄가 있다면 달게 받아도 늦지 않을 것입니다."

붕환이 아들의 말을 따라, 황제께 상소하여 자신의 결백을 하소연하였다. 과연 간사한 자들의 속임수로 드러나, 팡분은 경거망동의 죄를 추궁당 하였고, 붕곤은 이 사건으로 이름이 널리 알려졌다.

『후한서(後漢書)』「붕곤전(馮緄傳)」에 나오는데, 옛 『의옥집』에는 실려 있지 않다.

안(按) 류문유(劉文裕)13) 관찰사가 송(宋) 태종 태평흥국(太平興國) 3년(978) 진주(秦州)와 롱주(隴州)의 순시 직책을 담당하였다. 그때 리비웅14)

---

12) 붕곤 : 東漢의 파군 탕거(巴郡 宕渠 : 지금 사천 大竹현) 사람으로, 字는 홍경(鴻卿). 처음에 효성과 청렴으로 천거 받아 御史中丞에 부임한 뒤, 太常으로 벼슬을 마침. 『후한서』 권38.

13) 류문유 : 송나라 초기 보주 보색(保州 保塞 : 지금 하북 保定시) 사람으로, 字는 以寧.

이 역마를 무단으로 차출(탑승)하여 위조한 황제 조서를 전달하고, 위도(韋韜)·주승진(周承瑨)·전인소(田仁昭)·왕신(王侁)·량숭찬(梁崇贊)·마지절(馬知節) 및 류문유 등을 체포하여, 적을 회피하고 관망했다는 죄목으로 진주에서 처형하려고 했다. 그리고 자신은 수비 병졸들을 겁탈하여, 성을 근거지로 반란하려고 모의했다. 그런데 류문유가 리비웅과 말을 해 보고는 거짓임을 알아차렸다. 그래서 곧바로 전인조 등과 함께 리비웅을 체포하고, 상세한 경과를 적어 황제께 보고하였다. 사안의 심리가 끝나, 리비웅은 처형당하고, 그의 삼족(三族)까지 몰살당했다.

류문유가 간사함을 관찰해 낸 것도 붕곤과 비슷하다. 말을 해 보고는 뭔가 낌새가 이상하다고 느껴, 거짓을 알아차린 것이다.

「본전(本傳)」에 보인다.

6. 순유(荀攸)가 숙부께 간언하다

삼국시대 위(魏)나라의 순유[15]는 어릴 적에 아버지를 여의고 고아가 되었다. 그런데 광릉(廣陵) 태수이던 할아버지 순담(荀曇)이 돌아가시자, 옛 아전인 장권(張權)이라는 자가 순담의 묘를 지키겠다고 자청했다. 당시 순유는 열세 살이었는데, 그가 의심스러워 숙부인 순구(荀衢)께 이렇게 말하였다.

"이 아전에게는 참으로 수상한 기색이 있습니다. 아마도 간사한 꾀가 있는 게 틀림없습니다."

집안에 묻힌 처지에서 전직(殿直)으로 발탁 받은 뒤, 秦州·隴州의 순검(巡檢)과 容州 관찰사를 거쳐 진주병마부서(鎭州兵馬部署)에 이름. 『송사』 권463.

14) 리비웅(李飛雄): 당시 진주 節度判官이던 李若愚의 아들.

15) 순유: 영천 영음(潁川 潁陰: 지금 하남 許昌시) 사람으로, 字는 공달(公達). 東漢 말에 벼슬을 시작하여, 나중에 조조의 軍師가 되고 릉수정후(陵樹亭侯)에 봉해졌으며, 벼슬은 尙書令으로 마침. 『삼국지』 권10. 그의 할아버지 순담은 字가 元智인데, 張璠의 『漢紀』에서 그가 특수한 재주를 지닌 준걸이라고 칭찬함.

숙부인 순구가 이 말을 듣고 문득 깨달아 그를 추궁하였는데, 과연 장권이라는 아전은 살인을 하고 도망을 온 처지였다.

『삼국지(三國志)』 『위지(魏志)』 「순유전(荀攸傳)」에 나오는데, 옛 『의옥집』에는 실려 있지 않다.

안(按) 북위(北魏)의 맹표(孟表)[16]가 남언주(南兗州) 자사로 와양(渦陽)에 재직할 때, 남제(南齊)에서 배숙업(裵叔業)[17]을 파견하여 60여 일 동안 포위 공격해 왔다. 맹표는 장수와 병사들을 순시 위로하며, 힘을 다해 성을 고수하도록 독려하였다. 그런데 처음에 어떤 남쪽 사람 하나가, 자기 성은 변(邊)씨이고 자(字)는 숙진(叔珍)이라고 소개하면서, 처자식을 거느리고 수춘[18]으로부터 도망 나와 맹표에게 귀순하겠다고 자청하였다.

그를 궁궐로 미처 이송하기 전에 배숙업한테 포위 공격을 당하게 되었다. 그래서 맹표가 나중에 숙진을 자세히 관찰해 보니, 말과 기색이 자못 수상쩍었다. 즉시 그를 엄하게 추궁하여 조사하니, 과연 배숙업의 고모 아들이었다. 배숙업의 포위 공격에 성안에서 호응하려고, 일부러 처자식까지 이끌고 거짓 망명을 시도한 것이었다. 이에 그를 즉시 처참하니, 민심이 안정되었다.

『북사(北史)』 「맹표전(孟表傳)」에 나오는데, 옛 『의옥집』에는 실려 있지 않다.

무릇 간사함을 간파할 때는, 더러 오로지 그의 기색으로 관찰하기도 하고, 더러 그의 말을 함께 관찰하기도 한다. 그 기색이 수상쩍고 그 말이 특이하면, 반드시 간사한 속임수[姦詐]가 있음이 분명하다. 다만 상대방이 속일 것이라고 미리 지레 짐작으로 의심해서는 안 된다. 말이 특이하고

---

16) 맹표 : 北魏의 제북 사구(濟北 蛇丘 : 지금 산동 寧陽현 북쪽) 사람으로, 字는 무달(武達). 처음에 南齊에서 벼슬하여 마두(馬頭) 태수를 지내다가, 나중에 북위에 투항하여 남언주(南兗州) 자사를 지내고 문양현백(汶陽縣伯)에 봉해짐. 『위서(魏書)』 권61, 『북사(北史)』 권37.

17) 배숙업 : 北魏의 하동 문희(河東 聞喜 : 지금 山西 문희현) 사람으로, 宋과 齊에 벼슬하며 남언주(南兗州) 자사에 이르고 武昌縣伯에 봉해짐. 나중에 북위에 투항하여 예주(豫州) 자사를 지냄. 『남제서(南齊書)』 권51, 『위서(魏書)』 권71, 『북사(北史)』 권45.

18) 수춘(壽春) : 南齊의 현.

기색이 수상쩍은 걸 알아보고 신문 추궁하면, 사건의 진상을 밝혀내지 못할 수가 없다.

그러나 정말로 남을 지레 짐작으로 의심한다면, 이웃집 아들이 자기 작두를 훔쳤을 거라고 생각하는 일화와 비슷하게 된다. 그러므로 남의 속임수를 지레 짐작으로 의심하여 자신의 현명함을 과시하려는 자는, 간사함을 잘 관찰한다고 말할 수 없다.

평석 『맹자(孟子)』(「離婁上」편)에는 "그 말을 들어 보고 그 눈동자(눈빛·기색)를 관찰하면, 사람이 더 이상 무얼(어떻게) 숨길 수 있겠는가?"라는 말이 나온다. 눈동자는 마음의 창이기 때문에, 눈빛을 통해 나타나는 마음속의 선악은 속이거나 감출 수 없다는 의미이다.

『렬자(列子)』(「說符」편)에는, 어떤 사람이 작두를 잃어버린 일화가 나온다. 이웃집 아들이 훔쳐간 게 아닐까 의심하고 이웃집 아들의 거동을 살펴보니, 어느 것 하나 작두를 훔친 자의 행태가 아닌 게 없는 것으로 비쳤다. 그러더니 작두를 되찾고 나서 다시 이웃집 아들을 바라보니, 더 이상 작두를 훔친 자의 동태가 없더라는 이야기이다. 불교에서 말하는 '일체유심조(一切唯心造)'의 한 측면을 잘 설명해 주는 예이다.

또 『한비자(韓非子)』에는, 어떤 사람의 담장이 무너진 일화가 나온다. 이웃 사람이 빨리 보수하지 않으면 도난의 위험이 있겠다고 걱정해 주고, 주인 아들도 비슷한 말을 꺼냈다. 그런데 나중에 정말로 도난을 당하자, 집주인은 이웃집 사람의 소행이 아닐까 의심하면서, 자기 아들에 대해서는 선견지명이 있다고 자랑했다는 내용이다. 자신과 상대방(대상)의 주관적 관계에 따라, 상대방(대상)에 대한 선입견(편견)을 가지고, 지레 짐작으로 의심하는 인지상정의 한 단면을 보여 준다. 주관적 감정에 이성이 뒤덮였으니, 있는 그대로 분간할 수 있겠는가?

7. 설주(薛胄)가 이상한 낌새를 알아채다

수(隋)나라 때 설주[19]가 언주(兗州) 자사일 적에, 진주(陳州) 사람 상도력(尙道力)이 고평(高平) 군수에 임명받은 듯 위장하여 실제로 부임하려 했다. 마침 설주가 그를 길에서 마주쳤는데, 이상한 낌새가 있음을 눈치 채고, 그를 잠시 머물게 한 뒤 조사하려 했다. 그러나 사마(司馬)인 왕군복(王君馥)이 재삼 그만두라고 권하므로, 그냥 부임하도록 보내주었다. 그러나 곧 후회가 들어, 즉시 주부(主簿)를 보내 상도력을 뒤쫓아갔다.

일찍이 서구라(徐俱羅)라는 사람이 해릉(海陵) 군수를 역임했는데, 그의 후임 자리도 상도력이 거짓으로 교대한 적이 있었다. 그러나 임기가 다 차도록, 공적으로나 사적으로나 누구도 그 사실을 알아차리지 못했다. 그래서 서구라가 왕군복에게 "상도력이 일찍이 내 뒤를 이어 군수가 된 적이 있는데, 어떻게 그를 의심할 수 있겠느냐?"고 말했다. 그리고 왕군복은 다시 서구라의 진술을 근거로, 설주에게 뭘 의심하느냐고 그만 두라고 권청했던 것이다. 그러나 설주가 호되게 꾸짖자, 권청을 그쳤다. 마침내 설주는 상도력을 불러들였는데, 상도력은 두려워하며 거짓임을 실토하였다. 이에 당시 사람들이 모두 설주를 신명이라도 칭송하였다.

『북사(北史)』「설변전(薛辯傳)」에 나오는데, 주(胄)는 그의 4대(代) 손자이다. 옛 『의옥집』에는 실려 있지 않다.

안(按) 서구라와 왕군복은 모두 상도력의 수상한 낌새[機微]를 전혀 알아차리지 못했는데, 설주 혼자만이 이를 간파할 수 있었으니, 정말 명석하다고 할 만하다. 명석함이 정말 부족하다면, 어떻게 간사함을 관찰해 낼 수 있겠는가? 그렇지만 망령되이 지레 짐작으로 속임수를 건

---

19) 설주: 隋나라 하동 분음(河東 汾陰: 지금 산서 萬榮현 서북쪽) 사람으로, 字는 紹玄. 처음에 北周에서 벼슬하다가, 隋에 들어와 언주(兗州) 자사로 발탁받은 뒤 刑部尙書까지 이름. 『수서(隋書)』 권56, 『북사(北史)』 권36.

너짚어 명석한 체해서는 안 된다.

평석 『주역(周易)』 「계사전(繫辭傳)」에 보면, "낌새를 알아차리는 자는 신명인저! 낌새란 움직임이 미세하게 나타나고, 길흉이 미리 드러나는 것이다. 군자는 그 낌새를 알아보고 준비하며, 그것이 훤히 밝혀질 때까지 온종일 기다리지는 않는다."는 공자의 말이 나온다. 바로 선견지명(先見之明), 선지자(先知者), 선각자(先覺者)를 뜻한다.

8. 리지원(李至遠)이 간사함을 식별하다

당나라 때 리지원[20]이 천관시랑(天官侍郎 : 吏部侍郎)으로 관리의 선임을 맡았는데, 중앙 관리들이 뇌물 수수하는 것을 몹시 싫어하여, 상당수를 파면하거나 경질하였다. 그래서 관리들이 숙연히 수그러들었다. 한번은 왕충(王忠)이라는 자가 지방으로 좌천당했는데, 관리가 일부러 그의 성을 사(士)자로 잘못 썼다. 인사 심의 절차가 끝난 뒤, 한 획을 더 그어 왕(王)씨로 만들려고 꾀한 것이다.

그러나 리지원은 금방 알아채고 이렇게 말했다.

"인사이동 대상자가 3만 명이나 되지만, 사(士)씨 성은 하나도 없다. 이는 틀림없이 왕충이다."

그래서 주모 관리는 즉시 머리를 조아리고 죄를 시인하였다.

『당서(唐書)』「리소립전(李素立傳)」에 나오는데, 지원은 그의 손자이다. 옛 『의옥집』에는 실려 있지 않다.

---

20) 리지원 : 당나라 조주 고읍(趙州 高邑 : 지금 하북 고읍현) 사람으로, 처음 이름은 붕(鵬). 高宗 때 제책(制策)에 우수한 성적으로 급제하고, 天官侍郎, 知選事를 역임한 뒤 벽주(壁州) 자사로 나감. 『구당서』 권185, 『신당서』 권197.

안(按) 간사함을 잘 관찰하는 사람은 관리들도 속일 수 없으니, 리지원 같은 이가 그렇다. 그렇지만 소인배들이 간사한 계교를 꾸미는 것 또한 막기 어렵다.

포증(包拯)[21] 추밀부사(樞密副使)가 개봉부(開封府) 지사일 적에, 엄명(嚴明)으로 별명이 붙을 정도였다. 한번은 어떤 사람이 죄를 범하여 법률상 척추곤장형에 해당하였다. 그런데 옥졸이 뇌물을 받고는, 그 사람에게 이렇게 하자고 약속하였다.

“이따 지사를 보게 되면, 틀림없이 나한테 죄상을 다스리라고 분부할 것이오. 그러면 그대는 단지 큰 소리로 자신을 변명하기만 하시오. 내가 그대와 죄를 나누어 가지리다. 그대도 곤장(볼기짝)을 맞고, 나도 또한 곤장을 맞겠소.”

그런 뒤 포증이 죄수를 불러 신문을 끝마치더니, 과연 옥졸에게 죄상을 다스리라고 분부했다. 죄수는 옥졸의 말대로 자기변명을 그치지 않고 계속 해댔다. 그러자 옥졸이 큰 소리로 죄수를 꾸짖었다.

“단지 척추(등)에 곤장만 맞고 나가면 그만이지, 무슨 잔소리가 많냐?”

그러자 포증은 옥졸이 권한을 남용한다고 꾸짖고는, 그를 뜰 아래로 끌어내려 곤장 17대를 때리게 하였다. 그리고 죄수의 죄를 특별히 관용하여, 단지 곤장을 때리는 데 그쳤다. 그렇게 해서 옥졸의 권한 남용 위세는 꺾었지만, 그게 옥졸의 계략에 넘어가 죄수와 옥졸의 사전 각본대로 이루어진 줄은 전혀 몰랐다.

심괄(沈适)의 『몽계필담(夢溪筆談)』에 나온다.

이는 아전의 권한 남용(越權)만 방지했지, 사전 계략에 넘어가는 것은 막지 못한 사례이다. 무릇 간사함을 관찰할 때, 지나치게 주관적 의사가

---

21) 포증: 포청천(包青天)으로 익히 알려진 인물. 송나라 합비(合肥: 지금 안휘 합비시) 사람으로, 字는 희인(希仁). 仁宗 때 진사가 된 뒤, 개봉부(開封府) 지사를 거쳐 樞密副使까지 이름. 『송사』 권316.

개입하면 안된다. 아전이 정말 권한을 남용한 경우, 그를 곤장에 처하는 것은 가능하다. 그렇다고 잘못을 바로잡는 데 정도(正道)를 지나쳐, 마침내 죄수의 형벌을 관대히 낮춰 주고, 결과적으로 아전에게 속보이고 그의 계략에 넘어가면 안 된다. 이는 아전의 위세를 꺾겠다는 주관적인 의도가 강하게 작용한 탓이다. 그러니 간사함을 잘 관찰하려면, 여기에서도 귀감을 삼지 않을 수 있겠는가?

평석 세상에 선과 악, 신명과 마귀의 힘 겨루기나 머리 싸움은 끝도 없으며, 다양하기 짝이 없다. 덜미에 덜미를 잡히고, 꼬리에 꼬리를 물고 이어지는 한 판 승부! 상대성(相對性)이 지배하는 현상 세계의 본질 속성인가?

9. 리걸(李傑)이 과부의 뒤를 미행하다

이미 「징악(懲惡)」편에 나왔다.

안(按) 갈원(葛源) 랑중(郎中)이 길수(吉水) 현령일 때, 한 모(毛)씨 과부가 아들을 불효죄로 고발해 왔다. 이에 갈원이 모자간의 은혜와 인륜으로 잘 타일렀으나, 듣지 않았다. 그래서 사람을 시켜 과부를 은밀히 미행한 뒤, 과부와 밀담을 나누는 자를 붙잡았다. 대질 조사한 결과, 그는 과부의 고발장을 대신 써 준 자였다. 신문하였더니, "과부와 사통하여 그 아들을 모함하려고 공모했다"고 자백하였다. 이 사안도 리걸이 과부를 미행했던 방법을 사용했다.

왕안석(王安石) 승상이 지은 「갈원묘지(葛源墓誌)」에 보인다.

또 증효서(曾孝序)가 이웃 사람에게 곤장을 시행한 사안도, 이미 제6장 「징악(懲惡)」편에 소개하였다. 그 사안에서는 과부가 이웃 사람을 증인으로 지목하여 법정에 세웠기 때문에, 사건이 미행을 통한 뒷조사 없이도 쉽게 밝혀져 곤장 풀릴 수 있었다. 증효서가 간사함을 간파할 수 있었던 방법은, 갈원과 크게 차이가 없다.

갈원이 대질한 사안은 「핵간(覈姦)」편에 또 나온다.

평석 당률(송형통) 투송률(鬪訟律)에 따르면, 타인에게 고소·고발을 교사한(시킨) 경우, 사건이 허위로 밝혀져 반좌(反坐) 처벌해야 하거나, 사건이 진실로 밝혀져 포상을 해야 하는 때에는, 모두 실제 고소·고발한 사람을 주범(首)으로 삼고, 교사한 자를 종범(從)으로 삼는다. 그런데 타인에게 그의 시마(緦麻) 이상 친족을 고소·고발하도록 교사하거나, 부곡(部曲) 또는 노비에게 그의 주인을 고소·고발하도록 교사한 경우에는, 고소·고발한 자는 율문(律文)에서 규정한 본죄(本罪)로 처벌하고, 교사한 자는 피교사자의 죄에서 한 등급씩 감경 처벌한다. 존속 친척의 신분 관계로 인한 가중 처벌 효과가, 교사자에게도 직접 반영된 것이다.

그리고 이 사안에서처럼, 남에게 그의 자손을 고소·고발하도록 교사한 경우에는, 설사 그 고소·고발이 허위의 무고(誣告)일지라도, 고소·고발한 부모나 조부모는 논죄하지 않는 것이 명문(明文)의 법 규정인데, 교사자는 고소·고발한 죄목에서 한 등급 감경한 형벌로 논죄한다. 여기에는 비속 친족의 신분 관계로 인한 감면 처벌의 효과가, 명분상 1등급 감경이라는 최소한도로 반영되었을 따름이다.

따라서 아들을 불효죄로 고발하도록 교사한 경우, 불효죄가 사형(死刑)까지 해당한다면, 교사자는 불효의 진위 여부와 관계없이, 사형에서 한 등급 감경한 유(流) 3천리에 처하고, 피교사자인 과부는 역시 진위 여부와 관계없이 면죄한다. 물론 이들 사안처럼 고소·고발 및 교사의 원인 제공 행위가 간통 같은 죄악인 경우에는, 그 죄에 대한 처벌은 별도이다.

10. 배균(裵均)이 남편을 풀어 주다

당나라의 배균[22]이 산남동도(山南東道) 절도사로 상양(襄陽)에 재직할 때였다. 한 주민의 아내가 이웃 사람과 사통하였는데, 꾀병을 내서 남편에게 졸랐다. "의사가 말하는데, 제 병은 사냥개 고기를 먹으면 즉시 차도가 있답니다." 이 말을 들은 남편이 "우리 집엔 개가 없는데, 어떻게 하면 좋겠소?" 하고 걱정스레 물었다. 이에 아내는 "동쪽 이웃집 개가 늘상 들락거리는데, 그걸 잡아먹으면 되지 않겠어요?" 하고 넌지시 일러주었다.

남편은 아내의 말을 듣고, 이웃집 개를 잡아 그 고기를 아내에게 먹였다. 그러자 이웃집 사람이 기다렸다는 듯이 관가에 고소했다. 관가에서 남편을 체포하여 신문하자, 남편은 즉시 개 도살 사실을 시인하면서, 순진하게도 "아내가 먹고 싶어 했기 때문입니다"고 대답하였다.

이 말을 들은 배균은, "이는 아마 아내가 바깥 정[外情 : 사통]이 있어서, 남편을 재앙 속에 빠뜨리려고 꾸민 흉계일 것이다"고 판단하였다. 그런 뒤 아내를 불러다가 추궁하였더니, 과연 그러하였다. 그래서 아내와 간통한 이웃 남자는 모두 논죄하고, 남편은 풀어 주었다.

옛 『의옥집』에 출전이 밝혀져 있지 않다.

안(按) 당나라 때 류종원(柳宗元)[23]이 말한 이야기이다. 하간(河間)현에 음탕한 여자가 있었는데, 꾀병을 내어 남편에게 밤에 귀신을 불

---

22) 배균 : 당나라 강주 문희(絳州 聞喜 : 지금 산서 문희현 동북쪽) 사람으로, 字는 군제(君齊). 명경(明經)으로 천거 받아 헌종(憲宗 : 806~820년 재위) 때 상서좌복야(尙書左僕射), 同中書門下平章事에 올랐다가, 산남동도(山南東道) 절도사로 나감. 순국공(郇國公)에 봉해짐. 『신당서』 권108.

23) 류종원(773~819년) : 당나라 하동 해(河東 解 : 지금 산서 運城현) 사람으로, 字는 자후(子厚). 덕종 때 진사가 되어 교서랑(校書郎)에 부임함. 류우석(劉禹錫)과 함께 혁신파 왕숙문(王叔文) 집단에 참가하여 례부원외랑(禮部員外郎)을 지냄. 실패 후 永州司馬에 좌천당했다가 류주(柳州) 자사로 옮김. 한유(韓愈)와 더불어 古文運動을 주창하여 흔히 '韓柳'로 병칭하며, 나란히 당송8대가에 듬. 다만 한유의 강한 척불론(斥佛論)과

러 자기 질병을 풀어 달라고 졸랐다. 그리고 바로 사람을 시켜, 남편의 야간 제사를 '저주부도(詛呪不道)'죄로 관가에 고발하였다. 아전이 신문하여 사실을 밝혀낸 뒤, 곤장으로 쳐 죽였다. 이 사안도 이웃집 개를 잡아먹자고 조른 것과 비슷한데, 배균이 간사한 내막을 간파할 수 있었던 점이 칭송할 만하다.

11. 최암(崔黯)이 처자식을 수색하다

이미 「징악(懲惡)」편에 나왔다.

12. 장보옹(張保雍)이 변란 소식에 대처하다

장보옹이 한주(漢州) 지사일 적에, 네 병졸이 한밤중에 황급히 찾아와 머리를 조아리며, 금군(禁軍)[24]의 두 병영이 변란을 일으켰다고 보고했다. 이에 좌우의 아전들은 깜짝 놀라 두려움에 떨었다. 그러나 장보옹은 천천히 나오더니, 네 병졸을 구금하고 고문하여, 곧바로 무고(誣告) 사실을 시인하는 진술서를 작성시킨 뒤, 그 진술서를 해당 두 병영에 돌려 공개하였다.

그리고 날이 밝자, 정식으로 신문하여 사실을 밝혀냈다. 원래 네 병졸이 소속 대오 병졸들과 공모하여 허위 변란 보고를 한 뒤, 요행히 지사가

달리, 불교를 수용하여 유불선(儒佛仙) 삼교조화(三教調和)를 주장함. 하동선생집(河東先生集)이 전해짐. 『구당서』 권160, 『신당서』 권168.

24) 금군(禁軍) : 宋나라 정규군.

그 말에 속아 넘어가 자기들에게 진압용 병기를 내주면, 이를 계기로 즉시 반란을 일으키려 했다는 것이다. 마침내 이들을 공모자와 함께 9인(人) 모두 시장에서 공개 처형했다.

증공(曾鞏) 사인(舍人)이 지은 「장부군신도비(張府君神道碑)」에 보인다.

안(按) 장보옹이 그들의 간계를 간파한 근거는 무엇인가? 만약 군대가 이미 변란을 일으켰다면, 보고하는 자가 어찌 네 병졸뿐이었겠는가? 또 군대가 아직 변란을 일으키지 않았다면, 어찌 굳이 한밤중에 황급히 쫓아와 밀고를 한단 말인가? 그들을 구금하고 고문하여, 즉시 무고(誣告) 사실을 시인하는 진술서를 작성시킨 것은, 이로 말미암아 군중(軍中) 인심이 불안해져 동요할까 염려하여, 해당 두 병영에 공개 확인시키기 위해서였다. 여기서 그는 단지 간계를 잘 간파했을 뿐만 아니라, 또한 급박한 사태에 잘 대처하는 슬기를 보였다.

왕회숙(王晦叔) 승상이 익주(益州) 지사일 적에, 한 병졸이 밤에 찾아와, 군대가 곧 반란을 일으키려 한다고 보고했다. 왕회숙은 밀고장을 자세히 살펴본 뒤, 즉각 허위임을 가려내고, 그를 처참하였다.

본 사안과 자못 비슷하기 때문에, 참고로 덧붙인다.

윤수(尹洙)[25] 룡도(龍圖)가 지은 「왕공신도비명(王公神道碑銘)」에 보인다.

13. 임전(任顓)이 병졸을 효수형에 처하다

임전[26] 시랑(侍郞)이 담주(潭州) 지사일 적에, 농지고(儂智高)[27]가 영남(嶺

---

25) 윤수(1001~1047년): 송나라 하남(河南: 지금 하남 락양시) 사람으로, 字는 사로(師魯). 인종 초에 진사가 되어 이양(伊陽) 현령이 된 뒤, 관곽교감(館閣校勘)을 거쳐 기거사인직룡도각(起居舍人直龍圖閣)에 이름. 서북방 군비 강화와 상벌 엄격을 주장함. 『하남선생문집(河南先生文集)』 27권이 전함. 『송사』 권295.

南) 9주(州)를 함락하였다. 때마침 선무사(宣撫司)에서 공문을 보내 왔는데, 내용인 즉 선의(宣毅)[28] 부대의 한 병졸이 공로를 세워서, 본군(本軍)의 하급 장교에 보임(補任)한다는 것이었다. 그 병졸이 도착하여 임전이 자세히 살펴보니, 그의 낯빛이 움직이는 기미가 있었다. 이에 틀림없이 간계가 있다고 판단하고, 즉시 그를 담당 부서에 회부하여 조사케 했다. 그의 집을 수색한 결과, 담주의 군대 병력과 병기·성곽·도로 등을 작은 글씨로 자세히 기록한 첩보 문서가 나왔다. 알고 보니, 농지고가 성 안에서 호응하도록 고용한 첩자였던 것이다. 이에 임전은 그를 효수(梟首)에 처해 머리를 군중에게 내보이도록 하고, 아울러 성의 수비를 크게 강화하였다.

「본전(本傳)」에 보인다.

안(按) 정벌이나 전쟁 기간 중에 병졸이 큰 공로를 세우면, 특별히 발탁 승진시켜 장교에 보임하는 예가 있다. 하지만 이치상 현재의 전선(戰線)에 선봉으로 유임시켜야 마땅하거늘, 어찌 본영으로 복귀시킨단 말인가? 임전이 선무사(宣撫司)에서 보냈다는 공문을 받아 보면서 이미 의심을 품었는데, 그 병졸이 도착하여 낯빛이 움직이는 걸 보고 분명히 간계가 있다고 확신한 것이다. 그래서 즉시 담당 부서에 회부하여 그의 집을 수색하였으니, 간사함을 정말로 잘 관찰해 낸 것이다.

가창조(賈昌朝)[29] 승상이 대명부(大名府)의 판관(判官)일 적에, 요사한 인

---

26) 임전: 송나라 청주 수광(青州 壽光: 지금 산동 수광현) 사람으로, 字는 성지(誠之). 眞宗 때 진사가 되고, 담주(潭州) 지사를 거쳐 戶部侍郎에 이름. 『송사』 권330.

27) 농지고: 宋나라 때 광원주(廣原州: 지금의 월남 高平省 廣淵縣)의 壯族 수령으로, 仁宗 慶歷 원년(1044) 세력을 크게 확장하여 大歷國을 세운 뒤, 곧 安德州로 옮겨 南天國을 세우고 연호를 경서(景瑞)라 일컬었다. 인종 황우(皇祐) 4년(1052)에 병력을 일으켜 스스로 仁惠皇帝라고 일컬으면서, 연호도 계력(啓歷)으로 바꾼 다음, 江東 아래를 따라 영남 9주(지금의 廣西省과 廣東省 일대에 소재)를 함락하여 크게 위세를 떨쳤으나, 廣州와 荊湖의 공격에 실패하면서 주춤하다가, 이듬해 송나라 대장 적청(狄青)의 정벌에 패배하여 雲南 大理國으로 도주하였다.

28) 선의(宣毅): 宋 禁軍 편제의 하나.

29) 가창조: 송나라 진정 획록(眞定 獲鹿: 지금 하북 획록현) 사람으로, 字는 자명(子明). 진종 때 진사와 같은 출신을 하사 받은 뒤, 同中書門下平章事에 이름. 大名府 판관으

물 왕측(王則)[30]이 대명부를 근거로, 하남북(河南北)까지 동원하여 반란을 일으키려고 모의했다. 그래서 일당에게 밀고서를 가지고, 허위 밀고를 가장하여 가창조에게 접근한 뒤, 틈을 노려 변란을 일으키도록 했다. 그러나 가창조가 간계를 알아차리고, 허위 밀고자를 붙잡아 신문하여 자백 받았다. 이에 왕측은 크게 놀라고 두려워하며, 마침내 혼자 패주(貝州)를 중심으로 반란을 일으켰다. 이에 즉시 장수에게 병력을 끌고 가서 토벌하도록 지시하고, 자기도 공격용 무기를 가지고 달려갔다.

왕안석 승상이 지은 「가창조신도비(賈昌朝神道碑)」에 보인다.

무릇 말이 수상한 사람은 틀림없이 간사함이 있기 마련이다. 그런 자를 붙잡아 신문하여 내막을 밝혀내면, 간사한 짓을 어떻게 할 수 있겠는가? 이 또한 임전의 사안과 대략 비슷한 데가 있다.

14. 유헌경(俞獻卿)이 스님을 붙잡다

유헌경[31] 시랑(侍郎)이 처음에 수주(壽州) 안풍(安豊)현의 위관(尉官)일 적

로 나가 왕측의 병란을 진압함. 『송사』 권285.

30) 왕측(?~1048년) : 북송 인종 때 河北 士兵 의거의 수령. 탁주(涿州) 사람으로, 흉년에 貝州로 유랑 가서 양치기가 되었다가, 나중에 宣毅軍에 입대하여 小校가 되고 미륵교(彌勒教)에 가입함. 경력 7년(1047) 겨울 미륵교주 李教 등과 교도들을 연합하여 이듬해 설날 봉기하도록 공모하고, 반방정(潘方淨)에게 칼을 품고 북경류수(北京留守) 가창조에게 가서 암살하도록 시켰으나 실패하여, 기일을 앞당겨 동짓날 貝州에서 병력을 일으켜, 州지사 張得一을 사로잡고 무기고를 점령한 뒤, 감옥의 죄수들을 석방하였음. 그는 東平君王에 추대 받아, 국호를 安陽이라 부르고 연호는 得聖이라 일컬음. 전사들의 얼굴에 "의로운 군대는 趙씨(宋황실의 성씨)를 타파하고 승리를 얻는다[義軍破趙得勝]"는 글자를 새겨 宋왕조 전복의 결심을 과시함. 이듬해 宋의 명호(明鎬) · 문언박(文彦博)이 병력을 거느리고 포위 공격에 나섰는데, 땅굴을 파서 성을 함락함. 그는 포위망을 뚫고 나왔으나, 민가에서 사로잡혀 포로로 東京에 압송당함.

에, 한 스님이 시주 받은 재물을 아주 많이 모았다. 그런데 그 스님의 제자 스님이 재물을 탐내어, 스님을 살해한 뒤 암매장하고 나서, 현에는 "스승님께서 멀리 출타하셨다"고 신고하였다. 유헌경은 단박 간사한 낌새를 알아채고는, 넌지시 속을 떠보는 질문을 던졌다.

"스님께서 나와 절친한데, 나한테 알리지도 않고 떠났다니 무슨 일이오?" 그러자 제자 스님의 낯빛이 순간 움직였다. 그래서 그를 붙잡아 조사하고 암매장한 시신도 찾아냈는데, 현의 백성들이 모두 크게 놀랐다.

「본전(本傳)」에 보인다.

안(按) 스님 중 부유한 사람은 틀림없이 멀리 출타[行脚; 雲遊]하지 않을 것이며, 출타하는 경우에는 틀림없이 행장을 꾸려 절친한 사람에게 고별인사를 할 것이다. 행각승(行脚僧; 打包僧)처럼 하루아침에 행낭을 꾸려 표연히 떠날 수는 없다. 그래서 제자 스님이 와서 신고한 말부터 이미 의심스러웠는데, 캐묻는 말에 낯빛의 움직임이 드러났으니, 간사한 내막이 있는 게 분명했다. 그래서 붙잡아 조사한 것이다. 그러니 유헌경도 간사함을 잘 간파해 냈다고 칭송할 만하다.

무릇 같은 편의 사안은 비록 모두 시대 순으로 배열한 것이 원칙이지만, 더러 사건의 성격이 서로 비슷하여 함께 모아 두는 게 열람하기에 편한 점도 있다. 그래서 임전의 사안을 유헌경의 사안 앞에 둔 것이다.

평석 요즘도 종교계의 불화와 분쟁은 대부분 재산권과 재산권을 행사할 수 있는 교권(教權)의 장악으로부터 비롯한다. 이른바 "염불(念佛)에는 정신 없고 잿밥[齋食]에만 정신 있다"는 속담처럼, 물질적 욕망에 한눈팔기 때문이다. 최근에도 유혈(流血) 폭력 사태를 연출했던 우리 종교계의 자화상을, 이 사안에서 그대로 들여다보는 느낌이다. 아직 제자가

---

31) 유헌경 : 송나라 흡(歙 : 지금 안휘 흡현) 사람으로, 字는 간신(諫臣). 太宗 때 진사가 되어 安豐縣尉에 부임하였으며, 刑部侍郎까지 이름. 『송사』 권300.

재물 때문에 스승을 살해하지 않은 현실이 그나마 다행일까?

15. 장변(張昪)이 간사함을 눈치 채다

장변[32] 승상이 윤주(潤州) 지사일 적에, 어떤 부인이 남편의 변사체를 관가에 신고해 왔다. 자기 남편이 외출한 지 여러 날이 지나도록 귀가하지 않아 조바심으로 기다리던 중, 채마밭 가운데 있는 우물 속에 죽은 사람이 있다는 소문을 듣고 가보니, 바로 자기 남편이었다고 한다. 그래서 통곡하면서 신고해 왔다.

이에 장변이 아전에게 이웃 사람들을 불러 모아, 우물 속 시체를 내려다보고 과연 그 부인의 남편인지 확인하라고 지시했다. 그러나 이웃 사람들은 모두 우물이 너무 깊어 알아볼 수 없다며, 시체를 끄집어 올려 확인해 보자고 말했다. 여기서 장변은 중대한 의문이 떠올랐다.

"이웃 사람들이 모두 분간하지 못하는데, 어떻게 유독 부인만 자기 남편인 줄 알아보았단 말인가?"

그리고는 부인을 붙잡아 담당 관리에게 신문하도록 분부했다. 과연 이 부인과 간통한 남자가 남편을 살해하였는데, 부인도 이 모의에 개입하여 사실을 알고 있었던 것이다.

심괄(沈括) 내한(內翰)의 『몽계필담(夢溪筆談)』에 보인다.

평석 이 사건도 결국 '도둑이 제 발 저린다'는 범죄 심리로부터, 스스로 꼬리를 드러낸 셈이 되었다. 당률(송형통) 잡률(雜律)에 따르면,

32) 장변 : 송나라 한성(韓城 : 지금 섬서 한성현) 사람으로, 字는 杲(고·호)卿. 진사 출신으로 潤州 지사와 御史中丞을 거쳐, 英宗 때 창신군(彰信軍) 절도사, 同中書門下平章事로 許州 판관을 지냄. 『송사』 권318.

양민 상호간의 간음죄는 쌍방이 합의한 간통[和姦]이든 남자의 일방적인 강간(强姦)이든 모두 도(徒) 1년 반에 처하고, 여자가 유부녀이면 도(徒) 2년에 처한다. 다만 강간인 경우 여자는 무죄이며, 간음을 주선(중매)한 자는 죄가 무거운 일방의 형벌에서 한 등급 감경 처벌한다.

명청률(明淸律)에서는 간통[和姦]의 경우, 남편이 없으면 곤장 80, 있으면 곤장 90으로 형량이 상당히 가벼워졌다. 그러나 강간의 경우는 교형(絞刑)에 처하고, 미수죄도 곤장 2백을 친 뒤 유(流) 3천리에 처하며, 12세 이하 소녀는 무조건 강간으로 간주하는 등, 처벌을 대폭 강화하였다. 그리고 형률(刑律)에 '범간(犯姦)'이라는 독립 편으로 규정한 점도 특징이다.

여하튼 간통죄 자체는 본래 그렇게까지 중형에 해당하지는 않는 셈이다. 문제는 간통으로 말미암아 간부(姦婦)의 본 남편을 아예 제거하려는 악의(惡意)가 발동하는 게 무섭다. 『절옥귀감』에 실린 사안만 보더라도, 간부(姦婦)가 직접 꾀를 내어 손을 쓰는 경우도 있고, 간부(姦夫)가 주범으로 나서더라도 간부(姦婦)가 직접·간접으로 공모(共謀)하고 협조하는 경우가 대부분이다. 전통법은 바로 이러한 간통 후속 범죄를 특히 중시하여 엄형에 처한다. (다행인지 불행인지, 요즘같이 性이 자유롭게 개방되고 성 윤리가 문란해진 문화 속에서는, 간통을 숨기거나 계속하기 위해 본 남편을 제거하려는 끔찍한 범죄는, 옛날에 비해 상대적으로 발생 가능성이 크게 줄어들었다.)

당률(송형통) 적도율(賊盜律)에 따르면, 남편을 살해하려고 모의만 한 경우에도 참형(斬刑)에 처하는데, 간음을 범한 뒤 간인(姦人 : 姦夫)이 본 남편을 살해한 경우, 간음한 처(妻)나 첩(妾)은 비록 그 사실을 전혀 몰랐더라도, 살인자와 똑같은 죄로 사형에 처한다. 간통 남녀의 의기투합을 감안하여, 공모(共謀) 관계를 의제(擬制: 간주)한 것이다.

이 사안처럼 공모했거나 적어도 사실을 분명히 알았고, 또 살해한 뒤 시체를 우물에 빠뜨린 잔인한 간통 살인죄는, 남녀 모두 참형(斬刑)에 처했을 게 분명하다.

16. 리역(李繹)이 은밀히 뒷조사하다

리역[33] 간의대부(諫議大夫)가 화주(華州) 지사일 적이었다. 포성현(蒲城縣) 사람 리온(李蘊)이 자기 조카가 도적에게 피살(被殺)하였다고 관가에 신고해 왔다. 그래서 리역이 차근히 물었다.

"더러 무슨 원수진 일이라도 있는가?"

"없습니다."

"그러면 무슨 없어진 물건은 있는가?"

"없습니다."

"내 알았다. 그대는 우선 집에 돌아가 있으라."

그리고는 사람을 시켜 은밀히 그를 뒤따라가 뒷조사하도록 지시했다. 알고 보니, 리온이 남 몰래 죄를 지어 놓고, 일이 들통 날까 두려워하여, 조카의 입을 막아 버리려고 아예 죽인 것이었다.

「본전(本傳)」에 보인다.

17. 손장경(孫長卿)이 형을 신문하다

손장경[34] 시랑(侍郎)이 화주(和州) 지사일 적에, 한 백성이 자기 아우가 남에게 피살(被殺)하였다고 신고해 왔다. 그의 말을 살펴보니 사실 같지 않아 물어 보았다.

---

33) 리역 : 송나라 경조 만년(京兆 萬年 : 지금 섬서 西安시) 사람으로, 仁宗 때 진사가 되고, 화주(華州) 지사를 거쳐 右諫議大夫에 오름. 『송사』 권307.

34) 손장경 : 송나라 양주(揚州 : 지금 강소 양주시) 사람으로, 字는 차공(次公). 仁宗 때 조상의 官蔭으로 벼슬하여 화주(和州) 지사를 거쳐 兵部侍郎에 이름. 『송사』 권331.

"그대의 호구(戶口)는 무슨 등급인가?"

"상(上) 등급입니다."

"그대 집안은 식구가 몇인가?"

"단 하나의 아우와 그리고 제 처자식뿐입니다."

"아우를 살해한 자는 형이다. 어찌 아우의 재산까지 모두 독차지하려 하느냐?"

그리고 신문하였더니, 과연 그러하였다.

왕규(王珪) 승상이 지은 「손장경묘지(孫長卿墓誌)」에 보인다.[35]

안(按) 간사한 자가 진실을 숨기고 거짓을 꾸미는 것은, 더러 그 말소리를 듣고 알기도 하고, 더러 그 낯빛을 보고 알기도 하며, 더러 그 말을 캐물어 진술 내용으로 알기도 하고, 더러 그 사실 관계를 신문하여 알아내기도 한다. 무릇 이 네 가지 방법으로 진상을 밝혀내면, 대개는 아무리 간사하게 위장하는 사람도 속일 수가 없게 된다. 그렇지만 정말로 간사함을 관찰하는 술법에 밝지 못하다면, 또한 어떻게 이러한 것을 해낼 수 있으리오?

평석 참고로 당률(송형통) 호혼률(戶婚律)에 따르면, 부모가 살아 계시는 동안에는 별적이재(別籍異財)[36]를 할 수 없지만, 돌아가신 뒤에는 형제간에 토지 가옥과 기타 재산을 똑같이 균분(均分)해야 한다. 이러한 균분 상속을 어긴 자는 침탈한 상속분의 재산에 대하여 좌장죄(坐贓罪)에서 세 등급 감경한 형벌을 부과한다.

좌장죄는 비단 1척(尺)에 회초리 20대로부터 시작하여, 1필(匹)마다 1등급씩 가중하고, 10필이면 도(徒) 1년에, 매 10필마다 다시 1등급씩 가중하여, 최고 도(徒) 3년에서 그친다. 따라서 균분 상속을 어긴 형제에게는, 비

35) 현전하는 왕규의 『화양집(華陽集)』에는 이 글이 실려 있지 않은 것으로 나타났다.
36) 별적이재(別籍異財) : 분가(分家). 호적을 달리하고 재산을 나눈다는 뜻.

단 1필 1척 침탈에 회초리 10대에서 시작하여, 비단 50필 이상의 유산을 침탈했을 때 최고 도(徒) 1년 반에 처하게 된다. 물론 민사상 침탈한 상속분은 반드시 시정 반환해야 한다. 그런데 아우의 가족이 없다고, 가산 독점을 위해 하나뿐인 핏줄을 살해한 것이다. 동서고금에 유산을 노린 가족 살해가 얼마나 숱하고 잔인하게 저질러져 왔던가? 오죽하면 근대 서양의 상속법에서조차, 유산을 노리고 피상속인이나 공동상속인을 해치는 상속인의 상속 자격(신분)을 박탈한다는 규정을 두어, 민형사(民刑事) 양면 처벌을 동원하고 있을까?

18. 주수륭(朱壽隆)이 화재를 조사하다

주수륭[37] 대감(大監)이 팽주(彭州) 구롱현(九隴縣)의 현령일 적에, 아전이 한 가족 일곱 식구가 화재로 몰사(沒死)한 사건을 보고해 왔다. 이에 주수륭은 고개를 갸웃거렸다.

"어떻게 온 집안이 다 불타도록, 한 사람도 빠져 나오지 못했단 말인가? 여기엔 틀림없이 간사한 계교가 있을 것이다."

달을 넘겨 도적을 잡았는데, 과연 그가 가족 전부를 살해한 뒤, 집에 불을 지른 것으로 드러났다. 주수륭은 북송 신종(神宗) 희녕(熙寧) 4년(1071) 소부감(少府監)으로 끝마쳤다.

「본전(本傳)」에 보인다.

안(按) 이 사안은 간사한 계교가 있음을 알아차리고 삼엄하게 정찰 조사하였기 때문에, 도적(범인)을 체포할 수 있었다. 만약 아전의 보

---

37) 주수륭 : 송나라 密州 諸城(지금 산동 제성현) 사람으로, 字는 중산(仲山). 仁宗 때 조상의 官蔭으로 九隴 현령이 된 뒤, 少府監, 揚州 지사에 이름. 『송사』 권333.

고만 그대로 믿고, 단순 화재 사건으로 여겨 크게 개의치 않았다면, 그 도적은 요행히 법망을 빠져나가고 말았을 것이다.

19. 상위(向緯)가 진상을 알아내다

상위[38] 랑중(郎中)이 운주(鄆州) 양곡현(陽穀縣)의 현령일 적이었다. 어떤 토호가 살인을 한 뒤 피살자의 아내에게 금을 주어, 사건이 오랫동안 드러나지도 않았다. 그런데 상위가 그 진상을 은밀히 알아낸 뒤, 하루에 살인자와 피살자의 아내를 모두 관청 뜰 아래로 잡아들였다. 두 사람은 무슨 까닭인지 몰랐으나, 신문 결과 모두 범죄 사실을 토로했다.

왕규(王珪) 승상이 지은 「상위묘지(向緯墓誌)」에 보인다.[39]

안(按) 토호가 사람을 살해하고 그 미망인에게 금품을 건네준 것이나, 남편이 남에게 피살(被殺)하였는데 그 원수의 금품(뇌물)을 받은 행위는, 모두 간사한 죄악이므로 잘 살피지 않으면 안 된다. 만약 그들이 요행히 처벌을 모면하도록 허용한다면, 더욱 거리낌 없이 흉악을 자행할 것이다. 크게는 국가의 정치(치안)를 해치고, 작게는 교화(풍속)를 손상시킴으로써, 그 폐단이 말할 수 없이 불어날 것이다. 이는 군자가 몹시 싫어하는 바이므로, 이를 잘 살펴 조금도 용서 없이 엄하게 다스려야 한다.

평석 지금은 피살자의 유족이 가해자를 용서하고 서로 화해하는 일은, 종교적으로나 도덕적으로 아름답고 훌륭한 행위라고 칭송한다.

---

38) 상위 : 송나라 개봉(開封 : 지금 하남 개봉시) 사람으로, 字는 풍지(豐之). 앞서 나온 상민중(向敏中 : 「釋冤」편 참조)의 손자로, 벼슬은 太子中書를 지냄. 『송사』 권282.

39) 현전하는 왕규의 『화양집(華陽集)』에는 이 글이 실려 있지 않은 것으로 확인되고 있다.

또 민형사 분리의 원칙에 따라, 유족이 가해자로부터 위자료나 배상금을 받거나 청구하는 행위도, 당연한 법적 권리로 인정한다. 하지만 전통법은 크게 다르다.

비록 가족의 피살에 대하여 본능적인 복수 감정을 실행하는 걸 허용하지는 않지만, 원시적인 복수 감정과 도의(道義)를 반영하는 유교의 예(禮)를 중시했다. 그래서 원수에 대한 복수심조차 저버리고 사사로이 화해[私和]하거나, 심지어 위자료를 받는 행위는, 중대한 범죄 행위로 규정하여 엄하게 처벌하는 것이다.

당률(송형통) 적도율(賊盜律)에 따르면, 조부모나 부모나 남편이 남에게 피살(被殺)하였는데, 가해자와 사사로이 화해하면 유(流) 2천리에 처한다. 또 기친(期親)[40]인 경우에는 도(徒) 2년 반에 처하며, 대공(大功) 이하이면 각각 1등급씩 체감 처벌한다. 그리고 가해자로부터 위자료 명목으로 재물을 받은 경우에는, 절도에 준하여 논죄하고, 무거운 쪽 형벌을 부과한다. 또 사사로이 화해까지는 안했을지라도, 기친(期親) 이하의 친족이 피살(被殺)한 사실을 알고도 30일이 지나도록 관가에 고발(신고)하지 않은 자도, 2등급 감경한 형벌에 처한다.

말하자면, 친족의 생명이 희생당한 대가로 어떠한 재물도 받을 수 없다는 청렴(淸廉)한 정신 도덕을 요구하며, 원수를 용서해서는 안 된다는 가족 윤리를 강조하였다. 또 살인 같은 중대한 범죄는 관가에 반드시 신고해야 한다는 국법(國法) 의무를 규정한 것이다.

이 사안에서 미망인은 사화(私和)죄로 유(流) 2천리에 처했을 것이며, 만약 토호에게 받은 금품이 비단 40필 이상이면 유(流) 3천리, 50필 이상이면 노역을 부가한 유형[加役流]에 처해질 것이다. 절도죄는 사형이 없다.

---

40) 기친(期親) : 백숙부모 등 만 1년간의 상복(喪服)을 입어야 하는 근친.

20. 장빈(章頻)이 채권을 검사하다

장빈[41] 시어사(侍御史)가 팽주(彭州)의 구롱현(九隴縣)의 현령일 적이었다. 미주(眉州)의 대성(大姓 : 호족)인 손연세(孫延世)가 위조 채권으로 친족의 토지를 빼앗으려고 했다. 그런데 오랫동안 사건의 시비가 가려지지 못하자, 전운사(轉運使)가 장빈에게 심리해 보라고 위임했다. 이에 증거 문서(채권)를 살펴본 장빈이 이렇게 결론을 내렸다.

"문서상의 먹물이 인주 위에 떠 있는 걸로 보아, 틀림없이 먼저 인감을 훔쳐 찍은 뒤, 글씨를 써넣은 것이다."

이에 손세연이 위조죄를 자백하였다. 그런데 심리 결과를 미처 보고하기도 전에, 그 가족이 다시 전운사에게 상소하였다. 전운사가 새로이 익주(益州) 화양현(華陽縣)의 현령인 황몽송(黃夢松)에게 재심리하도록 명령했는데, 장빈의 결론과 차이가 없었다. 그 결과 황몽송은 이 사건으로 감찰어사(監察御史)로 발탁되어 조정에 들어갔다. 그런데 장빈은 즉시 사안을 종결짓지 못한 죄로 경주(慶州)의 주세(酒稅) 감독관으로 좌천당하였다. 장빈은 북송 인종(仁宗) 경우(景祐) 원년(1034) 거란에 사신으로 파견 나갔다가, 도중에 병으로 사망하였다.

「본전(本傳)」에 보인다.

평석 똑같은 지혜와 결론을 가지고, 그것도 먼저 임무와 기회를 부여받았으면서도, 승진 대신 좌천을 받은 것은 무슨 까닭일까? 적시(適時)를 놓친 탓인가? 불운(不運) 때문인가? 이런 걸 두고 시운(時運)을 말하는 것일까?

41) 장빈 : 송나라 건주 포성(建州 浦城 : 지금 복건 포성현) 사람으로, 字는 간지(簡之). 진종 때 진사가 된 뒤, 九隴 현령을 거쳐 시어사(侍御史), 탁지판관(度支判官)에 이름. 『송사』 권301.

21. 강모(江某)가 종이를 펴 보다

강 아무개 랑중(郎中)이 릉주(陵州) 인수현(仁壽縣)의 현령일 적이었다. 홍(洪)씨라는 사람이 일찍이 이장(里長)을 하면서, 이웃 사람의 토지를 탐내어 속임수로 꾀었다.

"내가 그대의 조세를 대신 납부해주고, 그대의 부역도 면제해주겠다."

이에 이웃 사람은 조세와 부역을 면제해 준다는 말에 몹시 기뻐하며, 자기 토지를 그 이장 명의로 귀속시키고, 관가(장부)에 신고까지 하였다. 그렇게 한 지 20년이 넘어, 마침내 홍씨가 종이에 차[茶]물을 들여 햇수가 오래된 것처럼 위조한 문서를 가지고, 관가에 소송을 제기한 것이었다.

강 아무개 현령은 종이를 받아 곧바로 펼쳐 본 뒤, 이렇게 꾸짖었다.

"만약 정말로 햇수가 오래된 종이라면, 마땅히 속은 좀 희어야 할 텐데, 지금 이 문서는 겉과 속이 한결같은 색이니, 위조한 게 틀림없다."

이렇게 신문하니, 홍씨는 곧 위조 사실을 실토했다.

리태백(李泰伯)42) 주부(主簿)가 지은 「강모묘지(江某墓誌)」에 보이는데, 강씨는 구주(衢州) 개화(開化) 현 사람으로, 이름은 알 수 없다.

안(按) 문서를 위조하는 간사한 범죄는 세상에 참 많다. 기교와 속임수가 천태만상이라 이루 다 살펴볼 수 없으나, 이 두 사안을 수록한 것만으로도 충분히 귀감이 될 것이다.

평석 전통시대에 이 사안과 비슷하게 간사한 관리나 토호들이 조세와 부역을 미끼로 순박하고 선량한 약자의 토지나 가옥을 가로채는 교묘한 사기 짓이 제법 많았던 걸로 보인다.

대표적인 예로 허전실계(虛錢實契)가 있는데, 실제 대금은 지급하지 않

42) 리태백 : 미상.

으면서 형식상 유효한 계약서만 작성하여 권리 명의를 이전하는 것이다. 대개 관리나 토호들이 권세를 악용하여, 백성의 조세나 부역을 사적으로 감면해 주면서, 그 대가로 백성의 토지·가옥 등에 대해 전당매매 계약을 체결하여, 소유권 또는 전당권의 명의를 확보한 뒤, 토지·가옥은 백성에게 그대로 사용하도록 주고, 그 사용료(소작료) 명목으로 일정한 금전(곡식)을 정기로 수취하는, 일종의 불법 착취행위다. 이는 국고(재정수입)를 부당하게 누락하면서, 그것을 우회 방법으로 교묘히 착복하는 간사한 부정부패다. 특히 법이나 권리에 대한 관념이 희박한 백성의 재산권을 명의이전함으로써, 궁극에 강제 침탈하게 된다.

이에 백성은 억울함을 호소하려 해도, 자신이 불법 조세감면의 수혜자고, 또 상대방이 자기를 직접 다스리는 관할 상관이나 힘센 토호이기 때문에, 현실로 매우 곤란했을 것이다. 그렇게 어물어물 1-2십년이 지나 버리면, 증거조차 소실되어, 법적 항변은 더욱 가망 없게 될 것이다. 원장전(元典章), 호부(戶部), 전택(田宅), 전매(典賣)의 「허전실계전토(虛錢實契田土)」조에 이러한 사례가 실려 있다.

이와 비슷한 용어로 허전실조(虛田實租)가 있다. 빈 밭에서 알 세금을 거둔다는 의미로, 소작토지의 명목상 면적을 실제보다 부풀려 소작료(租)를 거둠으로써, 실제 소작료 비율을 높이는 간교한 수탈방법의 하나다. 보통 표준보다 짧은 자(尺)를 사용해 토지를 측량함으로써 그 면적을 부풀렸다고 한다.

그로 말미암아 빼앗긴 부동산을 되찾으려는 소송도 적지 않았고, 심지어 그를 역이용해 정당한 매매까지 무효로 취소하려고 제기한 소송까지도 있었다고 한다. 국가에서는 이를 몹시 골치 아픈 문제로 여기고, 혁파대책을 강구하기도 하였다.[43]

43) 좀 더 자세한 내용은 김지수, 전통법과 광주반정(光州反正), 전남대학교출판부, 2006년 초판 179-180쪽 참조.

22. 설향(薛向)이 조세를 감독하다

설향 추밀(樞密)이 처음에 경조부(京兆府)의 호조참군(戶曹參軍)일 적에, 상세(商稅)의 감독을 겸임하였다. 한번은 어떤 상인이 납세 수속을 밟으면서 은(銀) 두 상자를 내미는데, 그 위에는 "추밀사(樞密使)가 경원도감(涇原都監)에게 보낸다."는 글자가 쓰여 있었다. 이를 보고 설향은 즉각 이렇게 판단했다.

"이는 틀림없이 위장일 것이다. 어떻게 대신이 사람에게 예물을 보내면서, 상인에게 전달하도록 시킨단 말인가?"

그래서 상인을 붙잡아 부(府)에 이송하여 신문하였는데, 과연 거짓임을 자백하였다.

려대방(呂大防) 승상이 지은 「설향묘지(薛向墓誌)」에 보인다.

안(按) 『절옥귀감』 본서의 체계를 보자면, 석원(釋冤)·변무(辨誣)·국정(鞫情)·의죄(議罪)·유과(宥過)·징악(懲惡)·엄명(嚴明)·긍근(矜謹)의 8편이 정식의 기본 골격을 이룬다. 그리고 제7장부터 제18장에 이르는 간(姦)·특(慝)·도(盜)·적(賊)에 관한 12편은, 특별히 징악(懲惡)의 종류와 방법을 세분하여 거론한 판례들이다. 옛날부터 이들 네 죄악을 다스림에는, 엄명(嚴明)을 위주로 하고, 긍근(矜謹)을 보조로 삼았다.

『주역(周易)』에 "군자는 현명하고 신중하게 형벌을 시행하며, 소송을 오래 끌지 않는다.[君子以明愼用刑, 而不留獄.]"[44]는 말이 있다. 그래서 이 네 가지 죄악에 관한 12편의 사례를, 엄명(嚴明)과 긍근(矜謹)의 두 편 앞에 배치하였다. 독자들이 한번 마음을 다해 생각해 보고, 뭔가 보탬이 있기를 바라마지 않는다.

---

44) 려괘(旅卦)에 나옴.

제 8 장

간사함을 파헤침

「핵간(覈姦)」편

8

1. 주우(周紆)가 시체에게 말을 걸다

후한(後漢) 때 주우[1]가 소릉후국(召陵侯國)의 승상으로 자리를 옮겼을 때였다. 정연(廷掾 : 아전)은 주우가 너무 근엄하고 명석한 것을 몹시 꺼려하였다. 그래서 그의 위엄을 덜어낼 작정으로, 새벽에 죽은 사람 하나를 구해다가, 손발을 끊고 사원의 문 앞에 세워 두었다. 주우가 그 소식을 듣고, 곧 죽은 사람 곁으로 가서 죽은 사람과 함께 대화하는 시늉을 했다. 그러면서 가만히 살펴보니, 시체의 입과 눈언저리에 벼의 껄끄락[稻芒]이 묻어 있는 것이었다. 그래서 문지기에게 은밀히 물어 보았다.

"누가 오늘 새벽 볏짚을 싣고 성 안에 들어온 줄 아는가?"

그러자 문지기가 "오직 정연(廷掾) 한 사람뿐입니다"고 대답하였다. 그

1) 주우 : 東漢의 하비 서(下邳 徐 : 지금 강소 徐州시) 사람으로, 字는 문통(文通). 章帝 때 소릉후상(召陵侯相)을 지냈으며, 벼슬은 장작대장(將作大匠)에 이름. 『후한서』 권77.

래서 다시 한 아전에게 물어 보았다.

“바깥에 혹시 내가 죽은 사람과 말하는 것을 이상한 눈치로 살피는 사람이 있던가?”

그러자 그 아전은 “정연이 승상님을 이상하게 살피는 눈치입니다”고 대답하였다. 이에 정연을 잡아들여 심문하였더니 자초지종을 자백하였다.

“사람을 직접 살해한 것은 아니고, 길가에 죽은 사람을 갖다 놓았습니다.”

그 뒤로는 주우를 감히 속이려는 자가 없었다.

옛 『의옥집』에 출전이 『후한서(後漢書)』「주우전(周紆傳)」이라고 적혀 있다. 시체에게 말을 건 사안은 「적간(擿姦)」편에도 나온다.

안(按) 주우가 시신의 입과 눈언저리에 벼의 껄끄락이 있는 걸 살핀 것은 흔적을 찾기 위함이며, 마치 죽은 사람과 말하는 시늉을 한 것은 속임수이다. 흔적으로 사실 관계를 미루어 파헤치고, 속임수로 감추고 있는 내막을 끄집어 낸 다음, 다시 좌우에 은밀히 물어 그 답변을 참고로 종합 판단하니, 간사한 자가 저절로 붙잡힌 것이다. 그래서 그 뒤로는 누구도 감히 속일 엄두조차 못 내게 되었다.

2. 국연(國淵)이 글씨를 견주어 보다

삼국시대 위(魏)나라 국연[2]이 위군(魏郡) 태수일 적이었다. 태조(太祖 : 曹操)를 비방하는 익명 투서가 날아들어, 태조가 골치를 썩이며 투서자를 꼭 알아내려고 하였다. 이에 국연이 투서 원본을 요청하여 건네받은 뒤,

2) 국연 : 삼국시대 魏의 락안 개(樂安 蓋 : 지금 산동 기원沂源현 동남쪽) 사람으로, 字는 자니(子尼). 처음에 조조를 따라 사공연속(司空掾屬)이 되었다가 태복(太僕)에 이름. 『삼국지』 권11.

노출하지 않게 보관하였다. 그런데 투서의 내용을 보니, 이경부(二京賦)[3]의 구절을 상당히 인용하고 있어서, 공조(功曹)에 이런 명령을 내렸다.

"우리 위군(魏郡)은 정말 큰데다가, 지금 나라의 도읍 소재지이기도 한데, 안타깝게도 학문하는 사람이 적다. 그러니 머리가 총명하고 글을 이해할 줄 아는 소년들을 선발하도록 하라. 내 그들을 스승에게 보내 공부시키겠다."

공조가 세 사람을 뽑아 스승에게 공부하러 보내기에 앞서, 국연이 이들을 접견하고 이렇게 분부했다.

"그대들이 아직 이경부(二京賦)까지 공부하지는 못했구먼. 이 문장은 참으로 박학다식한 작품인데, 세상 사람들이 소홀히 여기기 때문에, 제대로 가르치는 스승이 적네. 그러니 이 문장을 읽고 이해할 수 있는 분을 스스로 찾아서, 배워 가지고 오게나."

열흘쯤 지나 읽을 줄 아는 사람이 나타나, 이들이 그에게 가서 배우게 되었다. 이때 학생들에게 스승한테 글 좀 써 달라고 요청하도록 시켰다. 그리고 받아온 글을 투서와 서로 견주어 보니, 필체가 한 사람의 손에서 나온 게 분명했다. 이에 그를 불러들여 신문하니, 익명 투서한 사실을 시인하였다.

옛 『의옥집』에 출전이 『삼국지』 『위지(魏志)』 「국연전(國淵傳)」이라고 적혀 있다.

안(按) 왕안례(王安禮)[4] 우승(右丞)이 개봉부(開封府) 지사일 적이었다. 어떤 자가 익명 투서로 한 부잣집에서 반역을 모의하고 있다고 밀고해 왔다. 온 도성 안이 모두 크게 놀라 두려워하는데, 왕안례만은 전혀 그렇지 않았다. 며칠이 지나자 철저히 조사해 뿌리째 뽑으라는 교지(敎旨)가 내려졌다. 부잣집을 샅샅이 뒤져 찾았으나, 반역을 모의한 사실을 입

3) 이경부(二京賦) : 東漢 때 張衡이 지은 東京賦와 西京賦
4) 왕안례 : 송나라 무주 림천(撫州 臨川 : 지금 강서 무주시) 사람으로, 字는 화보(和甫). 神宗 때 崇文院校書에 임명되었다가, 中大夫, 尙書右丞에 이름. 『송사』 권327.

증할 만한 흔적은 전혀 없었다. 그래서 “일찍이 누구와 원수진 적이 있느냐?”고 물어 보았다. 그랬더니 이렇게 답변하는 것이었다.

“몇 달 전 소장(訴狀)을 대신 써 주고 먹고사는 마생(馬生)이란 자가 찾아와, 돈 좀 빌려 달라고 하였습니다. 그런데 주지 않았더니, 몹시 원망하는 말을 잔뜩 퍼붓고 간 적이 있습니다.”

이에 은밀히 다른 일을 빌미로, 마생을 관가에 불러다가 답변서를 쓰도록 했다. 그런 다음 익명 투서를 꺼내 서로 대조해 보았더니, 글씨체가 조금도 다르지 않았다. 그래서 신문하였더니 결국 죄를 자백하였다. 이는 곧 국연이 간사한 익명 투서를 밝혀 낼 때 쓴 술법을 다시 활용한 것이다.

근래에 쓰여진 소설에 보인다.

갈원(葛源) 랑중(郎中)이 길수(吉水) 현령일 적에, 과부와 은밀히 말을 주고받던 공모자를 체포하여 대질 확인한 사안은, 이미 앞의 「찰간(察姦)」편에 나왔다. 이 또한 국연이 간사함을 밝혀 낸 술법을 활용하였다.

3. 위고(韋皐)가 장부를 점검하다

당나라 위고[5)]가 서천(西川) 절도사로 검남(劍南)에 재직할 적이었다. 한 여관에 대상인이 유숙하였는데, 휴대한 자금과 재화만도 몇 만이나 되었다. 마침 상인이 병에 들자, 여관 주인이 그를 독살하고, 그 재산의 십분의 칠팔은 몰래 빼돌려 치부(致富)하였다. 위고가 그 사실은 이미 알아챘

5) 위고: 당나라 경조 만년(京兆 萬年: 지금 섬서 西安市) 사람으로, 字는 성무(城武). 德宗 때 劍南·西川 절도사에 부임하여 20여 년간 蜀을 다스림. 나중에 同中書門下平章事를 거쳐 檢校太尉로 벼슬을 마침. 扶風縣伯에 봉해짐. 『구당서』 권140, 『신당서』 권158.

으나, 아직 발각하지는 않고 있었다.

그러던 차에 다시 여관에서, 이번에는 북쪽에서 온 여객 소연(蘇延)이 병으로 사망했다는 보고가 관가에 들어왔다. 소연은 태원(太原) 사람으로 서촉(西蜀) 지방에서 장사를 하고 있었다. 위고가 사람을 보내 그의 사업 장부를 점검하도록 시켰는데, 이미 뒤바뀐 뒤였다. 그 경위를 조사했더니, 진술이 상당히 많이 엇갈렸다.

그래서 여관 주인과 종업원들을 즉시 기만 은닉죄로 추궁하여, 빼돌린 수천 민(緡: 꾸러미)을 찾아냈다. 아전들도 눈감아 주고 뇌물을 나누어 받은 자가 20여 명이나 되었는데, 이들을 모두 법에 회부하여 처벌하였다. 그 뒤로는 검남(劍南)에서 여객이 비명에 횡사하는 사건은 자취를 감추었다.

옛 『의옥집』에 출전이 밝혀 있지 않다.

안(按) 진집방(陳執方)[6] 대경(大卿)이 균주(均州) 지사일 적이었다. 한수(漢水)를 운항하는 나룻배 사공이, 여러 차례 객상(客商)을 물에 빠뜨려 죽이고 그의 재화(財貨)를 가로챘다. 그런 뒤 관가에는 물살과 풍랑이 험해서 발생한 사고라고 핑계를 대었다. 그러나 진집방은 사공을 체포하여 사건의 진상을 밝혀내고, 모두 법으로 처벌하였다. 그리고는 나루터 부근의 몇 가구를 지명하여 요역(徭役: 부역)을 면제해 주면서, 그 대신 물살이 거세어 건너기 위험한 곳에 안전표지를 세우도록 분부했다. 그래서 다시는 강물 건너는 나그네가 물에 빠져 횡사하는 사고가 없어졌다. 위고가 간사함을 파헤친 술법과 자못 흡사하다.

왕안석(王安石) 승상이 지은 「진집방묘지(陳執方墓誌)」에 보인다.

---

6) 진집방: 송나라 홍주 남창(洪州 南昌: 지금 강서 남창시) 사람으로, 字는 량기(良器). 진종 때 조상의 官蔭으로 衡州酒稅 감독으로 부임하였고, 均州 지사를 거쳐 나중에 光祿卿으로 鄭州·陳州 지사를 겸임함. 『송사』에 열전은 없음.

4. 장로(張輅)가 움 혈에 들어가다

이미 「징악(懲惡)」편에 나왔다.

5. 옥졸이 먹물을 씻어 내다

오대(五代) 남당(南唐)의 대리사(大理寺)에서 한번은 살인 사건을 수사 심리하는데, 진상을 밝혀내기는커녕 진범도 잡지 못했다. 그래서 담당 옥졸(獄吏)이 밤낮으로 걱정하고 두려워하며, 향을 사르고 천지신명께 보살펴 주십사 하고 간절히 기도하였다. 그러던 중 하룻밤에는 자신이 마른 하천을 건너고 높은 산에 오르는 꿈을 꾸었다. 깨어나서 곰곰이 생각해 보니, 문득 영감이 내려왔다.

"하천에 물이 없으니[河無水] 바로 '可'가 되고, 산이 높으니[山而高] 곧 '嵩(숭)'이 아니겠는가?"

그런데 마침 누가 부근 숭효사(崇孝寺)에 가숭(可嵩)이라는 이름의 스님이 있다는 말을 하였다. 그래서 장관(長官)에게 이러한 사실을 아뢰고, 공문(公文 : 영장)을 내려 그 스님을 체포하자고 요청했다. 관가에 불러들여 신문해 보았는데, 역시 특별히 간사한 죄상은 없는 것 같았다. 그런데 문득 스님의 신발 위에 검은 먹물 얼룩이 번쩍 눈에 띄었다.

그래서 무슨 먹물인지 유래를 캐묻자, 그저 먹물을 잘못 흘려 얼룩진 것이라고 대답하였다. 신발을 벗게 하여 자세히 살펴보니, 먹물을 바른 것이었다. 그래서 왜 먹물을 발랐는지 다시 캐물었더니, 순간 스님의 낯빛이 움직였다. 이에 물로 먹물 얼룩을 살살 씻어내 보았더니, 바로 핏자국이 아닌가? 이 증거로 신문을 계속하니, 스님이 마침내 죄를 자백하였다.

오숙(吳淑)[7] 교리(校理)가 지은 『비각한담(秘閣閑談)』에 보인다.

안(按) 가숭의 사안은 첫 부분에 소개했던 봉창(馮昌)의 경우와 비슷하다. 그렇지만 간사한 죄상이 아직 드러나지 않았을 때, 만약 스님이 핏자국 묻은 신발을 신지 않았더라면, 어떻게 그 간사함을 파헤칠 수 있었겠는가? 이는 대개 천지신명께서 그윽이 보우(保祐)하신 것이다. 앞(「釋冤」편)에서 소엄(蕭儼)이 신명께 기도하자, 갑자기 우렁찬 천둥이 치더니 소가 죽어, 배를 갈라 보니 잃어버린 옷이 나왔던 사안과 마찬가지로, 보통 사람의 지혜나 계산으로는 미칠 수 없는 차원의 세계이다. 일찍이 『의옥집(疑獄集)』을 편집한 화응(和凝)은 이렇게 말하였다.

"정결하고 정성스럽게 목욕재계하여, 천지신명[上穹 : 上天]께 보우하심 얻기를 기도하며, 예리하고 폭넓게 고전 서적[典墳][8]을 살펴, 먼 옛날의 지혜를 생각해 낸다."

두 가지를 겸비해 소송을 심리하면, 진실로 재판에 큰 어려움은 없다.

평석 요즘 정치 · 경제와 관련한 사건을, 권력의 눈치를 보며 시간만 질질 끌다가 흐지부지 넘어가는 경우도 적지 않았다. 또 민생 치안의 흉악 범죄를 범인조차 오랫동안 체포하지 못하고, 영영 미결로 남기

---

7) 오숙 : 송나라 윤주 단양(潤州 丹陽 : 지금 江蘇 鎭江시) 사람으로, 字는 正儀. 진종 때 비각교리(秘閣校理)를 지냄. 그가 지었다는 『비각한담(秘閣閑談)』은 전해지지 않음.

8) 전분(典墳)이란 삼분오전(三墳五典)의 약칭이다. 삼분은 복희(伏羲) · 신농(神農) · 황제(黃帝)의 삼황(三皇)이 남긴 글로 대도(大道)를 뜻하고, 오전은 소호(少昊) · 전욱(顓頊) · 고신(高辛) · 당(唐) · 우(虞)의 오제(五帝)가 남긴 책으로 상도(常道 : 항상스런 진리)를 뜻한다고 보는 해석이 일반이다. 그러나 삼분을 天 · 地 · 人의 삼례(三禮) 또는 삼기(三氣)로 보는 견해도 있다. 지금 전해지는 삼분서(三墳書)는 산분(山墳) · 기분(氣墳) · 형분(形墳)으로 나누고, 하(夏)나라의 역(易)인 『련산(連山)』은 복희(伏羲)가, 은(殷)나라 역(易)인 『귀장(歸藏)』은 신농(神農)이, 주(周)나라 역(易)인 『건곤(乾坤 : 현재의 보통 易經)』은 황제(黃帝)가 각각 지었다고 기록하고 있다. 그런데 이는 송(宋)나라 때 나온 위작(僞作)이라고 보는 게 다수 학설이다.

는 사례도 많았다. 심지어 탈옥 도주한 무기수(無期囚)를 2년 6개월 동안 몇 차례나 눈앞에서 놓치며, 백 건 가까운 추가 범죄마저 제대로 하나 속 시원히 해결하지 못했다.

그래서 세간에는 경찰이 못 잡는 건지, 안 잡는 건지조차 알 수 없다는, 조롱 섞인 탄식이 자주 들린다. 말하자면 능력이 모자란 것인지, 아니면 마음(정성)이 없는 것인지, 곰곰이 반성해 볼 일이다. 몇 만 명의 경찰 가운데 한 사람만 일심(一心)으로 지성스럽게 원(기도)한다면, 뜻하지 않는 불가사의한 해결의 실마리가 나타날 텐데……. 한 마디로 경천애인(敬天愛人)의 근본 정신과 민생 치안의 사명 의식이 박약한 게 아닐까?

6. 왕리(王利)가 병졸을 찾다

왕리 둔전 랑중(屯田 郎中)이 창주 통판(滄州 通判)일 적이었다. 한번은 세 병졸을 도성(서울)에 파견하였는데, 그 가운데 둘이 공모하여 한 병졸을 살해했다. 그리고는 그 휴대품을 나눠 가진 뒤, 그 병졸이 도망하였다고 보고하였다. 왕리는 즉각 간사한 계교가 있음을 직감하고, 은밀히 아전을 시켜 주(州)에서 도성까지 가는 길을 따라 흔적을 수색하도록 지시했다. 마침내 사실을 밝혀내자, 두 병졸은 범죄를 시인하였다.

윤수(尹洙) 룡도(龍圖)가 지은 「왕리묘지명(王利墓誌銘)」에 보인다.

안(按) 왕리가 간사함이 있을 거라고 의심한 까닭은, 병졸들의 낯빛과 말에 틀림없이 수상함이 느껴졌기 때문일 것이다. 군자는 정말로 남의 속임수를 지레 짐작으로 단정해서는 안 되지만, 그렇다고 속아 넘어가서도 안 된다. 의심이 확실하여 사실을 파헤치는 것은 이치상 당연하다.

7. 장식(張式)이 끝까지 추궁하다

장식[9] 랑중(郎中)이 수주(壽州) 지사일 적이었다. 한 백성이 자기 아내를 목졸라 죽인 뒤, 자살했다고 신고했다. 그런데 아전이 뇌물을 받고 사실처럼 눈감아 주었다. 그러나 장식이 끝까지 추궁하자, 그 자리에서 죄를 자백하여, 사람들이 그의 현명함을 칭송하였다.

왕안석(王安石) 승상이 지은 「장식묘지(張式墓誌)」에 보인다.

안(按) 당나라 리경락(李景略)[10]이 처음에 리회광(李懷光)[11]의 삭북 절도사부(朔北 節度使府)에 순관(巡官)으로 부임했을 때였다. 오원(五原)현의 장수인 장광(張光)이 자기 아내를 살해한 뒤, 뇌물로 사건을 무마하였다. 그래서 앞뒤로 부임한 순시관들이 판결을 내릴 수가 없었다. 그러나 리경락은 즉각 진상을 파헤치고, 살인죄로 처형하였다. 그런 뒤 얼마 안 되어, 여자 귀신같은 형상이 관청의 뜰 안에 들어와 경락에게 사례하였는데, 마치 장광의 아내 같았다고 한다.

『당서(唐書)』「리경락전(李景略傳)」에 나오는데, 옛 『의옥집』에는 실려 있지 않다.

장식이 간사함을 파헤친 것도, 자못 이와 비슷하다. 대저 다른 사람이 목 졸라 죽인 범죄와, 스스로 목매어 죽은 경우는, 상흔이 서로 다르기 때문에, 자세히 점검하면 곧 알 수 있다. 아전이 범인에게서 뇌물을 받아 챙

---

9) 장식 : 송나라 건주 건안(建州 建安 : 지금 복건 建甌현) 사람으로, 字는 경측(景則). 진종 때 진사가 된 뒤 壽州 지사를 지냄. 나중에 사건에 연루하여 祠部郎中으로 岳州 지사에 나감. 『송사』에 열전은 없음.

10) 리경락 : 당나라 유주 량향(幽州 良鄕 : 지금 北京 房山현 동남쪽) 사람으로, 처음에 삭방 절도사부 순관(朔方 節度使府 巡官)이 되었다가, 덕종 때 天德軍 西水降城의 都防御使에 이름. 『구당서』 권152, 『신당서』 권170.

11) 리회광 : 발해 말갈인으로, 본래 성은 여(茹)씨. 어려서부터 從軍하여, 덕종 때 검교좌복야(檢校左僕射) 겸 령주대도독(靈州大都督), 單于 · 鎭北大都護, 朔方의 六城水運使을 지냄. 나중에 반란을 일으켰다가 처형당함. 『구당서』 권121, 『신당서』 권224.

기고 허위를 사실처럼 꾸민다고 할지라도, 죄상을 점검하는 데 틀림없이 의심쩍은 단서가 나타나기 마련이다.

그래서 정말로 마음을 기울여 듣고 살핀 뒤 이치로 추궁한다면, 그들이 비록 제 아무리 기교하게 꾸미고 속인다 할지라도, 어떻게 끝내 달아날 수 있겠는가? 사람들이 현명하다고 칭송한 것도 결코 지나치지 않다.

8. 갈원(葛源)이 몸소 신문하다

갈원 랑중(郎中)이 호북(湖北)의 제점형옥(提點刑獄)일 적이었다. 악주(鄂州) 숭양(崇陽)현의 한 대성(大姓) 호족이, 다른 사람의 아내와 함께 공모하여 본 남편을 살해하였다. 그런데 주(州)에서 뇌물을 받고 그를 풀어 주었다. 그래서 갈원이 다른 관리에게 재심리하도록 분부했다. 그런데 재심리한 관리도 또 뇌물을 받고 처음과 똑같은 처분을 되풀이했다.

그래도 갈원은 판결이 정직하지 못하다고 여기고 있던 차에, 피살자의 아우가 전운사(轉運使)에게 상소하였다. 그러나 다른 관리들도 모두 억울한 사건이 아니라고 생각하지 않는 이가 없었다. 그래서 마침내 갈원은 자신이 몸소 가서 신문하여, 사건을 더 이상 방치하지 않기로 하였다. 마침내 간사한 뇌물 수수의 죄상을 밝혀내고, 모두 법대로 처벌하였다.

왕안석(王安石) 승상이 지은 「갈원묘지(葛源墓誌)」에 보인다.

안(按) 이는 대개 귀와 눈을 널리 펼쳐 민정을 살피고 있었기 때문에, 공모 살인하거나 뇌물을 주고받은 간사한 죄를 미리 알 수 있었다. 그래서 다른 사람을 시켜 재심리한 결과마저 진상을 밝히지 못했어도, 끝내 정직한 재판은 아니라고 여겼던 것이다. 마침내 자신이 몸소 가서 신문한 다음에 진상을 밝혔고, 죄상이 밝혀지자 의견이 분분하던 사람들도 저절로 탄복하게 되었으니, 감사의 직책은 본디 마땅히 이러해야 한다.

평석 옛날에는 사람도 적고 사건도 그리 많지는 않아, 중대한 사건에 대해 고위 관리가 이렇게 몸소 챙겨, 진상을 밝히고 간사함을 바로잡을 수 있었는지 모른다. 요즘처럼 사람도 많으며, 크고 복잡한 사건도 봇물처럼 쏟아지는 세상에, 과연 제대로 정성을 다해 수사·심리·재판할 수 있을는지? 더구나 기계적인 절차와 엄격한 형식부터 갖추길 요구하는 소송 제도 아래서, 진실을 밝히고 정의를 세우는 사법(司法) 본연의 임무는 얼마나 충실히 실현할 것인가?

9. 리태(李兌)가 목매단 변사체를 해석하다

리태[12] 상서(尙書)가 등주(鄧州) 지사일 적이었다. 한 부자가 머슴을 매질하여 죽였는데, 목에 줄을 묶어 우물 속에 내던진 뒤, 스스로 목매달아 죽었다고 핑계 댔다. 그러나 리태는 그 말에 속아 넘어가지 않고 조리 있게 따졌다.

"우물 속에 몸을 던졌다면, 정말로 스스로 목매달 수가 없을 것이다. 또 스스로 목을 매달았다면, 어떻게 다시 우물 속에 몸을 던질 수 있단 말인가? 이는 틀림없이 아전이 뇌물을 받고, 부자에게 죄를 부인하도록 시킨 것이리다."

그러고 나서 심리하였더니, 과연 그러하였다. 리태는 북송 신종(神宗)

12) 리태 : 송나라 허주 림영(許州 臨潁 : 지금 하남 림영현) 사람으로, 字는 자서(子西). 진사에 급제한 뒤 鄧州 지사를 거쳐, 英宗 때 工部尙書로 마침. 『송사』 권333.

희녕(熙寧) 5년(1072) 공부상서(工部尙書)로 끝마쳤다.

안(按) 리응언(李應言)[13] 간의(諫議)가 개봉부(開封府) 판관(判官)일 적이었다. 경사(京師 : 서울)의 한 부자 진(陳)씨가 머슴을 죽였는데, 스스로 목매달아 죽었다고 허위 신고하였다. 그런데 일이 들통 나자 바로 도망해 버려, 미처 붙잡지 못하였다. 이에 리응언은 그 부자가 재력을 믿고 방자무도하게 굴면서 권세가와 결탁하였음을 지적하면서, 기필코 체포하여 엄정하게 다스려야 한다고 청하였다. 그러나 그가 하양(河陽) 지사로 전근가면서, 그 사안도 그만 흐지부지해지고 말았다. 리응언은 북송 인종(仁宗) 경력(慶曆) 3년(1043) 우간대부(右諫大夫)로 끝마쳤다.

두 사안 모두 각각 「본전(本傳)」에 보인다.

이들은 모두 간사함을 잘 파헤친 대표적인 예이다. 다만 부자 진씨가 요행히 법망을 피하도록 내버려진 게 애석하다.

평석 예나 지금이나 민형사 소송을 막론하고, 쌍방의 주장과 이해관계가 날카롭게 대립하는 재판은, 보통 기간을 길게 끌기 마련이다. 그래서 재판 심리가 진행하는 도중에 담당 법관이 전근으로 바뀌는 경우가 잦다. 해당 사안을 인수인계 받은 새 법관은, 거의 처음부터 새로 심리를 진행해야 하는 상황이 된다. 그러면 시간 · 인력 · 경비 등의 낭비가 얼마나 심할까? 게다가 여기 사안처럼, 후임자가 관할과 책임을 회피하려 드는 경우에, 당사자는 얼마나 불공평하고 억울한 불운을 맞게 될까? 법의 궁극 이념인 실질 정의는?

---

13) 리응언 : 본문에 나온 대로 右諫議大夫를 지낸 사실 밖에는 미상.

10. 주수창(朱壽昌)이 속사정을 떠보다

주수창[14] 중산대부(中散大夫)가 랑주(閬州) 지사일 적이었다. 대성(大姓) 호족인 옹자량(雍子良)이 여러 차례 살인을 자행하고도, 재력과 권세를 빙자하여 번번이 사형을 당하지 않았다. 그때도 또 살인을 했는데, 돈을 주고 동네 사람을 사서, 자기 대신 관가에 출두하도록 시켰다.

사안 심리가 끝난 뒤, 주수창은 간사한 계략이 있음을 알아챘다. 그리고는 죄수를 다시 불러들여, 좌우 아전을 모두 물리치고 혼자 직접 재신문하였다. 그러나 죄수가 처음과 똑같이 자신이 살인범이라고 대답하므로, 주수창이 은근히 그의 속사정을 떠보았다.

"그대가 사형을 감수하면서까지 남의 살인죄를 끝내 대신하려고 하는데, 나중에 후회해서는 안된다. 내 듣건대, 옹자량이 그대에게 10만전(錢)을 주고, 그대의 딸을 며느리로 맞아들이며, 자기 딸을 그대 집안에 시집보내기로 했다던데, 이 말이 사실인가?"

이 물음이 채 끝나기도 전에, 죄수의 낯빛이 움직이는 기미가 보였다. 그래서 이때를 놓칠세라, 다시 한 술 더 떠보았다.

"만약 그대가 처형당해 죽은 뒤, 옹자량이 계약 문서를 임의로 작성한다면, 그대는 장차 어찌할 텐가? 그대의 딸을 억압하여 노비로 만들고, 그대에게 준 10만 전을 노비로 산 몸값이라고 환산한 뒤, 자기 딸은 다른 사람에게 시집을 보낸다 해도 괜찮겠는가?"

그러자 죄수는 문득 깨닫고 눈물을 흘리며 마침내 자초지종 사실을 아뢰었다. 주수창은 즉시 옹자량을 잡아들여, 법대로 심판하여 처치했다. 그래서 주(州) 안의 모든 사람들이 한결같이 그를 신명이라고 칭송했다.

증조(曾肇) 내한(內翰)이 지은 「주수창묘지(朱壽昌墓誌)」에 보인다.[15]

---

14) 주수창 : 송나라 양주 천장(揚州 天長 : 지금 안휘 천장현) 사람으로, 字는 강숙(康叔). 仁宗 때 官蔭으로 벼슬해, 랑주(閬州) 지사를 거쳐 中散大夫로 마침. 『송사』 권456.

안(按) 대리평사(大理評事)인 후영(侯詠)[16]이 괵주(虢州)의 록사참군(錄事參軍)일 적이었다. 토호인 조보(趙寶)라는 자가 살인을 저지른 뒤, 자기 머슴의 소행이라고 허위 신고하고, 그 머슴에게 자기 대신 살인죄를 뒤집어쓰라고 시켰다. 그리고 아전에게 뇌물까지 주며, 사안을 꾸며대었다. 그러나 후영은 실제 죄상을 알아채고, 즉시 사안을 바로잡았다.

윤수(尹洙) 룡도(龍圖)가 지은 「후영묘지(侯詠墓誌)」에 보인다.

앞의 옹자량 사안과 자못 유사하다. 하나는 옥졸을 뇌물로 매수하여 자기 머슴으로 대신하게 시켰고, 다른 하나는 마을 사람을 돈으로 사서 대신 범인을 자처하라고 시켰으니, 그들의 간사한 계략은 똑같다. 후영은 옥졸이 뇌물을 받은 실상을 알아채고 죄를 바로잡았으며, 주수창은 마을 사람이 재물 받은 속사정을 떠보아 진실을 밝혀냈으니, 이들은 모두 간사함을 잘 파헤친 훌륭한 법관이다.

평석 우리 판소리 흥부가를 들으면, 가난한 흥부가 수많은 자식들 먹여 살리기 위해 평양 감영에 나가 매(곤장) 품팔이한다는 대목이 나온다. 중학교 때 처음 들으면서는, 문학이니 그냥 그럴 수 있겠다고 스쳐 지나간 적이 있다. 그렇지만 하나밖에 없는 생명을 팔아, 남의 살인죄와 사형(死刑)을 대신한다는 이야기를, 법의 역사 기록으로 접하기는 처음이다. 그것도 협박이나 강압이 아니라, 순전히 재산상의 이익으로 회유하는데 대형(代刑)을 스스로 동의했다면, 인성론(人性論)이나 사회・경제사의 관점에서, 도대체 어떻게 이해하여야 할까? 물론 법(法)과 정의의 관점에서는, 대형(代刑)이란 결코 인정할 수 없는 중대한 죄악이다.[17]

---

15) 현전하는 증조의 『곡부집(曲阜集)』에는 「주수창묘지」가 없으며, 이 사안은 『송사(宋史)』 「본전(本傳)」에 실린 것으로 알려졌다.

16) 후영 : 송나라 하남(河南 : 지금 하남 락양시) 사람으로, 字는 기복(奇復). 진종 때 벼슬길에 올라, 錄事參軍, 大理評事, 현령 등을 지냄. 『송사』에 열전은 없음.

17) 전통법의 역사에 나타나는 대형(代刑)의 문제는, 필자가 대한변호사협회 『인권(人權)과 정의(正義)』 1996년 10월호에 발표한 「법제사(法制史)의 관점에서 본 모녀쟁사(母

11. 범순인(范純仁)이 독살극을 밝혀내다

범순인[18] 승상이 하중부(河中府) 지사일 적이었다. 록사참군(錄事參軍)인 송담년(宋儋年)이 손님 접견을 마친 뒤, 이유 없이 아프다고 호소하더니, 그날 밤 급작스럽게 죽고 말았다. 이 사건은 그의 첩과 한 아전이 공모하여 저지른 간사한 소행이었다. 범순인은 그가 죽을 이유가 전혀 없다고 판단하고, 곧장 담당 관리에게 조사하여 다스리라고 분부했다.

그래서 송담년의 아들이 장례를 치르려고 시신을 관에 담아 운송해 가는데, 공문을 보내 뒤쫓아 가 시신을 검험(檢驗)하도록 명했다. 시신은 아홉 구멍에서 피를 흘렸으며, 눈동자는 말라 버리고 혀는 문드러졌으며, 온몸이 칠흑처럼 새까맣게 변해 있었다. 담당 관리가 죄수를 신문했더니, 자라 고기에 독을 뿌렸다고 답변하였다. 이 말을 듣고 범순인은 되물었다.

"자라 고기는 술이 몇 순배 돈 다음에 올라왔는가? 어떻게 중독(中毒)한 뒤 연회가 끝날 때까지 자리를 지킬 수 있었단 말인가? 이는 틀림없이 진실한 사정이 아닐 것이다."

그리고는 다시 신문하도록 지시했다. 그 결과 손님들이 모두 흩어진 다음, 송담년이 취해 돌아가기 직전, 술잔에 독을 넣어 죽인 것으로 밝혀졌다. 이렇게 거짓말을 진술한 까닭은 무엇일까? 송담년이 자라 고기를 별로 좋아하지 않는 것은, 연회에 참석했던 손님들이 다 아는 사실인 줄로 죄인도 생각하였기 때문이었다. 또 자라 고기가 올라온 뒤로도 술잔을 돌린 횟수가 상당히 많았던 것을 기억하고, 나중에 증거 불합리로 판결에 이의를 제기하여, 사형이나 모면해 보고자 꾸며댄 간사한 계략이었다.

『범충선공언행록(范忠宣公言行錄)』에 보인다.

女爭死)」 논문을 참조하기 바람.

18) 범순인 : 송나라 소주 오현(蘇州 吳縣 : 지금 강소 소주시) 사람으로, 字는 요부(堯夫). 仁宗 때 진사가 된 뒤 河中府 지사를 거쳐, 神宗 때 상서우복야(尚書右僕射) 겸 中書侍郎에 이름. 『송사』 권314.

안(按) 무릇 간사함을 잘 파헤치는 사람은, 반드시 진실한 정황을 잘 신문해 낸다. 만약 진실한 정황을 밝혀 내지 못하면, 나중에 증거 불합리 등의 이유로 판결이 뒤집혀, 간사한 자들의 계략이 맞아떨어지기 십상이다. 사안을 심리하여 조서를 작성할 때에, 대충 소홀히 하는 일이 없도록 경계해야 한다.

이러한 까닭에 『한서(漢書)』의 역사 기록에서, 한대(漢代)의 유명한 혹리(酷吏 : 잔혹한 법관)인 엄연년(嚴延年)[19]의 재판을 가리켜, "판결 문안이 조리 있고 엄밀하여 뒤집을 수가 없다"고 칭찬하고 있다. 비록 혹리(酷吏)가 칭송할 만한 가치는 없지만, 바로 논리 정연한 엄밀성 하나만큼은 충분히 본받을 만하다.

평석 사실 법의 전문성과 난해성이 바로 이러한 논리성과 기술성에 있다. 법을 독점하여 밥 벌어먹고 사는 사람이나, 법망을 이리저리 회피하거나 빠져나가며 못된 짓을 하는 간사배들 모두, 법의 이러한 특성을 이용하는 것일 따름이다. 그렇다면 법을 집행하고 선언하는 사람들은, 더욱 치밀하고 엄정하게 다스릴 수 있도록 마음을 다해야 하리다.

12. 리행간(李行簡)이 황금을 거절하다

리행간[20] 급사(給事)가 처음에 팽주(彭州)의 군사추관(軍事推官)일 적이었

19) 엄연년 : 漢의 동해 불비(東海 不邳 : 지금 강소 宿遷현) 사람으로, 字는 차경(次卿). 어려서 법률을 배워 侍御史에 천거 받았고, 平陵 · 호지(好畤) 현령을 거쳐 宣帝 때 河南 태수에 이름. 한대의 유명한 酷吏. 『한서』 권90.

20) 리행간 : 송나라 동주(同州) 붕익(馮翊 : 지금 섬서 대려大荔현) 사람으로, 字는 이종(易從). 진종 때 진사가 되어 팽주군사추관(彭州軍事推官)에 부임하였고, 給事中에 이르

다. 부자 진자미(陳子美)가 아버지의 유서를 위조한 계모한테 쫓겨나, 여러 차례 관청에 하소연했으나 번번이 퇴짜 맞았다. 마침내 전운사(轉運使)가 공문으로 분부하여, 리행간이 사실을 밝혀내고 바로잡아 주었다. 그러자 리행간이 임기를 마치고 조정에 귀환할 때, 진자미가 감사한 나머지 황금 5백 냥을 전별금(餞別金)으로 바쳤다. 그러나 리행간은 버럭 화를 내며 끝내 받지 않았다. 결국 진자미는 감동하여 눈물을 흘리고 물러갔다.

평석 지금 우리 변호사들이 약정한 고액의 수임료와 별도로, 상당한 성공(승소) 사례비를 받아 챙기는 게 관례였다고 한다. 또 법관이나 검사들이 소송·재판과 관련하여 직간접으로 각종 향응을 받아왔다. 심지어 법률상 신분 자격이 없는 사람들까지 로비나 청탁 명목으로 거액의 알선 수수료를 미리 뜯어내곤 하였다. 이러한 우리의 법조계 비리 현실을 바라보면서 생각하면, 정말로 이해할 수 없을 정도로 청렴결백하고 거룩한 법관(法官)의 이상형으로만 느껴진다. 서양에서 법률가를 '세속의 성직자'라고 일컫는다는데, 바로 이러한 전형(典型)을 가리키는 게 아닐까?

13. 랑간(郎簡)이 문서를 대조 확인하다

랑간[21] 시랑(侍郎)이 일찍이 두주(竇州) 지사일 적이었다. 한 현(縣)의 아

렸다가 나중에 괵주(虢州) 지사로 옮김. 『송사』 권301 「本傳」에 따르면, 진자미는 릉주(陵州) 부자였고 리행간은 팽주 추관이었는데, 릉주와 팽주 모두 益州路의 관할에 속해서, 전운사가 격문을 보내 리행간에게 이 사안을 다스리도록 요청함.

21) 랑간 : 송나라 항주 림안(抗州 臨安 : 지금 절강 림안현) 사람으로, 字는 숙렴(叔廉). 진종 때 진사가 되어 두주(竇州) 지사를 지내고, 공부시랑(工部侍郎)으로 벼슬을 마침. 『송사』 권299.

전이 죽었는데, 그 아들의 나이가 몹시 어렸다 이 틈을 타서 데릴사위가 문서를 위조하여, 그의 토지를 모두 독차지해 버렸다. 그 아들이 성장하여 나중에 여러 차례 관청에 제소하였지만, 번번이 받아들여지지 않았다. 마침내 조정에 상소하여, 랑간에게 조사해 처리하라는 명령이 내려졌다.

이에 랑간이 진실한 옛 문서를 내보이며, "이것이 그대의 장인 글씨인가?"라고 물었다. 그 사위가 "예"라고 대답하므로, 다시 그가 위조한 문서를 내보이며 대조 확인시켰다. 필체가 서로 비슷하지 않음을 인정한 데릴사위는, 마침내 죄를 자백하였다.

안(按) 앞서 계모가 아버지의 유서를 위조한 간계를 리행간이 바로잡아 준 사안도, 반드시 진실을 밝혀낸 근거가 있었을 것이다. 애석하게도 역사 기록이 너무 간략해, 구체적 판결이유가 전해지지 않는다.

14. 류항(劉沆)이 이웃 사람을 캐묻다

류항[22] 승상이 형주(衡州) 지사일 적이었다. 대성(大姓) 호족인 윤(尹)씨가 이웃 사람의 토지를 사들이려고 하였으나, 뜻을 이루지 못하고 있었다. 그런데 그 이웃 사람은 늙고 그 아들은 나이가 어렸다. 윤씨는 그 틈을 타서 허위로 문서를 만들어 두었다가, 이웃 사람이 죽자 그의 아들을 내쫓고 그 토지를 차지해 버렸다.

그렇게 20년이 지나도록 토지를 빼앗기고 쫓겨난 아들이 억울함을 하소연했으나, 전혀 받아들여지지 않고 있었다. 마침 류항이 부임하자, 아들

22) 류항 : 송나라 길주 영신(吉州 永新 : 지금 강서 영신현) 사람으로, 字는 충지(沖之). 仁宗 때 진사가 된 뒤, 衡州 지사를 거쳐 同中書門下平章事에 이름. 『송사』 권285.

은 다시 제소했다. 그러자 윤씨는 그 동안 20년가량 관가에서 발급해 준 호적초본[戶抄][23]을 증거로 내밀었다. 이에 류항이 캐물었다.

"토지가 천 경(頃)이나 되면서, 호적초본에 어찌 이것밖에 수록하지 않았단 말인고? 그대가 이웃 사람의 토지를 사들이는 문서(계약서)를 처음 작성할 때, 일찍이 다른 이웃을 증인으로 세우지 않았단 말인가? 그 사람들 가운데 아직 살아 있는 사람이 정말로 많을 것이니, 그들을 증인으로 불러다가 확인해 보면 알겠도다."

그러자 윤씨는 더 이상 대답을 하지 못하고, 마침내 죄를 자백하였다.

안(按) 토지를 사고 팔 때는 이웃 사람에 수소문해 보고, 계약서를 작성할 때는 이웃 사람들을 불러 증인으로 입회시키는 것이, 옛날부터 내려오는 거래법이다. 가령 당시에 이러한 법이 존재하지 않았다면, 어떻게 부자의 간사한 계략을 파헤칠 수 있었겠는가? 근래에는 관리들이 단지 눈앞의 일시적인 통쾌함만 꾀하느라, 마침내 이 법을 바꾸고 마는데, 이는 사려가 부족한 탓이다.

15. 윤수(尹洙)가 호적의 나이를 점검하다

윤수[24] 직룡도각(直龍圖閣)이 일찍이 하남부(河南府) 이양현(伊陽縣)의 현령일 적이었다. 한 여자가 어려서부터 고아였는데, 갑자기 하(賀)씨의 딸이라고 자처하며, 그 유산을 차지하려고 하였다. 그러나 이웃 사람이 그

23) 호초(戶抄): 호첩(戶帖)이라고도 부르며, 가족·노비·토지 등의 상황을 관청에서 공식 기록해 준 문서.

24) 윤수(尹洙):「찰간(察姦)」편 각주 25) 참조.

여자가 하씨의 딸이 아니라고 증언하여, 재산을 관청에서 몰수하였다. 그런데 나중에 그 이웃 사람이 죽자, 그 여자가 다시 소송을 제기하였다. 관청에서 몰수한 유산을 되돌려 달라고 청구한 것인데, 이제 증인도 없어 오래도록 판결을 내리지 못하고 있었다.

그래서 윤수가 "그대는 지금 나이가 몇 살인가?"라고 물었더니, "서른두 살입니다"고 대답하였다. 이에 진종(眞宗) 함평(咸平) 년간의 호적을 뒤적여 조사해 보았다. 북송(北宋) 진종(眞宗) 함평(咸平) 2년(999)에 하씨가 사망하여, 그의 아내 류(劉)씨가 호주를 계승하였다. 그래서 윤수가 그 여자를 호되게 꾸짖었다.

"그대는 함평 5년(1002)에 비로소 태어났는데, 어떻게 하씨 성(姓)을 취득할 수 있단 말인가?"

그 여자는 꼼짝없이 거짓임을 자백할 수밖에 없었다.

이상 네 사안은 모두 각 주인공의 「본전(本傳)」에 보인다.

평석 연도를 추산하면, 북송(北宋) 인종(仁宗) 명도(明道) 2년(1333)에 판결이 난 사안이다. 아들도 없고 딸도 없어, 호절(戶絶)[25]로 재산이 관청(국고)에 귀속하는 줄 알고, 시집간 딸 행세를 한 것이다.

16. 정호(程顥)가 나이를 견주어 보다

유명한 이학자(理學者)인 정호[26] 찰원(察院)이 택주(澤州) 진성현(晉城縣)의

25) 호절(戶絶) : 호적 단절, 無後廢家.

26) 정호(1032~1085년) : 송나라 河南 사람으로, 字는 백순(伯淳). 인종 때 진사가 된 뒤, 晋城 현령을 거쳐 종정승(宗正丞)에 이름. 감찰어사리행(監察御史裏行)을 지낸 적이 있어 察院이라 부름. 세상에서 보통 '明道先生'이라 부르며, 아우 정이(程頤)와 함께

현령일 적이었다. 한 부잣집 장(張)씨 아들이 있었는데, 그 아버지가 돌아가신 지 얼마 안되어, 새벽에 일어나 보니 어떤 노인이 대문 앞에 서 있었다. 그 노인은 "내가 너의 아버지인데, 너와 함께 살려고 왔다"고 말하며, 자세한 이유를 대었다. 난데없는 일을 당한 장씨 아들은 깜짝 놀라고 몹시 의심쩍어, 그 노인과 함께 현에 나와 진위를 가려 달라고 요청했다. 노인의 주장은 이러했다.

"의술을 생업으로 하다가, 남의 병을 고쳐 주러 멀리 출장 간 사이에 아내가 아들을 낳았습니다. 집안이 몹시 가난하여 기를 수 없었기 때문에, 장씨에게 양자로 주었습니다. 몇 년 몇 월 며칠에 아무개가 안고 갖다 주는 것을 아무개가 보았습니다."

이 말을 듣고 정호가 되물었다.

"세월이 제법 오래 흘렀는데, 그대는 어찌 그리도 상세하게 말하는고?"

그러자 노인이 대답했다.

"제가 나중에 집에 돌아와서 이 사실을 알고, 바로 약법책(藥法冊 : 의약서적) 뒤에 적어 두었기 때문입니다."

그러면서 품안에서 그 책을 꺼내 바치는데, 펼쳐 보니 "몇 년 몇 월 며칠 아무개가 아이를 안아다가 장삼옹(張三翁)에게 갖다 주었다"고 적혀 있었다.

그래서 정호가 장씨 아들에게 물어 보았다.

"그대는 지금 나이가 몇 살인가?"

"서른여섯입니다."

"그대 아버지 춘추는 어떻게 되는가?"

"일흔 여섯입니다."

이 말을 들은 정호는 노인에게 물었다.

"이 아들이 태어날 때 그 아버지의 나이가 마흔이었는데, 사람들이 벌

주돈이(周敦頤)에게 공부하여 北宋 理學의 기초를 다져 '二程'으로 부르기도 함. 나중에 주희가 계승 발전시켜 정주학파(程朱學派)로 부르기도 함. 『이정전서(二程全書)』에 그의 문집과 유고가 실림. 『송사』 권427.

써 그를 '삼옹(三翁)'이라 불렀단 말인가?"

이에 그 노인은 크게 놀라며 죄를 자백하였다.

웃어른한테 들은 이야기이다.

안(按) 무릇 아무리 교묘한 속임수라도, 반드시 허점이 있기 마련이다. 따라서 지극하게 심리하고 파헤친다면, 간사한 속임수도 저절로 들통 나게 된다. 앞에서 호적을 점검하여 고아 여자가 부자의 딸을 사칭하려던 속임수를 밝혀내고, 여기서 나이를 견주어 노인이 증거로 제시한 기록이 거짓임을 입증한 것은, 모두 이러한 방법에 속한다. 오직 마음(정성)을 다하는 사람만이 할 수 있는 일이다.

17. 오원형(吳元亨)이 토지를 현장 답사하다

동주(同州)의 붕익(馮翊) 현령 오원형[27]은 다스림에 조금도 구차함이 없었다. 자기 현과 이웃 화음(華陰)현의 접경은, 칠수(漆水)와 저수(沮水)가 경계선이었는데, 강물 가운데 저절로 이루어진 모래톱에 기름진 논이 있었다. 그래서 두 현의 백성이 서로 자기네 것이라고 다투었지만, 50년이 흘러오도록 관청에서 확실하게 결단을 내릴 수 없었다.

이에 오원형이 화음 현령에게 공문을 띄워, 경계선상에서 회동하여 함께 해결하자고 제의하였다. 그래서 두 현에 보관해 온 토지대장을 모두 면밀히 조사하고, 현장의 논을 몸소 두루 답사하며 자를 들고 측량했다. 그래서 모두 토지대장대로 각자의 땅을 구분 지어 주니, 그 뒤로는 백성

---

27) 오원형 : 송나라 금향(金鄕 : 지금 산동 금향현) 사람으로, 字는 자정(子正). 인종 때 붕익(馮翊) 현령을 지냄. 『송사』에 열전은 없음.

들이 다시 다툴 엄두도 내지 않았으며, 사람들이 모두 그를 칭송하였다.

사마광(司馬光) 승상이 지은 「오원형묘지(吳元亨墓誌)」에 보인다.

안(按) 범풍(范諷)[28] 급사(給事)가 일찍이 운주(鄆州) 평음현(平陰縣)의 현령일 적이었다. 홍수로 황하의 왕릉소(王陵埽) 제방이 터졌다. 물이 다 빠진 뒤 토지는 비옥해졌지만, 논두렁은 더 이상 분간할 수 없었다. 그래서 백성들이 자주 다투었지만, 해결할 수가 없었다. 이에 범풍이 직접 자기 손으로 글을 쓰고 토지 경계를 확정해 주며, 백성들에게 각자 가지고 가서 공식 토지 문서로 삼으라고 조정했다. 그 다음부터는 다시 다투는 사람이 없었다.

「본전(本傳)」에 보인다.

앞의 오원형 사안도 이와 자못 비슷하다. 원래의 실상을 파헤쳐 밝히면 간사함이 끼어들 여지가 없으니, 바로 소송을 줄이는 방책이 된다.

평석 몇 천 년 동안 황하의 물줄기가 얼마나 자주, 얼마나 크게 바뀌었는지 모른다. 홍수 범람으로 둑이 터져 물살이 휩쓸고 지난 논밭은 원래 모습을 찾아볼 수 없게 된다. 우리나라에 요즘 어쩌다 겪는 호우 침수 피해 정도로는 상상하기도 불가능할 정도이다. 그래서 "황하를 다스리는 자가 중국(中國)을 다스린다."는 명언이 전해 올 정도가 아닌가?

그 황하를 다스림에는 요즘 개념으로 산림녹화와 환경보존을 통해 홍수 범람을 최대한 예방하는 치산치수(治山治水)가 최우선 정책이겠다. 하지만 불가항력의 호우로 물이 범람하고 둑이 터지는 경우, 적절한 사후 수습 대책도 민생의 회복 안정을 위해 그 못지않게 중요하다. 바로 거기에는 토지 소유권의 보호와, 사라진 경계 획정을 원래대로 공정히 확인하는 사법(司法) 작용도 포함한다.

---

28) 범풍 : 송나라 제주(齊州 : 지금 산동 齊南시) 사람으로, 字는 보지(補之). 진사에 급제하여 平陰 현령이 된 뒤, 給事中과 언주(兗州) 지사를 지냄. 『송사』 권304.

18. 임술(任術)이 토지를 몰수하다

연주(延州) 림진(臨眞)현의 위관(尉官)인 임술[29]은 지혜와 꾀가 많아, 감사가 그에게 토지 소송을 심리하도록 맡겼다. 그런데 그 지방은 산세가 험하여 걸어 올라가기조차 힘들어, 여러 번 소송 당사자들의 거짓 속임수에 넘어가곤 하였다. 이에 임술이 소송 당사자를 불러 이렇게 약정했다.

"내가 차마 그대의 토지를 모두 몰수할 수는 없으므로, 그대에게 절반은 남겨 주겠다. 그대가 소유하고 있는 모든 토지를 두 마지기 당 한 마지기씩만 바치되, 절대로 속여서는 안 된다. 만약 속임수가 드러나면, 모두 관청에 몰수하겠다."

그 백성은 이 말을 믿고, 자기 소유의 모든 토지를 작성하여 절반을 내놓았다. 그런 다음 임술은 그 가운데 한 곳을 지목하여, 현지 실사를 벌였다. 보고한 내용과 맞지 않고 들쭉날쭉한 곳을 찾아내어, 호되게 꾸짖었다.

"내가 그대에게 속이지 말라고 그렇게 경고했는데, 어찌하여 내 말을 어겼느냐? 이제 당초 약정대로 그대의 토지를 전부 관청에 몰수하겠다."

무릇 한 마지기만 바치기로 한 약정을 어겨, 두 마지기 모두 몰수하게 된다면, 더 이상 숨길 수 있는 토지가 한 이랑도 없을 것이다.

심괄(沈括) 내한(內翰)이 지은 『몽계필담(夢溪筆談)』에 보인다.

안(按) 이는 병법(兵法)에서 말하는 사모(詐謀 : 속임수)의 종류에 속한다. 어쩌다 우연히 사용하여 적중(성공)하면, 마침내 아주 기묘한 술법으로 여길 수 있다. 하지만 만약 이미 누설한 기밀이라면, 어떻게 다시 사용할 수 있겠는가? 게다가 백성들이 교활하다면, 도리어 되속임을 당하고 말 것이다.

무릇 간사함을 파헤치는 데는 기묘한 속임수도 당당한 정도(正道)만 못

---

29) 임술 : 미상.

하다. 앞에서 오원형이 몸소 현지답사하며 실제 측량한 방법이 그것이다.

평석 일찍이 로자(老子)는 "정도로써 나라를 다스리고, 기교로써 병력을 움직이며, 무위자연으로 천하를 얻는다.[以正治國, 以奇用兵, 以無事取天下.]"는 명언을 남겼다. 또 공자는 춘추 오패 가운데, 제환공(齊桓公)은 그래도 정직하여 속임수가 없었는데[正而不譎], 진문공(晉文公)에 이르면 이미 속임수만 남고 정직은 사라졌다[譎而不正]고 평가한 적이 있다.

그런데 문제는 요즘처럼 도덕(道德)도 예법(禮法)도 모두 땅에 떨어진 혼탁한 말세에, 정도(正道)로 다스려질 죄악이 과연 얼마나 될까 하는 점이다. 조금만 잘 대해 주면, 머리끝까지 올라가 상투를 붙잡고 장난치는 버르장머리 없는 어린애들처럼, 인권(人權)을 존중하고 관용을 베풀어도, 오히려 이를 믿고 악용하는 자들은 과연 어떻게 다스려야 할까?

19. 왕한(王罕)이 지도에 따라 조처하다

왕한 대경(大卿)이 처음에 상주(常州) 의흥(宜興) 현령일 적이었다. 현이 묘호(泖湖)에 맞닿아 있어, 백성 중 해마다 수재(水災)를 핑계 대며, 조세를 면제받는 자가 많았다. 그래서 왕한이 농한기를 틈타 지역 내(內) 어른들을 불러 모아 놓고, 각자 농지의 높낮이를 표시하여 지도를 그리도록 분부하였다. 이듬해 다시 수재 피해를 하소연하는 청원이 제기되자, 몸소 돌아다니며 답사하였다. 각 마을에 이르러서 "아무개 집은 조세를 감면할 수 있고, 아무개 집은 감면할 수 없다"고 직접 판정을 내렸다. 이에 뭇 주민들이 빙 둘러서서 쳐다보면서, 한 마디도 군소리가 없었다.

이때 범중엄(范仲淹)[30]이 윤주(潤州) 지사였는데, 왕한의 농지 수재 점검법을 조정에 아뢰어, 전국 각 지방에 시행하도록 하달하기에 이르렀다.

안(按) 려혜경(呂惠卿[31]) 참정(參政)이 쓴『현을 다스리는 법[治縣法]』의「재상(災傷)」편에는 이런 구절이 적혀 있다.

"무릇 실제 수재를 당한 농민이 억울하게 조세를 납부하는 일이 발생하지 않고, 이런 수재를 당하지도 않은 자가 망령되이 거짓 신고로 조세 감면을 감히 청구하지 못하도록 하려면, 평상시에 현(縣)의 지세도(地勢圖)를 보면서 각 마을의 지형 높낮이를 철저히 파악해 두고, 작은 지도 책자에 9등급으로 나누어 표시한 다음, 각 동네를 돌아다니며 다시 확인 조사해, 미진하거나 잘못된 부분을 그때마다 곧바로 수정해 놓아야 한다.

그러다가 수재나 가뭄을 당하게 되면, 농작물을 수확하기 전에 먼저 현지를 순시하며 조사하여, 재해를 당한 농가와 농경지가 얼마나 되는지 대강 파악해 둔다. 또한 홍수로 침수하는 해에도 마찬가지로, 수재로 피해를 입은 농경지에 대해 사전에 그 면적을 대강 측정해 둔다. 이렇게 준비했다가, 재해로 인한 조세 감면 소청(訴請)을 접수한 뒤, 청구서와 사전 실측 기록 사이의 면적을 서로 대비한다면, 허위 과장이나 불공평으로 말미암는 잡음과 폐단을 피할 수 있다."

왕한이 농지 재해 상황을 점검한 방법도 거의 이와 비슷하였으리라.

---

30) 범중엄(989~1052년) : 송나라 소주 오현(蘇州 吳縣 : 지금 강소 소주시) 사람으로, 字는 희문(希文). 眞宗 때 진사가 된 뒤, 潤州 지사를 거쳐 仁宗 때 추밀부사, 參知政事에 이름. 해안 제방 축조를 건의하여 토지를 보호하고, 韓琦와 함께 섬서경략부사(陝西經略副使)에 부임하여 군제를 개혁하고 변방 수비를 강화함. 관직・농업・군비・법제・조세 등 열 가지 개혁 사항을 건의했으나, 보수파의 반대로 실현하지 못함. 문장이 밝고 힘차며 정치적 기개가 뛰어남. 특히 "천하의 근심에 앞서 근심하고, 천하의 즐거움에 늦게 맨 뒤 즐긴다.[先天下之憂而憂, 後天下之樂而樂.]"는 문장은 대장부의 웅장한 회포를 표현하는 구절로, 후세에 널리 읊조리는 명언이다.『범문정공집(范文正公集)』이 전함.『송사』권314.

31) 려혜경 : 송나라 천주 진강(泉州 晋江 : 지금 복건 진강현) 사람으로, 字는 길보(吉甫). 진종 때 진사가 된 뒤, 왕안석의 변법개혁 때 천거 받아 제치삼사조례사검상문자(制置三司條例司檢詳文字)가 되고, 참지정사(參知政事)에 이름.『송사』권471. 그가 지었다는 治縣法은 지금 전해지지 않음.

이러한 방법은 모두 정도(正道)로써 간사함을 파헤치는 종류에 속한다.

평석 지금의 관점에서 보면, 사법(司法)이 아니라 순수한 농업 행정에 속하는 사례이다. 아마도 행정과 사법이 하나로 합쳐진 전통 사회에서, 구제행정(救濟行政)의 공평성으로 말미암는 민원(民怨)이나 소원(訴願)을 사법(司法) 심판의 임무로 파악한 것이리다. 요즘에야 지형도(地形圖) 같은 기술적 자료는 더할 나위 없이 완비하고 있지만, 문제는 현장을 실사하지 않고 사무실에서 적당히 서류로만 처리하는 탁상 행정이다.

20. 리남공(李南公)이 부호를 책망하다

리남공 상서(尙書)가 처음에 장사현(長沙縣)의 현령일 적이었다. 각 마을에는 조세와 부역을 회피하기 위해, 농지를 절이나 부호에게 투탁(投託)하고, 전호(佃戶 : 소작농)의 허위 명분으로 살아가는 궤명(詭名 : 거짓 명의)이 제법 있었다. 호구의 조세 부과 근거는 아직 존재하는데, 호구는 증발해 버려, 매년 호장(戶長)[32]이 대신 납부해야 했다. 그래서 리남공이 지역 부호들을 불러 모아 놓고 훈계했다.

"이 농지들은 너희들이 전매(典買)한 것일 따름이다. 그대들에게 한 달간의 기한을 줄 테니, 나를 위해 모두 찾아내도록 하라. 그렇지 않으면 그 조세를 모두 똑같이 나누어 납부할 줄 알아라."

기한이 닥치자, 농지를 투탁하고 증발했던 호구들이 모두 나타나, 그들에게 각자의 조세를 부담하도록 시켰다.

사림(士林)에서 들은 이야기이다.

---

32) 호장(戶長) : 연대 행정책임자.

안(按) 농지를 투탁하고 소작농의 명분으로 조세를 회피하는 짓은, 오직 호족들만이 단독으로 저지르는 폐단이 아니다. 대개 각 지역 행정책임자[鄕司]들이 함께 결탁하여 농간을 부린다. 그런데 지금 오로지 호족들만 책망하고, 지역 행정책임자들은 책임을 모면하였으니, 아마도 사리에 비추어 미진함이 있을 것이다. 간사함을 잘 파헤치려면, 양자를 함께 다스려야 마땅하다.

그렇지만 또 이렇게 볼 수도 있다. 만약 오로지 지역 행정책임자들에게만 책임을 지운다면, 호족들이 더욱 득세하여, 틀림없이 후한 뇌물을 주어 부족한 조세를 보충해 넣도록 시킬 것이다. 그러나 조세 액수 외에 다른 물력(物力)의 손실도 정말로 많다. 안팎으로 서로 결탁하여 관청과 국가를 속인다면, 어떻게 그 진상을 밝혀낼 수 있겠는가?

그렇다면 호족들을 책망하는 게 마땅히 시급하고, 지방 행정책임자의 책임은 다소 늦추어도 괜찮을 것이다. 리남공의 본래 의도도 당연히 여기에 있으리라.

평석 지금 우리 사회의 고질적인 조세 비리와 불공평도, 크게는 정경(政經) 유착, 작게는 세무공무원의 결탁으로 비롯한다. 국가와 정치인 · 공무원이 공평과 청렴의 의지만 있다면, 형평 조세는 충분히 실현 가능하다.

그리고 2001년부터 정부에서 벼농사 경작자한테 일정액의 보조금을 지급하기로 했는데, 농사가 시작되기 전부터 지주(地主)들이 임차농가(소작인)들을 따돌리고 스스로 경작하는 것처럼 허위 서류를 작성해 보조금을 가로채고 있다고 한다. 이러한 국고 예산 지원의 횡령을 근절하지 않으면 농업 진흥 정책은 유명무실해지고, 빈부 격차만 극심해질 것이다.

제 9 장

간사함을 적발해 냄

「적간(摘姦)」편

9

1. 황패(黃覇)가 아이를 안게 하다

전한(前漢) 때 영천(潁川)에 한 부잣집이 있었는데, 형제가 의좋게 동거하였다. 형제의 아내들이 함께 아기를 배었는데, 큰동서는 자기 태아가 다쳐 유산하였다. 그러나 이 사실을 숨기고 있다가, 작은 동서가 아들을 낳자, 자기 아들이라고 빼앗아 버렸다. 그렇게 서로 자기 아들이라고 다투기를 3년간이나 했으나, 결론이 나지 못했다.

이때 군수이던 황패가 사람에게 아이를 안고 뜰 안에 서 있게 한 뒤, 두 동서가 함께 달려가 아이를 서로 먼저 차지하라고 분부하였다. 그러자 큰동서는 아이를 먼저 차지하려고 몹시 사납고 거칠게 붙잡는데, 작은 동서는 행여 아이가 다칠세라 두려워하며, 지극히 안쓰러운 심정으로 조마조마하였다. 이 모습을 본 황패가 큰동서를 호되게 꾸짖었다.

"네가 집안 재산을 탐내 오직 아들을 얻으려고만 정신이 없을 뿐이니,

어찌 혹시라도 아이가 다칠까 염려할 까닭이 있겠느냐? 이 일은 저절로 분명해졌다."

즉시 아이를 작은 동서에게 돌려주었고, 큰동서는 잘못을 실토하였다.

옛 『의옥집』에 출전이 『풍속통(風俗通)』으로 적혀 있다.

안(按) 옛 『의옥집』에 또 이와 비슷한 사건 하나가 더 실려 있다.

후위(後魏 : 北魏)의 리숭(李崇)이 양주(揚州) 자사일 적이었다. 주(州) 안에 구태(苟泰)라는 백성이 세 살짜리 아들을 잃어버렸는데, 나중에 곽봉백(郭奉伯)의 집에 있는 사실이 알려졌다. 그러나 두 집 모두 서로 자기네 아들이라고 주장하며, 각각 이웃집 증인까지 내세워, 군현(郡縣)에서 도대체 판결을 내릴 수가 없었다.

이에 리숭이 두 집의 아버지와 아들을 각각 별도로 며칠 간 감금한 뒤, 갑자기 아전을 두 아버지에게 보냈다. "아이가 그만 까닭 없이 급사하고 말았으니, 주검을 가져다 장례나 잘 치러 주라"고 각각 일러 준 것이다. 그랬더니 구태는 그 소식을 듣고 자신을 주체할 수 없을 정도로 몹시 슬퍼하는 것이었다. 그런데 곽봉백은 그저 아쉽다는 듯이 탄식만 할 뿐, 특별히 비통한 기색은 보이지 않았다. 그래서 아이를 구태에게 돌려주었다.

『북사(北史)』「리숭전(李崇傳)」에 나온다.

이 사안도 황패가 간사함을 적발해 낸 술법을 사용한 것인데, 함께 실려 있는 또 다른 사안 하나도 이와 자못 비슷하다.

후주(後周 : 北周) 때 우중문(于仲文)[1]이 안고(安固) 태수(太守)일 적이었다. 임(任)씨와 두(杜)씨 두 집안에서 각각 소 한 마리씩을 잃어버렸다. 그런데 나중에 소 한 마리가 나타나자, 두 집안에서 서로 자기네 것이라고 주장

---

1) 우중문 : 隋나라 대(代 : 지금의 河北 蔚縣) 사람으로, 字는 次武. 北周 때 대장군을 지냈고, 隋에 들어와 우익위대장군(右翊衛大將軍), 참장문무선사(參掌文武選事)를 지냄. 나중에 사건에 연루하여 감옥에서 죽음. 『주서(周書)』 권15, 『수서(隋書)』 권60, 『북사(北史)』 권23.

하여, 오래도록 판결을 내리지 못하고 있었다. 이에 우중문이 두 사람에게 각각 자기네 집 소 떼들을 모두 몰고 오도록 시킨 뒤, 잃어버렸다가 찾은 한 마리의 소를 풀어놓아 보았다. 그랬더니 그 소는 임씨네 소 떼 속으로 걸어 들어가는 것이었다. 그리고 다시 사람을 시켜 그 소에게 가벼운 상처를 내게 하였더니, 임씨는 안타까워하며 탄식하는데, 두씨는 그저 그런 반응을 보였다. 그래서 마침내 두씨를 크게 꾸짖었더니, 두씨는 죄를 시인하고 물러났다.

『북사(北史)』「우률제전(于栗磾傳)」에 나오는데, 중문은 그의 8세손(世孫)이다.

이 또한 황패가 간사함을 적발해 낸 술법을 사용한 사안이다. 수(隋)나라 때 상주(襄州)의 총관(總管)이던 배정(裵政)[2]이 일찍이 이런 말을 했다.

"무릇 소송 사건을 재판함에는 두 가지 방법이 있다. 하나는 정상(情狀)을 관찰하는 것이고, 다른 하나는 증거에 의지하는 것이다. 이런 방법으로 곡직(曲直)을 살펴 시비(是非)를 판정한다."

여기서 증거에 의지하는 방법은 간사함을 파헤칠 때 사용하고, 정상(情狀)을 관찰하는 방법은 간사함을 적발해 낼 때 사용한다. 그런데 더러 증거도 믿기가 어렵고, 정상(情狀) 또한 잘 드러나지 않는 경우가 있다. 이러한 때에는 짐짓 속임수를 써서, 숨기고 있는 간사함을 끄집어 낸 다음 진상을 밝혀내게 되는데, 여기의 세 사안이 바로 그러한 실례이다.

우중문(于仲文)이 소를 풀어놓아 본 사안은 「증특(證慝)」편에 다시 보인다.

근래에 나온 소설에 또 한 사례가 실려 있다.

장영(張詠) 상서(尙書)가 파촉(巴蜀) 지방에 재직할 때였다. 길거리에서 두 아이가 함께 놀다가, 그 중 한 아이가 갑자기 달려 지나가던 말발굽에 치

---

2) 배정 : 원래는 裵正으로 적혀 있으나, 『수서(隋書)』 권66, 『북사(北史)』 권77에 따라 裵政으로 고침. 하동 문희(河東 聞喜 : 지금 산서 문희현 동북쪽) 사람으로, 字는 德表. 梁·北周·隋에 걸쳐 벼슬하여 상주총관(襄州總管 : 군사 도독)에 이름. 일찍이 隋律令의 제정에 참여하였음.

어 즉사하였다. 두 아이의 어머니가 앞 다투어 나와, 살아 있는 아이가 서로 자기 자식이라고 주장하였다. 그러나 확실히 단정할 만한 신상 특징도 별로 없어서, 담당 관리가 판결을 내릴 수가 없었다. 이에 장영이 짐짓 노한 척하면서, 두 아낙에게 버럭 소리쳤다.

"당시에 만약 두 아이 모두 말발굽에 채여 죽었더라면, 그대들이 또 어떻게 지금처럼 다툴 수 있겠느냐?"

그리고는 건장한 포졸에게 아이를 들어다가 우물 속에 던져 넣어 버리라고 명령했다. 그랬더니 한 어머니는 황급히 앞서 달려가 아이를 구하려고 안달인데, 다른 한 어머니는 뒤따라가면서 별로 개의치 않는 듯한 눈치였다. 이에 아이를 앞서 달려간 어머니에게 돌려주었다.

이 사안은 이야기 좋아하는 사람이 그럴듯하게 꾸며내어 붙인 것이다. 무릇 첫째 사안처럼 막 태어난 아기를 빼앗은 경우에는, 갓난아이가 아직 어머니를 못 알아볼 수 있다. 또 둘째 사안처럼 세 살배기 아이를 잃어버린 경우에는, 아이가 더러 그 사이에 아버지를 잊어버릴 수도 있다.

그렇지만 이 사안처럼 두 어린애가 함께 길거리에서 놀 정도면, 설령 말은 아직 못할지라도, 마땅히 벌써 어머니를 알아볼 것이다. 또 시간이 한참 오래 지난 뒤도 아니기 때문에, 그렇게 금방 잊어버릴 수도 없다.

또 우중문이 잃어버렸다가 찾은 소를 풀어놓아, 임씨네 소 떼들 속으로 가는 모습을 확인하여, 두씨가 죄를 시인했던 것처럼, 서로 자기애라고 주장하는 생존 아이를 놓아주면, 틀림없이 자기 어머니한테 걸어갈 것이니, 어머니 아닌 여자는 죄를 인정하게 될 것이다.

그런데 어찌해 '확실히 단정할 만한 신상 특징도 없다'는 이유로, 굳이 간사함을 적발하는 속임수를 써서, 짐짓 아이를 우물 속에 던져 넣을 기세로 분노한단 말인가? 본받을 건 없으나, 재미로 참고하라고 덧붙인다.

평석 유태인들의 지혜서 『탈무드』에 전해진다는 '솔로몬의 재판'과 너무도 흡사한 사안이다. 거기서는 서로 자기 자식이라고 주장하는 두 어머니에게, 아이를 칼로 잘라 절반씩 나눠주겠다고 더 잔인한 엄포로 으름장을 놓아 보았다. 하지만 자식을 위해 자신을 희생할 각오조차 서슴지 않는 모성(母性) 본능을 떠본 방법은, 동서양의 지혜가 모두 마찬가지이다.

이러한 판단 지혜는 황패가 솔로몬에게 본받거나, 유태인이 중국에 영향을 미친 문화 교류의 결과 얻어진 게 아니다. 중국 속담에 "사람마다 지닌 마음이 같고, 마음마다 품는 이치가 같다.[人同其心, 心同其理.]"는 말이 있다. 모성(母性) 본능이 누구에서 배운 학습의 결과가 아니듯이, 그러한 모성 본능을 확인하여 인간 분쟁을 합정(合情)적이고 합리(合理)적으로 판단·해결하는 이성 지혜(理性 智慧) 또한, 누구나 마음과 정성을 다하면 영감 얻을 수 있다.

요즘이야 혈액형부터 유전자 감식까지, 첨단과학 기술의 도움으로 거의 100% 확실한 진실을 밝힌다고 한다. 하지만 불과 100년 전만 해도 우리 조상들은 인간의 심성(心性)에 깃든 정리(情理)를 살피고 파헤쳐 진실을 밝혔던 것이다. 그나저나 지금도 더러 병원에서 갓난아기를 바꿔치기도 하고, 남의 아이를 자기 자식처럼 데려다 키우기도 하는 걸 보면, 아이를 갖고 싶어 하는 모성(母性)은 여자의 절대 본능인가 본다.

2. 설선(薛宣)이 비단을 자르다

전한(前漢) 때 림회군(臨淮郡)에서 있었던 일이다. 한 사람이 비단 한 필을 가지고 시장에 팔러 가다가, 도중에 갑자기 소낙비를 만나자, 비단을 펴서 뒤집어쓰고 비를 피했다. 나중에 어떤 사람이 와서 함께 비 좀 피하자고 청하기에, 서슴없이 허락했다.

그런데 비가 개고 작별하려고 할 때, 그 사람이 비단을 자기 것이라고 뺏으려 하므로, 서로 다툼이 일어 관가에 찾아갔다. 태수 설선[3]이 한동안 진실을 살폈으나, 누구도 잘못을 자수하려 들지 않았다. 그래서 설선이 하는 수 없이 이렇게 탄식했다. "비단 한 필이라고 해봤자, 값어치가 고작 몇 백 전(錢)에 지나지 않는데, 어찌 그리도 시끄럽게 다투며 군청까지 찾아온단 말인고?"

그리고는 탄식하며 말 탄 아전을 불러, 비단 한 가운데를 잘라 두 사람에게 절반씩 나눠주게 하고, 그들 뒤를 살짝 뒤쫓아 가 살펴보도록 분부했다. 그랬더니 뒤에 나타났던 사람은 "태수의 은덕에 비단 반 필을 벌었다"고 싱글벙글하는 반면, 비단의 원 주인은 끊임없이 투덜거리며 불평하는 것이었다. 이에 설선이 진상을 알아차리고, 다시 되불러다 꾸짖자, 죄를 시인하였다.

옛 『의옥집』에 출전이 『풍속통(風俗通)』으로 적혀 있다.

안(按) 이 사안도 황패가 어린아이를 안아 서로 먼저 차지하게 분부한 술법과 똑같다. 설선은 다툼의 대상인 비단을 잘라 주는 방법을 썼고, 우중문은 잃었다 찾은 소에 가벼운 상처 내는 방법을 썼다. 구체적 사실은 서로 다르지만, 그 이치야 모두 똑같기 때문이다. 앞으로도 간사함을 잘 적발하려는 사람은, 황패의 술법을 역시 활용할 수 있다.

평석 속담에 "물에 빠진 놈 건져 주었더니, 보따리 내놓으라고 조른다."고 하더니, 꼭 그 같은 꼴을 당한 사안이다. 호사다마(好事多磨·魔)라고, 좋은 일에는 시련(또는 마귀)이 많이 낀다. 남의 호의(好意)와 선행(善行)을 빌미로 착한 사람한테 봉을 씌우려고 하는 간사한 놈들은,

3) 설선 : 漢나라 동해 담(東海 郯 : 지금 산동 郯城현) 사람으로, 字는 공군(贛君). 茂才(秀才)에 천거 받아 림회(臨淮) 태수를 지냈으며, 成帝(B.C.32~B.C.7년 재위) 때 승상에 이르고, 高陽侯에 봉해짐. 그러나 나중에 파면당해 서민이 됨. 『한서』 권83.

성공 여부와 법익 크기에 관계없이 엄벌에 처해야 한다. 죄질(罪質)과 심보가 아주 고약하고 사악하기 때문이다.

세상에 이런 놈들 때문에, 그나마 선량한 마음과 우호적인 행동이 자꾸 움츠러들고 사라지는 것이다. 또 상황적인 함정이긴 하지만, 물에 빠진 사람 구하려고 물속에 뛰어들었다가, 허우적거리는 사람에게 붙잡혀 함께 빠져 죽는 어진 이가 얼마나 많았던가? 그밖에 자연적 재난과 사회적 곤경에 처한 사람을 도우려던 의로운 사람이 뜻밖의 피해나 터무니없는 봉변을 뒤집어쓴 경우는, 또 얼마나 많았던고?

이 사안에서 비단을 절반으로 자른 것은, 분쟁의 대상이 물건이라는 점만 달랐지, 아이를 절반 잘라 나눠주겠다던 솔로몬의 지혜와 이치상으로는 똑같다. 그래서 앞에 나온 황패의 술법에 견준 것이다. 극한 조처에 대한 인간의 상반적인 심리 반응과 감정 변화를 관찰하기 위해, 속임수로 속을 떠보는 것이다.

3. 주우(周紆)가 시체에게 말을 걸다

이미 「핵간(覈姦)」편에 나왔다.

안(按) 주우가 죽은 사람의 상황을 면밀히 살펴 벼 껄끄락을 찾아내고, 그로 말미암아 간사한 소행의 흔적을 찾아낸 것은, 간사함을 파헤친 핵간(覈姦)에 해당한다. 그리고 죽은 사람과 짐짓 말을 주고받는 척하여, 괴상하다는 의심을 불러일으키고, 간사한 짓을 한 자의 마음을 움직인 것은, 간사함을 적발해 낸 적간(擿姦)에 속한다. 핵간은 정당한 방법[正道]으로 하고, 적간은 거짓 속임수[譎詐]로 하는 것이 서로 다를 뿐이다.

4. 최사긍(崔思兢)이 거짓말을 하다

이미 「변무(辨誣)」편에 나왔다.

5. 장준(莊遵)이 간사함을 살펴보다

이미 「석원(釋寃)」편에 나왔다.

6. 안중영(安重榮)이 칼을 빼들다

이미 「징악(懲惡)」편에 나왔다.

안(按) 간사함을 적발하고[摘姦] 사특함을 꼬투리 잡는[鉤慝] 술법은, 모두 실정 진상을 신문하는 국정(鞫情)과 서로 비슷한데, 다만 반드시 거짓 속임수를 쓰는 것뿐이다. 마음을 다하는 군자는, 이러한 술법도 소홀히 할 수 없다.

제 10 장

사특함을 관찰함

「찰특(察慝)」편

1. 고유(高柔)가 돈 빌린 것을 묻다

삼국시대 위(魏)나라 고유가 정위(廷尉)일 적이었다. 호군영(護軍營)의 병사 두례(竇禮)가 최근 외출했다가 며칠이 지나도록 돌아오지 않자, 호군영에서는 도망간 것으로 간주하였다. 그래서 그를 추격하여 붙잡고, 그의 아내 영(盈)과 자녀를 모두 몰수하여 관노비로 삼도록 상부에 보고하였다. 그러자 아내 영(盈)은 억울하다고 하소연하며 소송을 냈으나, 누구 하나 들어주는 사람이 없었다. 그래서 마침내 정위(廷尉)한테까지 나아갔는데, 고유가 차근차근 캐물었다.

"어떻게 남편이 도망가지 않았다고 확신하는가?"

이에 영(盈)은 울먹이며 대답했다.

"남편은 경박하거나 교활하지 않아, 결코 집안을 버릴 분이 아닙니다."

"그러면 그대 남편이 다른 사람과 원수진 적은 없는가?"

"남편은 몹시 선량하여 다른 사람과 원수가 없습니다."

"그대 남편이 다른 사람과 돈이나 물건을 주고받은 적은 없는가?"

"일찍이 같은 군영의 병사인 초자문(焦子文)에게 돈을 빌려 준 적이 있는데, 아직 돌려받지 못했습니다."

때마침 초자문은 다른 일에 연루하여 감옥에 갇혀 있었는데, 고유는 그를 불러내어 수감된 죄목을 신문하다가, 대화 도중에 넌지시 물었다.

"일찍이 다른 사람의 돈을 빌려 쓴 적은 없는가?"

"단초롬하고 빈한(貧寒)하여, 감히 남의 돈은 빌릴 엄두도 못 냅니다."

그런데 대답하는 모습을 유심히 살펴보니, 낯빛이 움직이는 낌새가 보였다. 그래서 다시 다그쳐 물었다.

"그대가 일찍이 두례의 돈을 빌려 썼다면서, 어찌 아니라고 답하는가?"

초자문은 일이 어떻게 들통 나 정위에게까지 알려졌을까, 괴상하게 여긴 나머지 당황하여, 우물쭈물하였다. 이에 고유가 더욱 심하게 꾸짖었다.

"그대가 이미 두례를 살해했거늘, 일찌감치 자백하는 게 마땅하도다."

이에 초자문은 마침내 머리를 조아리고 살인죄를 시인하였다.

옛『의옥집』에 출전이『삼국지(三國志)』『위서(魏書)』「고유전(高柔傳)」으로 적혀 있다.

안(按) 사특(慝)과 간사(姦)의 차이는, 간사는 반드시 교묘하게 속이는데, 사특은 단지 꺼리고 숨길 뿐이라는 점이다. 예컨대, 본 남편의 정수리에 못을 박아 죽이고는, '불이 나 타 죽었다'고 신고한 것은, 교묘한 속임수이다. 그러나 두례의 돈을 빌려 써 놓고도, '단초롬하고 빈한하여 감히 빌려 쓸 엄두도 못 낸다.'고 답변한 것은, 꺼리고 숨긴 예에 속한다.

두례가 최근 외출하였다가 며칠이 지나도록 돌아오지 않고 있으므로, 다른 사람에게 피살(被殺)한 게 아닐까 의심하여, 먼저 원수진 일을 묻고, 나중에 돈이나 물건 거래를 물은 것이다. 탐문 결과, 두례가 일찍이 초자문에게 돈을 빌려 주었다가 아직 못 받고 있었으므로, 혹시 그 때문에 혐오나 원한을 사고, 결국 살인의 화근이 되지 않았을까 짐작해 보았다. 이에 속을 떠보는 질문을 던져, 그 낯빛이 움직이는 낌새를 살펴 냈다. 나아가 당황하여 답변도 제대로 못하며 우물쭈물하는 모습에서, 뭔가 꺼리고 숨기던 속사정을 밝혀냈다. 그래서 추궁한 결과 죄를 자백하였으니, 이는 정말 사특함을 잘 관찰한 모범 사례이다.

평석 이 사안에서, 초자문이 다른 일에 연루하여 감옥에 갇혀 있었던 사실 자체도, 어쩌면 틀림없이 사람들(관청 법관)의 이목과 주의를 딴 데로 돌려, 중대한 살인죄의 혐의와 수사망을 회피하기 위해, 일부러 치밀하게 계획한 은닉극이었을 것이다. 이를 간파한 고유가, 아내의 하소연으로 그를 혐의자로 확신하고 불러내어 조사할 때, 눈치 채지 못하게 이미 공소 제기한 범죄에 관해 신문하다가 자연스럽게 관련 질문을 던진 것이다. 그런 고유의 사려와 지혜가 더욱 돋보인다. 그런데 그 질문에 대한 답변에서, 초자문이 또 딴전을 피우고 숨기는 것을 고유가 놓칠세라 제때 포착하여, 결국 옴짝달싹 못하고 붙잡힌 것이다. 정말 한 편의 드라마 같이 박진감 넘치는 심리(心理) 대결이 아닌가?

2. 호질(胡質)이 서리(書吏)를 추궁하다

삼국시대 위(魏)나라 호질이 상산(常山) 태수로 있다가 동완(東莞)으로 전근(轉勤)했다. 그런데 로현(盧顯)이라는 선비가 남에게 피살(被殺)하였다. 상황을 점검한 호질은 이렇게 판단했다.

"이 선비는 원수진 일은 없는데, 젊은 아내가 있으니, 바로 이 점이 피살의 원인이 아닐까?"

그리고 그 주변의 젊은이들을 모두 불러다가 조사했다. 그 중 리약(李

若)이라는 서리(書吏)가 질문을 받더니 낯빛이 움직였다. 그래서 정황을 끝까지 추궁하였더니, 리약은 곧바로 자수하였고, 죄인은 이렇게 붙잡혔다.

옛 『의옥집』에 출전이 『삼국지(三國志)』 『위서(魏書)』 「호질전(胡質傳)」으로 적혀 있다.

안(按) 고유는 두례가 원수진 일은 없고, 다른 사람과 돈을 거래한 일이 있으므로, 이것이 사망의 원인인 줄 알았다. 그래서 초자문을 관찰해 붙잡았다. 호질은 로현이 원수진 일은 없고 젊은 아내가 있어서, 그 때문에 피살(被殺)한 걸로 짐작했다. 그래서 리약을 신문해 자백 받았다.

무릇 사람이 서로 죽이고 해치는 범죄는, 진실로 원한 관계로 인한 복수가 아니거나 재물 때문이 아니라면, 틀림없이 여색 관계로 말미암는다. 그래서 이 두 사안에서 범인을 붙잡을 수 있었던 것이다. 그러나 사특함을 살펴 낼 수 있었던 까닭은, 모두 낯빛과 말 사이의 낌새에 있을 뿐이다. 오직 총명하게 관찰했기 때문에, 속아 넘어가지 않았던 것이다.

3. 채고(蔡高)가 강도를 집어내다

채고가 복주(福州) 장계(長溪)현의 위관(尉官)에 부임했을 때였다. 한 백성의 집에서 부부가 함께 외출한 사이, 강도가 들어 집 보던 아들을 살해한 사건이 일어났다. 채고가 급히 마을 주민들을 모두 소집하여 다 모이자, 빙 둘러 앉힌 뒤 지긋이 주시하다가, 한 사람을 가리키며 "이 녀석이 살인범이다"고 말하였다. 그를 신문한 결과, 과연 자백하였다.

우양수(歐陽修)[1] 참정(參政)이 지은 「채고묘지(蔡高墓誌)」에 보인다.

---

1) 우양수(歐는 본디 음이 '우'인데, 우리는 '구'로 잘못 읽음) : 송나라 려릉(廬陵 : 지금 江西 吉安市) 사람으로, 字는 영숙(永叔). 대문장가로 六一居士라는 호로 통용함. 仁宗 때 진사가 된 뒤, 벼슬이 추밀부사(樞密副使)와 참지정사(參知政事)에 오름. 『우

안(按) 주민의 아들이 죽었는데 특별히 집히는 혐의점이 없다면, 그 부부가 틀림없이 모두 선량할 것이다. 동네에서도 원한감정이 없는데, 집 보던 아들을 잔인하게 살해한 것은, 흉악범의 소행이다. 흉악한 사람은 모습과 기색이 마땅히 특이할 것이다. 따라서 꼭 속을 떠보는 질문을 던져 낯빛이 움직이고, 그로 말미암아 추궁해 말문이 막히길 기다릴 필요조차 없다. 단지 빙 둘러 앉힌 뒤 지긋이 주시하기만 해서 범인을 벌써 찾아냈다. 그러니 채고의 명석한 관찰력은 더욱 칭송할 만하다.

옛날에 맹가(孟嘉[2])가 좌중에 끼어 있을 때, 저부(褚裒[3])가 아직 그를 모르고 있었는데, 유량(庾亮[4])이 저부에게 스스로 찾아보라고 권했다. 저부가 한참 동안 둘러보더니, 마침내 맹가를 가리키며, "이 사람이 조금 다른 데가 있으니, 바로 이 사람이 아니겠소?" 하는 것이었다.

맹가와 앞의 살인범은, 비록 선악은 다르지만, 사물의 이치야 어찌 다르겠는가? 채고를 저부에 비교해도 사람 보는 눈은 정말 전혀 손색없다.

평석 고려 때 강감찬 장군은 키도 작고 외모도 잘생기지 못했다. 한번은 중국 사절단을 영접하는데, 강감찬 장군이 일부러 키도 크고 잘생긴 부하들을 앞에 내세우고, 자신은 뒤쪽에 숨어 그들의 눈(안목)을 시험했다. 중국 사절도 식견이 만만치 않았던지, 강감찬 장군의 비범한 기개를 단번에 알아보고, 그 앞에 나아가 예를 올렸다고 한다. 바로 이심전심(以心傳心)에 가까운 정신 교감이나 의기(意氣) 투합이 아닐까?

양문충공집(歐陽文忠公集)』 153권이 전해짐.

2) 맹가 : 東晋 강하 맹(江夏 鄳 : 지금 하남 羅山현) 사람으로, 字는 만년(萬年). 일찍이 明帝(323~325년 재위)의 외척인 유량(庾亮)이 발탁하였는데, 나중에 항온(恒溫)의 참군(參軍)이 된 뒤 長史에 이름. 『진서(晋書)』 권98.

3) 저부 : 동진 하남 양적(陽翟 : 지금 하남 禹현) 사람으로, 字는 계야(季野). 都督과 徐州・언주(兗州) 자사, 假節의 벼슬을 지냄. 『진서』 권93

4) 유량(289~340년) : 동진 영천 언릉(潁川 鄢陵 : 지금 하남 언릉현 남쪽) 사람으로, 字는 원규(元規). 明帝의 손위처남으로, 成帝를 옹립하고 외척의 권세를 휘두름. 都督과 江州・荊州・豫州 자사를 지냄. 『진서』 권73.

4. 려공작(呂公綽)이 복수를 의심하다

려공작 시독(侍讀)이 개봉부(開封府) 지사일 적이었다. 한 병사의 아내가, 남편이 변방 수비에 나갔다가 아직 돌아오지 않은 동안에, 어느 날 밤 침입한 도적한테 팔뚝이 잘렸다. 범인의 신원은 아직 밝혀지지 않았는데, 도성 안의 시민들은 모두 깜짝 놀라며, 해괴망측한 일이라고 서로 수군거렸다. 이에 려공작은 이렇게 판단했다.

"그 남편의 원수가 아니라면, 단지 한 순간 통쾌함을 위해, 이렇게까지 잔인하게 해치지 않을 것이다."

그리고 급히 사람을 보내, 그 남편에게 확인 조사를 벌였다. 과연 같은 병영의 한원(韓元)이라는 자를 붙잡았는데, 죄상을 모두 실토하고, 결국 법에 의해 처형당하였다.

왕규(王珪) 승상이 지은 「려공작묘지(呂公綽墓誌)」에 보인다.

안(按) 이 사안은 대개 병사의 아내가 사람됨이 결코 불량하지 않음을 알고, 특별히 그 남편의 원수가 보복으로 아내를 잔혹하게 해치지 않았을까 의심한 것이다. 사건을 정확히 인식한 뒤, 그 진상을 분명히 관찰해 냈다. 그러니 범인이 사특함을 숨기려고 한들, 어디로 도망가겠는가? 그러니 이 또한 가히 현명하다고 일컬을 만하다.

평석 직관(直觀)이든 영감(靈感)이든, 사법관(司法官)에게는 보통 사람이 보거나 느낄 수 없는 기미(機微)를 통찰(洞察)할 수 있는 선견지명(先見之明)의 혜안(慧眼)이 정말 요긴하다.

제 11 장

사특을 입증함

「증특(證慝)」편

11

1. 손보(孫寶)가 산자 부스러기 무게를 달아 보다

한(漢)나라 때 손보[1]가 경조윤(京兆尹)일 적이었다. 산자(饊子)를 파는 행상이 우연히 한 마을 사람과 부딪쳐, 산자 바구니가 땅바닥에 떨어져 산산조각 나 버렸다. 마을 사람은 산자를 50매로 셈하여 배상해 주겠다고 제의했으나, 행상은 끝내 3백매라고 우겨 서로 옥신각신 다투었다.

이에 손보는 따로 산자 1매를 사오도록 시켜, 그 무게를 달아보았다. 그런 뒤 산산조각 난 산자 부스러기를 모두 주워 모아, 총 무게를 달았다. 그리고 1매 표준 무게로 나누어, 원래의 매수를 곧바로 산출했다. 이를 지켜본 뭇 사람들이 모두 그의 슬기로운 판결에 탄복했다.

옛 『의옥집』에 출처가 밝혀져 있지 않다.

---

1) 손보: 한나라 영천(穎川) 언릉(鄢陵) 사람으로, 字는 자엄(子嚴). 成帝 때 경조윤(京兆尹)을 거쳐 大司農에 이르렀으나, 왕망(王莽)에 거역하여 파면 당함. 『한서』 권77.

안(按) 삼국시대 위(魏)나라 태조[曹操] 때, 손권(孫權)이 큰 코끼리 한 마리를 보내 왔다. 태조는 그 무게가 도대체 얼마나 되는지 알고 싶어, 신하들에게 무슨 묘책이 있는지 수소문했으나, 누구도 뾰족한 이치를 생각해 낼 수 없었다. 태조의 아들로, 나중에 등애왕(鄧哀王)의 칭호를 추증 받은 조충(曹冲)[2]이 당시 불과 몇 살이었는데, 옆에서 이렇게 청했다.

"먼저 코끼리를 큰 배에 태워, 배가 물에 얼마나 잠기는지 물의 흔적을 표시합니다. 그런 뒤 작은 물건들을 저울에 달아, 배가 표시한 만큼 잠길 때까지 계속 실어, 그 무게를 합쳐 보면 금방 알 수 있습니다."

이는 앞서 산자 부스러기의 무게를 달아 본 것과 이치가 같다. 손보는 산자 1매의 무게를 가지고, 부스러진 산자 조각의 무게와 비교 환산하여, 원래 매수를 금방 밝혀냈다. 조충은 코끼리를 배에 태워 물에 잠긴 흔적을 표시한 뒤, 무게를 나누어 달 수 있는 물건들을 배가 이미 표시해 둔 흔적만큼 잠길 때까지 실어, 코끼리의 무게를 알아냈다. 모두 슬기가 넘치는 인재들이다.

무릇 말 한 마디로 소송을 재판할 수 있는 사람이, 어떻게 남들에게 이 정도로까지 신뢰와 탄복을 자아내게 할 수 있을까? 대개 그 지혜가 남아돌 만큼 넉넉하고, 말이 이치에 딱 들어맞기 때문일 따름이다. 제 아무리 교묘한 속임수로 감춘다고 할지라도, 이렇게 입증해 내면 더 이상 숨기거나 피할 수 없으리니, 어떻게 승복하지 않을 수 있겠는가? 그런 까닭에 말 한 마디로도 소송을 재판할 수 있는 것이다.

평석 산자 1매가 고작 몇 g에 지나지 않는데, 당시 저울도 제법 정밀했음이 감탄스럽다. 한편 이 정도의 산수와 물리(物理)면, 요즘 초등학생도 다 아는 일반 지식이 되었다. 하지만 당시나 지금이나 노련한 법관들도, 구체적인 실제 사안에서 번뜩 이러한 원리를 응용하여 합리적

2) 등애왕 조충 : 조조의 아들로, 어려서부터 총명하고 지혜가 출중했으나, 13세에 병으로 요절함. 명제(明帝 : 227~239년 재위) 때 등애왕이란 호를 추증함. 『삼국지』 권20.

으로 판결할 수 있는 직관과 지혜는, 모두 지닌 게 아닐 것이다. 뒷 사안은 고대 서양의 아르키메데스가 발견한 부력(浮力)의 원리와 직접 관련하는 물리(物理)이다. 다만 정확한 수치화 · 공식화까지 정리하지 못한 것이다.

어렸을 때 선친(先親)께 들었던 얘기 하나, 참고로 소개하고 싶다. 옛날에 중국에서 절반은 우리나라를 귀찮게 괴롭힐 의도로, 그리고 절반은 우리나라에 인재가 있는지 탐색할 의도로, 우리 왕에게 거대한 암석으로 배를 지어 황해인지 압록강을 건너보내라는 조공(朝貢)을 요구해 왔다. 이에 왕은 당혹과 근심에 가득 차서, 신하들에게 이 문제를 어떻게 해결하면 좋을지 방안을 강구하도록 분부했으나, 뾰족한 묘안이 나오지 않았다. 마침내 전국에 현상 공모를 내려 지혜를 구하였다. 얼마 지나 어린애가 나서서, 중국 측에 아주 간단한 화답(和答)을 보내면 된다고 제안했다.

"지금 요구대로 암석으로 배를 다 만들어 놓았으니, 이제 모래로 밧줄을 만들어 끌어가기 바랍니다."

이에 중국 측에서도 우리나라에 지혜로운 인재가 있음을 탄복하여, 더 이상 우리나라를 업신여기지 못했다고 한다.

2. 장거(張擧)가 돼지를 불태워 보다

장거[3]는 오(吳)나라 사람으로, 구장(句章) 현령이 되었다. 어떤 아내가 남편을 살해하고는 집에 불을 질러, 마치 남편이 불에 타 죽은 것처럼 위장했다. 남편 집안에서는 아무래도 의심스럽다며, 관청에 진상을 밝혀 달라고 하소연했다. 그러나 아내는 관청의 신문에 순순히 자백하지 않았다.

3) 장거 : 삼국시대 吳나라 사람으로, 字는 자청(子淸). 句章 현령을 지냄. 기타 미상.

이에 장거가 돼지 두 마리를 갖다가, 한 마리는 죽이고 한 마리는 산 채로 묶어, 장작더미 위에 얹고 불태워 보았다. 그러자 산돼지는 입 속에 재가 있는데, 죽인 돼지는 입 속에 재가 없었다. 이러한 사실을 바탕으로 시체의 입 속을 점검하였더니, 과연 재가 없었다. 이 증거를 들이대며 추궁했더니, 아내는 마침내 죄를 시인하였다.

옛 『의옥집』에 출처가 적혀 있지 않다. 살펴보건대, 화응(和凝)이 편집한 29조목 사례는 모두 시대순으로 되어 있다. 여기 장거의 사안이 吳(魏)나라 사람 뒤와 진(晉)나라 사람 앞에 끼어 있으니, 어찌 손(孫)씨 즉 삼국시대 吳나라의 신하가 아니겠는가? 다만 앞에서 이미 '오(吳) 폐제(廢帝) 손량(孫亮)'이라고 말하였으므로, 여기서는 마땅히 '오(吳)나라 장거(張擧)'로 표현했어야 옳으며, 성명 다음에 오(吳)나라 사람이라고 쓸 게 아니었다. 구장(句章)은 회계군(會稽郡)에 있다.

안(按) 손보가 산자 1매의 무게를 달아 증거로 환산하자, 3백 매라고 뻥튀긴 거짓말이 들통 났다. 그리고 장거가 죽여 불태운 돼지 입 속에 재가 없는 증거를 보여 주자, 남편이 불타 죽었다고 위장한 사특함이 뽀록났다. 그래서 사특한 속임수가 쉽게 드러나지 않는 경우에는, 실물(實物) 이치로 입증하면 더 이상 감출 수가 없다고 말하는 것이다.

물론 장준(莊遵)이 시체를 지켜보다가, 머리에 쉬파리가 모여드는 것을 보고, 간사한 계교를 효과적으로 파헤친 슬기도 대단하다. 그러나 장거가 불에 타 죽었다는 시체를 검사함에, 입에 재가 들어가지 않은 사실로 사특한 속임수를 입증한 지혜만큼, 철저히 합리적이라고 칭찬하기는 어렵지 않겠는가?

평석 근 이천 년 전의 화재 감식 기법이, 이처럼 소박하면서도 현명했다는 사실이, 참으로 놀랍고 경탄스럽다. 다만 비록 짐승이긴 하지만, 현장 실증 검사를 위해 죄 없이 희생당한 게, 정말로 안타깝고 가슴 아프다. 그것도 한 마리는 산 채로 불타 죽고, 또 한 마리는 흉기에 찔려 죽은 다음 그 시체가 다시 불타, 두 번 죽는 육시(戮屍)를 당한 셈이 되었으니! 삼가 명복을 빈다.

생각하건대, 장거가 목숨이 붙은 채로 불타 죽으면, 죽는 순간까지 숨을 쉬느라 입과 코 속에 재와 그을음이 낀다는 이치를 이미 분명히 알았을 것이다. 다만 혐의 사실을 완강히 부인하는 아내에게, 더 이상 억지 부리지 못하도록 눈에 보이는 증거를 확실히 들이대려고, 부득이 '실험해 보인' 현장 검증이었으리라. 확인대로 증거를 굳이 만들지 않고서도, '이치'로 충분히 입증할 수 있지 않았을까, 다소 아쉬움이 남는다.

3. 부염(傅琰)이 모이 주머니를 갈라 보다

남조(南朝)시대 송(宋)의 부염[4]이 산음(山陰) 현령일 적에, 두 사람이 닭 한 마리를 놓고 서로 자기네 것이라고 다투었다. 이에 부염이 물었다.

"닭이 아침에 무슨 모이를 먹었는가?"

그러자 한 사람은 좁쌀을 먹었다고 대답하고, 다른 사람은 콩을 먹었다고 말했다. 그래서 닭을 잡아 모이 주머니를 따 보았더니, 좁쌀이 들어 있어, 마침내 콩을 먹었다고 말한 자를 벌주었다.

옛 『의옥집』에 출전이 『남사(南史)』 「부염전(傅琰傳)」으로 적혀 있다.

안(按) 앞의 「석원(釋寃)」편에서 허종예(許宗裔)가 장물(贓物)을 조사하면서, "실 감은 실패 속에 무슨 물건을 썼느냐?"고 묻자, 한 사람은 살구씨라고 답하고 다른 사람은 기와 조각이라고 말하였는데, 속을 열어 보니 살구씨여서 기와 조각이라고 말한 사람을 벌주었다는 사안도, 그 술법은 대체로 여기에 바탕을 둔 것이다.

---

4) 부염 : 南齊의 북지 령주(北地 靈州 : 지금 甘肅 靈武현) 사람으로, 字는 계규(季珪). 처음에 남조 宋에 벼슬하여 山陰 현령을 지내고, 齊에 들어와 남군내사(南郡內史), 행형주사(行荊州事)에 이름. 『남제서(南齊書)』 권53, 『남사(南史)』 권70.

평석 여기서도 분쟁을 실물 증거로 명확히 해결한 슬기는 훌륭하게 돋보이나, 역시 꼭 산목숨을 죽여 확인해야 했는지 아쉽다. 모이 주머니를 확인해 거짓말로 드러나는 사람은, 산 닭의 배상과 엄한 징벌을 함께 부과하겠다고 좀 엄포를 놓아 자수를 유도하든지, 또는 낯빛 움직임 등을 관찰해 밝힐 수도 있었지 않을까? 아마도 어차피 인간을 위해 언젠가는 죽을 가축이라는 관념과, 눈에 보이는 확실한 증거로 꼼짝 못하게 말문을 막겠다는 법관의 사명 의식이 강하게 작용한 탓이리라.

여기서 말하는 사후 처벌은, 물론 절도죄의 형사처벌과 민사배상을 함께 포함할 것이다. 그 기준 가액은 산 닭 값이 될 수도 있고, 산 닭 값과 증거 확인을 위해 도살한 닭의 고기값과 차액(손실 가액)이 될 수도 있겠다. 당률의 체계적인 입법 정신에 비추어 보면, 후자가 합리적인 선택이지만, 당시 현실적인 원님 재판이 합정(合情)적인 전자를 선고했을 가능성도 제법 커 보인다.

4. 고헌지(顧憲之)가 소를 놓아주어 보다

남북조시대 송(宋)나라의 고헌지[5]가 원휘(元徽)[6] 년간에 양주(揚州) 건강(建康)현의 현령이 되었다. 당시 남의 소를 도둑질하던 자가 주인에게 들키자, 말 그대로 적반하장(賊反荷杖)격으로 그 소가 자기 것인데 훔쳐 갔다고 떼를 썼다. 두 사람이 내세우는 주장이나 이유가 거의 엇비슷하여, 전

---

5) 고헌지 : 南齊의 오(吳 : 지금 강소 蘇州시) 사람으로, 字는 사사(士思). 처음에 남조 宋에 벼슬하여 建康 현령을 지내고, 齊에 들어와 豫章內史에 이름. 梁에 들어와서는 벼슬하지 않고, 집에서 太中大夫를 제수 받음. 『남제서』 권46, 『량서(梁書)』 권52, 『남사(南史)』 권35.

6) 원휘(元徽) : 宋나라 後廢帝의 연호. 473~476년.

임 현령들이 판결할 수가 없었다. 이때 고헌지가 부임하여, 그 상황을 살펴본 뒤 두 사람에게 말했다.

"더 이상 많은 말이 필요 없다. 내가 다 알아냈다."

그리고 소를 풀어 주어, 소가 가는 대로 지켜보았다. 그랬더니 소는 본래 주인집을 찾아 제 발로 들어갔다. 이에 도둑질한 사람이 비로소 자기 죄를 시인하였다. 간사함을 파헤치고 숨긴 죄를 적발해 내는 슬기가 대부분 이와 같아서, 당시 사람들이 모두 그를 신명(神明)이라고 불렀다.

옛 『의옥집』에 출전이 『남사(南史)』「고개지전(顧凱之傳)」으로 적혀 있는데, 헌지는 그의 손자이다.

안(按) 사람으로 입증하면, 더러 위증을 할 수도 있다. 그래서 전임 현령들이 판결을 내릴 수가 없었을 것이다. 그러나 실물(實物)로 입증하면, 반드시 진실한 사정을 알 수 있다. 그래서 도둑질한 자가 비로소 죄를 시인하였다.

우중문(于仲文)이 소를 놓아주어 본 사안도 이미 「적간(擿姦)」편에 나왔는데, 이 사안과 정말 서로 비슷하다. 좀 다른 상황이 있다면, 그 사안에서는 집이 멀고 동료 소 떼가 있었는데, 이 사안에서는 집이 가깝고 소 떼가 없다는 점이다. 사안에 따라 적절한 방법을 생각해 내어, 소를 놓아주어 본 이치는 전혀 다름이 없다.

평석 만물의 영장(靈長)이라는 인간은 죄악을 짓고, 그걸 숨기느라 거짓말하며 허위 증인까지 만들어 내는데, 말 못하는 미물(微物)인 가축은 조금도 거짓을 모르고, 온몸으로 진실을 밝히는 증거가 된다. 이런데도 인간이 스스로 만물의 '영장(靈長)'이라고 뻐기는 근거는 어디에 있을까? 본래 문자학(文字學)상으로, 거짓 '위(僞)'자는 사람이 하는 '인위(人爲)'라는 두 글자가 합쳐져 이루어졌다. 성악설(性惡說)을 주장하는 순자(荀子)는 그래서, 인간이 하는 '인위(人爲)'는 인의예지(仁義禮智)와 같은 윤리도덕까지 모두 거짓 '위'선('僞'善)이라고 극단적으로 주장하기도 했다.

『춘추좌전(春秋左傳)』에는, “신이란 총명하고 정직하며 한결같은 존재이다.[神, 聰明正直而壹者也.]”는 명언이 나온다. 그렇다면, 인간이 만물의 ‘영장(靈長)’이 되는 까닭(種差)은 짐승보다 뛰어난 ‘총명(聰明)’에 있다. 그런데 그 ‘총명’으로부터 인간의 모든 죄악과 거짓·위선이 나오고, 또 인간이 만물의 ‘영장(靈長)’이면서도 ‘신(神)’까지 되지는 못하는 이유는, ‘총명’하기만 할 뿐, ‘정직(正直)’하지도 ‘한결같’지도 못하기 때문이 아닐까?!

5. 리혜(李惠)가 가죽에 고문을 가하다

북위(北魏)의 리혜[7])가 옹주(雍州) 자사일 적이었다. 한번은 소금을 짊어진 사람과 땔감을 짊어진 사람이 함께 길을 가다가, 나란히 등짐을 내려놓고 같은 나무 그늘에서 쉬었다. 그런데 두 사람이 다시 길을 떠나려고 자리에서 일어날 때, 양털가죽[羊皮] 한 장을 사이에 놓고, 서로 자기가 등짐 질 때 받치던 물건이라고 옥신각신 다투었다.

이 다툼 소식을 들은 리혜는 다투는 자들을 불러낸 뒤, 주(州)의 강기(綱紀 : 主簿)를 돌아보며 말을 꺼내 물었다.

“다툼거리가 된 이 양털가죽을 고문하면, 주인을 알아낼 수 있겠는가?”

이에 뭇 부하 관리들이 그저 우스갯소리겠지 생각하고, 아무도 대꾸조차 하지 않았다. 그런데 리혜는 아전에게 그 양털가죽을 자리 위에 깔아 놓고 곤장으로 치라고 명령했다. 그랬더니 소금 부스러기가 약간 튀어나왔다. 그래서 리혜는 바로 “진실을 알아냈다”고 선언한 뒤, 다투던 두 사

7) 리혜 : 北魏의 중산(中山 : 하북 定현) 사람으로, 벼슬이 옹주(雍州) 자사, 靑州 자사로 개부의동삼사(開府儀同三司)에 이르고, 中山王에 봉해짐. 『위서(魏書)』 권83, 『북사(北史)』 권80.

람에게 보여 주었다. 마침내 땔감을 지고 가던 사람이 잘못을 시인하고 벌을 받았다. 리혜가 살피고 추궁하는 것들은 대부분 이와 비슷한 종류여서, 관리나 백성이나 누구도 감히 속이거나 죄를 지을 생각조차 못했다.

옛 『의옥집』에 출전이 『북사(北史)』 「리혜전(李惠傳)」이라고 나온다.

안(按) 부염(傅琰)이 산음(山陰) 현령일 적에, 설탕 파는 노파와 바늘 파는 노파가 실 한 꾸러미를 사이에 놓고, 서로 자기 것이라고 다투었다. 이에 부염이 실 꾸러미를 걸어 놓고 회초리질을 시켰더니, 쇠 부스러기가 조금 떨어져 나와, 마침내 설탕 파는 노파를 벌주었다.

실 꾸러미를 회초리질한 것이나, 양털가죽을 곤장질한 것이나, 비록 사건은 조금 다르지만, 이치는 완전히 같다. 모두 실물(實物) 자체로 증거를 삼은 것이다.

평석 물론 이들 사안에서, 양털가죽이 오랜 등짐으로 땀에 배어 소금 결정이 생겼을 수도 있겠고, 바늘에서 쇠 부스러기가 떨어질 만큼 거칠까 하는 의구심도 일 수 있다. 여하튼 가장 기초적인 원론이지만, 범죄 수사나 분쟁 해결의 결정적인 실마리는, 결국 범죄 현장(사건)이나 분쟁 대상(사물) 자체에 거의 다 깃들어 있다. 그래서 초동 수사와 현장(증거) 확보가 가장 중요하다. 사건이나 사물 그 자체한테 진실을 웅변할 충분한 기회를 주는 것이다.

이들 사안과 이치는 좀 다르긴 하지만, 구체적 조치(사실)는 서로 비슷한 사안으로, 다소 해학성이 뛰어나고 비교적 널리 알려진 전래 명판결 하나 소개한다.

비단 장사가 길 가다가 피곤하여, 나무 그늘 망부석 옆에서 비단 봇짐을 내려놓고 쉬다가, 그만 깜박 잠들었다. 그 사이 누가 그 비단을 훔쳐 달아났는데, 잠에서 깨어난 비단 장사는 곧장 관가에 달려가 신고하고, 찾아 달라고 호소하였다. 이에 원님은 주민들을 불러 모아 조사했으나,

별다른 실마리는 찾지 못하였다.

마침내 한 묘책이 떠올라, 비단 장사가 잠들었던 곳에 서 있던 망부석을 잡아오라고 아전들에게 시켰다. 그런 다음 그 망부석에게 도둑놈이 누구인지 대라고 증인 신문을 하며, 곤장을 치게 하였다. 이 모습을 지켜보던 주민들은, 원님의 엉뚱한 재판에 배꼽을 잡고 웃으며 서로 수군거렸다. 그러자 기다렸다는 듯이 원님은, 감히 관청(법정)에서 무엄(無嚴)하게 웃으며 소란을 피운 죄(법정 모독죄)로, 주민(방청객)들에게 즉각 비단 1필씩 벌금으로 내도록 엉뚱한 판결을 내렸다.

한번 잘못 웃은 죄 치고는 좀 지나친 벌금이지만, 지엄하신 원님의 명령인지라, 못마땅하지만 어쩔 수 없이 비단 한 필씩 사다가 관가에 바쳤다. 이에 원님은 비단을 어디에서 구해 왔는지 묻고, 그 비단을 판 사람을 잡아 들여 신문했더니, 과연 그가 비단을 훔쳐간 도둑이었다는 얘기다.

6. 모용언초(慕容彦超)가 술을 따라 주다

오대(五代) 후한(後漢)의 모용언초[8]가 천평군 절도사(天平軍 節度使)로 운주(鄆州)를 통솔할 적에, 관내 일꾼이 앵두(櫻桃)를 훔쳐 먹어, 담당 관리가 보고하였다. 그러나 그 일꾼은 훔쳐 먹은 사실을 시인하려 들지 않았고, 모용언초는 부드러운 말로 위로하였다.

"그대들이 어찌 감히 내가 먹는 물건을 훔쳐 먹었겠는가? 담당 관리가 모함하여 죄를 뒤집어씌운 것일 테니, 걱정하거나 두려워하지 말라."

8) 모용언초: 五代 때 토곡혼부(吐谷渾部) 사람으로, 後漢 고조(高祖: 947~948년 재위) 류지원(劉知遠)의 同母아우. 後唐·後晋·後漢 때 계속 벼슬하여 천평군(天平軍) 절도사에 이름. 後周가 後漢 대신 들어서자, 병력을 일으켜 항전하다 패하여 죽음. 『구오대사』 권130, 『신오대사』 권53.

그리고는 일꾼들에게 술을 따라 주며 마시라고 권하였는데, 사전에 술 속에 려로산(藜盧散)[9]을 타도록 은밀히 지시해 두었다. 그들이 술을 받아 마신 뒤 금방 토해 냈는데, 훔쳐 먹은 앵두도 함께 나와, 결국 죄를 실토하고야 말았다.

이 사안은 아마도 『의옥집』의 편저자인 화몽(和㠓)이 전해 들은 이야기인 듯하다.

안(按) 세간에 '입 속에 들어가면 장물(贓物)이 없다.[入口無贓]'는 속담이 있는데, 이 말도 충분히 깨뜨릴 수 있음을 확인해 준 사안이다. 그러나 사건 자체가 하찮고 사소한데, 신문 방법이 너무 각박하고 잔혹하여, 칭찬할 가치가 없다.

평석 요즘은 범죄 종류와 수법도 다양하고 교묘하며, 과학 기술과 수사 기법도 눈부시게 발달하여, 이런 사안은 호랑이 담배 먹던 옛날이야기로 들릴 것이다. 마약이나 보석 종류를 비닐에 싼 채 입 속에 삼켜 밀반입을 꾀하고, 또 이러한 범죄를 X-ray나 특수 투시 장치로 즉석에서 찾아낸다고 하니, 과연 고금(古今)의 시대 차이가 엄청나다.

7. 우양엽(歐陽曄)이 먹는 모습을 지켜보다

우양엽[10] 도관(都官)이 단주(端州) 지사일 적이었다. 계양감(桂陽監)의 백

---

9) 려로(藜盧)는 '藜蘆'로 표기하기도 하며, 일명 록총(鹿葱)·흑려로(黑藜蘆)로 불리는데, 독성이 강한 다년생의 백합과 식물로, 한약재와 살충제로 쓰인다. 려로산은 이 식물의 뿌리 부분을 말려 만든 가루약으로, 구토 촉진제로 쓰인 듯하다.

10) 우양엽 : 송나라 려릉(廬陵 : 지금 강서 吉安시) 사람으로, 字는 일화(日華). 眞宗 때 진사가 되어, 端州 지사와 桂陽監을 지내고 都官員外郞으로 벼슬을 마침. 『송사』에 열전은 없음. 이 사안에서 우양엽이 계양감 백성의 선박 다툼으로 인한 폭행 사건을

성들이 배(舟) 때문에 다투다가, 서로 치고 박아 사람을 죽이고 말았는데, 이 사건이 오래도록 판결나지 못하고 있었다. 그런데 우양엽이 관련 죄수(피의자)들을 모두 불러내어 뜰에 앉힌 뒤, 목과 손발에 채운 형구(刑具: 桎梏)를 모두 풀어 주고, 음식을 먹게 했다. 음식을 다 먹자, 다시 모두 감옥 안으로 돌려보내고 한 사람만 그대로 남겨 두었는데, 홀로 남은 사람의 낯빛이 금세 움직였다. 이때 우양엽은 "사람을 죽인 범인은 바로 너다"고 말했다. 그러자 그 죄수는 그 까닭을 모르고, 그만 어안이 벙벙하였다. 이에 우양엽이 이유를 밝혔다.

"내가 너희들이 음식 먹는 모습을 두루 지켜보았다. 다른 사람은 모두 오른손으로 숟가락질을 하는데, 오직 너만 왼손으로 하더라. 그리고 지금 죽은 사람의 상처가 오른쪽 갈비 쪽에 있으니, 이는 바로 네가 살해했다는 증거가 분명하다."

그러자 죄수도 마침내 울음을 터뜨리며 죄를 시인하였다.

"사실은 제가 죽였습니다. 감히 다른 사람에게 죄를 씌우지 않겠습니다."

우양수(歐陽修) 참정(参政)이 지은 「우양엽묘지(歐陽曄墓誌)」에 보인다.

안(按) 우양엽이 이미 검시 보고서를 살펴본 뒤, 치명상이 오른쪽 갈비 쪽에 나 있다는 기록을 확인했기 때문에, 죄수(피의자)들에게 음식을 먹게 하고, 어느 손을 쓰는지 지켜본 것이다. 오직 한 사람만 왼손으로 숟가락질을 했으니, 그가 사람을 죽인 범인이 거의 분명했다. 이를 증거로 들이 대니, 죄수의 말이 저절로 막히고 만 것이다. 이는 앞(「辨誣」편)에서 전유제(錢維濟)가 음식을 먹으라고 주고, 왼손잡이임을 확인해 상

재판한 것은 端州 지사 때의 일이 아닐 것으로 추정함. 계양감은 荊湖南路에 속하고 단주는 廣東南路에 속하여 너무 동떨어진 관계로, 우양엽이 단주 지사로 계양감 백성의 사건을 다스렸다는 것은 이치상 맞지 않기 때문임. 『우양문충공집(歐陽文忠公集)』 권27의 「우양공묘지명(歐陽公墓誌銘)」에 따르면, 우양엽이 일찍이 太常博士로 계양감 지사를 맡은 적이 있는데, 이 사안은 그때의 일로 추정함. 정극(鄭克)이 착오로 '단주 지사 때'라고 기록한 듯함.

흔과 연결시켜, 범인의 모함을 밝혀낸 술법과 똑같다. 진실로 마음을 다해 사건을 살피지 않는다면, 어떻게 이렇게까지 밝혀낼 수 있겠는가?

평석 요즘 범죄 수사에서 이런 기술은 아마 가장 기본적인 상식일 것이다. 문제는 '어떻게 범인이 눈치 채지 못하도록, 자연스럽게 왼손잡이임을 알아내느냐'이다.

이 책의 주제와 상관없는 한자(漢字) 발음 문제나 하나 언급할까 한다. 여기에 성씨로 나오는 '歐'나 '毆'打나 '嘔'吐 따위의 글자는, 본디 발음이 모두 '우'이고, 현대 중국어 발음에서도 모두 '오우(ou)'인데, 어찌된 연유인지 우리나라에서는 지금 모두 '구'로 발음하고 있다. 이 가운데 특히 '歐'는 1952년 세창서관(世昌書館)에서 발행한 『국한문신옥편(國漢文新玉篇)』에도 분명히 '우'라고 표기하고 있다.('毆'와 '嘔'는 '구'로 표기함.) 아마도 '구(區)'자의 발음을 염두에 두고 지레 짐작한 착오의 소치가 아닌가 싶다. 사실 우리가 흔히 '유럽(Europe)'의 번역어로 쓰는 '歐羅巴'도 본래는 '구라파'가 아니라, '오우루오빠'라는 중국어의 음역(音譯)을 그대로 빌려 쓰는 것임을 알아야 한다. 이 책에서는 성(姓)이 고유명사에 속하는 이유로 '歐'를 중국 본음인 '우'로 표기하였다.

8. 왕거(王璩)가 서간을 펼쳐 보다

왕거 사승(寺丞)이 일찍이 상주(襄州) 중로(中盧) 현령일 적이었다. 한 도적이 감옥에 갇힌 지 오래 되었으나, 아무리 조사하고 신문해도 진상을 속 시원하게 밝혀내지 못하였다. 그러던 중 우연히 그 도적의 보따리 속에서 오래된 서간(書簡)을 찾아내었다. 펼쳐서 내용을 살펴보니, 바로 방릉

(房陵)현의 상인이 길에서 도적에게 빼앗긴 장물이었다. 그래서 도적이 곧바로 죄를 자백하였는데, 만약 그렇지 않았다면 그 도적은 법망을 빠져나갔을 게 거의 틀림없다.

왕규(王珪) 승상이 지은 「왕거묘지(王璩墓誌)」에 보인다.

안(按) 이는 지혜나 사려의 산물이 아니라, 우연히 얻게 된 것이 분명하다. 그러나 이 또한 왕거가 얼마나 마음을 다해 옥송(獄訟) 사건을 다스렸는지 보여 주는 단적인 증거이다. 사안의 실정을 심리함에 옛사람들은 증거에 의지하였다. 우양엽이 오른쪽 갈비 상처를 증거로 들이대어, 때려죽인 범인의 말문이 막힌 것이나; 왕거가 범인 보따리 속에서 찾은 서간(書簡)을 증거로, 약탈한 죄상이 밝혀진 것이 좋은 예이다. 그러니 사특함을 입증하는 술법을 어떻게 소홀히 할 수 있겠는가?

9. 왕증(王曾)이 토지 다툼을 판결하다

왕증[11] 승상이 젊었을 때, 주(州)의 관료를 찾아가다가, 성곽 부근의 토지를 둘러싸고 서로 다투는 사람들을 만났다. 그러나 밭두둑은 이미 사라져 버렸고, 토지문서도 잃어버려, 결단을 내릴 수 없는 형편이었다. 이에 왕증이 "조세 징수 장부를 점검해 보면, 시비곡직을 판결할 수 있겠다"고 해결책을 제시하였다. 주(州)에서 그의 의견을 좇고, 당사자도 승복하였다.

『의공언행록(沂公言行錄)』에 보인다.

11) 왕증: 송나라 청주 익도(青州 益都: 지금 산동 익도현) 사람으로, 字는 효선(孝先). 眞宗 때 진사가 되어 中書侍郎, 同中書門下平章事에 이름. 의국공(沂國公)에 봉해짐. 『송사』 권310. '沂'는 원음이 '의(魚衣切)'인데, 우리는 보통 '기(←긔)'로 읽음.

안(按) 토지경계가 불분명해 쟁송이 일어났는데 계약 문서도 존재하지 않으니, 결단 내리기가 어려웠다. 오직 조세징수 장부만 증거로 삼아, 진술이 장부와 들어맞으면 주장이유가 옳은 것이고, 진술이 장부와 어긋나면 주장이 이유 없다고 판단할 수 있다. 그렇게 해서 곡직이 판결났으니, 당사자들이 어떻게 승복하지 않을 수 있겠는가?

북송(北宋) 휘종(徽宗) 대관(大觀 : 1107~1110년) 년간에, 증악(曾諤)[12]이라는 조의대부(朝議大夫)가 월주(越州)의 제기(諸暨) 현령이 되었다. 사명(四明 : 明州)의 한 부자가 처음에는 아들 하나만을 두었는데, 나중에 자기 집 머슴의 아내와 사통하여 또 아들 하나를 낳아, 그도 거두어 길렀다.

사생아가 16세 때 생부인 부자가 사망하자, 본래 아들은 어머니와 함께 모의하여, 사생아를 자기 집 머슴의 아들로 돌려놓았다. 다시 몇 년이 지나 생모(生母)와 적모(嫡母)[13]가 모두 사망하자, 사생아는 상복(喪服)을 입고 상례를 치른 뒤, 부자의 유산을 분재(分財 : 상속분할)해 달라고 제소했다.

그러나 여러 해 동안 판결을 내리지 못하고 질질 끌다가, 감사(監司)가 마침내 증악에게 심리해 보라고 맡겼다. 증악도 몇 차례 심리했으나, 당사자가 승복하지 않았다. 나중에는 본읍(本邑)의 호적 원판을 찾아, 식구와 나이 기재 상황을 점검하였다. 그랬더니 부자가 일찍이 어린 아들도 호적에 올린 사실이 드러나, 결국 사생아에게도 유산 분할(상속)을 허락했다.

근래 나온 소설(小說)에 보인다.

이 또한 관청의 장부를 증거로 삼은 사안이다. 토지를 다투는 소송은 조세 징수 대장을 증거로 삼을 수 있고, 재산 분할(유산 상속)의 소송은 호적을 증거로 삼을 수 있다. 그러면 비록 제 아무리 잘 숨기고 사특하게 소송을 일삼는 자라도, 두려워 떨며 굴복하게 된다. 이래서 사특함을 입증하는 술법이 아주 귀중한 것이다.

12) 증악 : 미상.
13) 적모(嫡母) : 부자의 본처. 사생아나 서자가 부친의 본 아내를 일컫는 호칭.

평석 지금 같이 등기부나 호적부에 공신력(公信力)을 막강하게 인정하는 물권공시주의(物權公示主義)나 법률혼주의(法律婚主義) 아래에서는, 전혀 의심할 나위 없이 당연한 증거 채택과 판결 근거로 보일 것이다. 하지만 옛날 당시의 상황으로 보면, 이 또한 대단한 슬기와 판단으로 평가해야 한다. 특히 그토록 넓은 지역에서 중앙 집권의 통치력이 제대로 미치지 못하는 변방이나, 또는 잦은 전쟁과 혼란으로 온갖 문서와 증거가 유실하거나 뒤죽박죽될 소지가 많은 시대를 두고 본다면, 더욱 그러하다.

물론 당률(송형통) 명례율(名例律)에는, 국가의 조세 및 부역(병역 포함) 부과 기준이 되는 "사람의 나이를 일컫는 경우에는, 호적의 기재로 결정한다."는 중요한 규정이 있다. 비록 공법(公法)상의 의무 관계를 염두에 둔 규정이지만, 이번 사안처럼 유산 분할을 둘러싸고 상속인 자격을 다투는 민사 소송 관계에도 당연히 적용할 수 있고, 또 적용하려야 할 법리(法理)이다. 토지 관계도 마찬가지임은 물론이다.

최근 한일 어업협정을 개정하면서 공동 어장의 어획량을 새로 배정할 때, 우리 측 몫(쿼터)이 크게 줄어든 주된 이유는, 국력이 약하거나 정부가 미온적으로 양보해서가 아니라, 지금껏 우리 어민이 해당 어장에서 올려온 어획고를 신고할 때 축소 은폐하고 소득세를 별로 납부하지 않았기 때문이라고 한다. 국제간의 협약에 국가 공식 문서인 납세 장부로 증빙하기를 요구하는데, 그 실적이 형편없는 것이다. 우선 먹기는 곶감이 달다고, 눈앞의 작은 이익에 집착하다가 진짜 큰 이익을 고스란히 놓친 격이다. 어민들 스스로 양심과 국가를 속인 결과, 자업자득한 셈이다. 그러니 누구를 원망하랴?!

10. 한억(韓億)이 의사에게 보이다

한억[14] 참정(參政)이 양주(洋州) 지사일 적이었다. 토호인 리갑(李甲)이라는 자가, 자기 형님이 돌아가시자 형수를 개가(改嫁: 재혼)하도록 강요했다. 그런 뒤 형님의 아들(조카)이 다른 성(姓)씨라고 거짓말로 억지를 피우며, 형님의 유산을 모두 독차지해 버렸다. 형수가 여러 차례 관가에 억울함을 하소연했으나, 그때마다 리갑은 뇌물로 아전들을 매수하여, 형수를 고문해 굴복하게 만들었다. 그렇게 십여 년 동안 계속 끊임없이 하소연했다.

그러다가 한억이 이 사안을 수리하여 예전의 소송 관련 문서를 뒤적이다가, 유의(乳醫)[15]의 증언을 전혀 인용한 적이 없음을 발견하였다. 그래서 하루는 관련 당사자 전원을 모두 소환한 뒤, 유의(乳醫)를 찾아 대면시켰다. 그러자 그 자리에 있던 사람들이 누구도 할 말이 없었으며, 마침내 원통이 풀렸다.

「본전(本傳)」에 보인다.

안(按) 일찍이 수(隋)나라의 배정(裵政)은 "소송을 재판함에는 두 가지가 있는데, 하나는 정황(情況)을 관찰하고, 다른 하나는 증거에 의지하는 것이다.[推事有兩, 一察情, 一據證.]"고 말한 적이 있다. 사실은 이 두 가지를 동시에 병용하여야 한다.

그러나 증거가 신빙성이 적어 의지하기 어려운 경우에는, 정황을 자세히 살펴, 가슴속에 숨겨 둔 사정을 꼭 찔러 대는 편이 낫다. 또 정황이 잘 드러나지 않는 경우에는, 증거에 의지하여, 입으로 옥신각신하는 말다툼을 꺾어 버리는 게 낫다. 양자를 때에 맞춰 번갈아 사용하여, 적절한 효과를 거두어야 좋다.

토호가 형님의 아들을 다른 성(姓)씨라고 모함하여 억지를 부릴 때, 인용한 증거는 한둘이 아닐 것이다. 그런데 오직 유의(乳醫)의 증언만큼은 일찍이 인용한 적이 없으니, 그 정황이 대강 드러난 셈이다. 그래서 관련

14) 한억: 송나라 개봉 옹구(開封 雍丘: 지금 河南 杞현) 사람으로, 字는 종위(宗魏). 진사가 된 뒤 洋州 지사를 지내고, 仁宗 때 參知政事에 이름. 『송사』 권315.

15) 유의(乳醫): 산부인과 의사, 산파.

당사자 전원 소집하여 유의(乳醫)를 대면시켰으니, 가슴속에 숨기고 있던 사정을 찌르기도 하고, 입으로 옥신각신하던 말다툼을 꺾어 버리는 효과를 동시에 거둔 것이다. 결국 누구도 더 이상 할 말이 없어지고, 원통이 마침내 풀리게 되었으니, 이보다 더 적절한 조치가 또 어디 있겠는가?

평석 유의(乳醫)는 애를 낳아 젖먹이는 동안 돌보아 주는 의사라는 의미일 텐데, 아마도 산파와 유모까지 포함하는 용어가 아닐까 생각한다. 혈연(血緣)의 천륜(天倫)까지 끊고 탐내어 가로챌 만큼 유산이 넉넉했다면, 하나뿐인 아들을 낳아 기를 때 산모와 아이를 돌볼 의사와 유모를 고용하지 않았을 리가 없으리라.

지금처럼 친생자 관계를 검사 확인할 과학 의술이 충분히 발달하지 못하고, 아버지조차 죽고 없는 상황이니, 갓난아기를 받아 보살핀 산파나 유모만큼 유력한 증거가 없는 셈이다. 형수가 십여 년 동안 계속 하소연하면서, 어찌 이들을 증인으로 신청하지 않았으리요? 뇌물에 매수당한 아전들이 막무가내로 꾸미는 데에는, 죽은 형님이 되살아나 자기의 친생자라고 주장해도 소용없을 것이다.

그래서 칼자루(권한) 쥔 자의 양심(良心)과 의지(意志)가, 무엇보다 소중하고 우선하는 필수요건이다. 「중용(中庸)」에 보면 "위정재인(爲政在人)"이란 명제가 나온다. 입법 · 행정 · 사법의 행위가 모두 사람에게 달려 있다는 뜻이다. 선량하고 지혜로우며 용기(의지) 있는 사람에게!

11. 정호(程顥)가 동전을 가려내다

정호 찰원(察院)이 처음에 경조부(京兆府) 호현(鄠縣)의 주부(主簿)일 적이었다. 어떤 사람이 자기 형님 집을 빌려 살다가, 집안 땅 속에 묻혀 있던 동전을 발굴하였다. 이에 형님의 아들이 "우리 아버지가 묻어 둔 것이다"고 반환 소송을 제기하였다. 현령이 정호에게 의론했다.

"증거가 없는데, 어떻게 판결하면 좋겠소?"

"이거야 쉽게 가려낼 수 있습니다."

이렇게 자신 있게 대답한 뒤, 정호는 형님의 아들에게 물었다.

"자네 아버지가 돈을 묻은 지 몇 년이나 되었는가?"

"이십 년이 되었습니다."

이에 아전을 보내 천전(千錢 : 한 꾸러미)을 갖다가 살펴 본 뒤, 다시 물었다.

"지금 국가에서 주조한 동전은 5~6년이 채 안되어 천하에 두루 통용한다. 그런데 이 동전은 모두 자네 아버지가 묻기 수십 년 전에 이미 주조한 것이니, 이는 어찌된 까닭인가?"

그러자 형님의 아들은 마침내 잘못을 시인하였고, 현령은 몹시 기특하게 여겼다.

정이(程頤)16) 시강(侍講)이 지은 「정호행장(程顥行狀)」에 보인다.

안(按) 주위의 증언만 구하다 보면, 더러 허위가 있기 마련이다. 하지만 직접 실물(實物) 증거를 가지고 맞춰 보면, 이는 진실한 법이다. 소송을 제기한 자가 땅속에서 발굴한 돈이 자기 아버지가 묻은 것이라 주장했지만, 실물 동전을 갖다가 점검해 보니 모두 옛날 돈이었다. 어찌

---

16) 정이(1033~1107년) : 송나라 洛陽(지금 하남 락양시) 사람으로, 字는 정숙(正叔). 북송의 유명한 철학자로, 흔히 '이천선생(伊川先生)'이라 부름. 형 程顥와 함께 주돈이(周敦頤)한테 배워 북송 理學의 기초를 세워 '二程'이라 부름. 哲宗 때 벼슬이 崇政殿說書에 이르러, 시강(侍講)이라 부름. 왕안석의 新法 개혁 정치를 반대하고, 30여 년간 학문을 강의함. '인간의 욕망을 제거하고 하늘(자연)의 이치를 보존함[去人欲, 存天理]'이 그 학문의 주된 목표이며, 타고난 기질의 맑고 흐림[淸濁]에 따라 현명함과 어리석음의 재질이 차이 난다는 '기품(氣稟)'설을 주장함. 易傳을 지었으며, 후대 사람이 편집한 『유서(遺書)』와 『이천선생문집(伊川先生文集)』 등이 『이정전서(二程全書)』에 실려 전해짐.

옛날 돈을 골라 땅 속에 묻어 보관할 리가 있겠는가? 이를 증거로 삼으니 망령된 무고(誣告)임이 밝혀지고, 그 사람도 감히 승복하지 않을 수 없었던 것이다.

평석 당률(송형통) 잡률(雜律)에 보면, "타인의 땅 속에서 오래 전부터 묻혀 있던 물건을 발견하여 숨기고 내놓지 않은 자는, 땅 주인에게 돌려주어야 할 몫을 계산하여 좌장론(坐贓論)에서 세 등급 감경 처벌한다."는 규정이 있다. 만약 고대 유물이나 문화가치가 있는 기물을 발굴한 경우, 관청에 즉시 신고하지 않으면, 마찬가지로 처벌한다는 율주(律注)도 있다. 소의(疏議)에 인용한 영(令)의 규정에 따르면, 남의 땅에서 매장물을 발견하면, 발견자와 땅 주인이 절반씩 나눠 가져야 하는데, 주인에게 발견 사실을 알리지 않거나 절반을 나눠주지 않으면 처벌한다는 취지이다.

그런데 관청의 주택이나 토지를 빌려 거주·경작하는 경우에는, 임차인이 주인이 되고, 실제 노동·작업하다 발견한 자와 절반씩 나눠 갖는다고 해석하고 있다. 따라서 임차인이 직접 발견한 경우에는, 문화 유물이 아닌 한 전부 가져도 된다는 뜻이다. 그리고 사인(私人)의 주택이나 토지를 빌려 거주·경작하는 경우에는, 그 임차인 자신이 직접 발견하든 임차인의 일꾼이 발견하든 간에, 실제로 매장물을 발견한 사람이 본 주인과 함께 절반씩 나누도록 해설하고 있다. 문화 유물인 경우에는, 어디서 발굴하든 즉시 관청에 신고·이송하고, 그 대가를 보상받는다.

그러므로 이러한 매장물에 관한 율령(律令)의 규정 및 유권 해석에 따르면, 임차한 토지 가옥이 국유냐 사유냐에 따라, 배분 귀속 주체가 좀 불합리하고 불공평해지는 셈이다. 어쨌든 이러한 법에 의하면, 여기서 돈을 발견한 아우는 집 주인인 형님(의 아들)과 절반씩 나누어야 한다. 그런데 정호가 이 점을 간과하고, 국유 임차와 똑같이 착각한 것인지, 아니면 편저자가 반분(半分) 문제는 생략한 것인지 불분명하다.

12. 리남공(李南公)이 멍든 흔적을 문질러 보다

리남공 상서(尙書)가 장사(長沙) 현령일 적에, 한번은 두 사람이 서로 치고 박고 싸웠다. 갑(甲)은 강하고 을(乙)은 허약했는데, 두 사람이 모두 시퍼렇고 뻘겋게 멍든 상흔을 내세우며, 서로 피해자라고 우겼다. 그래서 리남공이 두 사람 모두 앞으로 가까이 나오라고 불러, 몸소 손가락으로 상흔을 문질러 보았다. 그랬더니 을(乙)의 상처는 진짜이고, 갑(甲)의 상처는 거짓이었다. 이 사실을 바탕으로 신문하자, 과연 갑(甲)이 폭행자이고, 을(乙)이 피해자로 밝혀졌다.

남쪽 지방에 거류(欅柳)라는 나무가 있는데, 그 잎을 문질러 살갗에 즙을 바르면, 마치 얻어맞아 피멍 든 것처럼 시퍼렇고 빨건 무늬를 낸다. 또 그 껍질을 벗겨 살갗에 가로 얹어 놓은 뒤 불로 인두질하면, 몽둥이로 쳐 맞은 듯한 피멍 무늬가 드는데, 물로 씻어도 벗겨지지 않는다. 그러나 진짜 얻어맞아 든 상처는 피가 엉켜 단단하게 느껴지고, 거짓 피멍은 그렇지 않다. 리남공은 바로 이러한 차이를 가지고 진위를 가려낸 것이다.

사림(士林)에서 들은 이야기이다.

안(按) 구타 폭행의 사건은 상처를 증거로 삼는데, 이러한 상흔도 거짓으로 위조할 수 있으니, 어찌 잘 가려내지 않을 수 있겠는가? 그래서 특별히 소개한다.

13. 리처후(李處厚)가 시체를 물로 적셔 보다

태상박사(太常博士) 리처후[17]가 로주(盧州) 신현(愼縣)의 현령일 적에, 폭행치사 사건이 생겼다. 리처후가 가서 시체를 점검하는데, 술지게미와 석회수로 엷게 씻어 보아도, 도무지 아무런 상처 흔적도 없었다. 그런데 어떤 노인이 찾아와 만나길 청하더니, 이렇게 조언하는 것이었다.

"저는 이 읍의 옛날 서리(書吏)입니다. 상처를 점검하시는데 흔적이 보이지 않는다는 소식을 듣고 찾아왔습니다. 붉은 기름을 먹인 우산을 한낮 태양 아래 펼쳐 시신을 가린 다음, 물을 뿌려 시신을 적시면, 흔적이 틀림없이 곧장 드러날 것입니다."

리처후가 그가 말한 대로 했더니, 상처 흔적이 선명하게 나타났다. 그 후로 양자강과 회수(淮水) 유역에서는 가끔 이 방법을 쓰고 있다.

심괄(沈括) 내한(內翰)이 지은 『몽계필담(夢溪筆談)』에 보인다.

안(按) 무릇 증거에 의지하여 소송을 재판하는 경우에는, 단지 직접 보고 들은 사람(증인)의 진술(증언)만을 캐물을 것이 아니라, 또한 그 사건을 잘 조사하고 관련 물품을 세심히 점검하여 증거로 삼아야 한다. 그러한즉, 상처 흔적을 검사하는 사람은 더욱이 마음을 다해야 한다. 그래서 리남공이 상처 흔적을 문질러 본 사안을 수록하고, 그 뒤에 리처후가 시신을 물로 뿌려 적셔 본 사안을 소개한다.

평석 이러한 검시(檢屍) 방법의 임상 경험지혜가 차곡차곡 쌓여, 무원록(無冤錄)이나 세원록(洗冤錄) 같은 전통시대 법의학서가 탄생하였으리라! 현대 법의학에서 보면 좀 유치하고 미신 같은 내용도 있겠지만, 한의학과 마찬가지로 밝혀지지 않은 신비도 적지 않을 것이다.

---

17) 리처후: 송나라 복주 련강(福州 連江: 지금 복건 련강현) 사람으로, 字는 재지(載之). 仁宗 때 진사가 되어, 太常博士를 지내고 조봉랑(朝奉郎)에 이름. 淮南 등 6路의 다세제거(茶稅提擧: 차세의 관리 감독)를 맡음. 순희(淳熙: 남송 孝宗의 세 번째 연호. 1174~1189년) 9년에 량극가(梁克家)가 지은 淳熙三山志(일명 長樂志. 三山은 福州의 별명)에 그의 행적이 실려 있음.

제 12 장

사특함을 꼬투리 잡음

「구특(鉤慝)」편

1. 리숭(李崇)이 유배 병사를 속이다

이미 「석원(釋寃)」편에 나왔다.

안(按) 「적간(擿姦)」편에서 리숭이, 서로 자기 아이라고 다투는 간사함을 적발해 내려고, 잠시 속임수로 아이가 죽었다고 거짓말하며, 시체를 갖다가 장례나 치르라고 분부했던 사안도, 그 술법은 똑같다. 무릇 교묘한 속임수[巧詐]의 관점에서 보면 간사함[姦]이라 부르고, 은밀한 감춤[隱匿]의 관점에서 보면 사특함[慝]이라고 한다. 이렇게 관점에 따라 명칭을 구분했을 뿐, 실질 내용은 다를 게 없다. 그래서 이들을 밝혀내는 술법도 똑같은 것이다.

평석 간(姦)이 계집 녀(女)자 셋을 쓴 것은, 아마도 여자의 나쁜(부정적) 속성만 모아 놓은 뜻일까? 변덕 · 애교 · 아양 · 화장 · 수다 등, 모두 진실한 모습이 아니라, 인위적 기교로 꾸미는 속임수에 지나지 않는다. 이 속임수의 주목적이, 진실한 모습을 숨기고 감추는 은닉(隱匿)에 있으면, 특(慝)으로 부른다는 것이다. 사실 특(慝)은 글자 그대로 마음[心]속에 뭔가 숨기고 감춘다[匿]는 뜻이 아닌가?

2. 장윤제(張允濟)가 소 사건을 판결하다

당나라 장윤제[1]는 수(隋) 양제(煬帝) 대업(大業 : 605~617년) 년간에 무양(武陽) 현령이 되었는데, 덕(德)과 교화로 백성들을 가르치고 다스리기에 힘써, 백성들이 모두 그를 흠모했다. 원무현(元武縣)이 바로 옆에 인접해 있었는데, 거기에 한 사람이 암소를 가지고 처가에 8~9년간 붙어살았다. 그 사이 암소가 새끼를 낳아 10여 마리에 이르렀는데, 따로 분가(分家)하려고 하자, 처가에서 소를 주지 않았다. 그 현(縣)에서는 그 동안 거쳐간 여러 현령들이 한결같이 그 사안을 판결할 수가 없었다. 그래서 그 사람은 마침내 이웃 무양현까지 찾아가서, 장윤제에게 평단(評斷)을 요청하였다. 이에 장윤제는 정중히 사양하였다.

"그대의 현에도 현명한 현령이 계시는데, 어찌하여 여기까지 찾아온단 말인가?"

그러나 그 사람은 눈물을 흘리면서 끊임없이 간청하고, 그 까닭을 자

---

1) 장윤제 : 당나라 청주 북해(青州 北海 : 지금 산동 濰坊시) 사람으로, 처음에 隋에서 武陽 현령을 지냄. 당에 들어와 형부시랑(刑部侍郎), 幽州 자사에 이르고, 무성현남(武城縣男)에 봉해짐. 『구당서』 권185, 『신당서』 권197.

세히 여쭈었다. 그래서 장윤제는 마침내 그의 청을 받아들여, 소의 주인을 좌우에서 결박하고 머리에 두꺼운 천을 뒤집어씌운 다음, 그를 끌고 처가의 마을에 갔다. 거기서 동네 사람들에게 '소도둑을 붙잡아 데려왔다'고 말했다. 그리고는 마을에 있는 모든 소를 집합시킨 뒤, 각 주인에게 소를 소유하게 된 유래에 대해 물었다. 처가에서는 그 까닭을 모른 채, 혹시라도 사건에 연루할까 두려워한 나머지, 소송의 대상이 된 소들을 가리키며 이렇게 발뺌하였다.

"이들은 모두 딸과 사위네 소이며, 저희는 전혀 아는 바가 없습니다."

그때 장윤제는 마침내 소 주인(사위)의 머리에 뒤집어씌운 천을 풀어 젖히고, 처가 사람들에게 타일렀다.

"이 사람이 바로 그대의 사위오. 그러니 소를 돌려주는 게 좋겠소."

이에 처가 사람들은 그 자리에서 머리를 조아리고 죄를 시인하였다.

옛 『의옥집』에 출전이 『당서(唐書)』 「장윤제전(張允濟傳)」으로 적혀 있다.

안(按) 『사기(史記)』는 「골계전(滑稽傳)」의 뒷부분에 서문표(西門豹) 이야기를 덧붙여 놓았다. 서문표는 옛날의 착실한 관리인데, 다만 그가 하백(河伯)으로 하여금 더 이상 부녀자를 맞이하지 못하도록 중지시킨 일이, 하도 교묘하고 민첩하며 재치와 해학이 넘치기 때문에, '골계'라고 부른 것일 따름이다.[2)]

장윤제는 바로 서문표와 같은 부류의 인물이 아닐까? 이웃 현에서 찾

---

2) 『사기(史記)』는 본디 한(漢)나라 사마천(司馬遷)이 지었는데, 나중에 저소손(褚少孫)이 『사기』 가운데 몇 편에 대해 약간의 증보를 가했다. 바로 「골계열전(滑稽列傳)」도 본디 3장(章)의 고사만 실려 있었는데, 나중에 서문표 등 6장(章)의 고사를 덧붙였다.
서문표는 전국시대 위(魏)나라 사람으로, 위문후(魏文侯) 때 업령(鄴令)이 되어, 관개수로 12노선을 뚫고 장수(漳水)를 끌어다가 농업 생산력 향상에 크게 공헌하였다. 여기서 하백(河伯)이란 바로 장하(漳河)의 신(神)을 가리키는데, 업(鄴)의 삼로(三老)와 정연(廷掾: 행정담당관리) 등이 무당과 결탁하여 백성들의 재물을 수탈하면서, 매년 민간의 처녀를 뽑아 장하(漳河)의 신에게 시집보낸다는 명분으로 물속에 빠뜨려 죽였다. 서문표가 부임하여 무당과 삼로(三老)를 대신 물속에 던져 넣은 뒤, 그러한 미신이 마침내 그쳤다는 내용이, 『사기』 「골계열전」에 전해진다.

아온 한 데릴사위의 소를 찾아준 판결 또한 참으로 재치와 해학이 넘치기 때문에, 교묘하고 민첩한 해결을 내릴 수 있었다. 그러니 서문표가 하백(河伯)으로 하여금 더 이상 부녀자를 맞이하지 못하도록 중지시킨 일과 서로 비슷하다. 그러나 이는 사실 법을 잘 지키고 순리대로 다스리는 착실한 관리들이 사특함을 꼬투리 잡아내는 술법이다.

『의옥집』에 또 신향(新鄕) 현령 배자운(裵子雲[3])의 사안이 하나 더 실려 있다.

현의 주민인 왕공(王恭[4])이 변방에 수비 근무를 떠나면서, 암소 여섯 마리를 외삼촌 리진(李璡)의 집에 맡겨 놓았다. 그렇게 5년을 기르는 동안 송아지를 30마리나 낳았다. 그런데 왕공이 되돌아와 소를 돌려 달라고 찾자, 외삼촌은 엉뚱하게 딴전을 피웠다.

"너의 암소 두 마리는 이미 죽었으니, 나머지 늙은 암소 네 마리만 찾아가거라. 나머지는 네 소가 낳은 게 아니므로, 줄 수 없다."

이에 왕공은 현에 하소연했다. 그러자 현령인 배자운은 왕공을 감옥에 가둔 뒤, 소를 도둑질한 죄로 리진을 추가로 불러들였다. 리진은 몹시 당황하고 두려운 모습으로 관가에 당도했는데, 배자운이 대뜸 호통을 쳤다.

"이미 체포한 도적이, 너와 함께 소 30마리를 훔쳤으며, 소는 너의 집 안에 숨겨 두었다고 털어놓았다. 이제 그 도적을 불러내어 너와 대질 신문을 벌이겠다."

그리고는 두꺼운 천으로 머리를 덮어씌운 왕공을 끌어내어, 남쪽 담장 아래에 세웠다. 그러자 리진은 매우 다급해져 이렇게 실토했다.

"서른 마리의 소는 다름이 아니라, 저희 생질의 암소가 낳은 것이며, 결코 도둑질해 온 것이 아닙니다."

마침내 배자운은 왕공의 머리에 둘러씌운 천을 벗기게 하였는데, 이 모습을 본 리진은 너무도 깜짝 놀라 소스라쳤다.

---

3) 배자운 : 미상.

4) 王恭은 『조야첨재(朝野僉載)』 권5에는 王敬으로 표기하였음.

"아니 이는 우리 생질 아닌가?"

이에 배자운이 입을 열었다.

"이 사람에게 곧장 소를 돌려주게. 달리 무슨 할 말이 있는가?"

리진은 잠자코 아무 말이 없었다. 그러자 배자운 현령은 점잖게 리진에게 이렇게 타일렀다.

"5년 동안 소를 대신 기르느라 고생이 많았을 줄 아네. 그 대가로 특별히 다섯 마리는 그대 몫으로 떼어주노니, 나머지는 모두 왕공에게 돌려주게나."

이 소식을 들은 사람들은 모두 탄복하였다.

옛 『의옥집』에 출전이 적혀 있지 않다.

이 사안도 바로 장윤제가 사특함을 꼬투리 잡은 술법을 그대로 활용한 것이다. 단지 자기 현의 주민은 쉽게 불러들일 수 있고, 자기 현의 주민이 아닌 경우에는 자기 현까지 불러들이기가 어렵다는 차이가 있다. 그래서 장윤제가 이웃 현까지 몸소 찾아가서 도적을 체포하는 척한 것이다.

그러나 관할 행정구역을 벗어나 도적을 체포한다고 한 마을의 소들을 모두 집합시킨 조치는, 당시였으니까 가능했을 수 있지, 만약 다른 시대 같으면 단지 공문을 보내 체포 수사의 공조를 요청할 수 있을 뿐이다. 마치 다음에 나올 조화(趙和)의 사안처럼 말이다. 그렇지만 감쪽같이 민첩하게 처리하려는 형국에는, 대세로 보아 모름지기 이렇게 해야 할 것이다.

평석 기록으로 드러난 내용을 보면, 배자운의 판결이 합리(合理)적이고 합정(合情)적인 중도(中道)를 취했다고 칭송할 만하다. 장윤제의 사안에서는, 역시 '관할권'의 문제가 가장 커다란 논점이자 장애로 다가서는데, 장윤제가 먼저 본현(本縣) 현령의 관할권을 존중하여 정중하게 사양한 예절바름도 돋보인다.

현대는 물론 당대(唐代) 이후에도 율령(律令)상으로는, 장윤제와 같은 관할권 침범 행위는 월권(越權)으로 법률상 중대한 하자(흠)가 된다. 다만 요즘처럼 공무원이나 경찰들이 서로 관할권을 떠넘기며, 무사안일로 책임 전가에 급급한 행정공백(行政空白) 현상을, 다시 한 번 생각하는 귀감으로 삼았으면 좋겠다. 사실 관할권이나 절차와 같은 형식 문제가, 때로는 실질 정의를 제때 실현하는 데 치명적인 걸림돌이 되는 경우가 적지 않다.

3. 조화(趙和)가 돈을 찾아내다

당나라 때 강음(江陰) 현령인 조화[5]는 의종(懿宗) 함통(咸通 : 860~873년) 초기에 재판을 잘하기로 명성이 크게 떨쳤다. 회음현(淮陰縣)에 두 농부가 바로 이웃집에 살면서, 대대로 교분이 두터웠다. 그러다가 한번은 동쪽 이웃이 서쪽 이웃에게 토지 문서를 담보로 잡히고 돈을 빌려 썼다. 그런데 나중에 빌린 돈을 갚고 담보로 잡힌 토지 문서를 찾아올 때, 먼저 8백 꾸러미 돈을 건네면서, 너무나 가깝게 잘 아는 사이라고 믿고 영수증을 받지 않았다. 얼마 뒤 바로 나머지 돈 꾸러미를 마련해 가지고 찾아갔더니, 서쪽 이웃이 갑자기 딴전을 피우며, 한 푼도 받은 적이 없다고 시치미를 뗐다.

이에 동쪽 이웃은 현에 하소연하고, 주(州)에까지 소송을 제기했으나, 모두 받아들여지지 않았다. 마침내 하는 수 없이 이웃 현인 강음현에 찾아와 소송을 신청했으나, 조화는 점잖게 사양했다.

"우리 현의 행정은 몹시 형편없는데, 어떻게 당신의 억울함을 풀어 드릴 수 있겠습니까?"

5) 조화 : 미상.

이 말을 들은 동쪽 이웃은 울면서 통사정하였다.

"여기까지 와서도 억울함을 풀지 못한다면, 이제 더 이상 하소연할 곳도 없습니다."

그러자 조화는 거듭 다짐을 받았다.

"그대는 정말로 거짓말하지 않는 것이지요?"

"여기가 어디라고 감히 그런 엄청난 거짓말을 꾸며대겠습니까?"

이에 조화는 도적을 잘 잡는 포졸을 불러, 공문을 가지고 회음현에 가서 협조를 요청하도록 지시했다. 내용인즉, '강음현에서 노략질하던 도적이 붙잡혀, 이미 신문을 마치고 죄상까지 확인하였는데, 그와 함께 모의한 공범이 귀(貴) 회음현의 어느 마을에 사는 아무개라고 진술하였으므로, 그를 체포하여 본(本) 강음현에 압송할 수 있도록 협조를 요청한다.'는 것이었다. 그리고는 공범의 성명과 신상 특징, 거주지 등을 모두 서쪽 이웃을 지목하여 묘사했다.

서쪽 이웃은 자기는 아무런 혐의 사실이 없다고 굳게 믿었으므로, 처음에는 그렇게 두려워하지 않았다. 그래서 강음현에 압송당해 포승에 묶인 채 뜨락에 꿇려 앉힌 다음, 조화가 큰 소리로 호되게 꾸짖을 때도, 그는 눈물을 흘리며 억울하다고 하소연했다. 이에 조화가 다시 호통을 쳤다.

"사실 증거가 몹시 분명한데, 아직도 감히 속이고 숨기려 드느냐? 겁탈한 장물을 너의 집안에 숨겨 두었다고 하니, 모두 확인 점검해 보면, 금방 드러날 것이다. 당장 너의 집안 재산 목록을 차근차근 대면서, 출처를 낱낱이 밝혀라!"

그러자 죄수로 신문 받던 서쪽 이웃은, 동쪽 이웃이 관할권을 벗어나 이웃 현에 월소(越訴)를 제기한 줄은 미처 꿈에도 생각하지 못한 채, 이렇게 진술했다.

"시가로 환산한 양곡 몇 섬은 소작농 아무개가 바친 것이고, 고운 비단 몇 필은 집안 베틀로 짠 것이며, 동전 몇 꾸러미는 동쪽 이웃이 담보로 잡힌 토지 문서를 되찾으려고 갚은 것입니다."

이에 조화는 다시 한 번 확인 신문한 뒤, 이렇게 다그쳤다.

"그대가 강음현의 도적은 아닌데, 어찌하여 동쪽 이웃이 담보로 잡힌 토지 문서를 되찾으려고 이미 갚은 돈 8백 꾸러미를 감추어 두고, 받은 적이 없다고 시치미를 떼느냐?"

그리고는 동쪽 이웃을 불러내어 그와 대질시켰다. 이에 서쪽 이웃은 어쩔 줄 모르고 부끄러워하면서, 동시에 두려움에 떨며 마침내 죄를 시인하였다. 조화는 그를 본현(本縣 : 회음현)으로 압송하였는데, 토지 문서는 동쪽 이웃에게 되돌려 주게 하고, 법에 따라 처벌하였다.

옛 『의옥집』에 출처가 적혀 있지 않다.[6]

안(按) 조화가 사용한 술법도, 아마 장윤제에게 뿌리를 둔 것이리다. 근래 쓰인 소설(小說)에 후림(侯臨)[7] 시랑(侍郎)의 사안이 하나 실려 있다.

후림이 동양(東陽) 현령일 적이었다. 다른 현의 한 백성이 분가(分家)로 재산을 분할하면서, 값나가는 물건을 인척 집에 맡겼다. 그런데 인척 집에서 그 물건을 숨기고 시치미 떼어, 여러 차례 소송을 제기하였으나 찾지 못하고 있었다. 그 백성이 동양 현령 후림이 잘 다스린다는 명망을 듣고, 찾아와 억울함을 풀어 달라고 하소연한 것이다. 후림은 난처해서 이렇게 말했다.

"나의 관할은 그대가 사는 지역과 경계가 다르므로, 법(法)상으로 어떻게 해결해 주기가 참 어렵소."

그리고는 일단 맡겼다가 못 찾고 있는 물건 목록을 작성해 놓고 가보라고 지시했다. 반년쯤 지나 동양현 안에서 한 강도가 붙잡혔는데, 이때

---

6) 이 사안은 오대(五代)의 고언휴(高彦休)가 지은 『당궐사(唐闕史)』에 실려 있다.

7) 후림 : 송나라 온주(溫州 : 지금 절강 온주시) 사람으로, 字는 돈부(敦夫). 휘종(徽宗) 때 섬서전운부사(陝西轉運副使), 룡도각학사(龍圖閣學士), 경주(慶州) 지사를 거쳐 연안부(延安府) 지사를 지냄. 나머지는 미상. 『북송경무년표(北宋經撫年表)』 권64. 『송사』에는 열전이 없음.

를 틈타 후림은 강도에게 거짓으로 무슨 장물을 아무개 집에다 맡겨 놓았다고 진술하도록 시켰다. 그리고는 그 인척을 강도의 장물을 은닉한 혐의로 체포하여 투옥시킨 다음, 불러내어 신문하였다.

그러자 그 인척은 강도가 맡겼다고 진술한 금은 비단 등은, 모두 친척 아무개가 맡긴 것이라며, 울면서 하소연했다. 후림은 기다렸다는 듯이, 즉시 사람을 그 사람에게 보내 불러다가 대질 확인시키고, 그 물건들을 모두 돌려주게 했다.

이 사안도 조화가 사특함을 꼬투리 잡아낸 술법을 활용한 것이다. 비록 교묘함과 민첩함은 그에 미치지 못하지만, 대신 침착함과 주도면밀함은 그보다 훨씬 뛰어나다. 비유하자면, 신중한 장수는 정말로 신출귀몰한 기묘한 전술이 나오지 않으면, 반드시 정도(正道) 원칙에 충실히 따르는 이치와 같다. 이렇게 속임수를 적절히 선용한다면 그르칠 일이 없으니, 그래서 더욱 귀중한 것이다.

평석 지금도 명의신탁(名義信託)을 기화(奇貨)로, 신의(信義)를 저버린 채 오리발 내밀며, 통째로 삼키려는 욕심이 얼마나 흉흉한가? 물론 재산 도피나 조세 포탈 등 나쁜 범죄 의도로, 실명(實名)을 은닉하기 위해서 자행하는 명의신탁은, 요즘 국민의 법 감정과 국가의 입법 정책이 보호하지 말자는 쪽으로 크게 선회한 느낌이다. 그렇다고 그걸 악용하여, 가만히 앉아서 손가락 하나 까딱 않고 가로채려는 생각은, 더욱 큰 배신(背信)과 불로소득(不勞所得)의 죄악이다.

요즘도 가끔 자금 출처를 조사하는 일이 있지만, 조세 행정이나 정치적 목적인 경우가 대부분이다. 또 그 방법도 예전과 같이 이러한 속임수 엄포는 쓸 수 없는, 이른바 '적법 절차'에 국한한다. 그러다 보니, 교묘하게 빠져나가는 대어(大魚)는 사실상 속수무책인 듯한 느낌마저 들어 왔다. 진실을 밝히고 정의를 실현하려는 국가(통치 권력과 사법 당국)의 선의지(善意志)가 얼마나 되는지?

4. 포증(包拯)이 은밀히 분부하다

포증 부추(副樞)가 처음에 양주(揚州) 천장(天長) 현령일 적이었다. 어떤 사람이 자기 집에 도적이 들어 소의 혀를 잘라 갔다고 신고해 왔다. 이에 포증이 신고한 소 주인에게, 집에 돌아가 그 소를 도살하여 고기를 내다 팔도록 은밀히 분부하였다. 과연 예기한 대로, 사사로이 소를 도살했다고 신고해 오는 자가 있었다. 이에 포증이 그에게 크게 호통을 쳤다.

"어찌하여 아무개 집 소의 혀를 잘라 가고, 그것도 모자라 그 소를 도살했다고 신고하느냐?"

그러자 그 자는 깜짝 놀라며 자기 죄를 자백하였다.

「본전(本傳)」에 보인다.

안(按) 근래 나온 소설에 또 조산대부(朝散大夫) 전화(錢龢)[8]의 사안 하나가 보인다. 전화가 일찍이 수주(秀州) 가흥(嘉興) 현령일 적에, 어떤 마을의 한 백성이 자기 소가 도적에 피살(被殺)하였다고 신고해 왔다. 이에 전화는 그에게 이렇게 분부했다.

"그대는 재빨리 집에 돌아가, 관청에 신고했다는 말을 하지 말고, 그냥 같은 마을 사람들을 불러 모아 소를 갈라라. 그런 뒤 소고기를 아는 사람에게 모두 널리 나눠주되, 혹시 원망하거나 원한 있는 사람이 있으면 곱절로 주라"고 시켰다.

그 백성은 시키는 대로 했다. 과연 이튿날 그 소고기를 가지고 관청에 찾아와, 일반인이 허가 없이 사사로이 소를 도살했다고 신고하는 자가 있었다. 전화는 곧장 그를 붙잡아 신문하였더니, 정말로 그가 소를 살해한

---

8) 전화 : 송나라 전당(錢塘 : 지금 절강 항주시) 사람으로, 字는 절중(嵒仲). 또는 절보(嵒甫). 벼슬이 직비각(直秘閣), 형남부(荊南府) 지사에 이름. 나머지는 미상. 남송 도종(度宗 : 1265~1274년 재위) 때 잠설우(潛說友)가 지은 地方志인 『함순림안지(咸淳臨安志)』 권65와 『북송경무년표(北宋經撫年表)』 권110.

범인이었다.

이 사안도 포증이 사특함을 꼬투리 잡아 낸 술법을 활용한 것이다. 대개 평소에 감정을 품고 있던 원수가 아니면, 그렇게 할 수 없을 것이라고 미루어 짐작하고, 이러한 속임수를 써서 범인으로 하여금 다시 한 번 제 발로 걸어 나와 신고하도록, 꼬투리 잡은 것이다.

옛날에 한(漢)나라의 조광한(趙廣漢)은 "정체를 감춘 채 꼬투리 잡기를 잘하여 사건의 진상을 밝혀내곤 하였다.[善爲鉤距, 以得事情.]"(『한서(漢書)』「조광한전(趙光漢傳)」)고 전한다. 『한서(漢書)』의 주(注)에서 진작(晉灼)은, "구(鉤)란 치(致)이고, 거(距)란 폐(閉)이다"고 해설하였다. 이는 대개 자기의 술법을 닫아 감추는 것이 거(距)이고, 상대방에게 전혀 눈치 채지 못하게 하는 것이 구(鉤)라는 뜻이다.

무릇 너무 깊숙이 숨겨져 있어 밝혀낼 수 없기 때문에, 꼬투리[鉤 : 갈고리 · 낚시]로 이끌어 내는 것이다. 그런데 만약 상대방이 그것이 꼬투리(낚시)임을 알아차린다면, 그는 틀림없이 더욱 깊숙이 숨어 들어가고 말 것이다. 마치 물고기가 낚시 바늘을 알아채고 연못 깊숙이 도망가, 끝내 잡을 수 없게 되는 것과 같다.

역사에서도, "오직 조광한만이 지극히 정밀하여 이 방법을 사용할 수 있었으며, 다른 사람은 아무리 본받으려 노력해도 그를 따라갈 수 없었다."고 칭송한다. 여기서 소개한 몇 분의 군자들은 재주와 지혜가 남달리 뛰어났기 때문에, 조광한과 별 차이 없이 비슷했다고 할 수 있겠다.

평석 인권과 적법 절차를 가장 존중하는 현대 법치국가에서는, 이렇게 속임수로 꼬투리 잡는 술법은 허용할 수도 없겠다. 하지만 여기서도 지적된 바와 같이, 고도의 지혜와 전문 기술을 요구하는 이 술법의 본래 특성상으로도, 일반 검경의 수사나 법관의 심리에서 보편적으로 활용할 가능성은 별로 없어 보인다. 다만 국가 정보기관이나 공안(公安) 기관 등의 특수 수사에서 더러 활용할 소지가 있을 것 같기도 하다.

제 13 장 도둑을 관찰함

「찰도(察盜)」편

1. 장창(張敞)이 직책을 맡기다

한(漢)나라 장창[1]이 경조윤(京兆尹)이 되었을 때, 장안(長安)시에 도둑이 들끓어 상인들이 골치를 앓았다. 장창이 집무를 시작하면서, 맨 처음 한 일은 지방의 원로와 유지들을 찾아다니며, 중요한 도둑 두목 몇 사람의 신원을 파악하는 것이었다. 도둑 두목들은 모두 집안 형편이 넉넉하고 유복하여, 밖에 나다닐 때 어린 머슴이 말을 타고 시중들 정도였으며, 마을에서도 그들을 대단한 어르신네로 여기고 있었다.

장창은 그들을 모두 불러 모아 접견하면서, 따끔하고 점잖게 문책하였다. 그리고 지금까지의 죄를 모두 없었던 걸로 용서해 줄 테니, 그 대신

1) 장창 : 漢나라 하동 평양(河東 平陽 : 지금 산서 臨汾현) 사람으로, 字는 자고(子高). 처음에 태복승(太僕丞)이 되었다가, 宣帝 때 京兆尹에 부임하고 태원(太原) 태수(太守)에 이름. 『한서』 권76.

다른 도둑들을 모두 잡아들이는 데 앞장서 협조함으로써, 그 죄 값을 갚으라고 분부했다. 그러자 도둑 두목이 이렇게 요청했다.

"오늘 하루아침에 우리들이 관청에 불려 나온 것을 알면, 다른 도둑들이 깜짝 놀라고 수상히 여겨 모두 숨어 버릴까 두렵습니다. 그러니 저희들 모두에게 적당한 직책을 내려주십시오."

그래서 장창은 두목들에게 모두 아전 직책을 맡기고, 일단 되돌아가 쉬라고 했다. 그러자 두목들은 돌아와 술자리를 벌였는데, 다른 작은(부하) 도둑들이 모두 축하 인사를 하러 모여들었다. 시끌벅적하게 술들을 마시고 거나하게 취하자, 도둑 두목이 살며시 붉은 흙으로 작은 도둑들의 옷자락을 빨갛게 물들였다. 그때 바깥 골목에서 앉아 기다리고 있던 관청의 포졸들이, 술자리가 파하여 나오는 빨간 흙물 든 옷 입은 자들을 모조리 체포하였다. 이렇게 하루 동안 체포한 도둑만 수백 명이나 되었다.

그들이 저지른 도둑질을 철저히 조사한 결과, 더러는 한 사람이 백여 건이나 되는 것으로 밝혀져, 모두 법에 회부하여 처벌하였다. 그로 말미암아 그 뒤로는 장안 시내에는 범죄를 경고하는 북소리가 거의 울리지 않았으며, 시장에도 더 이상 도둑이 없게 되었다.

『한서(漢書)』「장창전(張敞傳)」에 나오는데, 옛 『의옥집』에는 실려 있지 않다.

안(按) 도적을 잡지 못하면, 소송 재판이 반드시 많아진다. 그래서 도적을 정찰하여 다스리는 일은, 간특(姦慝)을 다스리는 일과 똑같이 중요하다. 이런 까닭에 옛 『의옥집』에서도 팽성왕(彭城王) 고유(高湝)[2]가 채소 잎에 글씨를 쓴 사안(「迹盜」편)과, 려원응(呂元膺)[3]이 상여를 수색한

---

2) 팽성왕 고유 : 北齊 高祖로 추존(追尊)받은 고환(高歡)의 다섯째 아들로, 字는 자심(子深). 처음에 東魏에 벼슬하여 창주(滄州) 자사를 지냈고, 北齊가 대신 들어선 뒤 彭城王에 봉해져 太師, 錄尙書까지 오름. 『북제서(北齊書)』 권10. 『북사(北史)』 권51.

3) 려원응 : 당나라 운주 동평(鄆州 東平 : 지금 산동 동평현) 사람으로, 字는 경부(景夫). 현량과(賢良科)에 우수한 성적으로 급제하여 헌종(憲宗 : 806~820년 재위) 때 악주(鄂州) 관찰사를 지내고 리부시랑(吏部侍郎)에 이름. 『구당서』 권154, 『신당서』 권162.

사안(「察賊」편) 같은 종류의 10여 건을 수록하였다. 이제 이들 사안을 바탕으로 증보하여, 여섯 편(「察盜」·「迹盜」·「譎盜」·「察賊」·「迹賊」·「譎賊」편)으로 분류하였다. 장창이 도둑들을 이용하여 도둑들을 다스렸으니, 이보다 더 훌륭한 감독 정찰의 술법은 없기에, 이 사안을 맨 첫 머리에 싣는다.

또 후한(後漢) 때 황창(黃昌)은 촉군(蜀郡)의 태수일 적에, 도둑 대장 1명을 은밀히 체포하였다. 그러한 뒤 그에게 각 현(縣)의 완강하고 흉포한 자들의 성명과 거처를 모두 대라고 위협하여, 하나도 남기거나 빠뜨림 없이 모두 엄습하여 다스렸다. 그래서 고질적인 간악(姦惡) 분자들이 다른 지역으로 달아나 버렸다. 황창 같은 인물은 특히 엄한 행정을 용맹스럽게 펼친 예인데, 이 또한 장창이 도둑을 정찰한 술법을 활용한 것이다.

평석 사회의 기강 질서가 흐트러지고 민생 치안이 흔들릴수록, 폭력단체와 집단 범죄가 늘어나기 마련이다. 전장(戰場)에서도 통솔하는 장군을 사로잡거나 쓰러뜨리면, 나머지 병졸은 오합지졸로 쉽게 흩어진다. 마찬가지로 집단 범죄에서도 두목들을 회유하든 체포하든 구심점을 제거하면, 나머지 졸개들은 쉽게 무기력해진다.

특히 여기서 도둑으로 도둑을 잡는 이도치도(以盜治盜)의 작전을 활용한 것은, 병법(兵法)이나 법가(法家)의 통치술에서 유래한다. 이는 국제 정치 군사에서 흔히 말하는, '오랑캐로 오랑캐를 제압(견제)한다'는 이이제이(以夷制夷) 전략과 상통한다. 또 한의학이나 민간요법에서 말하는 이열치열[4]이나, 이독공독,[5] 이주해정[6] 등의 요법도 실질상 일맥상통한다.

여하튼 장창의 술법은 형사 정책상 매우 유용하고 효과적이어서, 나중에 당률(송형통) 명례율(名例律)에도 조금 변용한 형태로 일반화하기에 이른다.

"죄를 저지른 뒤 함께 도망하였다가(반드시 공범일 필요는 없음), 가벼운 죄

4) 이열치열(以熱治熱) : 뜨거운 음식으로 무더위를 이긴다.
5) 이독공독(以毒攻毒) : 독한 약으로 위독한 병을 공략한다.
6) 이주해정(以酒解酲) : 술 취한 뒤 酒毒을 술로 푼다.

인이 무거운 죄인을 체포하여 자수하거나(무거운 죄인이 사형에 해당하는 경우에는 살해하여 자수해도 같음), 경중이 같은 죄수끼리 절반 이상을 붙잡아 자수하는 자는, 모두 그 자신의 죄를 면제해 준다."

얼마나 파격적인 조치인가? 그것도 형법총칙의 일반 조항으로 규정했으니! 물론 지금도 정상 참작의 감경 사유는 될 것이다. 그러나 "범죄와 전쟁"을 선언하면서 폭력 단체 소탕 작전을 펼칠 때, 장창의 술법을 적절히 잘 활용해 보면, 커다란 성과를 거둘 수 있지 않을까? 특히 이 사안에서 나온 것처럼, 부유하고 할 일 없어 술 마시고 마약을 손대는 방탕한 족속들이 부쩍 늘고 있는 요즘 세태에, 많은 걸 공감하게 된다.

보충: 최근 송담스님 설법에서 들은, 쥐를 완전히 없애는 발본색원의 방책도 바로 이도치도(以盜治盜)의 작전이었다. 고양이를 키우면 쥐의 접근을 막을 수는 있지만, 고양이가 쥐구멍 속으로 따라 들어갈 수 없으므로 쥐를 잡지는 못한다. 그런데 쥐를 한 마리 잡아 굶겨가며 쥐살을 먹도록 길들인 다음 풀어놓으면, 그 쥐가 다른 쥐들을 닥치는 대로 잡아먹어 쥐가 없어지게 되고, 마지막에 그 쥐 한 마리만 잡아 처치하면 천하의 쥐를 완전히 박멸할 수 있다는 이야기다. 물론 이는 수행방법의 비유로 든 것인데, 요지는 '이 뭣고' 화두 하나에 전념하여 108번뇌, 아니 팔만사천 온갖 번뇌를 다스린다는 내용이다.

그러나 필자는 같은 값이면 다홍치마라고, 화두보다는 '나무아미타불'에 전념하여 부처님의 자비광명으로 온갖 번뇌가 저절로 스러지는 염불을 권하고 싶다. 천년 동안 꽉 막힌 어두운 동굴에 횃불이나 촛불 하나만 밝혀도 어둠이 싹 사라지고 광명 천지가 되듯이, 우리 마음의 번뇌 망상과 무명(無明)의 어두움도 '아미타불'의 무량광명을 사념하며 불러내어 공명(共鳴)과 동조(同調)를 이루면, 자기 내면의 불성(佛性), 유가에서 말하는 대학의 길(道) 가운데 '명덕(明德)'이 점차 닦여져 빛을 발하기 시작하고, 이 빛이 훤히 밝아지면 마음속의 어둠이나 온갖 부정적 생각이 사라져, 우리 자신도 궁극에는 불보살님이나 성현처럼 신통광명을 발하게 된다.

2. 조처(曹攄)가 이치를 살피다

서진(西晉)의 조처가 락양(洛陽)의 수령일 적이었다. 하루는 폭설이 내렸는데, 그날 밤 궁궐 대문 앞의 행마(行馬)[7]가 갑자기 사라졌다. 이에 조처가 문지기 병사들을 잡아들였다. 다른 사람들은 모두 그렇지 않을 거라고 말했으나, 조처는 이렇게 말했다.

“궁궐 대문의 호위가 삼엄하여, 외부인들이 감히 훔쳐갈 수 있는 게 아니니, 틀림없이 문지기 병사들이 추위 때문에 모닥불 피우려고 썼을 것이다.”

그들을 신문한 결과, 정말 그렇다고 시인하였다.

옛『의옥집』에 출전이『진서(晉書)』「조처전(曹攄傳)」으로 적혀 있다.

안(按) 이는 사리(事理)로써 살핀 것이다. 조처가 만약 도둑을 이치로써 잘 살피지 못하고, 그냥 다른 사람들의 다수 의견에 따랐다면, 죄 지은 자들은 요행히 빠져나가고, 대신 무고한 이들에게 불똥이 튀겨나가, 재판 소송이 말할 수 없이 번잡해졌을 것이다. 그러므로 수사 재판의 기술이 여기서도 본받을 만한 게 있다.

평석 전통법상 재판을 담당하는 법관을 ‘추관(推官)’이라 불렀고, 중화민국 수립 이후 지금(대만)까지 ‘추사(推事)’라고 부른다. 이는 사안의 정황(事情)과 이치(事理)를 논리적으로 모순 없이 정확하게 추측·추론하여 진실을 밝혀낸다는 뜻이다.

---

7) 행마(行馬): 나무로 만든 통행 저지용 도구. 요즘 말하는 바리케이트

3. 소경(蘇瓊)이 이름을 적다

북제(北齊)의 소경이 서주(徐州)의 행대좌승(行臺左丞)으로 서주(徐州)의 행정을 대리할 적이었다. 성 안의 오급사(五級寺)에 갑자기 도둑이 들어, 구리로 만든 불상 1백 개를 훔쳐 갔다. 담당 관사에서 사방의 이웃과 행적이 수상쩍은 사람들을 수사하여, 혐의자 수십 명을 잡아들였다. 그러나 소경은 이들을 일시에 놓아주었다. 이에 절의 스님이 왜 도적을 잡아 다스리지 않느냐고 원망하자, 소경은 짤막하게 대답했다.

"우선 절에 돌아가 계시지요. 불상을 찾으면 알아서 보내 드리겠습니다."

그 뒤 열흘쯤 지나 소경은 도적의 성명과 장물 보관 장소를 적더니, 사람을 보내 엄습하여 모두 찾았다.

『북사(北史)』「소경전(蘇瓊傳)」에 나오는데, 옛 『의옥집』에는 실려 있지 않다.

안(按) 『북사』「소경전」에 또 하나의 사안이 실려 있다.

소경이 남청하(南淸河)의 태수일 적이었다. 위쌍성(魏雙成)이란 사람이 소를 잃어버렸는데, 그 마을 사람인 위자빈(魏子賓)을 의심하여, 그를 붙잡아 군(郡)에 압송했다. 소경이 한바탕 철저히 신문한 뒤, 그가 소도둑이 아닌 줄 알고 곧 놓아주었다. 그러자 소 주인 위쌍성은 볼멘소리로 하소연했다.

"아니 군 태수께서 도적놈을 놓아주시면, 이 백성의 소는 어디 가서 찾습니까?"

그러나 소경은 그의 말은 들은 척도 하지 않고, 나중에 은밀히 사람을 시켜 수소문한 뒤, 마침내 도적을 붙잡았다.

이 사안도 비슷한 종류에 속한다. 대개 소경도 (앞의 조광한처럼) 귀와 눈을 넓혀 도적을 살필 수 있었기 때문이다. 그래서 「소경전(傳)」에는 이렇게 적혀 있다.

"군(郡) 안에 있던 옛 도적들 1백여 명을 모두 자기 좌우에 포섭하여, 사람들 사이의 선악과, 아전들이 백성들에게 얻어 마시는 술 한 잔까지, 즉시 알지 못하는 사항이 없을 정도였다."

이들이 바로 그의 귀와 눈이었으리라. 그렇지만 '옛 도적들'이라고 적은 걸 보면, 틀림없이 그리 성실하지는 못했을 텐데, 어떻게 그렇게도 깊이 신임하고 친히 모든 것을 다 맡길 수 있었을까? 예컨대, 삼국시대 위(魏)와 오(吳)에서 두었던 교사(校事)[8]들이 권한을 몰래 남용·악용하여 정치를 크게 해쳐, 백성들이 모두 몹시 고통을 당하고 근심하다가, 마침내는 그들이 처형당하지 않았던가?[9]

그런데 소경이 도적들을 부리면서, 어떻게 위(魏)·오(吳)의 집권자보다 나은 묘책을 가지고, 그러한 환란을 피할 수 있었을까? 앞에 나온 장창이 도둑 두목들을 불러들여 훈계하고 모두에게 직책을 임명했던 것도, 단지 일시적으로 특별히 쓰기 위한 방편이었을 뿐, 그들을 항시 좌우에 거느리고 귀와 눈(정보 요원)으로 삼지는 않았다. 그가 후환을 깊이 염려한 때문이 아니겠는가? 소경이 귀와 눈을 널리 펼쳐 도적을 살핀 것은 괜찮지만, 이러한 일은 법으로 삼기에 충분하지 않기 때문에, 그 이치를 대략 밝혀 두는 것이다.

평석 예나 지금이나, 권력의 핵심 시녀인 정보기관의 권력 남용이, 국민에게나 권력(집권층) 자신에게나 가장 큰 위협과 골칫거리이다. 권력을 강화하고 유지하기 위해 동원한 수단이, 결국은 권력을 붕괴시키고 멸망케 하는 장본인이 되어 부메랑으로 되돌아오는 경우가 적지 않다. 칼로 일어난 자는 칼로 망한다고, 고대 로마도 제국을 지키려고 고용한 외국인 용병한테 결국 망하지 않았던가?

---

8) 교사(校事): 民情 시찰 정보기관.

9) 위나라의 로홍(盧洪)과 조달(趙達), 그리고 오나라의 오일(吳壹)과 장립(張立) 등이 대표 인물임.

4. 한포(韓褒)가 장수를 두다

북주(北周)의 한포[10]가 북옹주(北雍州)의 자사일 적에, 그 일대 북산(北山)이 울창하여, 도적들이 많이 들끓었다. 한포가 은밀히 가서 살펴보니, 모두 부강한 토호들이 하는 짓이었다. 그러나 겉으로는 전혀 모르는 척하면서, 토호들을 융숭한 예의로 대접하면서, 이렇게 당부하였다.

"신임 자사는 서생(書生) 출신이니, 어떻게 도적들을 다스릴 줄 알겠소? 그래서 경(卿)들의 도움에 힘입어, 근심 걱정을 분담했으면 좋겠소."

그리고는 평소 못된 짓을 일삼아 동네의 골칫거리이던 불량 청년들을 모두 불러 모아 책임 장수[主帥]로 임명하고, 지역을 나누어 각각 분담시켰다. 그러면서 만약 책임 구역 안에서 도적이 발생했는데 붙잡지 못하는 자는, 도적을 고의로 놓아준 죄로 다스리겠다고 엄포를 놓았다. 그러자 이들은 당황하고 두려워한 나머지, 스스로 실토하였다.

"지금까지 발생한 도적은 사실 모두 저희들이 한 짓입니다."

그리고는 그들의 일당 패거리들의 성명을 모두 들이대면서, 도망갔다가 숨은 자들까지 모두 그 소재지를 신고하였다. 이에 한포는 도적들의 명부를 받아 보관하고, 주(州)의 대문 앞에 큰 방문(榜文 : 포고문)을 써 붙였다.

"자기가 도둑질한 줄을 스스로 아는 자들은, 재빨리 와서 자수하면, 바로 그 죄를 면제해 준다. 이번 달이 다 가도록 자수하지 않는 자는, 그 자신을 공개 처형함은 물론, 그 처자식과 재산은 모조리 몰수하여, 먼저 자수한 자에게 상으로 주리라."

그러자 한 열흘 사이에, 모든 도적이 하나도 빠짐없이 죄다 자수했다. 한포가 전에 받았던 도적 명부와 대조해 보니, 한 사람도 차이가 없었다.

10) 한포 : 後周 영천 영양(潁川 潁陽 : 지금 河南 登封현) 사람으로, 字는 홍업(弘業). 처음에 西魏에 벼슬하여 북옹주(北雍州) 자사가 되었으며, 後周에 들어와 少保에 임명받음. 주서(周書) 권37, 『북사(北史)』 권70.

그래서 그들의 죄를 모조리 용서해 주고, 스스로 개과천선해 새 출발하도록 허락했다. 그 뒤론 그렇게 들끓던 도적떼가 완전히 자취를 감추었다.

『북사(北史)』「한포전(韓褒傳)」에 나오는데, 옛『의옥집』에는 실려 있지 않다.

안(按) 한포가 도적들을 살핀 것은 장창과 비슷하다. 그러나 윤상(尹賞)[11]이 장안(長安)의 수령일 적에 했던 방법은 좀 다르다.

윤상은 호조(戶曹)의 연사(掾史)와 향리(鄕吏)·정장(亭長)·리정(里正)·부로(父老)·오인(伍人) 등을 모두 불러 모았다. 그런 뒤 그들에게 장안 안에 있는 경박한 불량 청년과, 시적(市籍: 상업 등록증) 없이 장사를 하면서 화려한 옷이나 이상한 옷을 입은 자들을, 모조리 들이대도록 시켰다. 그렇게 해서 장부에 기록한 사람만 수백 명이나 되었다.

그리고는 어느 날 아침 장안의 관리들을 모두 집합시키고 마차 수백 대를 동원하여, 각각 지역을 나누어 그들을 체포하도록 출동시켰다. 그렇게 체포한 자들은 모두 도적들에게 편의나 음식을 제공한 죄로 기소하였다. 윤상이 그들을 몸소 하나하나 살펴본 뒤, 열 사람당 하나씩만 남겨 두고, 나머지는 모두 '호랑이굴[虎穴]' 속에 몰아넣었다.

땅을 가로·세로·깊이 모두 몇 길씩 되게 판 다음, 벽돌을 쌓아 성곽(벽)을 만들고, 큰 암석으로 그 입구를 덮어버리는데, 이것을 '호랑이굴[虎穴]'이라고 불렀다. 백 사람씩 한 굴에 집어넣었는데, 며칠 지나 한번 뚜껑을 열어 보면, 모두가 서로 뒤엉켜 포개진 채 죽어 있었다. 후세의 현령들은 하루아침에 이렇게 많은 관리와 수레를 동원할 수도 없을 뿐만 아니라, 또 감히 '호랑이굴'을 파서 수백 사람이 서로 뒤엉켜 포개진 채 죽도록 집어넣을 수(권한·배짱)도 없다. 무릇 시대가 다르면, 법도 다르기 때문이다.

---

11) 윤상: 漢나라 거록 양씨(鉅鹿 楊氏: 지금 하북 寧晋현) 사람으로, 字는 자심(子心). 成帝 때 長安 현령을 지내고 집금오(執金吾)에 이름. 『한서』 권90에 혹리(酷吏)로 수록함. 金吾는 양끝을 금으로 도금한 구리 방망이로, 이걸 가지고 권위를 나타낸다는 뜻의 치안 순시 감독관. 일설에는 '吾'를 '御'로 읽어, 금(쇠붙이·무기)을 붙잡아 비상사태를 통제한다는 뜻으로 해석. 또 金吾가 새[鳥] 이름이라는 설도 있음. 한 무제 때 中尉를 집금오로 바꾸었는데, 晋 이후 폐지함.

그리고 열 사람 당 하나씩 남겨 둔 수십 명은, 그들의 두목이거나, 또는 옛날 관리와 선량한 집안의 자제들로, 한때 잘못하여 타락하였으나 스스로 개과천선하기를 원하는 자들이었다. 윤상은 이들의 죄를 용서해 주는 대신, 앞으로 공을 세워 스스로 속죄하도록 단단히 훈계하였다. 그리고 힘을 다해 공로를 세운 자는, 윤상이 친히 자신의 발톱과 이빨[爪牙]로 기용했는데, 범인을 추격하여 체포하는 게 몹시 날쌔고 정확하였다. 그래서 각 군국(郡國)에서 도망해 온 불량배들이 모두 자기 곳으로 되돌아가고, 다시는 감히 장안을 넘보지 못하게 되었다.

『한서(漢書)』「윤상전(尹賞傳)」에 보인다.

윤상도 비록 도둑으로 도둑을 다스리면서, 그들에게 분수에 맞는 직책을 주어 잘 거느렸지만, 그러나 장창이 단순히 엄벌만을 사용하지는 않은 것과는 다르다. 그래서 그를 혹리(酷吏 : 잔혹한 관리)라 불러, 만대(萬代) 후세의 귀감으로 경계하는 것이다. 오직 한포가 도적을 살핀 방법만이, 장창에 비추어 별로 부끄러움이 없는 행동이다.

두 사람이 다른 게 있다면, 장창은 범죄인을 끝까지 다스려 다소 맹렬하게 바로잡았는데, 한포는 자수시켜 그 죄를 용서하여 다소 관대하게 베풀었다는 점이다. 그렇지만 장창의 맹렬함으로도 백성들이 쇠잔할 정도까지 이르지는 않으면서, 시내에 도적이 없어졌다. 또 한포의 관대함으로도 백성들이 태만할 지경까지 이르지는 않으면서, 도적 떼들이 자취를 감추었다. 그러니 이 두 사람은 모두 민생 치안을 잘 유지한 점에서 똑같다.

평석 한포가 모든 도적을 자수시켜 용서해 주고 새 출발을 허락한 조치는, 최근 남아프리카 공화국에서 만델라 대통령이 백인 독재 통치를 종식시키고, 그 동안 백인이 유색인에 대해 자행했던 인종 차별 및 학대 범죄를 자수시켜 용서해 주며 대화합과 새 출발을 선언한 일을 떠오르게 한다. 우리도 5·18 광주(光州) 문제를 그와 같은 방법으로 해결했어야 하는데……. 아무튼 아쉬움이 남는다.

윤상이 '호랑이굴'을 파서 백 명씩 몰아넣고 질식해 죽게 한 처사는, 5 · 18 직후 신군부 전두환 정권이 불순분자와 폭력배를 소탕한다는 명목으로, 각 경찰서마다 수많은 사람을 할당하여 마구잡이로 잡아들인 뒤, 혹독한 순화 작업을 실시하며, 심지어 관(棺) 속에 집어넣고 총살 공포까지 주었다는, 악명 높은 '삼청교육대'를 생각나게 한다.

5. 류경(柳慶)이 마신 것을 묻다

이미 「석원(釋寃)」편에 나왔다.

6. 장윤제(張允濟)가 파 도둑을 살펴 내다

당나라 장윤제가 처음에 수(隋)나라에 벼슬하여 무양(武陽) 현령이 되었을 때였다. 한 노파가 길가의 밭에 파[葱]를 심어 놓고, 움막을 지어 거기에 머물면서 지키고 있는 것을 보았다. 그래서 장윤제가 말을 건넸다.

"그냥 집에 돌아가 보시오. 이토록 번거롭게 지키고 앉아 있을 필요가 없소. 만약 도둑을 맞거든, 즉시 나에게 와서 신고하시오."

그 말을 듣고 노파는 안심하여 집으로 돌아갔다. 그런데 하루 저녁에 파가 몽땅 털렸다. 신고를 받은 장윤제는 파를 심은 밭의 좌우 주변에 사는 사람들을 불러 모은 뒤, 하나씩 하나씩 앞으로 나아오도록 호령하여, 유심히 듣고 살펴보았다[聽]. 그리하여 마침내 파 도둑을 찾아냈다.

옛 『의옥집』에 출전이 『당서(唐書)』 「본전(本傳)」으로 적혀 있다.

안(按) 『주례(周禮)』(「秋官」 「小司寇」편)에는 재판심리 방법이 나온다. “다섯 가지 소리(五聲)로 옥송(獄訟)을 듣고 심리하여, 백성(당사자)들의 진실한 정황을 밝힌다. 첫째는 말로 듣는다.(辭聽 : 그가 말하는 걸 관찰해 보면, 정직하지 못한 자는 말이 번잡하다.) 둘째는 빛깔로 듣는다.(色聽 : 그의 낯빛을 관찰해 보면, 정직하지 못한 자는 낯빛이 붉어진다.) 셋째는 숨결로 듣는다.(氣聽 : 그의 숨결[氣息]을 관찰해 보면, 정직하지 못한 자는 숨결(호흡)이 헐떡거린다.) 넷째는 귀로 듣는다.(耳聽 : 그가 귀로 듣는 모습을 관찰해 보면, 정직하지 못한 자는 남의 말에 곧잘 귀가 솔깃하니 흔들린다.) 다섯째 눈으로 듣는다.(目聽 : 그가 눈으로 보고 살피는 모습을 관찰해 보면, 정직하지 못한 자는 눈빛이 흐릿하니 주위를 잘 두리번거린다.)”[12]

장윤제가 파 밭 좌우 주변에 사는 사람들을 불러 모은 뒤, 하나씩 하나씩 앞으로 다가오게 호령하여 유심히 듣고 살펴보아[聽], 마침내 파 도둑을 찾아낸 것도, 대개 이 방법을 사용했으리라.

그렇지만 그의 의도와 기질이 자못 긍지와 과시에 찬 인상을 풍기며, 부득이해서 이 방법을 사용한 것 같지는 않다. 그렇다면 이는 『렬자(列子)』의 「설부(說符)」편에 나오는 진(晉)나라의 “극옹(郄雍)이 도둑을 잡는데, 도둑의 눈썹 사이를 빤히 살펴보아 진범을 찾아냈다”는 고사와 무엇이 다를 바 있겠는가?[13]

진실로 백성들로 하여금 도둑질하는 걸 부끄러워하게 만들 수 없다면, 차라리 노파가 스스로 지키는 걸 그냥 놔두는 편이 낫다.

평석 이 사안의 원문에서 혐의자들을 하나하나 앞으로 불러내어 ‘들어 보았다[聽]’고만 표현하고 있다. 그래서 단지 신문하여 대답하는 말을 들어 보았다는 일반 의미로 볼 수도 있고, 편저자가 인용한 『주

12) 다섯 조목 가운데 ( ) 안의 ‘ : ’ 뒤 구절은 정현(鄭玄)의 주(注)를 풀어 옮긴 것임.
13) 극옹이 비록 백 명의 도둑 가운데 한 사람도 놓치지 않았지만, 도둑이 끝내 그치지 않았고, 극옹도 마침내 도둑에게 피살(被殺)하였다고 전하지 않는가?

례(周禮)』의 다섯 가지 듣는[五聽] 방법을 모두 포함한다고 볼 수도 있다. 여기서 듣는 대상은 대답하는 말소리에 국한하지 않고, 낯빛·숨결·귀로 듣는 모습·눈으로 보는 모습까지 다양한 감각을 모두 포함하는 게 자연스럽게 받아들여진다. 그렇다면 한 걸음 더 나아가, 현대 중국어에서 '聞(듣다)'이 '냄새를 맡다'는 뜻으로도 쓰이는 사실을 참작하고, 이 사안의 목적물이 독특한 냄새를 강하게 풍기는 '파'인 점을 감안하여, '聽'도 바로 '파 냄새를 맡아보았다'는 후각까지 포함하지 않을까 생각한다. 어쩌면 파 냄새를 맡아 도둑을 잡겠다는 게, 장윤제의 본래 의도였을지도 모른다. 물론 그러는 가운데, 말과 숨결·낯빛 등도 모두 함께 자연스럽게 듣고 살폈을 테지만!

백성들이 도둑질하는 걸 스스로 부끄럽게 여기도록 만드는 길에 관하여, 『론어(論語)』에 나오는 공자의 주된 가르침 두 가지만 소개한다.

첫째, "정치 명령으로 인도하고 형벌로 다스리면, 백성들이 빠져나가면서도 부끄러워할 줄 모르지만; 도덕 교화로 인도하고 예의로 다스리면, 백성들이 부끄러워할 줄 알면서 저절로 올바르게 된다.[道之以政, 齊之以刑, 民免而無恥; 道之以德, 齊之以禮, 有恥且格.]"(「爲政」편)

둘째, 계강자(季康子)가 도둑을 근심하여 공자에게 해결책을 묻자, 공자는 "진실로 그대가 탐욕스럽지 않는다면, 백성들은 설령 상을 준다고 할지라도 훔치지 않을 것이다."(「顔淵」편)고 대답하였다.

한 마디로 통치자가 청렴(淸廉) 윤리로 솔선수범하면서, 먼저 도덕(道德)과 예의(禮義)로써 교화시키는 길뿐이다. 이것이 유가의 인정(仁政)이요, 왕도(王道) 정치이다.

7. 소(蘇)아무개가 도둑을 잡다

당나라 무측천[14] 때, 태평공주(太平公主)[15]의 창고 안에서 황제에게 하사 받은 보물 그릇이 없어졌다. 천후(天后: 武則天后)가 몹시 노하여, 도둑을 빨리 체포하라고 아주 준엄하게 독촉하자, 관리들이 모두 두려워 벌벌 떨었다. 당시 호주(湖州)에 소(蘇)아무개라는 별가(別駕)[16]가 있었는데, 간사한 죄인을 잘 잡고, 특히 은밀히 숨겨진 죄상을 잘 파헤치기로 유명했다.

도둑을 잡으러 순찰을 돌던 포졸이 네거리에서 소아무개를 만나 이 사건을 들려주고, 함께 락양현(洛陽縣)에 가 보자고 요청하였다. 이에 하남부(河南府) 장사(長史)[17]를 접견하니, 장사(長史)가 물어 보고 곧 조정에 보고하여, 천후가 들여보내라고 분부하였다. 천후를 알현한 자리에서 소아무개는 이렇게 아뢰었다.

"청컨대, 우선 각 부(府)와 현(縣: 관청)에 내린 엄명을 좀 늦추어주시고, 도둑을 잡는 관리와 병졸들을 모두 신하에게 맡겨 주십시오. 며칠 안에 틀림없이 도둑을 붙잡아 폐하께 바치겠습니다."

천후는 그렇게 하라고 허락했다. 이에 소아무개는 관리와 병졸들에게 락양성의 동·북쪽 문에서 은밀히 지키면서 살피라고 분부했다. 얼마 안 되어, 여남은 명의 사람들이 삼베로 만든 상복(喪服)을 입고, 성문을 나가 북망산(北邙山)으로 가고 있어, 그들을 몰래 추적한다는 보고가 들어왔다.

뒤따라 가보니, 과연 여남은 사람이 새로 만든 한 무덤에 이르러, 제사 음식을 진설한 뒤 곡(哭)은 하는데, 슬퍼하지 않는 모습이었다. 그리고 제

---

14) 무측천(武則天): 685~704년 재위. 흔히 측천무후(則天武后)라고 부름.

15) 태평공주: 당 고종(高宗: 650~683년 재위)의 딸로, 측천무후 소생. 황제의 총애를 몹시 받아 권세가 막강하였음. 나중에 모반죄로 현종(玄宗: 712~755년 재위)에게 사사(賜死)당함. 『구당서』 권183, 『신당서』 권83.

16) 별가(別駕): 자사를 보필하여 모든 사무를 규율하던 관직.

17) 장사(長史): 부윤(府尹)을 보필하는 부직(副職).

사를 마친 다음 무덤 옆을 따라 돌면서, 서로 쳐다보고 웃는 것이었다. 이 모습을 지켜보던 소아무개는 "범인을 잡았다"고 기뻐하며, 마침내 포졸들에게 그들을 모두 체포하라고 지시했다. 그리고 그 무덤을 파헤쳐 관을 열고 확인하였더니, 잃어버린 보물 그릇이 바로 그 안에 들어 있었다.

천후가 기뻐하며 물었다.

"무슨 수로 도둑을 붙잡았는고?"

이에 소아무개가 답변하였다.

"신하는 다른 특별한 기술이 있는 게 아니라, 단지 도둑을 식별해 냈을 뿐입니다. 신하가 도성에 당도하던 날, 바로 이들이 성문 밖으로 나가는 장례행렬을 마주쳤는데, 그때 한 눈에 이들이 도둑인 줄 알았습니다. 다만 어디에 장례 지냈는지 알지 못해 궁금했는데, 오늘이 청명절(清明節)이라, 이들이 성묘하러 성 밖에 나갈 게 틀림없다고 판단하여, 포졸들에게 성문에서 지키고 있다가 그 뒤를 쫓아가도록 지시하여 붙잡은 것입니다.

무덤에서 곡(哭)은 하면서도 슬퍼하지 않은 것은, 매장한 게 사람이 아니라는 뜻입니다. 그리고 무덤 옆을 따라 돌면서 서로 웃은 것은, 무덤이 아무 탈 없이 잘 있는 걸 기뻐한 때문입니다. 지난번에 만약 폐하께서 도둑을 한시 바삐 잡으라고 부(府)와 현(縣)에 성화를 내며 독촉하셨다면, 이 도적들이 다급하게 여긴 나머지 묻어 둔 보물 그릇을 파내 가지고 도망갔을 게 틀림없습니다."

이 말을 들은 천후는 훌륭하다고 칭찬한 뒤, 그의 관직을 특별히 두 등급이나 승진시켜 주었다.

옛『의옥집』에는 출전이 밝혀져 있지 않다.18)

평석 속담에 "쩍 하면 입맛이요, 뚝 하면 호박 떨어지는 소리이다"고 하더니, 한 눈에 수상한 낌새를 알아채고 범인을 식별해 내는 능

18)『태평광기(太平廣記)』 권171에 인용한 내용에 따르면, 이 사안은 지금은 전해지지 않는 당(唐)나라 우숙(牛肅)의 『기문(紀聞)』에 실렸던 것이라고 한다.

력도, 천부적으로 타고나는 게 아닌가 여겨진다. 이 정도면 현대 서양의 명탐정에 전혀 손색이 없지 않을까?

8. 동행성(董行成)이 도적을 꾸짖다

당나라 때 회주(懷州) 하내현(河內縣)의 동행성[19]은 도적을 잘 알아냈다. 어떤 사람이 하양(河陽)현의 장점(長店)에서 노새 한 마리와 짐꾸러미를 함께 훔쳐, 이른 아침 날이 샐 무렵 회주에 도착했다. 마침 동행성이 시내에서 그를 마주쳤는데, 대번에 "저기 도적놈 게 섰거라!" 하고 꾸짖었다. 이에 깜짝 놀란 도적은 노새에서 내려 즉시 훔친 사실을 자백했는데, 한참 뒤 노새 주인이 뒤를 쫓아 거기에 당도하였다. 그래서 사람들이 어떻게 도적인 줄 알았느냐고 묻자, 이렇게 대답했다고 한다.

"이 노새가 급히 걸으며 땀을 뻘뻘 흘리는 모습은, 장거리 여행이 아님이 분명합니다. 또 사람을 보고 노새를 끌어당겨 멀리 비켜 가려고 한 것은, 뭔가 숨기려고 겁먹은 속마음을 나타냅니다. 그래서 도둑질한 것인 줄 알아챘습니다."

옛 『의옥집』에 출전이 밝혀져 있지 않다.[20]

안(按) 소아무개와 동행성은 명성이 있는 인물은 아니다. 다만 도적을 잘 식별해 내는 한 가지 특별한 재능 때문에, 옛 『의옥집』에 실려 후세까지 전해지는 것이다. 이는 하회지(賀懷智)의 비파와 미가영(米嘉榮)의 노래와 리모(李謨)의 피리 부는 솜씨 등이, 당나라 때 유명한 시인들

---

19) 동행성 : 미상.

20) 당나라 장삭(張鷟)이 지은 『조야첨재(朝野僉載)』 권5에 실려 있는 것으로 나타났다.

의 시구(詩句) 속에 들어가 전해지는 것과 비슷하다.[21]

만약 아무런 특별한 재능도 없다면, 누가 다시 그들을 칭송하겠는가? 그러니 이들 사안이 잊히지 않고 후세에 전해지도록 수록한 사실만으로도, 자기만의 독특한 재능을 가진 사람들에게 충분한 격려가 될 수 있다.

9. 배도(裵度)가 인감을 기다리다

당나라 배도[22]가 중서성(中書省)에 재직 중일 때, 소속 관리 하나가 갑자기 중서성의 관인(官印)이 없어졌다고 보고하였다. 동료 직원들은 모두 깜짝 놀라 당황하며, 얼른 철저히 조사하자고 나섰다. 그런데 배도는 대수롭지 않은 듯, 물어 보지도 않고 내버려두었다. 한참 지난 뒤, 다시 관인(官印)이 원래 그 자리에 그대로 있다는 보고가 들어왔다. 이에 배도가 빙긋이 웃으면서 동료 직원들에게 말했다.

"이는 틀림없이 그 관리가 역마 탑승권에 관인(官印)을 몰래 찍으려고 수작을 부린 것입니다. 만약 그때 다급하게 족쳤다면, 그는 당황하여 관인을 물 속이나 불 속이나 던져 버리고 말았을 것입니다."

이에 동료 직원들이 탄복해 마지않았다.

조린(趙璘)[23]이 지은 『인화록(因話錄)』에 나오는데, 옛 『의옥집』에는 실려 있지 않다.

---

21) 하회지의 비파 타는 솜씨와 리모의 피리 부는 솜씨는 당나라 원진(元稹)이 「련창궁사(連昌宮詞)」에 묘사하고 있고, 미가영의 노래 솜씨는 류우석(劉禹錫)이 「여가자미가영(與歌者米嘉榮: 노래꾼 미가영에게 주는 시)」에 잘 나타내고 있다.

22) 배도: 당나라 하동 문희(河東 聞喜: 지금 산서 문희현) 사람으로, 字는 중립(中立). 德宗 때 진사가 되고, 憲宗 때 中書侍郎, 同中書門下平章事에 이름. 공을 세워 진국공(晋國公)에 봉해짐. 『구당서』 권170, 『신당서』 권173.

23) 조린: 당나라 평원(平原: 지금 산동 평원현) 사람으로, 字는 택장(澤章). 宣宗 때 左補闕(보궐은 측천무후 때 설치한 관직으로, 황제에게 간언과 인재 추천을 함. 좌보궐은 門下省, 우보궐은 中書省에 속함. 북송 때 사간(司諫)으로 바뀜. 습유(拾遺)라는 관직

안(按) 이는 대개 사리(事理 : 사물의 이치)로 도둑을 살펴 낸 것이다. 배도는 대수롭지 않은 듯 물어 보지도 않고 그냥 내버려두었다. 이는 앞의 사안에서 소아무개가 부(府)와 현(縣)에 도둑을 빨리 잡으라는 엄명을 늦춰 달라고 청한 것과 의미가 똑같다. 소아무개는 엄명을 늦추고 은밀히 살핌으로써, 도둑질한 사람들을 붙잡았다. 배도는 찾을 생각조차 안하고 그냥 기다림으로써, 도둑맞은 물건을 되찾았다. 그러니 이들은 모두 사건을 아주 잘 처리했다고 칭송할 만하다.

허중선(許仲宣)[24]은 오대(五代) 후한(後漢)[25] 때, 처음 진사에 급제하여 조주(曹州) 제음(濟陰)현의 주부(主簿)가 되었다. 그 전에 현의 관인(官印)은 현령과 주부가 밤낮을 번갈아 가며 관장하였다. 당시 현령에게는 첩이 있었는데, 현령의 총애를 서로 독차지하려고 본 부인과 다투었다. 현령이 이를 잘 말릴 수도 없는 형편이었다. 그런데 첩이 그만 원한을 품고 주인을 죄에 빠뜨리려고, 현의 관인을 몰래 훔쳐 감추고, 그 함은 감쪽같이 그대로 밀봉해 놓았다.

허중선이 그 관인함을 인계 받았는데, 이튿날 아전이 관인을 쓰려고 함을 열어 보니, 텅 빈 함뿐이었다. 그래서 현의 아전들은 물론, 현령과 주부의 하인들과 집안 식구들을 모두 불러들여, 하나씩 신문하였다. 그리하여 마침내 현령의 집 부뚜막 잿더미 속에서 관인을 찾아냈다. 처음 관인이 없어진 줄 알았을 때, 모든 사람이 한결같이 두려워했는데, 허중선은 전혀 동요하는 기색조차 없이 태평스러웠다. 그러다가 허중선이 과연 관인을 찾아내자, 모든 사람들이 그의 도량에 탄복하였다.

과 합쳐 '遺補'로 불림.)에 이름. 『인화록(因話錄)』 6권을 지었는데, 현전하는 판본에는 이 사안이 없으며, 『태평광기(太平廣記)』 권77에는 唐 無名氏가 지은 『玉泉子』에 나온다고 인용하고 있음.

24) 허중선 : 송나라 청주(靑州 : 지금 산동 益都현) 사람으로, 字는 희찬(希粲). 五代 때 진사에 급제하여 後漢・後周 때 계속 벼슬하고, 송나라 때는 급사중(給事中)에 이름. 『송사』 권270.

25) 후한(後漢) : 947~950년 존립.

이 사람은 정말로 사건을 잘 처리할 도량과, 도둑을 살펴 낼 만한 식견을 함께 갖춘 인물이다. 앞의 사안에서 관리가 중서성의 관인을 훔친 것은, 역마 탑승권을 몰래 찍으려는 욕심이 있었기 때문이다. 뒤의 사안에서 첩이 현의 관인을 훔친 것은, 원한을 품었기 때문이다. 이 두 가지로 도둑의 실상을 간파해 냈으니, 바로 이러한 점을 잘 응용해야 한다. 허중선은 나중에 송(宋)나라에 등용되어, 벼슬이 급사중(給事中)까지 이르렀다.

「본전(本傳)」에 보인다.

평석 공자도 "욕심이 성급하면 이를 수 없다[欲速則不達]"는 유명한 말씀을 남겼다. 남들이 미처 보지 못하는 사물의 기미(機微)를 먼저 알아차리는 식견은, 확실히 성현 군자의 선견지명(先見之明)이요, 지혜이다.

그렇지만 이 식견과 선견지명을, 아직 아무 눈치나 낌새도 모르는 일반 대중에게 성급히 불쑥 발설하고 알아주길 바라면 안 된다. 사람들이 전혀 이해하지도 공감하지도 못해, 의심과 비웃음만 사기 때문이다. 제 아무리 현명하고 지혜로운 성현 군자라도, 자신의 주관적인 식견만 내세우고 상대방 대중의 객관적 수준과 상황을 고려하지 않으면, 뜻을 이루지 못하고 낭패를 맛보게 된다. 그래서 "욕심이 성급하면 이를 수 없다"고 경고한 것이다.

더구나 먼저 알아차린 기미(機微)가 하늘과 인간 사이의 중대한 사안인 경우, 이를 섣불리 내뱉으면 바로 천기(天機) 누설이 되어, 그 죄(재앙)를 자신이 뒤집어쓰는 예도 허다하다. 사실 예수를 비롯한 동서고금의 뭇 성현과 선지자들이 갖은 박해와 고난을 당한 역사적 자취도 바로 그러한 실증이 아닐까?

따라서 이 선견지명의 식견을 평범한 듯 감추고, 화광동진(和光同塵)으로 처세하며 기다리는 넉넉한 도량(度量)이 함께 필요하다. 선견지명의 지혜가 하늘과 자연을 향한 도(道 : 진리)의 인식이라면, 화광동진의 도량은 인간과 사회에 대한 덕(德 : 사랑 · 자비)의 실천으로 볼 수 있다. 불교에서 말하는 "위로 보리(진리 · 깨달음 · 도)를 구하며, 아래로 중생을 교화(제도)한다[上求菩提, 下化衆生]"는 명제도, 바로 이러한 맥락에서 이해할 수 있다.

도에 대한 인식과 통찰은 기민(機敏)할수록 좋지만, 그걸 밝히고 전하는 덕의 실천은 이른바 시절인연(時節因緣)과 중생 근기(根器)를 감안하여, 선후 완급을 적당히 조절해야 한다. 그래야 도덕(道德)을 겸비한 성현이 되고, 식견(지혜)과 도량을 겸비한 군자라고 할 수 있다. 물론 무턱대고 느긋하게 기다려서는 안 된다. 상황에 따라서는 1분 1초를 다투며 화급하게 재촉해야 할 사안도 있음을 잊어서는 안 된다. "번갯불에 콩 볶아 먹"는 민첩한 순발력과 기동성이 필요한 때도 있다.

10. 염제미(閻濟美)가 은화의 행방을 헤아리다

당나라 염제미[26]가 절서(浙西) 관찰사로 강남 일대를 다스릴 적이었다. 어떤 뱃사공이 한 상인의 화물을 실어 나르게 되었다. 상인이 맡긴 짐은 매우 많고 자질구레하였는데, 상인은 화물 가운데 은화(銀貨) 10정(錠)을 몰래 숨겨 넣었다. 이 모습을 본 뱃사공은 강을 건넌 뒤, 상인이 뭍에 올라간 틈을 타서 은화를 살짝 훔쳐, 배가 정박한 곳 물속에 떨어뜨려 놓았다. 밤에 배는 다시 강 건너 나루터로 돌아갔다. 상인은 이튿날 아침에야 짐 꾸러미를 점검하다가, 은화가 없어진 사실을 발견하였다. 그리고는 부랴부랴 그 뱃사공을 붙잡아 관가에 끌고 갔다.

이에 염제미가 물었다.

"배 위에 어떤 물건이 있던가?"

---

26) 염제미 : 당나라 德宗 때 사람으로, 어려서 진사에 급제한 뒤, 절서(浙西) 관찰사를 거쳐 공부상서(工部尙書)로 벼슬을 마침. 『구당서』 권185, 『신당서』 권195.

"아무리 찾아보아도 어떤 물건도 없습니다."

"어제 밤에는 어디서 묵었는가?"

"여기서 백 리쯤 떨어진 강물 갈라지는 곳에서 묵었습니다."

염제미는 급히 무사(武士)를 불러 뱃사공과 함께 가서 찾아보도록 명령했는데, 미리 무사에게 은밀한 지시를 내려놓았다.

"틀림없이 사공이 은화를 훔쳐 강물 속에 빠뜨려 놓았을 것이다. 능숙한 선원을 시켜 갈고리로 물속을 찾아보도록 하라. 찾으면 후한 상품을 주리라."

무사는 명령대로 좇아, 물속에서 상자를 건져 올렸다. 은화는 그 안에 있었으며, 봉함도 뜯기지 않은 채 그대로였다. 그리하여 뱃사공은 마침내 죄를 자백하였다.

옛 『의옥집』에 출처가 밝혀져 있지 않다.[27]

안(按) 백성을 다스리는 관리들은 늘상, 간사한 도적들이 감히 자기 죄악을 숨기고 속이는 걸 걱정한다. 사건을 잘 헤아리는 것은, 용병술에서 적군을 잘 헤아리는 것에 비유할 수 있다. 염제미가 뱃사공이 은화를 훔쳐 강물 속에 빠뜨려 놓은 줄 알아차린 것도, 바로 이 때문이다. 그래서 사건을 잘 헤아리는 것도 칭찬할 만하다.

11. 우양영(歐陽穎)이 아들을 구속하다

우양영[28] 랑중(郎中)이 흡주(歙州) 지사일 적이었다. 한 부잣집에 도둑이

27) 당나라 때 온정균(溫庭筠)이 지은 『건손자(乾膞子 : 말린 肉脯)』에 보인다.

28) 우양영 : 송나라 형남(荊南 : 지금 湖北 江陵현) 사람, 字는 고숙(考叔). 眞宗 때 진사가 되어 仁宗 때 직방랑중(職方郎中)으로 형남(荊南)을 맡음. 『송사』에 열전은 없음.

들어, 창고문을 활짝 열어젖힌 사건이 생겼다. 범인을 몹시 다급하게 체포하려고 서둘렀으나, 오래도록 붙잡지 못하자, 담당 관리가 아주 고민하였다. 이에 우양영이 "잡지 말라"고 분부했다. 그런 뒤 혼자 가만히 그 부잣집의 두 아들을 부르더니, 바로 구속하여 감옥에 가두고 신문하기 시작했다. 그러나 관리나 지역 주민 모두 "이들은 평소 착실한 아들들인데……" 하며 몹시 괴이하게 여겼다.

마침내 두 아들이 죄를 자백했는데, 그래도 사람들은 오히려 심한 고문을 이기지 못해서 허위 자백한 게 아닐까 의심하였다. 그러나 그들이 훔친 물건을 어디에서 찾아내 모두 틀림없이 확인하기에 이르렀다. 이때야 사람들은 모두 "우양공(歐陽公)이 정말 신명이다"고 탄성을 지르며 고개를 끄떡거렸다.

우양수(歐陽修) 참정(參政)이 지은 「우양공묘지(歐陽公墓誌)」에 보인다.

12. 하중립(何中立)이 일을 보기 시작하다

하중립[29] 룡학(龍學)이 개봉부(開封府)의 지사일 적이었다. 부임하기 전에 어떤 도둑이 자효사(慈孝寺)에 몰래 들어가, 신명(神明)께 공양 올리는 기물을 훔쳤다.[30] 전임 부(府)지사인 리현(李絢)[31]이 그 도둑을 소속 관리

---

29) 하중립 : 송나라 허주 장사(許州 長社 : 지금 河南 許昌시) 사람으로, 字는 공남(公南). 仁宗 때 진사가 된 뒤, 개봉부(開封府) 지사를 거쳐 룡도각직학사(龍圖閣直學士), 廣州 지사에 이름. 『송사』 권302.

30) 자효사(慈孝寺)는 송(宋) 인종(仁宗 : 1023~1063년 재위)의 양모(養母)인 장헌황태후(章獻皇太后)의 영정을 모시고 공양 올렸다고 하는데, 이 사안에서 도둑이 훔쳤다는 '신어복기(神御服器)'도 절에서 통상 부처님께 공양 올릴 때 쓰던 기물보다는, 바로 황태후 영정에 공양 올리던 기물이었을 가능성이 커 보인다.

31) 리현 : 송나라 공주 의정(邛州 依政 : 지금 四川 邛崃현) 사람으로, 字는 공소(公素). 仁宗 때 진사가 된 뒤, 開封府 임시 지사를 거쳐 蘇州 지사로 나감. 『송사』 권302.

에게 신문하라고 맡겼는데, 끝내 죄를 부인하자, 그만 풀어 주었다.

그러다가 하중립이 부임하여 일을 보기 시작한 뒤, 어떤 사람이 전에 풀어 준 혐의자를 다시 붙잡아 왔다. 이에 하중립이 그를 뚫어지도록 빤히 쳐다보더니, "이 놈이 진짜 도둑이다"고 말하였다. 그리고 마침내 그를 철저히 신문하여, 그가 훔친 장물을 모두 찾아냈다.

「본전(本傳)」에 보인다.

안(按) 도둑이 죄를 시인할 때는, 반드시 장물을 증거로 찾아내야만, 고문에 의한 허위 자백이 아님이 분명히 확실해진다. 앞의 사안에서 우양영이 도둑맞은 부잣집의 두 아들을 홀로 가만히 구속하여 감옥에 가둔 것은, 대개 그 사건의 정황과 이치[情理]로 관찰한 결과이리라.

그리고 이 사안에서 하중립이, 이미 풀려났다 다시 붙잡혀 온 혐의자를 철저히 조사한 까닭은, 아마도 그 사람의 분위기와 모습[氣貌]으로 관찰해 집히는 게 있었기 때문일 것이다. 장물 증거까지 찾아내 죄상이 명백히 드러났는데, 어떻게 더 이상 버티고 부인할 수 있겠는가? 이들은 모두 도둑을 잘 관찰했다고 칭찬할 만하다.

13. 서적(徐的)이 불을 끄다

서적(徐的)32) 탁지부사(度支副使)가 형남부(荊南府)의 지사일 적이었다. 형남에는 그 전부터 화재가 자주 발생했는데, 간사한 자들이 화재를 틈타 도둑질을 일삼았다. 심한 경우 하룻밤 사이에 10건의 불이 나기도 했다.

32) 서적 : 송나라 건주 건안(建州 建安 : 지금 福建 建甌현) 사람으로, 字는 공준(公準). 진사가 된 뒤, 형호북로전운사(荊湖北路轉運使)를 거쳐 탁지부사(度支副使), 형호남로안무사(荊湖南路安撫使)를 지냄. 『송사』 권300.

이에 서적이 관내 불량 청소년들을 몇 명씩 조를 짜서 서로 감시하며, 문제가 발생하는 경우 연대 책임을 지도록 분부했다. 과연 그 뒤로 불길이 거의 끊어졌다.

「본전(本傳)」에 보인다.

안(按) 이 사안은 아마도 앞에서 한포(韓褒)가 도적을 살피던 술법을 응용했을 것이다. 만약 불이 난 곳에서 도둑까지 발생했는데, 범인을 잡지 못한다면, 그 지역을 감시하는 같은 조의 사람들이 고의로 범인을 놓아주었다고 간주하여 논죄하는 것이다. 그러면 그들이 어떻게 간사한 도적을 감시·체포하지 않을 수 있겠는가? 이로 말미암아 불길이 거의 끊기기에 이르렀으니, 그 전까지의 화재도 대부분 간사한 도적들이 일부러 지른 것임을 알 수 있다.

14. 팽사영(彭思永)이 소매치기 얼굴에 먹물로 글씨를 새기다

팽사영 시랑(侍郎)이 익주로(益州路)의 전운사(轉運使)일 적에, 성도부(成都府)의 행정도 대리로 맡았다. 당시 촉(蜀) 지역의 백성들은 교자(交子)라는 지폐로 거래하였는데, 대부분 그 지폐를 옷 허리띠 속에 넣고 다녔다. 그런데 도둑들은 손톱에다가 작은 칼날을 끼워 가지고 다니면서, 눈치를 보다가 빈틈을 타서 몰래 소매치기하였다. 소매치기 솜씨가 하도 능숙하고 날래어, 열 건이나 백 건에 이르도록 들키는 법이 없어서, 백성들이 몹시 골치를 앓았다.

이에 팽사영이 소매치기 한 사람을 붙잡아, 그 일당 패거리 이름을 모두 불도록 시켰다. 그런 다음 그들을 모두 잡아들여, 얼굴에 먹물로 '도둑'이라고 새기고, 각 군대에 편입시켜 버렸다. 그로 말미암아 마침내 도둑이 사라졌다.

「본전(本傳)」에 보인다.

안(按) 이 사안은 대개 앞에서 황창(黃昌)이 도둑 두목 한 사람을 체포한 다음, 그를 위협하여 각 현의 완강하고 포악한 자들의 명단을 모두 대도록 하고, 그들을 엄습하여 모조리 소탕했던 술법을 활용하였으리라.

만약 위협으로 강하게 요구하지 않았다면, 어떻게 자기 일당 패거리를 한 사람도 빠뜨리거나 숨기지 않고 모조리 대려고 했겠는가? 또 조를 나누어 그들을 엄습하여 소탕하지 않았다면, 어떻게 하나도 남김없이 모조리 얼굴에 먹물로 글자를 새겨 각 군대에 편입시킬 수 있었겠는가?

이 사안에서 팽사영이 비록 도둑들을 엄하게 다스렸지만, 잔혹하다는 악명은 남기지 않았다. 또 단지 간사한 죄악을 관찰하는 술법을 활용하는 데 그치고, 그것으로 백성들을 괴롭히거나 해치는 학정을 자행하지는 않았다. 그러니 그가 황창보다 훨씬 현명함을 알 수 있다.

제 14 장

도둑을 추적함

「적도(迹盜)」편

14

1. 윤옹귀(尹翁歸)가 유추 방법을 가르치다

한(漢)나라 윤옹귀가 우부풍(右扶風) 군수일 적에, 간사한 죄인의 명단을 각 현마다 작성해 두었다. 어느 책임 구역에서 도적이 발생하면, 윤옹귀는 곧장 해당 현의 우두머리 관리를 불러들였다. 그리고 간사한 죄를 저지른 범인의 이름을 알려 주면서, 유추(類推)의 방법을 사용하여 도적들이 지나간 곳과 숨어 있는 곳을 추적하도록 가르쳤다. 조사해 보면 늘상 윤옹귀가 말해 준 것과 같았고, 한 사람도 놓치거나 빠뜨리는 법이 없었다.

『한서(漢書)』「윤옹귀전(尹翁歸傳)」에 나오는데, 옛 『의옥집』에는 실려 있지 않다.

안(按) 윤옹귀가 간사한 자들을 다스림에는, 비록 각 현마다 명단(black list)을 작성해 두긴 했지만, 이들을 모두 줄줄이 처형하지는 않았다. 반드시 어느 책임 구역에서 도적이 발생한 다음에야, 비로소 해당 현의 우두머리 관리를 불러, 범인을 놓치지 않고 추적하도록 가르쳤다.

이런 점에서 앞에 나온 윤상(尹賞)이나 황창(黃昌)과는 다르다. 그래서 그들은 악명이 높았지만, 윤옹귀는 훌륭한 명예를 얻었다. 대저 그들의 재능은 자못 같지만, 덕은 서로 비슷하지 않은 것이다. 도둑을 추적하는 기술로는 이것이 가장 중요하기 때문에, 맨 처음에 수록한다.

2. 고유(高湫)가 마른 고기를 사들이다

북제(北齊)의 팽성왕(彭城王)인 고유[1]가 창주(滄州) 자사일 적이었다. 어떤 사람이 유주(幽州)로부터 노새에다 마른 사슴 고기[鹿脯]를 싣고 오다가, 창주의 경계에 다다라 다리가 몹시 아파 걸음이 느려졌다. 그런데 우연히 한 사람을 만나 함께 동행하는 사이, 그 사람이 그만 노새와 마른 고기를 통째로 훔쳐 달아나 버렸다.

이튿날 아침 창주의 관가에 신고했다. 그러자 고유는 곧 좌우 측근과 관료·아전들에게 각각 흩어져, 마른 사슴 고기를 가격에 상관없이 무조건 사오도록 명령했다. 물건을 잃어버린 주인이 사 온 고기 가운데 자기 것을 알아보고, 훔쳐간 도둑을 추적하여 붙잡았다.

그 뒤 고유는 도독(都督) 겸 정주(定州) 자사로 전근(轉勤)하게 되었는데, 당시 한 백성이 등에 흰털이 박힌 검은 소를 도둑맞았다. 그러자 장사(長史)인 위도건(韋道建)이 치중종사사(治中從事史)인 위도승(魏道勝)에게 이렇게 말을 꺼냈다.

"우리 자사가 창주에 계실 때, 간사한 도둑을 신명처럼 붙잡았다고 하

1) 고유: 「찰도(察盜)」편 각주 2) 참조.

던데, 만약 이번 소도둑도 잡는다면 정말 신명이 틀림없다."

이에 고유는 짐짓 상부의 명령이라고 둘러대며, 소가죽을 시가의 곱절로 사들였다. 사들인 소가죽을 소 주인에게 확인시켜 소도둑을 붙잡았다. 그러자 위도건 등이 탄복해 마지않았다.

또 한 번은 성(姓)이 왕(王)인 노파가 의지할 데 없이 홀로 살면서, 세 마지기 밭에 채소를 갈아 생계를 꾸리는데, 그 채소가 자주 도둑맞았다. 이에 고유가 사람을 시켜 채소 잎 뒤쪽에 몰래 글자를 써 놓도록 지시한 다음, 이튿날 시장에 가서 채소 잎 뒤쪽에 글자가 쓰여 있는지 조사하여, 도둑을 붙잡았다.

그 뒤로는 관할 구역 안에 도둑이 깨끗이 사라졌으며, 그의 정치 교화는 당시 제일 으뜸이라고 칭송이 자자하였다.

옛 『의옥집』에 출전이 『북사(北史)』 「고유전(高湫傳)」으로 적혀 있다.

안(按) 앞의 두 사안은 모두 뒤좇을 만한 자취가 있지만, 채소의 자취는 뒤쫓아 밝혀내기가 자못 어렵다. 그래서 글자를 써 두었다가 장물임을 입증한 것이다. 또 짐짓 상부 명령이라고 둘러대며 시가의 곱절로 소가죽을 사들인 술법 같으면, 속임수를 병행해 도둑을 잡아낸 것이다.

평석 교통이 별로 발달하지 않고 일상 활동 영역이 제한될 수밖에 없던 당시에, '도둑이 뛰어 봤자 벼룩이다'는 속담이 실감나는 사안이다. 그러나 당시 문명 환경에서 보면, 고유의 지혜는 정말 기발하게 돋보인다. 요즘은 햇빛을 선택적으로 가려 과일 표면에 글자를 자연스럽게 새기는 기법까지 상품화하고 있지만, 채소 잎 뒤에 글자를 써서 간사한 죄악을 추적하고, 의지할 곳 없는 농심(農心)을 달래 준 사랑의 슬기는 천추에 길이 빛나리라. 요즘 농가에서 농작물과 가축을 가리지 않고 차량으로 훔쳐 가는 전문 절도단이 판을 치는데, 이를 효과적으로 근절하는 묘안은 없을까?

3. 고개(高湝)가 신발의 주인을 찾다

북제(北齊)의 임성왕(任城王) 고개(高湝)[2]가 병주(幷州) 자사를 겸임할 적이었다. 한 아낙이 물가에서 옷을 빨고 있는데, 어떤 말 탄 사람이 아낙의 새 신발을 바꿔 신고 달아나 버렸다. 이에 그 아낙은 말 탄 사람이 벗어 놓고 간 헌 신발을 들고, 주(州)에 찾아가 하소연했다. 고개는 그 신발을 놓고 가라고 분부했다. 그런 뒤 성 안에 사는 나이든 아낙들을 모두 불러 모아놓고, 그 헌 신발을 보여 주며, 짐짓 이렇게 거짓말을 했다.

"어떤 말 탄 사람이 길가에서 도적에게 살해당했는데, 이 신발을 남겨 놓았다. 그런데 그에게 어찌 친척이 하나도 없겠는가?"

과연 한 노파가 나오더니, 손으로 가슴을 치며 통곡하는 것이었다.

"우리 아들이 어제 이 신발을 신고 처가에 갔는데……."

그 말을 듣고 신발을 바꿔치기한 도둑을 붙잡으니, 모든 사람이 일시에 그의 현명한 지혜를 칭찬하였다.

옛『의옥집』에 출전이『북사(北史)』「고개전(高湝傳)」으로 적혀 있다.

안(按) 고개가 헌 신발을 놔두고 가라고 한 것은, 그걸 가지고 범인을 추적하기 위함이었다. 또 나이 든 아낙들을 모두 불러 놓고 거짓말을 한 것은, 속임수를 곁들여 도둑을 잡기 위한 것이었다. 이는 앞에서 고유가 소가죽을 사들인 사안과 자못 비슷하다.

그런데 성 안의 나이 든 아낙들을 모두 불러 모을 수 있었던 것은, 북제(北齊)가 북위(北魏)의 전란 뒤끝을 물려받아, 병주(幷州) 성 안에 사는 사람이 별로 많지 않았기 때문이다. 그래서 모두 불러 모은다고 해도, 그리 번거로운 일이 아니었던 것이다. 정말 인구가 조금만 많았더라도, 뒤에

---

2) 임성왕 고개 : 北齊 高祖 高歡의 열째아들로, 任城王에 봉해져 대승상(大丞相)에 오름. 『북제서』 권10, 『북사』 권51.

나올 양진(楊津)의 사안처럼 훈시를 내릴 수밖에 없었을 것이다. 이는 때와 장소에 따라, 사안 별로 적절하게 대처해야 할 문제이다.

4. 장삭(張鷟)이 고삐를 풀어 주다

당나라 장삭이 하양(河陽)현의 위관(尉官)일 적이었다. 어떤 나그네의 노새가 고삐 줄이 끊어진 채, 안장까지 통째로 사라졌다. 잃어버린 지 사흘이 되도록, 사방으로 수소문했으나 찾지 못하자, 나그네는 마침내 현에 찾아가 신고했다. 이에 장삭이 추적 수사를 아주 급하고 엄하게 지휘하였는데, 그 날 밤 누군가 안장은 떼어 내 감춘 채, 노새만 살며시 풀어놓았다.

노새만 나타나자, 장삭은 "범인을 찾아낼 수 있지"라고 말하였다. 그리고는 노새에게 여물을 주지 않고 굶긴 다음, 고삐를 풀어놓아 주라고 지시했다. 그러자 노새는 제 발로 어젯밤 여물을 먹었던 곳으로 찾아갔다. 이에 그 집안을 수색하여, 풀 더미 속에서 안장을 찾아냈다. 이에 사람들이 모두 장삭의 지혜에 탄복하였다.

옛 『의옥집』에 출처가 밝혀져 있지 않다.[3]

안(按) 춘추시대 관중(管仲)[4]이 제(齊)나라 환공(桓公)의 재상이 되어, 산융(山戎: 북쪽 오랑캐)을 정벌하고 돌아오다가 길을 잃었다. 이때 관중은 침착하게 늙은 말의 고삐를 풀어놓아 주고, 그 말이 가는 대로 따

---

3) 이 사안은 장삭 자신이 지은 『조야첨재(朝野僉載)』 권5에 실려 있다.

4) 관중: 본 이름은 이오(夷吾). 춘추시대 齊나라 영상(潁上: 지금 안휘 영상현) 사람으로, 제환공(齊桓公: 이름은 小白, B.C.685~B.C.644년 재위)을 보필하여 제후들을 제패함. 『사기(史記)』 권62. 산융(山戎)은 북적(北狄)으로, 춘추시대 齊·鄭·燕 등과 인접해 있었는데, 제환공 23년 산융이 연나라를 침범하자 연나라가 제나라에 구원을 요청해, 제환공이 산융을 정벌하여 연나라를 구제함.

라가도록 명령하여, 마침내 길을 찾았다고 한다. 장삭도 아마 이러한 술법을 응용한 것이리라.

무릇 옛 길은 아무리 묵었더라도, 뒤쫓을 만한 흔적이 남아 있기 마련이다. 사람은 옛 길의 흔적을 알아보지 못하지만, 짐승들은 모두 알아볼 수 있으니, 그들의 힘을 빌려 찾는 것이 마땅하지 않은가? 이것 또한 군자가 사물의 이치를 잘 응용하는 본보기다. 앞에서 고헌지(顧憲之)가 소가 가는 대로 맡겨 주인을 찾은 사안도, 바로 이러한 이치를 활용한 것이다.

평석 예로부터 지혜로운 사람은 동물의 반응 동작을 유심히 관찰함으로써, 길흉을 판단하고 재난을 피해 왔다. 인간에게 둔화하거나 아예 퇴화한, 깊숙하고 섬세한 특수 감각 기관(안테나)이, 다른 동물들에게 생존의 본능으로 유달리 발달해 있음을 알아차리고, 이를 활용하는 것이다. 예컨대, 개는 사람보다 가청 주파수의 범위가 넓을 뿐만 아니라, 시각과 특히 후각이 예민하다. 특히 특종의 개는 군대나 경찰・세관 등지에서 범죄의 징후를 찾아내는 데 결정적 기여를 하고 있다. 만물에게 하늘(자연)이 부여한 재능이 각각 독특한 개성을 지닌 점을 잘 활용하여, 인간의 허약함과 부족함을 보완하는 것이다. 이러한 지혜가 인간 특유의 천부 재능이자, 만물의 영장이 되는 소이(所以)가 아닐까?

그런데 안타깝게도 인간의 탐욕과 지나친 과학기술 문명의 후유증으로 지구환경이 크게 바뀌고 생태계가 급속히 무너지는 소식이 세계 곳곳에서 때때로 들려온다. 꿀벌이 대량으로 사라지고, 고래를 비롯한 고등 바다동물들이 집단으로 폐사해 해안에 떠밀려온다는 심각한 소식도 있다. 휴대전화 등 강력한 전자파의 영향으로 꿀벌의 안테나가 심하게 교란당하여 제대로 방향감각을 잡지 못하고 사라지며, 거대한 잠수함 등에서 발사하는 초음파 때문에 고래의 안테나도 심하게 흐트러져 갈피를 못 잡는다는 추정도 있다. 그런가 하면 어떤 이유인지 지구의 자기장 자체가 급속히 바뀌면서, 동물들의 섬세한 안테나를 교란한다는 추정도 있다.

5. 상익(桑懌)이 옷을 찾다

상익[5] 내전숭반[6]이 일찍이 여수(汝水)와 영수(潁水) 사이에 살았는데, 부근의 각 현에 도둑이 제법 많았다. 상익은 기장(耆長 : 방범 대장)을 자청하여, 각 지역을 돌아다니며 간사한 범죄가 생기는지 시찰하였다. 그러는 가운데 동네 불량 청소년들을 불러 놓고, 단단히 훈계하였다.

"도둑질을 해서는 안된다. 내가 너희들을 가만 놔두지 않겠다."

얼마 있다가 동네 한 노인의 아들이 죽었다. 그런데 아직 시신을 염(殮)하여 관(棺)에 넣지 않은 사이, 밤에 도둑이 들어 시신의 옷을 벗겨 가고 말았다. 노인은 감히 관청에 신고하지도 못하고 있었다. 그런데 상익은 왕생(王生)이라는 불량 청소년의 소행으로 의심하고, 밤에 몰래 그의 방에 들어가 그 옷을 찾아냈다. 왕생은 그런 줄도 미처 모르고 있었는데, 이튿날 상익이 그를 만나자, 대뜸 이렇게 캐묻는 것이었다.

"너는 나에게 도둑질을 하지 않겠다고 다짐해 놓고, 엊그제 동네 아무 노인의 아들 시신의 옷을 훔친 게 바로 너 아니냐?"

이에 그의 낯빛이 움직이자, 상익은 곧장 그를 밀쳐 땅바닥에 넘어뜨린 뒤 줄로 묶고, 함께 도둑질한 공범의 성명을 추궁하였다. 그들을 모두 붙잡아 현에 압송하여, 결국 법대로 처벌하였다.

우양수(歐陽修) 참정(參政)이 지은 「상익전(桑懌傳)」에 보인다.

안(按) 한(漢)나라 때 주읍(朱邑)[7]이 동향(桐鄉)의 색부(嗇夫)가 되어, 깨끗하고 어진 정치를 베풀다가 대사농(大司農)까지 올랐는데, 죽으면

---

5) 상익 : 송나라 개봉 옹구(開封 雍丘 : 지금 하남 杞현) 사람으로, 협성위(郟城尉)와 永安현 순검(巡檢)직을 지내고, 仁宗 때 경원로 병마도감(涇原路 兵馬都監)으로 진수군(鎮戍軍)에 주둔해 지키다가 나중에 전사함. 『송사』 권325.

6) 내전숭반(內殿崇班) : 송나라 때 38직계 중 29번째의 武官.

7) 주읍 : 漢나라 려강 서(廬江 舒 : 지금 안휘 려강현) 사람으로, 字는 중경(仲卿). 젊어서 동향(桐鄉) 색부(嗇夫)가 된 뒤, 벼슬이 대사농(大司農)에 이름. 宣帝 신작(神爵) 원년(B.C.61년) 사망. 『한서』 권89.

서도 마지막 사랑을 동향에 남겼다. (죽으면 동향에 묻어 달라고 유언했는데, 동향 주민들이 그를 존경하고 흠모하여, 무덤을 만들고 사당을 세워 제사를 지냈다.) 또 뒤에 나올 후한(後漢)의 구람(仇覽)은 포(蒲) 지방의 정장(亭長)이 되어, 당시 사람들이 모두 그의 위대한 교화를 칭송하였다고 한다.

상익의 현명함이 비록 이러한 옛 사람들까지 미치지는 못하지만, 스스로 기장(耆長)이 되길 청한 일 또한 기록할 만하다. 그렇게 해서 마침내 당시 세상에 공을 세우고, 이름을 역사에 드리우고 있지 않은가? 이 사안은 특별히 그가 도적을 추적한 한 단면을 칭찬하고 있지만, 이 또한 세상 사람들을 격려하기에 충분하다.

제 15 장
도둑을 속여 잡음
「휼도(譎盜)」편

1. 고겸지(高謙之)가 가짜 죄수를 내세우다

북위(北魏)의 고겸지[1]가 하음(河陰) 현령일 적이었다. 어떤 사람이 포대에 기와 조각과 자갈을 담아 황금이라고 속이며, 그걸로 다른 사람의 말[馬]을 사서 달아나 버렸다. 그래서 그를 급히 추적해 체포하라는 칙명이 아주 엄하게 내려졌다. 이에 고겸지가 짐짓 가짜 죄수 하나를 만들어, 그에게 형구(刑具)를 채워 말을 사고파는 시장에 내세웠다. 그리고 이 자가 지난번에 가짜 황금으로 말을 사서 달아난 도적인데, 지금 붙잡아 공개 처형하겠다고 큰 소리로 선언하였다.

그러면서 사전에 핵심 측근 부하들을 은밀히 시켜, 이때 시장 안에서

1) 고겸지 : 北魏 료동(遼東 : 지금 遼寧 遼陽시) 사람으로, 字는 도양(道讓). 북위 효명제(孝明帝 : 516~527년 재위) 때 하음(河陰) 현령을 거쳐 나중에 주전도장장사(鑄錢都將長史)를 지냄. 『위서(魏書)』 권77, 『북사(北史)』 권50.

개인적으로 뭐라고 수군덕거리는 자가 있는지 잘 살피라고 분부해 놓았다. 과연 두 사람이 서로 얼굴을 쳐다보고 희희낙락거리며, "이제 걱정 없게 되었다"고 좋아하는 것이었다. 그들을 붙잡아다 신문한 결과, 그 일당을 모조리 체포하였다.

옛 『의옥집』에 출전이 『북사(北史)』 「고공지전(高恭之傳)」으로 적혀 있는데, 겸지는 그의 형이다.

안(按) 도둑을 속여 잡는 술법은, 간사함을 적발해 내는 것과 똑같다. 적간(擿姦)도 간사함을 속임수로써 적발해 내기 때문이다.

2. 모용언초(慕容彦超)가 창고에 땅굴을 파들어 가다

오대(五代) 후한(後漢)의 모용언초가 운(鄆)의 장수일 적에, 공공 창고[官庫]를 설치하였다. 거기서 궁박한 백성들에게 재물을 전당(典當) 잡고, 돈을 빌려 주곤 하였다. 그런데 어떤 간사한 주민이 가짜 은(銀) 2정(錠)을 전당 잡히고, 동전 10만(萬)을 받아 챙겼다.

주무 담당 관리는 그런 줄도 모르고 있다가, 오래 지난 뒤에야 비로소 발견하였다. 이 사실을 보고 받은 모용언초는, 담당 관리에게 한밤중에 창고 담장 밑으로 땅굴을 파고, 창고 안의 금은 비단 등 전당물을 모두 다른 곳으로 옮겨 보관한 뒤, 도적맞았다고 신고하도록 은밀히 분부했다.

담당 관리가 시킨 대로 하자, 모용언초는 곧바로 시내에 방문(牓文 : 공고문)을 붙여, 거짓 사고를 알렸다. 그러면서 전당을 잡힌 백성들은 각자 자신이 맡긴 물건과 그 가액을 신고하여, 관청의 보상을 받으라고 분부하였다. 그러자 백성들이 모두 앞을 다투어 찾아와, 자신이 맡긴 전당물을 신고하였다. 그 가운데는 가짜 은(銀)을 전당 잡힌 사람도 끼어 있어서, 그를 붙잡아 죄를 자백 받았다.

옛 『의옥집』에 출전이 『오대사(五代史)』 「모용언초전(慕容彥超傳)」으로 적혀 있다.

안(按) 전유제(錢惟濟) 류후(留後)가 성덕군(成德軍 : 眞定府)의 지사일 적이었다. 어떤 사람이 가짜 은을 전당 잡히고 돈을 빌려갔는데, 전당을 잡고 돈을 빌려 준 집에서 관가에 신고하였다. 이에 전유제가 그에게 은밀히 지시하였다.

"가서 전당 잡은 물품을 모두 도둑맞았는데, 도둑을 잡아오는 사람에게는 후한 상을 주겠다고, 큰 소리로 소문을 내기만 하시오. 그러면 틀림없이 가짜 은을 전당 잡힌 사람이 다시 찾아와 나머지 돈(은의 총 가액에서 빌려 간 돈을 뺀 잔액)을 내놓으라고 요구할 것이오."

지사가 시킨 대로 하였더니, 과연 가짜 은을 맡긴 자가 제 발로 찾아왔다. 이 사안도 모용언초가 도둑을 속여 잡은 술법을 활용한 것이다.

「본전(本傳)」에 보인다.

그렇다면 이렇게 고도의 속임수를 쓰는데도, 범인이 나타나지 않는 경우는 무슨 까닭일까? 더러는 도둑이 그 사이에 이미 다른 곳으로 옮겨가 버렸거나, 더러는 도둑이 그게 자기를 붙잡기 위한 속임수임을 알아차렸기 때문일 것이다. 그러므로 이러한 속임수를 쓸 때는, 아주 은밀하고 신속하게 처신해야 한다. 이 점은 바로 병법(兵法)과 똑같다.

평석 요즘 인쇄 기술이 고도로 정밀해지고 외화 사용이 자유로워지면서, 위조 외화의 유통이 금융 거래를 위협하고 있다. 옛날에야 경제 체제도 그리 복잡하지 않고, 사람들의 심성도 비교적 순박하여, 이러한 속임수 미끼가 약발이 섰지만, 지금도 과연 비슷한 속임수가 통할 수 있을까? 범인이 사후 상황을 확인하고 싶어 수소문하고, 또 전당 사기 같은 경우 아직 유보한 상당한 차액에 대한 욕심이 발동하여, 더러 되속임수에 걸려들 가능성이 좀 크다. 하지만 현대의 언론자유와 정보개방이, 과연 속임수에 필요한 철저한 기밀보안을 유지해 줄 수 있을지 의문이다.

3. 손면(孫沔)이 거지를 처형하다

이미 「징악(懲惡)」편에 나왔다.

4. 진술고(陳述古)가 종(鐘)에 제사를 올리다

진술고[2] 추밀직학사(樞密直學士)가 일찍이 건주(建州) 포성현(浦城縣)의 현령일 적이었다. 어떤 부자가 재물을 잃어버려 혐의자 여러 명을 붙잡았는데, 누가 과연 진짜 도둑인지 알 수가 없었다. 이에 진술고가 짐짓 거짓말을 꾸며댔다.

"어느 절에 있는 범종은 지극히 영험하여 도둑을 가려낼 수 있다."

그리고는 그 절에 사람을 보내 범종을 모셔다가, 관청의 후각(後閣)에 안치하고 임시 사당(祠堂)으로 꾸몄다. 이어 피의자들을 끌어내어 범종 앞에 세운 뒤, 이렇게 훈시하였다.

"도둑질을 하지 않은 자는 범종을 만져도 소리가 없을 것이며, 도둑질을 한 자는 범종을 만지면 소리가 날 것이다."

---

2) 진술고 : 송나라 복주 후관(福州 侯官 : 지금 福建 복주시) 사람으로, 이름은 상(襄). 인종 때 진사가 된 뒤, 포성현(浦城縣) 주부(主簿)로 현의 정사를 다스림. 벼슬이 추밀직학사(樞密直學士), 지통진은대사겸시독(知通進銀臺司兼侍讀), 판상서도성(判尙書都省)에 이름. 『송사』 권321.

이어 진술고는 스스로 동료 부하 직원들을 거느리고 범종을 향해 아주 경건하고 엄숙하게 기도를 올렸다. 제사 의식이 다 끝나자, 범종 주위에 장막을 둘러치고, 사람에게 먹물을 범종 표면에 살짝 바르도록 시켰다. 한참 지난 다음, 피의자들을 하나씩 그 안에 들어가 손가락으로 범종을 만져 보도록 명령했다.

장막 밖으로 나오는 사람들을 하나씩 검사해 보니, 모두 다 손가락에 먹물이 묻어 있는데, 오직 한 피의자만이 먹물이 전혀 묻어 있지 않았다. 먹물이 묻지 않은 자가 바로 진짜 도둑이었다. 범종을 만지면 진짜 소리가 날 줄 알고 지레 겁먹어, 감히 만질 엄두도 나지 않았던 것이다. 그를 신문하니 과연 바로 죄를 시인하였다.

심괄(沈括) 내한(內翰)이 쓴 『몽계필담(夢溪筆談)』에 보이는데, 거기에 "이것도 옛날 방법으로 소설에 나온다"고 적혀 있다.

안(按) 속임수[譎]는 정당한 방법[正]이 아니다. 그러나 사건에 따라서는, 속임수에 의지해 해결하는 경우가 있다. 그러니 이것 또한 어떻게 완전히 폐지할 수 있겠는가? 그리고 내가 또 일찍이 듣기로, 정당한 방법도 속임수를 완전히 폐지하지 않아야 그 공덕을 완성하고, 속임수도 정당한 방법을 완전히 잃어버리지 않아야 그 도(道)를 실행할 수 있다고 한다. 그래서 도둑을 속여 잡는 술수 가운데 한두 가지 단편을 뽑아 본 것일 따름이며, 모두 상세히 갖추기를 요구할 수는 없겠다.

그런데 앞의 「징악(懲惡)」편에서 손면(孫沔)이 거지에게 쇠냄비를 주어 본 사안이나, 피의자들에 범종을 만져보게 시킨 사안은, 모두 속임수를 써서 범인이 속에 감추고 있는 사정을 꼬투리 잡은 예이다. 이들은 진실한 정황을 신문하는 국정(鞫情)의 술법과 자못 흡사하다. 다만 잡아내려고 의도하는 주목적(대상)이 특별히 도둑에 있는 것이 조금 다를 뿐이다. 그래서 도둑을 속여 잡는 「휼도(譎盜)」편에 싣는다.

16

제 16 장

도적을 관찰함

「찰적(察賊)」편

1. 조광한(趙廣漢)이 정보를 알아차리다

한(漢)나라 조광한은 경조윤(京兆尹)일 적에, 군(郡) 안의 도적(盜賊) 이름이나, 마을 골목의 불량배들이 터를 잡고 진을 치는 소굴까지 훤히 알았다. 또 관리들이 백성들에게 받거나 요구하는 뇌물 몇 푼까지도 모두 다 알았다. 장안의 불량 청소년 몇 사람이 마을 구석 빈 집에 모여 강도짓 하려고 모의할 때에도, 그들이 앉은자리에서 말을 채 끝마치기도 전에, 조광한은 포졸을 시켜 그들을 붙잡아 다스리게 하여, 모의를 다 자백 받을 정도였다.

『한서(漢書)』「조광한전(趙廣漢傳)」에 나오는데, 옛 『의옥집』에는 실려 있지 않다.

안(按) 이는 귀와 눈을 널리 펼쳐 도적을 관찰한 것이다.

손면(孫沔) 추밀부사(樞密副使)가 서주(徐州) 지사일 적이었다. 회양군(淮陽軍)에 강도 몇 명이 나타났는데, 워낙 다급하게 체포하려고 추적하자, 달아나다가 서주(徐州)의 경내를 지나게 되었다. 손면은 그 사실을 곧바로 알았다. 그런데 때마침 손님들을 맞이하여 연회를 베푸는 자리에, 회양군의 협조 공문이 막 도착하였다. 이에 손면은 포졸을 불러 조용히 지시하였다.

"회양군의 도적 몇 명이 옷과 모자를 바꿔 입고 어느 곳에 묵고 있으니, 가서 잡아 오라."

조금 지나자 포졸들이 그들을 모두 붙잡아 뜰아래에 대령하였다.

『손위민공유사록(孫威敏公遺事錄)』에 보인다.[1]

이 사안도 조광한과 비슷하다. 역사 기록에서는, 조광한이 "정체를 드러내지 않은 채 꼬투리를 잘 잡아 사건 정보를 알아냈다"고 칭송한다. 꼬투리 잡는다[鉤] 함은, 숨기고 감추는 것을 달아나지 못하도록 끄집어냄을 뜻한다. 또 정체를 드러내지 않는다[距] 함은, 자기 모습과 발자취를 닫아버려 상대방이 엿볼 수도 없게 만듦을 말한다.

세간에서는 손면이 귀와 눈으로 이용한 사람들을, 그가 가장 가깝게 믿고 맡기는 좌우 측근조차도 알 수 없었다고들 말하는데, 아마도 이러한 술법을 지닌 게 거의 틀림없다.

2. 포융(苻融)이 꿈을 해석하다

이미 「석원(釋冤)」편 「포융(苻融)이 꿈을 점치다」에 나왔다.

1) 『손위민공유사록(孫威敏公遺事錄)』은 지금 전해지지 않는다고 한다.

3. 류숭(柳崇)이 부드러운 낯빛으로 살피다

북위(北魏)의 류숭[2]이 하중(河中) 태수일 적이었다. 군민(郡民) 장명(張明)이 말[馬]을 잃어버렸는데, 혐의자 여남은 명을 잡아들였다. 그때 류숭은 막 군에 부임한 참이었다. 그는 이들을 처음 보고는, 도적질 사건은 전혀 입에 담지도 않은 채, 한 사람씩 따로따로 불러 온화한 낯빛으로 대하였다. 그러면서 어버이가 살아 계신지, 농사는 얼마나 짓는지 등, 일상생활을 물어 보았다. 그러는 가운데 각 혐의자가 보이는 낯빛과 대답의 반응을 세심하게 살펴, 그 자리에서 려목(呂穆) 등 진짜 도적 두 사람을 찾아내고, 나머지는 모두 풀어 주었다. 그러자 군(郡) 안의 모든 사람이 경탄하였으며, 군내 질서가 평안해졌다.

『북사(北史)』「류숭전(柳崇傳)」에 나오는데, 옛 『의옥집』에는 실려 있지 않다.

안(按) 류숭이 사건을 입에 담지도 않은 것은, 피의자가 죄상을 오히려 숨길까 두려워했기 때문이다. 그리고 어버이가 살아 계신지 여부와 농사는 얼마나 짓는지 따위를 물어 본 것은, 피의자들이 편안하게 진심의 감정을 쏟아내도록 이끌기 위함이다. 이에 진실한 죄상과 정황이 그들의 대답과 낯빛에 저절로 드러나, 이를 세심하게 살펴 진짜 도적 둘을 찾아냈다. 이 역시 사건 정황을 신문하는 술법을 활용한 것이다.

도적[賊]과 도둑[盜]의 차이점은, 물건을 해치면 도적이라고 하고, 물건을 가져가면 도둑이라고 한다. 또 겁탈하여 가져가면 도적이라 하고, 몰래 가져가면 도둑이라고 한다. 이 사안에서 말[馬]을 잃어버린 것은, 아마도 도적에게 겁탈당한 게 거의 분명하다. 그렇지 않았다면, 어떻게 혐의자를 여남은 사람이나 붙잡을 수 있겠는가?

---

2) 류숭 : 北魏 河東 解(지금 산서 해현) 사람으로, 字는 승생(僧生). 수재(秀才)로 천거 받아 벼슬이 河北 태수에 이름. 『위서(魏書)』 권45, 『북사(北史)』 권27.

평석 도둑[盜]과 도적[賊]은 당률(唐律) 이래 율문(律文)에 규정한 법률 용어로 표현하면, 절도(竊盜)와 강도(强盜)가 될 것이다. 절도는 주인 몰래 물건을 살며시 훔쳐 가는 것이고, 강도는 사람들이 지켜보는 가운데 공공연히 남의 물건을 빼앗거나, 특히 주인의 저항을 무력으로 따돌리고 강탈하는 것이다. 특히 도적[賊]이라는 표현은, 물건을 빼앗는 과정에서 사람을 해친다는 어감이 강하게 배어 있다.

도둑과 도적은 고래로 흔히 쓰이는 일상용어로, 법률적 개념이 강한 사람조차도 양자를 혼동해서 쓰는 경우가 많다. 이 책에 지금까지 나온 표현도 예외는 아니다. 도(盜)는 '도둑'이라는 적당한 말이 있는데, 적(賊)은 마땅한 용어가 없어 부득이 '도적'이라고 옮긴다.

사실, 남의 재물만 훔쳐가면서 인명을 살상(殺傷)하지 않으면 '도둑'(절도)이라 부르고, 재물을 훔치는 과정에서 본디 의도했든 의도하지 않았든 간에 사람을 해치는 결과를 수반하기 쉬운데, 그 경우 '도적'(강도)이라고 부르니, 용어가 그리 어색하거나 부적절한 것은 아니다. 다만, 원한 감정이나 심리 문제로 인하여, 재물에는 전혀 관심이나 의도를 두지 않고서, 오로지 사람을 해치는 복수극 같은 경우에는, '도(盜)'는 해당 없고 '적(賊)'에만 해당할 것이다. 그 경우에는 현대 법률용어로도 '강도'가 아니라, 곧바로 '살인'이나 '살인미수' 또는 '폭행치사상'죄가 될 것이다.

4. 위정(韋鼎)이 의표를 찌르다

수(隋)나라 위정이 광주(光州) 자사일 적이었다. 주(州) 안의 어떤 토호가 겉으로는 그럴듯한 위엄과 용모를 꾸미면서, 안으로는 온갖 못된 짓을 하며, 심지어 겁탈 강도짓도 서슴지 않곤 했다. 이에 위정이 한번은 지역의 대집회 때, 그 토호에게 넌지시 말을 건넸다.

"경은 참으로 좋은 사람인데, 어쩌다가 갑자기 도적질을 했단 말이오?"

그리고는 그의 일당 패거리와 그들이 간사하게 모의한 짓과 장소 등을 조목조목 댔다. 그랬더니 그 토호는 깜짝 놀라 두려워하며, 그 자리에서 죄를 시인하고 자수하였다.

『남사(南史)』「위예전(韋叡傳)」에 나오는데, 위정은 그의 손자이다. 옛 『의옥집』에는 실려 있지 않다.

안(按) 이 사안도 귀와 눈을 널리 펼쳐 도적을 살핀 것이다. 사건 정황을 신문하는 술법에 활용하여, 상대방이 꺼리는 의표를 찔렀기 때문에, 그로 하여금 스스로 죄를 시인하게 만들 수 있었다.

평석 먼저 정신과 기개로 토호를 제압한 다음에서야, 이렇게 대뜸 의표를 찌르는 질문으로 상대방을 스스로 굴복하게 만들 수 있다. 정기(正氣)가 사기(邪氣)에 밀리는 상황이라면, 감히 어떻게 이런 당돌한 말을 꺼낼 수나 있겠는가? 자칫 도리어 역공을 당하고 해만 입을 수도 있다.

5. 려원응(呂元膺)이 상여를 뒤지다

당나라 려원응이 악악(鄂岳) 관찰사로 악양(岳陽)에 주둔할 적이었다. 한번은 밖에 나가 유람하는데, 한 상여가 길 왼쪽에 멈춰 있고, 남자 다섯 사람이 상복을 입은 채 그 뒤를 따르고 있었다. 이를 본 려원응은 이렇게 중얼거렸다.

"멀리 장례 지내러 가기에는 너무 호사롭고, 그렇다고 가까운 데 장사

지내는 행렬치고는 너무 단출하구나. 여기엔 뭔가 속임수가 있음이 틀림없다."

그리고는 재빨리 좌우의 부하들을 시켜, 상여 속 관(棺)을 뒤지도록 명령했다. 과연 모두 흉기와 병기였다. 이에 그들을 모두 붙잡아 내막 사정을 캐물었더니, 이렇게 대답하였다.

"강물을 건너가 겁탈과 노략질을 하려고 했습니다. 그래서 상여 행렬로 가장하여 뱃사공의 의심을 사지 않으려고 했습니다. 그리고 같은 일당 몇 사람이 이미 강 건너 저쪽에서 모이기로 약속해 두었습니다."

이에 강 건너편에서 모이기로 약속한 패거리까지, 모두 사로잡아 법에 회부하였다.

옛『의옥집』에 출처가 밝혀져 있지 않다.

안(按) 앞에서 소(蘇)아무개가 간사함을 간파해 내던 술법도, 바로 여기의 려원응이 도적을 알아차린 것과 서로 비슷하다. 당나라 때 류빈(柳玭)이 지은 『류씨서훈(柳氏敍訓)』에 비슷한 사안이 하나 실려 있다.

류공작(柳公綽)[3]이 상양(襄陽) 절도사일 적이었다. 그 해 흉년이 들었는데, 이웃 지방에는 더욱 심하였다. 그런데 하루는 어떤 사람이 상복을 입고 찾아와 통곡을 하며, 이런 내용의 진정서를 바쳤다.

"3대(代)에 걸친 조상 12기(基)의 분묘를 무창(武昌)에 이장하려고 하는데, 나루터[津]를 담당하는 관리가 가로막고 통과시켜 주지 않아 건너갈 수가 없습니다."

류공작이 살펴보더니, 곧장 군사들에게 그 사람을 붙잡고, 그의 운구 행렬을 파헤쳐 뒤지도록 명령했다. 관 안에는 모두 쌀로 가득 차 있었다.

무릇 그토록 막심한 흉년에 이장을 하면서, 한꺼번에 3대에 걸친 조상

---

3) 류공작 : 당나라 京兆 華原(지금 섬서 耀현) 사람으로, 字는 관(寬). 처음에 교서랑(校書郎)이 되었다가, 헌종 때 山南東道 절도사를 거쳐, 文宗 때 河東 절도사를 지냄. 『구당서』 권165, 『신당서』 권163.

분묘 12기를 옮긴다는 것은, 이치상 마땅하지 않다. 그래서 뭔가 속임수가 있음을 알아차린 것이다. 비록 남의 쌀을 강제로 겁탈한 것은 아니지만, 려원응이 상여를 뒤진 사안과 자못 비슷하기 때문에, 참고로 덧붙인다.

그러나 더러 논자에 따라서는, 흉년에 양곡의 유통을 막는 처사는 좋은 일이 아니기 때문에, 본받을 만한 귀감이 못된다고 비판하기도 한다. 여기서는 혹시 다른 간사함이 있을지도 모른다고 염려하여, 속임수 자체를 간파한 그의 현명한 통찰력만 높이 사서, 도적을 관찰하는 본보기로 실을 따름이다.

평석 흉년에 개인이 양곡을 매점매석하고, 유통을 농단(壟斷 : 독점)하여 폭리를 취하는 행위 자체도 좋은 일은 아니다. 요즘도 당연히 어느 정도 공적인 통제가 따르겠지만, 당시 전통 사회에서는 양곡을 유통시켜 가격을 조절하고 기아를 구제하는 것이, 국가의 주요 정책이자 사명이었음을 상기할 필요도 있겠다. 사실 비정상적인 방법으로 위장한 행위 자체가, 당시 사회에서 허용하지 않았거나, 다른 부정한 목적이나 의도가 끼어 있음을 반증하지 않을까?

6. 장영(張詠)이 스님을 캐묻다

장영 상서(尙書)가 강녕부(江寧府)의 지사일 적이었다. 한 스님이 도첩(度牒)을 내보이며 통행 허가를 요구하기에, 장영이 신청 서류를 보며 그를 한참 동안 지긋이 살펴보았다. 그리고는 마침내 그 스님을 사리원(司理院)으로 이송하여, 살인한 도적인지 확인 조사하도록 결재를 내렸다. 이튿날 모든 관료들이 모여 함께 듣는데, 아무도 그 까닭을 몰랐다. 장영이 스님을 불러 물었다.

"스님이 된 지 몇 년이나 되었습니까?"

그러자 7년이라고 대답하기에, 다시 물었다.

"그런데 어쩐 일로 이마에 두건을 맨 흔적이 그리 뚜렷합니까?"

이에 가짜 스님은 그 자리에서 놀라 두려워하며 죄를 자백하였다. 한 부랑자가 스님과 함께 길을 가다가 도중에서 스님을 살해하고는, 례부(禮部)에서 발급한 스님의 도첩을 빼앗은 다음, 스스로 머리를 깎고 스님 행세를 한 것이다.

리전(李畋) 우부(虞部)가 지은 『충정공어록(忠定公語錄)』에 보인다.

안(按) 도적을 잘 관찰하는 사람은, 반드시 뭔가 식별의 근거가 있어서, 상대방이 더 이상 속일 수 없게 만든다. 또 사건 정황을 잘 신문하는 사람은, 반드시 뭔가 입증할 증거를 확보하여, 범인이 더 이상 빠져나가지 못하게 만든다. 장영은 이 두 가지 기술을 모두 겸비했으니, 현명하다고 말하지 않을 수 있겠는가?

7. 교(喬)아무개가 혐의자를 붙잡아 추궁하다

교아무개 우부(虞部)가 과주(果州) 서충(西充) 현령일 적이었다. 어떤 강도가 밤에 나타나 노략질과 겁탈을 자행했는데, 오래도록 범인이 잡히지 않고 있었다. 그러던 중 한 백성이 재산 분쟁으로 법정에 소송을 하러 나왔다. 교아무개는 그의 모습과 낯빛이 수상쩍음을 관찰하고는, 이렇게 판단했다.

"이 녀석이 틀림없이 지난번 도적이다."

그를 붙잡아 추궁하자, 과연 강도죄를 시인하였다.

려대감(呂大監)[4] 정자(正字)가 지은 「교모묘지(喬某墓誌)」에 나온다. 교아무개는 화음현(華陰縣) 사람인데, 그 이름은 그만 잊어 버렸다.

안(按) 옛날 한(漢) 고조(高祖)가 숙손통(叔孫通)을 시켜 예악(禮樂)을 제정토록 위임하였다. 그래서 로(魯)나라 지역의 유생 30여 명을 서울에 올라오도록 초빙하였다. 그 가운데 두 사람은 대신(大臣)의 기개로 초빙을 사양하였다고 한다. 천하가 바야흐로 평정되어, 죽거나 다친 사람들을 구제하고 위로하기도 바쁜데, 어느 겨를에 예악을 정비하느냐는 이유였다. 애석하게도 역사 기록에 그들의 이름까지 전해지지는 않지만, 그러나 그들의 행적이 너무나 특출하여, 완전히 덮어 버릴 수는 없었다.[5]

마찬가지로 앞에서 강(江)아무개 랑중(郎中)이 서류 뭉치를 펼쳐 간사함을 파헤친 사안이나, 여기서 교(喬)아무개가 도적을 알아차린 사안도, 그 사실 행적은 반드시 후세에 전해질 것이다. 그러니 비록 그들의 이름이 전해지지 못한다고 해서, 무엇이 그리 서운하겠는가?

---

4) 려대감 : 미상. 그가 지었다는 글도 전해지지 않음.
5) 『사기(史記)』 「류경숙손통열전(劉敬叔孫通列傳)」 참조.

제 17 장

도적을 추적함

「적적(迹賊)」편

17

1. 사마열(司馬悅)이 칼집을 살펴보다

이미 「석원(釋冤)」편에서 나옴.

안(按) 이는 「적도(迹盜)」편에서, 고개(高湝)가 신발을 두고 가라고 분부한 뒤, 신발 주인을 찾아낸 술법과 똑같다. 다만 고개는 속임수를 썼는데, 여기의 사마열은 정당한 방법을 쓴 것이 다를 뿐이다.

2. 위창(魏昶)이 집안을 수색하다

당나라 때 중서사인(中書舍人)인 곽정일(郭正一)[1]이 평양을 함락하고, 고구려의 한 여자를 사로잡아 노비로 삼았다. 이름은 옥소(玉素)였는데, 몹시 아름답고 예뻐, 재물 창고를 완전히 그에게 맡겼다. 곽정일이 하룻밤에는 갈증이 나서 국물과 죽을 갖다 달라고 청했다. 그런데 옥소가 그 틈에 독약을 타서 바친 뒤 달아났다. 그 뒤 한 동안 그 노비를 찾았으나 잡지 못했고, 게다가 창고에 보관하던 금은 기물이 40여 점이나 함께 없어졌다.

그래서 조정에서 그 도적을 체포하라는 칙령을 내려, 온 성안이 사흘간이나 시끄럽게 들끓었다. 그때 장안 만년(萬年)현의 불량배 검거를 담당하던 장수인 위창(魏昶)이 나섰다. 그는 곽정일 집안의 머슴들을 불러, 그 가운데 용모 단정하게 잘생긴 젊은이 세 사람을 뽑아, 천으로 머리를 덮어 씌웠다. 그리고 그 집을 호위하던 병사 네 사람을 불러 물었다.

"최근 열흘 안에 누가 곽정일 사인(舍人) 집을 찾은 적이 있던가?"

그러자 호위 병사가 대답했다.

"귀화한 고구려 사람이 찾아와 사인(舍人) 집안의 마부에게 서신을 남기고 갔는데, 그 서신을 아직도 보관하고 있습니다."

그 서신을 갖다가 살펴보았더니, 단지 "금성방(金城坊) 안에 빈 집이 한 채 있다"는 글만 적혀 있을 뿐, 그 밖의 어떤 말도 없었다.

위창은 곧장 금성방으로 쫓아가, 빈 집들을 모조리 수색했다. 과연 어떤 빈 집 한 채에 이르자, 문이 아주 굳게 잠겨 있었다. 즉시 문을 열어제치고 들어가니, 그 노비와 귀화한 고구려 사람이 함께 거기에 있었다. 과연 귀화한 고구려 사람과 마부가 함께 짜고, 옥소를 그곳에 숨겨 두고 있었다. 마침내 이들을 동시(東市)에서 공개 처형하라는 칙령이 내려졌다.

옛『의옥집』에는 출전이 밝혀져 있지 않다.[2]

『당서(唐書)』「곽정일전(郭正一傳)」을 살펴보건대, 곽정일은 곽대거(郭待擧)·

---

1) 곽정일 : 당나라 정주 고성(定州 鼓城 : 지금 하북 晋현) 사람으로, 태종 때 진사가 되고, 고종 때 검교중서시랑(檢校中書侍郞), 동중서문하평장사(同中書門下平章事)에 이름. 측천무후 때 무고(誣告)를 당하여 처형됨. 『구당서』 권190, 『신당서』 권106.

2) 이 사안은 장삭(張鷟)이 지은 『조야첨재(朝野僉載)』 권5에 실린 것으로 나타났다.

위현동(魏玄同) · 잠장천(岑長倩)과 함께 고종(高宗) 때 재상(中書門下平章事)을 지냈는데, 당나라의 평장사는 곽정일로부터 비롯했다고 한다. 곽정일은 중서사인(中書舍人)으로 고구려 정벌에 직접 나갔을 수 없다. 또 혹리(酷吏)인 주흥(周興)의 모함으로 살해당했지, 노비가 독살한 것도 아니다. 고구려 정벌에 나갔던 사람으로는 곽대봉(郭待封)이 있는데, 그는 곽효각(郭孝恪[3])의 아들로 무관 장수이다. 그는 뒤에 설인귀(薛仁貴[4])의 부장(副將)으로 토번(吐蕃) 정벌에 나갔다가 패배하여, 사형을 감경 받는 대신 서민이 되었다. 그의 행적은 설인귀전(傳) 뒤에 덧붙여 소개하고 있는데, 그도 노비에게 독살 당한 일은 적혀 있지 않다. 이 사안은 아마도 소설에 실린 기록으로, 전해지는 과정에 잘못 듣고 적은 게 틀림없다. 사실 자체는 믿을 수 없으나, 여기서는 도적을 추적해 낸 방법을 참고로 소개하기 위해 실어 둔다.

안(按) 위창이 사인(舍人) 집안의 머슴들을 불러, 용모 단정하고 잘생긴 젊은이 세 사람을 뽑은 뒤, 천으로 머리를 덮어씌운 것은, 속임수로 도적을 붙잡기 위한 수단이었다. 또 호위 병사 네 사람을 불러, "최근 열흘 안에 누가 사인(舍人) 집을 찾아온 적이 있었느냐?"고 물은 것은, 자취를 찾아 뒤쫓으려고 함이었다.

비록 이 두 술법을 함께 사용해 봤지만, 도적을 속이려는 수단은 별 효험을 보지 못하고, 도적의 자취를 뒤쫓는 데 성공하였다. 이는 참새를 잡는 그물에 비유하자면, 참새가 비록 넓은 그물 가운데 어느 한 그물눈[目]에만 걸리겠지만, 그렇다고 한 그물눈만 있는 그물을 가지고는 참새를 잡을 수 없는 이치와 같다.

위창이 비록 별로 이름 없는 하급 관리에 지나지 않았지만, 도적을 잘 추적해 잡은 공은, 앞에 나온 소(蘇)아무개나 동행성(董行成)과 비슷하다. 그래서 이 사안을 특별히 수록한다. 한 가지 재능이라도 뛰어난 사람들을 격려하는 것이, 결코 아무 쓸모가 없지는 않으리라.

---

3) 곽효각 : 당나라 허주 양적(許州 陽翟 : 지금 하남 禹현) 사람으로, 벼슬이 곤구도(崑丘道) 부대총관(副大總管)에 이른 초기의 명장. 『구당서』 권83, 『신당서』 권111.

4) 설인귀 : 당나라 강주 룡문(絳州 龍門 : 지금 산서 河津현) 사람으로, 벼슬이 左武衛將軍에 이른 초기의 명장. 고종 함형(咸亨) 원년(670)에 토번 침입을 격퇴함. 『구당서』 권83, 『신당서』 권111.

3. 류숭구(劉崇龜)가 칼을 바꿔 놓다

이미 「석원(釋寃)」편에 나왔다.

4. 부종사(府從事)가 암매장을 파헤치다

이미 「석원(釋寃)」편에 나왔다.

5. 상익(桑懌)이 울타리를 닫아 버리다

상익 숭반(崇班)이 처음에 우반전직(右班殿直)이 되어, 영안현(永安縣)을 순시 점검할 적이었다. 송(宋)나라 인종(仁宗 : 1023~1063년 재위) 명도(明道)[5] 말년에, 경서로(京西路)[6]에 가뭄과 메뚜기가 극성을 부렸는데, 거기다가 아주 사악한 도적 23명까지 날뛰었다. 이에 추밀원(樞密院)에서 상익을 서울로 불러들여, 도적들의 명단을 주면서 체포하도록 지시하였다. 그러자 상익은 이렇게 건의하였다.

"도적들이 제 이름을 들으면, 두려워해 반드시 흩어지고 말 것입니다. 흩어지면 붙잡기가 어려우니, 우선 우리가 약간 겁먹는 듯한 인상을 주는 게 좋겠습니다."

---

5) 명도(明道) : 仁宗의 두 번째 연호, 1032~1033년.

6) 경서로(京西路) : 하남부(河南府) 락양시.

그리고는 영안현에 이르러서, 병사들의 진영을 모두 닫고, 군졸들에게 한 사람도 밖에 나가지 못하도록 계엄을 내렸다. 며칠 동안 그렇게 하자, 부하들은 왜 그런지를 몰라 답답해하며, 몇 번이고 밖에 나가서 도적들을 당장 잡아 바치겠다고 청하였다. 그때마다 상익은 허락하지 않았다. 그러다가 하룻밤에는, 자신이 몇 명의 군졸들과 함께 도적들의 복장으로 갈아입은 뒤, 도적들이 평소 다니던 길을 뒤따라 민가에 불쑥 불쑥 들어가 보았다. 그러자 들어가는 집마다, 남녀노소를 가릴 것 없이 모두 정신 없이 달아나 버렸다. 그런데 오직 어느 한 노파만이 그들을 맞이하여 음식을 장만해 주며, 마치 진짜 도적들을 섬기듯 하였다.

상익은 돌아온 뒤, 또 사흘 간 진영을 꼭 틀어 닫았다가, 다시 그 노파 집에 찾아갔다. 이때는 스스로 음식을 마련해 가지고 가서 먹고 마신 뒤, 남은 것은 노파에게 건네주었다. 노파는 진짜 도적인 줄 알고, 그들에게 조금 더 가깝게 대했다. 그러다가 대화가 다른 도적떼들에게 미치자, 노파가 이렇게 말하는 것이었다.

"다른 도적떼들은 상전직(桑殿直)이 내려왔다는 소문을 듣고, 모두 달아나 숨어 버렸습니다. 그런데 근래 진영을 꼭 닫은 채 나오지도 않자, 그도 별로 두려워할 만한 무서운 존재가 아닌 줄로 알고, 이제 모두 다시 돌아왔습니다. 아무개는 어디에 있고, 아무개는 어디에 있습니다."

상익은 다시 사흘 뒤에 노파를 찾아가서 후하게 대접하며, 마침내 사실대로 알려 주었다.

"실은 내가 상전직이오. 나를 위해 그들의 소재를 사실대로 파악하되, 절대로 비밀을 누설하지 마시오. 다시 사흘 뒤에 오겠소."

또 다시 사흘 뒤에 찾아가자, 노파는 도적떼들의 거처를 하나도 빠짐없이 알아내서, 상익을 기다렸다가 사실대로 알려 주었다. 이튿날 마침내 부하 군사들이 총출동하여, 모든 도적들을 죄다 사로잡았다. 특히 억세고 사나운 도적은, 상익이 몸소 말을 타고 좇아가 붙잡았다.

「본전(本傳)」에 보인다.

안(按) 상익이 처음에 진영을 꼭 닫고 도적들을 속인 것은, 그들이 달아나지 않게 하기 위함이었다. 그리고 노파를 통하여 도적들의 자취를 알아낸 것은, 눈치 채지 못하게 하기 위함이었다. 그런 다음에 도적들을 모두 사로잡았으니, 이는 모두 병법(兵法)이다.

후한(後漢)의 우후(虞詡)[7]가 조가(朝歌)현의 현령일 적이었다. 녕계(寧季)를 비롯한 도적 수천 명이 지방장관을 공격하여 살해하고, 떼를 지어 몇 해 동안 계속 소란을 피우는데, 주(州)나 군(郡)에서 전혀 손을 쓸 수가 없었다. 그러던 중 우후가 부임해 오면서, 도적들을 유인하여 약탈을 자행하게 만든 다음, 병사를 매복시켜 그들을 엄습하여 살해하였다.

그리고 또 가난한 사람들 가운데 바느질할 줄 아는 이들을 몰래 파견하여, 도적들의 옷을 삯바느질하게 시키면서, 색깔 있는 실로 그들의 옷소매를 바느질하도록 분부하였다. 그걸로 표지(標識)를 삼기로 약속한 뒤, 시장이나 마을에 나오는 자들을, 포졸들이 그걸 보고 곧바로 체포하였다. 그리하여 마침내 도적들이 크게 놀라 뿔뿔이 흩어졌는데, 모두가 우후를 신명이라고 칭송하였다.

『후한서(後漢書)』「우후전(虞詡傳)」에 나온다.

이 사안에서 사용한 술법도 또한 병법(兵法)이다. 지금까지 소개한 도적을 추적하는 술법은, 모두 참고할 만한 가치가 충분히 많다. 다만 활용하는 사람이 어떻게 쓰느냐에 달려 있을 따름이다. 그래서 이들 방법을 두루 수록하여, 후세에 참고 자료가 되도록 기대하는 바이다.

---

7) 우후: 東漢 때 진국 무평(陳國 武平: 지금 하남 鹿邑현) 사람으로, 字는 승경(升卿). 처음에 랑중(郎中)이 되었다가 조가현장(朝歌縣長)을 거쳐 상서령(尙書令)에 오름. 사건에 연루하여 관직을 떠남. 『후한서』 권58.

제 18 장

도적을 속여 잡음

「휼적(譎賊)」편

1. 소진(蘇秦)이 마차에 묶여 찢기다

소진[1)]이 제(齊)나라에 있을 때였다. 한 대부가 임금의 신임과 총애를 소진보다 더 차지하려고 다투다가, 은밀히 자객(刺客)을 보내 소진을 찔렀다. 자객은 소진의 숨이 채 떨어지기 전에 달아나 버렸는데, 뒤쫓아 갔으나 그만 놓치고 말았다. 그러자 소진은 막 죽기 전에, 제(齊)나라 임금에게 이렇게 당부했다.

"신하가 죽은 뒤에, 임금께서는 신하의 시체를 마차에 매달아 찢고[車裂] 시장에 공개하면서, '소진이 연(燕)나라와 내통하여, 우리 제(齊)나라에서 내란을 일으키려 음모했다'고 선언하십시오. 이렇게 하면 신하를 찌른

1) 소진 : 전국시대 동주 락양(東周 雒陽 : 지금 하남 락양시 동쪽) 사람으로, 韓·魏·趙·齊·燕·楚의 6국이 연합해 秦에 대항해야 한다는 합종론(合縱論)으로 6국을 유세해, 재상을 지내고 武安君에 봉해짐. 나중에 자객에게 피살(被殺)함. 『사기(史記)』 권69.

자객을 반드시 잡을 수 있을 것입니다."

임금이 그의 말대로 했더니, 자객이 과연 나타나, 그를 붙잡아 처형하였다.

옛 『의옥집』에 출전이 『춘추후어(春秋後語)』로 적혀 있다.

평석 '호랑이는 죽어 가죽을 남기고, 사람은 죽어 이름을 남긴다.'는 유명한 속담이 있다. 죽는 마당에, 자기를 해친 살인강도를 붙잡아 법적인 복수를 실현하기 위하여, 반역죄라는 가장 큰 오명(汚名)과, 시신을 공개 처형하는 육시(戮屍 : 車裂)의 극형(極刑)까지 자청한 인물을, 어떻게 평가할 수 있을까?

2. 륙운(陸雲)이 아내를 가두다

서진(西晉)의 륙운[2)]이 릉의(凌儀) 현령일 적이었다. 어떤 백성이 피살(被殺)하였는데, 범인의 성명조차 알 길이 없었다. 이에 륙운이 피살자의 아내를 불러들여, 아무 것도 묻지 않은 채 그냥 가두어만 두었다. 열흘쯤 지나 그 아내를 풀어 주면서, 미리 부하에게 은밀히 그 뒤를 따라가며 살피도록 시키며, 이렇게 지시했다.

"십 리를 못 벗어나서, 틀림없이 이 여자를 기다리고 있는 남자가 나타나 이야기를 나눌 테니, 그때 곧장 모두 잡아오너라."

---

2) 륙운(262~303년) : 晋나라 때 오군 오현(吳郡 吳縣 : 지금 상해시 松江) 사람으로, 字는 사룡(士龍). 처음에 현량과(賢良科)로 천거 받아 준의(浚儀) 현령이 되고 대장군우사마(大將軍右司馬)에 이름. 삼국시대 吳나라 명장 륙손(陸遜)의 손자로, 형 륙기(陸機)와 함께 뛰어난 文武겸비로 '二陸'이라 일컬어짐. 형 륙기가 성도왕(成都王 : 司馬穎)의 장사왕(長沙王 : 司馬義) 토벌에 불려갔다가 패하여 중상모략으로 피살(被殺)할 때, 함께 죽음. 후대 사람이 편집한 륙사룡집(陸士龍集)이 있음. 『진서(晋書)』 권54.

부하가 뒤를 미행했더니, 과연 현령 말대로 그 여자가 어떤 남자와 만나 이야기하기에, 그 자리에서 둘을 붙잡아 바쳤다. 이들을 신문하니, 죄를 자백하였다.

"피살자의 아내와 함께 공모하여 살해하였는데, 그 아내가 붙잡혔다가 풀려난다는 소문을 듣고, 만나 이야기를 듣고 싶었습니다. 현에서 너무 가까운 곳은 두려워 피하고, 좀 멀리 떨어진 곳에서 기다리고 있었습니다."

이 소식을 들은 사람들이 모두 탄복해 마지않았다.

옛 『의옥집』에 출전이 『진서(晉書)』 「륙운전(陸雲傳)」으로 적혀 있다.

안(按) 이 사안은 아마도 피살자의 아내가 간통했다는 죄상을 간파하였던 듯하다. 그래서 그 아내를 가두어 놓고, 간통한 남자를 속여 유혹하여, 그로 하여금 의심스러워 제 발로 걸어 나오게 만든 것이다.

3. 양진(楊津)이 교시를 내리다

북위(北魏)의 양진[3]이 기주(岐州) 지사일 적이었다. 무공(武功) 주민 한 사람이 비단 세 필을 가지고 길을 가다가, 성에서 십 리쯤 떨어진 곳에서 도적에게 겁탈을 당했다. 때마침 파발마가 그곳을 지나기에, 겁탈당한 사람이 파발꾼을 세워 신고하였고, 파발꾼은 주(州)에 당도하여 강도 사실을 양진에게 보고하였다. 이에 양진이 곧장 백성들에게 교시를 내렸다.

"어떤 사람이 무슨 색깔의 옷을 입고, 무슨 색깔의 말을 탄 채로, 성 밖 동쪽 십 리쯤 되는 곳에서 강도에게 피살(被殺)하였는데, 도대체 신원을

3) 양진 : 北魏 홍농 화음(弘農 華陰 : 지금 섬서 화음현) 사람으로, 字는 라한(羅漢). 岐州 · 華州 · 定州 자사를 지내고, 司空까지 이름. 『위서(魏書)』 권58, 『북사(北史)』 권41.

알 수 없다. 그러니 만약 피살자의 가족이 있거든, 빨리 나와 시신을 확인하고 거두어 가라."

과연 한 노파가 통곡하며 나타나더니, 자기 아들이라고 신고했다. 그래서 말 탄 병사를 급히 파견하여, 도적을 붙잡고 비단도 그대로 되찾았다.

옛 『의옥집』에 출전이 『북사(北史)』「양파전(楊播傳)」으로 적혀 있는데, 양진은 그의 아들이다.

안(按) 이 사안은, 앞에서 고개(高滑)가 범인이 남긴 신발을 가지고, 속임수로 그 어머니를 찾아낸 술법과 똑같다. 고개는 신발을 증거로 추적하였고, 양진은 옷과 말의 색깔로 범인의 신원을 추적하였는데, 모두 속임수로 그 가족(어머니)을 찾아낸 것이다. 차이가 있다면, 고개는 진짜 신발을 증거로 내보이며, 추적을 위주로 하면서 속임수를 병용했는데; 양진은 피해자가 눈으로 본 옷과 말의 색깔만 가지고 훈시를 내리면서, 속임수를 위주로 하여 추적을 꾀했다는 점이다.

평석 죄악이란 대부분 얽히고설킨 인정(人情) 때문에 저질러지기도 하지만, 또 그 인정(人情) 때문에 들키고 붙잡히는 경우도 많다. 특히 정치권이나 행정 사법에 종사하는 공직자들의 부정부패나 비리도 대부분 친인척이나 온갖 연줄[관계(關係)]을 통한 인정의 청탁으로 저질러지지 않은가? 누가 과연 얽히고설킨 인정(人情)의 올가미에서 완전히 자유로울 수 있을까? 그렇게 자유와 해탈을 얻은 분이라면, 들키거나 붙잡힐 죄악을 아예 생각지도 않으리라.

또 인정의 올가미에서 완전히 자유로울 수 없는 보통 사람이라면, 결국 법의 그물[法網]도 벗어날 수 없으므로, 죄악을 저지를 생각은 꿈에도 하지 않는 게 현명하리라. 이렇게 본다면, 인간 세상에 범죄는 있지 않을 수도 있고, 또 있을 필요도 없으며, 더욱이 있지 않아도 좋은 것인데……. 옛 시조(時調)에 '다정(多情)도 병(病)인 양하여 잠 못 들어 하노라'고 읊은 구절처럼, 과연 지나친 인정은 법이나 수행에서 아주 큰 걸림돌이도다!

4. 류경(柳慶)이 가짜 투서를 공개하다

오대(五代) 후주(後周)의 류경이 옹주(雍州)의 별가(別駕)일 적에, 한 호인(胡人 : 오랑캐) 집안에 떼강도가 들어 겁탈하였다. 군(郡)과 현(縣)에서 수사를 펼쳤으나, 도적들은 오간 데 없이, 이 사건에 연루하여 갇힌 사람만 주위에서 매우 많았다. 류경은 도적들이 오합지졸이어서 속임수로 붙잡을 수 있다고 판단하였다. 그리고는 거짓 익명 투서를 만들어 관청의 대문에 방(榜)으로 붙여 공개하였다.

"우리들이 함께 모의하여 호인(胡人) 집안을 강탈하긴 했으나, 가담자가 많고 복잡하여, 끝내 비밀이 새어나가 붙잡힐까 두렵다. 그래서 지금 자수하여 출두하고 싶지만, 또 처형을 면하지 못할까 두려울 따름이다. 만약 먼저 자수하는 자에게 죄를 면제해 주겠다는 공식 허락이 떨어지면, 곧바로 와서 자수하고 범죄의 전모를 밝히겠다."

류경은 이어, 여기에 상응하는 면죄의 통첩도 만들어 옆에다 나란히 붙였다. 그리고 이틀이 지나자, 광릉왕(廣陵王) 원흔(元欣)[4] 집안의 노비가 스스로 결박을 지은 채, 면죄의 통첩 아래 나와 자수하였다. 그래서 나머지 일당도 모두 붙잡았다.

옛 『의옥집』에 출전이 『북사(北史)』 「류규전(柳虯傳)」으로 적혀 있는데, 류경은 그의 아우이다.

4) 광릉왕 원흔 : 北魏 절민제(節愍帝 : 531년 재위)의 형으로, 효무제(孝武帝 : 532~534년 재위) 때 광릉왕에 봉해짐.

5. 장상(蔣常)이 노파를 남겨 두다

이미 「석원(釋寃)」편에 나왔다.

안(按) 장상이 노파를 남겨 둔 것도, 앞에서 륙운이 피살자의 아내를 가두어 둔 술법과 같이, 도적을 속여 나타나게 한 뒤 체포하기 위함이다.

당나라 장송수(張松壽)[5]가 장안(長安) 현령일 적이었다. 곤명지(昆明池)[6] 주변에서 강도 살인 사건이 생겼는데, 열흘 안에 도적을 붙잡으라는 칙명이 내려져, 독촉이 성화처럼 몹시 준엄하고 급박했다. 이에 장송수가 몸소 강도 살인이 발생한 곳에 가서 자취를 살폈다. 그러다가 바로 부근 길가에서 한 노파가 밥을 팔고 있는 것을 보고, 바로 그 노파를 수행 부하의 말에 태워 현(관청)에 데려와, 사흘 간 술과 음식을 잘 대접했다. 그러고 나서 다시 그 노파를 원래 자리에 태워다 주면서, 한 측근 심복에게 은밀히 뒤를 따라가 주변을 지켜보라고 분부했다. 과연 예상한 대로, 어떤 사람 하나가 노파에게 다가와 도적에 관한 걸 물었다.

"현령 나리가 당신에게 어떤 걸 캐물읍디까?"

이에 그 자리에서 그 자를 체포하여, 현으로 압송하였다. 한 바탕 신문하자, 곧바로 사실대로 자백하였는데, 장물도 함께 찾았다.

옛 『의옥집』에 출전이 밝혀져 있지 않다.

이 사안도 장상이 노파를 남겨 두었던 술법을 썼다.

---

5) 장송수 : 『전당문(全唐文)』 권204에 따르면, 唐 고종(高宗) 룡삭(龍朔 : 세 번째 연호, 661~663년) 년간에 長安 현령을 지냄. 기타 미상.

6) 곤명지(昆明池) : 장안 근교의 인공 호수로, 漢 武帝 때 처음 팠으며, 둘레가 40리나 된다.

6. 류숭구(劉崇龜)가 칼을 바꿔 놓다

이미 「석원(釋冤)」편에 나왔다.

안(按) 도적이 달아나 숨어 버린 경우, 속임수로 다시 나타나게 하면, 추적 체포의 번거로움을 면할 수 있기 때문에, 이러한 술법도 정말 폐지할 수는 없다. 그런데 사람이 달아나 숨어 버린 것을 속임수로 끌어내어 붙잡을 수 있다면, 사실 진상을 감추어 숨기는 것도 또한 속임수로 털어놓게 꼬실 수 있다. 간사함을 적발해 내는 「적간(擿姦)」편과, 사특함을 꼬투리 잡아내는 「구특(鉤慝)」편이, 바로 속임수로 사실 진상을 캐내는 사례들이다. 그래서 이들 두 편은, 또 사실 정황을 신문하는 국정(鞫情)의 술법과도 서로 비슷하다.

19

제 19 장

엄하고 명쾌히 다스림

「엄명(嚴明)」편

1. 하무(何武)가 재산을 빼앗다

전한(前漢) 때 패현(沛縣)에 재산이 2천만이나 되는 갑부 노인이 있었다. 그런데 겨우 몇 살 된 아들 하나만, 그것도 어머니를 여읜 채 있었고, 현명하지 못한 딸 하나 이외에는 가까운 친척이 전혀 없었다. 그런 상황에서 갑부 노인의 병이 위독해졌다. 노인은 딸이 재산을 독차지하려고 나서면, 틀림없이 아들의 생명이 온전하지 못할 것이라고 걱정이 태산 같았다. 그래서 마침내 자기 집안(宗族) 사람들을 불러 모아, 유서(遺書: 유언장)를 작성했다. 전 재산을 모두 딸에게 귀속하되, 다만 칼 한 자루만은 남겨 놓았다가, 아들이 나이 열다섯이 되면, 아들에게 건네주라는 내용이었다.

그런데 나중에 딸은 칼 한 자루조차 아들에게 주지 않았다. 그래서 아들은 하는 수 없이 군에 나아가 하소연했다. 당시 태수인 하무(何武)[1]는 딸과 사위를 잡아들였다. 그런 뒤 갑부 노인이 친필로 남긴 유서를 살펴보더니, 좌우 부하 관리들을 돌아보며 이렇게 말했다.

"딸년이 억세고, 사위 녀석까지 탐욕스러워, 아들을 해칠까 두려워하였도다. 또 어린 아들이 유산을 물려받더라도, 온전히 지킬 수 없음을 염려하였구나. 그래서 우선 재산을 딸과 사위에게 귀속시킨 것이니, 실제로는 잠시 맡겨 둔 것에 지나지 않음이 분명하다. 무릇 칼이란 결단(決斷)을 상징하는 물건이다. 그런데 아들 나이를 열다섯 살로 기한을 정한 것은, 지혜와 힘이 홀로 자립할 수 있는 때이기 때문이다.

노인은 자기 딸과 사위가 칼조차 건네주지 않으면, 아들이 현(縣)과 주(州)에 하소연할 것이라고 생각하였다. 그래서 혹시 현명한 법관이라도 만나면, 유서와 증인을 살펴 자신의 딱한 처지와 아들의 억울한 사정을 풀어 줄 수 있으리라고 기대한 것이다. 이런 평범하고 어리숙한 자들이, 어떻게 이와 같이 깊은 사려와 긴 안목을 헤아릴 수 있겠는가?"

그래서 갑부 노인이 남긴 유산을 모두 빼앗아 아들에게 주면서, 이렇게 판결했다.

"못난 딸과 못된 사위가 10년 동안 배불리 먹고 따뜻하게 살아온 것만으로도, 이미 천만다행인 줄 알아라."

이 소식을 들은 사람들은 한결같이 탄복해 마지않았다.

옛 『의옥집』에 출전이 『풍속통(風俗通)』으로 적혀 있다.

안(按) 장영(張詠) 상서(尙書)가 항주(杭州) 지사일 적이었다. 그 전에 어떤 부자가 병에 걸려 죽게 되었는데, 아들이 겨우 세 살이므로, 사위를 불러 자기 재산을 주관(主管)하도록 당부하면서 이런 유서를 맡겼다.

"나중에 재산을 분할할 때, 10분의 3은 아들에게 주고, 7은 사위에게 준다."

---

1) 하무: 漢나라 촉군 비현(蜀郡 郫縣: 지금 사천 비현) 사람으로, 字는 군공(君公). 成帝 때 賢良科에 천거 받아 패군(沛郡) 태수를 지낸 뒤 大司空에 이르고, 범향후(氾鄕侯)에 봉해짐. 漢末 왕망(王莽)에게 함락당해 관직을 파면당하고 자살함. 『한서』 권86.

아들이 점차 자라나서 자립할 나이가 되자, 유산 반환을 청구하는 소송을 제기했다. 이에 사위는 장인이 맡긴 유서를 가지고 관가에 나아가서, 유서에 적힌 원래 약속대로 분할해 달라고 요청했다. 그러자 유서를 자세히 살펴본 장영은, 술을 땅바닥에 뿌리면서 이렇게 말했다.

"자네 장인어른은 참으로 지혜로운 사람일세. 임종할 때 아들이 어리므로, 이렇게 자네에게 부탁한 것일세. 그렇지 않았다면, 아들이 사위인 자네 손에 벌써 죽고 없을 것 아닌가?"

그래서 유산의 10분의 3을 사위에게 주고, 10분의 7은 아들에게 주라고 판결했다. 그러자 사위와 아들 모두 감복하여 울면서, 인사하고 물러갔다.

리전(李畋) 우부(虞部)가 지은 『충정공어록(忠定公語錄)』에 나온다.

이 사안도 또한 하무(何武)의 판결과 정말 비슷하다. 무릇 이른바 엄하고 명쾌히 다스린다는 '엄명(嚴明)'은, 엄격히 법리(法理)를 지키고, 깊이 인정(人情)을 살펴 판결함을 뜻한다. 앞의 사안에서, 딸에게서 모든 유산을 빼앗아 아들에게 준 판결 같으면, 법리(法理)라고 할 수 있다. 그리고 뒤의 사안에서, 유산의 10분의 3을 사위에게 나누어 준 판결 같으면, 인정(人情)이라고 할 수 있다.

하무가 모두 빼앗아 돌려준다고 엄하게 판단한 것은, 사위가 유언의 지시대로 아들에게 칼을 건네주지 않았기 때문이다. 그리고 장영이 사위에게 10분의 3을 준다고 현명하게 판결한 것은, 사위가 유언의 약속대로 아들과 유산을 분할해 달라고 요청했기 때문이다. 비록 자세히 보면 다르지만, 크게 보면 같은[小異大同] 사안들이다. 모두 엄하고 명쾌히 다스린 사법 행정(司法行政)에 속한다.

평석 지혜로운 자의 사려 깊은 유서가, 문자 그대로 얽매이지 않고, 행간에 담긴 내심의 의사대로 새롭게 살아나, 법리(法理 : 원칙)와 인정(人情 : 예외)에 합당하게 조화를 이룰 수 있는 것은, 지혜로운 법관의 현명한 판결 때문이다. 전혀 예측할 수 없는 미래에 한 가닥 희망의 기대를 걸며 내맡긴 숨겨진 마음이, 십여 년의 세월을 초월하여 아들의 하소연을 매개로, 현명한 법관의 마음에 전해지고 그대로 재현할 수 있는 것은, 무슨 신비(神秘)와 조화(造化)일까? 인간이 만물의 영장(靈長)으로, 역사를 통해 정신문화를 창달·계승해 가는 오묘한 섭리이기도 하리라.

2. 종리의(鍾離意)가 논밭을 되찾아 주다

후한(後漢)의 종리의[2)]가 회계군(會稽郡)의 북부독우(北部督郵)일 적이었다. 오정(烏程)현에 손상(孫常)이라는 남자가 있었는데, 아우 손병(孫竝)과 분가하면서 논을 40경(頃)[3)]씩 나누어 가졌다. 그런데 아우 손병이 먼저 죽고 나서 심한 흉년이 들자, 손상은 아우의 처자식에게 약간의 식량을 대주었다. 그리고는 그 식량 값을 계산하여 문서를 만들고, 마침내 그 논을 집어삼켜 버렸다.

그런데 아우 손병의 아들이 자라서, 큰아버지인 손상을 상대로 소송을 제기하였다. 당시 군의 관리들은 모두 한결같이 소송 제기를 나무랐다.

"손병의 처자식이 흉년으로 굶주릴 때, 큰아버지 손상의 됫박 쌀로 목숨을 부지했다. 그런데 그 아들이 커서 소송을 일으키는 것은, 겸손하고 순종하는 조카의 도리가 아니다."

그러나 오직 종리의만은 홀로 이의를 제기하였다.

---

2) 종리의: 東漢의 회계 산음(會稽 山陰: 지금 浙江 紹興시) 사람으로, 字는 자아(子阿). 광무제(光武帝: 25~57년 재위) 때 군독우(郡督郵)가 되었다가, 나중에 효성과 청렴으로 천거 받아 명제(明帝: 58~75년 재위) 때 상서복야(尙書僕射)에 이름. 로국(魯國) 재상으로 나갔다가 사망함. 『후한서』 권41.

3) 경(頃): 1경은 백 무(畝)이고, 1무(畝)는 대략 1마지기에 해당함.

"손상은 큰아버지 신분으로, 마땅히 약한 제수씨와 어린 조카들을 보살펴 주어야 한다. 그러하거늘 흉년을 빌미로 됫박 쌀 좀 대주어 놓고, 문서를 작성하여 논밭을 모두 집어삼켰다. 이는 본디 간사하고 불순한 저의를 품고, 이익에만 눈이 어두워 인륜과 도의를 저버린 파렴치에 지나지 않는다. 마땅히 집어삼킨 논밭을 빼앗아, 손병의 처자식에게 되돌려주어야 한다고 제청한다."

이 말을 들은 대중이 모두 합당하다고 여겨, 그렇게 판결했다.

『통전(通典)』에 보이는데, 출처는 적혀 있지 않다. 옛 『의옥집』에는 실려 있지 않다.[4)]

안(按) 소송을 심리할 때는, 더러 사안의 정황에 따르기도 하고, 더러는 당사자의 진술(증거)에 따르기도 한다. 이 사안에서 손상이 아우 손병의 처자식으로부터 논밭을 뺏은 데에는, 물론 나름대로 근거 있는 주장을 내세우고 있다. 하지만 처음부터 간사하고 불순한 저의를 품고, 이익에 눈이 어두워 인륜과 도의를 저버린 정황은, 어떻게 한단 말인가?

종리의가 이러한 정황으로 큰아버지 손상을 꾸짖은 판결은, 당사자의 주장 진술(증거)에 따르지 않고, 사안의 정황에 따른 것이다. 그러니 엄하고 명쾌히 다스린 재판이라고 하지 않을 수 있겠는가?

3. 진교(陳矯)가 미결 사건을 일시에 매듭짓다

삼국시대 위(魏)나라 진교가 위군(魏郡) 태수일 적이었다. 당시 감옥에 갇힌 죄수가 수천 명에 이르렀는데, 여러 해가 지나도록 재판을 매듭짓지

---

4) 『태평어람(太平御覽)』 권639에 인용한 기록에 따르면, 이 사안은 본디 『회계전록(會稽典錄)』에 나왔다고 하나, 원전은 현재 전해지지 않는다.

못하고 있었다. 이에 진교가 주(周)나라 때도 삼전(三典)의 제도[5]가 있었고, 한(漢)나라 때는 약법삼장(約法三章)이 있었음을 상기시켰다. 그런데 지금 세상이 어지러워, 죄형의 경중 처리 기준이 제대로 서지 못하고, 죄수들을 오랫동안 감옥에 가둬 놓은 채 질질 끄는 것이다. 이러한 현상은 분명히 잘못이라고 진교는 안타깝게 여겼다. 그리고는 몸소 죄수들의 죄상을 하나하나 살펴본 뒤, 일시에 재판을 매듭지었다.

『삼국지』『위서(魏書)』「진교전(陳矯傳)」에 나오는데, 옛 『의옥집』에는 실려 있지 않다.

안(按) 이 사안에서 말하는 죄수들은, 대개 죄상은 이미 확정하였는데 형벌의 경중에 의심이 있어, 관리가 감히 판결하지 못하고 머뭇거린 장기 미결수이다. 죄가 있는 자를 논죄하지 아니하거나, 죄가 없는 자를 오래 가두어 두는 것이, 예로부터 지금까지 사법(司法) 행정의 가장 큰 골칫거리가 되어 왔다. 그런데도 법조문에 얽매이는 관리들은 늘상 이렇게 했으니, 그 잘못은 충분히 짐작할 수 있다.

『주역(周易 : 旅卦)』에도 "군자는 이 괘상(卦象)으로 현명하고 신중히 형법을 적용하며, 소송 재판을 오래 묵히지 않는다.[君子以明愼用刑, 而不留獄.]"는 말씀이 있다.

진교가 몸소 죄수들의 죄상을 하나하나 살핀 것은, 이른바 '현명하고 신중함[明愼]'이며, 일시에 재판을 매듭지은 것은, 이른바 '소송 재판을 오래 묵히지 않음[不留獄]'이다. 만약 죄상이 아직 확실히 정해지지 않은 경우에는, 원통함이나 거짓 모함이 혹시라도 있을까 염려스러우므로, 법리상 자세히 신문 조사해야 마땅하거늘, 어떻게 일시의 통쾌함만 추구할 수 있겠는가? 군자는 바로 이 점에 마음을 다해야 마땅하리라.

---

5) 삼전(三典)은 서주(西周)시대 경(輕)·중(中)·중(重) 세 종류의 형전(刑典)을 가리키는데, 『주례(周禮)』「추관(秋官)」「대사구(大司寇)」에 나온다.

4. 왕경측(王敬則)이 도둑을 채찍질하다

남제(南齊)의 왕경측이 오흥(吳興) 태수일 적이었다. 한번은 도둑을 붙잡아 그 친족들을 불러들인 다음, 그들 앞에서 채찍질했다. 그리고 도둑에게 장기간 시내 거리를 청소하도록 명령했다. 그렇게 오래 지난 다음, 그 도둑에게 자기가 알고 있는 도둑들을 검거하여, 자기를 대신하도록 명령했다. 그러자 다른 도둑들은 자신이 지목당해 붙잡힐까 두려워하여, 모두 멀리 도망가 버렸다. 그 뒤로 관할 경내가 아주 깨끗하고 조용해졌다.

『남사(南史)』「왕경측전(王敬則傳)」에 나오는데, 옛 『의옥집』에는 실려 있지 않다.

안(按) 도둑들이 법을 업신여기고 죄를 저지르는 것은, 처음부터 벌을 그리 두려워하지 않기 때문이다. 여기의 두 방법을 강구하여, 도둑에게 싫고 괴로운 감정을 자극한다면, 도둑질을 그치게 할 수도 있겠다.

평석 형벌이란 죄인이 좋아하여 저지른 나쁜 짓에 대해, 그가 싫어하는 고통을 반대급부로 강제 부과하는 것이다. 보통 때리거나(회초리・곤장) 가두거나(징역 또는 유배) 죽이는 형벌이 기본형으로 주종을 이루는 것은, 사람들이 신체적 자유와 안일을 가장 소중히 여기고, 육체적 고통을 가장 싫어하기 때문이다.

그런데 사람의 성격이나 신분・지위에 따라서는, 목숨이나 자유보다 돈(재물)을 더 귀중히 여기는 부류도 있을 수 있다. 또 명예를 생명보다 소중히 여겨, 수치나 모욕을 당할 바에는 차라리 자살을 택하겠다는 사람도 없지 않다. 그래서 벌금형이나 명예형이 등장하기도 하였다.

이 사안에서 채찍질(회초리질)을 부모형제가 보는 앞에서 시행하고, 게다가 거리청소까지 시킨 것은, 본인과 친족의 수치감을 건들기 위함이다. 또한, 일반 백성에게 경종까지 울려, 범죄예방 효과도 가져올 수 있다. 요즘 성범죄나 마약범죄에 대해, 형벌을 대신하거나 보충하여 내리는 사회봉사 명령도, 이러한 역사배경에서 비롯한 바람직한 사법(司法)일 것이다.

사실 이 사안에서 시행한 채찍질[鞭]은, 수당(隋唐) 이후 오형(五刑) 제도에서는 회초리[笞]로 바뀐다. 여기서 회초리 '笞'자는, 발음이 '태'가 아니라 '치'다. 죄를 다스린다는 '치(治)'와 함께, 범인의 부끄러운 수치심을 자극한다는 '치(恥)'의 뜻을 동시에 함축하는, 동음이의(同音異義)의 개념 용어이다. 그런데 보통 '태(台)'만 의식한 나머지, '태'형으로 잘못 발음한다.

또 역대 절도·강도범에게 도형(徒刑)이나 유형(流刑)의 기본형 이외에, 얼굴에 먹물로 '강도(强盜)' 글자를 새겨 넣는 자자(刺字)형 또는 묵(墨)형을 부가한 것도, 평생 수치에 해당한다. 그런데 토머스 모어가 쓴 『유토피아(Utopia)』에서는, 죄인에게 황금 목걸이와 팔찌 등을 채워, 수치를 느끼게 하는 형벌로 삼는다고 한다. 이상적인 나라에 범죄도 없겠지만, 황금 같은 재물은 사람들이 가장 싫어하여 수치로 여기기 때문에, 형벌의 도구로 쓴다는 것이다. 얼마나 꿈같은 이야기인가?

물론 수치심이 형벌의 기능과 효과를 발휘하려면, 그만한 사회적·문화적 토양이 갖추어져야 한다. 공자가 말한 대로, "단지 정치 명령으로 인도하고 형벌로 다스리면, 백성들이 법망을 빠져나가면서도 부끄러운 줄 모르게 되지만; 도덕 교화로 인도하고 예의로 다스리면, 백성들이 스스로 부끄러워하며 올바르게 된다."는 명제를 명심해야 한다.

5. 배협(裵俠)이 자수를 받아 주다

북주(北周)의 배협[6]이 호부중대부(戶部中大夫)일 적이었다. 창고 관리를

---

6) 배협 : 北周의 하동 解(지금 산서 해현) 사람으로, 字는 승화(嵩和). 北魏·西魏·北周

담당하는 간사한 관리들이 여러 해 동안 관물과 공금을 몰래 빼돌려, 그 액수가 천만(千萬)에 이르는 자도 있었다. 배협이 재임 중에 그들이 빼돌린 것을 샅샅이 찾아내어, 열흘 사이에 간사한 도적들을 대부분 소탕했다.

그 뒤 배협이 공부중대부(工部中大夫)로 전근(轉勤)했는데, 대사공(大司工) 소속의 금전 재물 담당 관리 하나가 슬피 울기 시작했다. 옆에서 누가 왜 우느냐고 까닭을 묻자, 이렇게 대답하는 것이었다.

"내가 담당하는 금전과 재물을, 지금까지 상당히 빼내어 써 버렸습니다. 그런데 새로 오신 배공(裵公)이 워낙 청렴하고 엄격하시다기에, 곧 죄가 들통 나서 처벌받을 일이 두려워서 그렇습니다."

이 말을 전해들은 배협은 그의 자수를 받아 주었다.

『북사(北史)』「배협전(裵俠傳)」에 나오는데, 옛 『의옥집』에는 실려 있지 않다.

안(按) 앞의 호부 관리들은 두려워할 줄 모르기에, 배협이 본때를 보이려고 법대로 다스린 것이다. 그런데 뒤의 공부 관리는 이미 스스로 두려워할 줄 알았기에, 배협이 너그럽게 자수를 받아 준 것이다. 앞에서 법대로 다스린 것이 '엄격(嚴格)'하다면, 뒤에서 너그럽게 자수를 받아 준 것은 '현명(賢明)'하다고 할 수 있다. 현명함이란 다른 게 아니라, 물정(物情 : 사물의 정황)을 밝게 비춰 보는 것이다.

평석 서양 의학에서는, 같은 증상의 질병에는 똑같은 처방의 의약을 투여한다는 공식이 판에 박혀 있다. 하지만 동양 한의학에서는, 똑같은 증상의 질병이라도, 병의 원인과 환자의 체질에 따라, 각기 다른 처방의 의약을 시술한다는 원칙이 확고히 서 있다.

마찬가지로, 서양의 법치주의와 죄형법정주의에서는, 같은 범죄에는 똑같은 형벌을 부여한다는 평등 원칙이 틀에 박혀 있다. 하지만 동양의

에 걸쳐 벼슬하여 工部中大夫에 이르고, 公의 작위를 받음. 『주서(周書)』 권35, 『북사(北史)』 권38.

전통 법문화에서는, 똑같은 범죄라도 객관적인 물정(物情)과 사정(事情)은 물론, 범인의 주관적 인정(人情)에 따라, 이 사안처럼 천양지차의 판결이 내려질 수 있다는 시중(時中) 정신이 깔려 있다.

6. 조경(趙煚)이 볏짚을 싣다

수(隋)나라 조경[7]이 기주(冀州) 자사일 적이었다. 한번은 어떤 사람이 조경의 논 가운데 있는 볏짚을 훔치다가, 아전에게 붙잡혀 왔다. 그러자 조경은 도리어 이렇게 말했다.

"이는 자사가 풍속을 잘 교화하지 못한 탓이니, 저 사람에게 무슨 죄가 있단 말인가?"

그리고는 도둑을 따뜻한 말로 위로하고 타이른 뒤 돌려보냈다. 아울러 사람을 시켜 볏짚 한 수레를 실어다가, 훔치다 들킨 자의 집에 갖다 주게 했다. 이쯤 되면 부끄러운 수치심이 중형보다 효과가 훨씬 더 낫겠다.

『북사(北史)』「조경전(趙煚傳)」에 보이는데, 옛 『의옥집』에는 실려 있지 않다.

안(按) 엄하고 명쾌히 다스린다는 엄명(嚴明)이라고 해서, 반드시 중형으로 사납게 위협할 필요는 없다. 사물의 정황(情況)을 자세히 살펴보고, 범인이 싫어하거나 기피하려는 것을 정확히 찌르기만 하면, 시장이나 조정(朝庭) 한복판에 세워 놓고 회초리질 한 것보다 훨씬 나을 수 있다. 조경이 볏짚을 실어다 주도록 시킨 것도, 바로 이러한 이치이다. 그렇지 않다면, 범인이 도리어 업신여기고 건방지게 날뛰도록 조장할 테니, 어떻

---

7) 조경 : 隋나라 천수 서(天水 西 : 지금 감숙 천수시) 사람으로, 字는 현통(賢通). 西魏 · 北周 · 隋에 걸쳐 벼슬하여, 상서우복야(尙書右僕射)에 이르고 금성군공(金城郡公)에 봉해짐. 나중에 섬주(陝州) 자사, 기주(冀州) 자사로 나감. 『수서(隋書)』 권46, 『북사(北史)』 권75.

게 부끄러워하고 수치심을 느끼게 바랄 수 있겠는가?

평석 '왼 뺨을 때리거든 오른 뺨도 대주라'는 예수의 가르침이나, '덕으로 원한을 갚으라[以德報怨]'는 로자(老子)의 가르침은, 종교 철학이나 소설 동화에서는 항상 훌륭하고 감동적일 수 있다. 그러나 세속의 사회와 법 현실에서는, 역시 때와 장소, 그리고 무엇보다도 상대방 '사람'에 따라서, 가장 적합한 중용의 치료약을 처방해야 한다.

공자는 일찍이 "덕으로써 원한을 갚으면 어떻겠습니까?[以德報怨, 何如?]"라고 묻는 사람에게, "그러면 무얼 가지고 덕을 갚겠소? 덕으로써 덕을 갚고, 정직함으로써 원한을 갚으시오.[何以報德? 以德報德, 以直報怨.]"라고 답변한 적이 있다. 바로 법의 인과응보(因果應報) 원칙, 다시 말하면 죄와 형벌의 상응 관계를 말한 것이리라. 그러나 당시 대화의 구체적인 상황과 상대방의 성격 등을 참작하면, 그냥 "덕으로써 원한을 갚으라."는 일반론보다 훨씬 훌륭한 교육 효과를 거두었을 수도 있다.

이것이 바로 유교의 장점인 시의적절한 중용[時中]이다.

7. 왕악(王鍔)이 가짜 투서를 불태우다

당나라 왕악[8]이 회남(淮南) 절도사일 적에, 어떤 자가 관청 앞에 익명 투서를 살짝 놓고 갔다. 좌우의 부하 관리가 투서를 갖다 왕악에게 바치자, 왕악은 그걸 신발 속에 넣었다. 그런데 그 신발 속에는 미리 다른 가

8) 왕악 : 당나라 태원(太原 : 지금 산서 태원시 남쪽) 사람으로, 字는 곤오(昆吾). 처음에 호남 단련부(湖南 團練府)의 비장(裨將)으로 시작하여, 회남(淮南) 절도사를 거쳐, 憲宗 때 검교사공(檢校司空), 同中書門下平章事에 이름. 『구당서』 권151, 『신당서』 권170.

짜 투서를 몰래 숨겨 놓았다. 투서를 갖다 바친 관리가 물러가자, 왕악은 신발 속에서 다른 가짜 투서를 꺼내, 사람들이 보는 앞에서 불태웠다. 이에 사람들은 모두 진짜 투서를 불사른 것으로 알고 믿었다.

퇴근하여 집에 돌아온 뒤, 진짜 투서를 꺼내 고발 내용을 살펴보았다. 그리고 며칠이 지난 다음 어느 날, 다른 사소한 일을 빌미로, 투서에서 고발한 사람을 함께 잡아들여 신문하면서, 고발 내용의 죄까지 밝혀냈다. 그렇게 대중을 모두 감쪽같이 속여 넘겼다. 그런 줄도 모르고, 부하 관리들은 한결같이 그를 신명이라고 칭송했다.

『당서(唐書)』「왕악전(王鍔傳)」에 나오는데, 옛 『의옥집』에는 실려 있지 않다.

안(按) 남제(南齊)의 고제(高帝 : 蕭道成) 둘째 아들인 예장왕(豫章王) 소의(蕭嶷)[9]는, 다른 사람의 허물이나 잘못 듣기를 별로 좋아하지 않았다. 따라서 좌우에서 서로 익명 투서로 소의에게 고발하면, 소의는 투서를 신발 속에 넣어 두었다가, 끝내 펼쳐 보지 않고 나중에 불사르곤 하였다.

왕악은 대저 다른 사람의 잘못이나 허물을 듣기 좋아했던가? 그러나 그의 속임수는 소의의 정직함만 훨씬 못하다. 옛날 서한(西漢) 때 주박(朱博)[10]은 매번 새로운 관직으로 옮겨갈 적마다, 새로 부임하는 곳에서 기발한 속임수를 써서, 부하들에게 자신은 속일 수 없는 인물임을 과시했다고 한다. 왕악이 어찌 그런 사람의 인간성을 흠모하여 본받았단 말인가?

평석 요즘도 우리는 세계에 유례가 드물 정도로, 엄청난 고소·고발과 특히 무고(誣告) 사건을 접수한다. 그로 말미암아 얼마나 많은

9) 예장왕 소의 : 南齊 고제(高帝 : 479~482년 재위) 소도성(蕭道成)의 둘째 아들로, 字는 선엄(宣儼). 宋 때 벼슬을 시작하여, 남제가 宋 대신 들어선 뒤 都督, 揚州 자사에 임명받고, 예장군왕(豫章郡王)에 봉해짐. 『남제서』 권22, 『남사(南史)』 권42.

10) 주박 : 漢代 두릉(杜陵 : 지금 섬서 西安시 동남쪽) 사람으로, 字는 子元. 젊어서 정장(亭長)이 된 뒤, 成帝 때 운양(雲陽)·평릉(平陵)·장안(長安) 등의 현령과 기주(冀州)·병주(幷州) 자사를 지냈으며, 哀帝(B.C.6~B.C.1년 재위) 때 승상이 되고 양향후(陽鄕侯)에 봉해졌으나, 나중에 사건에 연루하여 자살함. 『한서』 권83.

법조 인력과 시간·경비를 낭비하는지 모른다. 고소·고발은 진실을 밝히고 죄악을 다스려, 사법(司法) 정의를 확립하면서 사법(司法) 비용을 절감하자고 만든 제도이다. 그런데 오히려 허위로 남을 모함하고, 자신의 원한을 앙갚음하며, 사법(司法) 기관을 골탕 먹이는 수단으로 악용하는 것이다. 그 부작용과 폐해는 실로 상상할 수 없을 정도로 엄청나다.

그래서 당률(송형통) 이래로 전통법은, 한결같이 고소·고발을 엄격히 제한하고 있다. 무고(誣告)죄의 경우, 무고로 상대방이 억울하게 처벌받거나 받을 형벌을, 무고자에게 뒤집어씌우는 반좌(反坐) 제도가 독특하다. 무고를 예방하기 위해서, 일반 고소·고발의 경우 반드시 범죄(행위)가 발생한 년 월과 구체 사실을 명확히 적어야 하며, 애매모호하거나 의심스러운 고발은 관가에서 아예 수리하지 못하도록 엄격히 규정한다.

또 익명 투서는 절대 금지한다. 익명이나 가명을 써서 자기 신분을 드러내지 않은 채 남의 죄를 고발하는 투서는, 공개적으로 걸어 놓든 살짝 어디에 내버리든, 모두 유(流) 2천리의 중형에 처한다. 이러한 익명 투서는 누가 발견하든지 즉시 불태워야 한다. 만약 이를 주웠다고 관가에 갖다 바치면, 상 대신 도(徒 : 징역) 1년의 엄벌을 내린다. 또 갖다 바친다고 관가에서 받아 처리하면, 두 등급 가중한 도(徒) 2년을 받아야 한다. 익명 투서로 고발한 죄는 처벌하지 않으며, 더구나 상부에 보고한 자는 도(徒) 3년에 처한다. 다만 모반(謀反)과 대역(大逆)죄만큼은 예외로, 익명 투서를 발견하면 불사르지 못하고, 관청에 신고하여 상부(조정)에 보고해야 한다.[11]

따라서 당시의 국법(國法) 규정에 따르면, 익명 투서를 갖다 놓은 자(流 2천리)나, 발견했다고 갖다 바친 관리(徒 1년)나, 그걸 받아 수리한 절도사 왕악(徒 2년)이나, 모두 불법행위를 저지른 범죄자가 된다. 왕악이 투서를 신발 속에 넣었다가, 미리 넣어 둔 가짜 투서를 꺼내 불사른 것은, 바로 이러한 법 규정을 준수하는 것처럼 보인 것이다. 그러면서 그 내용을 몰

11) 이상 『당률소의(唐律疏議)』 권24 투송률(鬪訟律)의 규정과 문답.

래 살펴보고, 고발한 범죄가 사실인지 확인하여 다스리려고, 일부러 꾸민 속임수 연극인 셈이다.

더러 토착 부호나 아전들이, 중앙에서 파견해 내려오는 지방장관을 시험하거나 길들이기 위해 투서극을 연출할 수 있다. 그럴 경우 서한의 주박(朱博)처럼, 자신이 그렇게 호락호락 속일 수 없는 인물임을 알리기 위한 방편으로, 잠시 위장 전술을 써 볼 수도 있다. (특히 漢代의 정치·사회 상황을 감안한다면!) 그러나 만약 부하 관리들에게, 자신이 마치 '신명'인 것처럼 통하기를 기대하는 자기 과시욕이 끼어들었다면, 방편으로 얻은 통치의 효과보다, 속임수와 교만심으로 비롯할 폐단이 엄청나게 클 것이다.

8. 장희숭(張希崇)이 재산 다툼을 재판하다

오대(五代) 후진(後晋)의 장희숭[12]이, 그 전에 후당(後唐) 때 빈주(邠州) 절도사를 맡았다. 어떤 사람은 어려서부터 곽씨(郭氏)가 수양(收養)하여, 그 집의 양자[義子]로 성장하였다. 그런데 커서 못된 짓만 하고, 양부모의 훈계도 잘 듣지 않자, 양자 관계를 끊고 내보냈다. 그 뒤 곽씨 부부가 차례로 사망하였는데, 늦게 둔 친생자[嫡子] 하나가 이미 성장해 있었다.

그런데 곽씨 주위의 친척들이 쫓겨난 양자[義子]에게, 자기가 진짜 아들이라고 주장하며 유산을 분할해 주도록, 소송을 제기하라고 부추겼다. 이에 소송을 접수한 관청에서는, 전후임 여러 관리가 어떻게 판결을 내릴 수 없어, 계속 질질 끌고만 있었다. 그런데 장희숭이 부임하여, 이 소송에

12) 장희숭: 五代 때 유주 계현(幽州 薊縣: 지금 북경시) 사람으로, 字는 덕봉(德峰). 처음에 後唐에 벼슬하여 비장(裨將)이 되었다가, 빈주(邠州) 절도사에 부임함. 後晋에 들어와 개부의동삼사(開府儀同三司), 검교태위(檢校太尉), 朔方 절도사를 지내고 청하군공(淸河郡公)에 봉해짐. 『구오대사』 권88, 『신오대사』 권47.

명쾌한 재판을 하였다.

"양아버지가 살아 계실 때 이미 파양(罷養)하여 집안을 떠났고, 양어머니마저 돌아가셨을 때는 찾아와서 자식으로 친상(親喪)을 치른 적이 없다. 비록 가짜 아들[假子 : 義子 · 양자]이라고 하지만, 20년간 양육한 은혜도 다 저버렸다. 설령 친아들이라면, 3천 가지 죄악 중 으뜸인 패역무도(悖逆無道)한 불효(不孝)죄를 저지른 것이 된다.

인륜을 망치고 풍속 교화를 해침이 이보다 막심할 수 없거늘, 어찌 감히 유산으로 남긴 논밭을 차지하려 드느냐? 그 재산은 모두 친생 아들(嫡子)에게 넘겨주고, 소송을 벌인 양자와 부추긴 친척 일당은 모두 법관에 회부하여, 율(律)에 따라 형벌에 처하도록 하라."

이 재판 소식을 들은 사람들은 모두 탄복해 마지않았다.

옛『의옥집』에 출전이 밝혀져 있지 않다.

안(按) 당나라 법제에 따르면, 인재를 선발할 때 모의 사안 세 건을 판결해 보도록 시험했다[試判三條]. 그 판결문의 이치[辭理]가 합당하고 판결이 명백해야 비로소 합격하며, 이를 '발췌(拔萃)'[13]라고 불렀다. 장희숭의 판결도 대개 여기에 바탕을 둔 것이리라. 판결문의 이치가 합당하고 판결이 명백하기 때문에, 듣는 사람마다 모두 탄복한 것이다.

평석 지금도 흔히 사람됨을 평가할 때 '신언서판(身言書判)'을 곧잘 들먹인다. 이 네 가지가 바로 당나라 때 인재 선발의 기준이었다. 첫째, 신(身)은 신체 단정하고 건강한 용모를 뜻할 테고; 둘째, 언(言)은 또박또박 알아듣기 쉬우면서 조리 있고 설득력 있게 말하는 언변(言辯 : 말주변)을 가리킬 것이며; 셋째, 서(書)는 알아보기 쉽고 기운차게 쓰는 (붓)글씨와 함께 훌륭한 문장력을 포함하는 것으로 보이고; 넷째, 판(判)은 구체적인 상황이나 문제에 부딪혀 현명한 지혜로 통찰하고 시의 적절한 결정을

13) 발췌(拔萃) : 췌(萃)의 본음은 '취'. '훌륭한 것만 가려 뽑는다'는 뜻이 여기서 유래함.

내릴 수 있는 판단력을 가리킬 것이다. 이 가운데 맨 마지막의 '판(判)'이 여기서 말하는 '시판삼조(試判三條)'인데, 후대 과거제도에서 회시(會試)의 '대책(對策)'으로 바뀐 것 같다. 지금도 『백거이문집(白居易文集)』에는, 당시 과거(모의)시험의 모범 답안이었던 것으로 보이는 100여건의 사안과 판결문이, 「갑을판(甲乙判)」이라는 제목으로 전해진다.

이 사안의 상속인 적격과 양자 관계 해제[罷養] 문제는, 근대 서양의 민법 원리와 규정에 비추어 보면, 너무나 명백하고 합당한 것처럼 여겨진다. 하지만 형사처벌을 중심으로 민형사(民刑事)가 융합해 있으면서, 관습과 정리(情理)에 주로 의지하던 전통 법문화에서는, 이렇게 명쾌한 판결을 내리기가 쉬운 것만은 아니었다. 더구나 그 판결 이유를 인정(人情)과 윤리(倫理)·법리(法理)에 모두 합당하게 제시해, 당사자를 꼼짝 못하게 승복시키고 듣는 사람을 모두 탄복시키기란, 여간 어려운 일이 아니다. 사리 분명한 판단력과 논리적이고 유창한 문장력도 겸비해야 하는 것이다.

9. 장제현(張齊賢)이 소송을 결판내다

장제현[14] 승상이 중서성(中書省)에 있을 때였다. 친척 가운데 재산 분할이 균등(공평)하지 못하다고 서로 다투는 자들이 소송을 벌였는데, 나중에는 궁궐 안에까지 들어왔다. 조정의 황제 앞에서까지 상소하여, 전후 10여 차례의 재판을 계속하였지만, 끝내 서로 승복하지 못하고 불만이었다. 이에 마침내 장제현이 나서서 황제께 아뢰었다.

---

14) 장제현 : 송나라 조주 원구(曹州 寃句 : 지금 산동 菏澤현 서쪽) 사람으로, 字는 사량(師亮). 태종 때 진사가 된 뒤, 동중서문하평장사(同中書門下平章事)에 이르고, 나중에 사공(司空)으로 물러남. 『송사』 권265.

"이 사안은 다른 사안들처럼 어사대(御史臺)에서 판결 낼 수 있을 것 같지 않습니다. 청컨대, 신이 나서서 스스로 해결할 수 있도록 허락하소서."

황제가 그러하라고 허락하자, 장제현은 승상의 자리에 앉아 두 소송 당사자를 불러 물었다.

"그대들은 모두 각자 자기가 나누어 받은 재산이 상대방보다 적다고 불만 아닌가?"

그러자 두 사람 모두 "그렇습니다"고 대답하였다. 이에 장제현은 두 사람에게 각자의 진술이 사실이라고 다짐하도록 확인서를 작성하라고 명령하였다. 그런 뒤 두 관리를 두 당사자의 집으로 보내, 서로 집을 맞바꾸어 이사시켜 주도록 지시했다. 갑(甲)의 가족은 을(乙)의 집으로 이사 들어가고, 을(乙)의 가족은 갑(甲)의 집으로 이사 들어가게 맞바꾸었다. 물론 집에 딸린 재물과 논밭은 전혀 손대지 않은 채, 집과 함께 송두리째 맞바꾸도록 분할 재산 문서를 서로 교환시켰다.

이에 소송이 마침내 끝났다. 이튿날 장제현이 보고서를 작성하여 황제께 아뢰자, 황제가 크게 기뻐하며 칭찬하였다.

"짐은 정말로 경이 아니었다면, 이 사안을 결판 낼 수 없음을 벌써 알았노라."

사마광(司馬光) 승상이 지은 『속수기문(涑水紀聞)』에 나온다.

안(按) 증조(曾肇)[15] 내한(內翰)이 지은 「왕연희조의묘지(王延禧朝議墓誌)」에 나오는 이야기이다. 왕연희[16]가 악주(岳州) 원강(沅江) 현령일 적이었다. 형제가 재산을 분할하는데, 아우가 약하여 나눠 받은 논밭이 쳐지자, 균등(공평)하지 못하다고 소송을 제기하였다. 그래서 왕연희가 형을

---

15) 증조 : 송나라 건창 남풍(建昌 南豐 : 지금 강서 남풍현) 사람으로, 字는 자개(子開). 英宗 때 진사가 된 뒤, 한림학사(翰林學士) 겸 시독(侍讀)에 이름. 『곡부집(曲阜集)』 40권을 남겼다고 하나, 현재 전해지는 판본은 4권이고, 여기 사안의 「王延禧朝議墓誌」는 안 실려 있음. 『송사』 권319.

16) 왕연희 : 송나라 거야(巨野 : 지금 산동 거야현) 사람으로, 왕우칭(王禹偁)의 손자. 원강(沅江) 현령을 거쳐 조의대부(朝議大夫)에 이름. 『송사』에 열전은 없음.

나무랐더니, 형은 끝내 '균등하다'고 우겼다. 그러자 왕연희는 즉시 두 사람이 나누어 가진 논밭을 서로 맞바꾸어 갖도록 명령하는 판결을 내렸다.

그랬더니 이번에는 형이 주(州)에 항소하였다. 항소를 받은 주지사는, 항소 이유와 원심 판결을 보더니, 빙그레 웃으며 말했다.

"이 판결은 장영(張詠) 상서(尙書)가 재판했던 방법이니라."

그가 들은 게 좀 다른 것일까?

평석 당률(송형통)의 호혼률(戶婚律)에 따르면, 부모님이 살아 계신 동안에는, 형제는 호적을 달리하거나 살림을 따로 할[別籍異財] 수가 없다. 이를 어기면 도(徒) 3년의 중형에 처한다. 그러나 부모님이 돌아가신 뒤, 유산을 분할할 때는, 균등(공평)히 나누어 가져야 한다. 이를 지키지 않으면, 침탈한 재산 가액만큼 좌장(坐贓)에서 세 등급 감경한 죄로 다스린다(최고 徒1년 반). 당시에는 장남(호주 상속자)에 대한 가중치도 없이, 모두 균분(均分) 상속이었음을 주의해야 한다.

유산이 돈이나 쌀·비단처럼 가액 환산이 명확한 재물인 경우에는, 액수대로 나누면 된다. 문제는 가옥이나 논밭, 기타 평가(評價) 자체가 주관적이거나 상대적이어서 확정하기 곤란한 유산의 처리이다. 기본 살림인 집과 토지는, 위치와 재질·비옥도에 따라서도 서로 차지하려고 다툼이 생기기 쉽다. 그렇다고 형제간에 가산으로 물려받은 집과 땅을, 남에게 팔아 돈으로 균분한 뒤, 다시 각자 취향에 맞는 집과 땅을 사도록 지금처럼 기대할 수는 없다. 그래서 옛날에 제법 잦은 소송 가운데 한 종류가, 바로 유산 분할의 불공평을 하소연하는 것이었다.

지금도 골동품이나 그림처럼, 시가가 워낙 높고 확정하기 어려운 재산은 분할 다툼이 있을 것이다. 하지만 요즘은 거래시장이 활발하여 가액 환산이 옛날만큼 어렵지는 않을 것이다. 좀 다른 문제이지만, 최근 재벌의 구조 조정과 관련해 거론하던 이른바 빅딜(big-deal : 기업 맞교환)이, 각자 자기와 상대방의 자산평가를 둘러싼 심한 의견차이로, 무산하거나 지체하는 경우가 잦았다. 이들 사안과 같은 판결은 내릴 수 없지만, 이들 사안처럼 당사자 모두 꼼짝없이 승복할 수밖에 없는 묘안은 정말 없을까?

10. 연숙(燕肅)이 싸움을 멎게 하다

연숙[17] 시랑(侍郎)이 명주(明州) 지사일 적이었다. 그 지역은 풍속이 아주 경박하고 거칠어, 주민들이 싸우기를 좋아했다. 이에 연숙은 싸움(쌍방 폭행) 사건을 재판할 때, 반드시 구타(폭행)의 선후를 가려내었다. 그리고 먼저 공격한 자는 비록 상처를 입히지 않았더라도 꼭 유죄로 처벌하였다. 반면 나중에 대응 반격한 사람은, 신체의 일부를 부러뜨리는 상해(골절상)까지 입히지만 않았으면, 모두 용서해 주었다. 이에 지역 내의 고질적인 싸움질이 뚝 그쳤다.

「본전(本傳)」에 보인다.

안(按) 사람들이 치고 박고 싸우는 폭행 사건에서는, 그로 말미암는 상처(결과)의 경중이 다르고, 또 싸움을 일으킨 이유(원인 · 동기)에 옳고 그름[曲直]이 각각 있기 마련이다. 보통은 폭행 결과의 상해를 주로 따지는데, 그렇게 상처를 묻지 않고 폭행 이유를 따져 다스리는 방법이, 바로 싸움질(폭행)을 멈추게 만드는 효과적인 묘안이다.

만약 신체의 일부를 부러뜨리는 골절상까지 이른다면, 설령 싸움의 발단 원인(이유)이 옳다고 할지라도, 상해가 심하여 그냥 용서해 줄 수는 없다. 비유하자면, 폭행치사상의 범죄에서 만약 흉기[18]를 사용한 경우에는,

---

17) 연숙 : 송나라 청주 익도(青州 益都 : 지금 산동 익도현) 사람으로, 字는 목지(穆之). 진사가 된 뒤, 明州 지사를 거쳐 례부시랑(禮部侍郎)에 이름. 『송사』 권298.

18) 흉기: 원문으로는 인(刃)인데, 뾰족한 날이 있는 무기를 가리킴.

고의 살인으로 논죄(간주)한다는 법리(法理)와 마찬가지이다. 그 정황이 너무 무겁기 때문이다.

심괄(沈括) 내한(內翰)이 쓴 『몽계필담(夢溪筆談)』에 나오는 이야기이다.

국진경(鞠眞卿)[19]이 윤주(潤州) 지사일 적이었다. 백성 중에 서로 때리고 싸우는 자들이 있으면, 국진경은 율문(律文)에 규정한 본죄(本罪)로 처벌하는 것과 별도로, 선제공격을 가한 사람이 돈을 내어 나중에 대응 반격한 사람에게 물어주도록 명령했다. 그러자 소인배(일반 서민)들은 재물이 아깝기도 하고, 더구나 자기 돈을 적(敵)에게 내주는 게 달갑지도 않아, 온종일 다투고 싸우면서도 서로 쳐다보고 입씨름만 할 뿐, 어느 누구도 감히 먼저 손을 휘두르려고 하지 않았다.

대개 껄렁거리는 무뢰배들은, 곤장 정도의 형벌은 우습게 알고 두려워하지 않는다. 그래서 이러한 방법을 고안하여 이들의 기질을 꺾어 다스린 것이다. 앞에 나온 왕경측(王敬則)이 도둑을 소탕한 방법과 같다.

근래에 주(州)나 현(縣) 가운데는, 싸움질한 사람들에게 '주먹 휘두른 벌금[下拳錢]'을 내게 하는 곳들이 정말로 있다. 그런데 그 돈을 관청(국고)에서 스스로 챙기고 피해자에게 주지 않는다면, 이는 악질적인 폭행을 징벌할 수 없을 뿐만 아니라, 도리어 백성들의 원성만 사는 원인이 된다. 이는 근본에서 크게 벗어난 조치이다. 따라서 돈을 내게 하는 방안은, 앞에서 연숙이 상해 결과는 묻지 않고 폭행 발단 원인만 다스린 방법만큼, 그렇게 간단하지도 않고 쉽지도 않다.

평석 술 마시기 좋아하는 우리 민족의 기질상, 의식적이든 무의식적이든 폭행 사건이 많이 일어난다. 요즘은 자동차 운전과 관련하여도, 말다툼이 폭행으로 번지는 경우도 적지 않다. 그런데 작용과 반작

---

19) 국진경 : 字는 안숙(顔叔). 송나라 仁宗 때 蘇州・潤州 지사를 거쳐, 태상승(太常丞)으로 보주(普州) 지사를 지냄. 『오군지(吳郡志)』 권11과 『북송경무년표(北宋經撫年表)』 권86에 행적이 나옴.

용의 자연 법칙은, 인간관계에도 그대로 나타난다. "가는 말이 고와야 오는 말이 곱다"는 속담도 있지만, 서로 언성을 높이고 시비곡직을 따지다가 주먹이 한번 올라가면, 그 다음에는 누가 말릴 수도 없게 서로 달라붙어 치고 박는다. 전혀 모르는 사람에게 봉변을 당하는 경우나, 착하고 의지력 있는 사람이 의식적으로 자신을 절제하여 반격을 피하는 경우가 아니면, 대부분 싸움은 쌍방 폭행으로 발전하는 것이 자연스런 흐름이다.

그런데 문제는 폭행의 발단 원인과 선제공격보다, 폭행 결과로 나타난 상해 정도에 수사와 판결의 초점이 더 맞추어지는 사법(司法) 현실에 있다. 법이 동기보다 결과를 더욱 중시한다는 서구법의 논리에 따라, 그리고 사건의 간편하고 신속한 처리라는 사법(司法) 편의주의에 편승하여, 대부분 쌍방 폭행 사건은 쌍방 모두 처벌하는 것을 원칙으로 삼는다.

그러다 보니, 억울하게 싸움에 말려들어 곤욕을 치르는 사람도 많다. 특히 요즘에는 민사상의 손해배상을 노리고, 상해 정도를 허위 과장 진단하는 사기꾼 불량배들이 많다. 실제로 필자의 가까운 주변에도, 정말 억울하게 말려들어 엄청난 손해배상 합의금을 협박당하거나, 벌금형의 판결로 전과의 낙인이 찍힌 사람이 있다. 사회 전체적으로는 이런 불합리한 분통 터지는 사건이 얼마나 많겠는가? 좀 더 합리(合理)적이고 합정(合情)적인 사법(司法) 정책과, 경찰·검찰·판사들의 좀 더 세심한 분간 처리를 간절히 기원한다. 억울한 피해자를 줄이고, 나아가 폭행 범죄 자체를 줄여, 민생치안을 평화롭게 유지하는 첩경이자 비결이라 믿어 의심치 않는다.

최근 전해들은 바에 따르면, 도이칠란트에서는 폭행을 엄하게 처벌할 뿐만 아니라, 유치원 때부터 절대로 손발로 남을 때리지 못하게 철저히 가르친다고 한다. 상대방을 힘으로 밀어낼지언정 손찌검은 하지 않는 게 유아교육 때부터 몸에 배인 결과, 폭행하면 정말로 야만인 취급당한다고 한다. 본받을 만한 문화라고 생각한다.

11. 한거(韓琚)가 거짓 원통을 살펴 내다

한거[20] 사봉(司封)이 일찍이 건주(虔州) 통판(通判)일 적이었다. 그곳 주민들은 소송을 좋아하였는데, 더러 거짓으로 원통하다는 고소장을 작성하여 제기하였다. 그러면서 슬픔과 분함을 이기지 못하는 척 울부짖는 모습을 연출하는 게, 마치 사실인 것처럼 믿게 할 만하였다. 마침 주지사 자리가 비어 있던 터라, 한거가 주의 행정을 대리로 보고 있었다. 한거는 그 지방의 풍속을 연구하고, 사안의 옳고 그름을 자세히 살펴 재판하였다. 그래서 부하 관리나 백성들이 그를 속일 수 없을 뿐만 아니라, 죄상을 승복한다고 진술한 사람도 스스로 억울하지 않다고 말할 정도였다.

한거의 관직은 양절전운사(兩浙轉運使)에서 그쳤는데, 바로 위국공(魏國公) 한기(韓琦)의 형님이다.

윤수(尹洙) 룡도(龍圖)가 지은 「한공묘지(韓公墓誌)」에 보인다.

안(按) 심괄(沈括) 내한(內翰)의 『몽계필담(夢溪筆談)』에 실린 내용이다.

강서(江西) 사람들은 소송을 좋아해, 『등사현(鄧思賢)』이라는 제목의 책이 널리 퍼졌는데, 모두 소송을 벌여 이기는 술법에 관한 내용이다. 맨 처음에는 법조문을 자기에게 유리하도록 왜곡 해석하도록 교사한다. 그리고 법조문이 자기에게 유리하게 해석되기가 정말 어려울 때는, 속임수와 모함을 써서 이기라고 조장한다. 속임수와 모함도 안 통할 때에는, 마지막으로 상대방의 죄(약점)를 찾아 위협을 가하도록 선동한다.

'등사현'은 본디 사람인데, 그가 맨 처음으로 이러한 술법을 전수하기 시작하여, 책 이름으로 붙여지게 되었다. 시골의 개인 학교에서도 종종 이 책으로 학생들을 가르치는 경우가 있다.

---

20) 한거 : 송나라 상주 안양(相州 安陽 : 지금 하남 안양시) 사람으로, 字는 자온(子溫). 眞宗 때 진사가 된 뒤, 건주(虔州) 통판(通判)을 거쳐 광서(廣西) 및 양절(兩浙) 전운사(轉運使)를 지내고, 사봉원외랑(司封員外郎)으로 벼슬을 마침. 『송사』에 열전은 없음.

한거가 지방풍속을 연구하고, 사안의 옳고 그름을 자세히 살핀 까닭은, 단지 부하나 백성들이 자기를 속일 수 없도록 할 뿐만 아니라, 나아가 소송 상대방을 협박하지도 못하게 예방하기 위함이었으리라. 소송 상대방을 협박하지 못하게 함이 바로 엄하게 다스림이요, 자기(법관)를 속일 수 없게 만드는 게 바로 현명함이다. 자기 죄상을 승복한다고 진술해 놓고, 자기 스스로 억울하지 않다고 말하는 것도, 바로 이 때문이 아니겠는가?

평석 춘추시대 정(鄭)나라 자산(子産)이 '형서(刑書)'를 주조하여 최초로 성문법을 공포했다. 그때 정 나라의 등석(鄧析)은 사사로이 『죽형(竹刑)』을 만들어 퍼뜨리며, 자산의 정치를 훼방하기에 힘썼다. 일반 백성의 소송에 대해, 큰 사건은 옷 한 벌, 작은 사건은 속옷을 받기로 약정하고, 소송을 가르치고 자문해 주었다. 옳은 것을 그르게 만들고, 그른 것을 옳게 만들어, 시비와 가불가(可不可)가 매일 바뀌었다. 심지어 그가 이기게 하고 싶으면 이기고, 져서 처벌받게 하고 싶으면 지게 만들었다.

이에 등석에게 옷을 바치고 소송을 배우려는 백성이 셀 수 없이 많아져, 정나라가 큰 혼란에 빠지고 민심이 흉흉해졌다. 그러자 자산은 매우 고심하고 염려한 나머지, 마침내 등석을 처형하였다. 그때야 비로소 민심이 안정되고, 시비선악이 바로 잡혔으며, 국가 법률이 제대로 행해지기 시작하였다. (이상은 『려씨춘추(呂氏春秋)』, 「리위(離謂)」편에 나오는 내용이다.)

중국법의 역사상, 등석이 기록으로 확인할 수 있는 거의 최초의 변호사이자, 개인 법률학자로 보인다. 그런데 이는 정나라 자산의 '형서(刑書)' 주조가 중국 법제사상 최초의 성문법 공포라는 사실과, 서로 밀접 불가분의 관계가 있다. 역사 발전의 필연일지 모르겠지만, 법률 제도가 발전할수록, 역설적으로 그 법을 조작·왜곡하여 시비(是非)·곡직(曲直)·선악(善惡)을 뒤바꾸는 소송 교사 범죄도 부쩍 늘어 왔다. 그걸 방지하기 위해, 전통법은 무고(誣誥)죄를 반좌(反坐)로 엄벌하고, 남의 고소장을 대신 써 주는 것도 엄격히 제한하는 기본 원칙을 고수하였다.

지금 우리의 소송 대리 제도와 변호사의 실상은 과연 어떠한가? 소송 의뢰인의 시비 · 곡직 · 선악을 먼저 판단해 보지도 않음은 말할 것도 없고, 승소 가능성이 거의 없는데 오직 수임료를 벌기 위해서, 무조건 소송을 벌이도록 교사(敎唆)하고 조장(助長)하며 선동(煽動)하고 있지는 않은지? 게다가 승소하면 따로 거액의 성공 사례비까지 챙기는 것은, 도대체 무슨 소송 문화이며 변호사 윤리인지 궁금하다.

약국과 병원이 잘 되는 것은, 국민의 신체 건강이 질병에 크게 위협받고 있음을 뜻한다. 마찬가지로 변호사와 브로커가 잘 나가는 것은, 사회의 도덕 건강이 아수라(阿修羅)에 거세게 휩쓸리고 있다는 반증이다.

일찍이 공자는 "소송을 들어 심판함은 나도 남만큼은 할 수 있지만, 그보다는 반드시 소송이 아예 없도록 사전에 예방(교화)하겠다.[聽訟吾猶人也, 必也使無訟乎!]"고 말하였다. 그리고 공자는 자산(子產)의 형정(刑鼎) 주조(鑄造)[성문법 공포]에 대하여, 앞으로 백성들이 법조문을 들먹이며 시비를 따지고 다투게 될 것이라고 몹시 우려하며 탄식하였다. 20세기의 최고 위인으로 손꼽히는 마하트마 간디는, 소송 변론보다는 중재를 통한 화해에 크게 치중하였다. 노예를 해방시키기 위해, 연방 분열의 위험을 무릅쓰고 남북전쟁을 치른 미국의 링컨 대통령은, 아주 정직하고 양심적인 변호사 활동으로 자기 정치 생명의 기반을 튼튼히 다졌다.

한동안 돈을 잘 벌고 사람들의 부러움을 사며 호의호식하기 위해서라면, 어떤 수단 방법도 가리지 않고 소송을 많이 벌이고, 또 실체적 진실이나 정의와 관계없이 시비곡직도 바꾸어 가며 이기기만 하면 될 것이다. 그렇지만 과연 그것이 만물의 영장인 인간의 존엄과 가치를 빛내 줄 수 있을까? 현재의 변호사와 모든 법조 관계자 및 장래 지망자들께서는 한 번 깊이 생각하고, 현명한 판단과 용기 있는 선택을 하시라!

셰익스피어 작품에서 최소 1만 곳이나 법률가를 나쁘게 말하고, '맨 먼저 법률가를 모두 때려죽이자'는 '몰살 법률가' 선동구호나 온갖 악담·저주를 퍼붓는 상징을 음미해보자. 로스쿨 도입이 약이 될지 독이 될지?

12. 갈원(葛源)이 소장을 쓰게 하다

갈원 랑중(郎中)이 처음에 길주(吉州) 태화(太和)현의 주부(主簿)로 길수(吉水) 현령 직책을 대행하였다. 그 전에는 현령이 막 부임하자마자, 교활한 아전들이 주민 수백 명을 꾀어 일시에 현령에게 소장(訴狀)을 내도록 시키고, 또 각종 변덕과 속임수를 동원하여 현령을 뒤흔들어 댔다. 이렇게 며칠만 야단법석을 떨어 놓으면, 현령은 그만 일 보는 게 정나미가 뚝 떨어져 버리고, 현의 행정 사무는 늘상 모두 아전 손에 들어가기 마련이었다.

그런데 갈원이 대리 현령에 부임하면서는, 소송 제기한 자를 양쪽 복도에 늘어세운 뒤, 고소장을 하나씩 살펴보았다. 그러면서 아전이 소송을 부추긴 것처럼 보이는 것은, 고소인을 불러내 스스로 고소장을 새로 써 보게 했다. 글을 쓸 수 없는 자는, 옆에서 아전이 대신 받아 써 주도록 지시했다. 그렇게 해서 새로 쓴 고소장이 이따금 원래 내용과 같지 않은 경우가 있었는데, 그러면 고소인은 난처하여 우물쭈물 변명을 늘어놓았다.

"저는 이걸 할 줄도 모릅니다. 단지 아무개 아전이 저에게 하라고 시켜서 한 것입니다."

이에 소송을 부추긴 아전들을 모두 붙잡아 신문하고, 법에 회부하였다. 그 뒤로는 소송이 눈에 띄게 줄어들었고, 아전들도 끝내 더 이상 농간을 부릴 수 없었다.

왕안석(王安石) 승상이 쓴 「갈원묘지(葛源墓誌)」에 보인다.

안(按) 행정 책임자들이 정말로 부하 관료들을 잘 단속하여 통솔하려고 함에는, 오직 엄하고 현명함(嚴明)만이 가능하다. 무릇 백성들이 비록 소송을 좋아하더라도, 만약 아전들이 그들과 내통하거나 결탁하지 않는다면, 백성들이 어떻게 혼자서 속임수나 모함을 동원하고, 심지어 소송 상대방을 협박하는 술수까지 쓸 수 있겠는가? 따라서 아전들이 중간에 농간을 부리지 못한다면, 백성들의 소송도 마땅히 줄어들기 마련이다.

갈원이 백성들에게 스스로 자기 고소장을 새로 써 보게 시키고, 또 글을 못쓰는 사람은 아전에게 대신 받아 써 주도록 지시하여, 원래 고소장의 내용과 서로 맞추어 보았는데, 이는 민정(民情)을 살피고 아전의 간사함을 파헤치는 묘책이다. 비록 아전이 아무리 간사하고 교활하더라도, 이러한 상황에 부닥치면 마땅히 스스로 두려워하고 움츠러들 것이다. 그러니 이러한 묘책을 지닌 것도 또한 괜찮지 않은가?

평석 당률(송형통) 투송률(鬪訟律)에 따르면, 무릇 다른 사람을 위해 대신 고소장을 써 주면서, 그 내용을 다르게 증감시킨 경우에는 회초리 50대에 처하고, 고소하는 죄를 증가시킨 게 중대한 경우에는, 무고(誣告)죄에서 한 등급 감경하여 처벌한다. 또 남의 시킴을 받고 무고(誣告)한 경우에는, 스스로 무고한 죄와 같다. 그 대가로 받은 장물이 많은 경우에는, 그 부분에 대해서는 별도로 좌장(坐贓)의 죄에서 두 등급 가중하여, 무고죄와 합병 처벌한다. 그리고 무고하라고 시킨 자는 교사범으로, 실행자보다 한 등급 감경 처벌한다. 만약 고소 내용이 사실이면, 고소 부분에 대해서는 시킨 자나 실행자나 모두 처벌하지 않지만, 고소자는 대가로 받은 장물에 대해 좌장의 죄로 처벌한다.

이 법률의 규정대로라면, 고소장을 낸 백성이 고소를 부추긴 아전보다 무겁게 처벌받을 텐데, 이는 당시 입법상의 사려 미숙으로 보인다. 이 사안에서는 백성들을 관대하게 훈방했을 것이다. 더구나 아전이 고소를 부추기면서 소장까지 대신 써 준 경우에는, 더욱 엄벌에 처해야 할 것이다.

요즘 변호사들이 실질상으로 이러한 아전들처럼 소송을 자꾸 부추기는 것은 아닌지, 반성해 볼 필요가 있다. 다만 양자 사이에 차이가 있다면, 옛날 아전들은 수령을 휘어잡고 행정 실권을 농락하기 위한 권력형이 많았을 텐데, 요즘 변호사들은 법원이나 검찰과 권위나 명분을 다투기 위해 서라기보다는, 오직 수입을 많이 올리기 위한 경제형이 대부분일 것이다.

13. 류창(劉敞)이 재판 도중 조정에 불려가다

류창[21] 시독(侍讀)이 영흥군(永興軍)의 지사일 적이었다. 한 대성(大姓) 집안의 토호 범위(范偉)라는 자가, 무공(武功) 현령을 지낸 범조(范祚)를 자기 할아버지로 사칭했다. 그리고 범조의 분묘를 파고서 자기 할머니까지 부장(祔葬 : 合葬)한 다음, 50년 동안 부역을 회피(면제)해 왔다. 게다가 여러 차례 죄를 저질러 도형(徒刑 : 징역)이나 유형(流刑)을 선고받았지만, 가짜 할아버지 관직의 음덕(蔭德)으로 금방 벌금만 내고 속죄(贖罪)를 받곤 했다. 그래서 장안 사람들이 모두 함께 골칫거리로 여겼다. 그러나 관리들도 그를 섣불리 다스릴 엄두조차 못 내었다.

류창이 이 사건을 조사하여 심리하던 중에, 재판을 채 확정하기 전에 황제의 부름을 받고 조정으로 되돌아가게 되었다. 그러나 그 동안 범위가 진술을 여러 번 번복하고, 관련 증인만도 수백 명에 이르러, 사건이 해가 바뀌도록 결판나지 못했다. 황제는 조서를 내려, 이 사건을 어사대(御史臺)에 이송하여 심리하도록 명령했는데, 마침내 재판 결과는 류창이 파헤쳐 놓은 사실대로 확정하였다.

「본전(本傳)」에 보인다.

안(按) 범위의 횡포를 사람들이 모두 골칫거리로 여겨 왔다. 그리고 범위가 가짜 할아버지를 사칭해, 관음(官蔭)[22]으로 부역을 오래 회피해 온 사실을 류창이 밝혀내, 관련 증인만도 수백 명에 이르렀다. 그런데 해가 바뀌도록 결판내지 못한 것은 무슨 까닭일까? 그가 자기 일당 패거리와 워낙 두텁게 결탁해 있었기 때문에, 감히 그렇게 무릅쓴 것이다.

---

21) 류창 : 송나라 림강 신유(臨江 新喩 : 지금 강서 新余현) 사람으로, 字는 원부(原父). 仁宗 때 진사가 된 뒤, 永興軍 지사를 거쳐 한림시독학사(翰林侍讀學士), 남경어사대판관(南京御史臺判官)을 지냄. 『송사』 권319.

22) 관음(官蔭) : 조상의 관직으로 인한 음덕.

관련 증인으로 법정에 불려 나온 사람들이 대부분 그의 패거리니, 어떻게 쉽게 신문해 사실을 밝혀낼 수 있겠는가? 또 장안 사람들이 모두 골칫거리로 여기는데도, 관리들이 감히 그를 선불리 다스릴 엄두조차 못 내었다. 그러니, 그가 얼마나 흉포하고 교활했는지, 가히 짐작할 수 있겠다.

수사하는 사람이 엄하고 현명하지 못하면, 이런 사건을 파헤칠 수 없다. 또 심리하는 사람이 엄하고 현명하지 못하면, 그 진상을 밝혀낼 수 없다. 그래서 간사한 자들이 요행히 법망을 빠져나가는 경우가 많다. 수사와 재판 과정에서 진술이 자주 바뀌는 것은, 대개 이러한 이유 때문이다.

평석 요즘 우리나라에서는 정치·경제 깡패들이, 이러한 횡포를 무엄하게 자행해 왔다. 최근 문민정부 시절에는 대통령의 아들이 황태자처럼 '소통령(小統領)'으로 행세하며, 온갖 부정 비리를 저질렀다. 다행히 국민의 의식수준이 제법 높아져, 그를 수사 재판에 회부시켜 유죄를 확정짓기까지 이르렀다. 그러나 그 과정에서도 여전히 뻔뻔스럽게 시치미 떼고, 진술 거부와 번복을 되풀이하는 교활함을 보였다. 또 막판에는 유죄 확정 후, 검찰의 재수감 소환에도 응하지 않는 배짱을 부렸다. 불행히도 당시 집권 정부가 지난 정권에 대해 정치적 배려를 관대하게 베풀어, 1년 6개월에 이르는 잔여 형기를 면제하는 일부 사면을 확정해 시행하였다. 그러면 사법정의(司法正義)는 어디서 기대할 수 있겠는가?

14. 허원(許元)이 표준 액수를 정하다

허원[23] 대제(待制)가 처음에 발운사(發運使 : 轉運使)의 부속 판관(判官)일

---

23) 허원 : 송나라 선성(宣城 : 지금 안휘 선성현) 사람으로, 字는 자춘(子春). 처음에 부친

적이었다. 조운(漕運)용 정부 선박을 건조하는 데에, 사용하는 못의 수량을 허위로 크게 부풀려 빼돌리는 짓이 허다하였다. 못이 나무속에 쏙 박혀 들어가, 그 수량을 헤아리기 힘들다는 허점을 이용하여, 간사하게 관물(官物)을 횡령하는 것이었다.

허원은 맨 처음 선박 건조장에 도착하자, 새로 건조한 배 한 척을 끌어 오라고 명령한 뒤, 불을 질러 태웠다. 나중에 타고남은 잿더미 속에서 못을 추려 내어 저울에 달아보았더니, 지금까지 보고하여 타 간 수량의 10분의 1밖에 되지 않았다. 그래서 새로 확인한 못의 실제 소요량을 표준 액수로 결정하였다.

위태(魏泰)[24]의 『동헌필록(東軒筆錄)』에 보인다.

안(按) 허원이 못의 소요량을 크게 부풀려 빼돌린 죄를 다스리지 않고, 단지 표준 수량만 정했어도 괜찮았을 것이다. 그런데 역시 소식(蘇軾) 상서(尙書)가 전하는 류안(劉晏)[25]의 사안과는 다른 데가 있구나.

당나라 류안이 강회(江淮) 발운사일 적이었다. 양주(揚州)에서 선박을 건조하는데, 쌀 1천 석을 실을 수 있는 배 한 척당 건조 비용으로 동전 1천 꾸러미[貫]를 지불하지만, 실제 소요 비용은 그 절반인 5백 꾸러미도 채 못 되었다. 더러 그가 국고를 터무니없이 낭비한다고 비난을 하면, 류안은 이렇게 답변하곤 했다.

의 관음(官蔭)으로 벼슬길에 나서, 仁宗 때 강회제치발운판관(江淮制置發運判官)과 천장각대제(天章閣待制)를 거쳐, 태주(泰州) 지사에 이름. 『송사』 권299.

24) 위태 : 北宋 상양(襄陽 : 지금 湖北 襄樊시) 사람으로, 字는 도보(道輔). 종신토록 벼슬하지 않았으며, 『동헌필록(東軒筆錄)』 15권을 남겼으나, 현전하는 판본에는 여기 사안이 실려 있지 않음.

25) 류안(715~780년) : 당나라 조주 남화(曹州 南華 : 지금 산동 東明현) 사람으로, 字는 사안(士安). 玄宗 때 현량방정과(賢良方正科)에 천거 받아 溫 현령이 된 뒤, 戶部侍郞을 거쳐 代宗 때 吏部尙書, 同中書門下平章事를 지냄. 탁지(度支 : 재정) · 염철 · 조세 · 轉運을 맡아, 한 해 수십만 석의 식량을 중원으로 실어 나름. 하천을 준설하고 소금세를 정비하며 평준법(平準法)을 시행하여, 안사란(安史亂) 이후 문란해진 재정을 개선함. 20년 동안 국가 재정을 충실히 꾸려, 당나라 중흥에 결정적인 공헌을 함. 양염(楊炎)의 모함으로 죽음. 『구당서』 권123, 『신당서』 권149.

"큰 나라는 작은 도(道)로 다스릴 수 없다.[大國不可以小道理.] 무릇 새로 물건을 만드는 데는, 모름지기 오래 동안 궁리하고 설계해야 한다. 선박 건조장에 일하는 사람들이 한둘이 아니고, 조금 남아도는 옷과 음식으로는 더 많은 사람들을 입히고 먹여 살릴 수 있지 않은가? 그러면 개개인의 생활비가 궁색하지 않고, 나라의 선박이 튼튼하게 만들어질 수 있다."

그래서 선박 건조장에 종사하는 사람들은 모두 넉넉하게 살았으며, 50여 년 동안 이 지역의 조운 사업은 조금도 차질 없이 이루어졌다. 그러다가 당나라 함통(咸通)[26] 말년에 이르러, 오요경(吳堯卿)[27]이란 사람이 발운사로 부임하였다. 그러면서 비로소 매 선박 한 척을 건조하는 데 실제 들어가는 재료를 정확히 조사하고, 그 수량만큼만 비용을 지급하여, 더 이상 넉넉하게 남아도는 법이 없게 되었다. 그래서 그 이후로는 선박 건조장이 파괴되고, 조운도 그때부터 점차 끊어지게 되었다고 한다. 그러니 류안이 말한 "큰 나라는 작은 도(道)로 다스릴 수 없다.[大國不可以小道理]"는 명제는 정말로 믿을 만하다.

소식(蘇軾)[28]이 지은 『동파선생주의(東坡先生奏議)』 권12에 보인다.

허원이 배를 건조하는 데 필요한 못의 표준 수량을 정한 것도, 바로 오요경과 비슷한 조치가 아닐까? 비록 다행히도 큰일을 어그러뜨리는 지경까지 이르지는 않았지만, 그러나 그의 엄격하고 명쾌한 조치는 세속 선비

---

26) 함통(咸通) : 의종(懿宗)의 연호. 860~873년.

27) 오요경 : 미상. 『동파선생주의(奏議)』 권12에 따르면, 당시 양자원관(揚子院官)을 지냄.

28) 소식(1037~1101년) : 송나라 미주 미산(眉州 眉山 : 지금 사천 미산현) 사람으로, 字는 자첨(子瞻), 號는 동파거사(東坡居士). 아버지 소순(蘇洵) 및 아우 소철(蘇轍)과 함께 '三蘇'로 일컬어지며, 당송팔대가에 속함. 仁宗 때 진사가 된 뒤, 神宗 때 사부원외랑(祠部員外郞)과 密州 · 徐州 · 湖州 지사를 지냄. 왕안석의 신법을 반대하여 詩로 조정을 비방한 까닭에, 黃州로 귀양 감. 哲宗 때 翰林學士와 禮部尙書에 이르렀으나, 다시 惠州 · 담주(儋州)로 귀양 갔다가 풀려나, 귀환길에 常州에서 병으로 죽음. 文忠이란 시호를 하사 받음. 詩文과 書畵에 모두 뛰어나, 호방한 작품을 많이 남김. "시 속에 그림 있고 그림 속에 시가 있다.[詩中有畵, 畵中有詩.]"고 예술 경지를 평론할 정도로 조예가 깊음. 『송사』 권338.

들의 자기 과시에 불과할 따름이다. 이는 군자가 천하게 여기는 짓으로, 후세의 법도로 삼을 수 없다.

평석 허원이 못이 몇 개나 들어갔는지 눈으로 확인하기 위해, 새로 지은 배를 다짜고짜 불태운 짓은, 정말로 빈대 몇 마리 죽이기 위해, 멀쩡한 초가삼간을 불 지르는 어리석음과 똑같다. 또 실물 재료비만 엄격히 따지고, 그 밖의 부대비용은 전혀 헤아리지 않는 것도, 선박 건조(공사) 현장의 사정을 너무 도외시한 관념적인 이상론의 소치이다. 법리(法理)의 원칙에 인정(人情)이라는 윤활유도 전혀 고려하지 않은 처사이다. 예로부터 법가(法家)를 지나치게 각박(刻薄)하고 가혹(苛酷)하다고 비판하는 것도, 바로 이 때문이다.

류안의 언론을 보면, 과연 그의 후덕한 도량(度量)은 충분히 존경스럽다. 확실히 큰일을 하는 데는, 철저한 원칙과 엄격한 절약만으로는 안 된다. 우리 민간 전래 설화인 '콩쥐팥쥐전'에서, 임금이 현명하고 재간 있는 왕비를 찾기 위해, 쌀 한 되씩 나누어주면서 그걸로 한 달간 먹고 살아보라고 명했다. 그때 팥쥐와 다른 처녀들은 모두 쌀 한 되를 30등분하여, 매일 단식하다시피 겨우 연명했다. 그런데 콩쥐는 그 쌀로 떡을 만들어다 시장에서 팔아 더 많은 쌀을 팔고, 다시 떡을 만들어 파는 확대 재생산을 거듭했다. 그 결과 콩쥐는 한 달 후에 잘 먹어 복스러운 모습으로, 불어난 쌀가마니를 마차에 싣고 궁궐에 들어가, 마침내 임금의 찬탄을 받고 왕비가 되었다는 이야기다. 이 줄거리는 상당히 중요한 이치를 계시한다.

그렇지만 구체적인 역사 배경도, 개인적인 인격 도량과 함께 고려해야 한다. 류안이 발운사로 선박을 건조하고 조운을 맡았을 때는, 당나라 중엽으로 정치·경제상으로 넉넉한 전성기였다. 하지만 오요경이 부임했을 때는, 이미 멸망이 가까운 말기로서, 사회·경제적 상황 자체가 상당히 곤란했음을 염두에 두어야 한다. 국가의 재정 수입이 바닥 난 상황에서, 관리로서 국고 예산 지출을 알뜰하게 절약하는 것은 당연한 책무이다. 사회 경제가 피폐해져 조세 징수 자체가 거의 불가능하고, 중앙 통치력이 사실상 기능을 상실한 상태에서, 선박 건조장이 문을 닫고 조운이 끊긴 책임을, 어떻게 알뜰하고 엄격하게 절약한 모범 관리에게 죄다 뒤집어씌울 수 있단 말인가? 허원이 새로 지은 배를 무턱대고 불살라 못의 수를 헤아린 어리석은 각박함과, 오요경의 절검을 동일시해서는 안 된다.

요즘 우리의 건설 현장, 특히 국가나 공공 단체에서 시행하는 대규모 건설 현장에서, 철근을 빼먹고 시멘트를 적게 넣고 레미콘에 물을 타는 등, 경비를 줄이고 이익을 늘리기 위해, 부실(不實) 공사를 자행하여 왔다. 그 결과 얼마나 많은 사고와 재난을 초래하고, 사회・경제적 비용 지출은 얼마나 막심한가? 또 사회・경제적 공공성(公共性)이 큰 재벌 기업들의 부실 경영과 거품 경제로 부도와 파산이 줄을 잇는 가운데, 국민의 혈세를 공적 자금으로 엄청나게 퍼붓고 있다. 하지만 기업은 망해도 기업주만 사는 우리 경제 현실은 어디서 비롯하는가?

"큰 나라는 작은 도로 다스릴 수 없다"는 말을, 행여라도 정경 유착이나 기업의 문어발식 확장과 부실 경영 따위를 합리화하는 그럴듯한 명분이나 구실로 만들어서는 안된다. 류안과 같은 덕망과 도량을 가진 지도자만이 그렇게 할 수 있다. 우리의 건설비용 책정이 너무 빠듯하여, 어쩔 수 없이 철근과 시멘트를 빼먹는지, 아니면 자기 양심을 빼먹는지, 정말 진지하게 반성하고 참회하여 대오 각성해야 한다.

국가나 공공 단체는 물론, 사회 공익성이 있는 기업・단체까지 모두 포함하여, "공물(公物)은 결코 공물(空物)이 아니라, 진짜 공물(恐物)이다"는 인식을 가져야 한다. 공공(公共)의 물건은 주인 없는 공짜가 아니라, 잘못 손대면 반드시 빚(대가)을 갚아야 하는, 무서운 미끼가 될 수 있다. 특정 주인이 없다는 것은, 대중 모두가 주인이라는 얘기이다. 주인 한 사람이 빚을 갚으라고 아우성치는 것과, 대중 모두가 대가를 독촉하는 것은, 어느 게 무섭고 두려울지 자명하지 않은가? 공짜이긴 하지만, 공즉시색(空卽是色), 텅 빈 가운데 미묘하게 있는[空中妙有] 게 공(公)이다.

15. 장식(張式)이 광산 종사자의 명부를 만들다

장식 랑중(郎中)이 처음에 남검주(南劍州) 장락현(將樂縣)의 주부(主簿)일 적이었다. 은(銀)을 채굴하여 제련하는 광산이 있었는데, 거기서 매년 국가에 납부할 조세(공물) 부족으로 죄책을 지고 감옥에 갇히는 사람이, 늘상 수십 명 내지 백여 명에 이르렀다. 그래서 장식은 은광산에 종사하는 사람들을 장부에 모두 기재하고 분류하여, 빈부와 노동력이 서로 균등히 갖춰지도록 다시 안배하였다. 그리하여 마침내 국가에 납부하는 조세(공물)가 넉넉하게 남아돌고, 더 이상 감옥에 갇히는 자가 없어졌다.

왕안석(王安石) 승상이 지은 「장식묘지(張式墓誌)」에 보인다.

안(按) 장식은 은광산의 매년 조세(공물) 납부액이 기준치에 모자라는 까닭을 간파하였다. 대개 채굴 및 제련에 종사하는 호구(戶口)들이, 더러는 재력은 있으나 노동력이 없고, 더러는 노동력은 있으나 재력이 없어, 임무를 효율적으로 균형 있게 수행할 수 없었기 때문이다.

이에 그 사람들을 모두 수록·분류하여, 재력과 노동력이 서로 균등히 갖춰지도록 다시 안배하였다. 그 결과 부자는 노동력 결핍을 걱정하지 않아도 되고, 가난한 사람은 비용 고갈을 염려하지 않아도 좋게 되었다. 그래서 마침내 국가에 납부하는 조세(공물)가 오히려 넉넉히 남아돌게 되었으니, 이는 당연한 이치가 아닌가?

예전에는 납부 조세가 부족하여, 감옥에 갇히는 자가 늘상 수십 명 내지 백여 명에 이르렀는데, 이제 더 이상 감옥에 갇히는 자가 없어진 것이다. 엄하고 현명한 행정이 마땅히 이와 같아야 하지 않겠는가?

평석 지금이야 자본주의가 고도로 발달하여, 화폐 경제가 주종을 이루기 때문에, 이러한 문제점은 역사의 유물로나 전시해야 할 듯하다. 그러나 필자가 어렸던 1970년대 초까지만 해도, 국가 경제와 국민의 재부(財富)가 워낙 빈약했다. 그 때문에 시골에서는 지방 건설 행정 차원에서, 하천의 자갈을 퍼다가 마을의 신작로에 까는 공공사업에, 매 가구당 일정 연령 이상의 어른 노동력을 매년 며칠씩 내다 바쳐야 했다. 지방 행정 예산의 부족을, 가난한 주민의 현금 조세 대신에 노동력 부과로 충당한 것인데, 그걸 '울력'(운력, 運力?)이라고 불렀다. 옛날 전통 왕조시대에 노동력을 징발하던 '부역(賦役)' 또는 '요역(徭役)'의 자취인 셈인데, 지금은 국민개병제(國民皆兵制)의 '병역' 징발만 남게 되었다.

특히 새마을 사업이 한창일 때, 마을 공동 작업에도 의무적으로 노동력을 내야 했다. 물론 노동력이 없거나 내기 어려운 집에서는, 일당 임금으로 셈하여 현금을 대신 납부하기도 했다. 이때 무조건 노동력의 참여만 고집스럽게 강요한다면, 이는 융통성 없는 어리석은 행정이 될 것이다.

16. 손보(孫甫)가 벼를 찧게 하다

손보[29] 대제(待制)가 화주(華州)의 관찰추관(觀察推官)일 적이었다. 주(州) 창고에 보관하던 정부 양곡이 관리 소홀로 변질(부패)하여, 담당 관리들이 수백만 전(錢)의 배상 책임을 져야 할 운명이 되었다. 그러자 전운사(轉運使) 리굉(李紘)[30]이 해당 관리들을 손보에게 회부하여, 조사・처리하도록

29) 손보 : 송나라 허주 양적(許州 陽翟 : 지금 하남 禹현) 사람으로, 字는 지한(之翰). 仁宗 때 진사가 되어 화주관찰추관(華州觀察推官)에 임명되고, 천장각대제(天章閣待制)와 하북도전운사(河北都轉運使)를 지냄. 『송사』 권295.

30) 리굉 : 송나라 초주(楚州 : 지금 강소 淮安) 사람으로, 字는 중강(仲綱). 진종 때 진사가 된 뒤, 어잠(於潛), 南安 현령을 거쳐 감찰어사(監察御史), 룡도각직학사(龍圖閣直學士)에 이름. 『송사』 권287.

지시했다. 이에 손보는 우선 벼 한 말을 갖다 방아를 찧어 보도록 시켰다. 그랬더니 못 먹고 버릴 만한 게, 겨우 10분의 1, 2에 지나지 않았다. 또 다른 부분에서 벼를 갖다가 찧어 보아도, 역시 그러하였다.

그래서 해당 관리들은 마침내 한숨을 크게 돌릴 수 있었다. 결국 못 먹고 내버릴 비율만큼만 계산하여, 수십만 전(錢)만 배상하면 되었다. 이 사건을 계기로 리광은 손보를 조정에 추천하였다.

안(按) 엄하고 현명한 엄명(嚴明)이라고 해서, 세속에서 잘못 알고 있는 것처럼, 가혹한 게 엄함이고 각박한 게 현명함은 결코 아니다. 사리(事理)를 지니고 따르며, 물정(物情)을 밝게 비추어 살피는 것을 일컫는다. 사리로 본다면, 창고의 양곡이 비록 변질(부패)했지만, 모두 다 못 먹고 내버려야 할 것은 아니다. 또 물정으로 말한다면, 한낱 창고지기에 불과한 말단 관리가, 수백만 전의 손해를 어떻게 다 배상할 수 있겠는가?

손보가 벼 한 말을 갖다가 시험 삼아 찧어 보게 했더니, 정말 못 먹고 버릴 것은 겨우 10분의 1, 2에 지나지 않았다. 그래서 관리는 단지 수십만 전의 손해배상 책임만 지게 되어, 한 시름 크게 덜어낸 셈이다. 그리고 관청도 또한 비축 중이던 양곡이 없어지지 않고 보존하게 되어 천만 다행이다. 이 모두가 사리를 지니고 따르며, 물정에 비추어 살펴본 효험(공덕)이다. 이러한 판단을 엄하고 현명하다[嚴明] 말하지 않을 수 있겠는가?

평석 지금 북한은 썩은 쌀과 쉰 밥도 없어서, 굶어 죽는 사람이 많다고 한다. 그런데 우리 남한은 자기 돈으로 사서 보관하는 음식·야채·과일 등도, 아직 싱싱하고 먹을 만하건만 단지 먹기 싫다는 이유 하나만으로, 내버리는 자들이 얼마나 많은가? 년간 몇 조 원 어치에 이른다는 그 엄청난 음식물 쓰레기 가운데, 북한 동포들에게 주면 환장하고 좋아할, 성한 음식이 얼마나 많이 들어 있을까? 불과 반세기 전 6·25 전란 통에, 먹을 게 없어 풀뿌리 캐 먹던 가난을 벌써 까맣게 잊었는가? 지금 배부른 노숙자나 실업자들의 배짱과 신세타령을 보면, 우리 사회와 국민의식이 뭔가 잘못되어도 크게 잘못되고 있음을 통감하지 않을 수 없다.

17. 주항(周沆)이 쇠의 가격을 올리다

주항 시랑(侍郎)이 일찍이 하동(河東) 전운사일 적이었다. 경력(慶曆)[31] 이래로 하동 지방에서는 쇠돈[鐵錢]이 쓰였다. 그런데 백성 가운데 돈을 몰래 불법 주조하는 자가 많아, 관리들이 찾아내 준엄한 법으로 다스렸다. 법망에 걸려드는 자가 날로 늘어가건만, 끝내 완전히 금지할 수는 없었다.

이에 주항이 쇠의 가격을 높이 올리도록 명했다. 그러자 쇠돈을 불법 주조하는 자들은 남는 이익이 없어지자 금지하지 않아도 저절로 그쳤다.

사마광(司馬光) 승상이 지은 「주항신도비(周沆神道碑)」에 보인다.

안(按) 주항이 또 경주(慶州) 지사일 적에는, 변방의 주민들이 국경을 사사로이 넘나들며 소금을 밀수 판매하였다. 이에 주항이 국가에서 독점하는 소금 값을 내리도록 요청하여, 범법자가 다소 줄어들었다.

「본전(本傳)」에 보인다.

무릇 더러 쇠 값을 올리기도 하고, 더러 소금 값을 내리기도 한 조치는, 비록 바깥의 법 형식은 다르지만, 안의 정신(의도)은 모두 문제의 근본을 다스린 점에서 똑같다. 말단지엽을 다스리는 경우에는, 비록 준엄한 법으로 처벌할지라도, 끝내 완전히 금하지는 못하면서, 단지 가혹하고 각박하다는 악명만 남기고 만다. 그러나 근본을 다스리면, 비록 평상시의

---

31) 경력(慶曆): 宋 仁宗의 여섯 번째 연호. 1041~1048년.

법으로 처벌하더라도, 간사한 도적들이 저절로 그치게 된다. 이 어찌 엄하면서 현명한 조치가 아니겠는가?

진실로 엄격한 정치로 백성을 다스리고자 한다면, 오직 사물의 실정을 명확히 보고 파악하는 데에 치중해야 한다. 그래야 정치는 가혹하거나 포악하지 않으며, 사건을 각박하게 파헤치지 않아도 소송이 줄어들게 된다. 앞에서 은광산의 종사자들 명부를 작성하여, 국가에 납부하는 조세(공물)가 넉넉히 남아돌게 한 사안이나, 변질한 벼를 찧어 보아, 아전의 손해배상 책임을 덜어 준 사안도 모두 이와 같다.

평석 동서고금을 막론하고, 화폐의 실질 가치와 액면 가치가 크게 차이 날수록, 그 차액의 이익을 노리는 위조 범죄가 극성을 부리기 마련이다. 실물 화폐(물물교환)나 금본위제 통화가 현실상 거의 불가능한 상황에서는, 사회 경제의 기본 근간을 이루는 화폐의 위조·변조를 막아, 유통 질서를 안정시키는 일이 무엇보다도 급선무이다.

그 방지 대책으로, 화폐의 위조·변조 비용을 액면가 가까이 증대시켜, 실익이 없도록 만드는 근본적인 경제 정책이 있다. 또 위조·변조로 얻을 경제적 이익보다, 그 반대급부로 받을 형벌 부과나 권리 박탈을 훨씬 크게 만드는 말단지엽적인 법률 정책도 있다. 양자는 병행하는 게 보통이다.

요즘에는 고액권의 지폐와 수표·유가증권이 등장하고, 인쇄 기술이 고도로 정밀해졌다.(칼라 복사기 출현도 포함) 뿐만 아니라 최근 외화 유통이 자유로워지면서, 국내외 화폐의 위조가 부쩍 늘고 있다. 이러한 상황에서 위조 비용을 액면 가치 가까이 올리는 것도 어렵거니와, 또 설사 가능하더라도 그에 따라 국가(중앙은행)의 화폐 발행 비용도 증가하기 때문에, 이른바 근본 대책이 결코 쉽지만은 않다.

그렇다고 말단지엽적인 법률상의 정책도 뾰족한 효과가 있는 것은 아니다. 다른 범죄와의 형평성 문제, 그리고 중형 엄벌 자체의 한계 효과 체감이 크게 작용되기 때문이다.

참고로 당률(송형통) 잡률(雜律)에 따르면, 사사로이 동전을 주조한 자는 유(流) 3천리 형벌에 처하며, 도구를 모두 갖추어 놓고 아직 주조하기 전에 들키면 도(徒) 2년, 도구를 아직 완비하지 않은 경우에는 곤장 1백대에 처한다. 또 동전을 얇게 갈아내어 그 쇠 부스러기로 이익을 챙긴 자는 도(徒) 1년에 처한다. 쇠와 소금을 원칙적으로 국가가 독점하던 전통 사회의 경제 현실을 반영하는 독특한 조항이다.[32)]

무릇 이익이 있는 곳에 욕심 있고, 욕심 있는 곳에 죄악 있다. 그렇다고 모든 욕심을 억제시키고, 더구나 모든 이익을 없앨 수는 없다. 죄악의 예방과 징벌이 그래서 참으로 어렵다.

18. 왕한(王罕)이 이사 비용을 대주다

왕한 대경(大卿)이 담주(潭州) 지사일 적이었다. 어떤 주민이 자기 친족들과 재산 다툼을 벌였는데, 재판을 하고 나면 다시 제소하기를 반복하여, 전후 10여 년이나 계속 질질 끌었다. 그래서 왕한이 하루는 쟁송 관계자들을 모두 법정에 불러 모아 놓고, 이렇게 타일렀다.

"여러 친족들은 모두 동네의 부자들인데, 저렇게 끈질기게 소송을 걸어 따지고 드는 게, 괴롭고 싫지도 않소? 지금 저 버릇없는 사람이 춥고 배고파 스스로 살아 갈 수도 없고, 또 재산 분할의 문서가 명확하지 않은 점이 있어, 오래도록 확정 판결을 내리지도 못하지 않소? 그러니 친족들이 조금씩 자금을 갹출하여, 저 사람에게 멀리 이사(移徙)하도록 비용을 대준다면, 앞으로 무슨 근심이 다시 있겠소?"

---

32) 옛날에는 '위조'로 다루지 않고 '사주(私鑄)'로 다루어, 사위율(詐僞律)이 아닌 잡률(雜律)에 규정한 점도 독특하다.

그러자 친족들이 모두 울먹이며, 왕한의 분부를 따르겠다고 답했다. 사실은 친족들도 처음에 관리의 신문에 답변할 때부터, 이렇게 하자고 제안하고 싶었지만, 차마 그렇게 할 수 없었다고 말하는 것이었다. 그래서 마침내 소송을 건 사람에게, 옆의 주로 이사(移徙)하도록 비용을 대주었는데, 그 뒤로 소송이 완전히 그치게 되었다.

왕규(王珪) 승상이 지은 「왕한묘지(王罕墓誌)」에 보인다.

안(按) 엄하고 현명하게 재판하는 기술은, 물정(物情)을 자세히 관찰하고, 사건의 본체[事體]를 적절히 처리하는 데에 있다. 이 사안에서 재산을 다투는 자는, 추위와 배고픔에 떨고 있으며, 재산을 나누어 준 친족들은, 끈질긴 소송의 괴로움에 시달리고 있다. 이런 상황에서, 이치상의 옳고 그름을 어찌 깊이 따지고 가릴 수 있겠는가? 정말로 그런 대로 괜찮은 정도라면, 타협 방안의 지시를 따르지 않을 이유가 없다.

그래서 친족들이 조금씩 갹출하여, 소송 제기자를 멀리 이사하게 조치하였다. 그래서 친족들은 손실이 그리 많지 않으면서도, 끈질긴 소송에 불려 다니는 괴로움을 완전히 벗었다. 또 재산을 다투던 자는 적지 않은 보조를 얻어, 춥고 배고픈 설움을 풀게 되었다. 그 결과 주민들의 소송도 그치게 되었다. 이 어찌 물정을 자세히 살피고, 사건의 본체를 적절히 처리한 재판이 아니겠는가?

혹시라도 소송을 자꾸 걸어 따지고 드는데 분노하여 엄벌로 다스렸더라면, 물정(物情)도 손상하고 사건의 본체 또한 해쳤을 것이다. 이런 것을 엄하고 명쾌한 판결이라고 칭송한다면, 이는 크게 잘못된 것이다. 진정한 군자 같으면, 비록 깊숙이 훤하게 관찰하고 굳세게 의연히 결행할지라도, 넉넉하고 자유자재(自由自在)한 가운데 이치에 딱 부합하여, 물정이나 사건의 본체에 전혀 손상이 없을 것이다. 이러한 것이 엄하고 현명한 판결의 모범이 아니겠는가?

평석 공자가 "소송을 재판하는 것은 나도 남만큼 할 수 있지만, 그보다는 반드시 소송이 아예 없도록 하겠다.[聽訟吾猶人也, 必也使無訟乎!]"고 한 말이 새삼스럽다. 우리도 조금 저에는 가사 사건 같은 경우 반드시 조정(調停 : 和解)을 먼저 거치도록 요구했는데, 요즘은 되도록 거치도록 장려하는 쪽으로 바뀐 모양이다. 너무 쉽게 헤어지는 경솔한 이혼을 줄여보고자 '숙려(熟慮)기간'을 운영한다는 소식도 들린다. 바로 이러한 전통의 계승으로 볼 수 있다.

중국에서는 지금도 재판 이전의 '조해(調解)'를 상당히 중시하고, 실제 조해로 해결하는 비율이 전체 분쟁의 60%선으로 매우 높다고 한다. 간디도 변론보다는 중재를 더 선호했다고 하지 않은가? 근래에는 미국을 비롯한 서양의 선진국에서도 우리 전통 법문화의 영향을 받은 ADR(Alternative Dispute Resolution)이라는 분쟁의 평화적 해결이 크게 활기를 띤다고 한다. 특히 "(사전) 예방이 (사후) 치료보다 (훨씬) 낫다.(Prevention is better than cure.)"는 영어 속담이, 당사자주의를 내세워 소송 지상주의를 구가하던 서양의 사법(司法) 전통에 얼마나 깊숙이 스며들어 새로운 법률문화 창달에 기여할지 지켜볼 만한 대목이라고 생각한다. 셰익스피어가 법률가에게 퍼부은 비난과 저주를 어떻게 씻어내고 벗어날지, ADR에 거는 기대가 헛되지 않길 바란다.

20

제 20 장

긍휼히 여겨 삼가 너그러이 대함

「긍근(矜謹)」편

1. 원안(袁安)이 차마 가두지 못하다

후한(後漢)의 원안[1]이 하남(河南) 부윤(府尹)일 적에, 정치를 하도 엄하고 현명하게 행하여, '엄명(嚴明)'이라고 일컬어졌다. 그러나 일찍이 재물 범죄로 사람을 신문한 적이 한번도 없었는데, 늘상 이렇게 말하곤 했다.

"무릇 벼슬하러 공부하는 사람은, 높게는 재상을 바라보고, 낮게는 지방의 수령(목민관)을 기대한다. 성왕이 다스리는 태평성대에 백성을 감옥에 가두는 일은 부윤이 차마 할 수 없다."

이 말을 들은 사람들은 모두 감격하여 스스로 분발하였다. 그래서 그가 재직한 10년 동안은, 서울(京師)이 숙연하니 평화로웠다.

『후한서(後漢書)』「원안전(袁安傳)」에 나오는데, 옛 『의옥집』에는 실려 있지 않다.

---

1) 원안: 東漢의 여남 여양(汝南 汝陽: 지금 하남 商水현 서쪽) 사람으로, 字는 소공(邵公). 처음에 효성과 청렴으로 천거 받아 음평현장(陰平縣長)에 부임하였으며, 明帝(58~75년 재위) 때 하남윤(河南尹)을 거쳐 章帝 때 司徒에 이름. 『후한서』 권45.

안(按) 원안의 정치가 '엄명(嚴明)'이라는 별명으로 통할 정도였으면, 간사한 죄인을 결코 용납하지 않았을 게 틀림없다. 그런데 그가 일찍이 재물죄로 사람을 신문한 적이 없다는 것은, 무슨 뜻일까? 대개 사건을 맡아 다루는 관리가, 아주 각박하게 조사하고 문구를 꾸며대어, 재물죄에 빠뜨리려고 안간힘을 썼기 때문이리라.

만약 피의자의 죄상과 장물이 저절로 드러나고, 결코 내가 신문한 결과 찾아낸 것이 아니라면, 비록 법대로 다스린다고 하더라도, 또한 무슨 유감이 되겠는가?

2. 사마지(司馬芝)가 용의자를 풀어 주다

삼국시대 위(魏)나라의 사마지[2]가 대리정(大理正)일 적이었다. 한번은 누군가 관청(국고)의 흰 비단을 몰래 훔쳐 변소 안에 놓아두었다. 담당 관리는 한 여공(女工)을 유력한 용의자로 의심하고, 그를 붙잡아 감옥에 가두었다. 이에 사마지가 이렇게 의론하였다.

"형벌 시행의 잘못은, 지나치게 가혹하고 포악함에 있습니다. 지금 먼저 장물을 발견한 다음 용의자를 붙잡아 신문으로 진술을 받아 내는 경우, 만약 고문의 고통을 이기지 못하고 혹시라도 허위 자백하기에 이른다면, 이 어찌 올바른 심리라고 할 수 있겠습니까?

또 간편하면서도 백성들이 쉽게 따를 수 있는 법률 명령이, 바로 큰 인물[大人]의 정치 교화입니다. 죄 지은 자를 기어코 놓치지 않으려고 가혹

---

2) 사마지 : 삼국시대 魏나라 하내 온(河內 溫 : 지금 하남 온현) 사람으로, 字는 자화(子華). 처음에 조조가 관장(菅長)으로 발탁하였는데, 나중에 大理正을 거쳐 明帝 때 대사농(大司農)이 됨. 관내후(關內侯)의 작위를 하사 받음. 『삼국지』 권12.

하게 구는 것은, 일반 세속의 다스림일 따름입니다. 지금 용의자를 풀어 주어, 쉽게 따를 수 있는 정치 교화를 드높이 날린다면, 이 또한 괜찮지 않겠습니까?"

이에 태조[曹操]가 그의 의견을 따랐다.

옛 『의옥집』에 출전이 『삼국지(三國志)』 『위서(魏書)』 「사마지전(司馬芝傳)」으로 적혀 있다.

평석 『상서(尙書 : 書經)』 「대우모(大禹謨)」편의 유명한 법언(法諺)이다. "처벌은 후손에게까지 미치지 말며, 포상은 대대로 이어 주어라. 과실을 용서함에는 큰 것을 가리지 말고, 고의를 처형함에는 작음을 따지지 말라. 죄가 의심스러울 때에는 오직 가볍게 처리하고, 공로가 의심스러울 때에는 오직 후하게 처리하라. 죄 없는 이를 죽이는 것보다는, 차라리 무도한 자를 놓치는 편이 낫다. 생명을 중시하는 덕이 백성들 마음에 흡족히 적시어, 백성들이 담당 관청(법)을 범하는 일이 없도록 하라." [罰弗及嗣, 賞延于世; 宥過無大, 刑故無小; 罪疑惟輕, 功疑惟重; 與其殺不辜, 寧失不經. 好生之德, 洽于民心, 茲用不犯于有司.]

3. 왕탄지(王坦之)가 병졸을 용서하다

동진(東晋)의 왕탄지[3]는 할아버지 왕승(王承)이 진(晉) 혜제(惠帝)한테 하사 받은 람전현후(藍田縣侯)의 작위를 세습 받았다. 당시 한창(韓悵)이라는

---

3) 왕탄지 : 東晋 태원 진양(太原 晋陽 : 지금 山西 태원시 서남쪽) 사람으로, 字는 문도(文度). 처음에 大司馬 환온(桓溫)의 長史가 되었다가, 효무제(孝武帝 : 373~396년 재위) 때 서주(徐州) · 언주(兗州) · 青州의 군사 도독과 徐州 · 兗州 자사로 광릉(廣陵)에 주둔함. 『진서(晋書)』 권75. 람전현후는 탄지의 조부 왕승(王承)이 西晋 혜제(惠帝 : 290~306년 재위) 영녕(永寧) 년간(301년)에 어가를 받들어 맞이한 공로로 하사 받은 작위인데, 그 아들 왕술(王述)을 거쳐 손자 탄지까지 세습한 것임.

병졸이 도망갔다가 되돌아와 자수했는데, "소를 잃어버려 책임을 추궁 당할까 두려워 도망갔다"고 진술하였다. 그런데 담당 관리는 한창이 소를 훔쳤다고 추궁했으며, 한창은 혹독한 고문을 받고 그만 죄를 자백하였다. 그러나 왕탄지의 판단은 조금 달랐다.

"한창이 자신을 절제하여 스스로 돌아와 자수했는데, 법 밖의 죄를 부과할 수 있는가? 주의를 게을리 하여 소를 잃어버린 죄는 과실이므로, 더러 용서할 수도 있는 일이다. 그런데 나무와 돌로 된 고문 도구를 들이대면, 이치상 허위 자백할 수도 있다. 그러니 '죄가 의심스러운 경우에는 오직 가볍게 처리하라'는 선례에 따르는 것이 마땅하다."

그래서 그 병졸은 마침내 용서받게 되었다.

『진서(晉書)』「왕잠전(王湛傳)」에 나오는데, 탄지는 그의 증손자이다. 옛 『의옥집』에는 실려 있지 않다.

안(按) 관청의 흰 비단을 훔쳤다고 신문하고, 소를 훔쳤다고 추궁한 사안에서, 용의자들이 모두 고문을 이기지 못해 허위 자백했을 가능성이 높다고 염려하여, 마침내 용서하였다. 이는 죄수를 긍휼히 여겨 삼가 너그러이 대한다는 긍근(矜謹)의 뜻에 부합한다.

평석 자백이 유일한 유죄 증거인 경우에는 자백의 증거 능력을 인정하지 아니한다는 근대 헌법과 형법의 기본 원칙도, 수사 과정에서 불법 고문에 의한 허위 자백일 가능성이 크다는 역사적 경험을 바탕으로 정립한 산물이다.

우리 전통 사회도 가혹한 고문에 못 이겨 허위 자백할 소지가 많도록, 규범상 및 현실상의 허점이 많았던 게 사실이다. 그런 가운데 이러한 인권 존중의 민본주의(民本主義) 사법이념(司法理念)이 존재했고, 선량한 사군자(士君子)들이 힘써 실천하였다. 이러한 역사 기록의 전승이 자못 의미 깊고 소중하다.

4. 소자량(蕭子良)이 쌀값을 갚아 주다

남제(南齊)의 경릉왕(竟陵王) 소자량[4]이 회계(會稽) 태수일 적이었다. 산음(山陰)현의 공평(孔平)이란 사람이 소자량에게 찾아와, 자기 형수가 자기한테 쌀을 팔아 가면서 지불하지 않은 돈(쌀값)을 갚지 않는다고, 소송을 제기하였다. 이에 소자량은 크게 탄식하였다.

"옛날 (東漢 南陽군에 살던) 고문통(高文通[5])은 — 태수가 거듭 초빙하는 관직을 사절하기 위하여 일부러 짐짓 — 과부가 된 형수와 논밭을 다투는 소송을 벌였다는데, 그 의도는 정말 이와는 크게 달랐다!"

그리고는 그에게 대신 쌀값을 갚아 주었다.

『남사(南史)』「소자량전(蕭子良傳)」에 나오는데, 옛 『의옥집』에는 실려 있지 않다.

안(按) 량(梁)나라 때 어사중승(御史中丞)인 임방(任昉)[6]이 중군참군(中軍參軍)인 류정(劉整)을 탄핵하였다. 류정은 그의 형 류인(劉寅)의 둘째 서자(庶子)인 류사리(劉師利)가 자기 집 논밭에 와서 12일을 지내자, 그 동안 밥 먹고 잠 잔 비용으로 쌀 여섯 말을 과부인 형수에게 요구했다. 그런데 그 쌀을 형수가 미처 자기 집에 보내기도 전에, 형수 집 문 앞에 당도하여 갑자기 주먹을 휘두르고 크게 욕설을 퍼부었다. 그리고는 집안으로 불쑥 달려 들어가더니, 병풍 위에 놓여 있던 마차의 휘장을 쌀값 대신으로 가져갔다는 것이었다.

---

4) 경릉왕 소자량 : 南齊 무제(武帝 : 483~493년 재위)의 둘째 아들로, 字는 운영(雲英). 처음에 宋에 벼슬하였다가, 남제가 송을 대신하자 경릉군왕(竟陵郡王)에 봉해지고, 사도(司徒)와 중서감(中書監)을 지냄. 『남제서』 권40, 『남사(南史)』 권44.

5) 고문통 : 東漢의 남양 엽(南陽 葉 : 지금 하남 엽현) 사람으로, 이름은 봉(鳳). 文通은 字. 어려서부터 고생하며 공부하여 유명한 학자가 되었으나, 평생토록 벼슬하지 않음. 일찍이 太守의 초빙을 사절하려고 과부인 형수와 토지 소송을 벌임. 『후한서』 권83.

6) 임방 : 南朝 梁의 락안 박창(樂安 博昌 : 지금 산동 壽光현) 사람으로, 字는 언승(彦升). 南齊와 梁에 벼슬하여 新安 태수에 이름. 『량서(梁書)』 권14, 『남사(南史)』 권59.

이 탄핵문에서도 고봉(高鳳)[7]의 사례를 인용하여 꾸짖었다. 본래 고봉은 은둔한 선비였는데, 태수가 거듭 초빙하자, 계속 사양하기가 어려움을 염려한 나머지, 자기 집은 본디 무당 출신이어서 관리가 될 수 없다고 변명하였다. 그러면서 다른 한편으로는 과부이던 형수와 논밭을 다투는 소송을 벌였다. 그래서 마침내 자기 뜻대로 벼슬길에 나가지 않을 수 있었다.

그런데 여기 사안에 나오는 류정과 공평 같은 자들은, 모두 본마음에서 정말로 형제간의 의리를 잊어 버렸으니, 진실로 고봉과는 크게 다르다. 하지만 뒤의 사안에서는 임방이 류정을 파면하도록 탄핵하여 그 죄를 다스리고, 앞의 사안에서는 소자량이 단지 돈을 내어 쌀값을 다신 갚아 주는 데 그치고 공평의 죄는 다스리지 않았다. 그 까닭은 과연 무엇일까?

선비를 책망하는 법으로, 일반 백성을 책망할 수 없다는 취지이겠다. 이 또한 백성을 긍휼히 여겨 삼가 너그러이 대한 조치이다.

평석 중학교 때인가, 교과서에 링컨의 변호사 시절 미담이 하나 실려 있었다. 어떤 돈 많은 사람이 가난한 사람에게 돈을 빌려 주었는데, 기한이 지나도록 몇 번 연기하고 빚을 갚지 않았다. 그 부자는 변호사인 링컨을 찾아와 채권추심(채무변제) 소송을 의뢰했다. 상황을 자세히 들어 본 링컨은, 채무자가 정말 가난하고 병까지 들어 현재 갚을 능력이 없는 사실을 알고, 채권자에게 좀 더 참고 기다려 주도록 관용을 요청했다. 채권자는 이미 화가 나 있어, 더 이상 연기해 줄 수 없다고 잘라 말했다.

이에 링컨은 얼마 안 되는 채권 액수보다 소송비용이 더 들 것이라고 다시 만류했다. 그러나 채권자는 배보다 배꼽이 커도 좋다며, 소송을 통해서라도 빚을 기어코 받아 내고 말겠다고 단단히 별렀다. 하는 수 없이 링컨은 채권자에게 착수금으로 소송비용의 일부를 요청했고, 그 돈을 가지고 병석에 누워 있는 채무자를 찾아갔다. 그리고 상황 이야기를 처음부

---

7) 고봉(高鳳) : 앞의 고문통. 文通은 字.

터 끝까지 상세히 들려 준 다음, 그 돈으로 우선 빚을 갚으라고 건네주었다. 그래서 소송은 제대로 진행하기도 전에 채무 변제로 끝났다는 줄거리이다. 좀 싱거운 해학(諧謔)처럼 들리는 사안이었다.

링컨의 고사는 불과 2백 년도 채 안되지만, 우리의 전통 미담은 벌써 천오백 년 전의 일이다. 물론 역사 문화 배경과 구체적 내용이 크게 다르다.

선비를 책망하는 법으로, 일반 백성을 책망할 수 없다고 말한 뜻은 무엇일까? 일반 백성이야 윤리도덕 의식도 비교적 박약하고, 재산이익에 눈이 어둡기 쉽다. 그런데 선비들은 글공부와 마음 수양을 일삼는 지식인이므로, 재물이익보다는 도덕과 의리를 앞세워야 마땅하다는, 전통 사회의 가치관 때문이다. 동양 전통의 '노블리스 오블리제(noblesse oblige)'랄까?

5. 륙상(陸襄)이 마구잡이를 안 하다

량(梁)나라 때 륙상[8]이 파양(鄱陽)군의 내사(內史)일 적이었다. 요사스런 도적 선우종(鮮于琮[9])이 패배하여 사로잡힌 뒤, 이웃의 예장(豫章)이나 안성(安成) 등에서는 군수들이 그의 잔당 패거리를 검거한다는 명목으로 재물을 요구하였다. 알고 보니 붙잡힌 사람들이 그의 잔당이라는 증거가 없었으며, 더러 착한 사람들이 온 집안 식구 모두 어처구니없이 화를 당하기도 하였다. 그러나 유독 륙상의 파양군의 경내에서는, 죄 없는 사람을

8) 륙상 : 梁의 오군 오(吳郡 吳 : 지금 강소 蘇州시) 사람으로, 字는 사경(師卿). 량무제(梁武帝 : 502~549년 재위) 때 집안에서 발탁되어 저작랑(著作郎)이 된 뒤, 파양내사(鄱陽內史)를 거쳐 탁지상서(度支尙書)에 이름. 『량서(梁書)』 권27, 『남사(南史)』 권48.

9) 선우종 : 『남사(南史)』 「륙상전」에 따르면, 선우종은 파양군(鄱陽郡) 사람으로 大同 원년(535) 만여 명의 문하생들을 결집하여 광진(廣晋) 현령 왕균(王筠)을 살해했으나, 나중에 륙상의 공격을 받고 무너졌다 함. 『량서(梁書)』와 『자치통감(資治通鑑)』에는 '종(琮)'을 '琛(침 · 심)'으로 표기함.

억울하게 잡아들이는 권력 남용이 전혀 없었다. 그래서 군민들이 그를 칭송하는 노래를 지어 불렀다.

"선우 도적이 붙잡힌 뒤 선악이 가려졌는데, 사람들이 억울하게 죽지 않은 것은 륙군수의 덕택일세."

『남사(南史)』「륙혜효전(陸慧曉傳)」에 나오는데, 륙상은 그의 종손(從孫)이다. 옛 『의옥집』에는 실려 있지 않다.

안(按) 도적의 잔당 패거리를 수색하여 잡아들이는 데에, 정말로 긍휼히 여기는 마음으로 신중을 기하지 않으면, 틀림없이 억울한 사람들을 희생시키는 권력 남용에 이르게 된다. 백성을 다스리는 관리들이, 착한 사람들을 온 가족 모두 억울한 재앙에 걸리도록 마구 잡아들인다면, 이는 도적들과 무엇이 다르겠는가? 륙상의 마음 씀만은 유독 그런 사람들과 다르다. 그러니 백성들이 그의 덕을 칭송하여 노래 부른 것도 당연하다.

평석 해방과 더불어 좌우익으로 분열한 우리 민족이, 6·25 동란을 비롯한 각종 대립 사건을 전후해서, '반대 분자'를 색출해 처벌하는 과정에서, 얼마나 많은 무고한 백성이 억울하게 희생당했을까? 반란 진압과 가담자 처벌을 명분으로, 집단 보복과 개인 원한 복수를 함께 자행하는 짓은, 동서고금을 막론하고 인류의 역사에서 보편적으로 확인할 수 있는, 인간의 동물적 공격 살상 본능이자 대표적인 죄악의 근성이 아닐는지?

6. 송세궤(宋世軌)가 종범을 놓아주다

북제(北齊)의 송세궤[10]가 정위소경(廷尉少卿)일 적이었다. 락주(洛州) 사람들이 떼거리로 모여 결탁한 뒤, 하교(河橋 : 다리 이름) 위에서 강도 겁탈을 자행하려 했다. 관가에서 그들을 모두 체포해 수사했는데, (북제의 앞 왕조인) 동위(東魏)의 황실 종친인 원(元)씨들을 포함해, 관련자 일당이 무려 1천7백 명이나 되었다. 당시 대리경(大理卿)인 최앙(崔昻)은, 이들의 소행을 모반(謀反)으로 여겨 다스리려 했으나, 몇 년을 끌도록 결단내지 못했다.

그러다가 송세궤가 정위소경에 부임하면서, 이 사안을 단순한 강도 겁탈로 판결하였다. 그래서 오직 수괴(주모자 · 두목)만을 처형하고, 나머지 단순 가담자는 종범으로 모두 놓아주었다.

『북사(北史)』「송은전(宋隱傳)」에 나오는데, 송세궤는 그의 족손(族孫)이다. 옛 『의옥집』에는 실려 있지 않다.

안(按) 역시 북제(北齊)의 소경(蘇瓊)이 삼공(三公) 랑중(郎中)일 적이었다. 모반 사건을 신고하는 일이 자주 발생하여, 소경에게 수사 심리하도록 넘어왔다. 그러면 대부분의 사안은 모두 억울한 모함으로 밝혀지곤 했다. 그러자 당시 도관상서(都官尙書)이던 최앙(崔昻)이 소경에게 이렇게 빈정댔다.

"만약 공명을 세우고 싶거든, 마땅히 달리 다스릴 방도를 강구해 보아야 하지 않겠소? 반역 누명을 여러 차례씩이나 풀어 주면서도, 자신의 운명은 어찌 그리 가볍게 여긴단 말이오?"

이에 소경은 정색을 하고 답변했다.

"단지 억울한 누명만을 밝혀냈을 뿐, 반역죄는 놓아준 적이 없소."

이 말을 들은 최앙은 몹시 부끄러워했다.

『북사(北史)』「소경전(蘇瓊傳)」에 나온다.

무릇 최앙도 역시 재판을 잘했다. 그러나 그의 뜻이 이러할진대, 이는 한백기(寒伯奇)[11]가 지적한 그대로이다.

---

10) 송세궤 : 北齊 광평(廣平 : 지금 하북 雞澤현) 사람으로, 문선제(文宣帝 : 550~559년 재위) 때 대리소경(大理少卿)에 이름. 『북제서』 권46, 『북사(北史)』 권26.

11) 한백기(寒伯奇) : 「변무(辨誣)」편 두 번째 사안에 나오는 한랑(寒朗).

"죄수를 신문하는 관리들은 모두 한결같이, '요사스런 모반 대역죄는 모든 신하와 백성들이 함께 미워하고 비난해야 한다.'고 말합니다. 그래서 지금 죄수들을 가볍게 풀어 주는 것은, 차라리 무거운 죄로 옭아매어, 혹시라도 나중에 죄수 놓아준 책임을 추궁당할 염려가 없게 만드는 것보다 훨씬 못합니다. 이러한 까닭에 한 사람을 신문하면 열 사람이 연루하고, 열 사람을 신문하면 백 사람이 연루하는 것입니다."

그런데도 최앙이 이 사건을 몇 년 동안 결단내리지 못한 것은, 그가 반역 명분으로 갖다 붙일 만한 죄상을 아무리 찾아보아도 얻지 못했기 때문이 아니겠는가? 그러니 송세궤가 단순 강도 겁탈 사건으로 판결한 것은, 법리상 당연한 귀결이었다. 그야말로 소경에 비추어 전혀 부끄럽지 않게 재판한 것이다. 이들은 모두 긍휼히 여겨 신중히 재판한 군자이다.

7. 랑무(郎茂)가 도탑게 타이르다

수(隋)나라의 랑무[12]는 처음에 위주(衛州)의 사록(司錄)에 부임하였는데, 능력이 있다는 명성이 나서, 얼마 안 되어 위국령(衛國令)에 발탁 받았다.[13] 그런데 그 지방에 사는 장원예(張元預)라는 사람이 사촌 동생 장사란(張思蘭)과 화목하지 못한 사이었다. 부하인 승(丞)과 위(尉)는 그를 엄하게 처벌하자고 요청했으나, 랑무는 이렇게 말했다.

---

12) 랑무 : 隋나라 항산 신시(恒山 新市 : 지금 하북 正定현 동쪽) 사람으로, 字는 위지(蔚之). 北齊·北周 때 벼슬하다가, 隋에 들어와 상서좌승(尚書左丞)을 거쳐 진양궁류수(晋陽宮留守)에 이름. 『수서(隋書)』 권66, 『북사(北史)』 권55.

13) 隋나라 때는 황제로부터 諸王(제후)에 봉해지면, 각자의 관직(國官)을 두었는데, 그 가운데 令 한 사람이 있었다. 양제(煬帝) 때 이르러 國令을 家令으로 고쳤다; 衛國은 수문제의 이복 동생인 위왕(衛王) 양상(楊爽)에게 봉해졌다.

"장원예의 사촌 형제끼리는 본디 사이가 안 좋아 미워하고 싫어하는데, 지금 바로 그 죄명으로 이들을 처벌한다면, 원한과 분노의 감정이 더욱 깊어질 것이오. 이는 백성을 교화하는 본의에 맞지 않소."

그리고는 현(縣)의 원로들을 시켜, 두 집을 서로 번갈아 방문하며 도탑게 타이르도록 당부하였다. 그렇게 발길이 끊이지 않고 왕래하며 타이르자, 장원예와 장사랑은 각각 참회하는 마음이 일어, 스스로 현(관가)에 나아와 머리를 조아리고 죄를 벌해 달라고 요청했다. 그래서 랑무는 친족간의 도의를 일깨우며 잘 타일렀다. 그 뒤로 둘은 서로 화목하게 가까워졌고, 주위에서 그들의 우애를 칭송할 정도에 이르렀다.

『북사(北史)』「랑기전(郎基傳)」에 나오는데, 랑무는 그의 아들이다. 옛『의옥집』에는 실려 있지 않다.

안(按) 앞에 나온 량(梁)나라의 륙상(陸襄)이 파양(鄱陽)군의 내사(內史)일 적이었다. 팽(彭)씨와 리(李)씨 두 집안이, 이전에 있었던 분쟁으로 말미암아, 서로 상대를 무고(誣告)하기에 이르렀다. 그러자 륙상은 두 사람을 함께 안방으로 불러들인 다음, 호되게 꾸짖기는커녕, 단지 부드럽고 온화한 말로 타이르고 서로 화해시켰다. 두 사람은 모두 그 은덕에 감동하여, 각자 자신의 잘못을 깊이 뉘우쳤다. 이에 륙상은 두 사람을 위해 특별히 술과 음식을 마련하여, 맘껏 즐겁게 먹고 마시게 했다. 그리고 술자리가 끝난 뒤에는, 두 사람을 한 마차에 함께 실어 집까지 데려다 주었는데, 그때부터 두 사람은 아주 가까워졌다.

『남사(南史)』「륙상전(陸襄傳)」에 나오는데, 옛『의옥집』에는 실려 있지 않다.

무릇 성씨가 다른 남남끼리 더욱 멀어져 서로 무고(誣告)까지 하기에 이른 원한 감정도, 오히려 화해시켜 가깝고 다정하게 타이를 수 있거늘, 하물며 같은 핏줄의 친족들끼리 화목하지 못한 사이야 말할 게 있겠는가? 또 남남끼리 원한 관계도 오히려 함부로 호되게 꾸짖기 어렵거늘, 하물며 친족끼리 불화를 대번에 엄한 법으로 처벌할 수 있겠는가?

백성들을 긍휼히 여기고 신중히 재판하려는 법관들은, 여기서도 귀감을 삼아야 마땅하리라. 그래서 두 사안을 나란히 수록한다.

평석 전에는 마을의 원로나 집안 어른들이, 서로 다투는 사람들을 불러다가 타이르고 화해시키면서, 함께 술을 마셔 풀어 버리도록 화해주(和解酒)를 권하곤 했다. 지금도 친구들 사이의 오해나 감정은, 다른 친구가 나서서 중재하고 화해의 술자리를 만드는 경우가 종종 있다.

풀리면 인정(人情)인 마음이, 맺히면 원한(怨恨)이 된다. 맺힌 원한 관계를 푸는 데는, 인정(人情)에 맞고 가까운 방법이 효과적이다. 술은 그 관계를 원만하게 완성시키는 촉진제가 될 수도 있다. 얼음을 칼로 쳐서는 녹이기 어렵고, 오히려 날카로운 모만 만든다. 따뜻한 불(열)에 쬐어야, 스르르 녹아 부드러운 물로 되돌아간다. 인간관계의 감정도 물과 비슷하다.

8. 장영(張詠)이 거짓말을 알아채다

장영 상서(尙書)가 재차 익주(益州) 지사를 맡았을 적이었다. 백성 가운데 봇짐장사를 하는 사람이 있었는데, 시아버지가 며느리에게 일을 시키자, 며느리가 고분고분 따르지 않았다. 이에 크게 화난 시아버지는, 며느리의 머리카락을 싹둑 잘라 버렸다. 그리고는 "내가 너를 노비로 만들어 부리겠다."고 소리쳤다. 그 아들(며느리의 남편)이 밖에서 돌아와 이 모습을 보고는, 크게 소동을 피웠다. 이에 그 지역 아전이 사건의 조서를 작성해, 그들을 모두 주(州)에 회부했다. 이즈음 어떤 사람이 아들에게 충고했다.

"시아버지가 며느리의 머리 좀 잘랐기로소니, 무슨 대수로운 죄가 되겠소. 그러나 아들이 만약 아버지를 붙잡고 늘어지면, 자네의 죄는 결코 가볍지 않을 걸세!"

주지사의 관청에 이르러 장영이 사연을 캐묻자 시아버지가 답변했다.

"며느리가 스스로 자기 머리를 잘라 놓고, 나를 물고 늘어집니다."

그 아들도 비슷하게 진술했다.

"아내가 스스로 자기 머리를 잘라 놓고, 시아버님께 죄를 덮어씌우고 있습니다."

두 부자(父子)의 답변을 들은 장영은, 금방 그들이 거짓말하는 줄 알아차리고, 그 자리서 압송문서(구속영장) 뒷면에 이렇게 판결문을 적었다.

"비록 자식이 아버지의 죄를 숨겨 준다고 하지만, 어찌하여 그가 진술하는 말이 뒤바뀐단 말인가? 웃어른(시아버지)에 대해 죄를 끝까지 추궁할 수도 없지만, 그렇다고 아랫사람(며느리)에 대해 죄를 억지로 만들어 댈 수도 없다. 지금 죄상에 따라 며느리를 처벌한다면, 앞으로 며느리가 다시는 시아버지를 봉양하지 않을 게 틀림없다. 그러니 별도로 조서를 작성해 다시 올리도록 하라. 이들은 모두 훈방한다."

그러면서 장영은 부하 관료들에게 말했다.

"다섯 가지 상복(喪服)의 범위 안에서, 비속친의 존속친에 대한 죄가 몹시 무거우니, 백성을 다스리는 관리들이 마음을 다해 신중을 기해야 하오."

리전(李畋) 우부(虞部)가 지은 『충정공어록(忠定公語錄)』에 보인다.

안(按) 왕질(王質) 대제(待制)가 형남(荊南)의 지사일 적에, 어떤 노파가 자기 며느리는 자기에게 봉양을 소홀히 한다고 고소해 왔다. 그러나 며느리의 답변은 사정이 달랐다.

"시아버지께서 돌아가신 뒤, 시어머니께서 재혼을 하셨습니다. 그러나 형편이 곤궁해지자, 다시 아들네 집으로 되돌아오신 것입니다. 그리고 사실 제가 봉양하고 섬김에 조심하지 않은 것도 없습니다."

이에 왕질이 이렇게 훈계하였다.

"시어머니가 비록 선량하지는 않지만, 그렇다고 그대는 남편도 돌보지 않는가?"

그리고는 자기 집안사람 옷을 갖다가 노파에게 입혀 주고, 또 관청 창고의 쌀을 꺼내 주면서, 모시고 돌아가서 잘 봉양하라고 타일렀다. 그러자 시어머니와 며느리 모두 감동하여 울면서 물러갔다.

「본전(本傳)」에 보인다.

이들 사안에서 시아버지와 시어머니가 모두 이치상 옳지 못하다. 그렇지만 집안 식구끼리는 의리상, 마땅히 아랫사람[卑屬]을 책망하여야 하는데, 다만 다짜고짜 법으로 다스려서는 안 된다. 그래서 그들의 죄를 용서해 주면서, 잘 봉양하라고 타이르고 훈계한 것이다.

평석 당률(송형통) 투송률(鬪訟律)에 따르면, 자손이 조부모나 부모를 고소·고발한 경우에는 교형(絞刑)에 해당한다. 또 자손이 조부모나 부모의 가르침이나 명령을 어기거나, 능력이 있는데도 봉양을 제대로 하지 않은 경우, 조부모나 부모의 고소가 있으면, 도(徒) 2년에 처한다고 규정하고 있다.

한편 시부모가 자손의 아내(며느리나 손자며느리)를 구타하여, 허리(척추)가 부러지거나 사지 중 하나가 못쓰게 된 폐질(廢疾)에 이르게 한 경우 곤장 1백대, 두 눈이 모두 멀거나 사지 중 둘이 못쓰게 된 독질(篤疾)에 이르게 한 경우 도(徒) 1년, 사망에 이르게 한 경우 도(徒) 3년, 고의로 살해한 경우 유(流) 3천리의 형벌에 각각 해당한다. 그리고 며느리가 첩인 경우에는 각각 2등급씩 감경하며, 과실치사의 경우에는 아예 논죄하지도 않는다.

이처럼 존비속간의 범죄에 대한 형벌이, 글자 그대로 하늘과 땅 차이가 나는 전통법의 입장에서 보면, 이들 사안에 대한 법적 처리도 대강 짐작이 갈 것이다. 물론 이러한 전통법은 자손의 효도 의무를 법률상 강제함으로써, 백성의 국가(황제)에 대한 절대적 충성을 이끌어 내기 위한 통치이념(이데올로기)의 반영이다. 이는 역대 통치 권력, 특히 진한(秦漢) 이후 확립한 중앙 집권적 황제 권력과 율령(律令) 체계가 서로 맞물려 결합한 산물로 나타났다.

사실 이러한 절대적 명목적 효도를 일방적으로 강요한 것은, 공자를 비롯한 유가 성현의 정신이나 본의와는 거의 상관없이, 정치적으로 악용하고 왜곡한 결과임을 주목해야 한다. 마치 노벨이 다이나마이트를 발명하고 아인슈타인이 상대성 원리를 발견했지만, 대량 인명을 살상하는 폭탄이나 핵무기를 개발한 사람은 정작 그들이 아닌 것과 똑같다.

물론 선후(先後)의 인과 관계야 어느 정도 존재하는 게 사실이지만, 살인 무기를 만들어 사용하는 죄책의 전부 또는 상당 부분을 이들에게 떠넘기는 것은 몹시 부당하다. 이러한 책임 전가 자체도, 그들이 발명하거나 발견한 과학적 진리를 정치·군사적 목적으로 악용·왜곡한 권력자들의 또 다른 음모와 술책일 수 있다.

공자의 철학사상과 유가의 윤리도덕을, 지금 봉건 통치 이데올로기의 시녀 내지 잔재로 매도하고 있는 현상도, 이와 똑같은 과정과 운명에 놓여 있음을 간파해야 한다. 정말로 공자가 죽어야 나라가 살 것인가? 아니면 공자가 진정으로 부활(復活) 소생(蘇生)해야 천하가 살 것인가? 한번 잘 음미해 볼 필요가 있다.

요순임금 때부터 내려왔다고 맹자가 강조한 오륜(五倫)은, 첫째가 부모와 자식 사이에 친근함이 있고[父子有親], 둘째가 군주와 신하 사이에 의리가 있다[君臣有義]는 것이다. 이는 쌍방의 대등한 인간관계를 뜻한다.

그런데 한(漢)나라 때 유교를 국시(國是 : 통치 이념)로 정하면서 내세운 삼강(三綱)에는, 첫째가 군주가 신하의 벼리(기강)가 되고[君爲臣綱], 둘째가 부모가 자식의 벼리가 된다[父爲子綱]로 바뀌었다. 부모와 군주를 주축으로, 자식과 신하가 종속하는 일방통행으로 변했다. 뿐만 아니라, 군신(君臣) 관계가 부자(父子) 관계보다 앞서서, 그 순서도 감쪽같이 뒤바뀌었다.

그러다가 우리나라 삼국시대에 전해져 신라가 국시로 채택한 화랑 오계(花郞 五戒)에서는, 첫째가 군주를 충성으로써 섬기고[事君以忠], 둘째가 부모를 효도로써 섬긴다[事親以孝]로 표현한다. 여기서는 군주와 부모 대신, 신하와 자식이 주체로 나선다. 그러나 이는 어디까지나 명시적인 충성과 효도로써, 일방적으로 절대 복종하도록 강요하기 위해 내세워진 것이다. 따라서 '삼강'보다 더 강력하고 직접적인 표현인 셈이다.

이러한 역사적 변천 과정을 추적해 보고, 공자와 유가의 원전에 나타나는 본래 정신을 직접 음미해 봄으로써, 지금 우리 시대에 맞는 새로운 가치관을 재정립할 필요가 있다. 전통을 올바로 계승하여 새롭게 창조적으로 재해석하는, 온고지신(溫故知新)의 지혜가 절실히 필요하다.

한편 이 사안에서 자식이 부모의 죄를 숨겨 주는 인정(人情)도, 일찍이 공자가 언급한 것이다. 그것이 역대 율례(律例)에서 '친속상용은법(親屬相容隱法)'[14]으로 정착하였다. 또 정도의 차이는 있지만, 현행 형법도 범인 은닉죄에 대한 예외로 일정한 친족 관계를 허용하고 있다.

따라서 전통시대 친족 사이의 법률문제를 재판할 때는, 율령에 규정한 국법(國法)뿐만 아니라, 공자를 비롯한 성현의 고전(古典)으로 나타나는 천리(天理), 그리고 일반 백성들의 본능 감정을 헤아리는 인정(人情)이, 서로 잘 중용조화를 이루도록, 현명한 통찰력과 판단력이 필요했다. 법조문을 자구대로 해석하다 보면, 성현(고전)의 원래 뜻에서도 크게 벗어나고, 인정(人情)과 민심(民心)에도 크게 어긋나 상처투성이만 남길 수 있기 때문이다.

9. 설규(薛奎)가 봉급을 내주다

설규 참정(參政)이 익주(益州) 지사일 적에, 한 부인이 자기 아들을 불효

14) 친속상용은법(親屬相容隱法) : 일정한 범위의 친족 상호간에, 모반 대역 등 특정 범죄를 제외한 일반 범죄는, 신고하지 않고 숨겨 줄 수 있으며, 법정에서 증언할 수 없다.

죄로 고발하였다. 잡아다가 캐물으니, "가난해서 봉양할 힘이 없다"고 대답하는 것이었다. 이에 설규가 자기 봉급을 선뜻 꺼내 주며, 생업을 마련하라고 당부한 뒤 돌려보냈다.

「본전(本傳)」에 보인다.

안(按) 후한(後漢) 때 구람(仇覽)[15]이 포향(蒲鄕)의 정장(亭長)일 적이었다. 진원(陳元)이라는 사람이 어머니와 단둘이 살았는데, 그 어머니가 아들이 불효한다고 고소해 왔다. 이에 구람이 크게 깜짝 놀라며 탄식했다.

"내가 최근 진원의 집 앞을 지날 때 보니, 집 안팎을 깨끗이 정돈해 놓았고, 때를 맞추어 땅 갈고 김매고 있었소. 이 사람은 결코 나쁜 사람이 아닐 텐데, 교화가 제대로 이루어지지 못한 탓인 게 틀림없소. 어머니가 과부로 정절을 지키고, 어린 아들 하나만 곱게 기르면서 힘들게 고생하다가 늙으셨거늘, 어찌 하루아침 분함을 이기지 못하여, 자식을 불효죄라는 패륜에 빠뜨릴 수 있겠소?"

이 말을 들은 노모는 감동하고 깨달은 바가 있어서, 눈물을 흘리며 물러갔다. 나중에 곧 구람은 몸소 진원의 집을 찾아가, 그 어머니랑 아들과 함께 술을 마시며, 인륜과 효행에 대해 화복(禍福)의 인과응보를 비유로 들어 타일러 주었다. 그 뒤 진원은 마침내 훌륭한 효자가 되었다.

『후한서(後漢書)』「구람전(仇覽傳)」에 보인다.

당나라 위경준(韋景駿)[16]이 귀향(貴鄕) 현령일 적에, 어떤 어머니와 자식이 서로 소송을 벌여 왔다. 이에 위경준이 말했다.

"이 현령은 어려서 부모를 여의고, 늘상 스스로 마음 아프게 여기고 있

---

15) 구람 : 東漢의 진류 고성(陳留 考城 : 지금 하남 蘭考현) 사람으로, 일명은 향(香)이고, 字는 계지(季智). 어려서 書生이 되어 桓帝(147~167 재위) 때 포정장(蒲亭長)이 되고, 나중에 고성주부(考城主簿)를 지냄. 『후한서』 권76.

16) 위경준 : 당나라 옹주 만년(雍州 萬年 : 지금 섬서 서안시) 사람으로, 젊어서 명경과(明經科)로 천거 받아, 중종(中宗 : 705~709년 재위) 때 귀향(貴鄕) 현령을 거쳐, 방주(房州) 자사에 이름. 『구당서』 권185, 『신당서』 권197.

다네. 그런데 그대는 천만 다행으로 어머니를 모시고 있으면서, 효도를 잊고 있단 말인가? 백성을 교화함이 충분치 못한 것은, 바로 이 현령의 죄일세."

그리고는 목 메이게 울며 눈물을 흘렸다. 그리고는 아들에게 효경(孝經)을 건네주며, 효도의 큰 뜻을 익히도록 타일렀다. 이에 어머니와 자식 모두 감동하고 깨달은 바가 있어서, 스스로 앞으로는 새 출발하겠다고 다짐했는데, 아들은 그 뒤 정말 효자가 되었다.

『당서(唐書)』「위경준전(韋景駿傳)」에 나온다.

뒤의 사안은, 앞에서 설규가 봉급을 꺼내 주며 생업을 마련하라고 당부한 사안과, 근본정신은 같다. 만약 정말로 법으로 다스리기로 했다면, 아들의 죄가 결코 가볍지 않았을 것이다. 지금 율문(律文 : 宋刑統)에 "부모의 훈계 명령이 따를 만한데도 어기고, 부모를 봉양할 만한 능력이 있는데도 소홀히 한 경우"라고 주(注)를 달아 놓은 것이, 바로 이러한 사안에 해당한다. 그러니 이들 사안의 판결이, 백성을 긍휼히 여겨 삼가 처벌을 멈춘 예라고 할 수 있지 않겠는가?

평석 부모의 자식 사랑은 무조건적인 본능이라고 한다. 하지만 어떠한 이유에서든지 한 순간의 노여움이나 서운함으로, 자식을 '불효(不孝)'죄로 엄벌에 처한 부모가 적지 않았다. 사랑이 깊을수록 미움과 원망도 비례하여 커지는 법이다. 부모 자식 간이나 형제 자매 간에, 사랑과 우애 대신 원망과 반목의 골이 깊어지는 것도, 인간 감정의 본래 속성 탓이기도 하다. 그런 친족 간의 원한 감정을, 권위 있는 제3자가 객관적으로 자연스럽게 풀어 준다면, 그 은덕이 얼마나 크겠는가? 현행 민사소송에서 가사(家事) 사건은 반드시(되도록) 조정(調停)을 먼저 거치도록 규정한 뜻도 여기에 있으리라!

10. 임포(任布)가 손자를 용서해 주다

임포[17] 추밀부사(樞密副使)가 월주(越州) 지사일 적이었다. 어떤 주민이 술에 잔뜩 취해 자기 할아버지를 몹시 욕했다. 할아버지가 화가 나서 손자를 고소했는데, 나중에 크게 후회하여 법정에서 통곡하는 것이었다.

"이 늙은이는 자식도 죽고 없어, 오직 이 손자를 의지해 살아가고 있습니다."

이에 임포는 특별히 그 손자를 용서해 풀어 주고, 아울러 황제께 상소문을 올려 스스로 자신을 책망하여 사정을 아뢰었다. 그러자 조정에서도 더 이상 묻지 않았다.

「본전(本傳)」에 보인다.

안(按) 손자가 할아버지를 욕하면, 법률상 죄가 사형에 해당한다. 그런데 이를 특별히 용서해 풀어 주었다면, 법리(法理)상 마땅히 사유를 밝히고, 스스로 책임을 져야 한다. 이 사안도 교육을 제대로 못 받은 손자를 긍휼히 형기고, 형벌 사용을 신중히 유보한 예이다.

11. 소환(蘇渙)이 형의 속마음을 헤아려 주다

소환 랑중(郎中)이 언릉현(鄢陵縣)의 지사일 적이었다. 마침 그 해 농사가 크게 흉작이라, 도적이 사방에서 일어났다. 한번은 어떤 형이 아우를

17) 임포 : 송나라 하남(河南 : 지금 하남 락양시) 사람으로, 字는 응지(應之). 진사에 급제한 뒤, 眞宗 때 월주(越州) 지사를 거쳐 추밀부사(樞密副使)까지 이름. 『송사』 권288.

살해하고 그 옷을 빼앗았는데, 아우가 우연히 죽지 않고 살아나, 아버지와 함께 관가에 가 신고했다. 소환은, 형이 워낙 곤궁해서 끔찍한 죄악을 저지른 걸 불쌍히 여겨, 동정하고픈 마음이 일었다. 그래서 이렇게 넌지시 유도 신문을 했다.

"네가 너의 아우를 살해하면서, 아우가 죽지 않은 줄 알고도 놓아준 까닭은 무엇이냐?"

그러자 형은 그 질문의 속뜻을 알아차리고서, 이렇게 화답했다.

"때마침 누군가 보는 사람이 있어, 감히 더 이상 손을 쓰지 못했습니다."

이로 말미암아 형은 죽지 않을 수 있었다. 이에 부자 세 사람은 모두 감동하여 몹시 울었다. 그리고 소환이 임기를 마치고 떠나갈 때, 이들은 짐을 꾸려 짊어지고, 그의 뒤를 좇아 수천 리를 따라갔다.

소철(蘇轍) 문하(門下)가 지은 「백부(伯父 : 蘇渙)묘표(墓表)」에 보인다.

안(按) 옛날에 형사 사건[獄訟]을 심리 재판하는 사람은, 어떻게 하면 살려 줄 수 있을까 궁리를 하다가, 정 살려 줄 단서를 찾지 못하면, 그때 비로소 처형하곤 했다. 앞에서 손자가 할아버지를 욕한 사안에는, 살려줄 만한 법리(法理)가 있다. 바로 손자가 술에 잔뜩 취해 욕한 사실과, 할아버지가 고소한 뒤 스스로 후회한 점이다. 또 여기서 형이 아우를 죽이려 한 사안에서도, 살려줄 만한 법리가 있다. 바로 그가 굶주림에 허덕여 끔찍한 일을 저질렀고, 아우가 다행히 죽지 않고 살아난 점 때문이다.

임포가 손자를 용서해 풀어 주고, 소환이 형의 속마음을 헤아려 유도 신문한 재판은, 모두 살려줄 만한 단서를 제대로 찾은 대표적 사례이다. 이만하면 옛 사람에 견주어도 전혀 부끄러움이 없겠다.

평석 전통법은 친족 간의 존비(尊卑)에 따라 형벌을 가중 또는 감경하는 특례가 두드러진다. 당률(송형통) 투송률(鬪訟律)에 따르면, 상복을 입는 친족 간에 존장(尊長 : 존속친)이 비유(卑幼 : 비속친)를 단순 폭행한 경우 무죄이고, 폭행치상도 골절 이상인 경우만 처벌하되, 친소(親疏)에 따라 일반인보다 1 내지 3등급 감경하고, 폭행치사의 경우에는 교형(絞刑)에 처한다.

그런데 형이나 누나가 아우나 누이동생을 폭행치사하거나 형제의 자손을 폭행치사한 경우에는 도(徒) 3년에 처한다. 또 흉기를 사용했거나 고의로 살해한 경우에는 유(流) 2천리에 처하고, 과실치사한 경우에는 무죄이다. 따라서 이 사안도 폭행치사로 보나, 고의 살인으로 보나 아우가 죽지는 않았기 때문에, 율문(律文)상 형을 사형에 처할 법리(法理)는 발견하기 어렵다. 다만 송나라 때 황제의 임시 칙령에 의해 형벌이 특별 가중된 사례가 많은데, 여기에 해당하는 가중 특례가 있었는지는 알 수 없다. 또 이 사안에서 소환이 유형(流刑)까지 특별히 용서하여 풀어 주었는지도 궁금하다.

12. 리사형(李士衡)이 부윤에게 보고하다

리사형[18] 관찰사가 맨 처음 서민의 옷을 벗고, 경조부(京兆府) 호현(鄠縣)의 주부(主簿)가 되었을 때였다. 부윤[田重進]이 그의 재능을 알아보고, 소송을 담당하는 사리참군(司理參軍) 직책을 대리 수행하도록 맡겼다. 마침 함양(咸陽)현의 백성이 살인죄로 부(府)에 압송되어 왔는데, 아버지와 아들 다섯 사람이 연루한 공범이었다. 주범을 제외한 나머지도 모두 종범(從犯)으로, 범행에 직접 가담[加功]한 죄를 적용하여, 사형에 처할 형편이었다. 이에 리사형이 부윤에게 보고했다.

---

18) 리사형 : 士衡 또는 仕衡으로 표기함. 송나라 진주 성기(秦州 成紀 : 지금 甘肅 天水시) 사람으로, 字는 천균(天均). 진사에 급제한 뒤, 호(鄠)현 주부(主簿)에 임명됨. 仁宗 초에 同州 관찰사와 陳州 지사를 지냄. 『송사』 권299.

"저들 가운데 살인한 사람은 한 명뿐이고, 나머지 네 사람은 시체를 감추어 묻은 데 지나지 않는데도, 직접 가담한 죄로 중형에 처해야 하겠습니까?"

그러자 부윤이 몹시 기뻐하며 그의 의론에 따르고, 그를 칭찬하였다.

"네 사람은 그대의 현명한 판단이 아니었더라면, 원통하게 황천에 떨어졌을 것이오."

범중엄(范仲淹) 참정(參政)이 지은 「리사형신도비(李士衡神道碑)」에 보인다.

안(按) 시체를 감추어 묻은 행위를, 살인 가담 방조[加功]죄로 논하는 것은, 지나친 억지 해석[深文]이다. 사형에 처할 수 없는 죄를, 법조문 해석으로 죽게 만든다면, 얼마나 잔인한 짓인가? 내 일찍이 듣건대, "법을 잘못 적용하여 사람을 죽이는 것은, 흉기로 사람을 죽이는 것과 다르지 않다"고 한다. 법조문을 억지 해석하여 죄수를 억울하게 처형하는 죄는, 설령 사람 눈에 들키지 않고 요행히 넘어갈지라도, 눈에 보이지 않는 귀신이 그를 주륙(誅戮)하리라.

고화(高化)[19] 태위(太尉)가 비록 군대 출신이긴 하지만, 백성들에 관한 일을 자못 훤히 알았다. 늘그막에 상주(相州) 지사가 되었는데, 큰 사건이 일어나 관련자 모두 사형으로 논죄하였다. 그러나 고화는 의아스럽게 여기고, 다른 감옥으로 이송하여 재심리하도록 명하였는데, 그 결과 살아난 자가 세 사람이나 되었다.

이 사안도 아마 앞에서 시체를 감추어 묻은 행위를 살인 가담죄로 논했던 것과 비슷한 종류이리라. 이들은 모두 마음을 다해 죄수들을 불쌍히 여기고, 신중히 살릴 궁리를 한 사례이다.

---

19) 고화 : 송나라 진정(眞定 : 지금 하북 正定현) 사람으로, 字는 중희(仲熙). 젊어서 금군(禁軍)에 속해 있다가, 仁宗 때 武安軍 절도사와 相州 지사에 이름. 사후 태위(太尉)의 관직을 추증 받음. 『송사』 권323.

평석 당률(송형통) 명례율(名例律)에 따르면, 공범죄(共犯罪)의 경우, 주모자[20]를 주범[首犯]으로 처벌하고, 그밖에 따라 행한 사람[隨從]은 1등급 감경 처벌한다. 또 적도율(賊盜律)에 따르면, 2인 이상이 살인을 모의한 경우, 주범은 착수하지 않았더라도 도(徒) 3년, 착수하여 상처를 입히면 교형(絞刑), 이미 살해까지 마치면 참형(斬刑)에 각각 처한다.

그리고 함께 가담 방조한 종범은 한 등급 낮춘 교형(絞刑)에 처하고, 모의와 실행에는 참여했으나 방조하지 않은 자는 유(流) 3천리에 처하며, 모의에만 참여하고 실행에는 참여하지 않은 자는 다시 한 등급 낮춘 도(徒) 3년에 처한다. 그런데 처음 범행 계획을 세운 주모자[造意]는, 비록 실행에 직접 착수하지 않았더라도, 여전히 주범[首犯]으로 논죄한다.

이렇듯이 처벌 규정이 복잡하게 나뉘어 있기 때문에, 가담 행위를 어떻게 인식하고 어떤 규정을 적용하느냐에 따라, 형벌이 하늘과 땅 차이로 벌어질 수 있다. 예컨대, 이 사안의 아버지와 아들 다섯 사람 가운데, 처음부터 2인 이상이 살인을 모의한 경우에만, 바로 이러한 모살(謀殺 : 공모살인)죄 규정을 적용할 수 있으며, 이때에는 시체를 감추어 묻은 행위도 종범의 가담 방조[加功] 행위가 될 것이다.

그러나 모의가 전혀 없었던 경우나, 모의에 참여하지 않은 사람의 경우, 단순 가담 행위가 될 것이다. 이 경우 시체를 손상시키지 않고 매장만 했다면, 친족간의 범죄 은닉 허용 규정에 따라, 특별히 처벌할 만한 법조문이 없게 된다. 다만 시신을 훼손했으면, 폭행 살인죄에서 한두 등급 감경하기 때문에, 유형(流刑)이나 도형(徒刑)의 처벌이 불가피하다.

이 사안에서 리사형은, 한 사람의 단순 살인을 나머지 네 사람이 감추어 준 사건으로 판단한 것이다.

---

20) 주모자 : 전통법에서 보통 조의(造意)라고 표현하는데, 맨 처음 범죄 모의를 제기한 자임.

13. 왕박문(王博文)이 소금 독점을 완화시키다

왕박문[21] 동지추밀원사(同知樞密院事)가 밀주(密州) 지사일 적이었다. 바다를 낀 곳에 도락(濤落) 염전이 있었는데, 크게 흉년이 들자, 백성들이 몰래 소금을 훔쳐다 파는 일이 많았다. 그런데 관리들이 소금을 훔쳐 파는 백성들을 체포하러 뒤쫓아 가면, 아예 죽기 살기로 사납게 덤벼들어 싸우는 자가 많았다. 그런데 그들은 당시 법령상 모두 사형에 처해야 할 형편이었다. 이에 왕박문이 조정에 상소문을 올려 이렇게 건의하였다.

"청하옵건대, 소금 독점 판매를 잠시 완화하였다가, 풍년이 든 다음에 다시 예전처럼 시행하여 주옵소서."

조정에서 그의 건의에 따랐다.

「본전(本傳)」에 보인다.

안(按) 『주례(周禮)』(「地官」 「大司徒」편)에 보면, 흉년을 구제하는 정치로 12조목이 나오는데, 그 가운데 '형벌의 완화[緩刑]'와 '금지의 해제[舍禁]'와 '관세의 제거[去幾]'가 있다. 이 사안에서 왕박문이 조정에 간청한 건의가, 바로 여기에 부합한다. 진실로 옛날 역사와 지금 현실에 모두 통달하지 못하면, 어떻게 이렇게까지 백성들을 불쌍히 여겨 살려 줄 수 있겠는가?

14. 왕질(王質)이 병가 중에 답변하다

왕질 대제(待制)가 일찍이 소주(蘇州) 통판(通判)일 적이었다. 한번은 질병

---

21) 왕박문 : 송나라 조주 제음(曹州 濟陰 : 지금 산동 定陶현 서남쪽) 사람으로, 字는 중명(仲明). 眞宗 때 진사 급제를 하사 받아 밀주(密州 : 지금 산동 諸城현) 지사를 지내고, 仁宗 때 동지추밀원사(同知樞密院事)에 이름. 『송사』 권291.

으로 휴가 중이었는데, 마침 주지사이던 황종단(黃宗旦)[22]이 찾아와 병문안 하던 차에, 이런 말을 꺼냈다.

"지금 감옥에 동전을 사사로이 몰래 주조한 죄인이 백여 명이나 갇혀 있는데, 모두 내가 은밀한 속임수로 꼬투리 잡아 체포하였소."

이 말을 들은 왕질은 이렇게 답변했다.

"공자가 주살[弋]로도 밤에 잠자리에 든 새는 쏘지 않았다고 하는데, 이는 사물을 몰래 맞추는(습격하는) 것을 싫어하기 때문입니다. 지금 갇힌 죄수 가운데 몇 사람은 사형에 처하고, 도형(徒刑)이나 유형(流刑)에 처할 사람도 수십 명에 이를 텐데, 이는 공(公)께서 몰래 쏘아 맞힌 셈입니다."

이에 황종단 지사는 크게 두려워하였다. 그리고 돌아가서, 사형에 해당하는 중죄인은 감형해 주고, 나머지는 모두 가벼운 처벌로 풀어 주었다.

「본전(本傳)」에 나온다.

평석 옛날에 안자(晏子)가 제경공(齊景公)의 물음에, "지금 시장에서는 발뒤꿈치 잘린 죄수들이 신는 특수 신발의 값이 매우 비쌉디다."라고 답변하여, 형벌의 남용이 크게 줄었다고 한다. 이에 대해 사관(史官)은, "어진 이의 말 한 마디는, 그 혜택이 널리 퍼지네!"라고 칭송한 적이 있다.

정말로 공자의 거룩한 마음은, 하찮은 날짐승에게까지 사랑을 베풀었다. 그리고 그 언행을 적은 『론어(論語)』의 한 구절은, 2천 5백 년 동안 얼마나 많은 사람들의 마음을 감동시키고, 또 그들을 통해 얼마나 많은 생명을 살렸는지 알 수 없다. 그 한 구절을 인용한 왕질의 완곡한 충고도, 벌써 몇 사람의 목숨을 살리고, 수십 명의 중형을 대폭 낮추어 주는 계기가 되지 않았는가?

정말로 어진 이의 말 한 마디는, 그 사랑의 혜택이 끝없이 퍼지네!

---

22) 황종단: 송나라 천주 혜안(泉州 惠安: 지금 복건 혜안현) 사람으로, 字는 숙재(叔才). 眞宗 때 진사가 되고, 소주(蘇州)와 상주(襄州) 지사를 지냄.

15. 진집방(陳執方)이 형벌을 느긋이 풀어 주다

진집방 대경(大卿)이 강주(江州) 통판(通判)일 적이었다. 어떤 백성이 굶주림에 허덕여 남의 논에 들어가 벼를 베다가 주인에게 들키자, 낫을 잘못 휘둘러 주인까지 다치게 하였다. 당시 법률상으로는 사형에 해당했으나 진집방은 달리 생각했다.

"옛날에 흉년을 구제하던 정책은, 백성을 구휼하는 방법은 모두 강구했으면서, 게다가 형벌까지 느긋이 풀어 주었다. 하물며 지금 같은 흉년에 오죽하랴?"

그리고 곧바로 조정에 사유를 아뢰어, 사형은 면하게 해 주었다.

왕안석(王安石) 승상이 지은 「진집방묘지(陳執方墓誌)」에 보인다.

안(按) 리사형(李士衡) 관찰사가 천웅군(天雄軍) 지사직을 임시 대리할 적이었다. 어떤 백성이 참외를 훔치다가 주인을 다치게 하여, 법률상 사형에 해당했다. 그런데 리사형은 흉년의 굶주림으로 말미암은 사건이라고 아뢰어, 사형을 면하게 해 주었다. 그 뒤로 이 사안은 조례[23]로 규정하였는데, 진집방이 아뢴 사안도 아마 이 조례를 적용했을 것이다.

「본전(本傳)」에 보인다.

평석 벼 몇 포기나 참외 몇 개 훔친 죄는, 비록 흉년으로 가격이 폭등했다 할지라도, 비단 1자[尺] 값이라면 곤장 60대, 1필(疋) 값이라면 곤장 70대에 불과하다. 또 상해죄도 정도에 따라 다르지만, 피가 난 기본 상해가 곤장 60대부터 시작해, 이나 손가락이 하나 부러지는 골절은 도(徒) 1년, 가장 중한 상해도 유(流) 3천리에 그친다.

그런데 절도와 폭행이 합쳐져 강도죄가 되면, 빼앗은 재물의 가액이

---

23) 조례(條例) : 율(律)의 하위법으로, 조문화한 선례(先例).

비단 10필 이상이거나, 사람에게 상처를 입힌 경우, 교형(絞刑)에 처한다. 전통법상 강도란 "위세나 힘으로 남의 재물을 취하는(빼앗는) 행위로서, 먼저 강제력을 쓴 뒤 물건을 훔치거나, 아니면 먼저 물건을 훔치다가 나중에 강제력을 쓴 경우 등을 일컫"는다. 따라서 여기에 나오는 두 사안은 모두 강도 상해죄가 되어, 교수형에 해당하는 것이다.

법의 징벌 및 예방 의도는 충분히 이해와 공감이 가지만, 이러한 경우 형벌이 지나치게 무거워, 형평성이 크게 어긋난다. 과중하다는 법 감정을 해소하여, 억울한 인명 희생을 줄이자고, 법리(法理)상 허용하는 예외 방편 법문을 찾은 것이, 흉년으로 인한 굶주림의 민생고였다.

16. 진손(陳巽)이 간쟁하다

진손 빈객(賓客)이 처음에 상주(常州)의 단련추관(團練推官)일 적에, 도둑질을 하다가 재물을 버리고 도망한 자가 있었다. 진손은 그 도둑을 사형에 처해서는 안 된다고 판단했으나, 통판(通判)은 그의 말을 들으려 하지 않았다. 이에 진손은 끝까지 힘을 다해 간쟁(諫爭)을 벌여, 마침내 그 도둑은 죽지 않을 수 있었다.

증공(曾鞏) 사인(舍人)이 지은 「진손신도비(陳巽神道碑)」에 보인다.

안(按) 도둑이 재물 주인을 다치게 하지만 않으면, 장물 가액을 따져 죄를 정하거늘, 하물며 재물을 버리고 도망간 도둑이, 어떻게 사형에 해당하겠는가? 통판이 진손의 말을 들으려 하지 않은 것은, 틀림없이 법을 각박하고 가혹하게 적용하려고 생각했기 때문이리라. 그래서 죄수를 불쌍히 여기고 신중히 법을 적용하려는 마음이 없었던 것이다.

평석 당률(송형통) 적도율(賊盜律)은 앞의 강도죄 규정에서, "유실물을 주워 돌려주지 않으려고 주인을 구타 공격하거나, 절도하다 들켜 재물을 버리고 도망하는데 주인이 붙잡으려고 추격하므로 서로 맞붙어 싸운 경우는, 강도가 아니다"는 율주(律注)를 명확히 적고 있다. 옛날 지방 행정관[牧民官]들이 흔히 범할 수 있는 법률의 무지로 보인다.

17. 호향(胡向)이 도둑을 신문하다

호향 소경(少卿)이 원주(袁州)의 사리참군(司理參軍)일 적이었다. 도둑 일곱 명이 붙잡혀 모두 사형에 해당하였는데, 호향은 그 가운데 원통한 사람이 있을까 의심스러워, 따로 남아 신문하였다. 과연 두 사람은 함께 모의하지 않았는데, 처음에 나머지 다섯 사람에게 뭣 모르고 고용 당하였다. 나중에 알고 중간에 빠지려 했으나, 그들의 위협 때문에 따라 한 것이었다. 그래서 두 사람은 마침내 사형을 면하게 되었다.

려대방(呂大防) 승상이 지은 「호향묘지(胡向墓誌)」에 보인다.

안(按) 도둑을 체포함에는, 일곱 명 이상이어야 비로소 포상 자격이 있게 된다. 그래서 위협으로 마지못해 따라 한 사람을, 함께 모의한 공범으로 간주하여, 포상을 노린 것이리라. 이 얼마나 어질지 못한 짓인가? 이런 낌새를 느끼고, 따로 남아 신문한 것이다. 그래서 억울한 이들을 살려 주었으니, 참 다행이다.

18. 장규(張奎)가 재판 기록을 다시 살펴보다

장규[24] 밀학(密學)이 처음에 상주(常州) 추관(推官)일 적에, 전운사가 그에게 구주(衢州)의 주세(酒稅)를 감사하도록 천거했다. 당시 무주(婺州)에 오랫동안 갇혀 있던 미결수가 있었는데, 법률상 사형에 해당하였다. 그러나 재판이 끝난 뒤 다시 확인 질문을 해 보니, 그때 비로소 불복하는 것이었다. 이에 장규에게 그 사안을 재심리하도록 명한 것이었다. 장규는 재판 기록을 한번 죽 살펴보더니, 바로 사실을 가려냈다. 그래서 그 죄수는 죽지 않게 되었고, 사람들이 모두 탄복하였다.

안(按) 장규가 재판 기록을 한번 살펴보고 사실을 가려낸 것은, 그 사안의 정리(情理)를 가려냈다는 말이다. 죄인 가운데, 밖으로 나타난 자취(증거)나 죄상은 무거운데, 안의 본래 정황은 가벼운 경우가 있다. 이전에 정황을 참작하여 법을 제정했으니, 지금 마땅히 그 정황을 따져 죄를 정해야 할 것이다. 그런데 어찌하여 정리(情理)를 제대로 가리지도 않은 채, 곧장 사형을 판결한단 말인가?

장규의 정밀하고 현명함은, 정말 사람들을 탄복시키기에 충분하다. 하지만 그보다는 죄수를 긍휼히 여기고 법 적용을 신중히 한 마음이, 더 후세에 전해질 만하다.

왕제(王濟) 랑중(郎中)이 선주(澶州) 사리참군(司理參軍)일 적이었다. 당시 주의 감옥에 중죄수가 있었는데, 처형이 눈앞에 닥치자 억울하다고 하소연했다. 이에 왕제가 사안을 다시 심리했는데, 역시 죽지 않게 되었다.

앞의 사안과 비슷한 종류이다. 죄수를 불쌍히 여겨 재판을 한 결과, 원

---

24) 장규 : 송나라 림복(臨濮 : 지금 산동 鄄城현 서남쪽) 사람으로, 字는 중야(仲野). 眞宗 때 진사가 되어 常州 推官과 구주(衢州) 酒稅감독을 거쳐 추밀직학사(樞密直學士)에 이름. 『송사』 권324.

통한 처형을 막을 수 있지 않았겠는가?

두 사안 모두 각자의 「본전(本傳)」에 나온다.

19. 리윤원(李允元)이 주범만 처형하다

리윤원[25] 급사(給事)가 녕주(寧州)의 통판일 적이었다. 주(州)의 병졸이 변란을 모의하다가 들통 난 사건이 있었는데, 여기에 연루하여 붙잡힌 자가 몹시 많았다. 그러나 리윤원은 지극한 성의를 다해, 사건을 가리고 분석한 끝에, 단지 악질 주모자 몇 사람만 처형하는 데에 그쳤다.

「본전(本傳)」에 보인다.

안(按) 후한(後漢) 때 원안(袁安)은, 번잡하고 곤란한 문제를 잘 처리할 줄 아는 능력으로 천거 받아, 초군(楚郡) 태수에 부임하였다. 당시 초왕(楚王) 류영[26]이 반역을 모의한다는 신고가 들어와, 사건의 진상을 자세히 신문 수사하라는 칙명이 군(郡)에 내려졌다. 조사 과정에 나온 진술에 연루하여 체포한 자만 해도 수천 명에 이르렀는데, 명제(明帝)의 분노가 막심하여, 관리들이 사안 심리에 몹시 급박했다. 그래서 협박과 고문으로 허위 자백하여 죽은 자도 아주 많았다.

이러한 상황에서, 원안은 초군에 당도하자, 군청[府]에 들어가지도 않고, 먼저 사안을 심사하러 갔다. 관련자 가운데 명백한 증거가 없는 사람을 가려내어, 따로 명단을 작성하게 했다. 그러자 군의 승(丞)과 연사(掾史)

25) 리윤원 : 『북송경무년표(北宋經撫年表)』 권90에 따르면, 일찍이 광록경(光祿卿)으로 강녕부(江寧府) 지사 겸 강남동로재상주군안무사(江南東路災傷州軍安撫使)를 맡았다고 함. 기타 미상.

26) 류영(劉英) : 광무제(光武帝) 류수(劉秀)의 아들이자, 明帝 류장(劉莊)의 이복 동생.

등 부하 관리들이 모두 머리를 조아리며 만류했다. 반역 죄인들을 감싸고 보호하면, 법률상 그들과 같은 죄에 해당하기 때문에, 안된다는 것이었다. 그러나 원안은 이렇게 말했다.

"만약 법에 부합하지 않는 점이 있으면, 태수가 혼자 스스로 책임지고, 그대들에게 벌이 미치지 않게 하겠소."

그리하여 마침내 죄수들을 따로 분별하여 상세히 아뢰었다. 이에 황제도 감동하고 깨달은 바가 있어, 즉시 아뢴 대로 하라고 허락하는 통보를 내렸다. 이렇게 해서, 죽지 않고 풀려난 자가 4백여 가구나 되었다.

『후한서(後漢書)』「원안전(袁安傳)」에 나오는데, 이 사건은 「변무(辨誣)」편에서도 나왔다.

리윤원은 아마도 원안과 같은 마음을 지녔을 것이다. 사안이 주(州)와 군(郡)에서 발생하여, 분간하기가 그런 대로 쉬웠겠지만, 그래도 이들이 죄수들을 긍휼히 여기고 사건을 신중히 처리한 점은, 역시 칭송할 만하다.

20. 리응언(李應言)이 요사함을 다스리다

리응언 간의(諫議)가 시어사(侍御史)일 적이었다. 운주(鄆州)의 한 백성이 요사(妖邪)스런 법을 전파하였는데, 그 일당이 백여 명이나 되었다. 그런데 포졸들이 공을 세워 포상을 받으려고, 불궤(不軌)[27]죄로 몰아붙였다. 그래서 황제가 리응언에게 가서 사건의 진상을 조사하도록 명했는데, 그 결과 주모자 몇 사람만 처형하는 데 그치고, 나머지는 모두 살려 주었다.

---

27) 불궤(不軌) : 대역무도(大逆無道) · 모반(謀反).

안(按) 영인(榮諲)[28] 대감이 개봉부(開封府) 판관(判官)일 적이었다. 태강회(太康會)에서 백성 수십 명을 체포했는데, 불법(佛法)을 받들며 함께 모여 기도하는 '백의회(白衣會)'라는 조직이었다. 당시 부윤(府尹)인 가암(賈黯)은, 뭔가 요사스런 혐의가 있다고 판단하여, 주범은 처형하고 나머지는 모두 유배 보내자고 청했다. 그러나 영인은 본래 요사스러운 의도는 없다고 보았다. 가암이 조정에 보고서를 아뢰면서, 영인의 의론도 함께 아뢰었다. 그런데 조정에서는 영인의 의론을 합당하게 여겨, 주모자만 유배 보내고, 나머지는 모두 곤장형에 처했다.

운주의 백성은 요사스런 법을 전파했지만, 불궤(不軌)한 사건을 모의하지는 않았다. 또 태강의 백성은 불법(佛法)을 받들었을 뿐, 본래 요사스러운 의도가 전혀 없었다. 그래서 처벌의 경중이 이처럼 크게 차이가 난 것이다. 만약 긍휼히 여겨 신중히 처리하지 않았다면, 앞 사안은 불궤죄로 그 일당을 모두 처형하고, 뒷 사안은 요사스런 저의가 있다고 여겨 특별히 주동자를 처형했을지도 모른다. 그러면 형벌 남용에 억울한 희생이 없지 않았을 것이다.

오육(吳育)[29] 참정(參政)이 채주(蔡州) 지사일 적이었다. 채주 경계 부근에 요사스런 사람이 수천 명이나 있다는 소문이 서울에 떠들썩하게 퍼졌다. 황제는 환관(宦官) 중에 체포의 명수 10인을 즉시 파견하여, 진상을 조사하도록 조서를 내렸다. 환관들은 채주에 당도하자, 순찰 병력을 데리고 그들을 수색하여 검거하도록 요청하였다. 이에 오육이 이렇게 말했다.

"황제의 특사께서는 요사스런 사람들을 체포하여 황제께 보고하려고 하십니까? 청컨대, 직접 가시지 말고, 잠시 기다려 주십시오. 이 마을 사람들은 함께 모여 불법(佛法)을 받들고 지킬 뿐입니다. 지금 우리가 한 사

---

28) 영인: 송나라 제주 임성(濟州 任城: 지금 산동 濟寧시) 사람으로, 字는 중사(仲思). 仁宗 때 진사가 되고, 개봉부판관(開封府判官)을 거쳐, 비서감(秘書鑑)에 이름. 『송사』 권333.

29) 오육: 송나라 건주 포성(建州 浦城: 지금 복건 포성현) 사람으로, 字는 춘경(春卿). 仁宗 때 진사가 되어 추밀부사(樞密副使), 참지정사(參知政事)를 지냄. 『송사』 권291.

람을 보내 부르면, 곧장 올 것입니다. 그런데 병력을 끌고 간다면, 사람들 마음이 크게 놀라고 의아해 할 것이니, 어떡하시렵니까?"

특사는 그의 말을 그럴듯하게 여기고, 사람을 보내 불렀더니, 과연 바로 왔다. 그래서 그들을 모두 대궐 아래까지 압송해 갔는데, 신문 결과 모두 무죄로 풀려나고, 대신 고발한 자가 무고죄로 처벌을 받았다. 이 사안은 정말 특별히 백성들을 긍휼히 여기고 신중히 조치한 예이다.

무릇 태강현에서 체포한 백성들은 유죄이고, 채주에서 압송한 백성들은 무죄였는데, 이는 무슨 까닭인가? 불법(佛法)을 받들면서 함께 모여 기도하며, '백의회(白衣會)'라는 단체를 조직한 것은 법이 금지한다. 그런데 단지 불법(佛法)에 따라 함께 모일 뿐, 기도하는 일이 없고 '백의회(白衣會)' 같은 단체를 조직하지 않으면, 법에서 금지하지 않기 때문이다. 정말 백성들을 불쌍히 여기고 신중을 기하는 지극한 정성이 없다면, 어떻게 이들 사안처럼 억울한 형벌의 남용을 막을 수 있겠는가?

세 사안 모두 각각의 「본전(本傳)」에 보인다.

평석 고대 제정일치(祭政一致)의 사회가 막을 내리면서, 정치와 종교는 어쩌면 줄곧 긴장과 갈등 관계를 반복해 왔을 것이다. 그래서 동서고금에 정치 이념(이데올로기)과 종교 신앙 문제가, 인류 역사상 가장 빈번한 분쟁 요인이 되어 왔고, 또 그로 인한 박해나 보복·전쟁 등이 몹시 잔인하고 참혹했다. 눈에 보이지 않는 무형(無形)의 형이상(形而上)적인 사상과 신념에 관한 것이기 때문에, 자칫 자기중심의 독선에 빠져 배타성을 뿜기 쉬운 것이다.

이들 사안에서는 순수한 법률적 관점의 접근과 평론에 그치고 있기 때문에, 종교와 정치의 갈등이나 종교간의 대립 문제를 직접 드러내지 않고 있다. 그러나 황제의 통치권력과 그에 소속한 유교 중심의 정치세력은, 도교나 불교 세력의 집단화·조직화를 상당히 경계하였던 적이 있다.

예컨대, 당나라의 무종(武宗)이나 송나라의 휘종(徽宗)은 대규모의 불교

탄압 정책을 실시하였고, 당나라 때 한유(韓愈)나 송나라의 주희(朱熹) 등은 대표적인 불교 배척론자[斥佛論]이다. 좀 더 정확한 역사 고증이 필요하겠지만, 이들 사안의 발생과 처리상의 차이에는, 각각 고유한 시대 배경과 정치 상황이 있었을 것이다. 정치권력의 종교관이나 종교와 종교 사이의 관계에 따라, 상당한 영향을 받으며 미묘한 차이를 보였을 수 있다.

그래서 역대 농민의 난[起義] 가운데 상당수는, 불교나 도교를 바탕으로 한 민간 신앙 조직과 직접 간접으로 관련되어 일어났다. 물론 그렇기 때문에, 통치 권력이 종교 신앙의 조직화를 경계하고 금지했을 수도 있다. 서로 꼬리를 물며, 순환적인 인과 관계에 놓여 있는 셈이다.

그런데 문제는 21세기 새 천년(New Millenium)을 맞이한 현대 과학문명시대에도, 세계 각국에서 역시 정치와 종교, 종교와 종교 사이의 갈등 대립이 여전하다는 점이다. 최근 중국에서는 법륜공(法輪功)이라는 수련 조직을 요사스런 단체로 규정하고 박해하기 시작해, 세계의 관심을 끌고 있다.

우리나라도 심한 편이다. 최근 최고 권력자의 종교에 따라, '법난(法難)'이니 '훼불(毁佛)'이니 하는 종교 차별 현상이 물의를 빚었다. 또 같은 종교를 표방하는 종파·교파간의 갈등 대립이 날카로워져, 사이비·이단(異端) 논쟁이 끊이지 않고 있다. 특히 사이비·이단 고발에 공공 언론까지 직접 개입하고 나서서, 자칫 '언론권력(言論權力)'에 의한 '마녀사냥' 식의 새로운 종교 신앙 박해로 잘못 비화할 우려도 전혀 없지는 않은 듯하다.

종교 신앙인(특히 성직자)들은 광명정대(光明正大)하게 종교 본분의 수행과 대중 교화에 충실해야 한다. 그리고 정치권력은 종교계를 존중하며, 사회 안정과 국민 화합을 위해 평등하고 공정한 입장에서, 종교 신앙의 정신적 정화(淨化) 능력을 잘 존중하고 활용할 필요가 있다.

또 종교 간이나 종파·교파 간에는, 모두가 근본 바탕은 똑같은 한 뿌리이며, 다만 시대와 지역·민족·문화에 따라 서로 다양한 이름과 성격의 다른 종교로 분화하였다는, 종교 대동소이(大同小異)의 원리를 깊이 인식해야 한다. 그리고 서로 같은 점은 사랑하고, 서로 다른 점은 존경한다

[愛其所同, 敬其所異]는, 종교 대동화합의 이상을 몸소 실천해 나가야 할 것이다. 정치권력의 종교 탄압과 박해만큼 잔인한 죄악도 드물고, 종교간의 대립 갈등보다 비열한 수치도 없다.

21. 왕기(王琪)가 처결을 유보하다

왕기[30] 시랑(侍郞)이 복주(復州) 지사일 적이었다. 어떤 백성이 소작농을 때려죽여(폭행치사), 담당 관리가 곧 법대로 처형하려고 하였다. 그런데 갑자기 왕기의 꿈속에, 어떤 사람이 무슨 통첩을 가지고 나타나, 뜰 아래 엎드려 머리를 조아리며 이렇게 아뢰는 것이었다.

"아무개 사안은 곧장 사형으로 논죄해서는 안 됩니다."

왕기가 의아스럽게 여겨, 이 사안을 처결하지 말도록 유보시켰다. 그러자 담당 관리는 "의심할 게 전혀 없습니다."고 거듭 주장하는데, 왕기는 "그냥 보류시켜 두시오"라고 분부하였다. 그런데 열흘쯤 지나, 과연 새로운 칙령이 내려 왔다.

"토지 주인이 소작농을 때려죽인 경우, 사형을 감경시켜 주도록 한다."

이에 관리와 백성들이 모두 신명이라 탄복해 마지않았다.

왕규(王珪) 승상이 지은 「왕기묘지(王琪墓誌)」에 보인다.

안(按) 이러한 일은 사려(思慮)로 미칠 수 있는 게 결코 아니다. 대저 평소에 죄수를 긍휼히 여기고 신중을 기하는 정성이 몸에 배어 있어, 꿈속에 신명의 감응이 나타난 것이다. 『례기(禮記)』 「중용(中庸)」편에,

30) 왕기 : 송나라 성도 화양(成都 華陽 : 지금 四川 성도시) 사람으로, 字는 군옥(君玉). 仁宗 때 진사가 되어 복주(復州) 지사를 지내고, 나중에 례부시랑(禮部侍郞)에 임명되어 사직함. 『송사』 권312.

"지극히 정성스런 도는 미리 알 수 있다.[至誠之道, 可以前知.]"는 말이 있는데, 바로 이러한 경우를 두고 일컫는가?

평석 「중용(中庸)」의 다음 구절은 이렇게 이어진다.
"나라나 집안이 흥성하려고 하면, 반드시 상서로움이 생기고; 나라나 집안이 망하려고 하면, 반드시 요괴스런 재앙이 생긴다. 착함도 반드시 먼저 알 수 있고, 착하지 못해도 반드시 먼저 알 수 있다. 그래서 지극한 정성은 신명과 같다.[至誠如神]"

『주역』에서 성인이 미리 본다는 낌새(機微)도, 바로 이러한 것이다.

22. 왕연희(王延禧)가 장물 액수를 줄이다

왕연희 조의(朝議)가 처음에 악주(岳州) 원강(沅江) 현령일 적이었다. 때마침 크게 흉년이 들어 도적들이 일어나, 몸소 10명이나 잡았다. 장물 액수가 모두 사형에 해당하여, 자신은 그 공로로 승진할 수 있는 정도였다. 그러나 왕연희는 혼자 탄식했다.

"이들은 모두 선량한 백성인데, 굶주림에 허덕여 도적이 되었다. 현령이 이들의 생업을 마련해 주지도 못하면서, 어떻게 차마 체포한 공로를 따져, 이들의 죽음으로부터 자신의 이익을 챙길 수 있겠는가?"

그리고는 도둑맞은 사람들에게, 모두 장물 액수를 줄여 주라고 분부해, 도적들이 하나도 죽지 않게 되었다. 왕연희는 왕황주(王黃州)[31]의 손자다.

31) 왕황주(954~1001년) : 본명은 왕우칭(王禹偁). 송나라 巨野(지금 산동 거야현) 사람으로, 字는 元之. 태종 때 진사가 되어 우습유(右拾遺)를 맡았는데, 강직한 간언으로 유명하였으며, 거란을 방어하는 계책 열 가지 「御戎十策」을 올림. 서울에 가뭄이 들자, 백관의 봉급을 삭감하여 조정 지출을 줄이고 형벌을 감경하자는 건의를 올림. 그래

증공(曾鞏) 내한(內翰)이 지은 「왕연희묘지(王延禧墓誌)」에 보인다.

안(按) 『주례(周禮)』(「地官」 「大司徒」편)에는 흉년 구제 정책의 하나로, '도적의 제거[除盜賊]'를 거론한다. 흉년으로 기근이 들면 도적이 많아져, 제거하지 않으면 안 된다는 뜻이다. 왕연희가 몸소 10여 명의 도적을 붙잡은 것은 이 때문이며, 공을 세워 포상을 받으려는 의도는 본래 없었다. 그래서 도둑맞은 사람들에게, 장물 액수를 줄이도록 분부하여, 도적들이 하나도 죽지 않게 한 것이다.

무릇 도적을 체포하는 관리가 도적의 죽음(사형)에서 이익을 보는 것은, 비유하자면 "화살 만드는 자가 오직, 자기 화살 맞는 사람이 쓰러지지 않을까 걱정한다."는 심리와 같다. 직업이 사람을 그렇게 만드는 것이다. 비록 한 계급 특진한다고 할지라도, 만약 몇 사람을 죽이게 된다면, 그 영예를 말하기도 전에, 부끄러움을 어찌 이길 수 있겠는가? 군자가 어떻게 차마 그런 짓을 한단 말인가?

만약 사람들을 해치고 물건을 파괴하는 도적이라면 그 죄를 용서할 수 없다. 굶주림과 가난에 허덕여 도둑질한 게 아니면, 장물을 계산하여 사형에 처해야 마땅하다. 그러한 도적을 붙잡아 포상을 받으면, 그 의도는 권선징악에 있기 때문에, 군자가 전혀 유감으로 여기지 않아도 된다. 왕연희가 체포한 도적은 실로 이와 다르기 때문에 탄식한 것이다.

본 『절옥귀감(折獄龜鑑)』은 이렇게 긍휼히 여겨 신중을 기하는 「긍근(矜謹)」편에서 끝난다. 측은하게 여기는 마음은, 사람이면 누구나 지니고 있다. 다만 물욕(物慾)에 오염되고 뒤덮여, 이를 잠시 잃어버릴 따름이다. 그래서 다른 사람의 죽음에서 이익을 보고자 자기 공로를 챙기는 자들이,

---

서 자주 좌천 당했으나, 眞宗 즉위 후 다시 변방 수비와 관직 정비를 건의함. 태조실록(太祖實錄)을 편수(編修)하는데 역사 사실을 정직하게 써서, 재상의 불만을 사고 黃州로 쫓겨나, 왕황주라는 별명을 얻음. 나중에 기주(蘄州)로 옮겨 병으로 죽음. 정치나 문장 모두 평이하고 소박함을 주장하여, 詩에서는 두보(杜甫)와 백거이(白居易), 문장에서는 한유(韓愈)와 류종원(柳宗元)을 숭상함. 저서에는 『소축집(小畜集)』이 있음. 『송사』 권293.

더러는 법조문을 억지로 해석하여 사형을 적용하기도 하고, 더러는 사람의 죄를 거짓으로 꾸며대어 극형에 몰아넣기도 한다. 그런 자들이 어떻게 다시, 차마 하지 못하는 마음[不忍之心]을 품고, 마땅히 죽어야 할 목숨(사형수)까지 너그럽게 용서해 줄 수 있을까?

그래서 이 사안을, 긍휼히 여겨 신중을 기하라는 「긍근(矜謹)」편의 맨 끝에 실어, 독자들이 이를 보고 경각심 좀 느끼기를 간절히 바라는 바이다.

평석 "화살 만드는 사람이, 어찌 방패 만드는 사람보다 어질지 않겠는가? 그러나 화살 만드는 사람은 오직, 자기가 만든 화살이 사람들을 쓰러뜨리지 못할까 걱정하여, 날카롭게 만든다. 반면 방패 만드는 사람은 오직, 자기가 만든 방패가 사람들을 안전히 보호하지 못할까 염려하여, 단단하게 만든다. 남들의 재난과 질병을 없애게 빌어주는 무당과, 사람들의 시체를 장례 치러 주고 먹고사는 장의사의 관계도, 또한 이와 같다. 그래서 직업은 신중하게 선택하지 않을 수 없다."

이는 맹자(孟子)의 말씀이다.

그런데 요즘 법조삼륜(法曹三輪) 가운데, 형사 사건에 관한 한, 변호사와 검사(경찰)의 직업 관계도 또한 이와 같다고 비유할 수 있다. 법조인은 본디 죄악을 찾아내 처벌하는 일을 사명[天職]으로 삼는다. 그렇게 늘상 죄악을 가까이 하다 보면, 자기도 모르게 사악(邪惡)한 기운과 살기(殺氣)에 물들기 마련이다. 따라서 법조인은 직업 특성상, 누구보다도 항상 호연정기(浩然正氣)와 인애자비(仁愛慈悲)를 함양해야 한다.

마치 환자를 치료하고 돌보는 의사나 약사·간호사들이, 질병의 기운(병원균)과 늘 함께 살기 때문에, 누구보다도 강인한 체력과 정신력으로, 질병에 대한 면역성(저항력)을 키워야 하는 병리(病理)와 똑같다.

『절옥귀감』이 맨 처음 「석원(釋寃)」편과 「변무(辨誣)」편의 인자(仁慈)함에서 시작하여, 「국정(鞫情)」편과 「의죄(議罪)」편과 「징악(懲惡)」편들과 「엄명(嚴明)」편을 차례로 거쳐, 다시 맨 마지막의 「긍근(矜謹)」편의 인자(仁慈)함으로 끝맺은 것은, 참으로 주도면밀한 체계 구성으로 느껴진다. 마치 봄에서 시작하여, 여름·가을·겨울의 과정을 차례로 거쳐, 다시 봄의 온화함으로 되돌아온 분위기이다.

다산(茶山) 정약용(丁若鏞)이 목민관의 사법(司法) 참고 지침으로 편집한 『흠흠신서(欽欽新書)』의 표제 의미와도 새삼스럽게 일치함을 느낀다. 바로 죄수들을 불쌍히 여겨, 삼가 신중을 기하고 공경을 다하라는 의미로 붙인 제목이다. 이들 모두 『상서(尙書: 書經)』「순전(舜典)」편에 실린 순임금의 죄형(罪刑)에 대한 흠휼(欽恤) 정신을 면면히 계승하고 있다.

『절옥귀감(折獄龜鑑)』 원서(原序)

하늘이 원(元)나라 왕조를 여시어 천하를 통일하고 문자를 동화시키셨도다. 의춘(宜春)[1]에 옛날부터 좋은 책들의 원판이 있었는데, 군(郡)의 서재에 깊숙이 보관해 왔다. 오늘에 이르러 흩어지고 없어진 것을 수집하며, 떨어지고 헤진 부분을 보충하는 일이 아주 시급해졌다. 지원(至元)[2] 신사년(辛巳年 : 1281) 중추(仲秋)에 부윤(府尹)인 장국기(張國紀) 공께서 그 장서들을 모두 꺼내 책을 교감(校勘)하도록 해당 관원에게 맡겼다. 그래서 정리해 보니 『춘추분기(春秋分記)』·『자양사서(紫陽四書)』·『창려문(昌黎文)』(한유 문집)·『황진시주(黃陳詩註)』·『절옥귀감(折獄龜鑑)』·『렴리전(廉吏傳)』 등은 모두 앞선 유학자들이 강의한 적이 있으며, 『남양활인서(南陽活人書)』와 『국방의서(局方醫書)』는 다 실생활(의료)에 절실하게 필요한 것들인데, 찢어지고 흩어져서 완전한 게 없었다.

반년이 지난 뒤 동지(同知)[3]인 학거정(郝居正) 공께서 군수로 부임하여 집무를 시작하면서, 선량한 풍속을 북돋우어 백성을 교화하는 데 사명감을 가지고, 이들 책을 새로 간행하여 보완하도록 특별히 명하셔서, 마침내 모두 정비하였다. 그런데 문학연(文學掾)인 조변석(趙忭石)군이 서신을 보내 배우고 싶다고 가르침을 청해 왔다. 그래서 생각해 보건대, 성현께

---

1) 의춘(宜春) : 호남성(湖南省)에 인접한 강서성(江西省) 서부 지명.
2) 지원(至元) : 元 世祖의 연호. 1264~1294년.
3) 동지(同知) : 추밀원의 관직.

서 법[憲]에 의지하여 가르침의 말씀을 후세 사람들한테 남기신 까닭은, 천명(天命)[4]을 함께 하여 백성들의 인륜 규범을 세우기 위함이오. 또 가르침을 글(책)로 잘 간행하여 후대까지 널리 전하는 일은, 훌륭한 스승과 관원들의 당연한 직분일 따름이다. 그런데 시대가 혼란스럽고 위태로워 없어지고 모자란 게 많았다.

『주역』에 이르기를, 탕(湯) 임금과 무왕(武王)께서 역성혁명(易姓革命)을 일으켜 천명에 순응하고 인심(人心)에 부합하였다고 하였다. 이 지역 사람들은 대강 거칠게나마 사리를 알고, 또 견고한 성곽을 끼고 있어서 일찍이 전란의 화가 거의 없었으니, 다른 지역에 비하면 도서 보존이 마땅히 옛 진(秦)나라 만큼 온전해야 할 터인데, 어찌하여 이리 빠지고 저리 사라져 좋은 판본이 없게 된 줄도 거의 알지 못했단 말인가?

다행히도 지금 행정을 맡은 분들이 이러한 성현의 글들을 다시 일으켜 세우려고, 홀로 수고와 정성을 다해 간행 작업을 이루어 냈다. 앞으로 함께 공부하는 선비들은 서로 돕고 서로 격려하면서, 뿌리(기초)를 깊이 다지고 내실을 튼튼히 기하며, 기름(양분)을 더하고 빛을 훤히 내길 기대하노라. 혹시라도 입과 귀를 틀어막고 모른 척 무사안일만 일삼아, 책을 다시 간행 보완한 처음 뜻을 저버려서는 안 될 것이다.

지원(至元) 19년 임오(壬午 : 1282)년 여름 5월 범포일(汎蒲日 : 단오?)
봉훈대부(奉訓大夫) 호남도(湖南道) 유학제거(儒學提擧)
릉양(陵陽) 우응룡(虞應龍)이 서문을 씀.

4) 천명(天命) : 하늘의 뜻 · 자연의 이치.

『절옥귀감(折獄龜鑑)』 발문(跋文)

『주역』에서 풍괘(豐卦)의 형상(大象傳)을 보면, "우뢰[1]와 번개[2]가 모두 함께 치는 형상이 풍(豐)괘인데, 군자는 이 괘의 형상(상징)으로 옥송(獄訟)을 심리 재판하여 형벌을 시행한다.[君子以折獄致刑.]"고 되어 있다.

또 비괘(賁卦)의 형상[大象傳]을 보면, "산[3] 아래 불[4]이 있는 모습이 비(賁)괘인데, 군자는 이 괘의 형상(상징)으로 뭇 정치를 밝게 시행하고, 감히 옥송을 심리 재판하지 아니한다.[君子以明庶政, 無敢折獄.]"고 되어 있다.

무릇 옥(獄 : 감옥 · 소송)이란 백성의 생명이 달린 일인지라, 옥송을 심리 재판하는 일(또는 법관)은 현명함을 귀중히 여기며, 더욱이 그 현명함을 함부로 가벼이 쓰지 아니한다. 이러한 옥송의 심리 재판에 귀감이 될 만한 책이 전해 오니, 심리 재판의 현명함을 널리 전파하고 사람들에게 신중함을 보이기 위한 뜻에서 지어졌다.

의춘군(宜春郡)의 서재에 옛날부터 『절옥귀감(折獄龜鑑)』이라는 책을 보관해 왔는데, 세월이 오래 되어 글자와 그림이 너덜너덜 해지고 닳아 알아 볼 수가 없어, 보는 사람들이 몹시 고달파 했다. 내가 군수에 제수(除授) 받은(부임한) 지 이미 몇 달이 지나면서, 그 동안 밀려 있던 옥송(獄

1) 우뢰[雷] : 풍(豐)괘의 상괘(上卦)인 진(震 : ☳)의 상징.
2) 번개[電] : 풍(豐)괘의 하괘(下卦)인 리(離 : ☲)의 상징.
3) 산[山] : 비(賁)괘의 상괘(上卦)인 간(艮 : ☶)의 상징.
4) 불[火] : 비(賁)괘의 하괘(下卦)인 리(離 : ☲)의 상징. 문명(文明)을 상징함.

訟)도 대부분 말끔히 처리하여 다소 한가롭고 여유가 생겼다. 그래서 공식 휴가를 내어, 상자 속에 보관 중이던 책을 꺼내 새롭게 한번 손질하여 수정 편집하고, 숙련된 인쇄공을 엄선하여 중판본을 간행하게 되었다. 다만 이 책을 보는 사람들이 견문을 넓히고 지식을 확충하여, 마치 거북이(등가죽으로 치는 점)가 의심을 시원히 해결하고[如龜決疑] 또 거울이 사물을 훤히 비추듯이[如鑑燭物], 귀감을 삼을 수 있기를 바랄 뿐이다. 그러면 이 또한 현명한 심리 재판에 훌륭한 보탬이 되지 않겠는가?!

경정(景定: 南宋 理宗의 마지막 여덟 번째 연호) 신유(辛酉: 1261)년 4월 상순
천태(天台) 조시탁(趙時橐) 삼가 적음

흠정(欽定)『사고전서총목제요(四庫全書總目提要)』

『영락대전(永樂大典)』본(本)『절옥귀감(折獄龜鑑)』 8권은 송(宋)나라 때 정극(鄭克)이 지었다. 이 책은『송사(宋史)』「예문지(藝文志)」에 20권으로 적혀 있다. 조공무(晁公武)의『독서지(讀書志)』와 진진손(陳振孫)의『서록해제(書錄解題)』에는 모두 제목을『결옥귀감(決獄龜鑑)』이라고 적고 있는데, 이는 똑같은 책에 이름만 달리 붙인 것이다. 대강의 요지는, 오대(五代) 때 화응(和凝)의『의옥집(疑獄集)』과 그 아들 화몽(和㠓)의 속편이 모두 아주 상세하지는 못하므로, 옛 문헌들에서 자료를 찾아 뽑아 부족한 부분을 보충해서 20문(門 : 편)으로 분류했다는 내용이다. 사이사이 평론 판단을 보면, 비록 그 뜻이 덕을 숭상하고 형벌을 늦춘다[尙德緩刑]는 데 있지만, 때때로 더러 지나치게 관대함으로 치우쳐, 모두 중용의 도(中道)에 부합하지는 못한다. 편집한 실제 사례들은 두루 널리 섭렵하는 데에 힘썼는데, 정사(正史) 밖의 출전(出典)이 많고 또한 더러 자질구레한 사안들도 함께 수록하여, 지나치게 잡다하다는 인상을 씻기 어렵다. 그러나 물정(物情 : 사물의 실제 정황)을 훤히 궁구하고 아주 폭넓은 견문 지식을 담아, 보는 이들의 마음을 촉발(觸發)시킬 만한 자료가 되며, 또 화씨(和氏) 부자(父子)의 옛『의옥집』에 비하면 특히 두루 잘 갖추어져 있다.

조공무(晁公武)의『독서지(讀書志)』에서는, "이 책이 류향(劉向)의『안자춘추(晏子春秋)』를 본받아, 대강 요점[綱要]을 간추려 목록으로 삼고, 체제가 질서 정연하여 조리 있고 흐트러짐 없다고 일컬을 만하다"고 칭찬하였다.

또 진진손(陳振孫)의 『서록해제(書錄解題)』에는 그 목록이 276조에 걸쳐 395 사례가 실려 있다. 지금 세상에 전해지는 판본은 단지 5문(門 : 편)밖에 남아 있지 않고, 나머지는 모두 흩어져 사라졌다. 오직 『영락대전(永樂大典)』에 실려 있는 판본만이 아직 온전한 내용을 간직하고 있는데, 이미 모두 합쳐져 죽 이어져 있기 때문에, 20권의 경계 구분은 더 이상 명확히 고증할 수 없다. 이에 삼가 상세히 교정(校訂)을 가하여 8권으로 새로 나누었다. 비록 권수는 옛 원본보다 줄었지만, 그 문장(내용)은 조금도 빠뜨림이 없다.

건륭(乾隆 : 淸나라 高宗의 연호 : 1736~1795년) 46년(1781) 9월 공경스럽게 교정하여 올림
총편찬관 신(臣) 기윤(紀昀) 신(臣) 륙석웅(陸錫熊) 신(臣) 손사의(孫士毅)
총교정관 신(臣) 륙비지(陸費墀)

『사고전서(四庫全書)』 변증(辨證)

가석(嘉錫)이 생각하건대, 『사고전서총목제요』에서 정극(鄭克)의 생애를 적지 않고 있는데, 이는 『사고전서』의 체례(體例)와 맞지 않는다. 고증해 보니, 정극은 선화(宣化)[1] 6년(1124) 침회(沈誨)에서 진사에 급제했다고 송나라 팽백천(彭百川)의 『태평치적통류(太平治迹統類)』 권28에 보인다. 그의 출생지나 적관(籍貫 : 本貫)·벼슬·행실 등에 관해서는 주서증(朱緖曾)이 일찍이 아주 상세히 고증하였는데, 『개유익재독서지(開有益齋讀書志)』 권4 「당음비사발(棠蔭比事跋)」에 다음과 같이 적었다.

손님이 『절옥귀감』을 지은 정극에 대해 묻기에, 내가 이렇게 응답했다. "원(元)나라 류훈(劉壎)이 지은 『은거통의(隱居通義)』에 이르기를, 고종(高宗)[2]께서 소흥(紹興) 3년(1133) 죄수를 불쌍히 여기고 형벌을 신중히 행하라는 휼형(恤刑)의 조서(詔書)를 내려 중앙과 지방에 각별히 분부하셨소. 당시 승직랑(丞直郞)인 정극명(鄭克明)이 호주(湖州)의 제형사간관(提刑司幹官)이었는데, 그 인연으로 화응(和凝)의 『의옥집(疑獄集)』을 열람하고, 그 마음씀을 가상히 여겨 마침내 그 사례들을 새로 분류하여, 처음 「석원(釋寃)」·「변무(辨誣)」편부터 시작하여 맨끝 「엄명(嚴明)」·「긍근(矜謹)」편에 이르기까지 모두 12[3]문(門 : 편)으로 구성하면서, 옛 제목을 『절옥귀감(折獄

---

1) 선화(宣化) : 북송(北宋) 휘종(徽宗)의 마지막 여섯 번째 연호. 1119~1125년.
2) 고종(高宗) : 남송(南宋)의 첫 황제. 1127~1162년 재위.

龜鑑)』이라고 바꾸었다오. 수록한 내용은 모두 옛날 사례들인데, 그렇게 절실한 내용이 아니라 빼도 괜찮은 것들이 제법 또한 많다고 하였소.

류기잠(劉起潛 : 壎의 字)이 '정극명(鄭克明)'이라고 일컬은 걸 보면, 정극의 자(字)가 극명(克明)임을 알 수 있소. 또 려성공(呂成公)의 「방원각묘지(方元恪墓誌)」에 보면, '딸의 손자사위 적공랑(迪功郎)인 건강부(建康府) 상원현(上元縣)의 현위(縣尉) 정극(鄭克)'이라고 적혀 있는데, 이는 정극이 일찍이 현위에서 제형사간관이 되었음을 알려 주오. 그의 본관(本貫)은 개봉(開封)[4]인데, 송나라가 남쪽으로 천도하면서 그 집안도 따라서 이사하였다오."

이 말을 듣고 손님이 기뻐하며 물러갔다.

주서증씨의 뜻은 아마도 『사고전서총목제요』의 누락을 보충하기 위함이리라. 그래서 그의 글을 직접 인용하였다. 그리고 『서록해제(書錄解題)』 권7에도 이 책을 수록하고 있는데, (『제요』에서 말한 『결옥귀감』이 아니라) 실제로 『절옥귀감』이라고 적고 있다. (이는 『제요』가 『문헌통고(文獻通考)』로부터 재인용하면서 원서를 직접 확인 점검하지 않아 생긴 착오이다.) 오직 『군재독서지(郡齋讀書志)』 권8과 『문헌통고(文獻通考)』 권203에만 『결옥귀감(決獄龜鑑)』이라고 적혀 있을 뿐이다. 또 『옥해(玉海)』 권67에는 두 제목을 나란히 쓰고 있는데, 실제로는 똑같은 책이면서 이름(제목)만 다른 것임을 알 수 있다.

살피건대, 『군재독서지』에는 이런 내용이 있다.

"오대(五代) 때 화응(和凝)이 『의옥집(疑獄集)』을 지었고, 또 근래에 조동(趙仝)이 『의옥사류(疑獄事類)』를 지었는데, 모두 그렇게 상세하지 못하므로, 정극이 이들을 바탕으로 증보 편집하였다."

---

3) 십이(十二) : 이는 二十(20)의 잘못이 분명하다고, 이 글 변증(辨證)을 쓴 여가석(余嘉錫)이 밝힘.

4) 개봉(開封) : 北宋의 수도로, 하남성(河南省) 중심 도시.

이를 근거로 본다면, 정극의 책에 실린 내용은 마땅히 화씨(和氏) 부자와 조동의 두 책을 모두 함께 포함하고 있다고 해야 할 것이다. 그런데 화씨의 책은 모두 67조밖에 안되고, 정극의 책에서 『의옥집』 또는 '화몽'을 분명히 인용하거나 '옛 출전은 무슨 책이다' 또는 '옛 책에서는 출처를 밝히지 않았다'고 언급한 사례는 모두 68조여서, 원서의 조목 수와 비교하면 단지 하나 밖에 더 많지 않다.

그 밖의 사례들은 정극 자신이 직접 '무슨 책에 나온다.' '무슨 책에 보인다.' 또는 '사림(士林)에서 들었다.' 등으로 주를 달았고, 옛 원본에 있다는 말을 하지 않았다. (唐나라 이전의 사례에 대해서는 '옛 『의옥집』에 실려 있지 않다'고 주를 달았다.) 또 그 가운데는 조동의 책은 전혀 들어있지 않은 것처럼 보이는데, 과연 조동이 화씨의 책 내용만 그대로 이어받아 새로 분류하는 데 그치고, 자신이 덧보탠 것은 전혀 없을 수 있단 말인가?

그리고 『사고전서총목제요』에서는 정극의 평론 판단이 지나치게 관용에만 치우쳤다고 평가했다. 그런데 나도 처음에는 이 책의 맨 처음 「석원(釋寃)」·「변무(辨誣)」편과 맨 끝의 「긍근(矜謹)」편만 보고서, 『제요』의 말(평가)이 제법 그럴 듯하다고 여겼다. 그러나 「의죄(議罪)」편을 보니, 왕존(王尊)의 유죄 판결을 높이 긍정하였다. 또 가암(賈黯) 조목을 보면, 익주(益州) 추관(推官)이던 승택(乘澤)이 아버님의 사망 소식을 모른 데 대하여, '승택이 아버지와 3년간이나 안부를 여쭙지 않은 것은 부친상을 일부러 숨기지는 않았다고 할지라도, 이 또한 불효이다'고 판결하면서, 마침내 그를 파면시켜 야인으로 내쫓았다. 그런데 정극은 이 판결을 '춘추(春秋)에서 뜻(주관적 의도·동기)을 처벌한 이치나 같다'고 평론했다. 그리고 「징악(懲惡)」편에서는 어린 소년이 이웃집 벼를 몰래 베자, 공수지(孔琇之)가 재판에 넘겨 논죄하였는데, 정극은 죄악을 징계할 만하다고 보았다. 또 장영(張詠)이 한 아전을 처벌하는 과정에서, 아전이 '매는 맞을 수 없고 차라리 칼을 먹겠다(맞겠다)'고 투덜대자, 장영이 즉시 그를 끌어내어 목을 베도록 했다. 그런데 정극은 또한 '그가 법관의 위신(威信)을 세워 간교한 적을 꺾을 수 있었다'고 칭송했다. 오중복(吳中復) 조목에 보면, '죄악을 징벌함에, 법령상 사형에 처할 수 없는데도 임시 상황에 따라 주륙한 것은, 법 밖의 처형이다'고 평론했다. 그 밖의 평론 판단도 이와 비슷한 게 많다. 가령 이들 사안을 「석원」편 등 관대한 내용과 참작 비교하지 않고, 이들 사안들만 따로 떼어 본다면, 또한 지나치게 엄중함에 치우쳤다고 의심하지 않겠는가? 그래서 『제요』의 평가가 단지 맨 앞뒤 두어 편만 대강 뒤적여 보고, 전편의 내용을 상세히 살펴보지 않은 채 썼음을 알 수 있다.[5]

여가석(余嘉錫) 씀

5) 上海古籍出版社에서 1988년 발행한 劉俊文 譯註 點校本인 『折獄龜鑑譯註』의 맨끝(537~538면)에 수록한 글을 재인용하여 번역함.

『절옥귀감(折獄龜鑑)』 번역(飜譯) 평석(評釋)을 마치면서

벌써 우리나라에 근대 법학이 들어온 지 100주년(만 1세기)이 넘었다. 또 해방 후 우리의 독자적인 법학 연구와 교육도 반세기가 되었다. 21세기 새 천년을 맞이하여 이렇게 뜻 깊은 시기에 법학계와 법조계에서는 외적인 기념행사 못지않게 내적인 결의와 기획·설계에 골몰하며, 매우 중차대한 사명 의식을 느끼리라고 생각한다. 더구나 남북한이 대화합할 통일 한국을 위한 기초(基礎) 다짐 작업에서, '법(法)'적인 준비는 민족의 미래 운명을 좌우할 결정적인 요소가 되기에, 그 어느 영역 못지않게 긴요하고 중대한 역사적 책망(責望)을 부과하고 있다.

지금 우리는 과거의 전통과 거의 끊어진 상태에서 근대 서양식으로 각색한 현실에 어색하게 안주하면서, 불안하고 불확실한 미래의 지표를 설정해야 할 운명에 놓여 있다. 제도적인 체계는 근대 서양식 의상을 입었지만, 의식적인 사고 감정은 아직도 수천 년간 형성·축적해 온 역사적 전통의 기혈(氣血)을 간직하고 있는 이중적 구조가 우리의 모습임은 부인하기 어렵다.

온고지신(溫故知新)이라는 진부한 성어(成語)를 빌리지 않더라도, 목전의 세계 인류는 서양의 합리적인 과학 물질문명에 대한 반성과, 동방의 직관적인 도덕 정신문화에 대한 관심을 크게 증폭시키고 있다. 우리나라에서도 뒤늦게나마 근대화의 의미와 전통 문화의 가치를 심사숙고할 필요성이 강하게 일고 있다. 특히 최근에는 아시아(유교)적 가치관에 대한 새로운 조명과 평가가 활발해지면서, 공자(論語)와 로자(道德經)의 원전 비판과 강의까지 대중 매체를 파고 전 국민적 관심 대상으로 확산하기에 이르렀다. (필자도 1991년부터 7~8년에 걸쳐 論語 6회, 老子 3회, 孝經 · 孟子 · 了凡四訓 각 1회씩 서울대와 대우 재단에서 고전 원전 강의를 거의 무료로 해본 경험이 있다.)

이제 '동서 문명의 충돌'은 단순한 대립 투쟁적인 '충돌'에 그치지 않고, 이른바 정(正)－반(反)－합(合)의 대동 화합을 위한 '만남'이 될 수밖에 없다. 인류 역사의 큰 흐름이 이미 우주의 조화와 평화에 합류하고 있기 때문이다. 이러한 시대적 조류는 비록 형식적 체계가 비교적 완결을 지향하여 견고하고 보수적인 안정성이 강한 '법'의 영역에서도 예외일 수는 없을 것이다.

이처럼 민족적 · 세계사적인 거시적 맥락에서 보면, 지금 우리 법학계와 법조계는 변증법적인 대통합에 착수하여야 할 단계에 진입하고 있다고 생각한다. 19C 말 서양의 근대 법학이 들어오기 이전까지, 유사(有史) 이래 2천여 년(혹은 반만년)간의 왕조시대가 크게 중국법계(中國法系)의 영역에 속하는 전통법(傳統法)의 '정(正 : These)'에 해당한다면, 근대화가 시작한 이래 일제 식민 지배와 해방 후 미군정 및 지금까지 자체 모색을 진행한 100년 기간은 전통법을 철저하게 부정하고 단절하며 서양법 일변도로 각색한, '정(正)'에 대한 '반(反 : Anti-these)'에 상응한다고 볼 수 있다. 그렇다면 근대법 수용의 제2세기이자 한민족 통일 국가를 성취하여야 할 미래(21C)는 전통법의 '정(正)'과 서양법의 '반(反)'을 대통합하고 조화시켜, 원숙하고 독자적인 새로운 법문화를 창조하여야 할 '합(合 : Syn-these)의 단계로 삼아야 할 것으로 생각한다. 비록 당장에 본격적인 통합을 작업이 진행하지는 못한다고 할지라도, 지금부터 그 준비에 착수하는 것은 결코 이르지 않을 것이다.

우리나라 법의 역사와 문화에서 이러한 중차대한 통일화합(統一和合)의 사명을 성공적으로 원만히 완수하기 위해서는, 우선 지금까지 한 세기 동안 타의에 의해 강제 이식당하고 자체 시행착오를 거듭해 온 근대 서양 법체계에 대해, 철저한 반성과 근본적인 점검을 대대적으로 선행하여야 할 것이다. 여기에는 근대 서양법의 근원이 되는 로마법과 독일·프랑스의 대륙법 및 영미법, 그리고 가까이는 일본법(日本法)에 대한 연구도 당연히 포함할 것이다.

이와 함께 근대 서양법의 수용에 의해 한 세기 동안 철저하게 비판·부정하고 거의 완전히 망각해버린 전통법에 대한 재인식이 뒤따라야 한다. 이는 단순한 망령(亡靈)의 부활(復活)이나 국수주의적인 복고(復古)가 아니다. 더욱 무성한 가지와 잎, 훨씬 화려한 꽃과 풍성한 열매를 피우기 위한 뿌리 찾기와 북돋우기의 차원에서 필요한 비판적인 학습과 연구, 창조적인 계승 발전의 문제이다. 이러한 전통법에는 우리나라 조선·고려·삼국시대의 고유법뿐만이 아니라, 그 당시 직접 적용하거나 간접적으로 영향 받았던 중국법까지 광범위하게 망라할 것이다. 또 하나 빠뜨릴 수 없는 것은, 통일 한국의 법을 준비함에는 현재 북한법에 대한 분석과 함께, 그 이데올로기적 모태가 되고 있는 사회(공산)주의 법에 대한 연구도 병행하여야 한다는 점이다.

법학(法學)을 전공하면서 중문학(中文學)을 부전공한 필자는, 이러한 시대적 맥락에서 취향과 소질을 살려 한국법제사로 석사논문을 작성하였다. 그런데 한국 전통법의 역사와 문화를 이해하기 위해서는 중국법의 연구가 필수 불가결한 전제 요건임을 깨달았다. 그래서 연구를 확대 심화시키기 위해 중국법에 관심을 집중하여, 3년간 대만(臺灣) 유학 후 「전통(傳統) 중국법(中國法)에 있어서 정(情)·리(理)·법(法)에 관한 연구」라는 주제로 박사논문을 집필하였다.

그 과정에서 천리(天理)와 인정(人情)과 국법(國法)이 삼위일체로 균형조화를 이루고자 지향하는 전통법의 궁극 이념을 실증적으로 연구하기 위하여, 정사(正史)와 법전(法典)을 비롯한 각종 법제사료(法制史料)를 열람하면서, 정극(鄭克)의 『절옥귀감(折獄龜鑑)』을 발견하여 그 전부를 통독하고, 그 중 적지 않은 사례를 직접 인용하기도 하였다. 그때부터 『절옥귀감』의 가치와 중요성을 깊이 절감하고, 조만간 이를 번역 · 평석하여 우리 법학계와 법조계의 수많은 현인군자(賢人君子)께 소개하고 싶은 소망을 품게 되었다.

사회주의법이 지배하는 중공(中共) 대륙에서도 한때 공자(孔子)를 비롯한 전통 문화 전반에 대한 대대적인 파괴와 숙청을 단행하다가, 전통의 새로운 인식과 긍정적 평가 및 비판적 계승을 시작한 지 이미 오래되었다. 그와 함께 이 『절옥귀감』에 대한 백화문 역주(譯註)가 나온 지도 10여 년이 되었다. 그러니 이 책이 시간과 공간 · 민족 · 이념을 초월하여 고전(古典)으로서 지니는 보편적인 역사 가치는 충분히 짐작할 수 있다.

다만 우리 고유법에 대한 우선적인 연구 소개의 요청과 미련도 없지는 않다. 하지만 광활한 지역과 수많은 사람과 장구한 역사 속에서 결집한 문헌 자료가, 질적인 수준에서 좀 더 우수하고 역사적 · 고전적 가치도 더욱 높은 정화(精華)임을 부인하기는 어렵다. 사실 정다산(丁茶山)의 『흠흠신서(欽欽新書)』라는 명저도 그 구체 내용을 살펴보면, 중국의 경전(經典)과 사서(史書)의 직접 인용 사례가 절대 다수를 차지하고, 조선시대 고유의 안건 소개는 미미한 소수에 불과하다. 한강을 황하(黃河)나 양자강(揚子江)에 비유하고, 백두산을 히말라야산에 대비하는 것과 같을지도 모른다.

물론 그렇다고 백두산의 신령스러움과 한강의 아름다움을 경시하는 것은 결코 아니다. 지금까지 적지 않은 선학(先學)과 동학(同學)들께서 한국 전통법의 역사와 문화에 대해서 상당한 연구를 해오셨다. 그래서 나는 연구와 소개가 비교적 덜 된 중국 전통법에 우선 관심을 갖게 되었다. 나 자신도 앞으로 우리 고유법과 판례를 좀더 깊이 연구 소개할 기회가 있기를 기대한다. 천상(天上)에 계실 정다산(丁茶山)의 영령(英靈)도 이 점을 충분히 이해하고, 또 정극(鄭克)이나 화응(和凝) 부자(父子) 및 『절옥귀감(折獄龜鑑)』에 등장하는 지혜롭고 인자한 법관(法官) 제위의 영령과 함께, 이 책을 번역 소개하려는 나의 집필을 무형중(無形中)에 흔연히 기뻐하고 도와주시리라 믿어 의심치 않았다.

먼저 우리나라 근대 법학의 제2세기를 시작하는 벽두(劈頭)에 이 글을 집필·연재할 수 있도록 필자의 기획안을 기꺼이 수락해 지면을 내준 대한변호사협회의 『인권(人權)과 정의(正義)』에 감사드립니다. (1997년에 8회에 걸쳐 제1장 「석원」편과 제2장 「변무」편을 연재해 줌.) 또 『절옥귀감』을 동서양학술명저번역 과제로 선정하여 역주 평석 작업을 원만히 완성할 수 있도록 이끌어 주신 한국학술진흥재단(朴錫武 이사장)과, 번역 지원에 추천과 성원을 아끼지 않으신 한국법사학회(徐敏 회장)에도 충심(衷心)으로 깊은 감사를 드립니다. 학술진흥재단의 위촉에 의하여 본 번역문을 심사하여 비평해 주신 박병호(朴秉濠) 선생님과 임형택 선생님, 또 본 번역 원고의 타자를 도와준 대섭(大涉)과 경선(耕善) 동학, 그리고 이 책을 편집 발행하는 소명출판 가족 여러분께도 진심으로 감사드립니다. 아울러 여러 선생님과 독자 제위의 허심탄회한 비평(批評) 질정(叱正)과 지도편달(指導鞭撻) 및 아낌없는 성원을 간절히 기원합니다.

끝으로 정말 몹시 어려운 시련과 고난 속에서도 절망과 좌절에 꺾이지 않고 꿋꿋이 버티도록 지혜광명으로 이끌어 주시고, 자비 평화로 호념(護念)해주신 하늘님과 불보살님들의 크신 은총에 지심으로 찬탄과 감사를 바치오며, 그동안 정신적 격려와 지도를 해주신 수많은 스승님들과 선지식(善知識)들의 은혜에도 진심으로 감사드리고, 누구보다도 30여 년간 행상으로 지금까지 불초(不肖)의 학업과 연구 생활을 오롯이 뒷바라지해 오신 자친(慈親)과 22년 전 작고하신 선친(先親)의 은혜에 감격하오며, 이 번역의 조그만 공덕과 영광을 모든 분들께 조촐히 받들어 올립니다.

신사년(辛巳年) 윤사월 저무는 2001년 6월(月)
백 일 넘는 긴 가뭄을 해갈시켜 주는 감로(甘露) 비가 흠뻑 내리는 기쁜 날
빛고을 구름바위골에서 풀어 옮긴이 교정을 마치고 삼가 덧붙임

『절옥귀감(折獄龜鑑)』 재판(再版: 改訂版)을 펴내면서

- 부러진 화살과 사법부의 신뢰

영화 '도가니'에 이어 '부러진 화살' 열풍이 거세다고 한다. '최종 병기 활'에 이어 '부러진 화살'이 반영하는 사회심리는 자못 섬뜩하기까지 하다. 그것도 사회정의의 최후보루라는 사법부를 직접 겨냥한 화살이 부러진 뒤까지 사법부의 심장을 꿰뚫으려는 듯 안간힘을 쓰는 처절한 몸부림과 절규가 생생하니 말이다. 거기에 많은 국민이 열광하고 환호하는 판국이니, 법원이 국민과 소통하겠다고 직접 나서는 몸짓까지도 오히려 냉소에 부칠 만하다. 대부분 사람들의 눈과 마음이 온통 돈과 권력에 멀다 못해 미쳤으니, 사회의 온갖 부조리와 병폐가 봇물처럼 터져 온통 만신창이가 된 게 어찌 이상하랴! 어린 동심(童心)까지 공황에 빠지고 학교조차 황폐해진들 누굴 탓하랴?

작년 여름 서울대에서 열린 법학교육과 법조에 관한 학술회의에 우연히 들렀다가, 토론자로 나온 어느 부장판사한테 '사법부 신뢰의 실추 원인이 무어라고 생각하십니까?'라고 질문하면서 '예컨대 신영철 사건이나 석궁 사건이 어떤 영향이 있을까요?'라고 물었다. 판사는 대뜸 불쾌하다는 말투로 '무슨 의도로 질문하지요?'고 반문했다. 학계와 법조계가 함께 절차탁마하자는 학술회의에서 허심탄회한 질문을 제기했더니 즉각 반발하는 모습을 보고, 판사 출신 교수가 부드럽게 사회를 진행하며 어색함은 넘겼지만, 진심이 통하지 않는 권위주의의 벽을 느꼈었다. 그리고 반년이 채 안되어 '부러진 화살'이 상영되자 이토록 대홍역을 앓고 있다. (당시 나는 영화제작을 전혀 몰랐다.)

더욱 놀라운 일은, 제법 유명한 판사 출신 서울법대 교수와 검사 출신 선배교수한테 이 문제를 꺼내 물었더니, 피고인이 화살을 준비해 쏜 사실은 분명하고, 그것만으로도 이미 유죄이기 때문에, 혈흔 감정은 부수적이라 증거채택 여부는 중요하지 않은 법관의 재량사항이라며, 전혀 문제없는 재판이라고 답하는 거였다. 법조실무에 어두운 내가 벙어리가 될 수밖에! 만약 일반 법조인의 의식이 이러하다면, 우리 법률문화와 사법체계는 정말 뭔가 단단히 잘못된 절름발이 기형에 가깝다고 우려할 만하다. 법의 기본바탕인 윤리도덕은 물론, 일반상식과 국민의 법감정에서 멀리 벗어난 허구의 관념세계에서 말장난하는, 법조 특권계급의 자기 편들기 이기주의라고 의심을 살 법하다.

의사가 의료과실 여부를 감정하는 것은 법관이 다시 한 번 판단할 기회가 있고, 검찰의 잘못에는 특별검사제라도 있지만, 판사가 판사의 이해관계나 권위가 걸린 중대 사안에서, 이처럼 객관상 명백히 편파로 두둔하면 누가 바로잡을 수 있을까? 재심수속을 믿기도 밟기도 어렵다면, 특별판사제라도 도입하고, 시민법정(배심원제)을 확대 강화해야 할까? 석궁사건부터 재점검하기 위해 특별 심리절차를 열어보면 어떨까?

사실 인화학교 사건처럼, 석궁사건도 일반인한테는 거의 알려지지 않은 하나의 평범한 사례처럼 보였다. 지난해 2학기 동양법철학 수업 때 법학과 학생들한테 석궁사건도 포함해 굵직한 전공 관련 발표주제들을 제시했는데, 대부분 석궁사건이 뭐냐고 물을 정도로 깜깜했고, 결국 아무도 선택하지 않아 발표도 못했던 씁쓸한 기억이 있다. 왜 나는 이 사건을 동양법철학 수업의 발표 및 토론 주제로 뽑았을까? 법학전문대학원 법조윤리를 2년 강의하면서 사법부의 공정성과 윤리성이 매우 중대하다고 더욱 절감한 때문이기도 했으리라.

사실 나는 석궁사건의 자세한 전말이나 판결문은 잘 모른다. 다만 몇 년전 우연히 재판과정에서 피고인 측이 피해판사의 옷에 묻었다는 혈흔의 DNA검사를 요청했는데, 당시 재판부가 필요 없다고 묵살했다는 소식을 들었다. 최근 관련 기사를 보니, 검사는 한 모양인데 결과를 공표하지 않은 듯하다. 어떤 경우든 재판의 공정성과 윤리성을 해치는 심각한 잘못이다. 왜냐하면 의심스러운 경우에는 피의자에게 유리하게 판단하는 것이 근대형법의 죄형법정주의 기본원칙에 속할 뿐만 아니라, 3-4천년 전부터 우리 전통법의 확고부동한 사법원칙이었기 때문이다.

피고인이 자신의 유죄 및 죄형의 결정에 중요한 증거를 강력히 의심하는데, 만약 재판부가 직권으로 독단하여 피고인에게 불리하게 증거채택을 거부했다면, 이는 명백히 인도주의와 죄형법정주의 정신에 어긋난다. 다른 한편, 검사결과를 공표하지 않았다면, 이는 혈흔이 피해법관의 것이 아닐 거라는 추측과 소문을 지피고, 뭔가 떳떳치 못한 수상한 낌새가 있다는 의구심마저 일으킨다. 설령 실질 죄형이 별 차이 없어 실체정의에 어긋남이 없을지라도, 이미 적법 증거절차를 어긴 탓에 절차정의에 크게 어긋나며, 실체정의에도 영향을 미치기 마련이다.

만에 하나라도 옷에 묻은 혈흔이 판사의 것이 아니라 누군가 나중에 다른 피를 묻힌 것이라면, 이는 정말 중대한 범죄다. 우선 허위로 증거를 조작한 죄가 되겠다. 또 거짓 증거에 의해 피의자를 흉악한 파렴치범으로 몰아 중형의 본때를 보이려고 한 짓이 되어, 전통법과 실질정의의 관점에서 보면, 피고인의 형량을 부당하게 가중시키는 만큼 무고죄(誣告罪)에 해당한다. 왜냐하면, 전통법에 따르면 결백한 무죄를 유죄로 허위 고발하는 짓도 무고(誣告)지만, 경형의 죄를 중형의 죄로 덮어씌우는 짓도 형량의 차액만큼 무고(誣告)가 되기 때문이다. 전통법에서는 이 두 유형의 무고죄(誣告罪)를 모두 엄금하고, 남에게 뒤집어씌우려고 한 죄형만큼 그대로 무고자(誣告者)한테 되갚아 부과하는 반좌(反坐)를 철저히 시행했다. 따라서 혈흔이 거짓이라면 이는 허위증거조작 및 무고죄(誣告罪)로 처벌해야 한다. 또, 법관 자신이 저질렀거나 주위 누군가 저지른 사실을 알았다면, 해당 법관 및 혈흔검사결과를 은폐 또는 묵인한 재판 관련 당사자들은 헌법상 탄핵소추의 대상도 될 것이다.

문제는 다른 민사사례와 대조하면 더욱 뚜렷해진다. 때마침 그 즈음 나는 누나의 호적상 친생모를 정정하려고, 선친(先親)의 전처(前妻)와 누나의 친생관계 부존재 확인의 소를 대신 제기해 법원의 재판에 출석했다. 전처가 사망하자 선친은 생모(生母)와 결혼해 우리 네 남매를 낳았는데, 당시 6.25 직후 어수선한 사회상황에서 사망신고도 채 안한 채 태어난 누나 둘은 출가외인이라고 그냥 전처(前妻) 호적에 올렸는데, 호적부에 잘못 기재했다가 정정한 흔적만으로도 충분히 사실관계를 확인할 수 있는 상황이다. 또, 누나와 생모를 나란히 세워놓고 몇 마디만 물어보아도 알 수 있고, 이 사실관계를 분명히 아는 이복형들과 친가, 외가 친족들이 많아서 한두 명만 증인으로 불러 물어보아도 금방 확인할 수 있는데도, 판사는 귀찮은지 그냥 쉽게 80만원짜리 DNA검사를 해오라고 명령했다. 물론 신중하게 하려는 판사의 입장을 헤아려 법학자로서 군소리 없이 해다 바쳤더니, 웃으며 쉽게 판결은 내렸다.

그런데 집안에 유산문제나 다른 이해관계 대립이 전혀 없고, 단지 국가 공부(公簿)에서 진실한 친모관계를 찾아 바로잡아야겠다는 마음에서 제소한 것인데, 이렇게까지 재판해야 할까 아쉬움이 많았다. 처음에는 나도 잘 모르고 있다가, 우연히 매형(姊夫)이 장모가 죽은 걸로 되어 있어 환갑・칠순 등 회사에서 당연히 나오는 휴가조차 한번 못 받아먹었다고 볼멘소리를 하는 걸 듣고, 이미 현실이익은 전혀 없지만 법의 역사철학을 전공하는 사람으로서 개인의 역사 진실을 찾아 나선 것이다. 그리고 이러한 민사재판과는 달리, 정말 죄형에 관한 중대한 형사재판에서 당사자가 강력히 의심하고 요청하는데도 굳이 DNA검사를 거부한 재판부의 결정은, 법조 밖에서는 누가 보아도 납득하기 어려운 처사임에 틀림없다. 현장과 증거를 도외시하고 문서로만 재판하려는 탁상공론(卓上空論)의 사법(司法)이 아닌가?!

옛날 속담에 "한 아낙이 원한을 품으면, 오뉴월에 서리가 날린다.(一婦含怨, 六月飛霜.)"는 말이 전해온다. 2-3년 전에 태풍으로 법원・검찰청의 정원수가 많이 쓰러졌다는 소식을 듣고, 그동안 엄청 쌓여온 심각한 사법 부정의(不正義)로 말미암아 하늘에 사무친 수많은 원한이 초래한 천재(天災)가 아닐까 느낀 사람도 적지 않을 것이다. 이번 사건은 언론도 힘에 부쳐 목이 쉬어버린 한계상황에서, 결국은 당사자의 끈질기고 집요한 항의시위와 그에 감동한 작가 및 영화감독의 '부러진 화살'이 핵폭탄의 기폭제가 된 것일 따름이다. 사회주의 중국에서는 삼권분립 못지않게, 사법부에 대한 인민과 여론의 감시감독을 강조하는데, 바로 그런 이유와 상통하는 자연스런 기제(機制)이리라. 모든 권력은 국민으로부터 나오므로, 그 권력에 대한 감시감독과 통제도 마침내는 국민의 이목과 관심, 열정으로 귀결할 뿐이다.

2001년 부임 직후 미국의 한인교포 판사가 와서 특강하면서, 미국사법의 공정성은 재판 받는 당사자가 억울함을 느끼지 않는 거라고 정의했다. 그걸 듣고 마음속 깊이 탄복한 기억이 새록새록 떠오른다. 진실을 밝혀 각자에게 마땅한 몫을 나눠주어 형평정의가 이뤄지면, 누가 억울하다고 법관과 재판을 원망할까? 물론 남의 떡이 커 보인다고, 사람의 이기심이 괜히 자기가 손해보고 억울하다고 떠벌릴 수는 있다. 그래도 제가 잘못한 만큼만 명백한 사실증거로 책임과 죄형을 떠맡긴다면, 제아무리 파렴치한 악인도 양심은 있어 승복하지 않을 수 없으리라.

전통법에서도 법관의 첫째 임무가 당사자의 억울함을 풀어주는 일(釋冤)이다. 이미 1400년 전쯤 당률(唐律)도 재판할 때는 적용한 율문(律文)을 구체로 적고, 판결을 죄수와 가족한테 설명해주어 '승복(承服)'을 받아야 한다고 규정했다. '절옥귀감(折獄龜鑑)'도 '석원(釋冤)'을 첫 편에 내세우고, 다산(茶山)의 흠흠신서(欽欽新書)도 재판관의 정성과 공경, 신중을 제목으로 내걸었다. 정성을 다해 진실을 찾고 공평히 책임을 판가름하면, 억울함은 아예 맺히지 않을 테니 따로 풀어줄 필요도 없으리라.

현재 사법부에 대한 국민의 불신에는 일부 법관의 고질적인 권위주의 행태 등 여러 원인이 작용했겠지만, 불공정과 억울함의 불만에는 지나치게 근대 서양의 합리성에 치우친 편협한 법학체계도 큰 몫을 차지한다. 전문기술로서 합리적 법학 사유방식은 전통 법체계의 근대화에 크게 기여하였지만, 반면 지나치게 형식논리로 기울면서, 이성(理性)과 쌍벽을 이루는 정성(情性)을 소홀히 하여, 균형을 잃고 절름발이 신세가 된 감이 없지 않다. 합리성 못지않게 중요한 사법정의의 쌍벽이 바로 인정(人情) 사정(事情) 물정(物情)을 망라하는 합정성(合情性)이다.

또 하나 중요한 원인으로, 법관의 과중한 업무 부담과 고충은 충분히 이해하지만, 사람과 현장을 도외시하고 서류로만 재판하려는 고질적인 관행도 사법정의 실현이나 법원의 신뢰 형성에 커다란 걸림돌이라고 본다. 사회주의 중국에서는 인민들의 억울한 하소연을 경청하기 위해서, 문서가 아니라 손쉬운 구두제소도 접수할 뿐만 아니라, 심지어 거동 불편한 인민은 법원이 집까지 직접 찾아가 원정(願情)을 듣고 수리하기도 한다. 만약 바쁘고 귀찮다는 핑계로 시간 및 비용 절감을 내세워 중대한 증거의 현장조사나 증인심문조차 잘 하지 않는다면, 당사자가 그런 재판 과정과 결과에 얼마나 납득하고 승복할 수 있을까?

헌법이 보장하는 법관의 독립과 양심적 재판에 간섭해 사법부의 독립 자체를 스스로 흔든 혐의로 안팎으로 사퇴의 요구가 거셌던 신영철 판사를, 엄청 소란한 언론과 빗발치는 여론에도 불구하고, 기어이 대법관에 임명한 정권, 그리고 야비한 정권의 징과 꽹과리가 되어 장단을 맞춘 대법원! 그런 대법원이 석궁사건의 은폐의혹과 일부 법관들의 한미FTA비준 반대선언은 애써 무마하면서도, 법관 길들이기라는 비판을 무시하면서, 대통령을 비아냥거린 서기호 판사를 재임용심사에서 기어코 탈락시키고, 정직한 양심으로 석궁사건의 재판심의과정을 진실하게 공개한 당시의 주심인 이정렬판사를 법원조직법 위반 혐의로 6개월 정직이라는 중징계에 처한 일련의 행태를 보라! 적법하고 공정하며 추호도 억울함이 없다고 외치는 사법부의 변명을, 과연 건전한 상식을 지닌 일반 국민의 법감정이 얼마나 공감하고 수긍할 수 있을까?

결코 잊지 말아야 할 만고불변의 진리가 있다. 우리 인생은 백년도 채 안되며, 정치권력이든 사법권력이든 10년을 지키기도 어렵다! 이 정권이 4년도 채 못 되어 벌써 삐거덕거리며 가라앉는 소리를 듣지 못하는가? 쥐가 죽으면서도 찍소리 한다더니, 보수 집권당이 끝까지 발악하며 조용환 헌법재판관 임명동의안을 색깔론으로 부결시켰지만, 역사적 죄책은 그만큼 커졌다. 전임 대통령은 죽음을 맞았고, 현 국회의장도 사표를 냈고, 중진정치인들도 사퇴하고 있다. 국민은 사법부에게도 듣고 싶다. 신영철을 비롯해 떳떳하지 못하게 임명받은 대법관들과 이번 사태에 최고 책임이 있는 양승태 대법원장도 더 이상 권력의 하수인이라는 파렴치한 오명을 역사에 남기지 않도록 현명한 결단으로 용퇴하고, 진정 정의로운 민주사법을 세울 의지는 과연 얼마나 있는가?! 일부 정치 판사들의 그릇된 행태가 바로잡히길 바라는 마음에서 쓴 글이니, 대부분 성실한 정의로운 법관직 전체에 대한 비난으로 읽지 않길 바란다. 다만, 착하고 순수하다고 침묵으로 수수방관하여 잘못된 현상을 묵인하고 옹호한다면, 양심적 · 역사적 책임은 결코 작지 않으리라!

2001년 전임강사에 부임하며 학술진흥재단의 동서양고전명저번역으로 소명출판에서 절옥귀감을 낸 지 꼭 11년이 지난 지금, 법전원(法專院)에서 '전통법문화의 이해' 과목의 교재로 쓰려고 다시 수정、보충하여 재판(再版)을 펴낸다. 그간 6년 동안 절판(絶版)으로 책을 구하지 못한 분들께도 전통법문화를 이해하는 교양도서로서 흥미 있는 볼거리가 되길 바란다. 초판을 펴낸 소명출판과 재판을 펴내는 전남대출판부 관계자 여러분의 노고에 마음 깊이 감사한다.

2012.2.6.월. 임진년 정월대보름 밤 영감을 열엿새 한낮에 기초(起草)하고
두어 차례 수정보완을 거치며 손질한 글을
절옥귀감(折獄龜鑑) 재판(再版)에 즈음해 서문에 가름하여 덧붙인다.
겨울문턱 빛고을에서 보적(寶積) 김지수(金池洙) 공경합장(恭敬合掌) _()_

인명 찾아보기

정극(鄭克)은 정사(正史)의 '열전(列傳)'에는 기록이 전하지 않으나, 『절옥귀감(折獄龜鑑)』은 『송사(宋史)』 「예문지(藝文志)」나 명(明)의 『영락대전(永樂大典)』, 청(淸) 건륭(乾隆)황제의 『사고전서(四庫全書)』에 모두 수록하고 있다. 각종 문헌과 근인(近人)의 고증에 따르면, 정극은 자(字)가 극명(克明)이고, 송(宋)나라 개봉(開封) 사람으로서, 휘종(徽宗) 선화(宣和) 6년(1124)에 진사(進士)가 되고, 남송(南宋) 초 건강부(建康府) 상원현(上元縣)의 현위(縣尉)와 승직랑(承直郎) 등을 거쳐 호주(湖州)의 제형사간관(提刑司幹官)을 지낸 인물이다.

보적(寶積) **김지수**(金池洙)는 전북 부안 곰소 출생으로, 서울대 법대(중국문학 부전공) 졸업했다. 한국고등교육재단 장학생으로 3년간 한학을 연수하고, 서울대 석사과정에서 조교로 근무하며 한국법제사로 학위논문 쓰고, 박사과정 재학중 國立臺灣大學 法律學研究所 3년간 유학하며 중국고전을 폭넓게 섭렵하였다. 귀국해 서울대서 학생들 상대로 무료 고전강의를 10회 하고, 대우재단서 老子원전강의를 2회 실시하며, 서울대 대학원서 법학박사(전통 중국법의 情理法)학위를 받았다. 2001년부터 국립 전남대 법대(법학전문대학원)에 재직하고 있다. 수십 편의 전공 논문과 몇 권의 공저가 있으며, 번역서로 「화두 놓고 염불하세(印光大師嘉言錄)」, 「운명을 뛰어 넘는 길(了凡四訓)」, 「절옥귀감(折獄龜鑑)」, 「불가록(不可錄)」, 「의심 끊고 염불하세」, 「부처님의 마지막 가르침-遺教經」, 「중국의 법조윤리 규범집」 등이 있고, 저서로 「中國의 婚姻法과 繼承法」, 「傳統 中國法의 精神」, 「傳統法과 光州反正」, 「유불선 인생관-道 닦고 德 쌓자」, 「채식명상 20년」 등이 있다.

판례평석으로 보는 전통법문화

절옥귀감(折獄龜鑑)

초판 1쇄 발행 2001년 11월 25일
재판 1쇄 발행 2012년 11월 25일

편저자 / 정극(鄭克)
評譯人 / 김지수(金池洙)
펴낸이 / 전남대학교출판부
등록 / 1981. 5. 21. 제53호
주소 / 500-757 광주광역시 북구 용봉로 77
전화 / (062) 530-0571~2, 마케팅부 530-0573
팩스 / (062) 530-0579
홈페이지 | http://www.cnup.co.kr

값 25,000원

ISBN 978-89-97620-66-1 (03360)

이 도서의 국립중앙도서관 출판시도서목록(CIP)은 e-CIP홈페이지(http://www.nl.go.kr/ecip)와 국가자료공동목록시스템(http://www.nl.go.kr/kolisnet)에서 이용하실 수 있습니다.
(CIP제어번호 : CIP2012005480)